楼劲 ◎ 主编

魏晋南北朝史的新探索

——中国魏晋南北朝史学会第十一届年会暨国际学术研讨会论文集

中国社会科学出版社

图书在版编目（CIP）数据

魏晋南北朝史的新探索：中国魏晋南北朝史学会第十一届年会暨国际学术研讨会论文集/楼劲主编.—北京：中国社会科学出版社，2015.9

ISBN 978-7-5161-6791-5

Ⅰ.①魏… Ⅱ.①楼… Ⅲ.①中国历史—魏晋南北朝时代—国际学术会议—文集 Ⅳ.①K235.07-53

中国版本图书馆CIP数据核字（2015）第192173号

出 版 人	赵剑英
责任编辑	宋燕鹏
责任校对	周　昊
责任印制	李寡寡

出　　版	中国社会科学出版社
社　　址	北京鼓楼西大街甲158号
邮　　编	100720
网　　址	http://www.csspw.cn
发 行 部	010-84083685
门 市 部	010-84029450
经　　销	新华书店及其他书店
印刷装订	三河市君旺印务有限公司
版　　次	2015年9月第1版
印　　次	2015年9月第1次印刷
开　　本	710×1000　1/16
印　　张	43
插　　页	2
字　　数	727千字
定　　价	156.00元

凡购买中国社会科学出版社图书，如有质量问题请与本社营销中心联系调换
电话：010-84083683
版权所有　侵权必究

编辑委员会

主　　编 楼　劲
执行主编 戴卫红
编　　委（以姓氏笔画为序）
　　　　　王　欣　李书吉　何德章　陈长琦
　　　　　尚永琪　胡阿祥　韩　昇　章义和

努力建构中古各时期的历史场景
和发展脉络
（代序）

"魏晋南北朝史研究的新探索"国际学术研讨会暨第十一届中国魏晋南北朝史学会年会，已于2014年10月在北京顺利举办。各位代表的参会论文，在大会发言或分组讨论时已作交流，胡阿祥先生在闭幕式上对之作了精彩的总结。现在出版的这部论文集，是按既定安排和与会代表的意愿遴选结集的，尽管还有部分论文由于种种原因未能列入，但大体上仍可代表这次会议获取的学术成果，也是学会同仁近年研究心得的一个反映。对于一段时期以来的魏晋南北朝史研究来说，这应当是有其代表性和学术推动意义的。

近年来，我在不少场合听到过史界同仁对魏晋南北朝史研究者的赞许。我知道这些不是客套话。相比于中古史其他断代，这些年来的魏晋南北朝史研究，确实在总体上呈现了一些特点：思想较为活跃，提出的重大问题和构想较多，面对新观点、新方法时以我为主的品格较为突出，似已开始形成了政治、制度、思想综合研究的轴心，民族、社会、文化等领域也因此而有重要进展。青年学者表现尤其突出，他们视野开阔而观察敏锐，史实和材料的诠释能力较强，立论所据的个案分析相当扎实，不少提法都蕴涵了重要的研究新方向。这些都是至为可喜的。我觉得其所体现的是，魏晋南北朝史研究同仁对学界现状有更多的反思，而其实质是对世纪之交以来中国史学所处之境的一种突破，可以视为21世纪魏晋南北朝史反思开启了新的重要开端。

自20世纪80年代初，久被束缚的思想得到释放，诸般外来引进和回归传统之说纷纷争鸣，各种学科规划则平衡其间而陆续实施。由于积累本甚不足，学术分量仍嫌单薄，其中饱含的真挚和诉求，本就易随时过境迁而稀释淡化，一朝重挫更易一蹶不振。故至世纪之交，一种令人印象深刻的概括，是中古史界既否定了过去，又看不到将来。我们突然发现自己既乏有效的继承，也缺有效的发展，曾经得用的框架和结论均成问题，业已形成的历史勾勒相互冲突，又各存在着太多的悬疑和空白。这就使原来多少有其中心和条理的历史，似乎陷入了一团混沌，其中多是缺乏整体结构背景的大小碎片，这些碎片无论可以填补多少空白，却就是放射不出映照未来之光。史学至此，可谓方生方死而不绝如缕，也就无怪乎各种业余说史者的大放异彩了。

因此，一段时期以来的中古史专业研究者，确已面临着一个中心任务，那就是"梳理"。这是因为历史非经梳理即无从显其问题、趋势和规律，被解构而再度混沌化了的历史，亟待更为深入而切实地建立其体系、结构。就中古史而言，也就是要重新建构中国和中华民族各时期的历史场景和发展脉络，才能使仍然身处其传统之中的当代国人，得以知晓自身历史创造的来龙去脉和前提条件，也使今人和后世得以凭此判断中古史界工作的价值。而这种"梳理"在当前之所以一定会是某种"重新建构"，则是因为当代中国史已雄辩地证明：近代以来对中古史的诸般梳理，无论是共性论还是特色论，虽皆超越了旧时的王朝兴衰范式而多尖锐明快之处，却皆基于外来所见而不免片面，在结合中国实际，揭示古今中国的内在联系时终隔一层，也就难以说明今天中国的社会形态和走向，实际已在不少重大问题上失守。面对这样的状况，如何明确方向、走出困境，突破诸种"前不见古人、后不见来者"的迷惘，就显得尤为重要而迫切了。由此观察，魏晋南北朝史研究同仁近年以来最为可贵之处，端在其综合继承了近代以来几大阶段史学及相关研究的成果，始终坚持在更为精深的个案讨论时，着眼于魏晋南北朝而观照、贯通秦汉至隋唐史，从而在重新建构中古各时期历史场景和发展脉络上，有了长足的推进，做出了无可取代的贡献。

也正是这种特具整体背景、结构的局部或个案研究，构成了魏晋南北朝史界同仁近年以来在冲破困境时鞭已先着的体现，也导出了若干出色的成果。可以认为，今后一个时期魏晋南北朝史研究的发展方向，就是要以更多精深的个案和局部讨论，来进一步说明这个断代的基本特点及其在中古史上的地位。为此就不能不注意到一个各领域学者熟知，却远未被整体地得到重视的事实：从门阀等级、占田均田、三省制度、古文经学、文学自觉、玄学兴衰、谶纬符命、方技术数，乃至于北族汉化、法律儒家化、佛教中国化，等等，这些对当时各领域具有头等重要意义的大事节目，均在汉魏至隋唐经历了势头形成、特征凸显直至消退终结的完整周期。这些周期的存在和展开，不仅提示在此背后存在着更为基本的历史过程，否定了仅在其内部，或仅以其中一二来解释这些事态的合理性；且亦分别在终点和起点上指明了秦汉和唐宋历史的发展方向，从而直接关联着先秦和近代中国的发展态势。而魏晋南北朝，正是相关事态从定型展开到消亡完成，同时又新绪再发而源流间出的关键时期。我愿在此呼吁学会全体同仁，在从事自己感兴趣的研究时，倍加关注这些周期之所以出现和转折变迁的基础、条件，倍加关注这些周期的历史内涵及其相互关联，倍加关注这些周期何以不约而同地在魏晋南北朝完成了最具决定性的发展历程。我相信，无论是哪个领域，不管用什么方法，只要围绕于此持续关注和积累，就可以形成共同关心的问题，促进有效的继承和发展，从而显著提升魏晋南北朝史的研究水平，切实推动足以沟通和解释古今中国发展变化的中古史场景和脉络的建构进程。

应当说，一段时期以来史界的种种遭逢，正是我们自身所处时代和社会变迁的写照。要挣脱束缚前进，不免会要较多地否定过去，至于将来，则可在摸索中逐渐明确。中古史的研究者们，似也同样是在摸着石头过河。只是史家要渡的，毕竟不仅是短时段中的当下之河，而是势必要面对奔流于历史丘壑之间的万千波浪。在这样一个无穷大的未知基数面前，一旦否定过去过甚，失去各种标明了方向而可供比对的整体参照系以后，所有逐个摸到的石头，实际上很难凭以修正方向，极易成为无序现象的碎片。而结果便是：在走，却已迷路。问题的另一个侧面是：既然史界与其所处时代和社会密切相关，那么史家遇到的问题，又何尝不是举国上下共同面临的问题呢？不仅今天的中古史研究，当代中国诸多领域的社会实践，恐亦同样程度不同地存在着这种"前不见古人，而后不见来者"的迷惘。人们也正在总结前一阶段的多方探索，提出种种可以帮助判断当下坐标和未来方向的"顶层设计"。而其共同点，也无非是要使探索基于某种整体背景和结构，以便通过比较、讨论而凝聚共识，明确前景和轻重缓急，涉过深水潜流之区而臻于坦途。我想在此强调的意思是，所有合理的整体背景和结构，都须首先基于准确的历史认识来获取，都必须真正立足于中国和中华民族总的发展进程来看待。因此，当下中古史反思开辟新的走向，对于各行各业乃至整个国家的历史认识来说，无疑有着特殊重要的意义。

立足于中国和中华民族来重新建构其历史场景和发展脉络，这实际上是本土中古史专业研究者永恒的天职。而所谓"前不见古人，后不见来者"，说到底无非是时代潮流总在冲破既有构架的阶段性现象。所有以往的梳理都有待今人扬弃，而后之视今，亦犹今之视昔。因此，尽管社会迅疾变迁，人心左右浮动，但历史就在那里，方向就在那里，道路就在那里，学者需要的首先是秉持天职的定力。谨愿以此与学会同仁共勉，与中古史界的所有同仁共勉。

中国魏晋南北朝史学会会长：**楼劲**

2015 年元月

目　录

《魏书》与《史记》的对比研究 …………………………… 李　凭(1)
玺出襄阳：刘备称帝时的一个政治传说 ………………… 凌文超(7)
前秦政权败亡原因新探
　　——淝水之战后苻坚苻丕父子策略的失误 ……… 黄寿成(30)
北魏祖先认同的再检讨
　　——以拓跋皇室对"幽都"的记忆为切入点 ……… 曾　磊(41)
黄帝文化与北魏政治 ………………………………………… 陈金凤(51)
西晋十六国时期河西县令长史迹钩沉 …………………… 贾小军(63)
北魏的州郡兵 ………………………………………………… 薛瑞泽(78)
北魏恒州刺史研究 …………………………………………… 马志强(86)
西魏北周府兵军号阶官化的政治过程与意义 …………… 熊　伟(100)
论东晋南朝的三种县侯 …………………………………… 王安泰(110)
北魏后期的爵制及其特质
　　——以孝文帝爵制改革为中心 ……………… [日]大知圣子(120)
魏晋时期河西人口蠡测 ……………………………………… 高　荣(138)
北朝民族格局的演化与民族认同客观条件的成熟
　　——以领民酋长制的实施、衍变及领民酋长的活动
　　　　为观察视角 ……………………………………… 段锐超(150)
北魏政权下的乌桓 ……………………………………… [日]三崎良章(173)
试论汉匈族群认同的变化
　　——以儒家孝道为中心的考察 ……………………… 冯世明(185)

三国两晋南朝政区琐论 ·················	胡阿祥（199）
曹魏南阳郡领县辨正 ·················	张旭华（220）
20世纪以来北魏都城平城建制研究述要及补缀 ··· 徐美莉	马志强（230）
六朝的军事、漕运与新兴城市：以巴陵城为中心的考察 ·····	张晓东（245）
北魏后妃族属分析 ···················	苗霖霖（256）
南朝的士庶区别 ················· ［日］	川合安（266）
刘宋时期门第寒微学人群体之兴起及其原因考论 ·······	王永平（274）
北周前期宗室势力与主相之争 ··········· 武岑怡	范兆飞（304）
山西张壁古堡可汗庙泥包铁像的人物原型推敲 ··· 钱 龙	李书吉（340）
魏晋玄学对北宋前期理学的影响	
——以易学为中心 ···············	严耀中（351）
《帝王略论》的正统观 ·············· ［日］	会田大辅（362）
习凿齿名字释义 ···················	叶 植（378）
崔浩的天人思想与北魏政治文化 ·············	孙险峰（391）
魏晋时期儒学的生存及其在道德重构中的作用 ·······	张丽君（413）
赞美掩盖下的死亡终结	
——解读魏晋节烈妇女的自杀行为 ·········	刘 洁（424）
北齐文林馆考论 ···················	杨 龙（436）
论晋代法赗和丧仪中体现的丧制等级 ··········	高二旺（457）
魏晋南北朝墓志家谱初探 ···············	王仁磊（467）
接受史视阈下鸠摩罗什形象嬗变的历史考察 ·······	冯金忠（477）
白道考	
——北朝隋唐时期的草原之道 ········ ［日］	松下宪一（489）
北魏畿上塞围寻踪 ···················	刘溢海（500）
左云及邻近北魏陵墓野外观察探究 ············	刘志尧（508）
北魏、东魏时期端氏县酒氏家族的佛教造像事业 ···· ［日］	北村一仁（518）
北魏洛京的建立与释教信仰生活的新启	
——太和十七年（493）迁都至景明二年（501）洛阳筑坊 ······	周 胤（535）
西京博物馆北朝墓志可资补史、正史举例 ·········	殷 宪（575）

《王遇墓志》再考 …………………………………… 王银田(595)

北魏平城墓葬中的河西因素 ………………………… 倪润安(603)

长沙吴简中的《叩头死罪白》文书木牍 ……… ［日］伊藤敏雄(624)

对中仓黄龙三年十月旦簿的复原尝试 ……………… 邓玮光(645)

《魏书》与《史记》的对比研究[*]

澳门大学社会科学学院历史系　李　凭

一　《魏书》与《史记》

二十四史中，只有三部首称黄帝，就是《魏书》《北史》和《史记》。《北史》是在《魏书》的基础上编辑成的，自可不论。《史记》首卷为《五帝本纪》，[①] 五帝之首是黄帝，在黄帝之后的四帝中，则以尧、舜二纪最周详，也最为后人熟悉。《魏书》首称黄帝，[②] 而且刻意将拓跋首领始均与尧、舜拉到一起，这表明魏收编撰《魏书》时受到《史记》的启发，其中《序纪》受《五帝本纪》的影响最为深刻。

二十四史中，除《史记》之外都是断代史，多数以汉族为主导。但是这些断代史并不都模仿《史记》，《汉书》就有许多与《史记》相左的地方。[③]《魏书》是专门记述少数民族历史的著作，何以偏偏要模仿《史记》？

因为，《魏书》与《史记》在编撰体例上具有相同之处。《史记》虽然以西汉王朝为重点，但是记述了上古至秦的史实，是一部通史。《魏书》虽然以北魏、东魏为重点，但是记述了拓跋部从嘎仙洞起源到代国

---

[*] 本文系澳门大学科研基金项目"The investigation and research on the overseas editions of the Twenty‐Four Histories and the establishment of a database of the Twenty‐Four Histories at the University of Macau"（项目编号：MYRG2014‐00066‐FSS）的阶段成果之中译文本。

① 《史记》，中华书局点校本二十四史精装版，2011年。
② 《魏书》，中华书局点校本二十四史精装版，2011年。
③ 《汉书》，中华书局点校本二十四史精装版，2011年。

的史实。与《史记》一样,《魏书》也是一部通史;所不同者,《史记》是华夏的通史,而《魏书》是拓跋部的通史。当然,体例相同只是表面原因。

二 司马迁建立历史系统

司马迁的历史系统虽然庞大,却是有条不紊而纲举目张的。其纲领为《五帝本纪》,其要目是《三代世表》。

作为纲领,《五帝本纪》中最突出的是黄帝,其他四帝都是他的子孙。颛顼是黄帝之孙,其父昌意是黄帝正妃嫘祖的次子;帝喾是黄帝曾孙,其祖父玄嚣是嫘祖的长子;尧是帝喾之子,黄帝的玄孙;而舜的六世祖为颛顼,他是黄帝的八世孙。[①] 按照这样的编排,四帝后裔全都出自于黄帝。

《三代世表》是司马迁历史系统的要目。虽然三代指夏、殷、周而言,但是表中并不仅仅排列三代的世系,而是往上追溯至黄帝,往下延续及西周共和以前封建的鲁、齐、晋、秦、楚、宋、卫、陈、蔡、曹、燕等十一诸侯。[②]

在《三代世表》中,司马迁创造了一种强调血统的语言格式,表述为"某属+某生"。比如,夏的血统被表述为"夏属,黄帝生昌意"[③],其意为,夏属于黄帝之子昌意后代中的一支。通过这样的语言格式,司马迁将上古到先秦的诸王与诸侯之间的关系,特别是他们同属于黄帝后裔的特点,鲜明地凸显出来。

以《五帝本纪》为纲领,以《三代世表》为要目,司马迁为世人编织成一张硕大的网络。这就是司马迁的历史系统,缔结这张历史系统网络的纽带是血脉。

继《三代世表》之后,司马迁又编撰了《十二诸侯年表》《六国年表》《汉兴以来诸侯王年表》《高祖功臣侯者年表》《惠景间侯者年表》

---

① 《史记》卷一《五帝本纪》,第1—48页。
② 《史记》卷一三《三代世表》,第487—508页。
③ 同上书,第488页。

《建元以来侯者年表》《建元以来王子侯者年表》等年表。① 这些年表也都是以血脉为纽带编织的网络，它们可以看作为《三代世表》的延续与补充。

从这些表中，可以看出诸王、诸侯与黄帝的血缘有明显的亲疏之别。这种亲疏之别从表面上看是血脉的远近，实质上显示森严的封建等级。按照亲疏之别，诸王与诸侯大体划分为三个层次。

第一层次，是在血缘关系上最接近黄帝的四帝，以及三代的先祖禹、契、后稷。禹是颛顼之孙，为黄帝玄孙；契与后稷是同父异母兄弟，他们都是帝喾之子，也为黄帝玄孙。②

第二层次，有众多诸侯，他们的血缘都与第一层次的帝王相连，因此也与黄帝血脉相通。如，楚人祖先出自颛顼，陈胡公满是舜的后裔，宋微子开是殷朝帝乙之首子、纣之庶兄，吴太伯是周太王之子、周文王之叔，鲁周公旦、管叔鲜、蔡叔度、卫康叔封都是周武王之弟，晋国祖先唐叔虞是周武王之子、周成王之弟，郑桓公友是周厉王少子、周宣王庶弟。③

第三层次，情况比较复杂，多数被列为《史记》的世家，但是与黄帝的血缘关系比较含混。这些诸侯，或者道不出始祖，或者难以理清世系的脉络，他们与黄帝的关系是勉强扯上边的。

然而，正是按照附会的逻辑，华夏各姓氏大多可以在司马迁的血脉网络上找到相应的位置，甚至处于边缘地带的异族也都可以挂到这张网络上。按照司马迁的布局，为后世陆续进入中华域内的各族留下了入围的空间。《黄帝本纪》声称"黄帝二十五子，其得姓者十四人"④。关于这十四位得姓者，司马迁已经难辨清楚；至于另外十一位未得姓者，就更加无从考证。既然难辨清楚或者无从考证，就留下了填空的余地。

---

① 《史记》卷一四《十二诸侯年表》、卷一五《六国年表》、卷一七《汉兴以来诸侯王年表》、卷一八《高祖功臣侯者年表》、卷一九《惠景间侯者年表》、卷二〇《建元以来侯者年表》、卷二一《建元以来王子侯者年表》。

② 《史记》卷二《夏本纪》，第49页；卷三《殷本纪》，第91页；卷四《周本纪》，第111页。

③ 《史记》卷四〇《楚世家》，第1689页；卷三六《陈杞世家》，第1575页；卷三八《宋微子世家》，第1607页；卷三一《吴太伯世家》，第1445页；卷三三《鲁周公世家》，第1515页；卷三九《晋世家》，第1635页；卷四二《郑世家》，第1757页。

④ 《史记》卷一《五帝本纪》，第9页。

三 魏收推广历史系统

魏收对于司马迁的精神领悟至为深刻，具体表现就是在他的《魏书》中也建立了血脉相连的体系。魏收的历史系统也是纲举目张的，纲领为《序纪》，要目则是《姓氏志》。

在《序纪》中，贯穿着早期拓跋氏发展的线索。这条线索可以划分为三个阶段：第一阶段，拓跋部在大鲜卑山"射猎为业"；第二阶段，拓跋部"始居匈奴之故地"；第三阶段，拓跋部"迁于定襄之盛乐"。上述三个阶段的出现，反映了拓跋部姓氏组织的变化。大鲜卑山时期，衍生出九十九姓，这是拓跋部繁衍时期；匈奴故地时期，分化成为所谓的七国，在姓之下出现了氏，这是拓跋部大发展时期；盛乐时期，建成为强大的部落联盟，广泛接纳草原游牧部落，形成"诸姓内入"的兴旺局面，这是拓跋部发达时期。[1]

北魏建国之后，开国皇帝道武帝采用离散诸部措施，陆续将游牧部落民整编成为封建统治下的编民。编民的大多数被安顿在国都平城附近，实行"分土定居"[2]。孝文帝迁都之后，平城附近的编民随同拓跋政权进入新都洛阳附近。虽然屡经迁徙，但是由于经历过整编，原部落民姓氏的归属相对稳定，这就为孝文帝推行姓氏改革奠定下基础。而孝文帝姓氏改革中最重要的工作，就是将少数民族的姓大多改成为汉姓。改汉姓的成果，被魏收记录到《魏书》之中，成为魏收编撰史书的创举。

魏收没有编写像《史记》那样的世表，但是在《魏书》的《官氏志》之中特设有《姓氏志》。[3]《姓氏志》具体反映了拓跋部内外姓氏变化的状况，发挥着世表的作用，成为魏收历史系统的要目。

于是，魏收就以《序纪》为纲领，以《姓氏志》为要目，也像司马迁那样，构建起一张网络，这张网络普遍联系着北朝的部族，它的核心则是拓跋部。不难发现，像司马迁笔下的诸王与诸侯那样，魏收笔下的北朝部落姓氏也是依照与拓跋部关系的亲疏划分层次的。

---

[1] 《魏书》卷一《序纪》，第1—3页。
[2] 李凭：《北魏离散诸部问题考实》，《历史研究》1990年第2期。
[3] 《魏书》卷一一三《官氏志》，第3005—3015页。

第一层次，是七分国人分裂成的十氏，包括拓跋帝室，以及与帝室亲缘关系密切的纥骨氏、普氏、拔拔氏、达奚氏、伊娄氏、丘敦氏和系俟亥氏、乙旃氏、车焜氏，这是拓跋氏的嫡系，身份最为高贵。[①] 第二层次共有七十五姓，为"内入"诸姓，是陆续加入部落联盟的外姓。[②] 第三层次包括三十五姓，它们按照东方、南方、次南、西方与北方等方位分布，与拓跋部保持所谓"岁时朝贡"式的关系。[③]

由这三个层次的姓氏结成了等级分明的网络格局，下层为四方诸部，中层是内入诸姓，上层即帝室十氏。这样的层次划分，虽然比较粗略，却反映了拓跋部落联盟分化与重组的历史状况。

现在回过头来，就可以看出，与司马迁的网络相同，魏收编织的网络也利用了血缘关系。显然，处于第一层次的帝室十氏，都是拓跋部的血脉分支。但是，在魏收网络第二层次和第三层次中所列的部落，则与拓跋部没有明显的血缘关系。不过，在《姓氏志》中，不仅逐一列出这些部落的旧姓，而且标明了各自新改的汉姓。这样一来，众多部落姓氏之间似乎都由血脉潜在地沟通起来了。因为，大多数的汉姓，早就在司马迁那里被列为黄帝的后裔了。于是，通过汉姓的标示，原来并无血缘关系的部落竟然被血脉纽带系牢在一起，都被挂到魏收的网络上。

不仅如此，通过汉姓的标示，魏收的网络又可以全部挂到司马迁的网络之上。换言之，魏收网络就与司马迁网络合并成为一张更大的网络，这张更大的网络遂将北朝各族，包括新改成汉姓的部落姓氏与华夏旧有的诸姓氏，统统归纳成为一体。

四 精心的设计

返回来对比司马迁的《黄帝本纪》和魏收的《序纪》，不得不承认将拓跋祖先挂到黄帝名下是精心的设计。

首先，司马迁的历史系统中早已预留了空间，这个空间就在昌意的名下，被聪明的史家魏收发现了。昌意为黄帝与正妃嫘祖所生之少子，

---

① 《魏书》卷一一三《官氏志》，第3006页。
② 同上书，第3006—3011页。
③ 同上书，第3012—3014页。

似乎是实实在在的人物；至于昌意生有多少个儿子，昌意少子为谁，却没有确切的记录，这就正好听便于魏收的编撰。于是，通过所谓昌意少子的传说，拓跋部的初祖被设定成为黄帝的孙子。

其次，魏收作这样的设定，虽然不能令人信服，却有先例可循。不少姓氏可以通过迂回曲折的方式攀接到与黄帝血脉相连的网络上面，甚至东越王后裔得以奉守禹之祀，① 匈奴亦可当作夏后氏之苗裔，② 拓跋氏何以不能成为黄帝的后代？

最后，要看到这样的编造对拓跋部树立正统地位十分有利。

从辈分来看：其一，昌意是嫘祖之子，而嫘祖为黄帝正妃，则拓跋氏为黄帝嫡系，而非庶出；其二，昌意长子颛顼接替黄帝而成为五帝之中的第二位，③ 作为昌意少子的拓跋初祖则与颛顼辈分相当；其三，昌意有兄长玄嚣，玄嚣这一支直到孙辈帝喾才获得帝位，④ 帝喾是殷和周的祖先，却是拓跋初祖的族子。拓跋氏建立的王朝甚至可与三代比肩。

在辈分和继承权两个方面，昌意少子都占据了制高点，不但北朝部落姓氏望尘莫及，华夏姓氏中也极少有超越者。由此看来，拓跋氏远认昌意少子为其初祖，正是为了表示，虽然他们居处偏僻的地区，但是与黄帝的血缘关系却是至亲至近的，其氏姓最为优越。这的确是超越前人的设计，编造拓跋氏的祖先源自黄帝的故事，最得便宜者竟然是拓跋氏。

姓氏的汉化，表面上似乎在向华夏族这边靠近，实质上是将华夏族与部落姓族一起置于拓跋氏之下。对于这样的精心设计，统治者乐于接受，客观上也推动了各民族的融合。

---

① 《史记》卷一一四《东越列传》，第 2984 页。
② 《史记》卷一一四《匈奴列传》，第 2879 页。
③ 《史记》卷一《五帝本纪》，第 11—12 页。
④ 同上书，第 13—14 页。

玺出襄阳：刘备称帝时的一个政治传说

中国社会科学院历史研究所　凌文超

一　引言

建安二十五年（220）十月，曹丕逼迫汉献帝禅位。在中原易姓换代之际，刘备迫不及待地为称帝做准备。先是谣传汉献帝被害，发丧制服，加快了登上帝位的步伐。为了彰显刘备政权的合法性，群臣在劝进过程中条列、制作了不少谶纬祥瑞。其中，以诸葛亮等人所列的谶纬祥瑞最贴近当时刘备集团的政治形势，因而成为刘备称帝最重要的舆论准备。《三国志·蜀书·先主传》载：

太傅许靖、安汉将军麋竺、军师将军诸葛亮、太常赖恭、光禄勋黄柱、少府王谋等上言："曹丕篡弑，湮灭汉室，窃据神器，劫迫忠良，酷烈无道。人鬼忿毒，咸思刘氏。今上无天子，海内惶惶，靡所式仰。群下前后上书者八百余人，咸称述符瑞，图、谶明征。间黄龙见武阳赤水，九日乃去。《孝经援神契》曰'德至渊泉则黄龙见'，龙者，君之象也。《易》乾九五'飞龙在天'，大王当龙升，登帝位也。又前关羽围樊、襄阳，襄阳男子张嘉、王休献玉玺，玺潜汉水，伏于渊泉，晖景烛燿，灵光彻天。夫汉者，高祖本所起定天下之国号也，大王袭先帝轨迹，亦兴于汉中也。今天子玉玺神光先见，玺出襄阳，汉水之末，明大王承其下流，授与大王以天子之位，瑞命符应，非人力所致。昔周有乌鱼之瑞，咸曰休哉。二祖受命，《图》、《书》先著，以为征验。今上天告祥，群儒英俊，并进

《河》、《洛》，孔子谶、记，咸悉具至。伏惟大王出自孝景皇帝中山靖王之胄，本支百世，乾祇降祚，圣姿硕茂，神武在躬，仁覆积德，爱人好士，是以四方归心焉。考省《灵图》，启发谶、纬，神明之表，名讳昭著。宜即帝位，以篡二祖，绍嗣昭穆，天下幸甚。臣等谨与博士许慈、议郎孟光，建立礼仪，择令辰，上尊号。"①

在这份劝进表中，诸葛亮等人具体罗列了刘备正统所在、天命所归的三个依据：其一，曹丕篡汉，人心思刘，献帝见害，刘备乃帝室之胄，且四方归心。其二，黄龙见武阳赤水，《孝经援神契》曰"德至渊泉则黄龙见"，依据神灵谶纬，刘备应登帝位。其三，"玺出襄阳"，天子玉玺乃皇权的象征，襄阳又在汉水之末，象征着刘备承袭汉统。

然而，仔细分析这三点理由，前两点不过是政治口号和例行程序。刘备，宗室疏属，沦落到以贩履织席为业。承汉末世乱多难，方以军功立事。所谓"帝室之胄"，只是刘备用来收合人心的政治宣传。对于刘备的先世，史籍中有两种不同的记载。《三国志·蜀书·先主传》云：

汉景帝子中山靖王胜之后也。胜子贞，元狩六年封涿县陆城亭侯，坐酎金失侯，因家焉。先主祖雄，父弘，世仕州郡。雄举孝廉，官至东郡范令。②

然而，曹魏鱼豢《典略》却云："备本临邑侯枝属也。"此临邑侯应为景帝七代孙刘让。③ 在光武帝称帝过程中，真定王刘杨、临邑侯刘让兄弟谋

---

① 《三国志》卷三二《蜀书·先主传》，中华书局1982年版，第888—889页。
② 同上书，第871页。
③ 汉代临邑侯可考者有二：一为真定王杨之弟临邑侯刘让；二为光武帝兄齐武王缜之孙，北海王兴之子临邑侯刘复（《后汉书》卷一四《齐武王缜传》，中华书局1965年版，第556—558页）。卢弼《三国志集解》（中华书局1982年版，第721页）等多从后说。两临邑侯皆非中山靖王之后，前者为常山宪王之后，后者为长沙定王之后。倘若刘备为临邑侯刘复的后代，那么，他不仅是景帝之后，而且是光武帝宗室近亲的后代，刘备自然不必隐晦其先世。不仅如此，临邑侯刘复与其子刘驹并有才学，又有文章传世，也是难以隐秘的。考虑到刘备及其祖、父活动的区域接近常山，且临邑侯刘让因谋反而被光武帝诛杀，刘备需要隐忌其先世，我们认为，刘备为临邑侯刘让枝属的可能性更大。关于刘备出身，另可参见津田资久《刘备出自考》，《国士馆人文学》45，2013年。

反，被光武帝诛杀。① 刘备先人很可能因此而被流徙至涿县，以致长期隐没无闻。作为光武帝刘秀的反对者临邑侯刘让的后代，刘备绍续东汉，自然没有多少正当性可言。刘备为了"以篡二祖"（刘邦、刘秀），势必要对《典略》的这一说法，有针对性地进行回应。其本传从籍贯强调了陆城亭侯刘贞因坐酎金失侯而家于涿县，又追叙其祖、父。然而，这既不能证实其世系，又不能撇清"临邑侯枝属"一说，反而有欲盖弥彰之嫌。正如裴松之感叹："先主虽云出自孝景，而世数悠远，昭穆难明，既绍汉祚，不知以何帝为元祖以立亲庙。"② 由此看来，《典略》的记载应比较可信。在敌对者的宣传下，当时知晓此事的人不会少。因此，刘备集团宣扬的"帝室之胄"，在当时收到的成效，我们不应估计过高。

"黄龙见武阳赤水"的祥瑞，亦不过称帝之前的例行程序。黄龙，"君之象也"，指真命天子，谶纬家以为是帝王之瑞征。曹魏在代汉的过程中，宣称早在东汉熹平五年（176）黄龙见谯；至延康元年（220）三月黄龙再次见谯；曹丕称帝，太史丞许芝条魏代汉见谶纬于魏王曰："《易传》曰：'圣人受命而王，黄龙以戊巳日见。'七月四日，戊寅，黄龙见，此帝王受命之符瑞最著明者也。"③ 孙权在称帝过程中，宣称黄武元年（222）三月，鄱阳言黄龙见；黄武八年四月，夏口、武昌并言黄龙、凤凰见，孙权即皇帝位，直接改年"黄龙"。后来赤乌五年（242）、十一年（248）又言黄龙见。④ 总的看来，黄龙祥瑞，是称帝之时必备的瑞应。"黄龙见武阳赤水"不过是刘备集团遵循受命之说必须要制作的灵瑞而已。据《黄龙甘露碑》，这一瑞征很有可能是李严适时所献，并为之立庙作碑。⑤ 李严也因此被刘备看重，受遗诏辅政。

"玺出襄阳"则是刘备集团精心制作且特有的瑞命。此嘉瑞是建安二十四年（219）关羽发动襄樊之战时襄阳男子张嘉、王休所献。刘备称帝时，关羽败亡一年有余，且襄阳已失。刘备此时，为何还要强调这一献瑞，"玺出襄阳"背后究竟又有怎样的政治深意，这是本文将要探讨的问题。

---

① 《后汉书》卷一上《光武帝纪》，第28页。
② 《三国志》卷三二《蜀书·先主传》，第890页。
③ 《三国志》卷二《魏书·文帝纪》，第58、63页。
④ 《三国志》卷四七《吴书·吴主传》，第1124、1134、1145、1147页。
⑤ （宋）洪适：《隶续》卷一六《黄龙甘露碑》，中华书局1986年，第425—426页。

二　天子玉玺

玺，秦汉以来专指帝王的印，以玉制。秦汉天子有乘舆六玺，文曰"皇帝行玺""皇帝之玺""皇帝信玺""天子行玺""天子之玺""天子信玺"[1]。又有秦始皇蓝田玉玺（一说以和氏璧作之[2]），文曰"受天之命，皇帝寿昌"，后世名曰"传国玺"[3]。汉高祖入咸阳，秦王子婴降于轵道，奉上始皇玺。汉高祖即天子位，因御服其玺，世世传受，号"汉传国玺"[4]。天子七玺，尤其是"传国玺"是皇权的象征。因此，在政权更迭之时，传国玺常被视为符应，奉若奇珍。

东汉末年，黄门张让等作乱，劫天子出奔，仓皇之中，未随身携带天子七玺。至汉献帝还都，得天子六玺于阁上。而传国玺被掌玺者投入井中，后来孙坚讨伐董卓入洛阳，于井中探得传国玺。[5] 袁术将僭号，听说孙坚获得传国玺，于是拘其夫人而夺之。[6] 袁术死后，传国玺为徐璆所得，致之汉朝。[7] 汉献帝禅位，使行御史大夫事太常张音持节奉皇帝玺绶授予曹丕。[8] 至此，秦汉天子七玺归曹魏。据传，曹丕于传国玺肩际隶刻"大魏受汉传国之宝（玺）"[9]。

作为皇权正统的信物，传国玺为曹魏所得，刘备称帝显然就缺少了一个极为重要的受命依据。秦汉以来，传国玺传承有绪，并且唯一，在此情形下，刘备集团不得不另外炮制天子玉玺。由于秦制传国玺，二世而亡，因此传国玺又被视作"亡国不祥玺"。王莽在篡汉过程中，向孝元

---

[1] （汉）卫宏：《汉旧仪》，孙星衍等辑《汉官六种》，中华书局1990年版，第62页。相关记载又见蔡邕《独断》、虞喜《志林》、《晋书·舆服志》等。
[2] 《太平御览》卷六八二《仪式部·玺》引崔浩《汉纪音义》，中华书局1963年版，第3045页。
[3] 《晋书》卷二五《舆服志》，中华书局1974年版，第772页。韦曜《吴书》记传国玉玺，文曰"受命于天，既寿永昌"。又有"受命于天，既寿且康"等说。
[4] 《汉书》卷九八《元后传》，中华书局1962年版，第4032页。
[5] 《三国志》卷四六《吴书·孙坚传》注引《吴书》、《江表传》，第1099页。
[6] 《三国志》卷四六《吴书·孙坚传》注引《山阳公载记》，第1099页。
[7] 《三国志》卷一《魏书·武帝纪》注引《先贤行状》，第30页。
[8] 《三国志》卷二《魏书·文帝纪》，第62页。
[9] 《辽史》卷五七《仪卫三·符印》，中华书局1974年版，第913页。

皇太后逼索传国玺，皇太后怒骂道："且若自以金匮符命为新皇帝，变更正朔服制，亦当自更作玺，传之万世，何用此亡国不祥玺为，而欲求之？"①

既然传国玺是"亡国不祥玺"，作为国之重器，又极难获得，于是，新的玉玺出现，也被视作瑞应符命。东汉时期，这类现象就很常见。光武帝初年，涿郡太守张丰举兵反，有道士言丰当为天子，以五彩囊裹石系丰肘，云石中有玉玺。②顺帝时，马勉等人聚乱，皮冠黄衣，带玉印，称"黄帝"③。桓帝时，渤海妖贼盖登等称"太上皇帝"，有玉印五，皆如白石，文曰"皇帝信玺""皇帝行玺"，其三无文字。④献帝时，袁绍刻金印玉玺，每下文书，皂囊施检，文曰"诏书一封，邟乡侯印"⑤。即使是曹魏代汉已获传国玺，也依然重视新出玉玺。魏明帝太和元年（227）四月，初营宗庙，掘地得玉玺，方一寸九分，其文曰"天子羡思慈亲"。明帝为之改容，以太牢告庙。⑥又据《襄阳记》载：

> 魏咸熙元年六月，镇西将军卫瓘至于成都，得璧玉印各一枚，文似"成信"字，魏人宣示百官，藏于相国府。（向）充闻之曰："吾闻谯周之言，先帝讳备，其训具也，后主讳禅，其训授也，如言刘已具矣，当授与人也。今中抚军名炎，而汉年极于炎兴，瑞出成都，而藏之于相国府，此殆天意也。"⑦

向充也以玉印作为司马炎承天命的瑞应。

拥有传国玺的魏、晋，尚且需要借助新的玉玺，那么，缺少传国玺的蜀汉、东吴，自然更需要制作出天子玉玺来证明其政权的合法性。孙坚曾得传国玺，吴史以为国华。⑧后来，孙皓时，吴郡言，于临平湖边得

---

① 《汉书》卷九八《元后传》，第4032页。
② 《后汉书》卷二〇《祭遵传》，第739—740页。
③ 《后汉书》卷六《质帝纪》，第277页；卷三八《滕抚传》，第1279页。
④ 《后汉书》卷七《桓帝纪》及注引《续汉书》，第316页。
⑤ 《三国志》卷八《公孙瓒传》注引《典略》，第242页。
⑥ 《三国志》卷五《魏书·后妃传》，第161页。
⑦ 《三国志》卷四一《蜀书·向宠传》注引《襄阳记》，第1011页。
⑧ 《三国志》卷四六《吴书·孙坚传》，第1099—1100页。

石函，中有小石。青白色，长四寸，广二寸余，刻上作皇帝字，因而改年"天玺"。① 这也是通过制造瑞玺以宣扬天命。与曹、孙二氏相比，刘备未曾染指传国玺，在这种情形下，刘备势必要精心制作出令人信服的天子玉玺，以象征应期运而受天命。

刘备集团宣扬"玺出襄阳"，从瑞应而言，主要有以下考虑。第一，襄阳地区历来出美玉。《韩非子·和氏》称"楚人和氏得璞玉楚山中"②，楚山，应即荆山（在今南漳县西北③），这就是天下奇珍和氏璧。据传，李斯磨和氏璧作传国玺。④ 既然如此，襄阳就有可能再次出现与传国玺比肩的美玉嘉瑞。第二，"玺出襄阳"正在刘备集团的鼎盛时期。刘备得益州，定汉中，进号"汉中王"。关羽围樊、襄阳，降于禁，斩庞德，威震华夏。在刘备集团志得意满之时，襄阳男子张嘉、王休献玉玺，实际上是为刘备"承期运受天命"做准备。第三，刘备凭借宗室身份，打着"兴复汉室"的旗号发展壮大，势必要彰显其政权是汉朝的延续。在汉水之末的襄阳出现玉玺，正象征着刘备政权与汉朝一脉相承。

三 襄阳人士

"玺出襄阳"又宣告了刘备统治集团将以荆襄人士为主体。汉末大乱，群雄并起。刘备苦心经营，虽然名义上"伯豫君徐"，⑤ 但实际上未能在北方获得一块长久的立足之地。在群雄的打击下，刘备屡次受挫，颠沛流离，后被曹操驱赶至荆州。刘备投奔刘表，刘表虽然待之以上宾礼，益其兵，使屯新野，但惮其为人，不甚信用。⑥ 不过，刘备总算有了安身之处，招贤纳士，徐图发展。

---

① 《三国志》卷四八《吴书·孙晧传》，第1171页。
② 梁启雄：《韩子浅解》，中华书局1960年版，第98页。
③ 石泉：《齐梁以前古沮（雎）、漳源流新探——附荆山、景山、临沮、漳乡、当阳、麦城、枝江故址考辨》，《武汉大学学报》（社会科学版）1982年第1期。
④ 《史记》卷六《秦始皇本纪》引《正义》，中华书局1982年版，第228页。
⑤ （晋）常璩著，任乃强校注：《华阳国志校补图注》卷六《刘先主志》，上海古籍出版社1987年版，第384页。
⑥ 《三国志》卷三二《蜀书·先主传》，第876页；《后汉书》卷七四下《刘表传》，第2423页。

东汉末年,以襄阳为中心的荆州在刘表的治理下,颇为安定,不少俊杰避乱荆州。据《后汉书·刘表传》载:

> 于是开土遂广,南接五岭,北据汉川,地方数千里,带甲十余万。初,荆州人情好扰,加四方骇震,寇贼相扇,处处麇沸。表招诱有方,威怀兼洽,其奸猾宿贼更为效用,万里肃清,大小咸悦而服之。关西、兖、豫学士归者盖有千数,表安慰赈赡,皆得资全。遂起立学校,博求儒术,綦母闿、宋忠等撰立《五经》章句,谓之后定。爱民养士,从容自保。①

与刘表理兵襄阳,以观时变不同,刘备以兴复汉室自居,颇有进取之心。曹操曾感叹:"今天下英雄,唯使君与曹耳!"② 周瑜也认为:"刘备以枭雄之姿,而有关羽、张飞熊虎之将,必非久屈为人用者。"③ 因此,刘备羁旅荆州时,荆州豪杰归先主者日益多,以致刘表疑其心,阴御之。当曹操南征刘表,刘琮请降,刘备过襄阳,琮左右及荆州人不愿意降曹者,多归先主。④ 先主奔江南,荆楚群士从之如云。⑤

刘备在荆州招纳的人士日后成为蜀汉统治集团的主体。他们与刘备的亲疏关系直接影响到后来蜀汉政权的权力布局。我们据此可将蜀汉政治人物分为五类:第一类是寓居荆州的外来人士,如诸葛亮、徐庶、伊籍等。诸葛亮,琅琊阳都人,早孤,因从父玄与荆州牧刘表有旧,往依之。玄卒,亮躬耕陇亩,家于南阳之邓县,在襄阳城西二十里,号曰隆中。⑥ 刘备三顾茅庐,诸葛亮协助刘备成功地实现蜀汉与曹魏、孙吴鼎足而立,是蜀汉最为重要的执政。徐庶,颍川人。初平中,中州兵起,南客荆州,与诸葛亮特相善,向刘备举荐诸葛亮。徐庶是刘备寓居荆州时的重要谋臣。⑦ 伊籍,山阳人。少依邑人镇南将军刘表。先主之在荆州,

---

① 《后汉书》卷七四下《刘表传》,第2421页。
② 《三国志》卷三二《蜀书·先主传》,第875页。
③ 《三国志》卷五四《吴书·周瑜传》,第1264页。
④ 《三国志》卷三二《蜀书·先主传》,第876—877页。
⑤ 《三国志》卷三九《蜀书·刘巴传》,第980页。
⑥ 《三国志》卷三五《蜀书·诸葛亮传》及注引《汉晋春秋》,第911页。
⑦ 《三国志》卷三五《蜀书·诸葛亮传》及注引《魏略》,第914页。

籍常往来自托。表卒，遂随先主南渡江，从入益州。与诸葛亮、法正、刘巴、李严共造《蜀科》。① 另外，追随刘备而来的元从人士，如关羽（河东解人，亡命奔涿郡）、张飞（涿郡人）、赵云（常山真定人）、糜竺（东海朐人）、孙乾（北海人）、简雍（涿郡人）等，以及较早投靠并积极协助刘备谋取益州的原刘璋部下法正（扶风郿人）等，从某种意义来说，亦属此类。或可统称之为"外来元从人士"。

第二类是襄阳（时为荆州首府）人士，如庞统、马良兄弟、杨仪、杨颙、向朗、向宠、廖化、董恢、辅匡、习祯等。庞统，司马徽称之为南州士之冠冕，于时荆、楚谓之高俊，是刘备的重要谋臣，随刘备谋取益州。② 马良，兄弟五人，并有才名，乡里为谚曰："马氏五常，白眉最良。"良眉中有白毛，故以称之。刘备东征吴，遣马良入武陵招纳五溪蛮夷，蛮夷渠帅皆受印号，咸如意指。会先主败绩于夷陵，良亦遇害。③ 杨仪，先主与语论军国计策，政治得失，大悦之，因辟为左将军兵曹掾。及先主为汉中王，拔仪为尚书。④ 向宠，性行淑均，晓畅军事，刘备称之曰能。⑤ 廖化，刘备东征，以化为宜都太守，以果烈称。⑥ 习祯，有风流，善谈论，名亚庞统，而在马良之右。⑦

第三类是荆州地方人士，如蒋琬、黄忠、廖立、刘封、赖恭、魏延、陈震、郭攸之、霍峻、宗预、邓方、刘邕、张存、冯习、张南、傅肜等。蒋琬，零陵湘乡人，弱冠知名，诸葛亮称赞他为"社稷之器，非百里之才"⑧。黄忠，南阳人，刘备集团重要战将，取益州，先登陷阵，勇毅冠三军。定汉中，推锋必进，一战而斩夏侯渊。⑨ 廖立，武陵临沅人，诸葛亮赞誉他为"楚之良才，当赞兴世业者"⑩。刘封，长沙罗人，刘备养子。

---

① 《三国志》卷三八《蜀书·伊籍传》，第971页。
② 《三国志》卷三五《蜀书·庞统传》，第953—956页。
③ 《三国志》卷三九《蜀书·马良传》，第982—983页。
④ 《三国志》卷四〇《蜀书·杨仪传》，第1004页。
⑤ 《三国志》卷四一《蜀书·向宠传》，第1011页。
⑥ 《三国志》卷四五《蜀书·廖化传》，第1077页。
⑦ 《三国志》卷四五《蜀书·杨戏传》引《襄阳记》，第1085页。
⑧ 《三国志》卷四四《蜀书·蒋琬传》，第1057页。
⑨ 《三国志》卷三六《蜀书·黄忠传》，第948页。
⑩ 《三国志》卷四〇《蜀书·廖立传》，第997页。

刘备入蜀，刘封与诸葛亮、张飞等溯流西上，所在战克。① 赖恭，零陵人，荆楚宿士。② 郭攸之，南阳人，以器业知名于时。③ 从地缘而言，第二、三类人士可归并为"荆襄人士"。

第四类是刘璋部下的荆州人士以及赴荆州求学的益州人士。前者有李严、董和、董允、刘巴、费祎、来敏、王连、吕乂、邓芝、许慈等。李严，南阳人，曹操入荆州，西诣蜀，刘璋以为成都令，复有能名。后为护军，以众降先主。章武二年（222），刘备征严诣永安宫，拜尚书令，与诸葛亮并受遗诏辅少主，任中都护，统内外军事，留镇永安。④ 董和，南郡枝江人，汉末，率宗族西迁，刘璋时曾任成都令。刘备定蜀，以董和为掌军中郎将，与军师将军诸葛亮并署左将军大司马府事，献可替否，共为欢交。董和外牧殊域，内干机衡，二十余年。⑤ 刘巴，零陵烝阳人，从交阯至蜀，刘璋每大事辄以咨访。刘备定益州，诸葛亮数称荐之。刘备称尊号，诸文诰策命，皆刘巴所作。后代法正为尚书令。⑥ 费祎，江夏鄳人，少孤，随族父伯仁游学入蜀，与汝南许叔龙、南郡董允齐名。刘备立太子，以费祎为舍人，迁庶子。⑦ 后者有尹默、李仁、李𫍯等。尹默，梓潼涪人。因益州多贵今文而不崇章句，尹默知其不博，便远游荆州，从司马德操、宋仲子等受古学。刘备定益州，以尹默为劝学从事。及立太子，又以默为仆射，以《左氏传》授后主。⑧ 李仁，梓潼涪人，与尹默俱游荆州，从司马徽、宋忠等学。其子李𫍯具传其业，又从默讲习。⑨ 从地域而言，第四类或可称之为"荆益人士"。

第五类则是边缘化的"益州人士"。在蜀汉早期政治发展过程中，刘备、诸葛亮对待这五类人士亲疏有别，以"外来元从人士"为核心，以"荆襄人士"为倚重对象，对"荆益人士"既联合又打压，对"益州人士"则主要是威压，不予重用。其中，刘备与"荆益人士"的关

---

① 《三国志》卷四〇《蜀书·刘封传》，第 991—994 页。
② 《三国志》卷四五《蜀书·杨戏传·季汉辅臣赞》，第 1082 页。
③ 《三国志》卷三九《蜀书·董允传》注引《楚国先贤传》，第 986 页。
④ 《三国志》卷四〇《蜀书·李严传》，第 998—999 页。
⑤ 《三国志》卷三九《蜀书·董和传》，第 979 页。
⑥ 《三国志》卷三九《蜀书·刘巴传》，第 981 页。
⑦ 《三国志》卷四四《蜀书·费祎传》，第 1060 页。
⑧ 《三国志》卷四二《蜀书·尹默传》，第 1026 页。
⑨ 《三国志》卷四二《蜀书·李𫍯传》，第 1026—1027 页。

系十分微妙。比如刘巴，刘备奔江南，荆楚群士从之如云，刘巴却北诣曹操。曹操辟为掾，使招纳长沙、零陵、桂阳。当刘备攻取三郡，刘巴不得反使，于是远适交阯，刘备深以为恨。后刘巴为刘璋所辟，进谏刘璋不可接纳刘备，更不可使刘备讨张鲁。他还因看不起张飞，引起张飞忿恚。当刘备听说此事，怒曰："孤欲定天下，而子初专乱之。"当刘备锐意欲称帝，刘巴以为如此示天下不广，且欲缓之。与主簿雍茂谏刘备，刘备以他事杀茂，以警示刘巴。故刘巴认为自己与刘备的关系"归附非素"，惧见猜嫌，于是恭默守静，退无私交，非公事不言。[1] 比如李严，虽与诸葛亮并受遗诏辅政，但为诸葛亮所忌惮，废为庶民。[2] 又如王连，先主攻打益州，王连闭门不降。诸葛亮南征，王连谏以为"此不毛之地，疫疠之乡，不宜以一国之望，冒险而行"[3]。再看来敏，成都初定，议者以为来敏乱群，刘备以新定之际而含容，但无所礼用。来敏虽然为荆楚名族，但是，诸葛亮以其语言不节，举动违常，数加废黜贬削。[4]

总之，刘备寓居襄阳时，群士与刘备的亲疏远近关系，深刻地影响了蜀汉政权早期的权力格局。"玺出襄阳"其实也是一次向益州人士及刘璋旧部的政治宣传，蜀汉政权将以外来元从、荆襄人士为主体。因此，很长时期以来，蜀汉政治权力牢牢控制在他们手中，前有诸葛亮，后有蒋琬、费祎。

四 襄阳的战略地位

"玺出襄阳"也彰显了襄阳在蜀汉战略中的重要地位。襄阳跨连荆、豫，控扼南北，进可以通关、陕，向许、洛，出山东，退可以固守荆州乃至东南。因此，顾祖禹认为，湖广之形胜，以天下言之则重在襄阳。

---

[1] 《三国志》卷三九《蜀书·刘巴传》及注引《零陵先贤传》，第980—982页。
[2] 《三国志》卷四〇《蜀书·李严传》，第998—1001页；参见田余庆《李严兴废与诸葛亮用人》，《秦汉魏晋史探微》（重订本），中华书局2004年版，第190—207页。
[3] 《三国志》卷四一《蜀书·王连传》，第1009—1010页。
[4] 《三国志》卷四二《蜀书·来敏传》，第1025页。

东南可以问中原者，莫如襄阳。① 汉末，刘表集团占有荆州八郡，北据汉川，南接五岭，保据江陵，坚守襄阳，拥兵十万，以观时变。孙坚围襄阳，被刘表部将黄祖射死；张济攻襄阳，中流矢而亡；至曹操、袁绍相持于官渡，两雄相持，天下之重在于刘表，既可以进乘其敝，又可以择所宜从。② 可见，汉末襄阳在群雄纷争占据着十分有利的战略地位。

家于隆中的诸葛亮对于襄阳的战略地位自然十分了解。他在《隆中对》中十分强调荆襄区域对于鼎足三分乃至进取中原的重要性。他提出：

> 今操已拥百万之众，挟天子而令诸侯，此诚不可与争锋。孙权据有江东，已历三世，国险而民附，贤能为之用，引可以为援而不可图也。荆州北据汉、沔，利尽南海，东连吴会，西通巴蜀，此用武之国，而其主不能守。此殆天所以资将军，将军岂有意乎？益州险塞，沃野千里，天府之土，高祖因之以成帝业。刘璋暗弱，张鲁在北，民殷国富而不知存恤，智能之士思得明君。将军既帝室之胄，信义著于四海，总揽英雄，思贤如渴。若跨有荆、益，保其岩阻，西和诸戎，南抚夷越，外结好孙权，内修政理，天下有变，则命一上将将荆州之军以向宛、洛，将军身率益州之众出于秦川，百姓孰敢不箪食壶浆以迎将军者乎？诚如是，则霸业可成，汉室可兴矣！③

诸葛亮通过剖析天下大势与荆、益政局，特别强调了"荆州北据汉、沔"的地理方位，其中心襄阳是进取中原的重要基地，是荆州"用武之国"的重心。一旦实现"跨有荆、益，保其岩阻"，当天下有变，就可以将汉高祖、光武帝北伐的成功经验结合起来，率领荆、益两路大军北伐，兴复中原。

然而，此时的刘备实力依然较弱。曹操南征荆州，刘备在樊城未作抵抗，就匆匆南撤，又不忍攻刘琮据襄阳，结果被曹军击溃，不得不自

---

① （清）顾祖禹：《读史方舆纪要》卷七五《湖广方舆纪要序》，中华书局2005年版，第3484—3488页。

② 《后汉书》卷六四下《刘表传》，第2420—2422页。

③ 《三国志》卷三五《蜀书·诸葛亮传》，第912—913页。

结于孙权。孙刘联军虽然在赤壁大破曹军，但曹操依然南据江陵（后被周瑜攻取），北守襄阳。此时，荆州境内曹、孙、刘三方势力犬牙交错。刘备为了占有荆州，先是表刘琦为荆州刺史，南征四郡。无奈刘琦不久病死，刘备又表孙权行车骑将军，领徐州牧，而自领荆州牧，屯公安。① 当时，徐州在曹操的势力范围内，孙权所领徐州牧不过是虚号。刘备自领荆州牧，则有长久雄踞荆州之意。孙权不可能不认识到刘备的这层用心，但为了共抗曹操，即使与刘备之间的摩擦不断，也还是基本上维持了联盟关系，最终达成荆州长沙、江夏、桂阳以东属孙权，南郡、零陵、武陵以西属刘备。② 孙权让出了南郡，实则是使刘备居于北抗曹操的前沿，以减轻东西两线面临的军事压力。

至此，刘备终于实现了跨有荆、益，但荆州只有小半。接下来，刘备又先后发动了汉中之战、襄樊之战，并进号汉中王，在军事、政治上达到鼎盛。其中，襄樊之战虽然只是一次有限战争，但对三国政局的影响至为深远。建安二十二年（217）三月，曹孙和解，报使修好，誓重结婚。③ 刘备集团在事实上失去了重要的战略盟友，在汉中、荆州同时面临着来自曹操和孙权的军事压力。为了改善处境，是年刘备发动了汉中之战，遣张飞、马超、吴兰等屯下辨，曹操遣曹洪拒之。④ 有迹象表明，在汉中之战发动的同时，关羽在荆州方面进行了策应。是时，金祎、耿纪、韦晃、吉本等谋杀王必，挟天子以攻魏，南引关羽为援。⑤ 建安二十三年，关羽又参与了宛守将侯音、陆浑长张固、民孙狼的叛乱，授印给兵。⑥ 为此，曹操从居巢调曹仁复屯樊城，以讨关羽。可见，关羽此时就已进至樊城一线，进行战略牵制。建安二十四年五月，曹操悉引出汉中诸军还长安，刘备遂有汉中。此后，襄樊之战逐渐升级。至七月，刘备进号汉中王，拜关羽为前将军，假节钺，⑦ 使关羽能够全权处理荆州方面

---

① 《三国志》卷四七《吴书·吴主传》，第1118页。
② 《三国志》卷三二《蜀书·先主传》，第883页；《三国志》卷四七《吴书·吴主传》，第1119—1120页。
③ 《三国志》卷四七《吴书·吴主传》，第1120页。
④ 《三国志》卷一《魏书·武帝纪》，第50页。
⑤ 《资治通鉴》卷六八《汉纪》建安二十二年，中华书局1956年版，第2154页。
⑥ 《三国志》卷一《魏书·武帝纪》及注引《曹瞒传》，第51页；《三国志》卷一一《魏书·胡昭传》，第362页。
⑦ 《三国志》卷三六《蜀书·关羽传》，第941页。

的战务；而曹操则遣徐晃、于禁等助曹仁击关羽。至此，樊城、襄阳成为曹刘之间的主战场。

樊城、襄阳从战略策应的副战场一跃而成主战场，其原因是：其一，刘备取益州，定汉中，志得气盈，就开始着手为称帝做准备了。为了进一步在军事上造势，刘备需要一场军事上的胜利。因而，在关羽围樊城、襄阳，进展顺利之际，出现襄阳男子张嘉、王休献玉玺一事，并不意外。其二，要实现《隆中对》提出的"命一上将将荆州之军以向宛、洛"，占据樊城和襄阳这一战略要地是基本前提。赤壁之战后，刘备就以关羽为襄阳太守，荡寇将军，驻江北，① 进占襄阳显然是刘备的既定政策。特别是，刘备后来仅有小半个荆州，北有曹操，东有孙权，倘若不攻取襄阳，实现南守江陵，北占襄阳，相互策应的战略格局，在曹孙南北夹击之下，缺乏战略纵深，很容易被击败。故刘备集团势必要攻占襄阳。其三，襄阳、樊城是刘备发展壮大之处，从某种意义上说，是刘备的龙兴之地。传说刘备屯樊城，刘表不甚信用。蒯越、蔡瑁欲因宴会以取刘备。为刘备所觉，伪如厕，潜遁出。所乘马名的卢，骑的卢走，堕襄阳城西檀溪水中，溺不得出。备急曰："的卢：今日厄矣，可努力！"的卢乃一踊三丈，遂得过。② 刘备集团又以荆襄人士为主体，襄阳、樊城本为其故地，势必仍遗留有不少倾向于刘备的势力，这从襄樊之战中，附近吏民响应可见一斑。因此，刘备集团上下对于攻打襄阳不仅应当是支持的，也是充满信心的。

然而，在此前攻取益州的过程中，刘备将诸葛亮、张飞、赵云等部抽调至益州，荆州方面唯关羽留镇，③ 虽然拿下成都后，以马超为平西将军，督临沮，④ 以补强荆州军力，但是，当刘备进号汉中王时，马超就奔赴汉中，领衔上表，并进位左将军、假节。⑤ 关羽兵力仍然是比较薄弱的。这也决定了关羽发动的襄樊之战，前期是一场策应战争，后期也只是一场仅在于夺取襄阳、樊城的有限战争。从刘备方面的部署来

---

① 《三国志》卷三六《蜀书·关羽传》，第940页。
② 《三国志》卷三二《蜀书·先主传》注引《世语》，第876—877页。
③ 《三国志》卷三二《蜀书·先主传》，第882页。
④ 《三国志》卷三二《蜀书·马超传》，第946页。
⑤ 《三国志》卷三二《蜀书·先主传》，第884—885页；卷三六《蜀书·马超传》，第946页。

看，襄樊决战之时，刘备集团既没有劝说孙权一同北进，又没有在汉中予以策应，仅派孟达、刘封攻打房陵、上庸，① 试图建立起汉中与襄阳、樊城的联系。② 然而当关羽围樊城、襄阳久攻不下时，刘封、孟达因山郡初附，居然没有足够的兵力予以支持。因此，关羽一直是孤军作战。

曹魏方面则更为清醒地认识到襄阳、樊城的重要战略意义。赤壁之战后，曹操派乐进坚守襄阳，曾与关羽战于青泥。③ 平定关中后，派曹仁假节、屯樊城，镇荆州。从汉中撤军后，复遣徐晃助曹仁讨关羽，屯宛。之后，又派于禁助曹仁。于禁军败后，先后派遣将军徐商、吕建、殷署、朱盖、张辽等部赴徐晃处。最后还准备亲自南征。关羽败走后，曹操称赞徐晃之功，过于孙武、（司马）穰苴，且称他有周亚夫之风，劳之曰："全樊、襄阳，将军之功也。"④ 由此可见曹操对襄阳、樊城的重视。

刘备集团虽然将战略重心转移到荆州方面，但对襄樊决战的复杂性明显认识不足，准备也不充分。曹魏方面屡次增兵，而刘备分兵造成荆州兵力不足，一直未进行实质性的补强。襄樊决战仅历四个月，由于荆、益之间天然的隔阂，在这么短的时间内，遣益州的疲劳之师顺江而下再溯流而上驰援襄阳、樊城，或通过险阻的东三郡到达襄阳、樊城，然后再休整恢复战斗力，恐怕并不现实。特别是，此时孙权与曹操已达成了战略默契，而刘孙之间却猜防不断。关羽围樊，孙权遣主簿致命于关羽，告知将助其一臂之力，表面上遣使，暗地里又敕使莫速进。关羽因其淹

---

① 《三国志》卷三二《蜀书·先主传》，第884页；《三国志》卷四〇《蜀书·刘封传》，第991页。

② 田余庆先生在《东三郡与蜀魏历史》中指出，《隆中对》设想蜀汉跨有荆、益，以东三郡居中联络策应。《秦汉魏晋史探微（重订本）》，第244—261页。从刘备的部署来看，的确一度实现了孟达、刘封由南北二路交通东三郡。然而，此后，东三郡却未能起到交通荆、益的作用。如《三国志》卷三五《蜀书·诸葛亮传》注引郭冲三事："魏尝遣宣帝自宛由西城伐蜀，值霖雨，不果。第921页。又《三国志》卷四三《蜀书·蒋琬传》云：（蒋）琬以为昔诸葛亮数窥秦川，道险运艰，竟不能克，不若乘水东下。乃多作舟船，欲由汉、沔袭魏兴、上庸。会旧疾连动，未时得行。而众论咸谓如不克捷，还路甚难，非长策也。于是遣尚书令费祎、中监军姜维等谕旨。第1057—1059页。这应与东三郡隘阻隔的地理环境有关。

③ 《三国志》卷三二《蜀书·先主传》，第881页。

④ 《三国志》卷一七《魏书·徐晃传》，第529页。

迟而辱骂其使。① 刘孙已生嫌隙，孙权不可能对关羽有实质性的帮助，反而乘袭其后，诱杀关羽。因此，仅凭借关羽的偏师攻克援兵不断的曹仁、徐晃部，显然是极为困难的。因此，在战斗初期关羽虽然取得了水淹七军、降于禁、斩庞德的战绩，就连曹操所署荆州刺史胡修、南乡太守傅方也向关羽投降，②梁郏、陆浑群盗，或遥受羽印号，为之支党。关羽一时威震华夏，甚至曹操还议徙许都，以避其锐。③ 但是，随着战役的发展，关羽军渐显颓势。在擒拿于禁等部后，人马数万，粮草供应不足，关羽擅取孙权湘关米，④引起孙权的忌恨。关羽既然不能迅速攻克樊城，不仅要面对徐晃等强大的援军，还要提防孙权方面的偷袭，首尾难顾，战局势必急转直下，最终败亡。

要策应汉中之战，要为刘备称王造势，要夺回荆襄人士的故土，要实现《隆中对》两路北伐基本条件，这些因素注定了襄樊之战是一场必然要发动的战争。即使关羽败亡，荆州已失，刘备称帝时仍然要强调"玺出襄阳"，实则是襄阳对于刘备政权而言具有着极为重要的战略地位。因此，刘备后来以为关羽复仇为名，执意东征，诸葛亮未加劝阻，荆襄人士亦未谏争，这其中不仅有想念故土的因素，他们也深知这是为实现《隆中对》两路北伐所作的最后一搏。襄樊、夷陵之败无疑是刘备建国道路上最重大的挫折，彻底宣告了《隆中对》的破产。这两次战役的重心都是为了攻取荆州，尤其是襄阳这一重要的北伐军事基地。

五　客主之争

"玺出襄阳"还是对益州士人的一次政治告诫。关羽兵败，刘备集团失去荆州，龟缩在益州境内。刘备作为外来的新人，他在称帝时仍旧宣扬"玺出襄阳"，实则是向益州本土的旧势力宣告，政治上仍将倚重外来

---

① 《三国志》卷三六《蜀书·关羽传》注引《典略》，第942页。
② 《晋书》卷一《宣帝纪》，中华书局1974年版，第2—3页。
③ 《三国志》卷三六《蜀书·关羽传》，第941页。
④ 《三国志》卷五四《吴书·吕蒙传》，第1278页。

元从、荆襄人士，益州士人只能处于顺从的地位。① 事实上，从刘焉父子开始，外来势力就取得了对益州本土豪强的优势地位。刘焉、刘璋父子利用东州士和青羌兵先后诛杀了州中豪强王咸、李权等十余人，镇压了犍为太守蜀郡任岐、校尉蜀郡贾龙以及州大吏赵韪的叛乱，以立威刑，稳定统治。②

刘备进入益州后，仍然利用外来势力治蜀。由于益州本土豪强实力有限，他们一方面屈从于刘氏外来集团，另一方面由于其利益受到侵害，加上政治理念上并不认同，他们很难与刘备集团保持一致，并未展开积极合作。③ 比如，关于《春秋谶》"代汉者当涂高"，巴西阆中人周舒的解释是"当涂高者，魏也"。这一解说在益州影响颇大，乡党学者私传其语。④ 后来蜀郡成都人杜琼与巴西西充国人谯周对此做了阐释：

> 周因问曰："昔周征君以为当涂高者魏也，其义何也？"琼答曰："魏，阙名也，当涂而高，圣人取类而言耳。"又问周曰："宁复有所怪邪？"周曰："未达也。"琼又曰："古者名官职不言曹；始自汉已来，名官尽言曹，使言属曹，卒言侍曹，此殆天意也。"

谯周又根据杜琼的说法进一步论述："先帝讳备，其训具也，后主讳禅，其训授也，如言刘已具矣，当授与人也。"又云："'众而大，期之会；具而授，若何复？'言曹者众也，魏者大也，众而大，天下其当会也；具而授，如何复有立者乎？"⑤ 由此看来，根据谶纬，很多益州士人相信汉家气数已尽，天命在魏，曹魏终将代汉。因此，他们对于以兴复汉室为己任的刘备集团自然多持不信任的态度。

比如，广汉绵竹人秦宓，先主定益州，广汉太守请宓为师友祭酒，

---

① 关于蜀汉政治史上的"新旧、客主"之争，参见田余庆《李严兴废与诸葛亮用人》，《秦汉魏晋史探微》（重订本），中华书局2004年版，第190—207页。
② 《三国志》卷三一《蜀书·刘二牧传》及注引《益部耆旧杂记》《英雄记》，第866—869页。
③ 关于益州士人与刘备政权的矛盾，以及益州士人所作谶纬的分析，参见华喆《从"九世会备"到"代汉者当涂高"——试论益州士人与刘备政权之关系》，未刊稿。
④ 《三国志》卷四二《蜀书·周群传》，第1020页。
⑤ 《三国志》卷四二《蜀书·杜琼传》，第1022页。

领五官掾，宓称疾，卧在第舍。即使太守等人带厨膳赴宓第宴谈，宓也高卧如故。刘备既称尊号，将东征吴，宓陈天时必无其利，坐下狱幽闭。① 梓潼涪人杜微，先主定蜀，常称聋，闭门不出。诸葛亮领益州牧，以杜微为主簿，固辞。举而致之，既致，亮引见微，微自陈谢。亮以微不闻人语，于坐上与书，微自乞老病求归，亮又与书。拜为谏议大夫，以从其志。②

即使益州士人在刘备集团的威逼利诱之下而出仕，从一些事件来看，他们与刘备集团也很难同心同德。如曹操进入汉中，"蜀中一日数十惊，备虽斩之而不能安也"③。蜀中之所以震恐，恐怕不是因为巴蜀唇齿相依的关系那么简单，从谶语"代汉者当涂高""当涂高者魏也"的流传来看，蜀中暗流涌动，其士人、豪强很可能更倾向于与曹操（时已晋号"魏公"）集团进行合作。因此，当刘备决定进兵汉中，益州后部司马蜀郡张裕谏曰："不可争汉中，军必不利。"又私语人曰："岁在庚子，天下当易代，刘氏祚尽矣。主公得益州，九年之后，寅卯之间当失之。"还嘲讽刘备为"潞涿君"。刘备衔其不逊，忿其漏言，"芳兰生门，不得不锄"，以张裕谏争汉中不验，弃市。巴西阆中人周群则说得比较委婉："当得其地，不得其民也。若出偏军，必不利，当戒慎之！"④ 对于刘备称帝，犍为南安人费诗明确提出了反对意见：

> 殿下以曹操父子逼主篡位，故乃羁旅万里，纠合士众，将以讨贼。今大敌未克，而先自立，恐人心疑惑。昔高祖与楚约，先破秦者王。及屠咸阳，获子婴，犹怀推让，况今殿下未出门庭，便欲自立邪！愚臣诚不为殿下取也。

费诗也因此而忤旨，左迁永昌郡从事。⑤ 从这些事件来看，很多益州士人与刘备集团互不信任，关系若即若离。

在刘备外来集团的威迫之下，一些益州士人虽然与刘备有限度地进行

---

① 《三国志》卷三八《蜀书·秦宓传》，第974—976页。
② 《三国志》卷四二《蜀书·杜微传》，第1019—1020页。
③ 《三国志》卷一四《魏书·刘晔传》注引《傅子》，第445页。
④ 《三国志》卷四二《蜀书·周群传》，第1020—1021页。
⑤ 《三国志》卷四一《蜀书·费诗传》，第1016页。

合作，但是，他们又隐晦地表达其政治理想，进行反抗。刘备称帝时，费诗因直谏而左迁，这并不意味着益州士人就因此而屈服。在益州士人呈上的谶纬祥瑞中，就暗含玄机，表达了对刘备的不满。据《三国志·蜀书·先主传》载：

> 是后在所并言众瑞，日月相属，故议郎阳泉侯刘豹、青衣侯向举、偏将军张裔、黄权、大司马属殷纯、益州别驾从事赵莋、治中从事杨洪、从事祭酒何宗、议曹从事杜琼、劝学从事张爽、尹默、谯周等上言："臣闻《河图》、《洛书》，五经谶、纬，孔子所甄，验应自远。谨案《洛书甄曜度》曰：'赤三日德昌，九世会备，合为帝际。'《洛书宝号命》曰：'天度帝道备称皇，以统握契，百成不败。'《洛书录运期》曰：'九侯七杰争命民炊骸，道路籍籍履人头，谁使主者玄且来。'《孝经钩命决录》曰：'帝三建九会备。'臣父群未亡时，言西南数有黄气，直立数丈，见来积年，时时有景云祥风，从璇玑下来应之，此为异瑞。又二十二年中，数有气如旗，从西竟东，中天而行，《图》、《书》曰'必有天子出其方'。加是年太白、荧惑、填星，常从岁星相追。近汉初兴，五星从岁星谋；岁星主义，汉位在西，义之上方，故汉法常以岁星候人主。当有圣主起于此州，以致中兴。时许帝尚存，故群下不敢漏言。顷者荧惑复追岁星，见在胃昴毕；昴毕为天纲，《经》曰'帝星处之，众邪消亡'。圣讳豫睹，推揆期验，符合数至，若此非一。臣闻圣王先天而天不违，后天而奉天时，故应际而生，与神合契。愿大王应天顺民，速即洪业，以宁海内。"①

据《蜀书》记载，张裔（蜀郡成都人）、黄权（巴西阆中人）、赵莋（巴西人）②、杨洪（犍为武阳人）、何宗（蜀郡郫人）、杜琼（蜀郡成都人）、尹默（梓潼涪人）、谯周（巴西西充国人）皆为益州人；刘豹（阳泉侯）、向举（青衣侯）皆为封在益州的县侯；唯殷纯、张爽郡县失考，可能也是益州人。潘眉云："常璩言：宗通推步、图谶，赞立先主；杨羲

---

① 《三国志》卷三二《蜀书·先主传》，第887—888页。
② （晋）常璩著，任乃强校注：《华阳国志》卷五《公孙述刘二牧志》，第248页。

（戏）亦言：宗援引图谶，劝先主即尊号。然则劝进表即何宗所撰。"① 有相当的理由。总的看来，这份劝进表应由益州士人所写所献，代表了益州群体在当时政治形势下的主流意见。

再来看益州士人所列的谶纬、天象。所列四条谶纬，其中《洛书宝号命》和《洛书录运期》之谶语，不见于此前的图籍，暂不做讨论。而所引《洛书甄曜度》和《孝经钩命决录》中的谶语，光武帝刘秀已有利用，并于泰山刻石，但文字有所不同：

> 《洛书甄曜度》曰："赤三德，昌九世，会修符，合帝际，勉刻封。"《孝经钩命决》曰："予谁行，赤刘用帝，三建孝，九会修，专兹竭行封岱青。"②

在益州士人所献劝进表中，将《洛书甄曜度》一条谶语中的"修（脩）"字改为"备（俻、僃）"字；因刘备不可能泰山刻封，故删去"勉刻封"三字；为了通读并增强语意，于"赤三"后加"日"字，"合"后加"为"字，以作"赤三日德昌，九世会备，合为帝际"。又将《孝经钩命决录》中的谶语，同样改"修（脩）"为"备（俻、僃）"，删"孝"字，以作"帝三建九会备"。这两条谶语见于泰山刻石，已成定本，斑斑可查。益州士人竟敢冒天下之大不韪删改谶纬，表面上是迎合刘备称帝，实际上是蒙骗刘备集团的一场闹剧。③ 比如，所谓"九世会备"，不过是

---

① 潘眉：《三国志考证》，《二十四史订补》第5册，书目文献出版社1996年版，第193页。（晋）常璩著，任乃强校注：《华阳国志校补图注》卷一〇上《先贤士女总赞论》曰："大鸿胪何宗彦英，刘主割据，资我英俊。鸿胪渊通，与道推运。通经纬、天官、推步、图谶。知刘备应汉九世之运，赞立先主。"第525、538—539页。《三国志》卷四五《蜀书·杨戏传·季汉辅臣赞》云："先主定益州，领牧，辟为从事祭酒。后援引图、谶，劝先主即尊号。践阼之后，迁为大鸿胪。"第1083页。然而，劝进表后文云"臣父群未亡时"，"臣父群"为何宗之父邪？今已不可考。《华阳国志》卷六《刘先主志》作"周群父未亡时"，第376页。潘眉认为，（周群父）周舒亦著名于时，何不竟称周舒。宋《符瑞志》云，先是术士周群言云云，为群无疑，非舒也。"臣父群"，"父"字当改"周"。第193页。钱大昕认为，按《周群传》云："子巨，亦传其术。"或"臣"或"巨"之讹，而上脱"周"字邪？《廿二史考异》，上海古籍出版社2004年版，第294页。

② 《续汉书志》第七《祭祀上》，第3165—3166页。

③ 黄寿祺《易学群书平议》"洛书甄曜度谶"条（北京师范大学出版社1988年版，第214页）注意到该条谶语的删改情况。华喆《从"九世会备"到"代汉者当涂高"——试论益州士人与刘备政权之关系》（未刊稿）对此做了进一步论述。

将光武帝刘秀继统过程中宣扬的谶语"赤帝九世"套用到刘备身上。① 与刘秀为"高祖九世孙"有清晰的记载不同,② 前引《先主传》所载刘备世系颇有阙失,仅有八世可考。而汉初至蜀汉已历四百余年,不止九世。刘备集团又未对"九世会备"作进一步阐释。很显然,"九世会备"不过是一条改造得十分蹩脚的谶语。这样的谶纬,删改的意图非常明显,非但不能宣扬刘备继天命所在,反而容易引起质疑,削弱刘备的正统地位。

事实上,这还不是删改谶纬那么简单。比如,改"赤三"为"赤三日",从表面上看,这是与《孝经钩命决录》"帝三建"相合,对应着刘邦、刘秀和刘备。然而,孔子曰:"天无二日,土无二王"③,所谓"赤三日"似乎在影射当时鼎足三分的形势。

又,荆襄人士宣扬"黄龙见武阳赤水",赤水因水浊呈赤色而得名,其本意是,按五德终始说,以色尚赤,表明续汉统。然而,据《汉书·五行志中》:

> 《史记》曰,秦武王三年渭水赤者三日,昭王三十四年渭水又赤三日。刘向以为近火沴水也。秦连相坐之法,弃灰于道者黥,罔密而刑虐,加以武伐横出,残贼邻国,至于变乱五行,气色谬乱。天戒若曰,勿为刻急,将至败亡。昔三代居三河,河洛出《图》、《书》,秦居渭阳,而渭水数赤,瑞异应德之效也。京房《易传》曰:"君湎于酒,淫于色,贤人潜,国家危,厥异流水赤也。"④

将"赤三日"与"赤水"联系起来,则是国家危亡之象。

再者,将《孝经钩命决录》中的谶语删去"孝"字,如前所述,刘备篡改自己的世系,否认"临邑侯枝属"的身份,而远绍汉景帝子中山靖王胜之后,诸葛亮等人的劝进表仍宣扬"大王出自孝景皇帝中山靖王之胄",这里删掉"孝",有私底下讥弄刘备为不孝之徒的嫌疑。

---

① 参见陈苏镇《〈春秋〉与"汉道":两汉政治与政治文化研究》第五章第二节之三《"赤帝九世"考》,中华书局2011年版,第429—436页。
② 《后汉书》卷一上《光武帝纪上》,第1页。
③ 《礼记正义》卷一八《曾子问》,《十三经注疏》下册,中华书局1980年版,第1392页。
④ 《汉书》卷二七中之下《五行志》,第1438—1439页。

再来看天象。所列的三个天象，其中"是年（建安二十二年）太白、荧惑、填星，常从岁星相追"，在汉魏史籍中仅见于《蜀书》，暂不做讨论。对于周群所言"西南数有黄气"，即汉末就已流传"益州分野有天子气"①。劝进表中所列"（建安）二十二年中，数有气如旗，从西竟东，中天而行"，"数有气如旗"未知为何色之气，承前来看，应为黄色。黄气如旗是何天文现象？按《吕氏春秋·明理》"有其状若众植华以长，黄上白下，其名蚩尤之旗"②，再按《三国志·魏书·王肃传》，嘉平六年（254），白气经天，王肃曰："此蚩尤之旗也，东南其有乱乎？"③ 由此看来，黄气经天如旗，也应是"蚩尤旗"。《晋书·天文志中》云："蚩尤旗，类彗而后曲，象旗。或曰，赤云独见。或曰，其色黄上白下。或曰，若植蘴而长，名曰蚩尤之旗。或曰，如箕，可长二丈，末有星。主伐枉逆，主惑乱，所见之方下有兵，兵大起，不然，有丧。"④ 蚩尤旗是彗星一类的"妖星"，当然不会是什么"黄气""天子气"。

那么，建安二十二年（217）前后究竟是什么天象呢？据《后汉书·献帝纪》记载："二十二年冬，有星孛于东北。二十三年三月，有星孛于东方。"⑤《续汉书志·天文下》："二十三年三月，孛星晨见东方二十余日，夕出西方，犯历五车、东井、五诸侯、文昌、轩辕、后妃、太微，锋炎刺帝坐。占曰：'除旧布新之象也。'"⑥ 孛星，恶气之所生，内不有大乱，则外有大兵，天下合谋，暗蔽不明，有所伤害，灾甚于彗。⑦ 对于建安二十三年的星象，在汉魏禅代过程中，太史丞许芝已有条陈："二十三年，（彗星）扫太微，帝王受命易姓之符也。"⑧ 这与《续汉书志·天文下》的描述一致。刘备以继承汉统自居，当然不会是什么易姓换代，这一星象本应选择性忽视。益州士人却将"孛星"描述为"数有气如旗"，表面上是在为刘备称帝寻找符命吉兆，实际上是通过这一"帝王受

---

① 《三国志》卷三一《蜀书·刘焉传》，第865页。
② 许维遹撰：《吕氏春秋集解》卷六《明理》，中华书局2009年版，第149—150页。
③ 《三国志》卷一三《魏书·王肃传》，第418页。
④ 《晋书》卷一二《天文志中》，第324页。
⑤ 《后汉书》卷九《献帝纪》，第389页
⑥ 《续汉书志》卷一二《天文下》，第3262页。
⑦ 《晋书》卷一二《天文志中》，第323页。
⑧ 《三国志》卷二《魏书·文帝纪》注引《献帝传》，第64页。

命易姓之符"隐晦地宣传刘备并非天命之所在。

再来看益州士人条列的"岁星见在胃昴毕,昴毕为天纲"。这一星象在曹魏臣子所献符命中也有记录,但描述有所不同。许芝云:"今兹岁星在大梁,有魏之分野也。"① 苏林、董巴曰:"今二十五年,岁复在大梁,陛下受命。此魏得岁与周文王受命相应。"② 按《吕氏春秋·有始览》《淮南子·天文训》云:"西方曰颢天,其星胃、昴、毕。"高诱注:"昴、毕,一名大梁,赵之分野。"③《汉书·地理志下》亦云:"赵地,昴、毕之分野。"④ 值得留意的是,《淮南子·天文训》云"胃、昴、毕魏",盖将星宿别名误作魏都大梁。⑤ 许芝所谓"今兹岁星在大梁,有魏之分野也"也犯了同样的错误。不过,据按《史记·天官书》:"奎、娄、胃,徐州;昴、毕,冀州。"胃、昴、毕对应的地域皆在曹魏境内。

既然如此,益州士人为何也要条陈"岁星见在胃昴毕,昴毕为天纲"呢?他们一来以"西方曰颢天,其星胃、昴、毕"来比附"汉位在西,义之上方"。其实,这里的"西方"具体是指胃、昴、毕与斗杓的相对方位,与地理分野并无直接关系。至于"昴毕为天纲",《史记·天官书》云:"昴、毕间为天街。其阴,阴国。阳,阳国。"⑥ "天街"有"天阶""天津"之称,如《索隐》引《元命苞》云:"毕为天阶。"孙炎云:"昴、毕之间,日、月、五星出入要道,若津梁也。"⑦ 又有"天网"一说,如苏竟云:"毕为天网,主网罗无道之君,故武王将伐纣,上祭于毕,求助天也。"⑧ 很显然"昴毕为天纲"不过是将"网(網)"改为"纲(綱)"。从苏竟的解释来看,毕主网罗无道之君,并以武王伐纣例之,可见,这也是易代之象,与刘备承续汉统是格格不入的。

益州士人所献的这份劝进表,篡改、修饰谶纬天文,表面上是在为刘备称帝寻找合法依据,实际上是在戏弄、诳骗刘备,隐晦地表达了魏

---

① 《三国志》卷二《魏书·文帝纪》注引《献帝传》,第 65 页。
② 同上书,第 70 页。
③ 许维遹撰:《吕氏春秋集解》卷一三《有始览》,第 277 页。何宁撰:《淮南子集释》卷三《天文训》,中华书局 1998 年版,第 182 页。
④ 《汉书》卷二八下《地理志下》,第 1655 页。
⑤ 《淮南子集释》卷三《天文训》,第 273 页。
⑥ 《史记》卷二七《天官书》,第 1306 页。
⑦ 《史记》卷二七《天官书》注引《索隐》,第 1306 页。
⑧ 《后汉书》卷三〇上《苏竟传》,第 1045 页。

终将代汉的符命。这表明，他们根本就不相信刘备是天命之所在！因此，益州士人以图谶劝进，并不能证明他们认同刘备集团并展开积极合作，反而真实地显露了益州士人与刘备集团之间貌合神离的政治关系，刘备的正统地位也得不到益州士人的认同。

　　益州士人此举，刘备集团内肯定有人知晓，只是碍于刘备在仓促之间称帝，且当时关羽战败，荆州已失，为了维持益州地区的稳定，而不便直接揭发。为此，诸葛亮等人在劝进过程中，特别强调了"玺出襄阳"这一瑞征，其中就有告诫益州士人的用意。"玺出襄阳"表明蜀汉的政治权力仍将掌握在荆襄人士手中，如果益州士人继续这样不真心实意臣服，又假意合作的话，势必就会受到进一步的压迫。作为这份劝进表重要作者的何宗，虽然一时因"赞立先主"而迁为大鸿胪，奇怪的是，史籍中居然"失其行事"，《蜀书》也未立传。可以想见，当这份图谶符命文字屡遭篡改的劝进表传至曹魏、孙吴而被敌国嘲笑时，刘备将会是怎样的恼羞成怒，何宗也必将受到严厉的清算，以致其行事湮没无闻。正是因为由益州士人别有用心制造的蜀汉继统的符命依据是那样的经不起推敲乃至荒诞，从而在思想文化上极大地动摇了蜀汉上下以及思汉人士的政治信仰。所以，当曹魏攻打蜀汉，而蜀汉尚有相当的军事实力之时，谯周居然高唱投降的论调，宣扬天命在魏，蜀汉君臣竟然能信从，不能不说与益州士人图谶符命的政治暗示有着千丝万缕的联系。

六　结语

　　总之，"玺出襄阳"是元从荆襄人士在刘备称帝之前精心制作的祥瑞。他们通过玺出汉水之末的襄阳，既宣称刘备乃天命所归，汉室正统之所在，又强调蜀汉政权将以元从荆襄人士为中坚，告诫益州豪强士人要顺从而不可造逆。同时还昭示天下，蜀汉将东征荆州、襄阳，实现《隆中对》两路北伐的计划，以进取中原，光复汉室。可以说，"玺出襄阳"既是体现刘备政权合法性的重要瑞征，又是一次对内对外的政治宣言，与蜀汉政权的建设有着相当紧密的关系。

前秦政权败亡原因新探

——淝水之战后苻坚苻丕父子策略的失误

陕西师范大学历史文化学院 黄寿成

有关前秦政权败亡的原因，以往学者多认为淝水之战苻坚的失败使慕容垂、姚苌等鲜卑及羌族首领得以反叛，导致前秦政权的灭亡。[①] 也有学者认为前秦灭亡是由于苻坚对于慕容垂、姚苌等鲜卑及羌族首领过于宽容，民族政策具有局限性，由此最终使前秦政权走上了灭亡的道路。[②] 诚然这些说法都很有道理，不过淝水之战后虽然前秦政权遭到了一定程度的打击，元气大伤，但是该政权并没有随之土崩瓦解，相反前秦政权还具有相当大的实力。因此笔者以为前秦的灭亡一定还有其他原因，也就是淝水之战的失利只是前秦政权灭亡的一个诱因而已，而真正致命的原因却是苻坚等前秦政权的最高统治者在淝水之战后所采取的战略上的失误。

一

淝水之战苻坚失利虽然对前秦政权是一次沉重的打击，但是前秦并未随之灭亡，而且在苻坚死后前秦的残余势力仍然在中国北方特别是关

[①] 见蒋福亚《前秦史》，北京师范学院出版社1993年版，第236—266页；王仲荦：《魏晋南北朝史》，上海人民出版社2003年版，第254—267页；徐扬杰：《淝水之战的性质和前秦失败的原因》，《华中师范大学学报》1980年第1期。

[②] 李椿浩：《论苻坚的民族政策与前秦的灭亡》，《中央民族大学学报》2000年第1期。

中地区坚持了若干年,据《晋书》卷一一五《苻登载记》记载前秦最后败亡事:"至是(姚)苌死,(苻登)尽众而东,攻屠各姚奴、帛蒲二堡,克之,自甘泉向关中。兴追登不及数十里,登从六陌趣废桥,兴将尹纬据桥以待之。登争水不得,众渴死者十二三。与纬大战,为纬所败,其夜众溃,登单马奔雍。""初,登之东也,留其弟司徒广守雍,太子崇守胡空堡。广、崇闻登败,出奔,众散。登至,无所归,遂奔平凉,收集遗众入马毛山。兴率众攻之,登遣子汝阴王宗质于陇西鲜卑乞伏乾归,结婚请援,乾归遣骑二万救登。登引军出迎,与兴战于山南,为兴所败,登被杀。"另据《资治通鉴》记载苻登太元十九年四月兵败,六月被杀,① 而淝水之战发生于太元八年十月,② 距苻登被杀的太元十九年六月将近十一年,由此可见,前秦政权并没有随着淝水之战的失利而立即灭亡,相反此后该政权仍然坚持了相当长的时间。

至于前秦政权是怎样一步步走向灭亡的?要弄清楚这个问题,就要看淝水之战后前秦政权在山东和关陇两大区域怎样与各种敌对势力角逐的,而当时山东地区的政治、军事形势,据《晋书》卷一一四《苻坚载记》记载:"未及关而(慕容)垂有贰志,说坚请巡抚燕岱,并求拜墓,坚许之。""寻惧垂为变,悔之,遣骁骑石越率卒三千戍邺,骠骑张蚝率羽林五千戍并州,留兵四千配镇军毛当戍洛阳。"从苻坚分别派石越、张蚝、毛当各率数千将士镇守邺、并州、洛阳这几个战略要地看当时前秦政权还是具有相当大的实力,可是这样分散兵力却不一定是明智之举,因为此后战略态势多少可以证明这点。据《苻坚载记》记载:"卫军从事中郎丁零翟斌反于河南,长乐公苻丕遣慕容垂及苻飞龙讨之。垂南结丁零,杀飞龙,尽坑其众。豫州牧、平原公苻晖遣毛当击翟斌,为斌所败,当死之。垂子农亡奔列人,招集群盗,众至万数。"卷一二三《慕容垂载记》记载:"垂攻拔邺郭,丕固守中城,垂堑而围之,分遣老弱于魏郡、肥乡,筑新兴城以置辎重,拥漳水以灌之。""遣其征西慕容楷、卫军慕容麟、镇南慕容绍、征虏慕容宙等攻苻坚冀州牧苻定、镇东苻绍、幽州牧苻谟、镇北苻亮。楷与定等书,喻以祸福,定等悉降。"可见慕容垂起兵后在山东地区势力迅速扩张,使前秦政权在与慕容垂为首的鲜卑慕容

---

① 《资治通鉴》卷一〇八,晋孝武帝太元十九年,中华书局1956年版,第3413—3415页。
② 《资治通鉴》卷一〇五,晋孝武帝太元八年,第3311—3313页。

氏的交锋中不断失利，这种不利的局面可能就是由于以苻坚为首的前秦政权过于分散兵力所造成的。

但是对于前秦势力来说关陇地区形势略好一些，《晋书》卷一一四《苻坚载记》说："坚率步骑二万讨姚苌于北地，次于赵氏坞，使护军杨璧游骑三千，断其奔路，右军徐成、左军窦冲、镇军毛盛等屡战败之，仍断其运水之路。冯翊游钦因淮南之败，聚众数千，保据频阳，遣军运水及粟，以馈姚苌，杨璧尽获之。苌军渴甚，遣其弟镇北尹买率劲卒二万决堰。窦冲率众败其军于鹳雀渠，斩尹买及首级万三千。"这场战役以前秦政权大败以姚苌为首的姚羌势力而告终。在对付以慕容冲为首的鲜卑势力时"（苻）坚与冲战，各有胜负。尝为冲军所围，殿中上将军邓迈、左中郎将邓绥、尚书郎邓琼相谓曰：'吾门世荷荣宠，先君建殊功于国家，不可不立忠效节，以成先君之志。且不死君难者，非丈夫也。'于是与毛长乐等蒙兽皮，奋矛而击冲军。冲军溃，坚获免，嘉其忠勇，并拜五校，加三品将军，赐爵关内侯。冲又遣其尚书令高盖率众夜袭长安，攻陷南门，入于南城。左将军窦冲、前禁将军李辩等击败之，斩首千八百级，分其尸而食。坚寻败冲于城西，追奔至于阿城。诸将请乘胜入城，坚惧为冲所获，乃击金以止军。"虽然这场战役之初苻坚曾一度被围，可是最终还是以苻坚获胜而结束。此后慕容冲再度寻衅，苻坚大怒，"复遣领军杨定率左右精骑二千五百击冲，大败之，俘掠鲜卑万余而还"。而且当时"关中堡壁三千余所，推平远将军冯翊赵敖为统主，相率结盟，遣兵粮助坚"。正是由于关中地区众多势力的支持，以苻坚为首的前秦政权才能够在关陇地区与鲜卑慕容冲、羌族姚苌等势力进行对抗，苻坚指挥前秦残余力量在与这些敌对势力的对抗中取得了一些胜利，还曾一度给予姚苌为首的姚羌势力以沉重打击。

不过前秦政权在关陇地区与鲜卑慕容冲、羌族姚苌等敌对势力的对抗中也遭受了一些挫折，如《晋书》卷一一四《苻坚载记》说："慕容暐弟燕故济北王泓先为北地长史，闻垂攻邺，亡命奔关东，收诸马牧鲜卑，众至数千，还屯华阴。慕容暐乃潜使诸弟及宗人起兵于外。（苻）坚遣将军强永率骑击之，为泓所败，泓众遂盛。""（苻坚）征苻睿为都督中外诸军事、卫大将军、司隶校尉、录尚书事，配兵五万，以左将军窦冲为长史，龙骧姚苌为司马。讨泓于华泽。平阳太守慕容冲起兵河东，有众二万，进攻蒲坂，坚命窦冲讨之。苻睿勇果轻敌，不恤士众。泓闻其至也,惧,率众将奔关东,睿驰兵要之。""战于华泽,睿败绩,被杀。"这场战役由于苻睿轻敌,不听姚苌的劝告,前秦势力最终以失败告终。在与慕容冲争斗中"坚闻慕容冲去长安二百余里,引师而归,使抚军苻方戍骊山,拜苻晖使持节、散骑常侍、都督中外诸军事、车骑大将军、司隶校尉、录尚书,配兵五万距冲,河间公苻琳为中军大将军,为晖后继。冲乃令妇人乘牛马为众,揭竿为旗,扬土为尘,督厉其众,晨攻晖营于郑西。晖出距战,冲扬尘鼓噪,晖师败绩。坚又以尚书姜宇为前将军,与苻琳率众三万,击冲于灞上,为冲所败,宇死之,琳中流矢,冲遂据阿房城。"前秦势力亦失利。当姚苌起兵后"姚苌留其弟征虏绪守杨渠川大营,率众七万来攻坚。坚遣杨璧等击之,为苌所败,获杨璧、毛盛、徐成及前军齐午等数十人,皆礼而遣之",这场战役虽然是由苻坚主动发动的进攻,可是失败了。此后据《晋书》卷一一六《姚苌载记》说:"(苻)坚宁朔将军宋方率骑三千从云中将赴长安,苌自二县要破之,方单马奔免,其司马田晃率众降苌。苌遣诸将攻新平,克之,因略地至安定,岭北诸城尽降之。"在这场战役中前秦政权丢失了新平这一京城附近的城池以及岭北诸城,这对于前秦政权也是十分不利的。可见前秦政权在关中地区与鲜卑慕容泓、慕容冲、羌族姚苌等势力的争斗中虽然遭受了一些挫折。可是许多战役是由以苻坚为首的前秦残余势力主动发起进攻的,这说明虽然在淝水之战中苻氏势力遭受了重大损失,但是在关中地区前秦政权仍然具有相当大的实力,因此该地区的形势当时还是一个未知数。此后却由于一个突发事件使得该地区的形势发生了重大的变化,据《苻坚载记》记载:"(苻坚)遣卫将军杨定击冲于城西,为冲所擒。坚弥惧,付(苻)宏以后事,将中山公诜、张夫人率骑数百出如五将,宣告州郡,期以孟冬救长安。""坚至五将山,姚苌遣将军吴忠围之。坚众奔散,独侍御十数人而已。神色自若,坐而待之,召宰人进食。俄而忠至,执坚以归新平,幽之于别室。"因此说由于杨定被擒,苻坚惊慌失措,处置失当,逃至五将山,才落得被姚苌俘杀的下场。

由此来看,在这第一阶段鲜卑慕容氏和羌族姚氏等敌对势力先后在山东和关陇地区起兵,前秦势力在苻坚的指挥下在中国北方全面防御阶段,从上文看在这一阶段由于氐族本来人数就不多,苻坚又采取了一个全面防御分兵据守若干个战略要地的错误的战略方针,结果胜少败多,被敌对势力各个击破,特别是在山东地区苻氏家族已无法恢复旧日的统治,这一阶段以前秦位于关中地区的权力中心和指挥中心被姚苌摧毁,苻坚被杀而结束,由此转入第二阶段。可是从苻坚回到洛阳时尚有"众十余万,百官威仪军容粗备"、"苻晖率洛阳、陕城之众七万归于长安。益州刺史王广遣将军王蚝率蜀汉之众来赴难"①,以及当时整个中国北方的形势来看,前秦政权还具有相当大的实力。

二

随着苻坚被姚苌所杀,前秦政权在苻丕的指挥下仍然在山东和关陇两大区域与敌对势力继续对抗,在山东地区据《晋书》卷一一五《苻丕载记》记载:"(苻)坚败归长安,丕为慕容垂所逼,自邺奔枋头。坚之死也,丕复入邺城,将收兵赵魏,西赴长安。会幽州刺史王永、平州刺史苻冲频为垂将平规等所败,乃遣昌黎太守宋敞焚烧和龙、蓟城宫室,率众三万进屯壶关,遣使招丕。丕乃去邺,率男女六万余口进如潞川。骠骑张蚝、并州刺史王腾迎之,入据晋阳。""坚尚书令、魏昌公苻纂自关中来奔,拜太尉,进封东海王。以中山太守王兖为平东将军平州刺史阜城侯、苻定为征东将军冀州牧高城侯、苻绍为镇东将军督冀州诸军事重合侯、苻谟为征西将军幽州牧高邑侯、苻亮为镇北大将军督幽并二州诸军事,并进爵郡公。定、绍据信都,谟、亮先据常山,慕容垂之围邺城也,并降于垂,闻丕称尊号,遣使谢罪。王兖固守博陵,与垂相持。""丕留王腾守晋阳,杨辅戍壶关,率众四万进据平阳。""慕容永以丕至平阳,恐不自固,乃遣使求假道还东,丕弗许。遣王永及苻纂攻之。以俱石子为前锋都督,与慕容永战于襄陵。王永大败,永及石子皆死之。"可见虽然以苻丕为首的前秦残余力量在山东地区遭受了一系列的挫折,失去了邺城这一重要的战略据点,可是他们仍然据守着晋阳这一重要的战略据点以及信都、常山、博陵、平阳等处,说明前秦政权在山东地区仍具有一定的实力。但是由于东晋乘北方大乱之机北伐,向山东地区发展,给予苻丕致命的一击,《苻丕载记》说"及(王)永之败,惧为纂所杀,率骑

---

① 《晋书》卷一一四《苻坚载记》,中华书局1974年版,第2919、2922页。

数千南奔东垣。晋扬威将军冯该自陕要击，败之，斩丕首"，前秦残余力量基本丧失了山东地区。

而关陇地区的形势则好于山东地区，据《晋书》卷一一五《苻丕载记》记载："左将军窦冲、秦州刺史王统、河州刺史毛兴、益州刺史王广、南秦州刺史杨璧、卫将军杨定，并据陇右，遣使招丕，请讨姚苌。""于是天水姜延、冯翊寇明、河东王昭、新平张晏、京兆杜敏、扶风马郎、建忠高平牧官都尉王敏等咸承檄起兵，各有众数万，遣使应丕。皆就拜将军、郡守，封列侯。冠军邓景拥众五千据彭池，与窦冲为首尾，击苌平凉太守金熙。安定北部都尉鲜卑没奕于率鄯善王胡员吒、护羌中郎将梁苟奴等，与苌左将军姚方成、镇远强京战于孙丘谷，大败之。"可见在苻坚死后前秦政权在关中地区仍然有相当大的实力，在与姚苌的争夺中取得了一些胜利，但是也遭受了一些挫折，卷一一六《姚苌载记》说："遂如秦州，与苻坚秦州刺史王统相持，天水屠各、略阳羌胡应苌者二万余户，统惧，乃降。"可见在关陇地区前秦残余势力虽然丢失了秦州，可是从左将军窦冲、河州刺史毛兴、益州刺史王广、南秦州刺史杨璧、卫将军杨定据守陇右与姚苌对抗，天水姜延、冯翊寇明、河东王昭、新平张晏、京兆杜敏、扶风马郎、建忠高平牧官都尉王敏等起兵响应苻丕来看，前秦政权在该地区还是有相当大的实力，占据了广大地区，并且在与姚苌势力的争斗中略占优势。

总的来看，在第二阶段苻坚的接班人苻丕率领前秦势力继续执行苻坚所制定的战略决策，在中国北方采取全面防御方略，和第一阶段不同的是由前秦政权的最高统治者苻丕亲自坐镇山东地区，与以慕容垂为首的鲜卑和以姚苌为首的羌族势力周旋，试图挽回败局。在关陇地区前秦残余势力在与姚苌势力的角逐中还间有捷报，可是在苻丕亲自坐镇的山东地区已处于不利形势，再加上这时东晋乘机北伐，并给予苻丕致命的一击。使得这一阶段又以苻丕被东晋所杀而告终。但是从苻丕"乃以太元十年僭即皇帝位于晋阳南。立坚行庙，大赦境内，改元曰太安。置百官，以张蚝为侍中、司空，封上党郡公；王永为使持节、侍中、都督中外诸军事、车骑大将军、尚书令，进封清河公；王腾为散骑常侍、中军大将军、司隶校尉、阳平郡公；苻冲为左光禄大夫、尚书左仆射、西平王；俱石子为卫将军、濮阳公；杨辅为尚书右仆射、济阳公；王亮为护军将军、彭城公；强益耳、梁畅为侍中，徐义为吏部尚书，并封县公"、

"苻纂及弟师奴率丕余众数万,奔据杏城"①,以及窦冲、王统、毛兴、王广、杨璧、杨定、姜延、寇明、王昭、张晏、杜敏、马郎、王敏等据守关陇的广大地区与姚羌对抗来看,前秦政权在这一时期还是具有相当大的实力。从许多地方长官拥戴苻丕,并且请求苻丕回到关中率领他们讨伐姚苌来看,苻氏势力在关陇地区还是略占优势的,所缺乏的就是一个领导核心,如果当时苻丕能够审时度势及时回到关中,该地区的形势可能会对前秦政权更加有利,完全不致导致该政权的崩溃。

三

随着苻丕被东晋所杀,苻氏家族基本上失去了在山东地区与鲜卑慕容氏对抗的力量,但是他们在苻登的率领下在关陇地区继续为维持前秦政权的残局与姚羌势力周旋,并取得了一些胜利,据《晋书》卷一一五《苻登载记》记载:"初,长安之将败也,(苻)坚中垒将军徐嵩、屯骑校尉胡空各聚众五千,据险筑堡以自固,而受姚苌官爵。及苌之害坚,嵩等以王礼葬坚于二堡之间。至是,各率众降登。""于是貮县氐帅彭沛谷、屠各董成、张龙世、新平羌雷恶地等尽应之,有众十余万。(苻)纂遣师奴攻上郡羌酋金大黑、金洛生,大黑等逆战,大败之,斩首五千八百。""苻纂败姚硕德于泾阳""窦冲攻苌汧、雍二城,克之,斩其将军姚元平、张略等。又与苌战于汧东,为苌所败。登次于瓦亭。苌攻彭沛谷堡,陷之,沛谷奔杏城,苌迁阴密。登征虏、冯翊太守兰犊率众二万自频阳入于和宁,与苻纂首尾,将图长安。""登进讨彭池不克,攻弥姐营及繁川诸堡,皆克之。苌连战屡败,乃遣其中军姚崇袭大界,登引师要之,大败崇于安丘,俘斩二万五千。进攻苌将吴忠、唐匡于平凉,克之,以尚书苻硕原为前禁将军、灭羌校尉,戍平凉。登进据苟头原以逼安定。""登收合余兵,退据胡空堡,遣使赍书加窦冲大司马、骠骑将军、前锋大都督、都督陇东诸军事,杨定左丞相、上大将军、都督中外诸军事,杨璧大将军、都督陇右诸军事。遣冲率见众为先驱,自繁川趣长安。登率众从新平迳据新丰之千户固。使定率陇上诸军为其后继,璧留守仇池。又命其并州刺史杨政、冀州刺史杨楷率所统大会长安。""苌扶风太

---

① 《晋书》卷一一五《苻丕载记》,第2922页。

守齐益男奔登。""登攻苌将张业生于陇东,苌救之,不克而退。""登率众从新平迳据新丰之千户固。使定率陇上诸军为其后继,璧留守仇池。又命其并州刺史杨政、冀州刺史杨楷率所统大会长安。苌遣其将军王破虏略地秦州,杨定及破虏战于清水之格奴坂,大败之。""登自雍攻苌将金温于范氏堡,克之,遂渡渭水,攻苌京兆太守韦范于段氏堡,不克,进据曲牢。苟曜有众一万,据逆方堡,密应登,登去曲牢繁川,次于马头原。苌率骑来距,大战败之,斩其尚书吴忠,进攻新平。"卷一一六《姚苌载记》记载:"雷恶地率众降苌,拜为镇东将军。魏褐飞自称大将军、冲天王,率氐胡数万人攻安北姚当城于杏城,雷恶地应之,攻镇东姚汉得于李润。""苌与登战,败于马头原",可见前秦残余势力在苻登指挥下与姚苌势力的角逐中确实取得了一些胜利,特别是在马头原大败姚苌,并击杀了俘获苻坚的元凶吴忠,甚至出现了"(姚)苌既与苻登相持积年,数为登所败,远近咸怀去就之计"的局面。①

当然以苻登为首的前秦残余势力在此期间也遭受了一些挫折,据《晋书》卷一一五《苻登载记》记载:"姚苌自阴密距(苻)纂,纂退屯敷陆。""(姚)苌率骑三万夜袭大界营,陷之,杀登妻毛氏及其子弁、尚,擒名将数十人,驱掠男女五万余口而去。""登攻张龙世于鸳泉堡,姚苌救之,登引退。""苌攻陷新罗堡。""冯翊郭质起兵广乡以应登。""登以质为东平将军、冯翊太守。质遣部将伐曜,大败而归。质乃东引杨楷,以为声援,又与曜战于郑东,为曜所败,遂归于苌,苌以为将军,质众皆溃散。""(苻登)进攻新平。苌率众救之,登引退,复攻安定,为苌所败,据路承堡。""(苻登)与苌将姚崇争麦于清水,累为崇所败。进逼安定,去城九十余里。苌疾小瘳,率众距登,登去营逆苌,苌遣其将姚熙隆别攻登营,登惧,退还。苌夜引军过登营三十余里以蹑登后。""以窦冲为右丞相。寻而冲叛,自称秦王,建年号。登攻之于野人堡,冲请救于姚苌,苌遣其太子兴攻胡空堡以救之。登引兵还赴胡空堡,冲遂与苌连和。"卷一一六《姚苌载记》记载:"进战,大败之(苻登),登退屯于郿。登将金槌以新平降苌。""苌大败登于安定东","苻登骠骑将军没奕于率户六千降,拜使持节、车骑将军、高平公"。可是值得注意的是,在这些战事中有一些是由苻登主动发动的,这又说明即使在苻坚、

---

① 《晋书》卷一一六《姚苌载记》,第 2968 页。

苻丕死后前秦政权仍然在关中地区具有相当大的实力。

由此可见，在这第三阶段前秦残余势力在苻登的率领下全力经营关中地区，在与姚秦势力争斗中还互有胜负，甚至造成了姚苌集团内部的恐慌，可是由于在姚苌死后苻登战略决策上出现了重大失误，急于和姚羌势力决战，加上战术指挥上又出现了重大失误，结果事与愿违，导致前秦残余势力最终被姚羌势力消灭，苻登被杀，前秦政权彻底灭亡的悲惨结局。可是从这一阶段的整个形势来看苻氏家族在关陇地区仍有相当的实力，如果苻登在战略决策上不出现重大失误至少说还可以继续与姚羌势力周旋。

四

再看淝水之战后苻坚除了在战略决策上出现失误外，在其他治国方略及民族政策上也有失误之处，据《晋书》卷一一四《苻坚载记》说："诸军悉溃，惟慕容垂一军独全，坚以千余骑赴之。垂子宝劝垂杀坚，垂不从，乃以兵属坚。初，慕容暐屯郾城，姜成等守漳口，晋随郡太守夏侯澄攻姜成，斩之，暐弃其众奔还。坚收离集散，比至洛阳，众十余万，百官威仪军容粗备。未及关而垂有贰志，说坚请巡抚燕岱并求拜墓，坚许之。权翼固谏以为不可，坚不从。寻惧垂为变，悔之，遣骁骑石越率卒三千戍邺，骠骑张蚝率羽林五千戍并州，留兵四千配镇军毛当戍洛阳。"可见苻坚当时没有听从权翼的正确建议，放慕容垂回燕岱，酿成大错，致使鲜卑慕容氏东山再起。可是此后权翼的建议却未必正确了。《苻坚载记》接着说："坚谓权翼曰：'吾不从卿言，鲜卑至是。关东之地，吾不复与之争，将若泓何？'翼曰：'寇不可长。慕容垂正可据山东为乱，不暇近逼。今晖及宗族种类尽在京师，鲜卑之众布于畿甸，实社稷之元忧，宜遣重将讨之。'"根据前文所考。苻坚这时放弃山东地区的战略无疑是正确的，可是由于他在前面没有听从权翼的正确建议，酿成慕容垂逃回燕岱的大错，于是这次他便听从了权翼的建议，遗憾的是权翼这次的建议却是错误的，这就使得苻坚将本来就有限的兵力分散在所谓的各战略要地，导致前秦政权分散在山东地区的有生力量被以慕容垂为首的鲜卑慕容氏各个击破，再加上东晋乘机北伐，这对于已处于风雨飘摇中的前秦政权来说无疑是雪上加霜。

随后在对于以姚苌为首的姚羌势力的处置上又出现了重大失误,《晋书》卷一一四《苻坚载记》说:"征苻睿为都督诸军事、卫大将军、司隶校尉、录尚书事,配兵五万,以左将军窦冲为长史,龙骧姚苌为司马,讨泓于华泽。平阳太守慕容冲起兵河东,有众二万,进攻蒲坂,坚命窦冲讨之。苻睿勇果轻敌,不恤士众。泓闻其至也,惧,率众将奔关东,睿驰兵要之。姚苌谏曰:'鲜卑有思归之心,宜驱令出关,不可遏也。'睿弗从,战于华泽,睿败绩,被杀。坚大怒。苌惧诛,遂叛。"《资治通鉴》卷一〇五晋孝武帝太元九年四月条更详记其事:"慕容泓闻秦兵且至,惧,帅众将奔关东。秦钜鹿憨公睿粗猛轻敌,欲驰兵邀之。姚苌谏曰:'鲜卑皆有思归之志,故起而为乱,宜驱令出关,不可遏也。夫执鼷鼠之尾,犹能反噬于人。彼自知困穷,致死于我,万一失利,悔将何及。但可鸣鼓随之,彼将奔败不暇矣。'睿弗从,战于华泽,睿兵败,为泓所杀。苌遣龙骧长史赵都、参军姜协诣秦王坚谢罪;坚怒,杀之。苌惧,奔渭北马牧,于是天水尹纬、尹详、南安庞演等纠扇羌豪,帅其户口归苌者五万余家,推苌为盟主。苌自称大将军、大单于、万年秦王,大赦,改元白雀,以尹详、庞演为左、右长史,南安姚晃及尹纬为左、右司马,天水狄伯支等为从事中郎,羌训等为掾属,王据等为参军,王钦、卢姚、方成等为将帅。"可见苻坚在淝水之战后对待以姚苌为首的姚羌势力没有采取安抚控制的策略,特别是在苻睿被慕容泓所杀后对姚苌等人一味地制裁,又一次出现了重大失误,导致姚苌等人起兵与前秦政权对抗,此后苻坚本人也被姚苌所俘杀。

此外,苻氏家族内部的一些矛盾也在此时显露出来,据《晋书》卷一一五《苻丕载记》记载:"初,苻纂之奔丕也,部下壮士三千余人,丕猜而忌之。及永之败,惧为纂所杀,率骑数千南奔东垣。"《苻登载记》记载:"(苻)师奴劝其兄纂称尊号,纂不从,乃杀纂,自立为秦公。兰犊绝之,皆为姚苌所败。"这些又说明苻氏家族在大敌当前之时没有很好地处理内部矛盾,反倒使矛盾激化,给敌对势力可乘之机。还有前秦政权内部也出现了分裂,据《苻登载记》记载:"登将军窦洛、窦于等谋反发觉,出奔于苌。""寻而(窦)冲叛","登将军路柴、强武等并以众降于苌"。在以姚苌为首的羌族势力的压迫下,窦洛、窦于、窦冲、路柴、强武等苻登部属向姚苌投降,即可看出此时以苻登为首的前秦残余势力内部出现了分化,他们的投降又削弱了前秦残余势力,这些都不能不说是前秦政权最后灭亡的一个重要的原因。

综上所述，诚然淝水之战的失利对前秦政权是一个沉重的打击，并由此导致该政权的各种潜在的敌对势力纷纷起兵，与苻氏家族进行角逐，但是前秦政权仍然能坚持近十一年之久，这就表明当时前秦政权至少在某些地区还有挽回败局的机会。从淝水之战后整个中国北方的形势来看，当时以苻氏家族为核心的前秦政权仍然具有相当大的实力，就苻氏家族在山东、关陇两大区域的实力相比较而言，关陇地区则更强大一些，而当时苻坚打算放弃山东地区，全力经营关陇甚至关中地区，这无疑是一个正确的方略，因为当时以姚苌为首的姚羌势力相对弱小，苻氏势力极有可能打败姚羌势力，继续割据关中地区，可是以苻坚、苻丕父子为首的前秦政权最高统治者最终由于种种原因并没有实施这项比较可行的战略方针，却错误地在中国北方实行了全面防御的方略，使得大量以氐族为核心的精锐部队在山东地区被鲜卑慕容氏等敌对势力所消灭。再加上当时苻坚对于姚苌等人的处置不当，导致以姚苌为首的姚羌势力在关陇地区反叛。也就是说正是由于苻坚、苻丕父子在淝水之战失利后的政治、军事重大决策上出现的一系列严重失误，以及此后苻登在姚苌死后战略决策上再次出现的重大失误——急于和姚羌势力进行战略决战，导致了前秦这个在五胡十六国时期唯一曾经统一中国北方的政权最终灭亡。因此说前秦政权的最后灭亡与淝水之战的失利并没有直接的关联，最多只能说二者之间有一定的间接关系。

北魏祖先认同的再检讨

——以拓跋皇室对"幽都"的记忆为切入点

对外经贸大学思政部　曾　磊

根据《魏书·序纪》的记载，北魏拓跋氏的祖先乃是黄帝之子昌意的后代，昌意的少子"世为君长，统幽都之北，广漠之野，畜牧迁徙，射猎为业"，"统国三十六，大姓九十九，威震北方"[1]，可见幽都乃是拓跋氏祖先长期生活的地方，也是北魏皇室勃兴的根据地。然而，在汉文化中，幽都的意义却截然不同。在汉文典籍中，"幽都"主要有两个含义，一个是泛指北方朔方、幽州及其以北地区，另一个代指阴曹地府。可见在汉人眼里，幽都充斥着恐怖、神秘的色彩，体现了汉人对未知世界的恐惧和神秘感。但对于北族身份的北魏皇室，幽都对于他们的意义，好比岐山对于周人。周人的祖先"居岐之阳，实始剪商"，拓跋氏也在幽都奠定皇基。因此，在对"幽都"的认识问题上，拓跋皇室采取了同中原汉人截然不同的态度。

拓跋鲜卑对幽都的不同认识，同其对祖先的历史记忆密切相关。拓跋鲜卑虽然被中原汉人加上了"黄帝之后"的传说，以其为纽带，拓跋皇室获得了华夏后裔的身份而被汉人社会所接纳，然而，拓跋鲜卑皇室对幽都根深蒂固的历史记忆同其黄帝后裔的身份架构显得十分不协调，可以认为，实际上拓跋鲜卑皇室对其黄帝子孙的身份并不以为然。

---

[1]《魏书》卷一《序纪》，中华书局1974年版，第1页。

一 "幽都"的含义

在汉文化中，"幽都"主要有两层含义，一是指阴曹地府，该词最早出现在先秦文化之中。如《楚辞章句》说："幽都，地下后土所治也。地下幽冥，故称幽都。"① 《博物志》说"昆仑山北，地转下三千六百里。有八玄幽都，方二十万里。地下有四柱，四柱广十万里。地有二千六百轴，犬牙相举"。《晋书·刘隗传》说"冤魂哭于幽都，诉灵恨于黄泉"②。"幽都"的另一种含义是泛指长城以北的地域，如《尚书·尧典》云："申命和叔，宅朔方，曰幽都。"③《韩非子》曰："臣闻昔者尧有天下，饭于土簋，饮于土铏，其地南至交趾，北至幽都，东西至日月之所出入者，莫不宾服。"④ 颜师古曰："幽都，北方，谓匈奴。"⑤《淮南子》曰："纣之地，左东海，右流沙，前交趾，后幽都。"⑥《尔雅》曰："北方之美者。有幽都之筋角焉。"⑦ 可见"幽都"是泛指朔方一带及其北方的大片土地。此外，幽都有时候还用来指代幽州，如卢谌在《赠刘琨》中写道"桓桓抚军，古贤作冠。来牧幽都，济厥涂炭"⑧，这里的抚军指的是鲜卑首领幽州刺史段匹磾。王隐《晋书》云："幽州因幽都以为名，山海经有幽都之山"，可见幽都可以用来指代幽州地区。

在古籍中，幽都的自然环境十分恶劣，如《山海经》中说："西望幽都之山，浴水出焉。是有大蛇，赤首白身，其音如牛，见则其邑大旱"，又说幽都之山在北海之内，"其上有玄鸟、玄蛇、玄豹、玄虎"等动物⑨，是个人迹罕至的地方。《盐铁论》说"幽都有积沙之地"⑩，根据以上记

---

① （东汉）王逸章句，（宋）洪兴祖补注，夏剑钦校点：《楚辞章句集注》，湖湘文库编辑出版委员会：《湖湘文库》，第四本《楚辞章句补注、楚辞集注》，第199页。
② 《晋书》，中华书局1974年版，第1837页。
③ 《尚书》，王世舜、王翠叶译注，中华书局2012年版，第7页。
④ （战国）韩非著，（清）王先慎撰：《韩非子集解》，中华书局1998年版，第70页。
⑤ 《汉书》，中华书局1962年版，第3563页。
⑥ （汉）刘安著、刘文典注：《淮南鸿烈集注》，中华书局1989年版，第686页。
⑦ （先秦）佚名著，李传书整理：《尔雅》，北京大学出版社1999年版，第193页。
⑧ （梁）萧统：《昭明太子文选》，中华书局1977年版，第360页。
⑨ （先秦）佚名：《山海经》，岳麓书社2006年版，第186页。
⑩ （汉）桓宽著，王利器点校：《盐铁论校注》，中华书局1992年版，第42页。

载,幽都的气候十分干燥,地理环境也十分恶劣,不适合人类居住。由此可见,在先秦秦汉时代的古人眼中,幽都是极北寒冷之地的泛称,那里自然环境十分恶劣,生活着各种毒蛇猛兽,且聚集着大量冤魂,是地狱的入口。对于汉人而言,幽都这个地方意味着寒冷、恐怖,极具神秘色彩。

幽都不仅十分神秘,其具体位置也不得而知。学者曹熙认为,"幽都"就是拓跋鲜卑的发源地大兴安岭鲜卑山嘎仙洞,《山海经》里的"大幽之国",就是拓跋鲜卑和乌洛侯部落的先民。他依靠《魏书·序纪》中拓跋氏为黄帝少子昌意降居北土的记载,认为鲜卑族的先民同楚国先民拥有一定的亲缘关系,不过,仅靠《魏书》的记载无法证明鲜卑族和楚国先民存在亲缘关系[①]。然而,如果靠《魏书》提供的信息,可以认为拓跋鲜卑族和黄帝具有亲缘关系则十分可疑。如《魏书·序纪》云拓跋鲜卑祖先为始均,他在尧时代帮助尧帝驱逐女魃,立下功劳,被任命为"田祖"[②],但《山海经》却说此事发生在黄帝时期。而山海经中的所谓"幽都之山"乃是"黑水出焉之地",而"黑水"在《山海经》中甚至可以和昆仑之山联系起来。由此可以认为《魏书·序纪》所记载的北魏先世事迹之不可靠。学者逯宏认为,从训诂学上分析,幽都一词同先秦时期华夏先民的宗庙祭祀有很大关系,很难确定幽都的具体地理位置[③]。由此可见,在华夏世界的文化中,幽都乃是一个极为陌生之地,没有特指。

二 "幽都"和拓跋鲜卑皇室的祖先崇拜

在传统中国家天下的制度下,祖先认同对于皇朝而言具有比较特殊的意义。中原王朝对有关自己先人的历史叙述,是一个极为严肃的政治问题。《魏书·序纪》在谈到拓跋鲜卑的祖先之时,首先强调了拓跋鲜卑本为黄帝的后代,黄帝之少子昌意,"受封北土,国有大鲜卑山,因以为号,其后,世为君长,统辖幽都之北,广漠之野",此乃北魏祖先发祥的

[①] 曹熙:《楚辞中的鲜卑与幽都考》,《齐齐哈尔师范学院学报》1983年第1期。
[②] 《魏书》卷一《序纪》,第1页。
[③] 逯宏:《幽都考》,《黄河科技大学学报》第12卷第6期。

记忆，根据这段文字，不难发现北魏统治者对其祖先在幽都之北定居的历史记忆犹新，相比拓跋鲜卑，在汉人眼里，"幽都"是极为恐怖的苦寒之地。而在拓跋皇室看来，"幽都"不仅不是寒冷恐怖之地，而且还是祖先发祥之地，具有重要意义。如登国元年（386）道武帝拓跋珪即代王位于牛川就下诏说："上天降命，乃眷我祖宗世王幽都。讳以不德，纂戎前绪，思宁黎元，龚行天罚。殪刘显，屠卫辰，平慕容，定中夏。"① 天兴元年（398），拓跋珪又下诏说："昔朕远祖，总御幽都，控制遐国，虽践王位，未定九州。"② 可见，在北魏统治者心目中，虽然自己已经是中原的统治者，但是自己的祖先却绝不是"九州"之人，而是总御"幽都"这一蛮荒之地的统治者，按照汉族文化来看，他们属于华夏世界以外的化外之民，虽然汉族文人慑于拓跋氏的威权，不能直言拓跋鲜卑的夷狄身份，但是，他们却也不回避拓跋氏出身北土的历史事实。《魏书·崔玄伯传》说：

> 时司马德宗遣使来朝，太祖将报之，诏有司博议国号。玄伯议曰："三皇五帝之立号也，或因所生之土，或既封国之名。故虞、夏、商、周始皆诸侯，及圣德既隆，万国宗戴，称号随本，不复更立……国家虽统北方广漠之土，逮于陛下，应运龙飞，虽曰旧邦，受命惟新。是以登国之初，改代曰魏。又慕容永亦奉进魏士。夫'魏'者大名，神州之上国，斯乃革命之征验，利见之玄符也。臣愚以为宜号为魏。"太祖从之。于是四方宾王之贡，咸称大魏矣。③

也许崔玄伯并不否认拓跋皇室出自黄帝之说，但在这篇文献中，他刻意强调的则是北魏国家"统北方广漠之土"的事实，没有强调拓跋乃黄帝后裔，出自中土世界的经历，可能正是因为如此，崔玄伯才将拓跋政权的国号定为魏。这样的意识在汉族文人之中，并非单独存在，如《魏书·崔浩传》中太武帝拓跋焘也曾对崔浩说"昔皇祚之兴，世隆北

---

① 《魏书》卷一〇八《志第一》，第2734页。
② 《魏书》卷二《道武帝纪》，第32页。
③ 《魏书》卷二四《崔玄伯传》，第620—621页。

土，积德累仁，多历年载，泽流苍生，义闻四海"①，可见，不论是投效北魏的汉族文士，还是身为统治者的北魏拓跋氏皇帝，都没有把北魏皇室乃至鲜卑民族的祖先记忆同中土华夏完全联系起来，他们虽然认为北魏政权继承了天命，有权统辖中土之地，但同时他们也认为北魏的祖先一直以来统辖"北方广漠之土"，处在华夏世界九州之外。只是因为中原混乱，天下无主，才应时而兴，入主天下。而以拓跋珪为首的北魏鲜卑贵族对此也十分认可，这说明拓跋氏在汉化的过程中并没有淡化自己的祖先记忆。

拓跋皇室对自己祖先的认同还体现在他们对"石室"的崇奉上。"石室"就是今天的大兴安岭嘎仙洞，它体现了北魏皇室的祖先穴居幽都的历史记忆，《魏书》鲜明地指出，拓跋鲜卑的祖先在大兴安岭生活时期，"凿石为祖宗之庙于乌洛侯西北"，太武帝派人随同朝贡的乌洛侯人前去石室祭祀祖先，其文曰：

> 天子讳谨遣敞等用骏足、一元大武敢昭告于皇天之灵。自启辟之初，祐我皇祖，于彼土田。历载亿年，聿来南迁。惟祖惟父，光宅中原。克翦凶丑，拓定四边。冲人纂业，德声弗彰。岂谓幽遐，稽首来王。具知旧庙，弗毁弗亡。悠悠之怀，希仰余光。王业之兴，起自皇祖。绵绵瓜瓞，时惟多祐。敢以丕功，配飨于天。子子孙孙，福禄永延。②

从上述文字可以看出，即使经历了很长时间，拓跋皇室对始祖神元皇帝和幽都的记忆依然十分深刻，而石室同幽都紧密联系起来，可以认为，拓跋鲜卑将幽都的地理位置予以具体化，一改汉文典籍中模糊和恐怖的色彩，这种历史记忆不仅不意味着拓跋皇室的祖先记忆被彻底汉化，而且还代表着他们在祖先认同上具有根深蒂固的胡化色彩。拓跋鲜卑与五胡十六国时代的其他少数民族政权形成了鲜明的对比，这些少数民族由于长期处在塞内，同汉人杂居，其贵族阶级接触汉文化较深，因此自觉或不自觉地将华夏世界的圣君帝王攀附为自己的祖先，如建立汉赵帝

---

① 《魏书》卷三五《崔浩传》，第823页。
② 《魏书》卷一○八《志第一》，第823页。

国的匈奴刘氏贵族，在建立政权之后抛弃了自己的祖先为匈奴的历史记忆，竭力强调自己汉朝后继者的身份：

> 昔我太祖高皇帝，以神武应期，廓开大业。太宗孝文皇帝，重以明德，升平汉道。世宗孝武皇帝，拓土攘夷，地过唐日。中宗孝宣皇帝，搜扬俊义，多士盈朝。是我祖宗，道迈三王，功高五帝，故卜年倍于夏商，卜世过于姬氏。①

虽然匈奴刘氏在内心里可能并不认同自己为汉人后裔，但是为了收纳汉人的人心，他们不断强调自己汉朝合法继承者的身份，因此其发布的诏令无数次强调自己乃绍修汉朝"三祖之业"，完全抛弃了自己的祖先本游牧于漠北，"不交南夏"的历史记忆。匈奴汉帝国的大臣陈元达在劝谏刘聪时竟说："陛下之所有，不过太宗二郡地耳，战守之备者，岂仅匈奴、南越而已哉！"② 足见汉赵帝国皇室在祖先认同上的汉化之深。相比匈奴刘氏，匈奴赫连氏则既强调自己大禹之后的身份，也不讳言自己的祖先游牧于塞北的事实：

> 昔在陶唐，数钟厄运，我皇祖大禹以至圣之姿，当经纶之会，凿龙门而辟伊阙，疏三江而决九河，夷一元之穷灾，拯六合之沉溺，鸿绩侔于天地，神功迈于造化，故二仪降祉，三灵叶赞，揖让受终，光启有夏。传世二十，历载四百，贤辟相承，哲王继轨，徽猷冠于玄古，高范焕乎畴昔。而道无常夷，数或屯险，王桀不纲，网漏殷氏，用使金晖绝于中天，神辔辍于促路。然纯曜未渝，庆绵万祀，龙飞漠南，凤峙朔北。长辔远驭，则西罩昆山之外；密网遐张，则东亘沧海之表。爰始逮今，二千余载，虽三统迭制于崤函，五德革运于伊洛，秦雍成篡弑之墟，周豫为争夺之薮，而幽朔谧尔，主有常尊于上；海代晏然，物无异望于下。故能控弦之众百有余万，跃马长驱，鼓行秦赵，使中原疲于奔命，诸夏不得高枕，为日久矣。是以偏师暂拟，泾阳摧隆周之锋；赫斯一奋，平阳挫汉祖之锐。虽

---

① 《晋书》卷一〇一《刘元海载记》，第 2649 页。
② 同上书，第 2664 页。

霸王继踪，犹朝日之升扶桑；英豪接踵，若夕月之登濛汜。自开辟已来，未始闻也。①

在匈奴族的赫连勃勃心里，他的祖先大禹治水，功德过人，因此才能统治中夏数百年，自从天下"网漏殷氏"之后，他的祖先匈奴人绍大禹之余绪，"龙飞漠南，凤峙朔北"，相比中夏沦为"篡弑之墟""争夺之薮"，漠北的生活则"主有常尊于上""物无异望于下"，且能"使中原疲于奔命、诸夏不能高枕"，因此赫连氏对此充满了优越感，这种优越感既包含了祖先本为夏后氏苗裔有大功于中夏且享国日久的华夏心态上的优越感，也有游牧民族生活淳朴上下无争，使得中原汉族疲于奔命的优越感。

相比匈奴刘氏和匈奴赫连氏，拓跋皇族对可疑的"黄帝苗裔"的身份予以否定，但是他们对黄帝并没有按照"皇祖"的标准予以高规格对待。北魏皇帝虽然经常派遣使者祭祀黄帝，但是在祭祀黄帝的同时，尧、舜等古代圣王则也同时受到他们的祭祀。与此同时，在诏令中，北魏皇帝基本不提其祖先为黄帝之后的事实，如北魏孝文帝在《迁都洛阳大赦诏》中说：

> 惟我大魏，萌资胤于帝轩，悬命创于幽都。生人厌初，寔均稷弃，宣帝南迁，憩轸沮洳。事同公刘，业兹邵邑。②

孝文帝指出"自书契以来，岂有九隩之外，八埏之际，而位庶邦，道冠百王者哉"，而只有大魏才"萌资胤于帝轩，悬命创于幽都"③。所谓"九隩""八埏"，乃是华夏九州之外之地，《国语》曰："疏川导滞，钟水丰物，封崇九山，决汨九川，陂鄣九泽，丰殖九薮，汨越九原，宅居九隩，合通四海"④ 可兹证明，它们都用来指代华夏中土之地。可见即使到了孝文帝时代，拓跋鲜卑人已经高度汉化，但他们仍然认为祖先来

---

① 《晋书》卷一三〇《赫连勃勃载记》，第3210页。
② （唐）许敬宗撰，罗国威校正：《日本藏文馆词林校正》，中华书局2001年版，第274页。
③ 同上。
④ （清）徐元诰：《国语集解》，中华书局2002年版，第95—96页。

自华夏世界之外，北魏统治者虽自认华夏，把南朝贬为"岛夷"，但是自己的祖先在地域上却难逃出身夷狄的尴尬。从拓跋鲜卑的这些行为来看，他们对黄帝的"皇祖"身份并不认同，相反却强调自己的祖先在"幽都"创业，克定中夏，这说明本出身漠北的拓跋氏对所谓黄帝子孙的身份不以为然，北魏孝文帝在迁都前曾对大臣有过一番对话：

> 及高祖欲迁都，临太极殿，引见留守之官大议。乃诏丕等，如有所怀，各陈其志。燕州刺史穆罴进曰："移都事大，如臣愚见，谓为未可。"高祖曰："卿便言不可之理。"罴曰："北有猃狁之寇，南有荆扬未宾，西有吐谷浑之阻，东有高句丽之难。四方未平，九区未定。以此推之，谓为不可。征伐之举，要须戎马，如其无马，事不可克。"高祖曰："卿言无马，此理粗可。马常出北方，厩在此置，卿何虑无马？今代在恒山之北，为九州之外，以是之故，迁于中原。"罴曰："臣闻黄帝都涿鹿，以此言之，古昔圣王不必悉居中原。"高祖曰："黄帝以天下未定，居于涿鹿，既定之后，亦迁于河南。"

根据以上材料，可以得知即使汉化之深如孝文帝者，也对黄帝子孙的身份不以为然，否则，他绝不会仅仅把黄帝当成古代帝王来看待和崇祀。

北魏皇室对"幽都"创业的认同，也体现在对始祖的祭祀上。拓跋氏自认的始祖乃是拓跋力微，此人未在中原生活过，以其为始祖配祭上天说明北魏皇室对其祖先源自黄帝的传说不以为然。诚然，北魏皇帝在历史上也对黄帝进行祭祀，如明元帝曾于神瑞二年"祀黄帝"，太武帝神䴥元年"八月，东幸广宁，临观温泉。以太牢祭黄帝、尧、舜庙"[1]。等等。同对待黄帝的态度相反，北魏皇室对始祖拓跋力微的祭祀是十分隆重的，如道武帝天兴二年"春正月甲子，初祠上帝于南郊。以始祖神元皇帝配"[2]，这是因为在北魏君臣看来，"魏虽建国君民，兆朕振古，祖黄

---

[1] 《魏书》卷四《太武帝纪》，第74页。
[2] 《魏书》卷二《武帝纪》，第34页。

制朔，緜迹有因，然此帝业，神元为首"①。拓跋鲜卑皇室的这一举动与匈奴汉帝国刘渊、刘聪自认汉朝后裔不同，倒同其后继者刘曜所建立的赵帝国比较类似，赵帝国放弃了汉帝国的汉朝继承者的身份，赵帝国在祭祀祖先时以"冒顿配天，元海配上帝"的做法，也同拓跋鲜卑的以神元皇帝配天的做法较为类似，因此出身胡族的北朝统治者即使再汉化，也无法完全和中原汉文化齐心协力。《北齐书·王紘传》云：

> 年十五，随父在北豫州，行台侯景与人论掩衣法为当左，为当右。尚书敬显俊曰："孔子云：'微管仲，吾其被发左衽矣。'以此言之，右衽为是。"紘进曰："国家龙飞朔野，雄步中原，五帝异仪，三王殊制，掩衣左右，何足是非。"景奇其早慧，赐以名马。②

王紘之祖"世为部落酋帅"，可见其出身胡族无疑，他的观点虽然同以孝文帝为代表的主张汉化的北魏贵族集团有异，但是在国家创业之地的问题上，他们却坚持了同样的观点。可见，即使经过近百年的汉化进程，在地域上他们并不忌讳自己出身北方，非中原之人的事实。可见，即使在北族中间，也有大量的人并不十分汉化，孝文帝的汉化改革主要体现在洛阳周边地区，边远地区的胡人并没有完全接受汉文化。

三 结论

由于鲜卑拓跋氏长期以来对华夏出身并不认可，导致了北朝的汉族文人在很长的时间内同鲜卑族统治阶级存在着一定的疏离感，"华夷之辨"的文化心态时隐时现。如果不是如此，我们就很难理解北魏政权和鲜卑民族在近百年的长期汉化过程之后，为什么东魏的实际统治者高欢还能说出江东"复有一吴儿老翁萧衍者，专事衣冠礼乐，中原士大夫望之以为正朔所在"③ 这样的话。可见当时的汉族士大夫对南朝梁依然存在着一定认同，这种文化上的华夷之辨的正统思想长期存在于北方，说明

---

① 《魏书》卷一〇八《志第十》，第2746页。
② 《北齐书》卷二五《王紘传》，第365页。
③ 《北齐书》卷二四《杜弼传》，第346页。

汉族士大夫在文化上同北朝政权的认同感依然较为疏远。从另一个角度来看，这种文化认同感同北魏王朝根深蒂固的"夷狄"认同是不同的。

近年来，所谓"新清史"视角，在西方学术界方兴未艾，新清史学派的代表作欧立德先生的《满洲之道》就揭示了清王朝统治阶级一方面进行汉化，另一方面却在各个领域保持自己民族的文化独特性的特点[①]。学者指出，中文学术界以往对中国少数民族历史的解读不脱离从汉族和汉文化的角度来进行考察，往往忽视了这些少数民族政权对保留自己的民族认同所进行的努力。笔者认为新清史学派的观点，除了在研究清史上有所帮助外，还对研究其他少数民族政权的历史提供借鉴，而北魏王朝在祖先认同上同轩辕黄帝所产生的疏离和对始祖神元皇帝的深刻记忆充分说明，虽然深受汉化的影响，但是北魏皇室并没有放弃自己的祖先认同，而鲜卑民族也没有完全丧失自己的民族记忆。因此可以认为，鲜卑民族丧失自己的民族记忆应在北魏、北齐、北周等鲜卑族占统治地位的王朝瓦解之后。

---

① 孙卫国：《满洲之道与满族化的清史——读欧立德教授的〈满洲之道：八旗制度与清代民族认同〉》，《中国社会历史论论》总第七卷，天津古籍出版社2006年版。

黄帝文化与北魏政治

江西师范大学历史研究中心　陈金凤

拓跋鲜卑（北魏）在建国立国的过程中，即以黄帝后裔自居，努力构建本民族的黄帝文化，由此给北魏政治造成了相当深刻的影响，其政权模式与政权性格都打上了黄帝文化的烙印。认识北魏黄帝文化，在一定意义上正是认识北魏政治的重要路径。本文基于北魏建立黄帝文化的事实，分析北魏黄帝文化的成因及其影响，并由此在一个较新的层面上认识北魏的政治文化生态。

一　北魏构建黄帝文化的努力与事实

建立北魏政权的拓跋鲜卑族（后一般称"北魏"）自建国伊始，即开始构建本民族的黄帝文化。《魏书》卷一《序纪》云：

> 昔黄帝有子二十五人，或内列诸华，或外分荒服；昌意少子，受封北土，国有大鲜卑山，因以为号。其后，世为君长，统幽都之北，广漠之野，畜牧迁徙，射猎为业，淳朴为俗，简易为化，不为文字，刻木纪契而已，世事远近，人相传授，如史官之纪录焉。黄帝以土德王，北俗谓土为托，谓后为跋，故以为氏。其裔始均，入仕尧世，逐女魃于弱水之北，民赖其勤。帝舜嘉之，命为田祖。爰历三代，以及秦汉，獯鬻、猃狁、山戎、匈奴之属，累代残暴，作害中州。而始均之裔，不交南夏，是以载籍无闻焉。

这段文字，将拓跋氏族源与黄帝紧密地联系起来：拓跋氏的初祖始均是黄帝之子昌意的少子，亦即黄帝之孙；拓跋氏的祖先始均曾经加入尧的部落联盟，并为驱逐女魃出过力；始均还受过帝舜的嘉奖，被命为田祖；鲜卑语中，"拓跋"二字意为"后土"，与黄帝"以土德王"意义相通。归纳这四点的中心思想，就是表明拓跋氏系自黄帝部落分化出去的一支，并在早期一直与黄帝部落有所联系。① 这是北魏统治者对自己族源的追溯，意在说明自己是华夏祖先黄帝的血脉后胤。在此基础上，拓跋魏建构了自己的从拓跋毛立开始的帝王统治次序，这在《魏书·序纪》中有比较清楚的说明。

为了印证配合自己是黄帝后裔的附会创作，拓跋魏还因此形成了祭祀黄帝的传统，并尚"土德""服黄""行夏之正"。《魏书》卷一○八《礼志一》载，天兴元年（398），拓跋珪定都平城，即皇帝位，立坛兆告祭天地，祝语毕，"诏有司定行次，正服色。群臣奏以国家继黄帝之后，宜为土德，故神兽如牛，牛土畜，又黄星显曜，其符也。于是始从土德，数用五，服尚黄，牺牲用白，祀天之礼用周典，以夏四月亲祀于西郊，徽帜有加焉"。道武帝拓跋珪也祀黄帝后代尧、舜。如《魏书》卷二《太祖道武帝纪》载，天兴三年（400）五月，拓跋珪"车驾东巡，遂幸涿鹿，遣使者以太牢祠帝尧、帝舜庙"。其后的北魏君王也把此作为重要的政治活动。《魏书》卷三《太宗明元帝纪》载，神瑞二年（415）四月，明元帝拓跋嗣"幸涿鹿，登桥山，观温泉，使使者以太牢祠黄帝庙。至广宁，登历山，祭舜庙"。《魏书》卷一○八《礼志一》载，泰常三年（418），拓跋嗣"为五精帝兆于四郊，远近依五行数。各为方坛四陛，埒壝三重，通四门。以太暤等及诸佐随配。侑祭黄帝，常以立秋前十八日"。以后数年间，拓跋嗣又曾"幸桥山，遣有司祀黄帝、唐尧庙"，"祀孔子于国学，以颜渊配"。北魏太武帝拓跋焘于神麚元年（428）八月，"东幸广宁，临观温泉，以大牢祭黄帝、尧、舜庙"。《魏书》卷一○八《礼志一》记载，北魏文成帝拓跋濬和平元年（460）正月，"帝东巡，历桥山，祀黄帝"。另外，太和十八年（494）前后，北魏孝文帝在忙于从平城迁都洛阳时，还不忘下诏修葺黄帝庙。北魏统治者一再举行祭祀黄帝及其后裔的活动，体现出崇重"黄帝"并把自己氏族列为黄帝后裔

---

① 李凭：《黄帝历史形象的塑造》，《中国社会科学》2012年第3期。

的浓厚意识。

显然，拓跋氏将自己树立成黄帝后裔，并在制度层面上制定了崇重黄帝的典章制度，形成了具有时代特色与民族性格的拓跋黄帝文化。正是因为拓跋魏多年的努力，拓跋氏为黄帝后裔的说法日渐变为一种北方社会的共同意识。如《资治通鉴》卷一四〇"齐明帝建武三年（496）正月"条记，河东大族薛宗起，不满北魏孝文帝因其先世曾迁蜀地就不让其姓氏入郡姓，遂直面孝文帝而言："伏以陛下黄帝之胤，受封北土，岂可亦谓之胡也！"至迟至隋朝时期，社会上应普遍认可了拓跋鲜卑为黄帝之后。《北史》卷一《魏本纪第一》云："魏之先出自黄帝轩辕氏。"更重要的，黄帝文化也日渐影响到北魏政治。

二　北魏构建黄帝文化的原因

北魏创制本民族的黄帝文化，是中原传统的黄帝文化与北魏政权继承发展十六国"华夷共祖"思想的结果，也是依附于北魏政权的汉族士大夫推动的结果。

首先，传统的黄帝文化符合拓跋魏的民族思维。据《史记》卷一《五帝本纪》载，黄帝，姓公孙，因居姬水，改姓姬，号轩辕氏，是有熊国君少典之子。黄帝修德振兵，伐炎帝、灭蚩尤、杀夸父、诛刑天，统一华夏族；都邑于涿鹿之阿，设官职，举贤能，协调各部族，治理众黎民；大祭天地山川鬼神，得神蓍以推算历数；教民时播百谷，建屋宇，制衣裳，营殡葬；命臣造舟车弓矢，发明指南车，兴文字，作干支，制乐器，创医学等，肇兴中国文化。凡此种种，黄帝虽然没有像盘古那样开天辟地，像伏羲、女娲那样造就万物、人类，但他奠定了华夏族发展的基础，是华夏族的人文始祖，可谓德配天地、功盖日月。自战国中期以来，黄帝的形象越来越高大，越来越深入人心，不仅成为汉人的精神文化领袖，而且成为周边少数民族共同敬仰的英雄，庶几成为中原与周边少数民族大祖先的象征。拓跋氏要建构自己的民族历史，与处于文化优势的汉族争衡，将"黄帝"树立为自己民族的精神图腾，在当时的文化语境下无疑是一个最好的选择。

其次，拓跋魏构建黄帝文化，是十六国以来少数民族"华夷共祖"理论思维的继承与发展。十六国时期，匈奴、羯、氐、羌、鲜卑等少数民族纷纷进入中原，在汉民族核心地区争斗并建立自己的政权，"胡汉矛盾"一时成为北部中国十分尖锐的矛盾。传统的"华贵夷贱""夷夏之大防""华夷之辨"等思想观念进一步强化，西晋江统式的"非我族类，其心必异"① 的思想也甚嚣尘上。尽管少数民族的武力可以在中原扬威耀武，压制汉人，但他们在文化上依然只能以客体身份屈服于中原汉族文明。一些有为的少数民族首领（贵族）不甘屈服于以汉族为中心的传统民族思想意识，纷纷编造一个与华夏圣王有关的血缘谱系，以证明自己在血缘上不外于华夏，有统治中原的合理性、正当性。《晋书》"载记"中所记载的少数民族几乎都有这样的历史。如：《刘元海载记》载，刘渊自称是汉朝公主之后，汉朝皇帝为其舅父，以暗示自己有浓厚的汉人血统。永兴元年（304）刘渊即位时，追尊三国蜀汉后主刘禅为孝怀皇帝，立汉高祖以下三祖五宗神主而祭之，也意在表示自己是汉人之后。《苻洪载记》载，前秦氐族苻氏自称"其先盖有扈氏之苗裔，世为西戎酋长"。《姚弋仲载记》载，后秦建羌人姚氏自称"其先有虞氏之苗裔，禹封舜少子于西戎，世为羌酋"。《沮渠蒙逊载记》载，北凉匈奴沮渠蒙逊自称"姚氏舜后，轩辕之苗裔也"。《赫连勃勃载记》载，夏国匈奴赫连勃勃自称"朕大禹之后，世居幽朔"。另外，《魏书》卷一《序纪》载，鲜卑宇文氏称"其先出自炎帝神农氏，为黄帝所灭，子孙遁居朔野"。显然，诸多进入中原的少数民族，都采取认同"三皇五帝"血统的立场。当然，这些少数民族首领（贵族）并不止于攀附"三皇五帝"，其意更在于说明自己可以和汉族人一样称王称帝。例如，《刘元海载记》载，匈奴刘渊为建国称帝，宣称"夫帝王岂有常哉，大禹出于西戎，文王生于东夷，故惟德所授耳"。《石勒载记下》载，后赵中书令徐光上石勒书曰："陛下天资聪睿，超迈唐虞，而更不欲闻忠臣之言，岂夏癸、商辛之君邪？"石勒酒酣，谓徐光曰："朕方自古开基何等主也？对曰：陛下神武筹略迈于高皇，雄艺卓荦，超绝魏祖，自三王已来可无比也，其轩辕之亚乎！"《慕容廆载记》载，高瞻云："且大禹出于西羌，文王生于东夷，但问志略何如耳，岂以殊俗不可降心乎！"少数民族这种构建"华夷共祖"——将自己的族源纳入了华夏体系的做法，是一种高明的政治方略，不仅在于说明他们与汉人一样有生存、发展的权利，亦在于说明他们统治中原的合

---

① 《晋书》卷五六《江统传》，中华书局1974年版，第1298页。

法性、正统性，这自然有利于他们在中原地区的活动和统治。

拓跋魏虽然自建国以来虎虎生威，不断强盛，足以和包括南方汉族政权在内的诸政权鼎峙，但文明程度却远远落后于汉族。据《魏书》卷一《序纪》，拓跋鲜卑兴起于东汉初年，原居于"幽都之北，广漠之野"的大兴安岭一带，素以"畜牧迁徙，射猎为业"。北魏建国之初，保留着诸如"不为文字，刻木结绳"、笃于巫神崇拜等许多鲜卑落后传统。《魏书》卷一一三《官氏志》载，"（道武帝）欲法古纯质，每一制定官号，多不依周汉旧名……皆拟远古云鸟之意"，甚至存在"道武出自结绳，未师典诰"的现象。马克思主义经典作家指出：野蛮的征服者总是被那些他们所征服的民族的较高文明所征服，这是一条永恒的规律。因此，北魏统治者不得不继承了十六国以来"汉化"的文明成果，积极学习汉族文化，但北魏统治者有着高度的民族自觉和主体意识，并不愿完全仆服于汉族文化之下。在他们看来，其在文化教育、典章制度等诸方面对中原文明的学习和传承，只是为了表明自己延续了中原文明，是汉魏政权系统的合法继承者，完全有统治汉人和汉地的能力和权利。北魏历史发展贯穿着鲜卑统治者树立正统形象的努力①。因此继承发展十六国以来的"华夷共祖"之说，构建拓跋氏的"黄帝"文化自然是极好选择。当然，相较于十六国，北魏自以为黄帝后裔的做法，不仅仅体现在口号的宣扬上，而且有了比较完整的思想理论体系，并行之于实践之上，表明北魏利用"华夷共祖"政治思想已经成熟。

再次，拓跋魏构建本民族的黄帝文化，有一定的地理人文依据。一方面，古籍中有将拓跋魏活动的区域纳入黄帝后裔所领之地的记载。《山海经》记载："有北狄之国。黄帝之孙曰始均，始均生北狄。"鲜卑族原先活动的范围正处于所谓的"北狄"之内，这就在相当程度上可以将鲜卑视为黄帝的后人。事实上，鲜卑族本身就是这么认为的。例如，《晋书》卷一〇八《慕容廆载记》称：曾在晋代受封为"鲜卑都督"的慕容廆，"昌黎棘城鲜卑人也。其先有熊氏之苗裔，世居北夷，号曰东胡"。"（慕容）廆以大棘城即帝颛顼之墟也，元康四年乃移居之。"这里所谓的"有熊氏之苗裔"，就是黄帝后人之意，而帝颛顼即黄帝之孙。大棘城在今辽宁境内。又《十六国春秋·前燕录》载："昔高辛氏游于海滨，留少

---

① 陈金凤：《北魏正统化运动论略》，《黑龙江民族丛刊》2008年第1期。

子厌越居于北夷，邑于紫蒙之野。"高辛氏即是黄帝的曾孙帝喾，厌越是契，紫蒙之野就是上文说过的老哈河、西辽河流域。史称慕容鲜卑"邑于紫蒙之野"。另外，《尚书·尧典》记载："尧命和叔，宅于朔方，曰幽都。"《山海经·海内经》亦记载："北海之内，有山名幽都之山，黑水出焉，其上玄鸟、玄蛇、玄虎、玄豹、玄狐落尾，有大玄之山，有玄丘之民，有大幽之国。"这里的"幽都"也包括原鲜卑部落活动的区域，而黄帝的后裔"和叔"是开创幽都基业之人。正是有了这些文化依据，有意附庸于"黄帝"拓跋魏将自己的族源演绎成黄帝之后，自是理所当然。由此便创造出了前引《魏书》卷一《序纪》所言拓跋氏与"黄帝"密切结合的文化系统。另一方面，自先秦以来，传统的民族观中，中原（华夏族）与周边少数民族（戎、狄、夷、蛮）虽有文明的差别，但也有重要的渊源关系。司马迁《史记·五帝本纪》即认为少数民族与华夏族有着重要的渊源的关系，如认为舜请求尧"流共工于幽陵，以变北狄；放驩兜于崇山，以变南蛮；迁三苗于三危，以变西戎；殛鲧于羽山，以变东夷"，由此把后来的蛮夷戎狄都演绎成是由中原的炎帝族和黄帝族发展而来。值得注意的是，传统黄帝文化的影响区域，主要就在中原地区。这也是进入中原的拓跋魏选择"黄帝"作为自己政治代言人的原因之一。

此外，依附于拓跋鲜卑的汉族士人，是制造或推动拓跋氏为黄帝后裔的重要力量。《魏书》卷二三《卫操传》说，代郡人卫操在西晋末与宗族乡里投奔拓跋部，劝猗卢招纳晋人，猗卢"以为辅相，任以国事"。拓跋猗卢支持西晋，与匈奴为敌，幽、并等边地汉族人积极投附，促成鲜卑代国建立，官爵仿同西晋王国官制，这些汉族士人还试图从观念上影响拓跋统治者，使他们认同于华夏。通过卫操等人的努力，鲜卑代国在部落联盟体制中建立，并对后者产生强有力的冲击。桓帝拓跋猗卢死后，卫操立碑于大邗城南，以颂功德，碑颂称猗卢为"轩辕之苗裔"。立碑之事无疑会得到猗卢的认可，称拓跋族为华夏始祖黄帝苗裔，亦应始于这个时期。[1] 清河高门崔宏也当是促使拓跋氏构建自己民族黄帝文化的关键人物。史称道武帝拓跋珪"用崔宏议，自谓黄帝之后"[2]。依附于北魏政

---

[1] 胡阿祥等：《魏晋南北朝史十五讲》，凤凰出版社2010年版，第76—77页。
[2] （宋）司马光：《资治通鉴》卷一一〇"晋安帝隆安二年（398）十一月"条，中华书局1956年版，第3484页。

权的汉族士人之所以推动拓跋魏进行黄帝文化的建设,除了维护"华夏传统的立场"① 外,还在于为了自己的政治出路,以及平复自己身事"夷狄"的心理不安。

总之,作为少数民族建立的北魏政权,其正统性存在巨大的挑战与质疑,为了其自身的生存、巩固与发展,迫切需要构建自己的正统文化。北魏统治者采取了诸多措施,诸如:定国号为"魏"、模仿汉族官制、尊崇孔子儒学、信奉道教等等,但最重要、最根本的是将自己的氏族部落打造成黄帝后裔。在黄帝的身上附着了诸多文化形象、政治思维。拓跋魏崇重黄帝不是偶然的。首先是黄帝崇高的威望,一个征服四海、创造文明的民族始祖,具有无可比拟的号召意义与权威效应。同时,他也是统治中原的一个象征。黄帝符合北魏政权的政治企求。因而拓跋魏努力将自己打造成黄帝后裔,是黄帝文化的当然继承者。黄帝是中华正统的代表,拓跋氏此举的政治意义毫无疑问是想以黄帝后裔、中华文明继承者自居,自己的政权正是华夏正统。相较于十六国,北魏自以为黄帝后裔的做法,不仅仅体现在口号的宣扬上,而且有了比较完整的思想理论体系,并行之于实践之上,表明北魏利用"华夷共祖"政治思想已经成熟。

三 北魏黄帝文化的影响及其意义

北魏构建本民族的黄帝文化,对北魏政治文化生态和政权建设产生了多方面的影响,发挥了相当积极的作用。北魏的政治,一定意义上或可以说是黄帝文化的展开。同时,北魏道教的兴盛,也是其黄帝文化影响与作用的结果。

北魏黄帝文化的积极影响与作用,主要体现在以下几个方面。其一,有助于北魏政权正统化的建设。拓跋魏入主中原,是落后的草原游牧文明对先进的河流农耕文明的征服,以黄帝传统自居的南方汉族政权仍然维持着"顺天应运"的文化优势。为了巩固军事征服的成果,实现对政治、经济相对先进的民族的有效统治,不仅需要与中原汉人展开"胡汉合作",更需要在政治文化上证明自己政权的合法性、正统性。北魏自建

---

① 李凭:《黄帝历史形象的塑造》,《中国社会科学》2012 年第 3 期。

国伊始，不得不承续十六国历史发展情势，走上了追求正统化的道路，正统化运动成为北魏历史发展的主旋律。"黄帝"是中华正统的典型代表，拓跋魏创造黄帝文化，正是从政治理论与实践上说明了自己政权的合法性与正统性。其二，有助于民族自信的树立。拓跋氏在与汉族民族文化的对峙中，因文明的落后，加上少数民族的血缘、族缘，无疑处于下风，不免滋生民族自卑的情愫。如《魏书》卷32《崔逞传》载，天兴初，东晋因不敌姚兴的进攻发书乞师于魏，书云"贤兄虎步中原"，"太祖以言悖君臣之体，敕逞、衮亦贬其主号以报之。逞、衮乃云贵主。太祖怒曰：'使汝贬其主以答，乃称贵主，何若贤兄也！'遂赐死。"太祖拓跋珪赐死崔逞等人的原因，表面上是对南方政权的答书有辱国体，其从深层原因则是民族的自卑情结。拓跋魏树立起黄帝文化，将自己置于黄帝后裔的地位，即在理论上获得了与汉人血统平等、民族平等的地位。这自然有助于建立拓跋鲜卑的民族自信心。而随着黄帝文化的确立，北魏统治者已不再有民族的自卑。如魏明元帝继位以来，即以中原王朝的统治者自居。据《魏书》卷24《崔玄伯传》，北魏神瑞初年，并州的"饥胡"刘虎率数万家向南抢掠河内，明元帝派遣将军公孙表等率师讨伐。廷议堂上，明元帝与群臣对话中有"胡寇纵暴""胡众虽盛""胡丑畏服"等言辞，说明在以明元帝为代表的鲜卑人心目中，鲜卑族已经别于"胡族"而与黄河流域的汉族一样是为主体民族，因为自己是黄帝的后裔。其三，有助于民族融合。历史上，"黄帝"促进了华夏族的形成和中原地区最早的文化大融合，促进了华夏族与东夷、苗蛮族的融合，黄帝已成为自先秦以来中国古代民族融合的旗帜与象征。拓跋魏通过"黄帝"，强调拓跋鲜卑和汉人在血缘关系和文化传承上有了共同性，有助于消除"胡汉矛盾"，加强"胡汉合作"与民族融合。因为拓跋魏构建黄帝文化的行为本身就体现了他们对汉文化的认同感，从而缩小了鲜卑族与汉族之间的差异，能缓解汉民族对文明处于落后的拓跋鲜卑的强烈反感。而其黄帝文化的政治实践，则争取了汉族地主阶级特别是世族门阀的支持与合作。不仅有助于鲜卑政权的巩固和稳定，也加速了胡人汉化的进程。事实上，中国历史上将黄帝树立成民族大融合的形象，北魏是一个极其重要的历史时期。其四，有助北魏的统一战争。天下大一统是传统黄帝文化的象征。黄帝是战争之神，也是胜利之神、统一之神。北魏自建国伊始，即以统一天下为己任。《魏书》卷二《太祖道武帝纪》载，天兴三年（400）十二月，道武帝拓跋珪所下的《天命诏》中有"《春秋》之义，大一统之美"的说法，赞美天下一统。自426年起，魏太武帝拓跋焘亲率鲜卑铁骑连年出击，横扫中原，相次翦灭大夏、北燕、北凉等割据政权，终于在439年最终结束了西晋以后五胡十六国长期战乱分裂的局面，完成了统一北方的宏图大业。统一战争的胜利，乃是魏初诸帝加强皇权，力行改革，经济与军事力量发展壮大的结果，自然与《录图真经》宣扬的所谓符命并不相干。但北魏践行"黄帝"事业，以黄帝为榜样，客观上也确实推动了北魏统一北方的步伐。其五，有利于北魏的汉化改革。文明原本落后的拓跋魏，之所以能比较快地吸纳接受汉人先进的文明，向汉人学习，并在孝文帝时代以"托周改制"的方式掀起汉化运动的高潮：迁都洛阳、改革官制、禁胡语胡服、改鲜卑姓为汉姓、禁同族通婚、使用汉人的礼乐刑法等。这其中的重要前提，就是拓跋氏是黄帝后裔，是黄帝文化的继承者、承担者。例如，《资治通鉴》卷一四〇"齐明帝建武三年（496）正月"条载：

> 魏主下诏，以为："北人谓土为拓，后为跋。魏之先出于黄帝，以土德王，故为拓跋氏。夫土者，黄中之色，万物之元也；宜改姓元氏。诸功臣旧族自代来者，姓或重复，皆改之。"于是始改拔拔氏为长孙氏，达奚氏为奚氏，乙旃氏为叔孙氏，丘穆陵氏为穆氏，步六孤氏为陆氏，贺赖氏为贺氏，独孤氏为刘氏，贺楼氏为楼氏，勿忸于氏为于氏，尉迟氏为尉氏；其余所改，不可胜纪。

北魏孝文帝在姓氏改革中，不仅带头将拓跋之姓改为"元"，还将全体部落姓氏都改成为汉姓，从血缘和宗法关系上公开标榜拓跋族的祖先是黄帝的子孙。

　　北魏道教兴盛，成为中国道教发展的重要历史时期。这其中的原因或许很多，但与北魏崇重黄帝的政治意识密不可分则是肯定的。重道教是其黄帝文化下的自然延伸与产物。《魏书》卷一一四《释老志》曰："道家之原，出于老子"，并且老子"受轩辕于峨眉"。但传说时代的黄帝，远早于老子。道教奉黄帝为崇高之神。东汉纬书《河图始开图》云："黄帝名轩，北斗黄神之精。母地祇之女附宝，之郊野，大电绕斗枢星耀，感附宝，生轩，胸文曰'黄帝子'。"《史记》卷一《五帝本纪》：黄帝曾至肃州空桐山（即崆峒山），问道广成子。东晋葛洪《抱朴子内篇》亦曰："黄帝西见中黄子，受九品之方，过空桐，从广成子受自然之经。"在道教文化中，"广成子"系老子（太上老君）化身，居空桐山，授黄帝自然之经，是为道家传道之始。西汉《淮南子·说林篇》高诱注曰："黄帝，古天神也，始造人之始，化生阴阳。"《史记·封禅书》："黄帝作宝鼎三，象天、地、人。"《云笈七签·纪传部》列《轩辕本纪》于卷首，尊崇黄帝的寓意十分明显。

正是因为黄帝在中国道教文化中的崇高地位，道教与黄帝的特别关系，使北魏统治者自然而然地认为信奉道教也是信奉黄帝。据《魏书·神元平文子孙传》及《魏书·释老传》载，早在进入中原的初期，道武帝拓跋珪即"留心黄老，欲以纯风化俗"；"好老子之言，诵咏不倦"。明元帝拓跋嗣继位后，"遵太祖之业，亦好黄老"。北魏时期的"黄老"一词的含义，已经不同于战国和两汉的形名法术之说，而侧重于道教理论和仪式。如《魏书·大宗纪》所载明元帝称颂道武帝"体道合一，天纵自然"，就是"道法自然"之说。北方天师道代表人物寇谦之，欲借助北魏政权的力量以振兴道教，其重要的方略就是借助"黄帝"。寇谦之曾在《正一法文天师教诫科经》历数黄帝以来政治状况：

> 至于黄帝以来，民多机巧……皆由不信其道，道乃世世为帝王师，而王者不能尊奉……道重人命，以周之末世始出奉，道于琅琊以授干吉……

这里，寇谦之有意将黄帝与道教联系起来，自认为是黄老传人、干吉后学，以引起北魏统治者的重视。《魏书》卷一一四《释老志》载，始光元年（424），寇谦之挟自造神书《录图真经》至魏都平城奉献时，并未立刻得到太武帝的青睐，只得止于张曜之所，"供其食物"而已。时朝野之士闻之，也都是"若存若亡，未全信也"，唯有信奉天师道的司徒崔浩"独异其言，因师事之，受其法术"。崔浩是北方高族、儒学大家，又虔信道教，且素怀重建汉人形式政权的雄心。崔浩引荐寇谦之，向太武帝上疏曰：

> 臣闻圣王受命，则有大应。而《河图》、《洛书》，皆寄言于虫兽

之文。未若之日人神接对,手笔粲然,辞旨深妙,自古无比。昔汉高虽复英圣,四皓犹或耻之,不为屈节。今清德隐仙,不召自至。斯诚陛下侔踪轩黄,应天之符也。岂可以世俗常谈,而忽上灵之命。臣窃惧之。

崔浩向太武帝推荐寇谦之的重要理由是:寇氏可以为太武皇帝践行"侔踪轩黄"的理想。众所周知,崔浩是当时北魏朝臣中最热衷于正统化的人物之一,善于借助"黄帝"。例如,他上疏太武帝主张实行的《五寅元历》就是典型事例,所谓"非但时人,天地鬼神知臣得正,可以益国家万世之名,过于三皇、五帝矣"①。崔浩的上疏抓住太武帝"侔踪轩黄"的心理,着力宣扬《录图真经》中的符命之说,引起太武帝对寇谦之道教的高度重视。《魏书》卷一一四《释老志》曰:"世祖闻之欣然,乃使谒者奉玉帛牲牢祭嵩岳,迎致其余弟子在山中者。于是崇奉天师,显扬新法,宣布天下,道业大行。"太平真君元年(440),寇谦之"请为帝祈福于中岳,精诚通感,太上冥授帝以太平真君之号,北冠服符箓。师还具奏,是岁改为太平真君元年"。太平真君三年(442),寇谦之又奏称:"今陛下以真君御世,建静轮天宫之法,开古以来未之有也,应登授符书,以彰圣德。"太武帝从之,"亲至道坛,受符箓,备法驾,旗帜皆青,以从道家之色也。自后诸帝,每即位皆如之"。太武帝拓跋焘及其以后诸帝如此重视道教,不仅在于道教有助于巩固北魏政权,而且在于道教可以强化北魏统治者的"黄帝后裔"的身份与地位。

概而言之,拓跋魏在建国立国过程中,努力构建黄帝文化,根本在于其在汉文化传统深厚的中原地区要生存与发展,建立政权和稳固统治,必须树立自己政权正统、统治合法的形象,必须赢得汉人的支持和拥护。研究者指出:"(拓跋部)唯有自我提升,展现正朔决心,扭转士大夫既有观念,才能争取他们的支持,唯有汉人士大夫归心,才能改造拓跋部为一大国,而非胡族小邦。"② 而黄帝在华夏民族中居于崇高地位,是中国正统政治文化的象征,传说中又与拓跋魏的民族历史文化有着若丝若

---

① 《魏书》卷三五《崔浩传》,第825—826页。
② 蔡金仁:《拓跋珪创建北魏政治战略论析》,(台湾)《通识教育学报》2008年第2期。

缕的联系，正可成为拓跋魏政治文化建设的强大助力。事实上，"黄帝"也在北魏政权的政治建设中发挥了巨大的作用。北魏因此继承和发展了十六国以来"华夷共祖"的理论，创造出本民族的黄帝文化。北魏此举，固然有其策略上的欺骗性，但致力于追寻和汉族相同的根，客观上表现出与汉族认同的效果。因为武力征服者，又做文化的俘虏，这是周边少数民族入主中原后的普遍现象[①]。拓跋魏构建其民族的黄帝文化，黄帝文化成为北魏政治文化的一种符号，在相当程度上宣扬和张大了黄帝文化，使"黄帝"文化在北魏时期得到了极大的丰富和发展、深化。由此也可以说，北魏构建黄帝文化是一种典型的文化创新，达到了一个新的水平，影响可谓至深至巨。

---

① 赵瑞民：《姓名与中国文化》，中国人民大学出版社2009年版，第30页。

西晋十六国时期河西县令长史迹钩沉[*]

河西学院历史文化与旅游学院　贾小军

《册府元龟》卷七〇一《令长部一·公正》云："令宰为百里之长，人民社稷之攸系，政教威令之所出，故名器斯重，选任非易，历代而下，惟贤是图。"宋文帝元嘉八年（431）闰六月诏曰："郡守赋政方畿，县宰亲民之主，宜思奖训，导以良规。"[①] 道出州县长官在古代国家权力运作过程中的重要性。对远离中原中央王朝政治中心的河西地区而言，州县长官之贤否，更与域内百姓福祉休戚相关。西晋十六国时期，河西地区先后经历了西晋、前凉、前秦、后凉、南凉、西凉、北凉（段业北凉、沮渠氏北凉）等政权的统治，期间河西地区分分合合，对县级行政长官即令、长而言，如何在治乱分合的形势下施政，成为他们必须面对的难题。由于传统史籍对此记载较少，关注者及相关研究也不多见[②]。现依据相关史籍记载，并参考近年来发现的考古资料，对西晋十六国时期河西地区县令长的相关问题做一论述。

---

[*] 基金项目：国家社科基金西部项目（14XZS014）、甘肃省高等学校科研项目（2014A-113）"汉唐时期河西走廊墓葬壁画整理研究"。

[①] 《宋书》卷五《文帝纪》，中华书局1974年版，第80页。

[②] 代表性的史料、论著有历代正史职官志、《通典》，（唐）虞世南等《北堂书钞·设官部》（中国书店1989年版）、（北宋）王钦若等《册府元龟·令长部》（中华书局1960年版）、严耕望《中国地方行政制度史·魏晋南北朝地方行政制度》（上海古籍出版社2007年版）、刘鹏九《中国古代县官制度初探》（《史学月刊》1992年第6期）、薛瑞泽《北魏县令长的相关问题》（《史学集刊》2003年第3期）等。总的来看，对西晋十六国时期县令长，尤其是该时期河西地区县令长的研究基本未有涉及。

一　史籍所见西晋十六国时期河西诸县令长

考诸史籍，西晋十六国时期河西诸县令长有记载者，就笔者目前所见，为西晋敦煌令梁澄[①]、永平令汜宗[②]、浩亹长窦允[③]、前凉[④]福禄令麹恪[⑤]、枹罕令严羌[⑥]、临泽令髦朷（？）[⑦]、兰池长赵奭[⑧]、揟次长汜昭[⑨]、鸣沙令令狐敏[⑩]、前后任职福禄令和居延令的汜祎[⑪]、姑臧令辛岩[⑫]、祁连令侯亮[⑬]、金城令车济[⑭]、昭武令汜续[⑮]、凉兴令汜漫[⑯]、会水令马亦[⑰]、前秦美水令张统[⑱]、后凉骐马令郭文[⑲]、丘（氏）池令尹兴[⑳]、临松令井

[①]　《晋书》卷三《武帝纪》，中华书局 1974 年版，第 66 页。
[②]　中国社会科学院历史研究所等：《英藏敦煌文献（汉文以外部分）3》，四川人民出版社 1990 年版，第 168—169 页。
[③]　《晋书》卷九〇《良吏传·窦允传》，第 2332 页。
[④]　本文将张轨时期（公元 301—314 年）在河西地区任职者均归入前凉时期。
[⑤]　《晋书》卷八六《张轨传》，第 2225 页。
[⑥]　张澍辑，王晶波校点：《二酉堂丛书史地六种》，甘肃人民出版社 1992 年版，第 111 页。
[⑦]　杨国誉：《"田产争讼爰书"所展示的汉晋经济研究新视角——甘肃临泽县新出西晋简册释读与初探》，《中国经济史研究》2012 年第 1 期；贾小军：《临泽出土〈田产争讼爰书〉释读及相关问题》，《鲁东大学学报》（哲学社会科学版）2012 年第 5 期。
[⑧]　《晋书》卷八六《张轨传附子寔传》，第 2227 页。
[⑨]　S.1889《敦煌汜氏人物传》，郑炳林：《敦煌地理文书汇辑校注》，甘肃教育出版社 1989 年版，第 123 页。
[⑩]　《新唐书》卷七五下《宰相世系表五下》，中华书局 1975 年版，第 3397 页。
[⑪]　张澍辑，李鼎文校点：《续敦煌实录》引《前凉录》，甘肃人民出版社 1985 年版，第 87 页。
[⑫]　《晋书》卷八六《张轨传》，第 2231 页。
[⑬]　《续敦煌实录》之《敦煌实录》"侯子瑜"条，第 6 页。
[⑭]　《晋书》卷八九《忠义传·车济传》，第 2320 页。
[⑮]　S.1889《敦煌汜氏人物传》，郑炳林：《敦煌地理文书汇辑校注》，第 121 页。
[⑯]　同上书，第 123 页。
[⑰]　（梁）释僧祐撰，苏晋仁、萧炼子点校：《出三藏记集》卷七《首楞严经后记》，中华书局 1995 年版，第 271 页。
[⑱]　《资治通鉴》卷一〇六"孝武帝太元十年（385）九月"条，中华书局 1956 年版，第 3352 页。
[⑲]　《晋书》卷一二二《吕光载记》，第 3059 页。
[⑳]　同上。

祥①、阳川令盖敏②，段业北凉效谷令李暠③、效谷令张邈④、西凉姑臧令阴华⑤、张掖令尹永⑥、沮渠氏北凉永安（平）令张披⑦、临松令史豫⑧、和宁令张谭⑨、建昌令张怀义⑩、金昌白土二县令张略⑪。

上述县令、长共计32人次（前凉氾祎先后任福禄令、居延令，北凉金昌、白土二县令张略），其中西晋3人，前凉14人，前秦1人，后凉4人，西凉2人，北凉8人（段业北凉2人、沮渠氏北凉6人）。这一统计，至少能够说明以下几点。

第一，西晋时期全国统一，在全国推行州、郡、县制，记载虽仅3例，但涉及地域包括敦煌、永平、浩亹等处，涵盖了河湟地区和河西走廊，说明西晋县制在河西地区推行的普遍性。而永嘉五年（311）为枹罕令的严羌、建兴元年（313）任临泽令的髦初严格来讲仍是西晋县令。其中临泽令髦初出现在西晋愍帝司马邺的建兴元年（313）的文书中，此年为前凉政权的奠基人张轨任凉州刺史的第13年，张轨的政治方针是"尊晋攘夷"和"保宁域内"，正说明张轨时期的凉州仍为西晋地方政权。另，据S.1889《敦煌氾氏人物传》，氾毗曾于永兴二年（305）为酒泉令⑫，查《晋书·地理志》，酒泉郡治福禄县，不领酒泉县，氾毗为氾祎弟，又，氾祎大约在此时任福禄令⑬，此酒泉令似为福禄令之误，任职者氾毗亦似为氾祎之误，故不取。

---

① 《晋书》卷一二二《沮渠蒙逊载记》，第3189—3190页。
② 段龟龙：《凉州记》，王晶波点校：《二酉堂史地丛书六种》，甘肃人民出版社1992年版，第105页。
③ 《晋书》卷八七《凉武昭王李玄盛传》，第2257页。
④ 同上书，2258页。
⑤ 《魏书》卷五二《阴仲达列传》，中华书局1974年版，第1163页。
⑥ 《李伯钦墓志》："（李伯钦）曾祖翻，魏骁骑将军、酒泉太守；夫人晋昌唐氏，父瑶，冠军将军、永兴桓侯；夫人天水尹氏，父永，张掖令。"唐瑶为西凉李暠"冠军将军、永兴桓侯"，尹永当与唐瑶同时，任职西凉，为张掖令。西凉疆域未曾到达张掖，当是遥领。罗新、叶炜：《新出魏晋南北朝墓志疏证》，中华书局2005年版，第58页。
⑦ 《晋书》卷一二九《沮渠蒙逊载记》，第3194页；"校勘记"，第3200页。
⑧ 《北史》卷六一《史宁传》，中华书局1974年版，第2185页。
⑨ 《十六国春秋辑补》卷九七《北凉录三》，中华书局1985年版，第673页。
⑩ 《北史》卷三四《张湛传附兄怀义传》，第1265页。
⑪ 《张略墓志》，罗新、叶炜：《新出魏晋南北朝墓志疏证》，第48—49页。
⑫ S.1889《敦煌氾氏人物传》，郑炳林：《敦煌地理文书汇辑校注》，第122页。
⑬ 张澍辑，李鼎文校点：《续敦煌实录》引《前凉录》，第87页。

第二，统计涉及前凉福禄、枹罕、临泽（昭武）、兰池、揖次、鸣沙、居延、姑臧、祁连、金城、凉兴、会水等12县。其中福禄、会水二县属酒泉郡，福禄为酒泉郡治。枹罕县属晋兴郡。张轨时期，"分西平界置晋兴郡，统晋兴、枹罕、永固、临津、临鄣、广昌、大夏、遂兴、罕唐、左南等县"①。临泽县即汉昭武县，属张掖郡，西晋避景帝讳改为临泽县②，前凉沿置。故S.1889《敦煌汜氏人物传》称汜续为昭武令，误。以昭武称临泽，似为习称。兰池县属西郡，前凉沿西晋置。揖次县，属武威郡，《三国志·魏书·张既传》作"且次"③，《晋书·地理志》作"揖次"④。王仲荦《北周地理志》："盖且次、揖次音近，而揖次、揖次形似而讹。"⑤ 鸣沙县，北周置，治今敦煌市沙州镇。《隋书·地理志》："（敦煌郡）敦煌，旧置敦煌郡，后周并效谷、寿昌二郡入焉。又并敦煌、鸣沙、平康、效谷、东乡、龙勒六县为鸣沙县。以县界有鸣沙山，因以为名"⑥ 是前凉时期无鸣沙县。前凉时期敦煌置县，属沙州敦煌郡。《新唐书》卷七五下《宰相世系表五下》称令狐敏为鸣沙令，当为敦煌令之讹。姑臧为前凉国都所在地，即今武威市凉州区。祁连县属祁连郡，张玄靓置。《晋书·地理志》："永兴中（305），置汉阳县以守牧地。张玄靓（355—362年在位）改为祁连郡。"⑦《大清一统志》甘州府古迹有祁连废郡："在张掖县西南……胡三省注曰：城在祁连山下，故名。《方舆路程考略》即单于城，在卫南洪水堡南三十里。故址犹存。"以此判断，祁连郡、祁连县，或在今山丹、民乐县境。金城县为金城郡治。凉兴县，属凉兴郡，当为前凉置。《十六国疆域志》按："凉武昭王元年分敦煌之凉兴、乌泽、晋昌之宜禾三县置凉兴郡，今考《吕光载记》：光破酒泉，军次凉兴郡，是郡之立本在后凉以前。胡三省云，河西张氏置凉兴郡，当别有所据也。"⑧ 据S.1889《敦煌汜氏人物传》，汜漫

---

① 《晋书》卷一四《地理志上》，434页。
② 《二十五史补编》第三册《十六国疆域志》，中华书局1955年版，第4170页。
③ 《三国志》卷一五《张既传》，第474页。
④ 《晋书》卷一四《地理志上》，第433页。
⑤ 王仲荦：《北周地理志》卷二《陇右》，中华书局1980年版，第214页。
⑥ 《隋书》卷二九《地理志上》，第816页。
⑦ 《晋书》卷一四《地理志上》，第434页。
⑧ 《二十五史补编》第三册《十六国疆域志》，4172页。史为乐主编：《中国历史地名大辞典》云："十六国北凉段业分敦煌之凉兴、乌泽、晋昌之宜禾三县置，治所在凉兴县（今甘肃瓜州县西南），隋初废。"（中国社会科学出版社2005年版，第2200页）

为凉兴令当在张天锡时期，此亦可作为前凉设凉兴郡、凉兴县之证据。居延县属西海郡，治所在今内蒙古额济纳旗东南。氾祎以福禄令迁居延令，反映出远离前凉政治中心的居延县，是贬谪官员的重要去处。《晋书·张轨传》称，"建威将军、西海太守张肃，寔叔父也，以京师危逼，请为先锋击刘曜。寔以肃年老，弗许。""既而闻京师陷没，肃悲愤而卒。"① 赵向群先生认为，张肃为前凉张氏宗室，年老偏执，只知"为人臣"之道，而不懂"全门户"之理，张寔拒绝张肃出兵勤王，是为割据凉州而保存实力②，诚是。不过联系氾祎被贬谪至居延之事来看，张肃身为西海太守，本身就是在张寔时代遭受排挤的结果。

公元 376 年，前凉灭于前秦，其郡县皆为前秦所有，上述前秦美水令即进言梁熙，则美水县应在河西，只是已不详所在，待考。

第三，后凉骍马、丘池、临松、阳川 4 县，骍马属酒泉郡，最初由西晋置，《大清一统志》安西直隶州古迹有骍马废县："在玉门界。"或在汉酒泉郡沙头县以东今玉门市东部一带。《晋书》卷一二二《吕光载记》称："（麟嘉元年，389）张掖督邮傅曜考核属县，而丘池令尹兴杀之，投诸空井，曜见梦于光曰：'……'光寤而犹见，久之乃灭。遣使覆之如梦，光怒，杀兴。"③ 查西晋十六国时期张掖郡无丘池县而有氐池县，丘、氐字形相近，此"丘池"当为"氐池"之误。《晋书》卷三《武帝纪》："（泰始三年）夏四月戊午，张掖太守焦胜上言，氐池县大柳谷口有玄石一所，白画成文，实大晋之休祥，图之以献。"④ 另，麟嘉元年吕光即三河王位，正式建立后凉，临松县属临松郡。阳川县所属何郡以及治所何在均不详。后凉颇以重军事轻民事著称，但麟嘉元年张掖督邮傅曜考核氐池县，以及设置骍马、临松县诸事，则说明后凉建立初期，基本继承了前秦时期在河西地区推行的政治制度，包括对县级政权的考核制度。

第四，西凉有姑臧令阴华、张掖令尹永。考诸史实，西凉辖境未曾到过姑臧、张掖，故二县为侨置。以武威大族阴氏成员阴华为姑臧令，

---

① 《晋书》卷八六《张轨传》，第 2228 页。
② 赵向群：《五凉史探》，甘肃人民出版社 1996 年版，第 61—62 页。
③ 《晋书》卷一二二《吕光载记》，第 3059 页。
④ 《晋书》卷三《武帝纪》，第 55 页。

冯培红认为："这既是鼓励武威阴氏去收复故土，也反映了李暠似乎有重用敦煌以外地区的大族的转向。"① 以天水尹永为张掖令，当亦如之。段业北凉效谷县与沮渠氏北凉临松县、白土县，皆沿后凉置，其中效谷令李暠后来建立西凉。沮渠氏北凉之永安（平）、和宁、建昌三县，《十六国疆域志》认为："北凉又有永安县……今考平阳郡有永安县，与北凉相去较远，恐非。或疑即永平之误也。又《北史·张湛传》：'兄铣仕蒙逊，位建昌令。'《御览·职官部六十》称《北凉录》张谭为和宁令，二县并附此，俟再考。"② 沮渠氏北凉金昌县《十六国疆域志》不载，亦如之。

第五，上述32位县令、长中，县令29人，县长3人。《晋书》卷二四《职官志》称："县大者置令，小者置长。"③ 县之大小以所辖户口区分，其令长俸禄也有差别。《北堂书钞》卷七八《设官部三十》引《晋令》云："（县）千户以上，州郡治五百以上，皆为令；不满此为长也。"然据《汉书》卷一九上《百官公卿表上》，县令、长的区别是"县令、长，皆秦官，掌治其县。万户以上为令，秩千石至六百石。减万户为长，秩五百石至三百石"④。《宋书》卷四〇《百官志》："县令千石至六百石，长五百石。"⑤ 故严耕望先生论道："晋代令长之别，虽仍以户数为断，而标准已降低为十分之一矣。"⑥ 又据《晋书》卷一四《地理志上》，西晋时期凉州金城郡"统县五，户二千"，武威郡"统县七，户五千九百"，张掖郡"统县三，户三千七百"，西郡"统县五，户一千九百"，酒泉郡"统县九，户四千四百"，敦煌郡"统县十二，户六千三百"，西海郡"统县一，户二千五百"⑦。则西晋凉州金城郡每县平均400户，武威郡每县843户弱，张掖郡每县1233户强，西郡每县380户，酒泉郡每县489户弱，敦煌郡每县525户，西海郡居延县2500户。依此可知，西晋敦煌县、永平县，前凉福禄县、临泽县、鸣沙县、凉兴县、居延县、姑臧县、

---

① 冯培红：《敦煌大族与西凉王国关系新探》，《敦煌吐鲁番研究》第十三卷，上海古籍出版社2013年版，第141—157页。
② 《二十五史补编》第三册《十六国疆域志》，第4179页。
③ 《晋书》卷二四《职官志》，第746页。
④ 《汉书》卷一九上《百官公卿表上》，中华书局1962年版，第742页。
⑤ 《宋书》卷四〇《百官志》，第1259页。
⑥ 严耕望：《中国地方行政制度史·魏晋南北朝地方行政制度》，第319页。
⑦ 《晋书》卷一四《地理志上》，第433—434页。

祁连县、金城县、会水县，前秦美水县，后凉骓马县、丘（氐）池县、临松县、阳川县，段业北凉效谷县，西凉姑臧县、张掖县，沮渠氏北凉永安（平）县、临松县、和宁县、建昌县、白土县、金昌县皆为大县，户数在500以上；西晋金城郡浩亹县、前凉西郡兰池县、武威郡揟次县为小县，户数皆不足500，这与前引诸书所载大体相合。而在制度变迁层面，可知十六国时期河西割据政权直接继承了西晋大、小县之制①。《晋书》卷一二九《沮渠蒙逊载记》："时木连理，生于永安，永安令张披上书曰：'……'蒙逊曰：'此皆二千石令长匪躬济时所致，岂吾薄德所能感之！'"② 所谓"二千石令长"，即郡县长官。由此可知北凉县分大小，其长官分别为县令、县长，亦可证上述判断。

第六，就前述这一时期统治过河西的7个政权而言，前秦美水县已不可考，而南凉县令长则不见记载。前已论及，后凉基本继承了前秦时期在河西地区推行的政治制度，包括对县级政权的考核制度，因此前秦在河西推行郡县制无疑。关于南凉，周伟洲先生认为，基本上是一个汉化了的封建政权，其政治制度是承袭了汉魏以来的旧制而略有损益。③ 至

---

① 按，汉代河西县令长的设置也非完全按"万户以上为令……减万户为长"的标准设置，"汉代令长的区别以及本身秩位的高低并不仅仅限于户口的多少、地区的大小，还包括治理的难易和治绩的好坏，而后者更为重要"。（安作璋、熊铁基：《秦汉官制史稿》（下），齐鲁书社1985年版，第153页）高荣论道："汉代河西各地人口普遍稀少，西汉时户口最多的张掖郡，也只有二万四千多户，八万八千多口，平均每县不到二千五百户，与万户相差甚远。但因河西地域辽阔，又是边防要地，时常有匈奴入寇之虞，还承担着汉朝军队、使节、商团的送往迎来；而……治理该地远比治理内地郡更难。因此，河西各县长官也有秩别较高的令……但河西更多的县长官称为县长，如东汉初年孔奋就曾大任姑臧长，东汉末年曹全曾任福禄长等。姑臧、福禄分别为武威郡和酒泉郡治所。郡治所在的县尚且称长，其他一般属县更不可能设令。……在县令长之下，又有丞、尉……居延汉简中屡见有'居延左尉'发往居延县和甲渠候官的文书记录；在敦煌悬泉汉简中又有与'效谷守长'并列的'敦煌左尉'，可知此'敦煌左尉'是指敦煌县而非敦煌郡的左尉。此外，又有'敦煌右尉''效谷左尉''冥安右尉'等。既有'左（右）尉'，则必有'右（左）尉'，足见汉代居延、敦煌等确属大县，不仅其长官称令（原注：简牍所见多为'敦煌长'［胡平生、张德芳《敦煌悬泉汉简释粹》，第91页一〇九简、第158页二二七简］而非'敦煌令'，可知大县之长未必尽称令），而且还按'大县'编制设有左、右尉。"（参见田澍、何玉红主编《西北边疆社会研究》第四章第一节《汉代河西的行政区划与职官建置》，中国社会科学出版社2009年版，第215—216页，该部分由高荣撰写）因史无明载，五凉时期河西诸县长官称谓及其他详情已难详知，但上述有关汉代河西县令长的论述可资参考。

② 《晋书》卷一二九《沮渠蒙逊载记》，第3194页。

③ 周伟洲：《南凉与西秦》，广西师范大学出版社2006年版，第62页。

于地方州、郡、县的设置，考诸史籍，南凉州牧有秃发利鹿孤[①]、秃发傉檀[②]，郡太守有晋兴太守阴畅[③]，西郡太守杨统[④]，昌松太守苏霸[⑤]、明德归[⑥]，湟河太守文支[⑦]等，不见南凉郡下设县的记载，但南凉既承袭汉魏旧制，又设州郡，故县制当在其域内推行，只是史籍阙载而已。《魏书》卷九九《鲜卑秃发乌孤传》："天兴初，乌孤又称武威王，徙治乐都，置车骑将军已下，分立郡县。"[⑧] 知南凉"分立郡县"无疑。

二 西晋十六国时期河西县令长的任职资格与出路

县作为封建官僚政治体制的重要组成部分，县令长素质的高低直接影响着中央政令的贯彻，因而西晋、五凉政府对其任职资格要求颇为严格。在很大程度上，这是西晋十六国时期河西地方社会稳定的保证。

西晋十六国时期，由于河西地区政权屡经更迭，因此县令长的任职资格较为复杂。有的因学识渊博、品行高洁而被任命为县之令长。窦允以孝廉身份"除浩亹长"[⑨]，因能"洁身修己"而受到晋武帝下诏褒奖。《晋书》卷九〇《良吏传·窦允传》："泰始中，诏曰：'当官者能洁身修己，然后在公之节乃全。身善有章，虽贱必赏，此兴化立教之务也。谒者窦允前为浩亹长，以修勤清白见称河右。是辈当擢用，使立行者有所劝。主者详复参访，有以旌表之。'拜临水令。"[⑩] 段业称凉州牧，以"少而好学，性沉敏宽和，美器度，通涉经史，尤善文义"[⑪]的李暠为效谷令。

[①]《晋书》卷一二六《秃发乌孤载记》，第3143页。
[②]《资治通鉴》卷一一二"晋安帝隆安五年（401）正月"条，第3518页。
[③]《资治通鉴》卷一一一"晋安帝隆安四年（400）七月"条，第3513页。
[④]《晋书》卷一二九《沮渠蒙逊载记》，第3194页。
[⑤]《晋书》卷一二六《秃发傉檀载记》，第3151页。
[⑥]《十六国春秋辑补》卷九〇《南凉录二》，第625页。
[⑦]《晋书》卷一二六《秃发傉檀载记》，第3154页。
[⑧]《魏书》卷九九《鲜卑秃发乌孤传》，第2200页。
[⑨]《晋书》卷九〇《良吏传·窦允传》，第2332页。
[⑩] 同上。
[⑪]《晋书》卷八七《凉武昭王李玄盛传》，第2257页。

有因家族或祖上的声望而被任命为县之令长者。前凉张骏时期的侯亮即因此而为祁连令。西晋永平令氾宗，前凉昭武令氾续、凉兴令氾漫、揖次长氾昭，皆敦煌著姓氾氏成员。氾氏以经学传家，通经致仕。据S.1889《敦煌氾氏人物传》，至前凉氾瑗止，西汉至前凉间的敦煌氾氏人物凡12人，其中西汉1人，东汉3人，不明朝代1人，其余7人属前凉①。前凉鸣沙令令狐敏，西凉姑臧令阴华，亦为敦煌著姓成员。《新唐书》卷七五下《宰相世系表五下》："（令狐）亚孙敏，字永昌，前凉鸣沙令。"②《魏书》卷五二《阴仲达列传》："祖训，字处道，仕李暠为武威太守。父华，字季文，姑臧令。"③前凉侯子瑜凭借祖上声望而得任祁连令。《续敦煌实录》之《敦煌实录》"侯子瑜"条："凉文王张骏，梦一人鬓眉皓白，自称子瑜，曰：'地上之事付汝，地下之事付我。'王寤问之，有侯子瑜先死。得其曾孙亮，为祁连令矣。"④地方大族出任县级行政长官，反映出这一时期河西著姓在当地的巨大影响力⑤。需要注意的是，上述诸人皆以地方大族成员身份任职当地，可知汉代以来长官必用外籍人的制度已经遭到破坏⑥。

也有因果毅、忠义而为县令者。前凉张重华金城县令车济即是。《晋书》卷八九《忠义传·车济传》："车济，字万度，敦煌人也。果毅有大量。张重华以为金城令，为石季龙将麻秋所陷，济不为秋屈。秋必欲降之，乃临之以兵。济辞色不挠，曰：'吾虽才非庞德，而受任同之。身可杀，志不可移。'乃伏剑而死。秋叹其忠节，以礼葬之。后重华迎致其丧，亲临恸哭，赠宜禾都尉。"⑦

---

① S.1889《敦煌氾氏人物传》，郑炳林：《敦煌地理文书汇辑校注》，第120—126页。
② 《新唐书》卷七五下《宰相世系表五下》，第3397页。
③ 《魏书》卷五二《阴仲达列传》，第1163页。
④ 《续敦煌实录》之《敦煌实录》"侯子瑜"条，第6页。
⑤ 有关汉晋时期河西大族、敦煌大族的研究，代表性著述有：齐陈骏等《五凉史略》，甘肃人民出版社1988年版；赵向群《五凉史探》，甘肃人民出版社1996年版；李军《西凉大姓略考》，《兰州大学学报》1983年第3期；施光明《西州大姓敦煌宋氏研究》，《魏晋南北朝史论文集》，齐鲁书社1991年版；尤成民《汉晋时期河西大姓的特点和历史作用》，《兰州大学学报》1992年第1期；孙晓林《汉—十六国敦煌令狐氏述略》，《北京图书馆馆刊》1996年第4期；冯培红《汉晋敦煌大族略论》，《敦煌学辑刊》2005年第2期等。
⑥ 严耕望：《中国地方行政制度史·魏晋南北朝地方行政制度》，第382—867页。
⑦ 《晋书》卷八九《忠义传·车济传》，第2320—2321页。

前凉金城县令车济以果毅、忠义而为县令，终以身殉职，被赠宜禾都尉，这样的结局在上述32位县令长中仅见。其余诸位令长出路各不相同。有被擢升为更高职务的。《晋书》卷三《武帝纪》称："初，敦煌太守尹璩卒，州以敦煌令梁澄领太守事，议郎令狐丰废澄，自领郡事。"①西晋敦煌令梁澄得领太守事，虽说最终被议郎令狐丰所废，仍可算依制擢升。《通典》卷三三《职官十五》："晋制：大县令有治绩，官报以大郡。"② 又据前引史料，"以修勤清白见称河右"的西晋浩亹长窦允后被擢升为临水令。前凉姑臧令辛岩，后为武兴太守③。先后任前凉福禄令、居延令的氾祎，后来历任西海太守④和张骏左长史⑤。凉兴令氾漫，"后为湟河太守，民夷歌德，加陵江将军，转振武将军"⑥。又据《张略墓志》，北凉金昌、白土二县令张略是北魏灭北凉后被徙至和龙镇的北凉旧人，后曾任"东宫记室主簿、尚书郎、民部、典征西府录事户曹二参军、左军府户曹参、领内直、征西镇酒泉后都护留府、安弥侯、常侍、□南公、中尉、千人军将"⑦，对张略的升职过程记载可谓详细。前凉张轨时期，"西平王叔与曹祛余党麹儒等劫前福禄令麹恪为主，执太守赵彝，东应裴苞"⑧。段业北凉效谷令张邈后来辅佐李暠建立西凉，任职右长史⑨。此三人为借因缘际会而独树一帜者。亦有因触犯上司而被贬谪者。前述氾祎就曾以福禄令迁居延。《续敦煌实录》引《前凉录》云："氾祎，字休臧，敦煌人。为福禄令，刚直不事上府。酒泉太守马汉遣督邮张休祖劾之，休祖谓祎曰：'君不闻"宁逢三千头虎，不逢张休祖"乎？'祎怒，以印系肘而就缚，缚讫，发印以告。事闻，休祖坐不解印擅缚令长，

---

① 《晋书》卷三《武帝纪》，第66页。
② 《通典》卷三三《职官十五》，中华书局1984年版，第190页。
③ 《晋书》卷八六《张轨传》，第2234页。
④ S.1889《敦煌氾氏人物传》："氾毗，字公辅，西海太守祎之弟也。"按，本件文书"氾存"条称："氾存，字世震，西海太守讳之孙也。"而氾祎据前凉时代已远，说氾存为"西海太守讳之孙"，"讳"显系"祎"之，氾祎以居延令而升任西海太守，后又成为左长史。
⑤ 《晋书》卷八六《张轨传》，第2233页。
⑥ S.1889《敦煌氾氏人物传》，郑炳林：《敦煌地理文书汇辑校注》，第123页。
⑦ 《张略墓志》，罗新、叶炜：《新出魏晋南北朝墓志疏证》，第48—49页。
⑧ 《晋书》卷八六《张轨传》，第2225页。
⑨ 《晋书》卷八七《凉武昭王李玄盛传》，2258—2259页。

以大不敬论。袆左迁居延令。"① 有被杀者，如后凉临松令井祥被反叛的沮渠蒙逊斩杀②，丘池令尹兴因杀张掖督邮傅曜而被吕光所杀③。

三 西晋十六国时期河西县令长的职责

就上述西晋十六国时期32位河西县令长而言，他们作为皇（王）权时代封建官僚机构的末梢，是直接治理百姓的治事之官。县令长在施政过程中，躬亲民事，需要面对和处理众多具体而微的情况，故严耕望论道："唯其为基层亲民之官，故职事最烦。"④《续汉书·百官志》对县令长的职责权限有明确记载："（县令长）皆掌治民，显善劝义，禁奸罚恶，理讼平贼，恤民时务，秋冬集课，上计于所属郡国。"⑤ 具体到西晋十六国时期河西地域，县令长职责主要有如下数端。

决狱权。《册府元龟》卷七〇五《令长部五·折狱》称："夫令长，字人之官，听断立政之本，善恶攸司，曲直是主……孔子曰：'刑罚不中则民无所措手足。'至哉斯言乎！"⑥ 严耕望指出："又有一事可征令长为'亲民之主'，操刑杀之柄者，则狱在县不在郡。"⑦ 2010年甘肃张掖临泽出土的《田产争讼爰书》简册，记录了西晋晚期（建兴元年，313）张掖郡临泽县地方政府对一起争讼田产的民事纠纷案件的审理过程，临泽令髦初（?）、宗长（司马、仲裁人?）孙丞、临泽县户曹掾史王匡、董惠先后参与处理此案⑧。其中临泽令髦初即为此狱之决断者。另外需要注意的是，在此案中，虽然孙香、孙发对宗长孙丞的裁决并未绝对服从，但这仍然反映出"其时宗长对宗主成员具有一定的控制权"，"这一权利的行

---

① 《续敦煌实录》引《前凉录》，第87页。
② 《晋书》卷一二二《沮渠蒙逊载记》，第3189—3190页。
③ 《晋书》卷一二二《吕光载记》，第3059页。
④ 严耕望：《中国地方行政制度史·魏晋南北朝地方行政制度》，324页。
⑤ 《后汉书》志二八《百官五》，中华书局1965年版，第3622—3623页。
⑥ 《册府元龟》卷七〇五《令长部五·折狱》，第8394页。
⑦ 严耕望：《中国地方行政制度史·魏晋南北朝地方行政制度》，第326页。
⑧ 贾小军：《临泽出土〈田产争讼爰书〉释读及相关问题》，《鲁东大学学报》（哲学社会科学版）2012年第5期。

使也得到了地方政府的赞同和支持"①，这充分说明在传统皇（王）权时代，作为直接治理百姓的治事之官即令、长所在的县，正是专制皇（王）权政治与地方"既非民主又异于不民主的专制"的"长老统治"②的交接点。

《十六国春秋辑补》卷九七《北凉录三·张谭》："张谭，字元庆，武威姑臧人也。为和宁令，政以德化为本，不务威刑。民有过者，读《孝经》及《忠臣孝子传》训导之，百姓爱之如父母，号曰'慈君'。"③以德化民、不务威刑，是北凉和宁令张谭处理民事的基本原则，并用读《孝经》及《忠臣孝子传》的方法训导"民有过者"，此传本为宣扬和宁令张谭以德治民方法之善，但其施政用心之细，从另一个侧面反映出县令处理民事的繁复与琐碎。因此"百姓爱之如父母，号曰'慈君'"。前引清道光帝所谓"州县为亲民之官"，即指州县官亲民而治，治民即如教子，"父母官"之真谛正在于此。

观察祥瑞。古代统治者为宣扬顺应天命，或者显示上天对其统治的肯定，往往会寻找、解释甚至营造各种祥瑞现象。各级官员也就成了观察和解释这些现象的主要承担者。范晔著《宋书》，即专设《符瑞志》。《新唐书》卷四六《百官志》称："礼部郎中、员外郎掌礼乐……图书、册命、祥瑞……凡景云、庆云为大瑞，其名物六十有四；白狼、赤兔为上瑞，其名物三十有八；苍乌、朱雁为中瑞，其名物三十有二；嘉禾、芝草、木连理为下瑞，其名物十四。大瑞，则百官诣阙奉贺；余瑞，岁终员外郎以闻，有司告庙。"④西晋十六国时期河西县令长自不例外。《凉州记》："永嘉五年，枹罕令严羌妾产一龙一鹫。鹫寻飞去，龙十五日风雨迎之。"⑤氾昭拜前凉揭次长，"黄龙见其界"⑥。《晋书》卷八六《张寔传》："兰池长赵奭上军士张冰得玺，文曰'皇帝玺'。群僚上庆称德，寔

---

① 杨国誉：《"田产争讼爰书"所展示的汉晋经济研究新视角——甘肃临泽县新出西晋简册释读与初探》，《中国经济史研究》2012年第1期。
② 费孝通：《乡土中国 生育制度 乡土重建》，商务印书馆2011年版，第71页。
③ 《十六国春秋辑补》卷九七《北凉录三·张谭》，第673—674页。
④ 《新唐书》卷四六《百官志》，第1191页。
⑤ 张澍辑，王晶波校点：《二酉堂丛书史地六种》，第111页。
⑥ S.1889《敦煌氾氏人物传》，郑炳林：《敦煌地理文书汇辑校注》，第123页。

曰：'孤常忿袁本初拟肘，诸君何忽有此言。'因送于京师。"① 《晋书·沮渠蒙逊载记》："时木连理，生于永安，永安令张披上书曰：'异枝同干，遐算有齐化之应；殊本共心，上下有莫二之固。盖至道之嘉祥，大同之美征。'蒙逊曰：'此皆二千石令长匪躬济时所致，岂吾薄德所能感之！'"② 西晋枹罕令严羌妾产一龙一鹜，乃古史所记异事，自不足信。但前凉兰池长赵奭、北凉永安令张披则为寻找、解释祥瑞现象者。不过需要注意的是，一般来讲，县之令长难睹帝王天颜，兰池长赵奭、永安令张披二人之能够直接参与到寻找、呈报祥瑞现象，并且能够面见最高统治者，这在统一帝国时代是不可想象的，究其根源，皆因前凉、北凉乃地方割据政权使然。与其他统一时期祥瑞现象的参与者相比，分裂割据政权县令长的地位似与统一时期地方郡守相当。史称："（晋武帝泰始三年）夏四月戊午，张掖太守焦胜上言，氐池县大柳谷口有玄石一所，白画成文，实大晋之休祥，图之以献。"③ 上奏者为张掖太守焦胜。敦煌地理文书 P.2005 号《沙州都督府图经》载有较多唐代祥瑞现象，百姓发现"五色鸟""日扬光 庆云""蒲昌海五色""白狼"等祥瑞现象之后，多由沙州刺史李无亏表奏④。当然，京师、国都所在之县令因其特殊性，往往有直接上奏帝王的特权。如前凉姑臧令辛岩就能面谏张茂⑤、北魏洛阳令曾得特诏"有大事听面敷奏"⑥，等等。

  惩治不法，维护社会治安。县令除要处理琐碎的民事，维护县内治安也是其职责所在。《晋书》卷八六《张茂传》称："茂筑灵钧台，周轮八十余堵，基高九仞。武陵人阎曾夜叩门呼曰：'武公遣我来，曰：何故劳百姓而筑台乎？'姑臧令辛岩以曾妖妄，请杀之。茂曰：'吾信劳人。曾称先君之令，何谓妖乎！'太府主簿马鲂谏曰：'今世骏未夷，唯当弘尚道素，不宜劳役崇饰台榭。且比年以来，转觉众务日奢于往，每所经营，轻违雅度，实非士女所望于明公。'茂曰：'吾过也，吾过也！'命止

---

① 《晋书》卷八六《张寔传》，第 2227 页。
② 《晋书》卷一二九《沮渠蒙逊载记》，第 3194 页。
③ 《晋书》卷三《武帝纪》，第 55 页。
④ 郑炳林：《敦煌地理文书汇辑校注》，甘肃教育出版社 1989 年版，第 18—19 页。
⑤ 《晋书》卷八六《张茂传》，第 2231 页。
⑥ 《魏书》卷八《宣武帝纪》，第 197 页。

作役。"① 已如前述，前凉割据河西，地狭民稀，姑臧县令辛岩才得直接面见前凉国主张茂，起因在于武陵人阎曾借张轨名义反对张茂修筑灵钧台。所谓辛岩"以阎曾妖妄"，乃是迎合张茂之意，支持其继续修筑灵钧台。幸得张茂自省，又有太府主簿马鲂进谏，阎曾未杀，此役亦止。虽如此，辛岩的理由仍值得仔细考察。据《晋书》卷八六《张寔传》，张茂兄张寔被"挟左道""以惑百姓"的京兆人刘弘信众杀害②，阎曾反对张茂修筑灵钧台事距此不远，辛岩请杀阎曾可谓有前车之鉴，在一定程度上，辛岩是为维护姑臧城稳定与安宁，有值得肯定之处。公元386年，张天锡孽子张大豫起兵反叛吕光，王穆响应，不久即遭吕光镇压，张大豫被擒杀，王穆逃往骊马县，被骊马令郭文斩首③。骊马令郭文斩王穆，乃惩治后凉王国的反叛者。

兵政。《册府元龟》卷七〇五《令长部五·武功》："夫字人之职，恤隐为急，御武之备，遇事则应，或当纷扰之际，有强毅之能，寇戎之来，吏民是赖，或自完其郛邑，或往覆其巢穴，盖会其时而集事，亦不得已而用兵，可与之权厥功茂矣。"④ 严耕望指出："令长之职，于县事无所不综，兵政自不例外。……三国以降，县令长有加将军校尉者。"⑤ 前述前凉金城令车济死于后赵将领麻秋之手，后凉骊马令郭文斩王穆首，事皆出于战阵行伍，此足可说明西晋十六国河西诸县令长职责之中，包括负责一县之兵政。就笔者目前所见，西晋十六国河西县令长未见有"加将军校尉者"，但金城令车济死后张重华赠其宜禾都尉，亦可证十六国时期河西县令长于兵政一端，实与三国以来全国情况一致。

负责全县经济财政事务。《册府元龟》卷七〇二《令长部二·能政》："窦允除浩亹长，勤于为政，劝课田蚕，平均调役，百姓赖之。"⑥ 可知负责全县经济财政事务，乃县令长一重要职责。故史家云："夫百里之长，教乃居先；四民之业，农为之首……所谓劝稼以固本，原生以利人，斯

---

① 《晋书》卷八六《张茂传》，第2231页。
② 《晋书》卷八六《张寔传》，第2230页。
③ 《晋书》卷一二二《吕光载记》，第3058—3059页。
④ 《册府元龟》卷七〇五《令长部五·武功》，第8396页。
⑤ 严耕望：《中国地方行政制度史·魏晋南北朝地方行政制度》，第328页。
⑥ 《册府元龟》卷七〇二《令长部二·能政》，第8369页。

之谓也。"① 窦允之外，不见西晋十六国时期河西其他县令长负责全县经济财政诸事，这应与史籍阙载有关，并不能说明其不理财政经济事务。我们很难想象，以果毅、忠义著名的前凉金城县令车济、被称为"慈君"的北凉和宁令张谭等，在县令任上在经济财政方面毫无作为。史籍阙载，不等于他们没有参与财政经济建设。不过在战乱或其他特殊时期，县令长施政内容有所偏重，重军事轻民生的可能性也是有的。

翻译佛经。五凉统治者多崇信佛法，因此也大多支持佛经的翻译，上行下效，其属下官员往往也会参与其中。《出三藏记集》卷七《首楞严经后记》载："咸安三年，岁在癸酉，凉州刺史张天锡，在州出此《首楞严经》。于时有月氏优婆塞支施仑手执胡本。支博综众经，于方等三昧特善，其志业大乘学也。出《首楞严》《须赖》《上金光首》《如幻三昧》，时在凉州，州内正厅堂湛露轩下集。时译者龟兹王世子帛延善晋胡音，延博解群籍，内外兼综。受者常侍西海赵潚、会水令马亦、内侍来恭政，此三人皆是俊德，有心道德。时在坐沙门释慧常、释进行。"② 此次参与佛经翻译的常侍赵潚、会水令马亦、内侍来恭政，"皆是俊德，有心道德"，若非他们深研佛法，则不会参与翻译佛经。

综上可知，西晋十六国时期，在河西地区县级行政单位，最高行政长官因县之大小分为令、长。在十六国时期河西的割据政权内，县令长地位较统一时代县令长为高，国都所在的"首县"县令自然较其他县令长地位又高。作为一县行政长官，县令长既要躬亲全县民事，还需断决狱讼，负责一县兵政、经济财政事务，并要维护社会治安，上报祥瑞，甚至参与最高统治者支持的佛经翻译活动。正由于此，西晋王朝和十六国河西割据政权，都非常重视县令长的选拔、考核。个人学识和品行以及家族声望等，是选拔县令长的重要依据。县令长中，作奸犯科者会遭到严惩，而有所作为者既能得到朝廷的肯定而升迁，或借因缘际会而独树一帜，也可受百姓的爱戴而获赞誉，更能在后世纂修史书时列于《忠义传》。就此而论，西晋十六国时期河西地方行政制度全面继承了汉魏以来旧制，并在一定程度上有所突破。

---

① 《册府元龟》卷七〇三《令长部三·劝课》，第 8383 页。
② 《出三藏记集》卷七《首楞严经后记》，第 271 页。

北魏的州郡兵

河南科技大学人文学院　薛瑞泽

北魏作为鲜卑族所建立的政权，在政权建立初期的军队是部落兵，此后其军事体系逐步完善，并逐渐形成了中军和外军两个体系，中军是指中央军，由羽林军、虎贲军组成，左右卫和武卫将军等分别统领，领军将军统率。外军指镇戍兵和州郡兵，由州郡都尉和郡都护统领，[1] 构成了相对完善的军事体系。

北魏早期实行部落大人制，官号"或取诸身，或取诸物，或以民事，皆拟远古云鸟之义。诸曹走使谓之凫鸭，取飞之迅疾；以伺察者为候官，谓之白鹭，取其延颈远望。自余之官，义皆类此，咸有比况"。随着鲜卑族进入黄河流域，道武帝拓跋珪开始模仿汉族官僚体制任命官员，皇始元年（396）九月，"始建曹省，备置百官，封拜五等，外职则刺史、太守、令长已下有未备者，随而置之"，基本上确定了地方官沿袭历代名称的原则，但并未明确地方官兼任军政长官。天赐元年（404）九月，拓跋珪开始设置武官："武官五品已下堪任将帅者，亦有五等"。武官之设表

---

[1] 侯力：《中国政治制度史》，中国人民大学出版社2009年版，第217—218页。关于北魏州郡兵学术界多有论述，前辈学者唐长孺《魏晋南北朝隋唐史三论》（武汉大学出版社1993年版）、何兹全《府兵制前的北朝兵制》（《中华文史论丛》1980年2期）、高敏《魏晋南北朝兵制研究》（大象出版社2000年版）等多有提及，邹达《北魏的兵制》（《大陆杂志》社编辑委员会《秦汉史及中古史前期研究论集》，《大陆杂志》社1967年版）对此有较为深入的论述。此外，刘昭祥、王晓卫《军制史话》（社会科学文献出版社2011年版）、孟昭华、王涵编著《中国民政通史（上）》（中国社会出版社2006年版）、王惠岩、张创新《中国政治制度史（上）》（吉林大学出版社1989年版）、蒲坚《中国古代行政立法》（北京大学出版社2007年版）、刘展主编《中国古代军制史》（军事科学出版社1992年版）等多种中国军事史著述都有论及。

明北魏对军事的重视，在设立地方行政长官之后，"制诸州各置都尉以领兵"①，在各州设立都尉一职来统领地方所控制的州郡兵。州郡兵作为地方武装，首先肩负维护地方治安的任务，特别是州郡出现武装力量入侵或暴乱时，州郡兵就要出兵抵抗或平叛。

进入中原时期，北魏承续了十六国时期的历史环境，活动在中原地区的少数民族及其后裔并未完全退出，他们或活动于此，或凭借稍强的军事优势，不断骚扰民众，成为北魏地方政权稳定的一大隐患，所以，北魏从设立州郡兵伊始，州郡兵就担负着平息少数民族叛乱的任务。在太武帝拓跋焘时期，州郡武装力量在与少数民族作战方面就发挥了非常明显的作用。神䴥元年（428）闰十月，定州一带活动的丁零人鲜于台阳、翟乔等二千余家叛逃进入西山，"劫掠郡县，州军讨之，失利"。州郡的军事力量难以平息，面对颇为猖獗的丁零人，太武帝不得不"诏镇南将军、寿光侯叔孙建击之"。到了次年正月，"丁零鲜于台阳等归罪，诏赦之"②。太武帝动用国家的军事力量才平息了丁零对郡县的武装劫掠，到最后太武帝又赦免了丁零的首领鲜于台阳。这其中的原因显然是为了笼络丁零，以免其部族再度兴起发动暴乱。到了太平真君六年（445）九月，卢水胡人盖吴聚众在杏城（今陕西黄陵县侯庄乡故城村）反叛。十月戊子，长安镇副将元纥率众讨伐，结果被盖吴所杀。随着盖吴所统领卢水胡人势力的强盛，民众都渡过渭水逃奔南山。太武帝在下诏调动高平敕勒族的骑兵奔赴长安的同时，又"诏将军叔孙拔乘传领摄并、秦、雍兵屯渭北"③。正是因为动用了包括州郡兵在内的各种武装力量，次年八月，盖吴所统领卢水胡才被彻底平息。到了太武帝末年，南来的降人也曾举行暴动。正平二年（452）春正月初一，南来降民五千余家于中山谋叛，"州军讨平之"。特别是冀州刺史、张掖王沮渠万年因与降民"通谋"，也被赐死。④ 由此看来，在北魏进入中原地区之后，除了与汉族之间的矛盾尖锐之外，与其他民族之间的矛盾也

---

① 《魏书》卷一一三《官氏志》，中华书局 1974 年版，第 2972—2974 页。《魏书》卷二《太祖纪》记载，皇始元年九月，"初建台省，置百官，封拜公侯、将军、刺史、太守，尚书郎已下悉用文人"。
② 《魏书》卷四上《世祖纪上》，第 74 页。
③ 《魏书》卷四下《世祖纪下》，第 99—100 页。
④ 同上书，第 106 页。

逐渐暴露出来，太武帝不得不依靠地方州郡兵的军事力量来实现地方稳定。

北魏中期以后，中原地区的少数民族多已被消灭或被汉族同化，随着军事力量的增强，北魏不断向边远地区拓展疆土，这就不可避免地与生活在这里的少数民族发生冲突，一方面是北魏的强力推进，另一方面是少数民族生活空间的逐步缩小，矛盾与冲突不可避免地出现了。不断有少数民族起兵反抗北魏的军事推进，对于小规模的少数民族反抗，北魏政府往往令边远地区的州郡兵加以平叛。皇兴四年（470）二月，北魏献文帝以"吐谷浑拾寅不供职贡"为借口，"诏上党王长孙观等率州郡兵讨拾寅"，长孙观在曼头山（今青海兴海县河卡乡境内）大败前来迎战的拾寅，拾寅逃走。① 吐谷浑的生存空间被压缩应当是战争的重要原因，北魏仅仅动员边域地区州郡的军队进行平叛，表明边远地区郡县军队有较强的战斗力，可以与少数民族的军队直接作战并且获胜。孝文帝初年，李崇先以大使的身份巡察冀州，不久又兼任梁州刺史职位，"时巴氐扰动，诏崇以本将军为荆州刺史，镇上洛"。为了保证李崇的安全，"敕发陕秦二州兵送崇至治"。李崇认为："边人失和，本怨刺史，奉诏代之，自然易帖。但须一宣诏旨而已，不劳发兵自防，使怀惧也。"孝文帝听从了李崇的建议，李崇"乃轻将数十骑驰到上洛，宣诏绥慰，当即帖然"②。朝廷派遣李崇担任荆州刺史，是欲让他平定氐人的叛乱，因为氐人的势力强大，所以朝廷准备动用陕秦两个州的武装力量保卫刺史，说明州军的实力可以抵挡巴氐少数民族，而李崇所采取的"绥慰"之策则明显较之于剿灭之策要高明的多。太和二十年（496）十月，吐京（山西省石楼县）胡人反叛，孝文帝派遣元彬率领并州、肆州的军队加以讨伐，平息了叛乱。但是吐京胡去居等率领六百余人，占据险要的地方再次起兵。元彬向朝廷请求二万军队平叛，孝文帝认为区区六百人的吐京胡人不值得动用朝廷的兵马，"可随宜肃治"，即认为依靠地方的军队即可平叛。孝文帝甚至警告元彬说，如果地方官不能够平叛，"必须大众者，则先斩刺史，然后发兵"。元彬接到孝文帝诏书后非常害怕，"而率州兵，身先

---

① 《魏书》卷一○一《吐谷浑传》，第2238页。
② 《魏书》卷六六《李崇传》，第1465页。

将士，讨胡平之"①。元彬之所以要求朝廷派兵，显然是因为心中害怕，最后又在不得已的情况下亲自率领州郡的武装力量进行平叛，说明北魏时期的州郡武装还是有作战能力的。永平三年（510）二月癸亥，"秦州陇西羌杀镇将赵僫，阻兵反叛。州军讨平之"②。永平三年二月秦州所发生的陇西羌人暴动，在被州军讨平后，随之引发了北地更多羌人起义，"时北地诸羌数万家，恃险作乱，前后牧守不能制，奸暴之徒，并无名实，朝廷患之"，面对日益严重的羌人起义，朝廷任命刘藻为北地太守，他"推诚布信，诸羌咸来归附。藻书其名籍，收其赋税，朝廷嘉之"③，收到了州军强力镇压所没有的效果。孝明帝时期，仇池武兴群氐多次反叛，北魏在西部驻守军队的粮食补给多次断绝，朝廷派遣张普惠以本官为持节、西道行台，"给秦、岐、泾、华、雍、豳、东秦七州兵武三万人，任其召发，送南秦、东益二州兵租，分付诸戍，其所部将统，听于关西牧守之中随机召遣，军资板印之属，悉以自随"。张普惠到达南秦州后，"停岐、泾、华、雍、豳、东秦六州兵武，召秦州兵武四千人，分配四统"。然后"令送租兵连营接栅，相继而进，运租车驴，随机输转"，依靠秦州兵武四千人最终完成了军粮运送的任务。④可见地方所辖的州郡兵既有服从朝廷听调遣作战的责任，又肩负着运送战略物资的任务。孝昌二年（526），丁零人鲜于修礼起兵，定州因为处于临近博陵的叛军所在，形势危急，加之"州军新败"，当时以并州刺史身份兼任定州刺史的杨津奋力击退叛军，保有了一方平安。⑤

北魏鲜卑族与汉族地区民众之间的民族矛盾长期以来并未得到彻底解决，即使在孝文帝即位之后，特别是迁都洛阳采取了一系列汉化措施以后，矛盾依然没有解决，各地仍然有不少起兵反抗的武装力量，对于小股反抗力量，北魏政府依然用地方上的州郡兵加以镇压。和平二年（461）十月，"博陵之深泽（今河北省深泽县）、章武之束州（今河北省河间市），盗杀县令，州军讨平之"⑥。这应当是小规模的地方武装起兵杀

---

① 《魏书》卷一九下《景穆十二王·章武王太洛传附嗣子彬传》，第513页。
② 《魏书》卷八《世宗纪》，第209页。
③ 《魏书》卷七〇《刘藻传》，第1549页。
④ 《魏书》卷七八《张普惠传》，第1741页。
⑤ 《魏书》卷五八《杨播列传附椿弟津传》，第1297页。
⑥ 《魏书》卷五《高宗纪》，第120页。

县令，朝廷动用州兵将其镇压。在孝文帝即位之初，各地不断掀起多种武装势力的叛变，献文帝在亲征的同时，也依赖地方官员动用州郡的武装予以平息。延兴元年（471）九月，"青州高阳民封辩自号齐王，聚党千余人，州军讨灭之"①。对于千余人的叛军，青州刺史仅用州军加以讨灭，足以证明地方武装在维护当地稳定中的作用。延兴五年九月癸卯，洛州人贾伯奴、豫州人田智度聚集徒党千余人，贾伯奴自称恒农王，田智度称上洛王，并趁夜色进攻洛州。"州郡击之，斩伯奴于缑氏，执智度送京师。"② 这里提到的"州郡击之"应当是用州郡的军队平叛。《魏书》卷三〇《尉拨传》云："后洛州民田智度聚党谋逆。诏拨乘传发豫州兵与洛州刺史丘顿击之，获智度，送京师。"究其实，北魏政府在动用豫州、洛州地方军事力量加以围剿的同时，还派出得力的游说人员劝说追随田智度的民众。面对田智度"妖惑动众，扰乱京、索"的局面，北魏朝廷"以（郑）羲河南民望，为州郡所信"，派遣中书侍郎郑羲"乘传慰谕"。郑羲对参与叛乱的民众，"宣示祸福，重加募赏，旬日之间，众皆归散"③。最后州郡兵将逃往颍川的田智度抓获处斩。从平息田智度叛乱的过程可以看出，北魏政府既调集州郡军队进行平叛，又利用郑羲的威望劝说追随田智度的民众，恩威并施发挥了重要作用。孝文帝初年，泾州（今甘肃泾川北）张羌郎煽动陇东地区的民众，"聚众千余人"发动叛乱，"州军讨之不能制"。在此情况下，朝廷派遣镇西将军、秦益二州刺史吕罗汉"率步骑一千击羌郎，擒之"④。吕罗汉所率领的军队虽然有可能包括其所统辖的秦、益二州军队在内，但更多的可能是其以镇西将军的身份所统领的军队，应当说双方所出动的兵力是相当的，张羌郎最终被吕罗汉所率领的军队擒获，再次说明了北魏州郡武装的战斗力之强。太和五年（481）五月，青州主簿崔次恩聚众谋叛，"州军击之"，崔次恩逃往郁洲。⑤ 这是小规模的图谋叛乱，只需州军即可平息，崔次恩的下落不明。到了孝明帝孝昌年间的几次小规模地方叛乱，均被州军地方武装所镇压。孝昌二年（526）十一月，齐州平原民刘树、刘苍生聚众反叛，

---

① 《魏书》卷七上《高祖纪上》，第135页。
② 同上书，第141页。
③ 《魏书》卷五六《郑羲列传》，第1238页。
④ 《魏书》卷五一《吕罗汉传》，第1139页。
⑤ 《魏书》卷七上《高祖纪上》，第150页。

"州军破走之"，刘树逃奔萧衍，叛乱被平息。孝昌三年正月，"徐州民任道棱聚众反，袭据萧城以叛。州军讨平之"。孝昌三年七月，"陈郡民刘获、郑辩反于西华，号年天授，州军讨平之"①。孝昌年间，清河人刘苍生、刘钧、房须等人作乱，"攻陷郡县，频败州军"。当时房士达在为父守丧，清河刺史元欣逼迫房士达带兵平叛，"士达不得已而起，率州郭之人二千余人，东西讨击，悉破平之"②。房士达所带的士兵除了州郡兵之外，还有乡兵在内。

州军部队不仅参与当地的武装平叛，还接受朝廷的命令，参与朝廷镇压诸王和官员反叛的战争。永平元年（508）八月，宣武帝的异母弟元愉在冀州称帝，宣武帝派遣各路军队平叛，高植"自中书侍郎为济州刺史，率州军讨破元愉，别将有功"③。甚至有传说元愉为高肇派人所杀。建义元年六月，"通直散骑常侍高乾邕及弟等，率合流民、起兵于齐州之平原，频破州军，诏东道大使元欣喻旨，乃降"④。到了北魏后期，州刺史与郡太守都成为统兵的都督，"魏自孝昌已后，天下多难，刺史太守皆为当部都督，虽无兵事，皆立佐僚，所在颇为烦扰"⑤。这反映了北魏更多地依靠地方军队来巩固政权。

对于假借宗教名义起兵反抗的力量，北魏往往动用朝廷和地方的军队联合进行镇压。早在太平真君五年（444）正月，太武帝禁止"私养沙门"，次年九月，卢水胡人盖吴聚众起义，关中变为战场，七年，太武帝亲自到关中平叛，在长安寺院发现"大有弓矢矛盾"，怀疑沙门与盖吴通谋，"诏诛长安沙门，焚破佛像，敕留台下四方，令一依长安行事"⑥。于是出现了"诏诸州坑沙门，毁诸佛像"的事件。在此后的平叛战争中，太武帝多次动用州郡兵参与平叛战争，五月，盖吴再次在杏城起兵，六月，太武帝"发定、冀、相三州兵二万人屯长安南山诸谷，以防越逸"⑦。然后调集大军，最终平定了盖吴起义。太武帝因为怀疑僧人与盖吴通谋，

---

① 《魏书》卷九《肃宗纪》，第245—247页。
② 《魏书》卷四三《房法寿传附崇吉从子士达传》，第976页。
③ 《魏书》卷八三《外戚传下·高肇传附子植传》，第1831页。
④ 《魏书》卷一〇《孝庄帝纪》，第258页。
⑤ 《北齐书》卷一八《高隆之传》，中华书局1972年版，第236页。
⑥ 《魏书》卷一一四《释老志》，第3034页。
⑦ 《魏书》卷四下《世祖纪下》，第101页。

在灭佛的同时,又调集包括州郡地方军队在内的武装平定了这次起义。永平三年(510)二月壬子,"秦州沙门刘光秀谋反。州郡捕斩之"①。延昌初年,冀州一带,战乱凶年相继,以法庆为首的流贼假借佛教之名作乱,被称作大乘贼,朝廷以裴约为别将,"行勃海郡事",但大乘贼的势力非常强大,"后州军为贼所败,遂围郡城,城陷见害"②。与裴约一同被杀的还有崔伯骥,崔伯骥因兼冀州长史。"大乘贼起,伯骥率州军讨之于煮枣城,为贼所杀"③。后来朝廷以李虔为别将,"与都督元遥讨平之"。在州军讨伐的同时,宣武帝"诏(高)绰兼散骑常侍,持节,以白虎幡军前招慰。绰信著州里,降者相寻"④。宣武帝通过恩威并用,最终平息了这次叛乱。

北魏对州郡军队的使用,除了维持地方稳定外,在对外战争中也常常抽调州郡的军队参战,以解决正规军人数不足的矛盾。太平真君六年(455)十一月,为了进攻刘宋,太武帝"选六州兵勇猛者二万人,使永昌王仁、高凉王那分领,为二道,各一万骑,南略淮泗以北,徙青徐之民以实河北"⑤。所谓"六州",《资治通鉴》卷一二四《宋纪六·太祖文皇帝中之中》胡三省注云:"六州,冀、定、相、并、幽、平。"为了充实南伐的军队,显示其战斗力,将六州军队中的勇敢善战之士挑选出来。太平真君十一年(450)七月,宋文帝派遣大军北伐,北魏的大臣"请遣兵救缘河谷帛",太武帝拓跋焘曰:"马今未肥,天时尚热,速出必无功。若兵来不止,且还阴山避之。国人本著羊皮裤,何用绵帛!展至十月,吾无忧矣。"⑥ 到了九月,太武帝"引兵南救滑台","发州郡兵五万分给诸军"⑦。这显然是用州郡兵来充实中央所辖的军队,以解决南伐兵力不足的问题。

到了孝文帝时期,随着迁都洛阳,更加便利向南讨伐,在南伐时所征集地方的军队数量较之于此前更加庞大。《魏书》卷七下《高祖纪下》

---

① 《魏书》卷八《世宗纪》,第 209 页。
② 《魏书》卷七一《裴叔业传附彦先子约传》,第 1569 页。
③ 《魏书》卷二四《崔玄伯传附僧渊子伯骥传》,第 633 页。
④ 《魏书》卷四八《高允传附孙绰传》,第 1091 页。
⑤ 《魏书》卷四下《世祖纪下》,中华书局 1974 年版,第 100 页。
⑥ 《资治通鉴》卷一二五《宋纪七·太祖文皇帝中之中》,中华书 1956 年版,第 3948 页。
⑦ 《魏书》卷四下《世祖纪下》,第 104 页。

载，太和二十二年四月，"庚午，发州郡兵二十万人，限八月中旬集悬瓠"。胡三省注云："复，欲南伐也。"在南伐刘宋的同时，孝文帝又派遣安南大将军元英、平南将军刘藻讨汉中，"召雍、泾、岐三州兵六千人拟戍南郑，克城则遣"。李冲为他分析了当时的政治、军事形势，孝文帝取消了这一决定。① 州郡兵特别是与南朝毗邻的边郡的地方军队往往具有很强的战斗力，正始元年（504）二月，"萧衍将姜庆真袭陷寿春外郭，州军击走之"②。正始三年正月，"萧衍冀州刺史桓和入寇南青州，州军击走之"③。太和二十二年，库莫奚国"入寇安州，营、燕、幽三州兵数千人击走之"④。孝明帝正光五年（524）四月，李韶去世，"既葬之后，有冀州兵千余人戍于荆州，还经韶墓，相率培冢，数日方归。其遗爱如此"⑤。从冀州调拨千余人的州郡兵远戍荆州，足已显现出这些州郡兵的战斗力之强。

　　综观北魏时期州郡的武装力量可以看出，州郡兵作为整体军事力量的组成部分，虽说比不上中央直属军队强悍的战斗力，但中央政府对其依赖程度仍然很高。北魏依靠地方上的州郡兵首先稳定了地方上的局面，对各地小规模的武装起义或叛乱，都凭借州郡兵来进行平叛。对于在偏远地区不归附的少数民族则用当地的州郡兵加以讨伐，以争取更多的生存空间。特别是北魏迁都洛阳后，随着对南朝战争规模的扩大，中央直属军队显然难以满足战线过长的需要，北魏政府开始动员包括州郡兵在内的各种武装力量参与对南朝的战争。可以这样认为，北魏时期的州郡兵作为武装力量的重要组成部分，在北魏政权的稳定与发展过程中发挥了重要的作用。

---

① 《魏书》卷五三《李冲传》，第1184—1185页。
② 《魏书》卷八《世宗纪》，第197页。
③ 同上书，第200页。
④ 《魏书》卷一○○《豆莫娄传》，第2223页。
⑤ 《魏书》卷三九《李宝传附承子韶传》，第887页。

北魏恒州刺史研究[*]

山西大同大学北魏研究所　马志强

北魏道武帝拓跋珪夺得今山西、河北地区以后，为了统治的需要，于天兴元年（398）七月把首都从盛乐（内蒙古和林格尔）迁往平城（今山西大同）。北魏王朝以平城为都97年，将近一个世纪。在这近百年的时间里，作为北魏都城的大同，一直是我国北方的政治、经济、军事、文化中心，也是各族人民交流的中心和中国北方的佛教中心。在这座繁华的城市里，当时涌现出一批封建社会中精通韬略、能攻能守的文武之士。如道武帝、太武帝、冯太后、孝文帝、高允、崔浩、昙曜等，便是其中的突出代表。这中间又以冯太后、孝文帝两位杰出的政治家成绩更为突出，他们在太和年间实行的一系列改革措施，如颁行俸禄制、均田制、三长制等，对促进民族大融合、北魏封建化进程，以及我国北方的统一和繁荣，都做出积极的贡献。这时平城以京都兼司州、代尹治。司州、代尹的地方权力或者被中央的强势所掩盖，或者异化为中央部门权力，表现为历史记载比较少而零碎。北魏迁都洛阳后，在平城设立恒州刺史，作为地方的最高行政长官，负责该地的军事、经济、民事等事务。那么，对这一时期的恒州刺史的研究，就必然会有助于北魏后期北方历史研究，有助于迁都后旧京代都的研究，有助于了解和掌握由都城向一般地方过渡的动态研究，有助于大同北魏地方史的研究。我们对恒州刺史探讨的时间范围是从迁都洛阳的太和十八年（494）至分裂为东魏、西

---

[*] 山西省高校哲学社会科学研究项目《北魏军镇研究》阶段性成果（项目编号 2012247）；山西大同大学科研启动经费资助项目（编号 2009－Y－02）。

魏的永熙三年（534），共40年。

有关恒州刺史的资料，清人吴廷燮在《元魏方镇年表》中收集和整理的比较详尽。① 我们基本按照该表就恒州刺史资料列一简表，在此基础上做进一步的探讨。

表1　　　　　　　　　　北魏恒州刺史简表

姓名	时间	族属	事迹	材料出处
陆叡	孝文朝	勋臣八姓	抚军大将军、平原王，除使持节、都督恒肆朔三州诸军事、本将军、恒州刺史，行尚书令	《魏书》卷四十《陆叡传》
穆泰	孝文朝	勋臣八姓	征北将军、恒州刺史	《魏书》卷二十七《穆泰传》
元澄	孝文朝	宗室	任城王、授节，铜虎、竹使符，御仗，行恒州事，寻正尚书	《魏书》卷一九中《景穆十二王列传》
元志	孝文朝	宗室	洛阳令，左迁太尉主簿、从事中郎、行恒州事	《魏书》卷一四《神元平文诸帝子孙列传》
于果	孝文朝	勋臣八姓	光禄大夫，守尚书，武城子。历朔、华、并、恒四州刺史	《魏书》卷三十一《于果传》
元嵩	宣武朝	宗室	武卫将军兼侍中，平北将军、恒州刺史	《魏书》卷一九中《景穆十二王列传》
长孙酌	宣武朝	代人	恒州刺史	《北史》卷二十二《长孙嵩传》
于敦	宣武朝	勋臣八姓	征虏将军、恒州刺史	《魏书》卷三十一《于敦传》
元琛	宣武朝	宗室	恒、朔二州刺史	《魏书》卷一五《昭成子孙列传》
元苌	宣武朝	宗室	北巡大使、使持节，都督恒州诸军事、征虏将军、恒州刺史，北中郎将带河内太守	《元苌墓志铭》②

---

① （清）吴廷燮：《元魏方镇年表》，《二十五史补编》，开明书店1936年版，第4571—4572页。
② 刘军：《北魏元苌墓志补释研究》，《郑州大学学报》2013年第5期，第151—155页。

续表

姓名	时间	族属	事迹	材料出处
于烈	宣武朝	勋臣八姓	领军将军，授使持节、散骑常侍、征北将军、恒州刺史	《魏书》卷三十一《于烈传》
元匡	宣武朝	宗室	征虏将军、迁恒州刺史，征为大宗正卿、河南邑中正	《魏书》卷一九上《景穆十二王列传》
元继	宣武朝	宗室	江阳王、平北将军、左卫将军，兼侍中、中领军，转平北将军、恒州刺史，入为度支尚书	《魏书》卷一六《道武七王列传》
尉羽	宣武朝	勋臣八姓	征虏将军、恒州刺史	《魏书》卷五十《尉羽传》
封静	宣武朝	代人	平北将军、恒州刺史	《魏书》卷五十一《封静传》
高植	宣武朝	辽东人	历济、青、相、朔、恒五州刺史	《魏书》卷八十三下《高植传》
杨钧	孝明朝	弘农人	廷尉卿、恒州刺史	《魏书》卷五十八《杨钧传》
元渊	孝明朝	宗室	广阳王，恒州刺史，累迁殿中尚书	《魏书》卷一八《太武五王列传》
元顺	孝明朝	宗室	使持节、安北将军、都督恒州诸军事、恒州刺史	《魏书》卷一九中《景穆十二王列传》
司马仲明	孝明朝	晋宗室后	安北将军，恒州刺史	《魏书》卷三十七《司马仲明传》
元纂	孝明朝	宗室	行台	《魏书》卷一八、卷九
暴诞	孝明朝	魏郡人	恒州刺史、乐昌公	《北史》卷五十三
韩演	孝庄朝	辽西人	恒州刺史	《周书》卷三十七
叱列延庆	孝庄朝	代人	使持节、抚军将军、光禄大夫、假镇东将军、都督、本将军、恒州刺史	《魏书》卷八十《叱列延庆传》
于昕	魏末	勋臣八姓	辅国将军、北中郎将、恒州大中正。抚军将军、卫尉卿。镇东将军，殷、恒州刺史	《魏书》卷三十一《于昕传》
库狄干	魏末	代人	恒州刺史	《北齐书》卷二

续表

姓名	时间	族属	事迹	材料出处
慕容远	魏末	鲜卑	恒州刺史	《北齐书》卷二十
独孤盛	魏末	代人	魏中书侍郎、散骑常侍、南北部尚书、恒州刺史	《独孤思男墓志铭》①
娄壮	魏末	代人	南部尚书、恒州刺史	《娄叡墓志铭》②
陆政	魏末	?	骠骑大将军、仪同三司、恒州刺史	《周谯国夫人步六孤氏墓志铭》③
刘康	魏末	?	恒州刺史	《段威及妻刘妙容墓志铭》④
山×	魏末	代人	恒州刺史	《山晖墓志铭》⑤

一 简单的考述

（一）元纂非恒州刺史

清人吴廷燮在《元魏方镇年表》曾详考历任恒州刺史，然受资料局限，难免存在缺漏。如，他认为太和廿三年—景明元年恒州刺史是元纂。他是这样论述的："《元纂传》'出为安北将军、平州刺史。景明元年，薨于平城。'按，'平州'当作'恒州'。《地形志》：'天兴中置司州，治代都平城。太和中改，孝昌中陷。'"⑥ 在这里吴廷燮没有给出任何理由，就武断地提出"平州"当作"恒州"。我们猜测，吴氏把元纂"薨于平城"简单地理解为死在任上，那"平州"有可能是"平城"之讹，而"平城"又等同于"恒州"。如果有资料证明元纂"薨于平城"是终于任上，那吴廷燮的结论就可以成立。但是，我们对涉及该段资料的其他材料进行了仔细的梳理，没有发现类似的内容可以支撑该结论。

---

① 赵超：《汉魏南北朝墓志汇编》，天津古籍出版社 2008 年版，454 页。
② 赵超：《汉魏南北朝墓志汇编》，第 441 页。
③ 赵超：《汉魏南北朝墓志汇编》，第 484 页。
④ 罗新、叶炜：《新出魏晋南北朝墓志疏证》，中华书局 2005 年版，第 450 页。
⑤ 赵超：《汉魏南北朝墓志汇编》，第 79 页。
⑥ （清）吴廷燮：《元魏方镇年表》，第 4571 页。

恰恰相反，我们看到的资料进一步证实元纂是平州刺史，而非恒州刺史。理由如下：元纂祖父"浑为南平王，以继（元）连后，加平西将军。……后拜假节、都督平州诸军事、领护东夷校尉、镇东大将军、仪同三司、平州刺史，镇和龙。在州绥导有方，民夷悦之。……太和十一年，从驾巡方山，道薨。"① 这里明确其祖父元浑曾经是平州刺史，不过那时的都城是平城，而平州治和龙（辽宁朝阳），位于平城之东，故兼领"镇东大将军"。他后来死于平城，葬于平城。

元纂父飞龙，后赐名霄。……雅有风则，贞白卓然，好直言正谏，朝臣惮之。高祖特垂钦重，除宗正卿、右光禄大夫。诏曰："自今奏事，诸臣相称可云姓名，惟南平王一人可直言其封。"迁左光禄大夫。太和十七年薨。赐朝服一具、衣一袭、东园第一秘器、绢千匹。高祖缌衰临（元）霄丧，哀恸左右，宴不举乐。② 元霄也是死于平城，葬于平城。

通过上面的事例，我们可以清楚地知道，平城必然有元纂一支固定的坟茔，到元纂时，他也毫无例外地会安葬在家族墓地里。北魏有祖孙、父子在同一地方任职的做法，我们估计元纂极有可能循此例，在他祖父守宰和经营的地方就职为官，出为安北将军、平州刺史。只不过到他死的景明年间，都城已经迁往洛阳，平州相对都城洛阳而言是北方了，所以元纂任平州刺史，就兼"安北将军"了。

迁洛后，孝文帝曾经"诏迁洛之民，死葬河南，不得还北。于是代人南迁者，悉为河南洛阳人"③。但是有些代人却不愿意放弃这块热土，如"（元）继弟罗侯，迁洛之际，以坟陵在北，遂家于燕州之昌平郡"④。为了照顾他们，对"死葬河南，不得还北"政策做了一些调整，诏曰："迁洛之人，自兹厥后，悉可归骸邙岭，皆不得就茔恒代。其有夫先葬在北，妇今丧在南，妇人从夫，宜还代葬；若欲移父就母，亦得任之。其有妻坟于恒代，夫死于洛，不得以尊就卑；欲移母就父，宜亦从之；若异葬亦从之。若不在葬限，身在代丧，葬之彼此，皆得任之。其户属恒燕，身官京洛，去留之宜，亦从所择。其属诸州者，各得任意。"⑤ 我们

---

① 《魏书》卷一六《南平王浑传》，中华书局1974年版，第400页。
② 《魏书》卷一六《南平王浑传附霄传》，第400页。
③ 《魏书》卷七下《高祖纪下》，第178页。
④ 《魏书》卷一六《京兆王继传附罗侯传》，第409页。
⑤ 《魏书》卷二〇《广川王谐传》，第527—528页。

可以认为元篆一支基本属于"其属诸州者",其葬"各得任意"。即可以也应该葬在平城祖茔之地。

(二) 元顼也非恒州刺史

再如元瑱,《魏书》卷二一上《献文六王列传》"校勘记"[一九]:"诸本'顼'作'瑱'。据《北史》卷一九、《册府》卷二八一(第3312页)、《墓志集释元顼墓志》(图版184)改。"① 为行文方便,故我们将其统一为元顼。吴廷燮认为他是孝昌元年至二年的恒州刺史。并曰:"本传:历光禄少卿、黄门侍郎,出除平北将军、恒州刺史。为大宗正卿,封平乐县公,庄帝初封东海王。"② 实际上《魏书》是这样记载的,元顼"出除平北将军、相州刺史,为大宗正卿。"③ 而不是"恒州刺史"。这可能是"相""恒"二字相似,吴廷燮把"相"误为"恒"了,这才有了元顼任恒州刺史一条。在《雍州刺史元顼墓志铭》中,也明确地讲:元顼"迁平北将军、相州刺史。……入为中军将军、大宗正卿。……至是如后,分封乐平县开国公,邑九百户,仍本将军。复授黄门郎。及永安初,迁侍中、车骑将军、左光禄大夫。斯位天下英俊,海内髦杰,于我而方苏。则刘毅未之匹也。寻以诸姬并建,争长熟先,因封改加汝阳郡王,食邑千室。又更封东海郡王,转中书监、本将军,复侍中、尚书、左仆射"④。同样,迁都洛阳以后,相州治邺(今河北临漳),与洛阳相较,相州在北,元顼任相州刺史,兼平北将军也没有大误。这一切都说明元顼任的是"相州刺史",而非"恒州刺史"。墓志与史乘所记载相符。

二 粗略的探讨

(一) 族属

我们共检得恒州刺史32例,其中元氏10例,占总数的31.25%;勋臣八姓7例,占总数的21.875%;代人7例,占总数的21.875%;

---

① 《魏书》卷二一上《献文六王列传》,第569页。
② (清)吴廷燮:《元魏方镇年表》,第4572页。
③ 《魏书》卷二一上《北海王详传附顼传》,第565页。
④ 赵超:《汉魏南北朝墓志汇编》,第290页。

内附辽东高氏、辽西韩氏、鲜卑慕容氏各1人,共3例,占总数的9.375%;汉人晋宗室后裔司马氏、弘农杨氏、魏郡暴氏各1人,共3例,占总数的9.375%;不确定2例,占总数的6.25%。很明显,恒州刺史的最佳人选依次为元氏宗室、勋臣八姓、代人,汉人和内附降人分别占到一成。

我们可以将他们按照朝代进行分析。在孝文朝明确有5人,其中勋臣八姓有3人,元氏宗室有2人。勋臣八姓在人数上占有优势。这应该与当时的政治形势有关。太和十八年(494)孝文帝制定了迁都洛阳的战略,却没能够得到宗室的认同。史称:"及迁洛阳,人情恋本,多有异议,高祖问(于)烈曰:'卿意云何?'烈曰:'陛下圣略渊远,非愚管所测。若隐心而言,乐迁之与恋旧,唯中半耳。'"① "初,高祖迁洛,而在位旧贵皆难于移徙,时欲和合众情,遂许冬则居南,夏便居北。"② 这些都说明孝文帝迁都策略没有在宗室中得到较大多数的赞成和支持,换言之,大多数的宗室反对他的迁都之举。所以孝文帝采取了强制性的方法,威逼和裹胁着包括宗室在内的百官后宫由平城迁徙到洛阳。这时平城就由京师司州变为恒州。但其地位仍然相当重要,"桑干旧都,根本所系"③,"平城守国之要镇"④,按理首任恒州刺史应该由元氏宗室来担任。但上面我们已经论述过,大多数宗室反对孝文帝的迁都之举,一旦把任何一个宗室安排在恒州刺史的位置上,都会成为其他宗室滞留旧都平城的口实,就会严重阻止和影响迁都大业。故而只能以勋臣八姓中的陆叡作为"替代",陆叡时任抚军大将军、平原王,除使持节、都督恒肆朔三州诸军事、本将军、恒州刺史,行尚书令。其身份之重、权力之大、威信之高,担任该任也是比较适合的。之后接替该任的是勋臣八姓中的穆泰,穆泰因为在文明太后冯氏将谋黜废孝文帝时,"切谏乃止",得到孝文帝宠信,"高祖德之,赐以山河,宠待隆至"⑤。说实在的,穆泰无论家世,还是个人能力,担当恒州刺史也是实至名归。可惜的是,穆泰、陆叡联合其他宗室和北方旧贵发动叛乱,参与的宗室有安乐侯元隆,抚

---

① 《魏书》卷三一《于烈传》,第738页。
② 《魏书》卷一五《昭成子孙列传》,第378页。
③ 《魏书》卷一九中《任城王传附顺传》,第482页。
④ 《魏书》卷一八《广阳王传附渊传》,第432页。
⑤ 《魏书》卷二七《穆崇传附泰传》,第663页。

冥镇将、鲁郡侯元业，骁骑将军元超，射声校尉元乐平，前彭城镇将元拔，代郡太守元珍，镇北将军、乐陵王元思誉等，他们谋推朔州刺史阳平王元颐为主。但叛党不知阳平王元颐是支持孝文帝改革的。元颐表面上答应穆泰等人的要求，把他们稳住，暗中却向孝文帝告密。孝文帝得悉后，乃遣任城王元澄率并、肆二州兵讨平之。这样就有了任城王元澄担任恒州刺史之事。但任城王元澄的主要任务是平叛。一旦时局稳定以后，他是要返回洛阳的。果不其然，不久他就回到洛阳，任尚书，辅助孝文帝进行以后的改革。继任者为元志和于果。元志曾为洛阳令，不避强御，与御史中尉李彪争路，折尺量道，各取其半，是个相当强硬的人物。当时冯昭仪的弟弟冯俊仗势"恣挞所部里正"，元志命令部下收系并处刑除官，遭到冯昭仪的嫉恨，"忤旨，左迁太尉主簿"[①]。后来因救驾有功，出行恒州刺史。至于于果出行恒州刺史，最关键的因素是穆泰、陆叡等叛乱时，"代乡旧族，同恶者多，唯（于）烈一宗，无所染预"[②]。于氏家族没有人参与叛乱，是当时勋臣八姓中最忠诚于皇帝的，所以在以后恒州刺史任用过程中，勋臣八姓中唯一被信任的就是于氏了，其他勋臣八姓基本没有机会获得此任，这一做法一直被严格地执行到魏末。

宣武朝的恒州刺史，前期基本上就是元氏宗室与于氏交替把持。这一时期是恒州地区与恒州刺史步入正常轨道的阶段。经过孝文帝平叛和5年多的迁都实践，代乡旧族也都自觉或不自觉地认可了这一事实。同时由于洛阳锦衣玉食、花天酒地生活的诱惑与熏陶，也使得他们乐不思蜀。稍后，有尉羽、封静、高植等人的加入。

再进入孝明朝，就基本上没有前面那样有规律。担任恒州刺史的人选成分也比较复杂，在可以确定的6人中，有元氏宗室3人，另外有鲜卑化的汉人3人。元氏宗室保持着一定的优势，但汉人也拥有半壁江山。

从10例元氏宗室来具体分析，有这样两种情况：一是孝文帝、宣武帝的至亲，如元澄、元匡、元嵩、元渊是孝文的叔父，宣武帝的叔祖；元顺是孝文帝的弟弟，宣武帝的叔父；一是孝文帝、宣武帝的远支，如

---

① 《魏书》卷一四《元志传》，第363页。
② 《魏书》卷三一《于烈传》，第738页。

元志、元继、元琛、元袭,他们的辈分一般都比较高,是孝文帝的曾叔祖或叔祖,但他们往往对北魏后期社会的发展有贡献,因而得到孝文帝、宣武帝的重用,在某种程度上不亚于至亲。而元纂由于资料记载零散,不好判断。10例元氏宗室担任恒州刺史就直观地表明了迁洛之后恒州地位的关键和重要。

有些人,由于资料所限,我们无法确定他们的任职时间,故不能进行更细致地分析和探讨,待将来有充分的石刻和考古资料再做考虑。

总之,我们无论怎样对恒州刺史任职人选的族属进行分析,都会发现,其资格是必须与北魏王朝的统治者的目标相一致,当然最为信任的是元氏宗室和没有站错队的勋臣八姓于氏,其次是代人,以及汉人和内附的降人。

(二) 加授兼领

北魏因州之大小不同,分州为上、中、下三等。刺史官品也因所宰州之高下有所差异。按照《魏书》卷一一三《官氏志》记载,上州刺史为第三品,中州刺史为从三品,下州刺史为第四品下阶。恒州想不会是中、下等州,恒州刺史应为第三品。"刺史掌治一州,无所不综。其尤要者莫过于征赋与治狱。"[①] 只有治民权,没有军事指挥权,其威信也就大打折扣了。虽然地方刺史有方面之重,但是与中央百官相比,特别是与皇帝侍臣相比,和皇帝的关系也是比较疏远的,其政治待遇和未来发展也是有差距的。关于这点,有例子为证,"(元)顺自负有才,不得居内,每怀郁怏,形于言色,遂纵酒欢娱,不亲政事。(元)叉解领军,征为给事黄门侍郎。亲友郊迎,贺其得入。顺曰:'不患不入,正恐入而复出耳。'"[②] 元顺任外为平北将军、恒州刺史,安南将军、齐州刺史,应该说职权崇隆,但依然不能与居内之官相比,由此可见居内与任外之间巨大的差异。为了提升地方刺史的权威,通常的做法是加挂其他官衔,如将军衔等。恒州刺史也和北魏的其他重要刺史一样,也普遍兼领和加授将军军号,以显示该地方地位的尊崇和特别。并拥有一定的兵权,方便行

[①] 严耕望:《中国地方行政制度史——魏晋南北朝地方行政制度(下)》,上海古籍出版社2007年版,第510页。

[②] 《魏书》卷一九中《任城王云传附顺传》,第482页。

使诸权利。在32例恒州刺史中，有15位加授将军军号，占到将近总数的50%（这中间有资料不全的情况存在，实际比例应该比这一数据大）。其中陆叡、元继分别以平原王、江阳王的身份出任恒州刺史，尊贵异常。陆叡所任抚军大将军，属于从一品中（前职员令）；元继任左卫将军，兼中领军，属于正三品（后职员令）。其余的我们也可以依次列举如下：穆泰，征北将军，正二品（前职员令）；元嵩，平北将军，正三品（后职员令）；于敦，征虏将军，从三品（后职员令）；元衷，征虏将军，从三品（后职员令）；于烈，征北将军，正二品（后职员令）；元匡，征虏将军，从三品（后职员令）；尉羽，征虏将军，从三品（后职员令）；封静，平北将军，正三品（后职员令）；元顺，安北将军，正三品（后职员令）；司马仲明，安北将军，正三品（后职员令）；叱列延庆，抚军将军，从二品（后职员令）；于昕，辅国将军、抚军将军，从二品（后职员令）；陆政，骠骑大将军（?），正二品（后职员令）。这些将军军号全部是三品以上的重号将军，意味着他们取得开幕府的资格。北魏朝廷通过加授武散阶的方式提升恒州刺史特别是宗室恒州刺史的整体地位。另外，恒州刺史特别是宗室恒州刺史还可兼带其他职衔，有门下侍从，如散骑常侍于烈、独孤盛，侍中元嵩、元继；有禁卫武官，如武卫将军元嵩，领军将军于烈，左卫将军、中领军元继；有诸曹尚书，吏部尚书，如尚书令陆叡、元澄、于果，度支尚书元继，殿中尚书元渊，南北部尚书独孤盛等。门下侍从、禁卫武官、诸曹尚书这些高级官员作为皇帝近臣，出入诏命，比其他机构更代表着皇权。尤其是有些紧随皇帝左右的内侍官也同时兼有侍中、散骑常侍等职名。北魏朝廷为一些地方刺史加赐散骑常侍、禁卫武官、诸曹尚书官职，正表明这些官员属于皇帝的近幸重臣，也利于皇帝对地方进行有效的控制，这正是北魏国家为一些地方刺史加赐散骑常侍等职的意义所在。

（三）综合素养

北魏迁都洛阳以后，汉化改革进入攻坚阶段，高祖孝文帝的全盘汉化改革，迫使以拓跋宗室为核心的广大胡人勋贵的价值观念和气质风貌发生了根本的变化。以汉化和士族化为趋势的文化浪潮席卷胡人上层，北魏政府的运作和官僚的铨叙机制也随之变化。具体反映到恒州刺史的选拔上，他们也呈现相近的风格与特质。

首先，应选者汉文化修养良好。陆叡，"沉雅好学"①。元澄"少而好学"②，"表上《皇诰宗制》并《训诂》各一卷"③。元志"历览书传，颇有文才"④。元顺"初书王羲之《小学篇》数千言，昼夜诵之，旬有五日，一皆通彻。……十六，通《杜氏春秋》，恒集门生，讨论同异。于时四方无事，国富民康，豪贵子弟，率以朋游为乐，而顺下帷读书，笃志爱古。性謇谔，淡于荣利，好饮酒，解鼓琴，每长吟永叹，叱咏虚室。世宗时，上《魏颂》，文多不载。……撰《帝录》二十卷，诗赋表颂数十篇，今多亡失"⑤。有《蝇赋》传世。"身甘枯槁，妻子衣食不充，尝无担石之储，唯有书数千卷。"⑥ 元继"博之以文章，加之以礼乐"⑦。恒州平城是北魏的旧都，是北魏的龙兴之地和大本营，即便是迁都洛阳了，这里也是北魏的北方区域中心，以它为轴心构造的北方六镇，是北魏后期抵御和抗击阴山以北的柔然的前沿基地，其战略地位特别重要。平城作为鲜卑拓跋部和北魏政权封建化的最重要一站，是当时的文明中心，鲜卑人和鲜卑化的胡人，受汉文化精髓的浸润较深。迁都洛阳以后，他们整体更加醉心中原汉文化和华夏文明，价值观念呈现汉化、士族化、文士化趋向，官吏汉化、士族化、文士化有益于推进国家的整体封建化和汉化，有益于推进北魏国家的发展，有益于推进鲜卑拓跋部和北魏政权向更高的文明迈进。文士化的转变也使他们真正具备了管理国家的能力和智慧。作为恒州平城这样重要地域的首领，应该足智多谋，善学勤思，有大局意识和全局观念，必须有具有深厚汉文化修养的贤能高人，才能担此重任。

其次，应选者性情沉稳勇猛。陆叡，"沉雅好学，折节下士。年未二十，时人便以宰辅许之"⑧。元志"不避强御，与尉史中尉李彪争路……折尺量道，各取其半。……高祖微服观战所，有箭欲犯帝，志以身障之，

---

① 《魏书》卷四〇《陆叡传》，第 911 页。
② 《魏书》卷一九中《任城王澄传》，第 462 页。
③ 同上书，第 475 页。
④ 《魏书》卷一一四《元志传》，第 363 页。
⑤ 《魏书》卷一九中《任城王云传附顺传》，第 481 页。
⑥ 赵超：《汉魏南北朝墓志汇编》，第 223 页。
⑦ 同上书，第 259 页。
⑧ 《魏书》卷四〇《陆叡传》，第 911 页。

高祖便得免。矢中志目，因此一目丧明"①。元嵩"身备三仗，免胄直前，将士从之"②，"有行阵之气"③。于烈"善射，少言，有不可犯之色"④，"气概沉远，受任艰危之际，有柱石之质，殆御侮之臣"⑤。元匡"高祖器之，谓曰：'叔父必能仪形社稷，匡辅朕躬，今可改名为匡，以成克终之美。'……茹皓始有宠，百僚微惮之。世宗曾于山陵还，诏匡陪乘，又命皓登车。皓褰裳将上，匡谏止，世宗推之令下，皓恨匡失色。当时壮其忠謇"⑥。元顺"至于朝论得失，顺常鲠言正议，曾不阿旨，由此见惮"⑦，"謇谔俶傥，有汲黯之风"⑧。"体兹上操，清才雅誉，挺自黄中，謇直峻概，成乎壮日，忠规孝范，丽国光家，处贵毋贪，崇俭上朴。"⑨元继"宽和容裕，号为长者"⑩。尉羽"颇有器望"⑪。司马仲明"以谨敏著称"⑫。元苌"性刚毅，虽有吉庆事，未尝开口而笑"⑬。叱列延庆"少便弓马，有胆力"⑭。

　　恒州平城的特殊历史，构成了该地区在迁都后的形势极端复杂，朝廷百官南迁后，遗留下来的军士百姓从皇城根下的"宠儿"变成了边敝之地的"弃儿"，社会地位和生活条件的极度反差，使得这里的矛盾和社会问题数不胜数。必须有智慧而勇敢、强有力的长官进行管理，才能挽倒悬于万一，而刚毅勇猛的品质是恒州刺史与其他地方长官的差别所在。

　　再次，应选者以干才著称。元澄"贞固俊远，郁为宗杰，身因累朝，

---

① 《魏书》卷一四《元志传》，第363页。
② 《魏书》卷一九中《任城王澄传附嵩传》，第486页。
③ 同上书，第489页。
④ 《魏书》卷三一《于烈传》，第737页。
⑤ 同上书，第749页。
⑥ 《魏书》卷一九上《元匡传》，第452—453页。
⑦ 《魏书》卷一九中《任城王云传附顺传》，第482页。
⑧ 同上书，第489页。
⑨ 赵超：《汉魏南北朝墓志汇编》，第223页。
⑩ 《魏书》卷一六《元继传》，第402页。
⑪ 《魏书》卷五〇《尉元传附羽传》，第1116页。
⑫ 《魏书》卷三七《司马休叔璠附仲明传》，第862页。
⑬ 《魏书》卷一四《元苌传》，第351页。
⑭ 《魏书》卷八〇《叱列延庆传》，第1771页。

宁济夷险，既社稷是任，其梁栋之望也"①。元志"清辩强干""不避强御"②。元匡"性耿介，有气节"，"廉慎自修，甚有声绩"，"时世宗委政于（高）肇，朝廷倾惮，唯匡与肇抗衡。先自造棺，置于厅事，意欲舆棺诣阙，论肇罪恶，自杀切谏"③。于果，"严毅直亮"④。高植"清能著称，当时号为良刺史"⑤。封静"以干用称"⑥。杨钧"颇有干用"，"所居以强济称"⑦等。恒州地当特殊，恒州刺史责任重大，政务、军务、财务交织，万绪千头，势必需要有办事能力、政治远见、工作经验的全才型领导坐镇统筹，保证该地的社会经济稳定和繁荣。

恒州刺史在代地朝夕不倦、跨鞍驱驰，立下不小功劳。对迁洛后北方的形势也有自己的想法和建议，元渊曾经说过："昔皇始（396—397）以移防为重，盛简亲贤，拥麾作镇，配以高门子弟，以死防遏。不但不废仕宦，至乃偏得复除。当时人物，忻慕为之。及太和在历……丰沛旧门，仍防边戍。自非得罪当世，莫肯与之为伍。征镇驱使，但为虞候白直，一生推迁，不过军主。然其往世房分留居京者得上品通官，在镇者便为清途所隔……自定鼎伊洛，边任益轻，唯底滞凡才，出为镇将，转相模习，专事聚敛……"⑧这段话，说的是北方镇将及镇兵在魏初、迁洛前后的地位和身份的巨大变化，特别是迁洛后，镇将及镇兵的地位下降，形成"有司乖实，号曰府户，役同厮养，官婚班齿，致失清流"⑨的局面。隐患已然存在，元澄"以北边镇将选举弥轻，恐贼虏窥边，山陵危迫，奏求重镇将之选，修警备之严"，没有被采纳。结果"贼虏入寇，至于旧都，镇将多非其人，所在叛乱，犯逼山陵"⑩。元渊、李崇提议"改镇为州"，解除危机，朝廷未许；六镇之乱，元渊上奏"请简选兵，或留守恒州要处，更为后图"，并"与行台元纂表求恒州北别立郡县，安置降

---

① 《魏书》卷一九中《任城王澄传》，第489页。
② 《魏书》卷一四《元志传》，第363页。
③ 《魏书》卷一九上《元匡传》，第452—453页。
④ 《魏书》卷三一《于烈传附果传》，第747页。
⑤ 《魏书》卷八三下《高肇传附植传》，第1831页。
⑥ 《魏书》卷五一《封静传》，第1136页。
⑦ 《魏书》卷五八《杨钧传》，第1303页。
⑧ 《魏书》卷一八《广阳王传附渊传》，第429—430页。
⑨ 《北齐书》卷二三《魏兰根传》，中华书局1972年版，第329—310页。
⑩ 《魏书》卷一九中《任城王元澄传》，第476页。

户,随宜赈赍,息其乱心"①,仍然未得恩准,终成大祸。实际恒州也同六镇一起,随着迁洛时间日久,距离中央越来越远,离国家中心越来越远,日渐被弱化、被边缘化;其地方长官也逐步人微言轻,最终与恒州一样退出历史舞台。

总之,恒州刺史选人比较严格,以元宗室和北方代人为主体,适当地掺用一些胡化的汉人近臣;对于曾经背弃过皇帝的群体,一般不再作为任职人选;恒州刺史的基本素养比较高,有能力担负起恒州平城管理人民、发展经济、守卫国家的重任。

---

① 《魏书》卷一八《广阳王传附渊传》,第430—431页。

西魏北周府兵军号阶官化的
政治过程与意义

许昌学院学报编辑部　熊　伟

自西魏大统十六年（550）创立府兵制以来，府兵制度便同时拥有置府收兵（兵制）、行军作战（军制）及仕官朝廷（政制）三方面军事政治功能。其中，研究者对置府收兵与行军作战等军事功能多所论及；[1] 而在军将仕官朝廷问题上，虽得爱宕元先生之成果，[2] 然其主要偏重就军职进行分析，未能充分考察府兵制政治功能背后的价值与意义，而在军将与朝廷具体沟通方式研讨上着墨不多。笔者以为，考察军将与朝廷间关系，需要觅寻能够真正沟通彼此的政治通道，如阎步克先生探究魏晋南北朝官阶制度的政治功能，[3] 正在思考相关政治通道问题，然其瞩目于将军号序列的阶官化过程，却忽视了府兵军号阶官化的政治过程与意义，未免有所不足。需要关注的是，西魏北周府兵军号除了作为授予军将的军职外，也常常被用作军将的阶官，这些阶官自成序列，品阶地位尊崇，军将乃依所获阶官迁阶升级，置身于九命官品之中，成为当时国家官僚阶级的有机部分。可以

---

[1]　参见［日］浜口重国《西魏时期的二十四军与仪同府》（刘俊文主编：《日本学者研究中国史论著选译》，中华书局1992年版）；谷霁光《府兵制度考释》（上海人民出版社1962年版）；岑仲勉《府兵制度研究》（上海人民出版社1962年版）对设置军府以募集府兵的问题多所讨论。在对府兵编成行军及建立行军总管府等情况的分析方面，孙继民在《唐代行军制度研究》（台北：文津出版社1995年版）一书中有详细考辨。

[2]　［日］爱宕元：《唐代府兵制の一考察——折衝府武官職の分析を通して–》，中国中世史研究会编，中国中世史研究·続编，京都大学学術出版会1995年版。

[3]　阎步克：《职位与品位——秦汉魏晋南北朝官阶制度研究》，中华书局2002年版。

认为，府兵军号阶官化与西魏北周国家政治制度变革之关系至为密切，而探讨其政治过程与意义也成为本文主要致力的方向。

一 西魏北周府兵军号阶官化的政治过程

（一）府兵军号散秩化与北周"戎秩"出现

官阶是用来辨识官僚政治身份、地位高卑的等级。魏晋以下以将军号来确定官阶品第，又称为官品。将军号是军将们获得的"某某将军"一类的名号，原是标识领兵职权的军职名；其后将军号逐渐滥授，不断闲散化，则发展为一类官品位阶，成为官员进位迁阶的重要品秩。如据《文献通考》记载："自宋、齐、梁、陈、后魏、北齐以来，诸九品官皆以将军为品秩，谓之加戎号。"[①] 以将军号为品秩、戎号是南北朝政权通行之制，而这些由将军号组成的戎号在南朝梁时又称为戎秩。天监七年（508），梁武帝"置戎秩之官百有余号"[②]，将军号以"戎秩"的角色布列在由其创制的武官阶"十品二十四班"之中。与此相对应，北周也设置有"戎秩"，但并不是以将军号来充任，而主要通过府兵军号的阶官化过程发展得来，其"戎秩"主要包括柱国大将军、大将军、开府仪同三司、仪同三司、大都督、帅都督、都督等号。[③]

府兵军号是府兵军将们拥有的名号，府兵制度创立之初，拥有府兵军号者，都是真正意义上的领兵之官，拥有柱国大将军名号者，仅有八人，都掌握着军事大权。而伴随西魏北周与东魏北齐之间战争规模的扩大，柱国大将军名号渐趋滥授，如《周书》列记了北周建德年间（572—577）各类军政人物进位柱国的情况：以大将军卫国公直、大将军赵国公招，并为柱国；以大将军韦孝宽、长孙俭并为柱国；以大将军陆通、宇文盛、蔡公广，并为柱国；以大将军王杰、谭公会、雁门公田弘、魏公李晖等，并为柱国；以大将军司马消难、侯莫陈琼、大安公闾庆、神武

---

① 《文献通考》卷六四《职官考一八》，中华书局 1986 年影印本。
② 《隋书》卷二六《百官志上》，中华书局 1973 年版，第 720 页。
③ 西魏府兵建立之初，府兵军号仅七，柱国大将军、大将军、开府仪同三司、仪同三司、大都督、帅都督、都督。至北周武帝建德四年（575）时发展为十一等，"冬十月戊子，初置上柱国、上大将军官，改开府仪同三司为开府仪同大将军，仪同三司为仪同大将军，又置上开府、上仪同官"。参见《周书》卷六《武帝纪下》，中华书局 1971 年版，第 93 页。

公窦毅、南阳公叱罗协、平高公侯伏侯龙恩，并为柱国；以大将军李讳、中山公训、杞公亮、上庸公陆腾、安义公宇文丘、北平公寇绍、许公宇文善、犍为公高琳、郑公达奚震、陇东公杨纂、常山公于翼，并为柱国；以大将军梁公侯莫陈芮、大将军李意，并为柱国；以代公达、滕公逌，并为柱国。① 由材料可见，被授予"柱国"（"柱国大将军"缩写）名号者，其人数早已越出早期的八人之限，较前有急剧扩张之势。拥有府兵军号最高级——"柱国"名号者尚且如此之多，那么，拥有柱国大将军以下名号者自然更不会少。

府兵军号在北周时期不断滥授，其部分军号由初期军职名向散秩化方向发展。《周书》载称："此后（北周）功臣位至柱国及大将军者众矣，咸是散秩，无所统御。六柱国十二大将军之后，有以位次嗣掌其事者，而德望素在诸公之下，不得预于此列。"② 由材料可见，除特定的"六柱国十二大将军"外，大批功臣勋贵也拥有了柱国大将军、大将军等府兵军号，但可注意者，这些人物"无所统御"，并不掌握实际的军事权力，他们所拥有的名号"咸是散秩"，主要被用来表示这些政治人物的身份与地位，由此说明了散秩化的府兵军号与实际军职之间分离的局面。通过一番梳整，各类军政人物拥有的府兵军号之间便有了重要的分别，根据军号具体功能的不同划分为两类：那些拥有"六柱国十二大将军"府兵军号者，是真正的领兵官，府兵军号是领兵职权的重要标识；其他以"位次"拥有军号的功臣勋贵，他们虽然也拥有着府兵军号，却不能与拥有领兵实权的"六柱国家"③ 等量齐观，其名号均为散秩。

其后，通过北周统治者对散秩的具体安排，散秩进一步发展为戎秩。应该说，北周戎秩，承袭了散秩的所有特征，同时又具有品阶序列化的形式，它并非是领兵职权的符号，而是一类酬军功、奖励劳的品阶官位，主要用来表示功臣及官僚们拥有的政治身份，其主要功能在进位授阶，如《周书》记载宇文导事迹："（宇文）导督左右禁旅，会于沙苑，与齐

---

① 《周书》卷五《武帝纪上》，第63—86页。
② 《周书》卷一六《侯莫陈崇传》，第273页。
③ "六柱国家"是西魏北周实际的府兵组织系统，其中军将拥有领兵实权，"自初属六柱国家，及分隶十二卫，皆选勋德信臣为将军，有事则命总之出征，故抚绥训练备至，以取功名"。参见《玉海》卷一三八《兵制三》引《邺侯家传》，大化书局1987年影印合璧本，第2658页。

神武战,大破之,进位仪同三司。"[1] 同书记库狄嶷嗣历官情况,"(库狄)嶷嗣少知名,起家吏部上士,历小内史、小纳言,授开府阶,迁职方中大夫,为蔡州刺史"[2]。宇文导因军功卓著而进位"仪同三司";库狄嶷嗣则获授"开府阶",由材料可见,这些"仪同三司""开府"名号主要用于进位授阶,是北周官阶制度结构重要的组成部分。

(二) 府兵军号与将军号连授及其命品情况

北周戎秩虽不以将军号充任,但作为戎秩的府兵军号却常常和将军号连授在一起,两者之间建立了相对稳固的组合关系。如府兵军号之一的"开府仪同三司"通常与将军号之一的"骠骑大将军"连授,而另一府兵军号"仪同三司"也与将军号"车骑大将军"相勾连。如《周书》载苏椿历官经过:"(苏椿)寻授使持节、车骑大将军、仪同三司,进爵为侯;武成二年,进位骠骑大将军、开府仪同三司、大都督。"[3] 前者是"车骑大将军"与"仪同三司"的连授,进位之后则是"骠骑大将军"与"开府仪同三司"的连授。又同书载李贤迁官经过:"大统十二年,加授使持节、车骑大将军、仪同三司。十六年,迁骠骑大将军、开府仪同三司"[4],可见其所获府兵军号与将军号乃共同进退,官阶迁级与苏椿历官一致。

阎步克先生注意到西魏北周将军号与散官存在双授的情况,认为两种名号间并不是随意的搭配,而是形成了相对固定的组合关系,并指出正是将军号拉动着散官朝着阶官化方向发展。[5] 需要指出的是,府兵军号与将军号的连授,也并非是名号之间任意的配合,同样也构建出比较稳固的组合关系,除此之外,府兵军号、将军号与散官在西魏北周官僚进位迁阶中也有着密切联系。

官僚们获得的各类品阶并不限于双授,连授成为一种政治常态,为更好表达官僚们的政治身份,更多场合下多重标识人物身份的名号被连授在一起。对于府兵军将来说,连授的多重名号并没有加重他们的领兵职权,

---

[1] 《周书》卷一〇《邵惠公颢附导传》,第155页。
[2] 《周书》卷三三《库狄峙附子嶷嗣传》,第570页。
[3] 《周书》卷二三《苏绰附弟椿传》,第396页。
[4] 《周书》卷二五《李贤传》,第416页。
[5] 详参阎步克《品位与职位——秦汉魏晋南北朝官阶制度研究》,第九章"魏周军号散官双授考"相关内容。

却让他们具有了朝廷官僚的政治身份，其目的在识认官僚的身份角色。与将军号及其他名号连授在一起的府兵军号由军职名大步向阶官化方向发展，早在西魏恭帝三年（556）仿行周礼六官之制时，府兵军号已布列于九命官品之中，[1] 成为当时官阶制度结构中一类重要的品阶官位。

值得注意的是，《周书·卢辩传》记载"骠骑车骑等大将军开府仪同三司雍州牧"一句，中华书局1971年标点本标作"骠骑、车骑等大将军，开府、仪同三司；雍州牧"，这些名衔都处在九命一级。这里的关键是，"开府仪同三司"本可自成一号，如今则被拆分为"开府"与"仪同三司"两号。如此标点，大体可有三条理由：其一，"开府仪同三司"本可简称"开府"，则"开府"与"仪同三司"有拆分可能；其二，府兵军号各号都有命品，没有特殊原因，不可能独缺"仪同三司"之号；其三，同材料中有关于仪同三司府佐（仪同三司长史、司马、司录）出现在六命的记录。既有府佐命品，则不能无主官命品。因此可以断言，"仪同三司"实际存在于九命官品中。

"开府仪同三司"既可拆分为"开府""仪同三司"，则二号都应处在九命一级中。而《卢辩传》所记正八命一级没有府兵军号，那么，是否有可能是在正八命中漏记"仪同三司"一号呢？若果真如此，府兵军号（自柱国大将军至都督）在官品中便能够连续自正九命布列至七命，中间未有割裂之憾。但情况并非如此。我们知道，大统十六年（550）时，通过连授，开府仪同三司与骠骑大将军、仪同三司与车骑大将军之间已组成了相对固定的搭配，西魏恭帝三年（556）官品中，九命的开府仪同三司不可能同时与骠骑、车骑等大将军相配合，而此时正八命的骠骑、车骑等将军与左右光禄大夫之间也已建立比较稳定的组合，并不需要特别与府兵军号连授，这种将军号与散官的组合方式，也可以在北周武帝建德四年（575）官品中得到佐证，[2] 这一年的九命官品正八命一级

---

[1] 参见《周书》卷二四《卢辩传》所载北周官制，中华书局1971年版，第404—407页。

[2] 《北史》记载建德四年（575）府兵军号扩容及命数情况："柱国、大将军，建德四年增置上柱国、上将军也，正九命。骠骑大将军开府仪同三司，建德四年改为开府仪同大将军，仍增上开府仪同大将军；车骑大将军仪同三司，建德四年改为仪同大将军，仍增上仪同大将军、雍州牧，九命。骠骑大将军右光禄大夫；车骑将军左光禄大夫；户三万以上州刺史，正八命……大都督……八命……帅都督……正七命……都督……七命……"参见《北史》卷三〇《卢辩传》，第1102页。

恰好同样缺少了府兵军号，该部分也主要由将军号与散官进行填充。骠骑将军与右光禄大夫，车骑将军与左光禄大夫间一一对应，正八命并不需要府兵军号领衔，则可断言仪同三司实际填补在九命一级。

北周武帝建德四年（575）官品中，正九命一级，府兵军号由西魏恭帝三年（556）时的二阶（柱国大将军、大将军）发展为四阶（上柱国、柱国、上大将军、大将军），可见该命品中能够容纳官员数量的增加。九命一级，仍由二阶组成：开府仪同大将军（经开府仪同三司更号）、仪同大将军（经仪同三司更号）。"此次所改只限于散秩，府兵将领名号则依旧。"又同在戎秩序列当中的大都督、帅都督、都督等号，分别对应八命、正七命与七命品级。上柱国至仪同三司凡十一等，在仪同大将军与大都督间阙正八命一级，由府兵军号发展而来的戎秩序列因此被剖分成上下二段。

这样，府兵军号与将军号连授，又加散官，则发展为三授，并形成比较固定的组合：开府仪同三司—骠骑大将军—侍中；仪同三司—车骑大将军—散骑常侍等，从此也可看到，戎秩仪同三司以上府兵军号在整个九命官品中处在高端位置（正九命与九命），这也说明此类名号在北周官品结构中具有重要的地位。

（三）府兵军号与将军号构建的混融型本阶

北周官员迁级，有迁、授、除、转、封、拜、加等词，广泛运用在职官变动各种场合。然而，可注意者，"进位"[①]一词发生的场合，独与戎秩相关，不使用在其他职官位阶变动中。其中，戎秩仪同三司以上被广泛用于进位，由仪同三司进位至柱国，严格按照品级高下进位，不存在所谓跨越某级以进位的现象。

戎秩上下段之间，在官员迁转上有所差别。官员可由戎秩仪同三司以上转为他官，却不存在由他官转进该部分的现象，可知这部分戎秩存在严格迁转限制；而戎秩大都督以下则能与他官互转。如他官转帅都督，

---

① 阎步克先生对增位（进位）的解释是："位的本义与朝位有关，但它也抽象化了。……增位肯定不是百官的朝堂席位都向前挪一位或两位的，也不是当朝文武全部升官的意思。合理的解释是，所增之'位'不过记于官僚个人的官簿之上，构成了一种选举资格。"参见阎步克《品位与职位——秦汉魏晋南北朝官阶制度研究》，第404页。

柳桧在"（大统）十四年（548），迁河州别驾，转帅都督，俄拜使持节、抚军将军、大都督"①。即由州佐转帅都督，其后乃从帅都督进拜大都督。他官转大都督，赵文表在"保定元年（561），除许国公府司马，转大都督"②。由国公府佐转大都督。戎秩大都督以下与他官间相对自由流转，在于这些军号与军职关系，相比戎秩仪同三司以上更难割舍；而在品阶意义上则相对淡薄。可知，戎秩上下段在品阶功能发展上并非亦步亦趋。

综合上述，归纳北周戎秩主要特征：它由散秩发展而来，形成较稳定且整齐的阶级序列，是官僚迁转体系重要部分，用于官员进位授阶，在戎秩上下段间有所割裂，并非连续序列。

又将军号由散秩发展而来，是相对连续且整齐的品阶序列，于是便成为南北朝诸政权中用于进位授阶的基本阶级。"后魏及梁，皆以散号将军记其本阶"③，说的就是这么回事。然而，北周将军号虽首尾连贯，也相当整齐布列于九命官品，却并未单独构成本阶，而常在品阶功能上与戎秩相混融。

将军号与戎秩皆由军职发展为散阶，都被用作进位授阶的阶级。戎秩发展进程颇与将军号相同，而当两者同时存在时，便也有了混融的可能。更进一步，品阶地位上的差异，使二者有混融的必要。将军号虽较早完成阶官序列化，然单号将军（不与戎秩连授），大都分布在九命官品中低端位置，其品阶价值较低；北周戎秩发展虽晚，却迅速占据九命官品高端，其品阶价值颇高，其原因在于它直接从军职发展而来，具有切实的现实意义，因此更为军功人物所注目，高级戎秩与将军号常常连授，以维持品阶价值。

戎秩上下段在命品上未能直接勾连，中间缺正八命戎号，该空缺由将军号（骠骑将军、车骑将军）填补，将军号成为戎秩间的"黏合剂"，而将军号更填补了戎秩七命以下低端品级。两类品阶在品阶功能上又相互补充，戎秩相比将军号，进位意义更强烈，迁转形式更严格，用于官员"进位"，保证品阶价值稳定；将军号相比戎秩，其序列化形式更完全，用于官员"授阶"，维持品阶结构流动。将军号与戎秩在官阶结构中

---

① 《周书》卷四六《柳桧传》，第828页。
② 《周书》卷三三《赵文表传》，第581页。
③ 《旧唐书》卷四二《职官志一》，中华书局1975年版，第1805页。

取长补短，相互衔接，共同构成北周统一的本阶形式，可将其称作功能混融型本阶。

二　西魏北周府兵军号阶官化的政治意义

　　西魏北周府兵军号阶官化过程，及其与将军号共同构建的混融型的本阶形式，是南北朝"后三国"（东魏北齐、西魏北周、南朝梁陈）时代官阶制度结构调整与变革的重要结果。阎步克先生指出，"在官品方面，孝文帝把简单粗略的九品官品析分为正从十八级、三十阶及流外七品，并把它用于考课进阶制度，稍后梁武帝也制订了十八班及流外七班之制"①。"军队的组织原则与专制官僚制度具有天然的亲和性，在对集权制、等级制、法制和功绩制的寻求上，二者息息相通。"② 而在北朝将军号序列与文散官序列整齐化，军号拉动散官形成双授品阶内容的重要性方面，阎先生亦有精彩论述。

　　南北朝官阶制度结构中多种品阶序列的形成，必然带来官僚体制功能的专殊化与多元化，能够吸纳多种社会人物参与到王朝政权中去，从此扩大并巩固了政权统治的基础。东魏北齐借鉴西魏北周改革成果，也在官阶制度上进行了调整，使北魏末滥授的散号将军呈现出序列化的发展。

　　由制度调整带来的变革力量直接影响到社会结构的演化，如武人在南北朝三方政权中，便有着不同的历史境遇。南朝梁武帝时制定十八班及流外七班之制，此据《隋书·百官志上》的记载："天监初，武帝命尚书删定郎济阳蔡法度，定令为九品。秩定，帝于品下注一品秩为万石，第二第三为中二千石，第四第五为二千石。至七年，革选，徐勉为吏部尚书，定为十八班。以班多者为贵，同班者，则以居下者为劣。"③ 除此之外，"梁武帝曾有一系列班品改革，从而使官品、官班、军班、郡班、县班、禄秩、爵制各成序列，小朝廷成员等级结构更为五光十色"④。此

---

①　阎步克：《品位与职位——秦汉魏晋南北朝官阶制度研究》，第44—45页。
②　同上书，第559页。
③　《隋书》卷二六《百官志上》，中华书局1973年版，第729页。
④　阎步克：《品位与职位——秦汉魏晋南北朝官阶制度研究》，中华书局2002年版，第359页。

后，梁武帝又"置戎秩之官百有余号"。可以想见，梁武帝曾大费周章想要清整官阶制度，同时也有着许多创建；但是，这些并没有从根本上改变南朝长期以来以"清"为特色，官品清浊界限分明，文人主导武人的局面。南朝武人地位低落，"重文轻武，尤其是五朝冠冕根深蒂固的偏见；以军士武人起家者，被蔑称为'将种'、'兵家'"[①]。

在东魏北齐，武人地位及与文人关系则与梁差异明显，其中文人、武人并峙为其特色。在高洋统治时期，统治集团内部存在不同的政治声音，彼此相颉颃。据《北齐书·杜弼传》记载："显祖（高洋）尝问（杜）弼云：'治国当用何人？'对曰：'鲜卑车马客，会须用中国人。'显祖以为此言讥我。"[②] 从材料可知，杜弼区分"鲜卑车马客"与"中国人"，表现出魏齐统治集团内部文人、武人政治意识的冲突。如何平衡与协调这些矛盾成为魏齐统治者亟待解决的问题。然而，在"山东"地域同时拥有强大的鲜卑化武力集团（怀朔集团）和强大的汉族文化士族势力，要实现双方的圆融无间并不容易，事实上，"在魏齐，出现了'鲜卑共轻中华朝士'的情况，历次党争，多以鲜卑勋旧重创汉族士族而告终"[③]。鲜卑与中国人相峙而立，使该政权的统治摇摆难定，文治武功的分歧更使得魏齐政权内耗不断。而"鲜卑"与"中国人"互不信任，恐怕也是导致东魏北齐政权统治后期逐渐走向"西胡化"的重要因素。

西魏北周的九命官品无疑受到梁武帝班品改革的影响，通过各类置府形式组建了多个相对系统独立的品阶序列。府主与僚属所获皆为正式职官或阶级，置府除了具有收"兵"的传统功能，又具有了置府收"阶"的意义，形成了整齐划一、错落有致却功能不同的多个系统，各个系统之间又彼此勾连，府兵军将兵士以军功换取戎秩，再以戎秩可自由进入其他系统，可以在多个系统之间相对自由的流动，其政治地位因而得到明显的提升。统治者成为这一人群功绩大小最终评判者，通过授以相应品阶及给予各种特权，整合了地方人物各种私人权益的要求。

和东魏北齐一样，"鲜卑"与"中国人"关系怎样处理，也是西魏北

---

① 阎步克：《品位与职位——秦汉魏晋南北朝官阶制度研究》，中华书局 2002 年版，第 549 页。
② 《北齐书》卷二四《杜弼传》，第 353 页。
③ 严耀中：《北齐政治与尚书并省》，《上海师范大学学报》1990 年第 4 期。

周统治者亟待解决的问题,面对北齐强大的军事压力,如何来充实兵力、以军稳政成为西魏北周统治者更为迫切的需要。这便涉及如何吸纳地方武力的问题,而要吸纳地方武力,更需要抓住拥有这类人物之心理,如《周书·李弼传》记载:"(李)弼少有大志,膂力过人。属魏室丧乱,语所亲曰:'丈夫生世,会须履锋刃,平寇难,安社稷以取功名;安能碌碌依阶资以求荣位乎。'"[1] 史料中,这类不乐于"依阶资,以求荣位"的乡里人物又被称作"豪杰",六镇武力主要由这类豪杰人物构成。北魏末年,六镇武力"致失清流",不得"上品通官"的机会,更有"一生推迁,不过军主"情况发生。为扭转仕途对武人不利的格局,西魏北周府兵军号阶官化变革,使这类重要品阶向武人倾斜,符合乡里豪杰的入仕理想。

结　语

总之,伴随西魏北周政治形势的剧烈变化,府兵制度也处在不断发展之中。这一制度不再作为单纯的军事制度而存在,它同时也是重要的政治制度。府兵军将能够通过制度所具有的政治功能转化为政治集团有机组成部分,而军将与朝廷实现沟通的重要政治渠道之一是府兵军号。府兵军号的一部分作为军职标识继续存在,而另一部分则经由散秩发展为戎秩、历戎秩序列本阶化过程,与将军号共同构建出较为齐整的武散官序列。进而,武散官拉动文散官序列发展,将乡里豪杰渴求建功立业、改变个人身份地位的社会理想纳入朝廷的政治设计当中。与此同时,文人除获得文散官之外,也可转历府兵系统这一武途入朝为官,文武之士不同官僚意识的区分在功绩理想的整合下被逐渐消解,清浊不分、文武不分成为西魏北周官僚政治的主要特色,由此创造出一种功绩制的政治观念,有力推动了西魏北周国家官僚体制的发展。

---

[1] 《周书》卷一五《李弼传》,第239页。

论东晋南朝的三种县侯

日本学术振兴会外国人特别研究员　王安泰

一　前言

在中国古代官制体系中，爵制占有一席之地，特别是爵制蕴涵西周封建的意义，更使爵位拥有名义上的高阶地位。汉代与唐代的爵位等级非常明确，汉代的王爵与列侯爵拥有封国食邑，其地位相当于西周诸侯。[1] 而唐代的王爵与公侯伯子男爵，则与散官、职事官、勋官等共同构成唐代官品秩序，在官制与律令体系中具有重要性。[2]

相较之下，魏晋南北朝的爵制复杂，新爵制与旧爵制同时并存，许多爵号名称相近，经常出现难以判定爵位高低的状况。特别是在东晋南朝时期，同时出现三种都可简称为县侯的爵位，更增添判断上的困难。本文将略述三种县侯各自的发展与同时存在的原因，并分析三种县侯的判断方式，以及此重叠局面结束的过程，以期对魏晋南北朝爵制有进一步的认识。

---

[1] 对于秦汉时期列侯爵制的研究，相关研究甚为丰富，可略参［日］西嶋定生，武尚清译《中国古代帝国的形成与结构——二十等爵制研究》（中华书局2004年版）；廖伯源《汉代爵位制度试释》，载《新亚学报》，10：1（下）（香港，1973），第93—184页；柳春藩《秦汉封国食邑赐爵制》（辽宁人民出版社1984年版）；朱绍侯《军功爵制考论》（商务印书馆2008年版）。

[2] 参［日］仁井田陞《唐代の封爵及び食封制》，载《东方学报》，10：1（东京，1939），第1—63页。［日］今堀诚二《唐代封爵制拾遗》，载《社会经济史学》，12：4（东京，1942），第87—119页。韩国磐《唐代的食封制度》，《中国史研究》1982年第4期。

二 三种县侯同时出现的背景

　　要论述东晋南朝的三种县侯，首先要讨论的是自汉代即已出现的县侯爵。西汉以列侯为二十等爵的最高级，至东汉将列侯爵细分为县侯、乡侯、亭侯三级，这三种爵位在各种礼仪制度上并无差异，不同处仅在封国大小。[①] 东汉县侯称号大抵是县名加上爵称的组合，例如华阴县侯、平原县侯之类，有时亦省略县字，径称华阴侯、平原侯等，与乡亭侯的区别并不困难。

　　至魏晋之际，以司马氏为主的士族集团为了实现恢复周制的理想，在礼制、法制、官制等方面进行改革，[②] 其中一项变革就是开建五等，"恢复"了公侯伯子男五等爵，并将五等爵置于二品以上的高阶地位。西晋时期的五等爵，共有郡公、县公、郡侯、县侯、县伯、县子、县男等层级，郡公、县公为一品，其余则为二品。[③]

　　与此同时，司马氏为了安抚曹魏旧臣，在改制时并未废除原有的列侯，而是将其置于三品（县侯）、四品（乡侯）、五品（亭侯），形成五等爵与列侯爵并列的情形。[④] 因此西晋的《百官表注》云，"县侯，汉官也，自县以下，通号列侯，金章紫绶朝服，官品三等者也"[⑤]，显示西晋

[①] 参王恢《汉王国与侯国之演变》，台北"国立"编译馆中华丛书编审委员会1984年版；安作璋、熊铁基《秦汉官制史稿》，齐鲁书社2007年第2版，第266—277页。

[②] 陈寅恪：《崔浩与寇谦之》，载《岭南学报》1950年第1期，后收入陈寅恪《金明馆丛稿初编》，生活·读书·新知三联书店2001年版，第55页。

[③] ［日］越智重明：《刘宋の五等开国爵と贵族》，载《东洋史学》，16（福冈，1956）；越智重明：《晋爵と宋爵——再び〈刘宋の五等开国爵と贵族〉について》，载《史渊》，85（福冈，1961）；这两篇文章后增补改订为《五等爵制》，收入［日］越智重明《魏晋南朝の政治と社会》，东京吉川弘文馆1963年版，第249—353页。杨光辉：《汉唐封爵制度》，学苑出版社1999年版。渡边义浩：《西晋における五等爵制と贵族制の成立》，载《史学杂志》，116：3（东京，2007）；后收入渡边义浩《西晋"儒教国家"と贵族制》，东京汲古书院2010年版，第97—126页。王安泰：《开建五等——西晋五等爵制成立的历史考察》，台北花木兰出版社2009年版，第35—42页。

[④] （唐）杜佑撰，王文锦、王永兴、刘俊文、徐庭云、谢方点校：《通典》卷三七《职官十九·秩品二》，中华书局1988年版，第1004页。

[⑤] （唐）虞世南撰：《北堂书钞》卷四四《封爵部·总篇》，台北文海出版社1978年版，第178页。

列侯爵虽为三品以下，仍继续享有金印紫绶的高阶待遇。西晋五等爵与列侯爵在各方面皆有明确区隔，大致不难辨别；唯一的例外就是五等爵的县侯爵与列侯爵的县侯爵，两者的名称皆为县侯，西晋时期又尚未出现"五等"爵号，以至于难以区别西晋的县侯为二品或三品。最明显的例子，就是西晋平吴之役中有功的杜预、王濬等将领，他们的县侯爵位究竟是二品或三品，仅就现有资料，实不易判别。①

至东晋建国之初，领土与人口皆远远不及西晋，在财政上无法继续承担西晋时期给予官僚的各项待遇。② 职此之故，东晋减省了许多职官与僚属，③ 也对五等爵进行整顿。西晋时期的五等爵一律开国，且拥有食邑收入，因此不需要在名号上多加标注；东晋为了减少诸侯方面的开销，遂新设置没有封国食邑的虚封爵位。为了方便识别，东晋将有开国食邑者称作"开国"爵，无开国食邑者称作"五等"爵。④ 举例而言，南昌县开国侯意为有南昌县封国与食邑的爵位，鄱阳县五等侯则是仅有诸侯之名、而无实际的鄱阳封国与相应权益。

在公侯伯子男爵分裂为"开国"与"五等"二级之际，汉魏时期的县侯、乡侯、亭侯爵位，依然存在于东晋南朝。刘宋时期仍保留县乡亭

---

① 杨光辉以《晋书》所记"某某侯"者为五等爵之侯，"某某县侯"者为三品之县侯，以"县"字作为区隔之标准。根据《晋书》各本传，杜预封当阳侯，王濬封襄阳侯，王戎封安丰侯，唐彬封上庸侯；又依《晋书·地理志》所记，除安丰外，当阳、襄阳、上庸皆有侯相，其性质仍有再商榷的余地。参杨光辉《汉唐封爵制度》，第46页；王安泰《开建五等——西晋五等爵制成立的历史考察》，第40—41页。

② 参[日]中村圭尔《晋南朝における官人の俸禄》，收入[日]中村圭尔《六朝贵族制研究》，东京风间书房1987年版，第458—537页。黄惠贤、陈锋主编：《中国俸禄制度史（修订版）》，武汉大学出版社2005年版，第150—156页。

③ 举例而言，东晋省并九卿中的宗正、卫尉、大鸿胪、太仆等官，有需要时再命其他官员临时兼领。参刘啸《魏晋南北朝九卿研究》，台北花木兰出版社2013年版，第230—235页。

④ 过往研究多认为，无封国食邑的"五等"爵，是东晋后期为了赏赐北府集团成员，而大举设立的制度。但据笔者分析，"开国"爵与"五等"爵皆成形于东晋前期，是为了区隔封国食邑有无所设。参周一良《魏晋南北朝史札记》，中华书局2007年第2版，《〈宋书〉札记》"五等爵无食邑"条，第157页；杨光辉《汉唐封爵制度》，第74—75页；[日]户川贵行《东晋宋初的五等爵——以五等爵与民爵的关系为中心》，收入《中国中古史研究：中国中古史青年学者联谊会会刊（第一辑）》，中华书局2011年版，第222—237页；王安泰《再造封建——魏晋南北朝的爵制与政治秩序》，台湾大学出版中心2013年版，第140—165页。另外为求行文方便，本文标注"开国"爵者，特指东晋南朝带有开国之名的封爵，"五等"爵则专指东晋南朝带有五等名号的爵位。

侯，且官品等级同于西晋，南齐亦无重大变化，亦即至萧梁天监改革以前，县乡亭侯长期位居三至五品。[1] 因此，东晋南朝的数百年间，同时存在数种不同层级的爵号，除王爵以外，尚有"开国"爵、"五等"爵与旧有的汉魏列侯爵。这些不同层级的爵位，称号各有差异，如兴平县开国子、华容县五等男等，原不致造成混淆。然而东晋南朝史料在记录爵位时，经常省略开国、五等之字，例如乐安县开国伯可简称为乐安县伯或乐安伯，山阳县五等伯亦省称为山阳县伯或山阳伯，遂使后代人对于各个爵位的等级频生疑义。[2]

不过相较于伯子男之爵，最严重的认知歧异当为县侯爵，东晋南朝经常出现的某某县侯或某某侯爵号，不仅可能是"开国"县侯、"五等"县侯，亦可能是汉魏县侯（汉魏时期即已存在的县侯，下同）。东晋南朝时期最难判断爵位性质者，非县侯莫属。

三　东晋南朝三种县侯的区别方式

前节已论述三种县侯同时并存的由来，接着要探讨的是，如何区分三种县侯的差异。首先最简单的方式，就是借由比对各种材料，分辨县侯的等级。

目前所见东晋南朝史料，在爵号称谓上经常有简称、缩称的情况，但在诏书或正式的表奏中，仍使用全名之"开国"爵称。例如刘宋颜延之《谢子竣封建城侯表》云，"伏见策书，降锡息竣开国建城县侯，爵踰三等，户越兼千"[3]，"爵踰三等"的三等，应指九品官制中的三品，而颜竣被封为建城县开国侯，在晋宋官品中为二品，位于三品的县侯之上，

---

[1] 刘宋官品见《宋书》卷四〇《百官志下》，中华书局1974年版，第1261—1263页。《通典》卷三七《职官十九·秩品二》，第1007页。阎步克指出南齐官品大致延续刘宋，并无大幅度变化，南齐的县乡亭侯官品应为三至五品。参阎步克《品位与职位——秦汉魏晋南北朝官阶制度研究》，中华书局2002年版，第284—296页。

[2] 目前可见资料无"五等"县公一级，原因可能在于《晋官品》中公为一品，侯伯子男为二品，若有"五等"县公，其品级亦应依附于"开国"县公为一品，这样就会与位于二品的"开国"侯伯子男的位阶冲突。因此东晋南朝或许为了避免品位的矛盾，未设"五等"县公一级。

[3] （唐）欧阳询：《艺文类聚》卷五一《封爵部·功臣封》，上海古籍出版社1999年新2版，第925页。

所以称为爵踰三等。另一种可能是，三等是汉魏列侯爵的县侯、乡侯、亭侯三等，所以开国侯爵是在县乡亭侯之上。无论是哪一种解释，都表明颜竣所封的建城县侯为"开国"爵，且与三品的汉魏县侯有别。然而许多获爵者的本传未必完整记录爵号，需对照其他史料方能获知，以下试举数例。

1.《晋书·徐广传》云徐广于义熙初封乐成侯，仅就爵名看来，有可能是乐成县开国侯、乐成县五等侯，或是三品的乐成县侯。而从《宋书·徐广传》可知，徐广受封的是乐成县五等侯。

2.《宋书·徐羡之传》云到彦之以功受封佷山子、后进封佷山侯，《南史·到彦之传》则云佷山县子、佷山县侯，同样无法判断此佷山侯为开国、五等或三品的县侯。而《宋书·到彦之传》记到彦之为佷山县开国侯，可知到彦之所获爵位为开国县侯。

3. 据《宋书·刘袭传》，刘袭于刘宋太宗时受封建陵县侯，其后改封临澧县侯。而《刘袭墓志》则云刘袭的爵位先后为建陵县开国侯、临澧县开国侯，① 则《宋书》所记的两县侯爵皆为开国县侯。

4.《宋书·刘怀慎传》，刘怀慎于永初元年封南城县侯，刘怀慎死后，其子刘德愿袭爵。而据《宋书·索虏传》，刘德愿于元嘉末年的爵位为南城县开国侯，可知刘怀慎最初所获的爵位为开国侯。

5.《宋书·刘康祖传》记刘康祖之父刘虔之战死，刘康祖继承追赠之新康县男，《宋书·索虏传》则记为新康县开国男。

6. 东晋范汪以从平蜀功受爵武兴县侯，死后子范康嗣爵（《晋书·范汪传》），其后再由范康之子范弘之袭爵武兴侯（《晋书·范弘之传》）。仅就武兴县侯或武兴侯的名称，实难判断范汪所获得的县侯等级究竟为何。但根据《宋书》所记，范晔继承从伯范弘之武兴县五等侯的爵位（《宋书·向靖传》），可逆推自范汪开始传承的爵位应为"五等"爵，而非"开国"爵或汉魏县侯爵。

第二是从爵位的升降情形，判断爵位的等级。东晋南朝"开国"爵与"五等"爵的高低排序为"开国县侯—开国县伯—开国县子—开国县男—五等县侯—五等县伯—五等县子—五等县男"，而汉魏县侯又在五等

---

① （清）黄本骥辑：《古志石华》卷一《刘袭墓志》，收入国家图书馆善本金石组编《历代石刻史料汇编》第一册，北京图书馆出版社2000年版，第292页。

县男之下,① 若借由同一人爵位升降的情形,亦可判断爵位的高低。

1. 向靖于义熙初年获封山阳县五等侯,其后以平广固、卢循功封安南县男(《宋书·向靖传》)。史料虽未明言安南县男为开国男或五等男,但从向靖前爵为五等侯可以推断,此处的县男应为开国男。

2. 虞丘进于义熙二年封龙川县五等侯,至义熙九年以前后功封望蔡县男(《宋书·虞丘进传》)。同理,此望蔡县男应为开国男。

3. 刘钟于义熙初年封安丘县五等侯,其后以平广固功封永新县男(《宋书·刘钟传》),可推知永新县男应为开国男。

4. 东晋末年胡藩以讨卢循功封吴平县五等子,其后又以平司马休之及广固功封阳山县男(《宋书·胡藩传》),则此阳山县男应为开国男。

5. 毛德祖从刘裕讨伐司马休之,获爵迁陵县侯,数年后又获爵灌阳县男(《晋书·毛宝传》),中华书局本《晋书》校勘记认为此处记载或许有误。但若将迁陵县侯理解为五等侯或汉魏县侯,将灌阳县男视作开国男,就无矛盾之处。

第三是借由同一时期或同一事件受封的状态,推估爵位的高低。例如宋武帝在即位之初,下诏奖赏功臣云:

> (徐)羡之可封南昌县公,(王)弘可华容县公,(檀)道济可改封永修县公,亮可建城县公,(谢)晦可武昌县公,食邑各二千户;(檀)韶可更增邑二千五百户,(王)仲德可增邑二千二百户;(刘)怀慎、(到)彦之各进爵为侯,(刘)粹改封建安县侯,并增邑为千户;(赵)伦之可封霄城县侯,食邑千户;(张)邵可封临沮县伯,(沈)林子可封汉寿县伯,食邑六百户。开国之制,率遵旧章。②

在上述诏书中,所有功臣的爵位都只记为县公、县侯、县伯,但从文末"开国之制,率遵旧章"一语,可知这些功臣的爵位皆为"开国"爵。另外在刘宋升明元年为讨沈攸之所发的诏书,列有许多人的官爵,其中只有范阳县侯姚道和的封爵无"开国"二字,可判断姚道和的范阳县侯爵

---

① 论述详参王安泰《再造封建——魏晋南北朝的爵制与政治秩序》,第140—165页。
② 《宋书》卷四三《徐羡之传》,第1330—1331页。

应是"五等"爵或汉魏县侯爵。①

此外尚有一例,《晋书》在描述毛宝家族的功绩时,提及"自(毛)宝至璩三叶,拥旄开国者四人",而东晋时期毛宝家族受封三品以上爵位者共有毛宝(州陵县开国侯,后世徙封建安侯)、毛璩(归乡公)、毛佑之(夷道县侯)、毛安之(平都子)、毛德祖(灌阳县男)等五人。② 对照《晋书》所云,则此五人当中有四人的爵位为"开国"爵。其中毛宝已确认是开国侯;目前未见任何五等公的史料,则毛璩的归乡公应亦为开国公;前已论及毛德祖的灌阳县男应为开国男;因此剩下的毛佑之与毛安之二人,其中一人的爵位并非"开国"爵,可能是毛安之的爵位为平都县五等子,或是毛佑之的爵位为夷道县五等侯乃至三品的夷道县侯。

除了前述三种方法外,另可借由五等诸侯相应制度的有无,来推断该爵位是否为"开国"爵。即有记载食邑、国官等制度者,原则上即为"开国"爵。但因魏晋南北朝史料记载多不完整之故,上述几项方法仅能协助推估部分爵位,仍有相当数量的封爵无从判别。更重要的是,目前无法确知东晋南朝时期"汉魏县侯"的具体制度与待遇,在判断上较开国县侯与五等县侯更难以辨别。

四 三种县侯重叠现象的结束

东晋由于现实需求而推行爵制变革,导致同时出现三种县侯,造成判断的困难。而三种县侯重叠的现象必然会引发困扰,南朝后期也对此进行相应的调整,接下来进一步讨论相关制度的存废整并。

有鉴于"开国"爵与"五等"爵在名称与体系上的紊乱,南朝后期首先要处理的课题,就是排除有名无实的"五等"爵。根据现有资料推断,"五等"爵消失的时间,大约是在萧梁初年,正好是梁武帝进行天监官制改革的时期。在《晋官品》中,公为一品,侯伯子男为二品,宋、齐时期大致不变。至梁武帝天监七年,将官制由九品改为十八班,重定官阶秩序之余,可能也趁机整顿原本纷乱的爵制。虽然《梁官品》并无

---

① 《南齐书》卷二五《柳世隆传》,第448—449页。
② 《晋书》卷八一《毛宝传》,第2128页。另毛德祖所封灌阳县男,《宋书·索虏传》作观阳县男,《魏书·太宗纪》作观阳伯。

记载封爵的官阶，无法判断公侯伯子男的爵位相当于十八班中的何等位阶，但至陈朝复位九品时，五等爵的排序有了重大改变，郡公、县公为二品，县侯三品，县伯四品，县子五品，县男六品，而且明确加上"开国"二字，显然是参考北魏改制，将五等爵由横向排列转为纵向排列。① 也就是说，在南齐至陈朝之间，爵制位阶曾进行过重大的变革，最有可能的时间点，就是梁武帝参考北魏孝文帝制度变革而推行的天监改制。②

北魏孝文帝的改革，参考了许多汉魏南朝的制度，其中一点就是将诸侯爵统整为开国爵与散爵。③ 开国爵有实际封国食邑，散爵则无，可知散爵相当于东晋南朝的"五等"爵。因此北魏后期的开国爵与散爵之分，即是仿效东晋南朝的"开国"爵与"五等"爵而来。

不过很有意思的是，在北魏孝文帝仿照南朝制度将公侯伯子男区分为开国爵与散爵后，梁陈却反过来废止了行之有年的"五等"爵。废止的具体原因已不得而知，也许是相关制度有所不便，或已无存在之必要。"五等"爵没有诸侯的实际权益，在官品的地位上却同于"开国"爵，且皆为二品（公为一品），无法达到调节官品的效果。再加上"开国"爵与"五等"爵简称过于相近，极易造成混淆，"五等"爵遂成整并的首要目标。

另一方面，梁陈时期仍保留县乡亭侯的爵号，但是县乡亭侯爵的官品从五品以上陡降至七品以下，低于卿大夫等级的官职。如前所述，西晋"恢复"五等爵之际，同时保留汉代的列侯爵，是为了安抚拥有列侯爵位、未获得五等爵的曹魏大臣，避免重蹈王莽败亡的覆辙。东晋灭亡

---

① 《隋书》卷二六《百官志上》，第 748 页。《通典》卷三八《职官二十》，第 1032—1034 页。

② 阎步克指出梁天监七年将官阶改制为十八班，是参考了北魏孝文帝将官品分为九品正从上下的做法。参阎步克《北魏对萧梁的官阶制反馈》，收入阎步克《品位与职位——秦汉魏晋南北朝官阶制度研究》，第 360—380 页。

③ 参张维训《略谈北魏后期的实封和虚封》，载《史学月刊》1984 年第 2 期；[日] 川本芳昭《北魏の封爵制》，载《东方学》，54（东京，1979）；后改题为《封爵制度》，收入川本芳昭《魏晋南北朝时代の民族问题》，东京汲古书院 1998 年版，第 252—275 页；张鹤泉《北魏孝文帝实行散爵制度考》，《史学月刊》2010 年第 6 期；[日] 冈部毅史《北魏前期の位阶秩序について——爵と品の分析を中心に》，载《东洋学报》，94：1（东京，2012）。[日] 大知圣子《北魏后期の爵制とその特质——孝文帝の爵制改革を中心に》，载《东洋文化研究》，16（东京，2014）。

后，五等爵已成为爵制的主流，加上五等爵转为纵向序列后，列侯就成为了可有可无的存在，因此被置于七、八品的下阶。值得注意的是，陈朝的乡亭侯名称依旧，但是县侯的名称转为沐食侯，① 应是为了避免与开国县侯名称混淆所做的调整。

由此可知，"五等"爵大约在天监改革之际废止，至陈朝"汉魏县侯"之名又变为沐食侯，原本的三种县侯爵，至此仅剩下"开国"爵。因此南朝后期已彻底解决爵号容易混淆的问题，县侯必然是开国爵，伯子男爵亦然。另一方面，北朝并未保存汉魏列侯爵号，至北周不再区分开国爵与散爵。② 隋平陈后，所有国公以下的五等爵号皆为开国爵，不再出现爵号混淆的情形。

五 小结

本文针对东晋南朝三种县侯的由来、与重叠现象结束的时间进行分析，指出东晋南朝爵制同时包含三种县侯，即"开国"爵中的开国侯、"五等"爵中的五等侯以及由汉代列侯发展下来的"三品"县侯，简单归结如下。

汉代以列侯爵为二十等爵的最上级，至东汉将列侯析分为县侯、乡侯、亭侯三等，但在礼仪制度上并无高下之分。到了魏晋之际，以司马氏为首的士族集团，为了"恢复"西周封建，遂推行公侯伯子男的五等爵制，同时也保留县乡亭侯的爵位。五等爵与旧有列侯爵在官品、国官等方面有显著差异，然而位居二品的五等爵县侯与三品的汉魏县侯，皆可略称为某某县侯或某某侯，两者已容易造成混淆。

东晋立国后，为解决现实财政的困窘，大规模缩减官僚员额与规模，并将五等爵区分为有封国食邑的"开国"爵与无封国食邑的"五等"爵。

---

① 关于沐食侯的名称，《隋书》作汤沐食侯，《通典》作沐食侯。《隋书》卷二六《百官志上》，第748页。《通典》卷三八《职官二十·秩品三》，第1035页。

② 参王仲荦《北周六典》卷一九《封爵》，中华书局1979年版；高敏《西魏、北周与东魏、北齐的封爵制探讨》，载《北朝研究》，上半年刊（大同，1991），后收入高敏《魏晋南北朝史发微》，中华书局2005年版，第222—224页。前岛佳孝《柱国と国公——西魏北周における官位制度改革の一齣》，载《九州大学东洋史论集》，34（福冈，2006），后收入［日］前岛佳孝《西魏、北周政権史の研究》，东京汲古书院2013年版，第151—188页。

"开国"爵与"五等"爵的全称不难区别，但两者简称并无差异，在判定上已相当困难；特别是在侯爵方面，开国县侯、五等县侯与汉魏县侯三者的简称完全相同，仅从某某县侯或某某侯的记载，着实难以判别爵号的品级。另一方面，《宋书》对爵号的记录较《晋书》完整，亦可推测唐人已经难以区别东晋南朝的爵号等级。

若要考察东晋南朝五等爵位（特别是县侯）的位阶高下，必须从个别的史料比较中推敲，具体方式包括对比不同史传、从爵位升降判断、同一时期或事件所受爵位的模拟，或是根据食邑、封国的有无加以考虑。然而东晋南朝史料有限，许多人的爵号等级仍难以辨别，只能期待日后借由墓志等新出土史料加以补订。

至于三种县侯重叠现象的消失，首先是"五等"爵的废止。南朝后期不再出现"五等"爵的称号，应是梁武帝在天监改革之际，趁势废止没有实际效用、又容易造成名称混淆的"五等"爵，至此公侯伯子男皆为"开国"爵。与此同时，梁陈二朝仍保留以往的县乡亭侯爵，然而县乡亭侯的官品等级大幅下降，从五品以上降至七品以下，应是参考北魏孝文帝改制，将爵位改为纵向排序的结果。陈朝乡亭侯的爵号不变，七品的县侯则改为沐食侯，其目的应是为了便于与开国侯区别。由此看来，南朝人亦认为爵称过于相近会带来困扰，最晚在陈朝前期，已将爵号彻底整顿，不致造成识别上的困扰。

综上所述，本文所论的三种县侯并存现象，大抵始于东晋前期，结束于梁初，共计百余年的时间。三种县侯并非同时出现，而是西晋、东晋建国之初，为配合现实需求，在原有爵位之上新添爵级，产生名称易于混淆的副作用，遂于南朝后期逐步废止。因此东晋南朝的三种县侯，作为中国中古官制演化上的具体范例，可与礼制、法制与其他官制一并考察。

［附记］：本文是2014年度科学研究费补助金（日本学术振兴会外国人特别研究员奖励费）研究成果的一部分。

北魏后期的爵制及其特质

——以孝文帝爵制改革为中心

大东文化大学文学部中国学科非常勤讲师
［日］ 大知圣子/著　付晨晨/译

  北魏王朝始建于道武帝登国元年（386），自建国初期即导入了五等爵制。此后爵位制度虽时有调整，但彻底的爵制改革是在孝文帝（471—499在位）太和十六年（492）。这次改革将王爵限制在道武帝以下（398—409年在位）子孙，其他王爵持有者降格为公爵，公爵以下依次降等（例降）。又根据封土的有无分为实封的开国爵、记为"食邑××户"（食邑制），和不带开国号的虚封爵（开建五等）。这是北魏爵制一次划时代的变化，与孝文帝其他改革一同成为学界关注的焦点。

  孝文帝的爵制改革的有代表性的研究可举出川本芳昭先生的论作。他认为这次爵制改革与孝文帝其他改革方向相同，均是北魏政治中央集权化政策的一部分，目的在于打破北族上层的"一体"性[1]。此外其他新近研究也认为，孝文帝的各项改革改变了北魏以北族上层为中心的政治社会体制，体现出强化国家权力、加强政治的中央集权化的意图[2]。并且

---

  [1]　［日］川本芳昭：《北魏の封爵制》，原载《东方学》五七辑，1979年，收录于《魏晋南北朝时代の民族问题》，汲古书院1998年版。

  [2]　［日］松冈弘：《北魏汉化政策の一考察——皇太子恂の反乱》，《骏台史学》九八，1996年。［日］松下宪一：《北魏の洛阳迁都》，《史朋》第三二号，1999年，收录于《北魏胡族体制论》，北海道大学出版会2007年版。

孝文帝主持的陵墓制度改革也反映出中央集权化的特征。① 以上研究无论利用编撰史料还是出土史料均是沿着川本思路的进一步细化。不过笔者在此前发表的论文中，讨论了北魏建国初期至孝文帝改革前（以下称"北魏前期"）的爵制变化，否定了川本氏作为研究前提的北魏前期汉族封土制度的存在②，指出爵品与将军号、官职官品之间不存在一定的对应关系，爵是对国家做出巨大功勋而无法完全用官品还原的置换物，具有独自性③。若这种理解并无大错，那么有必要进一步考虑孝文帝改革的意义。本稿即意图以孝文帝爵制改革为中心，探讨孝文帝改革至孝明帝末期（以下称"北魏后期"）的爵制特质④，以爵制为视角考察北魏王朝的支配体制。

第一节 孝文帝爵制改革

此前例降、开建五等及食邑制的导入是孝文帝爵制改革讨论的中心。为行文之便，有必要再次确认例降的相关基础史料。《魏书》卷七下《高祖纪》太和十六年正月乙丑条记载：

> 制，诸远属非太祖子孙及异姓为王，皆降为公，公为侯，侯为伯，子、男仍旧，皆除将军之号。

通过例降将王爵限定于道武帝以后子孙。如川本所论，这一政策明确了宗室范围。

---

① ［日］向井佑介：《北魏の考古资料と鲜卑の汉化》，《东洋史研究》第 68 卷第 3 号，2009 年。

② 拙稿 A《北魏の爵制とその实态——民族问题を中心に—》，《冈山大学大学院文化科学研究科纪要》第 12 号，2001 年。

③ 拙稿 B《关于北魏前期爵和品相对应的基础考察——以南巡碑为中心—》，中国魏晋南北朝史学会、山西大学历史文化学院编：《中国魏晋南北朝史学会十届年会暨国际学术研讨会论文集》，北岳文艺出版社 2012 年版。拙稿 C《北魏前期の爵制とその特质——假爵の检讨を手挂かりに—》，《东洋学报》第 94 卷第 2 号，2012 年。

④ 建义元年（528），尔朱荣复活异姓王，与此前以拓跋（元）氏为中心的政治体制不同，本稿讨论的北魏后期以孝明帝末年为下限。

接下来讨论开建五等及食邑制的导入①。如前所述，开建五等明确了封土的有无，实封记为"食邑××户"。那么爵位高低与食邑户数多寡是否具备对应关系呢。表1列举了开建五等时的爵位与食邑户数。通过该表可知，即使同为郡开国侯，食邑户数也会出现自300—800户不等的巨大差异，也有郡开国公比下等郡开国侯户数更少的情况。亦即，爵位高低与封户不存在绝对的比例关系，两者之间时有差异。那么为何会出现这种差异？《魏书》卷七八《张普惠传》中的以下记载对了解封户确定方法具有重要意义：

> ……故尚书令臣（高）肇，未能远稽古义，近究成旨，以初封之诏，有亲王二千户、始蕃一千户、二蕃五百户、三蕃三百户，谓是亲疏世减之法。又以开国五等，有所减之言，以为世减之趣。遂立格奏夺，称是高祖本意，仍被旨可。差谬之来，亦已甚矣。遂使勋亲怀屈，幽显同冤，纷讼弥年，莫之能息。臣辄远研旨格，深穷其事，世变减夺，今古无据。又寻诏书，称昔未可采，今始列辞，岂得混一，罔分久近也。故乐良、乐安，同蕃异封；广阳、安丰，属别户等。安定之嫡，邑齐亲王；河间戚近，更从蕃食。是乃太和降旨，初封之伦级，勋亲兼树，非世减之大验者也。博陵袭爵，亦在太和之年，时不世减，以父尝全食，足户充本，同之始封，减从今式。如此，则减者减其所足之外，足者足其所减之内。减足之旨，乃为所贡所食耳。欲使诸王开国，弗专其民，赋役之差，贵贱有等。盖准拟周礼公侯伯子男贡税之法，王食其半，公食三分之一，侯伯四分之一，子男五分之一。是以新兴得足充本，清渊吏多减户。故始封承袭，俱称所减谓减之以贡，食谓食之于国，斯实高祖霈然之诏。减实之理，圣明自释，求之史帛，犹有未尽。时尚书臣琇疑减足之参差，旨又判之，以开训所减之旨，可以不疑于世减矣。而臣肇弗稽往事，曰五等有所减之格，用为世减之法；以王封有亲疏之等，谓是代削之条。妄解成旨，雷同世夺。……于此遂停。

---

① 开建五等与食邑制的导入并非北魏创制，曹魏末因计划曹魏向西晋的禅让就已经实施。参见杨光辉《汉唐封爵制》（学苑出版社1999年版）、王安泰《再造封建——魏晋南北朝的爵制与政治秩序》（台湾大学出版中心2013年版）。

据此可知，宣武帝（499—515在位）时期宠臣高肇曾实施了"亲疏世减之法"，随世代传承自动递减户数。高肇称这一措施出自孝文帝本意，张惠普却认为"差谬之来、亦已甚矣""妄解成旨、雷同世夺"，实际上关于封土的争论也屡屡不绝，以致孝明帝（515—528在位）时期废止。这表明宣武帝时期虽然实行了机械式、等差决定户数的"亲疏世减之法"，但不过是高肇的妄解，并非出自孝文帝的本意①。

那么，孝文帝决定户数的基准是什么呢？首先，宗室的情况下，《魏书》卷二一上《咸阳王禧传》记载：

> 诏以禧元弟之重，食邑三千户，自余五王皆食邑二千。

即使同持王爵、同为宗室，咸阳王禧因年纪在诸弟中最长，故比其他各王封户多。如后文将述，元弟禧是孝文帝重用的人物。臣子的情况如《魏书》卷六一《薛真度传》，诏曰：

> ……及六师南迈，朕欲超据新野，群情皆异，真度独与朕同。抚蛮宁夷，实有勤绩，可增邑二百户。

因薛真度赞同孝文帝的新野攻略，且身负军功故特诏增加食邑。以上两条史料的共同点在于孝文帝重视的人物食邑户数较多。在此理解的基础上再次确认表1可以发现穆泰、李冲、薛达与其他开国侯相比户数较多，这三人与孝文帝关系如何呢？第一，穆泰本人由孝文帝赐名，研究已经指出孝文帝在分定姓族时重视北族上层，基于身份制原理将包括有穆氏的北族八姓置于阶层社会上层②。第二，李冲与孝文帝关系亲密，《魏书》卷五三《李冲传》中记载道：

> 高祖亦深相仗信，亲敬弥甚，君臣之间，情义莫二……以冲女

---

① 《魏书》卷八三下《外戚下·高肇传》记载："肇既当衡轴，每事任己，本无学识，动违礼度，好改先朝旧制，出情妄作，减削封秩，抑黜勋人"，可见"亲疏世减之法"由高肇实施。参见杨光辉《汉唐封爵制》第3章第4节。

② 参见［日］川本芳昭《魏晋南北朝时代の民族问题》第5章第2编。

为夫人。

第三，薛达出自汉族高门河东薛氏[①]，笔者在前稿中已经指出，北魏前期汉族高门本贯地之封爵除极少数一部分外，基本为虚封[②]。不过很有可能实封的例外就是河东薛氏，这也体现出孝文帝对河东薛氏的重视。由此可以确认以上三人是孝文帝特别重视的亲密人物。

通过以上讨论可知受到孝文帝青睐者封户较多。孝文帝个人通过对封户的增减来表达皇帝意志和恩宠。换言之，孝文帝通过赏赐封户的不同来区分包括血缘、君臣关系在内的与皇帝的亲疏和距离。

以上已经确认了例降限定宗室的范围，开建五等和食邑制体现了与皇帝的亲疏。不过，孝文帝洛阳迁都（494）后，由于洛阳周边升为畿内而造成的大幅度封土改动（改封）的事件却很少受到学界关注[③]。在此次改封中，封土配置各有差异，也有原封土不在畿内亦改封的情况。那么，当时是如何决定封土地域的呢？笔者将此次改封的封土分布综合为图 A 和 B。根据与洛阳远近的不同，将分配在洛阳附近相州、雍州、豫州者归为图 A，相隔较远者归为图 B。两种图表体现出各种不同趋向，不过本文着眼于持爵者的民族和社会身份。

首先，图 A 中合计 15 人，根据封土的不同体现出三种趋向。第一，原封土在洛阳，迁都后亦保持不变者四人。一为出身景穆十二王世系的阳平王（相州）颐。《魏书》卷一九上《阳平王新成传附颐传》记载，"高祖赐名。……及恒州刺史穆泰谋反，遣使推颐为主。颐密以状闻，泰等伏诛，帝甚嘉之"。可知孝文帝对其甚为重用。其二，献文六王咸阳王（雍州）禧。《魏书》卷二一上《咸阳王禧传》中，高祖闲宴，从容言于禧等："我后子孙，邂逅不逮，汝等观望辅取之理，无令他人有也。"

[①] 河东薛氏很可能出自蜀人，非汉族。不过孝文帝在分定姓族时将作为汉人名族纳入郡姓。参见林宗阅《试论河东"蜀薛"的渊源问题》（《早期中国史研究》第 1 卷，2009 年）。

[②] 参见拙稿 A。

[③] 类似事例散见于魏书，如《魏书》卷六一《薛安都传附达传》中记载"封达河东郡开国侯，食邑八百户。后以河东畿甸，改封华阴县侯"。畿内不配置封土是汉代以来的传统。参见注 7 杨光辉《汉唐封爵制》第 2 章第 2 节。

咸阳王禧是被孝文帝赋予庇护皇权、辅弼后代期待的重要角色①。而且如前所述，咸阳王禧还是同等爵位中封户较多的人物。同传接着讲道，有司奏冀州人苏僧瓘等三千人，称禧清明有惠政，请世胙冀州。诏曰："利建虽古，未必今宜；经野由君，理非下请。邑采之封，自有别式。"因禧清明有惠政，冀州民众请愿将其封土改迁冀州，不过孝文帝降诏指出封土自有规定，并未改封。"自有别式"的具体内容在诏书中并未言及，不过应该指的是与皇帝的亲疏距离。剩下二人均出自北族八姓②，穆罴为魏县开国公（相州）、穆泰为冯翊郡开国侯（雍州），前文已述，穆泰在开建五等时就是与爵位相比封户较多的人物，且穆氏属于孝文帝重视的北族上层。第二，封授洛阳附近者，共四人。孝文帝五王中的三人京兆王、清河王、广平王，封地在雍州、相州。另一位汉人一流士族的王肃被封为汝阳县开国子，封地在豫州。他是孝文帝任命辅佐宣武帝的顾命大臣。第三，改封洛阳附近者，共七人。宗族十姓③中，奚绪自弘农郡开国侯改封澄城县（雍州）。北族八姓中，穆亮在穆泰反乱后，自长乐公改封顿丘郡开国公（相州），于烈自洛阳侯改封聊城县开国子（相州）。且《魏书》卷三二《于烈传》中，穆泰、陆叡谋反旧京……代乡旧族，同恶者多，唯烈一宗，无所染预。高祖嘉其忠操，益器重之。可见颇受孝文帝重用。此外，外戚长乐冯熙的封地亦有昌黎王→京兆郡开国公→扶风郡的变化④。《魏书》卷八三上《外戚上·李惠传》中，特别提及孝文帝优遇外戚冯氏。高祖奉冯氏过厚，于李氏过薄。冯氏本出辽东昌黎，却特地改封与本贯毫无关系的洛阳周边也值得注意。而出身汉人名族五姓的陇西李冲也自荥阳郡开国侯→阳平→清渊县，自司州改封相州。如前所述，李冲与孝文帝关系特近，是开建五等时户数较多的人物。出身汉族二流士族的河东薛达也自河东郡开国侯改封华阴县，薛真度自河北

---

① ［日］长堀武：《北魏孝文朝における君权安定策とその背景》，《秋大史学》32，新野·诸户两先生还暦纪念号，1985年。
② 北族八姓为孝文帝分定氏族时地位最高的八个名族，分别为穆、陆、贺、刘、楼、于、嵇、尉。参见［日］宫崎市定《九品官人法の研究》，东洋史研究会1956年版，同《宫崎市定全集》六，岩波书店1992年版再收。
③ 宗族十姓为胡、周、长孙、奚、伊、丘、亥、叔孙、车氏。
④ 孝文帝亲自为冯熙撰写墓志，无论编史史料还是石刻史料均显示出孝文帝对外戚冯氏的特别优遇。参见［日］窪添庆文《长乐冯氏に关する诸问题》，《立正史学》111，2012年。

伯改封临晋县开国公，两人均从司州转为雍州。前文已述，虽然河东薛氏在汉族士人中名望略低，却受到孝文帝重用。

以上考察了迁都后封土在洛阳附近各人，可见与孝文帝关系亲密者占大多数。相反，封土距洛阳较远者状况如何呢？参照图 B，统计出 26 人，可分为以下两种状况。第一，封土距洛阳较远而未改封者。这些人是明元帝至献文帝皇子及其子孙（具体人名参见表 B – No. 1—16）。这些人在例降之后依然属于宗室，不过在封土上各有差别①。外戚中山李侃晞为博陵郡公（定州），就是前文中外戚冯熙相关史料中提到的"于李氏过薄"之李氏。北族八姓之一陆叡为钜鹿郡开国公（定州），他在表 1 同等郡开国公中封户最少。第二种情况是由洛阳改封较远封地，共 8 人。首先，景穆十二王一系由京兆（雍州）改封西河（汾州）。远封可能是因罪削爵再复爵时的一种降格措施（《魏书》卷一九上）。献文六王中三人改封，分别为：河南（司州）→赵郡（定州）、颍川（司州）→高阳（瀛州）、始平（雍州）→彭城（徐州）。虽然没有直接资料显示他们与孝文帝的亲疏关系，不过从宣武帝时期并未受到近臣攻击来看，并非孝文帝期待的辅弼之人。其中彭城王勰虽然身负孝文帝辅政的期待，却在当时处世消极（《魏书》卷二下）②。代国时代诸帝子孙中，元丕自平阳郡（司州）公→新兴郡（肆州）、元大曹自高凉郡（司州）公→太原郡（并州）。这表明因例降排除于宗室之外的诸帝子孙不仅失去王爵，更有些人封地越迁越远。出身北族八姓的尉羽自山阳郡（司州）开国公改封博陵郡（定州）。前文提到孝文帝对北族八姓的重视，不过尉羽情况较为特殊。《魏书》卷五〇《尉元传附羽传》记载：

> 子羽……诏袭爵，加平南将军。高祖亲考百司，以羽怠惰，降常侍为长兼，仍守尚书，夺禄一周。迁洛，以山阳在畿内，改为博陵郡开国公。

---

① 表图中少数州为南朝州。虽然封地在南朝，实际上食邑在北魏领土内。如《魏书》卷二一上《广陵王羽传》"及五等开建、羽食勃海之东光二千户"。

② 参见［日］窪添庆文《北魏の宗室》，《中国史学》9，1999 年，后收录于《魏晋南北朝官僚制研究》，汲古书院 2003 年版，注 13；长堀武《北魏孝文朝における君权安定策とその背景》。

可知他因为官怠惰而被降格夺禄。很有可能虽未降爵，而改封较远封地以示惩罚。此外，汉人名族五姓出身的陇西李佐自河内（司州）公改封泾阳县开国子（泾州）。

虽然不能断定封地远隔洛阳者均与孝文帝关系疏远，不过从外戚冯氏受孝文帝优遇、李氏冷淡而封地远近不同；代国诸帝子孙因例降被排除于宗室之外，且特地远封，而宗室子弟封地集中于洛阳附近可以看出封地距洛阳的远近意味着与皇帝的亲疏、距离。前辈学者已经指出，作为孝文帝宗室对策的一环，对待宗室的轻重区别在墓葬亦有所体现[①]，通过以上探讨则进一步表明封土与洛阳的远近暗示了持爵者（包括宗室和君臣关系）与皇帝关系的亲疏、远近。可以说，这种利用封土以示区别的政策是一种直接表示与皇帝亲疏关系的措施，是强烈反映孝文帝个人意志的行为。

通过以上讨论可以确定孝文帝爵制改革的以下四点内容。第一，通过例降将王爵持有者限定于道武帝以下子孙，明确宗室范围。第二，通过开国号赐予与否，表明封土的有无。第三，导入食邑制，封土的大小由户数区分。封户的多寡因皇帝个人喜好而定，起到了显示与皇帝亲疏、远近关系的作用。第四，洛阳迁都时进行了大量改封，通过封土所在地与洛阳的远近反映与皇帝关系的亲疏、远近。换言之，例降是依据爵位限定宗室范围的政策，开建五等、食邑多寡、封地与都城的远近距离是通过封土配置体现与皇帝距离的措施。由此可知，与北魏前期不同，孝文帝的爵制改革中，爵位与封土赐予分别采取了不同的实施标准。若封土就是表达皇帝意志、与皇帝的亲疏关系，那么爵位又蕴涵何种意义呢？下节即着手讨论这一问题。

第二节　北魏后期的赐爵理由及其与官品的关系

本节主要讨论北魏后期爵制的意义和本质功能。笔者在前稿中探讨

[①]　参见［日］窪添庆文《北魏の宗室》。同氏《迁都后の北魏墓誌に关する补考》（《东アジア石刻研究》第5号，2013）一文中指出，同为宗室，与皇帝关系越亲近者墓志体例与孝文帝所示墓志体例越近。

过北魏前期的爵制问题，指出虽然北魏初期授爵是对军功、来降等对国家做出巨大贡献的犒赏，但是文成帝以后逐渐滥化、皇帝开始恣意授爵①。孝文帝爵制改革后，这种情况是否出现变化呢？笔者将史料中北魏后期授爵理由综合为表2②。从表2可以看出，北魏后期授爵理由第一位就是军功③。与北魏前期相比，因皇帝喜好授爵者比例急剧降低，尤其在孝文帝时期没有出现因皇宠而出任地方官或者无功授爵的情况。虽然孝明帝以后，或因参与于忠保护之勋而增封，加之灵太后滥赐爵位④、贿赂获爵等各种不正当赐爵横行，即便如此，因军功获爵者在当时依然占压倒性多数，这与北魏前期文成帝时期的情况大相径庭。如《魏书》卷九三《恩倖·王仲兴传》记载：

> 后与领军于劲共参机要，因自理马圈侍疾及入金墉之功，乞同元赏，遂封上党郡开国公，食邑二千户。

王仲兴因孝文帝时期马圈侍疾以及入金墉救宣武帝之功获封开国公。这表明即便恩倖也需要因某种形式上的功勋才能赐爵，由此可见当时授爵与文成帝时期宠臣无功授爵的不同。

结合第一节的结论，自然可知孝文帝这样改革的意图。孝文帝回到北魏建国初期对应国家功勋授爵的原则，同时还确立了通过封土表达皇帝意志以示恩宠的体制。换言之，文成帝时期出现皇帝因个人喜好授爵的行为，这种行为造成原来对国功勋转换为爵位的体制难以为继，因此孝文帝将爵位授受限于对国功勋，授爵中反映皇帝恩宠的机能改为封土

---

① 参见拙稿 C。

② 由于北魏前期墓志出土较少，拙稿 C 探讨在讨论北魏前期赐爵理由时，主要收集的是传世文献《魏书》中的事例。为便于与前稿比较，本文将《魏书》和墓志的事例分开统计，墓志事例数以□标注。

③ 张鹤泉《北魏孝文帝实行散爵制度考》（《史学月刊》2010 年第 6 期）在探讨孝文帝时期赐爵理由时指出军功最重要。不过该文并未通观北魏后期，北魏前后期授爵理由无变化的观点也与本文不同。

④ 姑且列举灵太后滥授爵位一例。《魏书》卷九四《阉官·刘腾传》中"肃宗践极之始，以腾预在宫卫，封开国子，食邑三百户。是年，灵太后临朝，以与于忠保护之勋，除崇训太仆，加中侍中，改封长乐县开国公，食邑一千五百户。拜其妻为钜鹿郡君，每引入内，受赏赉亚于诸主外戚"。

多寡。这一原则在整个北魏后期基本遵行。

下面进一步探讨在研究爵本质机能时的重要问题——爵与官品之间的关系。笔者在前稿中讨论了北魏前期爵与官品之间的关系，指出正爵爵品与将军号品级之间不存在绝对的对应关系，正爵爵品与职官官品的对应关系也因职务种类的不同而互异，外任官爵品与官品差距小，内任官差别较大。而且，比起将军号，爵品与职官官品的差异更大，这是因为有时爵位虽低，但所带将军号、官品较高造成的。爵位越低，官品幅度越大，越难集中于某一官品，爵位与官品之间不存在整体的对应关系。虽然爵位较高时，两者貌似存在连动关系，这是因为王、公等爵位较高者通常所受将军号和官职也高，故而得闯出两者对应的结论①。那么，北魏后期爵、将军号、官品之间是否存在某种联系呢？

首先，将爵品与将军号的品级制成表3。由表3可知，王（一品）带三品将军号在北魏各个时期均最常见，其下依次为二品、一品。公（一品）所带将军号的情况与1品王类似。侯（二品）所带将军号涉及二—四品，其中三品最多，基本无一品。这表明王、公、侯这类高等爵位以三品将军号为中心，基本上没有高等爵位带五品及以下将军号的情况。低等爵位中，伯（三品）多带三品将军号，爵品与将军号的品级一致，不过，孝明帝时期扩展至一—六品。子（四品）也是带三品将军号者最多，男（三品）亦同。可见与王、公、侯一样，低等持爵者同样带三品将军号最多。但整体而言，将军号与爵品不存在连动关系。

通过以上探讨可知，北魏后期将军号与爵品不对应，即使爵位较高也不定带高级将军号。造成这种原因可能出于以下二点。首先，北魏前期特别是宗室多同时继承王爵和高等将军号，北魏后期这种现象消失，这可能是受到例降废止了袭爵同时继承将军号的影响（参见第一节《魏书》卷七下《高祖纪》太和十六年正月乙丑条）。其次，前人已经指出，整体上三品将军号较多是因为北魏后期将军号开始与军阶挂钩②，形成独

---

① 参见拙稿B。
② ［日］冈部毅史:《北魏の『阶』の再检讨》,《集刊东洋学》第83号，2000年；阎步克:《品位与职位——秦汉魏晋南北朝官阶制度研究》，中华书局2002年版。

立的评价系统。将军号与军阶问题必要另文探讨。

接下来讨论爵品与职官官品之间的关系。前文已述，北魏前期的爵品与官品存在内外任的差异。本文首先讨论北魏后期内任官官品与爵品的关系。表4整理了尚书持爵者的事例，可知尚书多为王、公爵。表5整理了中书持爵者事例，亦多王、公爵，不过时有波动。通过对内任官代表性官僚尚书和中书的整理可以看出，爵品与内任官官品不对应。那么作为地方官的外任官又是什么情况呢？是否像北魏前期那样出现内外官与爵品的不同倾向呢？表6考察了地方官僚持爵情况，可知整体上分布零散，未见相对集中的官品。

以上讨论了内、外任官僚的持爵情况，可知，北魏后期无论内外任，官品与爵品均不存在对应关系。造成这种现象的原因可能在于北魏后期任官标准的不同。首先，孝文帝时期的任官标准如《魏书》卷五七《高祐传》所示：

> 祐又上疏云："今之选举，不采职治之优劣，专简年劳之多少，斯非尽才之谓。宜停此薄艺，弃彼朽劳，唯才是举，则官方斯穆。又勋旧之臣，虽年勤可录，而才非抚人者，则可加之以爵赏，不宜委之以方任。所谓王者可私人以财，不私人以官者也。"高祖皆善之。加给事中、冀州大中正，余如故。时李彪专统著作，祐为令，时相关豫而已。

高祐上书建议道，勋旧之臣应记录其年勤，但若无治民之才，则当以爵位褒奖而不应继续担任地方官，这一建议得到孝文帝的认同。这表明孝文帝的授爵与任命地方官原则不同。那么，孝文帝的这种任官方针是否仅限于外任官呢？《魏书》卷七下《高祖纪下》太和十八年九月壬申条提供了线索，诏曰：

> "……各令当曹，考其优劣为三等。六品已下，尚书重问；五品已上，朕将亲与公卿论其善恶。上上者迁之，下下者黜之，中中者守其本任。"壬午，帝临朝堂，亲加黜陟。

据该诏可知，六品以下官僚的考课和黜陟权在吏部尚书，五品以上由天子亲自裁决。这后来成为北魏定制①，北魏后期五品及以上官员均由皇帝直接决定，故而与五等爵品不存在直接的对应关系。宣武朝后的情况如《魏书》卷八《世宗纪》永平二年十二月条记载的永平二年（509）起家之法②。

> 诏曰："五等诸侯，比无选式。其同姓者出身：公正六下，侯从六上，伯从六下，子正七上，男正七下。异族出身：公从七上，侯从七下，伯正八上，子正八下，男从八上。清修出身：公从八下，侯正九上，伯正九下，子从九上，男从九下。可依此叙之。"

可知持爵者在起家时可以获得优待。不过这里值得注意的是，因民族不同（同姓＝元氏、异族＝北族、清修＝汉人名族），起家官品各异。这表明起家官品不仅受到持爵者爵位的影响，还会受到出身的限制。

以上讨论表明北魏后期爵品与职官官品不对应，授爵与授官的标注也不尽相同。北魏前期，赐爵是对国家功勋的补偿，后来逐渐因皇帝的个人恩宠喜好而滥化，北魏后期通过孝文帝爵制改革，赐爵又再次回到仅授予为国做出贡献的军功爵的本来形态。

结 论

本文讨论了一般视为推进中央集权化的孝文帝爵制改革是如何具体实现的。关于这次爵制改革，传统研究的关心主要集中在例降、开建五等两方面。本文则具体从赐爵标准、封土户数、封地与都城的远近等方面入手展开详细探讨。通过梳理可以发现，赐爵的标准在于是否取得如军功等对国家的重大贡献；而封土则适用于体现皇帝个人意志、表达亲

---

① 参见［日］福岛繁次郎《北魏孝文帝中期以降の考课》，《中国南北朝史研究》，名著出版1979年增补版。

② 关于该条文的解释参见注宫崎市定《九品官人法の研究》。［日］窪添庆文《迁都后の北魏墓誌に关する补考》一文中认为，在限定宗室范围为道武帝以后诸帝子孙后，孝文帝进一步在宗室内部设置等差，不仅王与未继承王爵的兄弟在起家时有官品等差，始藩王以下兄弟之间虽区别不大，也设置了起家官的等差。可见即使爵位相同（宗室为王爵），起家官品也不尽相同。

疏远近关系。且通过对比爵品与将军号、职官官品可以发现，爵品与其他二者不存在对应关系。前文已述，虽然北魏早期实行的假爵制度在一定时期内按照将军号品级进行授予，并因内任、外任的不同而产生相应的变化，但是这种倾向在北魏后期全部消失。爵原本就是对国家巨大贡献的赐予、是对军功的评价系统，并不与官品直接挂钩。由此，也可以认为孝文帝将赐爵标准又回归到北魏建国初期与军功相对应的情形。只是，与北魏前期不同，孝文帝爵制改革的特点在于，通过封土表现皇帝个人意志和恩宠。换言之，孝文帝将此前体现皇帝意志的赐爵从一般赐爵中剥离，以封土的形式进行了重构。

本文主要探讨了孝文帝爵制改革的具体构造。孝文帝改革后，北魏后期的位阶制度如何变化，尤其是将军号的军阶与军功爵之间存在何种联系都有待今后进一步深入。

附记：拙稿根据《北魏后期の爵制とその特质：孝文帝の爵制改革を中心に》，《东洋文化研究》16（学习院大学东洋文化研究所，东京，2014年3月）修改而成。本中文稿由日本东京大学博士付晨晨翻译日文原稿而成。本稿为2012年度学习院大学东洋文化研究所"东アジア学"共创计划（研究课题《古代东アジア国家における支配构造の研究——北朝の爵制を中心に—》）下的研究成果之一。

表1　　　　　　　　开建五等时的爵位与食邑户数的关系

人名	出身	爵位	食邑（户数）	《魏书》的卷数
奚绪	宗族十姓	弘农郡开国侯	300	29
穆泰	北族八姓	冯翊县开国侯	500	27
穆罴	北族八姓	魏郡开国公	500	27
穆亮	北族八姓	顿丘郡开国公	500	27
陆叡	北族八姓	钜鹿郡开国公	300	40
尉元	北族八姓	山阳郡开国公	600	50
李冲	汉人五姓	荥阳郡开国侯	800	53
薛达	汉人二流	河东郡开国侯	800	61

表2　　　　　　　　北魏后期授爵理由（增加封土的件数）

时期	第一位	第二位	第三位
孝文帝后	军功　19件	功9（2）件	迁都5（1）件
宣武帝	军功　19件	内附17件	地方官5件
孝明帝	军功　29件	内附6件	功6件

《其他的事例》孝文帝后[①]

内附…4·异姓王…3·祖先的功…3·南伐时乘舆…1·明扬天下…1·不明…1·治疗皇帝…1·参定典式…1·使者的功…1·帮助孝文帝…1·孔子的子孙…1·出纳的劳…（1）

宣武帝[②]

宠…4·父之勋…2·勋…2·勤…1（1）·即位…1·功…1·父的内附…1·欢迎内附…1·讲经的劳…1·治疗皇帝…1·异姓王…1·不明…5

孝明帝[③]

地方官…4·即位…3·灵太后的宠…3·别人的功…3·别封…2·对元叉贿赂…1（1）·于忠保护之勋…1（1）·异姓王…2·宠…2·亲例…1·欢迎内附…1·于忠加奖…1·劳…1·忠…1·近侍…1·不明…19

表3　　　　　　　　爵与将军号的品级的关系
王（一品）

将军号	孝文帝后		宣武帝		孝明帝	
1·从1	6件	22%	5件	16%	12件	21%
2·从2	9件	33%	6件	19%	18件	32%
3·从3	11件	41%	16件	52%	24件	43%
4·从4	1件	4%	4件	13%	2件	4%
5·从5	0件	0%	0件	0%	0件	0%

---

① 加上北魏后期的石刻史料的事例、军功+2·功+2。石刻史料根据梶山智史编《北朝隋代墓志所在综合目录》（明治大学东アジア石刻文物研究所2013年）收集。

② 加上北魏后期的石刻史料的事例、军功+1·功+1·勋+1·不明+1。

③ 加上北魏后期的石刻史料的事例、军功+4·功+6·褒奖+1·不明+5。

公（一品・从一品）

将军号	孝文帝后		宣武帝		孝明帝	
1・从1	8 件	35%	4 件	21%	7 件	18%
2・从2	8 件	35%	3 件	16%	19 件	49%
3・从3	6 件	26%	10 件	53%	11 件	28%
4・从4	1 件	4%	2 件	10%	2 件	5%
5・从5	0 件	0%	0 件	0%	0 件	0%

侯（二品・从二品）

将军号	孝文帝后		宣武帝		孝明帝	
1・从1	0 件	0%	1 件	4%	0 件	0%
2・从2	6 件	29%	2 件	7%	7 件	39%
3・从3	9 件	43%	22 件	78%	9 件	50%
4・从4	5 件	24%	3 件	11%	2 件	11%
5・从5	1 件	4%	0 件	0%	0 件	0%

伯（三品・从三品）

将军号	孝文帝后		宣武帝		孝明帝	
1・从1	0 件	0%	0 件	0%	2 件	6%
2・从2	2 件	6%	14 件	31%	14 件	45%
3・从3	17 件	55%	27 件	60%	12 件	40%
4・从4	8 件	26%	3 件	7%	2 件	6%
5・从5	4 件	13%	1 件	2%	0 件	0%
6・从6	0 件	0%	0 件	0%	1 件	3%

子（四品・从四品）

将军号	孝文帝后		宣武帝		孝明帝	
1・从1	0 件	0%	0 件	0%	0 件	0%
2・从2	2 件	14%	3 件	8%	6 件	20%
3・从3	6 件	43%	18 件	50%	24 件	77%
4・从4	6 件	43%	11 件	31%	1 件	3%
5・从5	0 件	0%	3 件	8%	0 件	0%
6・从6	0 件	0%	1 件	3%	0 件	0%

男（五品・从五品）

将军号	孝文帝后		宣武帝		孝明帝	
1・从1	0 件	0%	1 件	3%	1 件	3%
2・从2	0 件	0%	3 件	9%	10 件	26%
3・从3	7 件	78%	18 件	56%	22 件	59%
4・从4	2 件	22%	5 件	16%	1 件	3T
5・从5	0 件	0%	4 件	13%	1 件	3%
6・从6	0 件	0%	0 件	0%	2 件	6%
7・从7	0 件	0%	1 件	3%	0 件	0%

表4　　　　　爵与尚书的品级的关系

尚书令（二品）

爵	孝文帝后		宣武帝		孝明帝	
王 1	1 件	50%	1 件	33%	4 件	66%
公 1・从1	1 件	50%	2 件	67%	1 件	17%
侯 2・从2	0 件	0%	0 件	0%	0 件	0%
伯 3・从3	0 件	0%	0 件	0%	1 件	17%
子 4・从4	0 件	0%	0 件	0%	0 件	0%
男 5・从5	0 件	0%	0 件	0%	0 件	0%

尚书左右仆射（从二品）

爵	孝文帝后		宣武帝		孝明帝	
王 1	3 件	75%	1 件	20%	2 件	33%
公 1・从1	0 件	0%	3 件	60%	2 件	33%
侯 2・从2	1 件	25%	0 件	0%	0 件	0%
伯 3・从3	0 件	0%	1 件	20%	2 件	33%
子 4・从4	0 件	0%	0 件	0%	0 件	0%
男 5・从5	0 件	0%	0 件	0%	0 件	0%

表 5　　　　　　　　　爵与中书的品级的关系
中书监（从二品）

爵	孝文帝后		宣武帝		孝明帝	
王　1	1 件	50%	1 件	50%	1 件	33%
公　1・从1	1 件	50%	0 件	0%	1 件	33%
侯　2・从2	0 件	0%	0 件	0%	0 件	0%
伯　3・从3	0 件	0%	1 件	50%	1 件	33%
子　4・从4	0 件	0%	0 件	0%	0 件	0%
男　5・从5	0 件	0%	0 件	0%	0 件	0%

中书令（三品）

爵	孝文帝后		宣武帝		孝明帝	
王　1	1 件	100%	0 件	0%	0 件	0%
公　1・从1	0 件	0%	2 件	50%	0 件	0%
侯　2・从2	0 件	0%	0 件	0%	0 件	0%
伯　3・从3	0 件	0%	1 件	25%	1 件	100%
子　4・从4	0 件	0%	1 件	25%	0 件	0%
男　5・从5	0 件	0%	0 件	0%	0 件	0%

表 6　　　　　　　　　爵与地方官的品级的关系
上州刺史（三品）・中州刺史（从三品）

爵	孝文帝后		宣武帝		孝明帝	
王　1	7 件	19%	16 件	26%	16 件	33%
公　1・从1	10 件	28%	7 件	11%	6 件	12%
侯　2・从2	6 件	17%	10 件	16%	1 件	2%
伯　3・从3	8 件	22%	16 件	26%	12 件	24%
子　4・从4	4 件	11%	6 件	10%	8 件	17%
男　5・从5	1 件	3%	7 件	11%	6 件	12%

下州刺史（四品）

爵	孝文帝后		宣武帝		孝明帝	
王　1	2件	67%	1件	33%	2件	50%
公　1・从1	0件	0%	0件	0%	0件	0%
侯　2・从2	1件	33%	1件	33%	1件	25%
伯　3・从3	0件	0%	0件	0%	0件	0%
子　4・从4	0件	0%	0件	0%	0件	0%
男　5・从5	0件	0%	1件	33%	1件	25%

* 表3—6 是《魏书》的事例数。

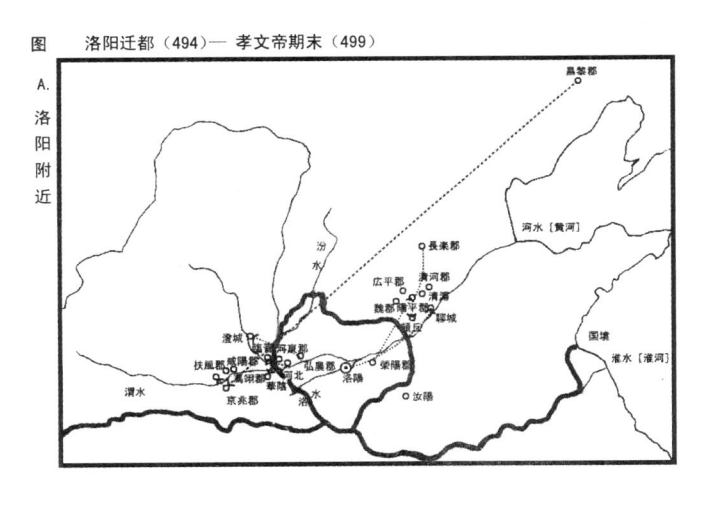

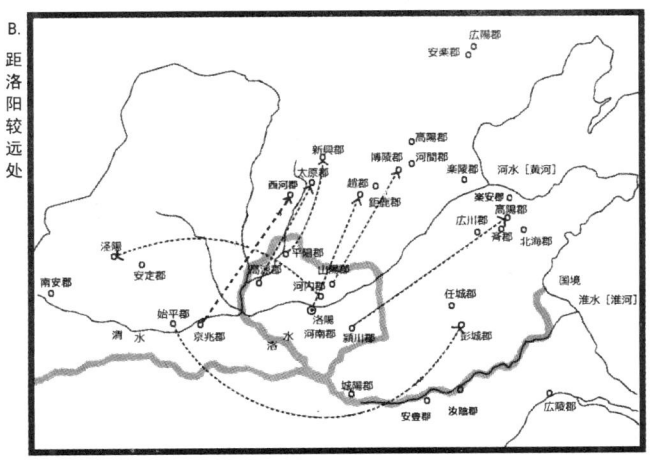

图　洛阳迁都（494）— 孝文帝期末（499）

A. 洛阳附近

B. 距洛阳较远处

魏晋时期河西人口蠡测*

河西学院河西史地与文化研究中心　高　荣

魏晋时期，由于战乱频仍，社会动荡，导致人口总数大幅度下降。加之人口迁徙不定，流动性强；各地政权更替频繁，户口统计范围经常变化，因而很难完整准确地统计当时的人口数量。河西偏处一隅，远离中原政治中心，所受战乱影响较小，故其人口增减变化未必与内地同步。尽管河西本地也曾发生过一系列反叛事件，但与中原地区大规模的军阀混战相比，这些叛乱造成的破坏和影响要小得多，因此，河西人口总体上仍呈上升趋势。

一　曹魏时期的河西局势

自东汉中期以来，由于羌族起义连绵不断，社会动荡不安，百姓流离失所，经济衰退，人口锐减。虽然该时期河西地区人口减少幅度远低于北方其他各郡，但与西汉末年相比，东汉河西户口数的下降还是非常明显的。曹魏政权为了稳定后方，非常重视对河西的经营，派往河西的官员多为"谋略过人"的"良臣"循吏。他们在河西任职期间，不仅"抑挫权右，抚恤贫羸"，而且"招怀羌胡""和戎狄"，出现了"群羌归土"、胡汉相亲的安定局面，河西人口随之逐渐回升。

河西在汉魏之际曾多次发生叛乱。如建安二十四年（219），"武威颜

---

* 本文是教育部人文社科规划研究项目"汉唐时期河西民族融合研究"（批准号09YJA770013）和甘肃省社科规划项目"河西民族史研究"（项目批准号12087LS）的相关研究成果。

俊、张掖和鸾、酒泉黄华、西平麴演等并举郡反，自号将军，更相攻击。……岁余，鸾遂杀俊，武威王祕又杀鸾"。由于军阀混战，东汉统治已名存实亡，对河西地区更是鞭长莫及，敦煌甚至出现了"丧乱隔绝，旷无太守二十岁，大姓雄张，遂以为俗"的局面；220年初，西平麴演乘曹操去世之机，再次起兵反叛，自称护羌校尉，但很快就被金城太守苏则平定了。①

建安十八年（213），汉朝取消凉州建制，将其并入雍州，这在客观上削弱了对河西的控制。河西各郡反叛，与此不无关系。为此，曹丕于延康元年（220）五月恢复了凉州建制，② 并以安定太守邹岐为凉州刺史。但此举遭到河西各郡实力派人物的联合抵制，先是西平麴演"结旁郡作乱以拒岐"，接着张掖张进、酒泉黄华"皆自称太守以应演"③。武威三种胡也起兵反叛，以致"道路断绝"，太守毌丘兴只得向金城太守苏则求救。河西各郡的反叛声势浩大，雍、凉豪强及羌胡部落都纷纷响应，金城郡人普遍认为张进等势不可当，屯守金城的将军郝昭、魏平"亦受诏不得西度"。但苏则审时度势，力主救援武威。他向"郡中大吏"、羌族酋豪和郝昭等人深入分析了敌我双方的形势，得到了他们的支持，于是发兵西进，迅速降服了武威三种胡，并与武威太守一同西进张掖。麴演遂率步骑三千迎苏则，名为助军平叛，实则欲为张进外援。苏则从容应对，将麴演斩首示众，其众遂瓦解。随后，又消灭了张掖张进及其党羽。由于麴演、张进相继败亡，酒泉黄华孤立无援，又担心敦煌张恭击其后，只得投降，河西叛乱遂平。④

---

① 《三国志》卷一六《魏书·任苏杜郑仓传》，中华书局1959年版，第491、512页。

② 延康为汉献帝年号（220年三月至十月）。同年十月，曹丕称帝，改元黄初。但此前朝廷大权早为曹氏所掌，汉献帝只是傀儡而已。因曹操已于年初去世，故恢复凉州建制和任命凉州刺史之举，都由曹丕决定。

③ 《资治通鉴》卷六九，魏文帝黄初元年（220）五月条，中华书局1956年版，第2178页。关于此次反叛的倡导者，据《三国志》卷一五《魏书·张既传》载："张掖张进执郡守举兵拒岐，黄华、麴演各逐故太守，举兵以应之。"但同书卷一六《苏则传》称，麴演"复结旁郡为乱"后，张掖张进和酒泉黄华"皆自称太守以应之"。其注引《魏名臣奏》云："西平麴演等倡造邪谋"；《资治通鉴》卷六九系其事于黄初元年（220）五月，与《苏则传》同。胡三省注云："诛韩遂者麴演也；盖威行凉部久矣，故进等皆应之。"本文采信麴演发动叛乱说。

④ 《三国志》卷一五《魏书·张既传》、卷一六《魏书·苏则传》，第474、492页；《资治通鉴》卷六九，魏文帝黄初元年（220）五月条，第2178—2179页。

黄初二年（221）冬十月，又发生了凉州卢水胡伊健妓妾、治元多等反叛，于是"河西大扰"。魏文帝认为在此危难之际，"非既莫能安凉州"，乃以京兆尹张既代邹歧为凉州刺史，允其"便宜从事，勿复先请"。同时，又派护军夏侯儒、将军费曜等继其后。张既果然"谋略过人"，到金城后，采用声东击西策略，宣称自鹯阴渡河，实则出其不意从且次（今古浪县西北）进至武威，又一鼓作气，打败了退居显美（今永昌县东）的卢水胡，"斩首获生以万数"，迅速扭转了河西危局。魏文帝称张既此举以劳击逸，以少胜多，"非但破胡，乃永宁河右，使吾长无西顾之念矣"①。

就在凉州卢水胡叛乱之时，又发生了酒泉苏衡与羌豪邻戴及丁令胡反叛，但很快被凉州刺史张既与护军夏侯儒等击败，苏衡、邻戴等皆降。随后，西平麹光联合羌胡部众，杀郡守以叛。张既认为，麹光叛乱不得人心，只要措置得当，必能"不战而定。乃檄告谕诸羌，为光等所诖误者原之；能斩贼帅送首者当加封赏。于是光部党斩送光首，其余咸安堵如故"。自此以后，"群羌归土"，河西始定。②

由此可见，汉魏之际河西虽曾发生过多次反叛事件，参与叛乱者既有各郡汉族豪强，也有羌族、卢水胡等少数民族部众，叛乱所及之地几乎席卷了除敦煌郡以外的整个河西走廊地区，就连地处河湟的西平郡也卷入其中。但就总体而言，尽管历次叛乱都声势浩大，但延续时间并不长。如建安末年（219）河西各郡的反叛，在历时"岁余"后，就因武威、张掖叛乱头目被杀而罢。此后，麹演等于延康、黄初之际（220年三至十月）发动抵制凉州刺史的叛乱，也只有一年半时间；而凉州卢水胡、酒泉苏衡与羌豪邻戴及西平麹光等叛乱，从其发生到被平定，前后不过两月（221年十至十一月）。在平叛过程中，也是区别对待，但诛首恶；对因受胁迫或其他原因而参与叛乱的普通民众，以招降安抚为主。因此，在整个平叛过程中，并未发生大规模的杀戮，其中西平麹光之叛更是"不战而定"。这样，在汉魏之际"天下郡县皆残破"的形势下，偏处西

---

① 《三国志》卷一五《魏书·张既传》，第474—475页；《资治通鉴》卷六九，魏文帝黄初二年（221）十至十一月条，第2194—2195页。

② 《三国志》卷一五《魏书·张既传》，第476—477页；《资治通鉴》卷六九，魏文帝黄初二年（221）十至十一月条，第2195页。

北一隅"隔绝不通"①的河西,较少受到中原地区大规模战事的直接影响,从而为河西经济的恢复和人口增殖创造了条件。

二 曹魏初期河西人口蠡测

汉魏之际,河西基本与内地处于"隔绝不通"的状态,社会秩序相对比较安定,除了本地局部战事造成的人口减少外,并没有发生大规模的人口外流。因此,曹魏初期河西地区的户口减少,主要是"丧乱之后,吏民流散饥穷"②所致。所谓"吏民流散",只是暂时脱离乡里控制而使官府户籍人数减少而已,并不等于人口死亡或流出河西。不过,东汉时期连绵不断的羌族起义,对河西各郡的影响还是很大的,河西人口因此大幅度减少。曹魏时期的人口回升,就是相对于此前的人口低谷而言的。为了说明曹魏时期河西的人口增长,先将《续汉书·郡国志》所载东汉永和二年(140)河西各郡(属国)辖县(城)及户口数列表如下:

表1　　　　永和二年(140)河西各郡辖县及户口统计表

郡　名	辖县(城)数	户数	口数
金城郡	10	3858	18947
武威郡	14	10042	34226
张掖郡	8	6552	26042
酒泉郡	9	12706	
敦煌郡	6	748	29170
张掖属国	5	4650	16952
张掖居延属国	1	1560	4733

表1显示,东汉金城郡辖10县,仅次于武威郡,但只有18947口,远低于河西四郡中的任何一郡,③仅略高于辖有五城的张掖属国(张掖居延属国仅辖一城,无可比性),堪称河西五郡中人口最少者。若与《汉

---

① 《三国志》卷一六《魏书·杜畿传》、卷一八《魏书·阎温传》,第496、550页。
② 《三国志》卷一六《魏书·苏则传》,中华书局1959年版,第491页。
③ 虽然酒泉郡口数缺载,但其户数是河西各郡中最多的,约为金城郡的3.3倍,故其人口数远高于金城郡当无可疑;敦煌郡户数偏低,但口数是金城郡的1.5倍还多。

书·地理志》所载西汉末年金城郡 38470 户、149648 口的规模相比,其户、口数分别下降了 89.97% 和 87.33%。即使考虑到辖县减少(枹罕、白石、河关三县划归西平郡)的因素,其户口下降幅度也是非常明显的,这与同时期河西诸郡自西向东户口下降幅度逐渐增大的趋势①正相吻合。这种变化,缘于金城郡在地理上更靠近关陇,所受战乱影响更大,故其户口损耗也最严重。

  研究表明,曹魏时期官府户籍人口已严重失实,就连时常关注和留意经济时务的官员,也不清楚朝廷究竟辖有多少人口,甚至连大致的户口数都不了解。后来史书关于魏晋人口的记载,又大多是照抄以往,难以保证数据的完整与准确;至于某些局部地区的户口记载和推断的说法,就更不足为据了。② 关于曹魏时期的河西户口数,史书中并无明确记载,但黄初元年(220)雍州刺史张既在回答魏文帝询问时曾谈及金城郡户口。当时,魏文帝对"既有绥民平夷之功","又出军西定湟中,为河西作声势"的金城太守苏则非常赞赏,遂就苏则加赐爵邑之事征求张既意见。张既回答说:"金城郡,昔为韩遂所见屠剥,死丧流亡,或窜戎狄,或陷寇乱,户不满五百。则到官,内抚凋残,外鸠离散,今见户千余……则既有恤民之效,又能和戎狄,尽忠效节……若则加爵邑,诚足以劝忠臣,励风俗也。"③ 曾有学者以金城郡"见户千余"之说为据,推测曹魏河西人口只有约五万人。我们认为,这个结论是难以令人信服的。

  首先,不能以东汉中期以来户口数最少、下降幅度最大的金城郡为基准,推测河西四郡户口数。更何况"三国时期见于记载的户口数字不同于两汉,列入州县版籍的仅是全部人口中的一小部分,更多的人口不在国家编户齐民之内,且缺乏明确的数字可考"④。其次,"见户千余"说与史实不符,不足凭信。张既当时尚在雍州刺史任上,并不掌握金城郡的准确人口统计数字,所谓"见户千余",不过是他的主观判断和大致估计而已。为了突出魏文帝称道的"绥民平夷之功",在有意无意间低估金城郡户口而放大其被"屠剥""凋残"的程度,是完全可能的。因为早

---

① 高荣主编:《河西通史》,天津古籍出版社 2011 年版,第 139 页。
② 葛剑雄:《中国人口史》第一卷,复旦大学出版社 2002 年版,第 436—439 页。
③ 《三国志》卷一六《魏书·苏则传》注引《魏名臣奏》,第 491 页。
④ 王育民:《中国人口史》,江苏人民出版社 1995 年版,第 122 页。

在建安末年苏则任金城太守之初，就针对"丧乱之后，吏民流散饥穷，户口损耗"的状况，"抚循之甚谨……旬月之间，流民皆归，得数千家……亲自教民耕种，其岁大丰收，由是归附者日多"①。苏则"旬月之间"招徕回归的流民就有"数千家"之多，而在此后不久，局势稳定、"归附者日多"，即将论功奖赏之时，反而仅"见户千余"，实在难以置信。此外，正如张既所云，苏则还尽力招怀原来依附于韩遂的梁烧等部羌人部落，结果"归就郡者三千余落"②。前者称流民"数千家"，后者云杂种羌"三千余落"。这"数千家"流民在"旬月之间"即回归本郡，是因苏则"与民分粮而食"所致；而后来"归附者日多"，也是因为当年粮食大丰收，足见这些回归的"流民"应是此前"流散饥穷"的汉族人口，而另外"三千余落"则是梁烧等部羌人。"归就郡"的羌族部众有"三千余落"，则回归的"数千家"汉族流民当不少于三千户。如果考虑到"归附者日多"的情况，再加上原有的近五百户，则曹魏初期金城郡羌汉民众约有七千户。以户均五口计，应有三万五千人左右。

然而，曹魏时期河西郡县设置已在东汉基础上发生了很大变化。一是省并了张掖属国，以张掖郡日勒县为西郡，并将张掖居延属国改为西海郡（治今内蒙古额济纳旗东）；二是新设西平郡，将金城郡破羌县析分为西都（今西宁市）和破羌（今青海乐都东）二县，并与临羌（今青海湟源西南）、安夷（今西宁市东）二县均划归西平郡。故曹魏时凉州共辖有金城、西平、武威、张掖、西郡、酒泉、敦煌和西海八郡，其中金城郡领八县，武威、酒泉二郡各领九县，张掖、敦煌二郡各领七县，西平郡领四县，西郡和西海郡各领一县。③虽然张掖、敦煌二郡所辖均比金城郡少一县，但武威、酒泉二郡则均比金城郡多一县，河西四郡平均辖有八县，与金城郡相当。如前所述，自东汉中期以来，金城郡就是河西五郡中户口最少者。到曹魏时，随着破羌、临羌和安夷等县划归西平郡，金城郡辖区已较前大为缩小。在没有外来人口大量迁入的情况下，其户口数也不可能比河西其他郡更多。因此，若以辖区缩小、人口数最少的

---

① 《三国志》卷一六《魏书·苏则传》，第491页。
② 《三国志》卷一六《魏书·苏则传》及注引《魏名臣奏》，第491页。
③ 梁允麟《三国地理志》，广东人民出版社2004年版，第212—224页。

金城郡为平均值，估算原有基数较大的河西其他各郡人口，就必然会出现河西人口明显偏少的结论；退一步讲，即使按金城郡人口数（三万五千）平均计算，武威、张掖、酒泉、敦煌四郡人口总数也不少于十四万；如果再加上各领一县的西郡和西海二郡，以及大量未入户籍的氐、羌、鲜卑等少数民族，则曹魏时河西人口至少在二十万以上，仍未达到西汉末年河西四郡 71270 户、280211 口的户籍人口规模。

三　西晋末河西人口的迅速回升

河西人口经过曹魏时期的恢复，到西晋时又有增长，这从《晋书》卷一四《地理志上》关于太康年间（280—289）凉州各郡辖县及户数的记载可得到印证。

表 2　　　　　　　太康初年[1]凉州各郡辖县及户数统计表

郡名	辖县数	户数	郡名	辖县数	户数
金城	5	2000	武威	7	5900
西平	4	4000	张掖	3	3700
西郡	5	1900	酒泉	9	4400
西海	1	2500	敦煌	12	6300

表 2 中所列各郡共有户 30700，其中西郡和西海二郡都是从张掖郡析分而置，西平则从金城郡分置。因此，张掖和金城二郡的户数相对较少。然而，自三国后期以来，虽然屯户已纳入户籍，军户也有所减少，但造成户籍隐漏的其他条件并未改变，西晋官方户口数与实际人口数之间还

---

[1]　虽然《晋书·地理志》"总序"称所记为"太康元年（280）平吴"后的户口数，但其中有不少郡（国）是太康二年、三年甚至"太康中"才建置的，故梁方仲先生将据此所作统计表的时间定为"西晋太康初年""公元三世纪八十年代"，赵文林、谢淑君先生定为太康三年（282），王育民先生认为是泛指太康时期。详见梁方仲《中国历代户口、田地、田赋统计》，上海人民出版社 1980 年版，第 46、40、41 页之"甲表 14""甲表 15"；赵文林、谢淑君《中国人口史》，人民出版社 1988 年版，第 95 页；王育民《中国人口史》，第 133 页。本文采用梁方仲先生说。

存在相当大的差距。① 西晋实行占田、课田制，虽使部分流民重新回到原籍，成为国家编户，但世家豪族的"荫户"、吏户及少数民族户却依然在国家编户之外。② 因此，表中所列并不是当时各郡的实有户数。如果考虑到自汉末以来中央政府对河西的控制已大为削弱和当地"大姓雄张"的状况，河西各郡的实际户数要远多于文献记载。

西晋的统一安定局面历时很短，很快就陷入了连绵不断的战乱和动荡之中。因此，西晋王朝没有也不可能像西汉那样对河西进行大规模的屯垦经营。然而，这一时期河西地区相对稳定的社会环境，吸引了大量内地人口，从而为河西经济文化的发展注入了新的活力。正如陈寅恪先生所论："盖张轨领凉州之后，河西秩序安定，经济丰饶，既为中州人士避难之地，复是流民移徙之区，百余年间纷争扰攘固所不免，但较之河北、山东屡经大乱者，略胜一筹。故托命河西之士庶犹可以苏喘息长子孙，而世族学者自得保身传代以延其家业也。"③

张轨"以时方多难，阴图据河西"④。他于永宁元年（301）出任护羌校尉、凉州刺史时，正是中原局势极为动荡之际。先是西晋宗室间持续16年之久的内讧——"八王之乱"，接着是各地流民起义、各族纷争和"永嘉之乱"等。尤其是西晋的民族歧视政策，进一步激化了矛盾。于是"华、夷争杀，戎、夏竞威，破国则积尸竟邑，屠将则覆军满野，海内遗生，盖不余半"⑤。由于战争连绵不断，天灾频繁，百姓流离失所，社会经济遭到严重破坏。史载：

> 惠帝之后，政教陵夷，至于永嘉，丧乱弥甚。雍州以东，人多饥乏，更相鬻卖，奔迸流移，不可胜数。幽、并、司、冀、秦、雍六州大蝗，草木及牛马毛皆尽。又大疾疫，兼以饥馑。百姓又为寇贼所杀，流尸满河，白骨蔽野。……人多相食，饥疫总至，百官流亡者十八九。⑥

---

① 葛剑雄：《中国人口史》第一卷，第452页。
② 王育民：《中国人口史》，第135页。
③ 陈寅恪：《隋唐制度渊源略论稿》，生活·读书·新知三联书店1954年版，第26页。
④ 《晋书》卷八六《张轨列传》，中华书局1974年版，第2221页。
⑤ 《宋书》卷八二《周朗传》，中华书局1974年版，第2094页。
⑥ 《晋书》卷二六《食货志》，第791页。

就在中原地区"丧乱弥甚"之时，河西却是天下"独安"之地。"先是，长安谣曰：'秦川中，血没腕，唯有凉州倚柱观。'及汉兵覆关中，氐、羌掠陇右，雍、秦之民，死者什八九，独凉州安全。"① 在此形势下，河西就成了各地人士争相前往"避难"的理想处所，故"中州避难来者日月相继"，河西人口遂出现了迅速增长的态势。

面对数量巨大的"避难来者"，张轨在上任之初（301）就请求将来自秦、雍一带的流民安置于姑臧西北，另设武兴郡，下辖武兴、大城、乌支、襄武、晏然、新鄣、平狄、司监八县。② 在此以前的元康五年（295），"惠帝分敦煌郡之宜禾、伊吾、冥安、深泉、广至等五县，分酒泉之沙头县，又别立会稽、新乡，凡八县为晋昌郡"③。在短短六七年间，就在河西走廊增设了两个郡，足见当时迁入河西的人口是相当多的。虽然并不清楚到底有多少人来河西避难，但晋惠帝元康五年所设晋昌郡共辖有八县，其中新设的会稽、新乡两县民户，无疑应是从外地来的移民。而张轨在姑臧西北设立的武兴郡所辖八县均为新设，其所辖人口均为从秦、雍等地迁入的"避难来者"。建初元年（405），李暠迁都酒泉时，曾将敦煌一带的两万多户外地移民东迁，其中"分南人五千户置会稽郡，中州人五千户置广夏郡，余万三千户分置武威、武兴、张掖三郡"④。李暠广设新郡，虽有自壮声威的意味，但当时"敦煌郡大众殷"也是事实；其所置会稽、广夏二郡各有五千户，而武威、武兴和张掖三郡共有一万三千户，平均约四千三百多户。张轨与李暠设立武兴郡，前后相隔一百多年，当然不能直接将二者进行类比，但作为参照还是可取的。就双方实力和面临的形势而言，李暠西凉政权只占有河西西部一隅之地，是当时河西鼎足而立的南凉、北凉、西凉各政权中势力最弱的；而张轨前凉政权据有河西全境，"威著西州，化行河右"，故前凉所设郡的人口规模似不会小于西凉。如此，则张轨新设武兴郡的人口至少也应有四五千户。

---

① 《资治通鉴》卷九〇，晋元帝建武元年（317）正月条，第2842页。
② 《晋书》卷八六《张轨列传》、卷一四《地理志上》，第434、2225页。
③ 《晋书》卷一四《地理志上》，第434页。
④ 《晋书》卷八七《凉武昭王李玄盛列传》，第2263页。

但是，当时迁往河西的人口远不止此。如永嘉六年（312），张寔平定西平曹祛余党麹儒后，"徙元恶六百余家"①。虽未说明他们迁往何处，但将豪族大户迁到都城内外是当时各国迁徙人口的惯例，张氏也不例外。由此断定，这六百多家西平"元恶"被迁到了姑臧。②晋元帝太兴三年（320），保据雍、凉一带的晋宗室南阳王司马保死后，"其众散奔凉州者万余人"；晋成帝咸和元年（326），前凉张骏"惧为刘曜所逼，使将军宋辑、魏纂将兵徙陇西南安人二千余家于姑臧"③。晋穆帝永和五年（后赵石虎太宁元年，349），石虎捕杀石宣后，"东宫卫士十余万人皆谪戍凉州"④。《晋书》卷八七《凉武昭王李玄盛传》载："苻坚建元之末，徙江汉之人万余户于敦煌，中州之人有田畴不辟者，亦徙七千余户。郭黁之寇武威，武威、张掖已东人西奔敦煌、晋昌者数千户。"史念海先生认为，"苻坚以建元纪年，共二十一年。其时已在淝水战后，苻坚又为慕容冲所攻，何能使江汉之民西徙敦煌？《凉武昭王载记》（引者按："载记"当为"列传"之误）所谓建元之末恐有讹误。江汉之民北徙长安后，再度西徙于敦煌，第未知确实年代耳。"⑤前秦于建元十五年（379）攻占襄阳，故迁往敦煌的万余户"江汉之人"应即此次所俘获。⑥上述移民除了从河西东部迁往西部的敦煌等地者外，大多是由西平、陇西及中州等地迁入河西的，但与前述自愿或主动"避难来者"不同。

当然，也有将河西人口迁往外地的情况，但基本都是在前凉以后。

---

① 《晋书》卷八六《张轨列传》，第2225—2226页；《资治通鉴》卷八八，晋怀帝永嘉六年（312）九月条，第2784页。
② 史念海：《十六国时期各割据霸主的人口迁徙（下篇）》，《中国历史地理论丛》1992年第4辑。
③ 《晋书》卷八六《张轨列传》，第2230、2238页；《资治通鉴》卷九三，晋成帝咸和元年（326）十二月条，中华书局1956年版，2943页。
④ 《晋书》卷一〇七《石季龙载记下》，第2785页。
⑤ 史念海：《十六国时期各割据霸主的人口迁徙（上篇）》，《中国历史地理论丛》1992年第3辑，第104页注释③。
⑥ 葛剑雄：《永嘉乱后汉人对河西的迁移及其文化意义》，《葛剑雄自选集》，广西师范大学出版社1999年版。

如 376 年苻坚灭前凉，"徙豪右七千余户于关中"①；后凉末年，也屡有南凉、后秦等掳掠或迁徙河西人口的记载，至于南凉与北凉相互掠迁人口，也都是进入 5 世纪以后发生的。故就前凉统治时期（301—376）而言，迁入河西的人口数要远大于迁出的数量。

　　河西自古以来就是多民族聚居地区，魏晋时期更是如此。除汉族人口外，还有氐、羌、卢水胡、鲜卑等众多少数民族部落。虽然无法确知各族的具体人口数量，但从一些零星记载中仍可窥知大概。如 301 年张轨到凉州后，迅速平定了当地鲜卑族的反叛，"斩首万余级，遂威著西州，化行河右……永兴（304—306）中，鲜卑若罗拔能皆为寇，轨遣司马宋配击之，斩拔能，俘十余万口，威名大震"②。鲜卑在短短四五年的时间里多次反叛，仅被斩杀者一次就有上万人，被俘获者更达十几万人，可见河西地区鲜卑人口之多。淝水之战以后，前凉王张天锡之子张大豫曾欲借助秃发思复鞬之力重返姑臧，也印证了前凉统治下鲜卑部众很多。建兴元年（313），张轨听到晋愍帝司马邺在长安即位的消息后，立即派其子张寔等率步骑七万东进关中以匡复晋室，其中武威太守张琠所率两万"胡骑"，无疑是从武威郡所辖"胡"人中选拔的，说明武威郡"胡族"部众很多。至于羌族部落，在汉代就已遍布河西各地，魏晋以来势力更盛，前凉历代统治者几乎都加有凉州刺史（牧）和护羌校尉的头衔，也从一个侧面反映出河西地区羌族势力之大，故其人口数量当不亚于鲜卑。376 年前秦攻克凉州后，欲对"种落杂居，不相统一"的氐羌族采取怀柔招抚政策，但统兵将领却违背命令，纵兵大掠。苻坚乃将涉事的庭中将军魏曷飞鞭笞两百，并杀了前锋督护储安"以谢氐羌"，从而争得了八万三千余落"西障氐羌"的归附。③ 若以每"落"五口计，这些归附的氐羌人口当不少于 41.5 万。此外，秃发傉檀曾"徙西平、湟河诸羌三万余户于武兴、番禾、武威、昌松四郡"④，这些被迁到姑臧周边的羌族

---

① 《晋书》卷一一三《苻坚载记上》，第 2899 页；《资治通鉴》卷一〇四，晋孝武帝太元元年（376）九月条，中华书局 1956 年版，第 3276 页。
② 《晋书》卷八六《张轨传》，第 2221—2222 页；《资治通鉴》卷八六，晋惠帝永兴二年（305）六月条，中华书局 1956 年版，第 2708 页。
③ 《资治通鉴》卷一〇四，晋孝武帝太元元年（376）十二月条，第 3280—3281 页。
④ 《晋书》卷一二六《秃发傉檀载记》，第 3150 页。

部众至少应有 15 万人；如果再加上后来分别建立后凉和北凉政权的氐族和卢水胡人，河西地区少数民族人口应是相当可观的。因此，很多研究者关于五凉时期河西始终保持百万左右人口规模的认识①，是颇有见地的。

---

① 参阅刘汉东《从西凉户籍残卷谈五凉时期的人口》，《史学月刊》1988 年第 4 期；刘汉东《五凉时期河西人口研究》，《社会科学（甘）》1989 年第 4 期；高敏主编《魏晋南北朝经济史》（上），上海人民出版社 1996 年版，第 99 页；赵向群《五凉史探》，甘肃人民出版社 2007 年版，第 227—228 页。

北朝民族格局的演化与民族
认同客观条件的成熟

——以领民酋长制的实施、衍变及领民酋长的活动为观察视角

陕西理工学院图书馆　段锐超

　　领民酋长制是北朝的特殊行政管理制度之一，与郡县制、世袭州郡县制、镇戍制等并行，施行于尚未被离散的部落之中，为北朝所特有，是在不改变部落原有的内部管理模式的前提下，借助经过了朝廷封授的酋长的世袭权威对部民进行统治和管理。对领民酋长制（第一领民酋长世袭制）本身，学术界已有较多研究成果，特别是唐长孺、黄惠贤[①]、周一良[②]和张旭华[③]等学者已对相关问题从不同角度进行了深入细致的研究。本文拟以领民酋长制的实施、演变及领民酋长的活动为观察视角，通过寻绎领民酋长制的发展脉络、演化规律及领民酋长在北朝政治中发挥的作用及其最终归宿，考察北朝民族格局的变迁及其所引起的民族认同客观条件的演化。

[①] 唐长孺、黄惠贤：《北魏末期的山胡敕勒起义——北魏末期人民大起义研究之二》，《武汉大学学报》（人文科学版）1964年第4期。

[②] 周一良：《领民酋长与六州都督》，《魏晋南北朝史论集》，中华书局1963年版，第177页。

[③] 张旭华：《北齐流内比视官分类考述（上）》，《郑州大学学报》（哲学社会科学版）2002年第3期。

一 离散部落与实行领民酋长制并行：
酋长向领民酋长的转化

北魏初期，境内的北方、西北及西南等地存在着以游牧、渔猎为主的许多部落，这些部落组织可以视为一种相对独立的、原始的政权，其首领（被称为酋长、渠长等）依靠世袭权威进行统治和管理。酋长、渠长等是汉人对未离散部落前的游牧部族首领的统称，也有称作"部落大人""酋豪""渠长""酋帅""酋领""酋大"等，都非其本称，不同的部族内部可能对其首领有不同的称呼，如匈奴人称其首领为"汗"，拓跋鲜卑部落更习惯于称其首领为部落大人。酋长职位的拥有者或家族也可能在争夺中落败而发生权力转移。

拓跋鲜卑从部落联盟制走来，在自身发展要求和中原文化影响的共同作用下，逐渐走上封建化轨道。而部落制独立的政治、经济和管理权力与单一制皇权相矛盾，背离北魏政权所致力的统一和封建化目标，而且一些强大部族的存在势必对中央政权构成潜在的威胁。北魏统治者早已认识到这一点，其采取的对策主要是建国初即开始实施的"离散部落"政策。其所指对象既包括被征服部落、归附部落，也包括拓跋鲜卑原领有的部落，基本涵盖了北魏境内多数游牧部族。另外，作为离散部落的后续和配套措施，北魏政府支持牧守等进行引导并相机将部落民转化为编民或兵户。这两种政策措施之例甚多：

> 太祖时，分散诸部，唯高车以类粗犷，不任使役，故得别为部落。[1]
> 及平统万，薛干种类皆得为编户矣。[2]
> （太武帝太平真君五年）（444）六月，北部民杀立义将军、衡阳公莫孤，率五千余落北走。追击于漠南，杀其渠帅，余徙居冀、相、定三州为营户。[3]

---

[1] 《魏书》卷一〇三《高车传》，中华书局1974年版，第2309页。
[2] 同上书，第2313页。
[3] 《魏书》卷四《世祖太武帝纪》，第97页。

至孝文帝时期仍如之:"连川敕勒谋叛,徙配青、徐、齐、兖四州为营户。"① 兵户经朝廷放免,可为编户民。"乙卯,免寿春营户为扬州民。"② 离散部落使原部落民分散居处,甚至将家族分散,使部民逐渐转化为编户民。而部落被离散后的部落酋长离开原部落民,被剥夺了传统权力,但作为补偿,一般会被充实进官僚队伍中,"其始也,公卿方镇皆故部落酋大"③。如世为部落酋长的斛律谨④、可朱浑护野肱⑤成为镇将。原部落酋长的子弟亦入朝或在地方为官。也有的酋长失去职位后无所统领、优游岁月。《魏书·外戚贺讷传》:"其后离散诸部,分土定居,不听迁徙,其君长大人皆同编户。讷以元舅,甚见尊重,然无统领。以寿终于家。"⑥ 但一般都会成为一个地方大族,其本人及其子弟仍然拥有一系列特权。太和十九年分定姓族,规定"原出朔土,旧为部落大人,而自皇始已来,有三世官在给事已上,及州刺史、镇大将,及品登王公者为姓。……诸部落大人之后,而皇始已来官不及前列,而有三世为中散、监已上,外为太守、子都,品登子男者为族"⑦,可见其社会地位并未陵替。

离散部落是北魏由部落联盟制向封建君主制、由酋长制向郡县制或镇戍制转型的强制政策和途径,伴随着北魏的军事征服逐步推进,一定程度上加快了北魏的封建化进程。北魏政府"离散部落"做不到一刀切,对被征服或反叛被平息的胡族部落离散得比较彻底,以强力拆散其部落,使其成员分居于不同地域,将部民编户化,使其社会关系变得与汉地相仿。如对叛逃的四镇高车的离散:"时四镇高车叛投蠕蠕,高祖诏威晓喻祸福,追还逃散,分配为民。"⑧ 但对于早就归附北魏政权或随同征战的部落,则暂时"修其教不改其俗,齐其政不易其宜,纳其方贡以充仓廪,收其货物以实库藏"⑨,暂时容忍其旧有部落组织的存在,允许其保留原有的内部统治秩序、管理模式和生产生活方式,而无须其纳税。不离散

---

① 《魏书》卷七上《高祖孝文帝纪》,第136页。
② 《魏书》卷八《世宗宣武帝纪》,第194页。
③ 《魏书》旧本魏书目录叙,第3065页。
④ 《北齐书》卷二〇《斛律羌举传》,中华书局1972年版,第266页。
⑤ 《北齐书》二七《可朱浑元传》,第376页。
⑥ 《魏书》卷八三上《外戚贺讷传》,第1812页。
⑦ 《魏书》卷一一三《官氏志》,第3014页。
⑧ 《魏书》卷四四《孟威传》,第1005页。
⑨ 《魏书》卷一一〇《食货志》,第2850页。

其部落，原因可能是认为没有必要，或者暂时没有理由，但主要原因恐怕还是面临对其有效管控能力有限的实际问题，没有力量对其离散，所以遵从其俗，从政治、军事方面考量，还可以借以保障骑兵和马匹来源，委以御边之任，满足边防之需。但这种羁縻方式只是一种权宜之计和统治策略，一旦时机成熟时仍会对加以离散，将部民编户化。魏孝明帝时，冀州刺史元遥"以诸胡先无籍贯，奸良莫辨，悉令造籍。又以诸胡设籍，当欲税之，以充军用。胡人不愿，乃共构遥，云取纳金马"①，说明北魏政府没有停止将部落民转为编户民的努力，而编户的徭赋负担等，使胡民不愿为编户，将胡族编户化是北魏政府与胡族斗争与妥协的过程。

对较强大的部落的离散往往不是一次能完成的。田余庆先生指出离散部落是一个复杂过程，不是一道政令就可以实现的，而是需要武力监督，反复较量，对于强大部落尤其如此。贺兰部被离散后的一段时期内，部民大概还是聚族而居，昔日部落贵族暂时保有些特权。② 李凭先生认为离散诸部的推行直接侵害了大量部落贵族的经济和政治利益，因而不断地受到他们的激烈反对而被迫中断。直到天兴元年，道武帝借助于刚刚取得的灭后燕的胜利之威，才达到了全面推行离散诸部措施的目的。③ 有一些部落如山胡，其赋役情形介于部落民与编户民之间："虽分统郡县，列于编户，然轻其徭赋，有异齐民。山谷阻深者，又未尽役属。而凶悍恃险，数为寇乱。"④ 山胡对北魏政权的认同度很低，而北魏政权对山胡并未给予毁灭性打击或将其彻底离散。终北魏一代，直至魏分东西后，山胡依托其部落组织及山区的地理优势，反抗不断："胡人别种，延蔓山谷，酋渠万族，广袤千里，凭险不恭，恣其桀黠。"⑤ 但北朝统治者对其离散部落的努力一直在进行，打击之余，将俘获的山胡余众分别迁徙。如东魏时，"齐文襄王从献武王讨山胡，破之，俘获一万余户，分配诸州"⑥。

---

① 《魏书》卷一九上《京兆王子推传附子遥传》，第445页。
② 田余庆：《贺兰部落离散问题——北魏"离散部落"个案考察之一》，《历史研究》1997年第2期。
③ 李凭：《北魏离散诸部问题考实》，《历史研究》1990年第2期。
④ 《周书》卷四九《异域稽胡传》，中华书局1971年版，第897页。
⑤ 《北齐书》卷四《文宣帝纪》，第46页。
⑥ 《魏书》卷一二《孝静帝纪》，第307页。

一般认为，在北魏初多数部落被离散以及迁都时又有一些部落南迁之后，尚有一些部落组织得以保留，继续由其酋长统领，留在北方原居住地区。这些酋长被称为领民酋长。如《周书·叱列伏龟传》："世为部落大人，魏初入附，遂世为第一领民酋长。"① 领民酋长是北朝特有的职官，可以世袭，不过名义上仍须经朝廷授职。但杨恩玉先生一反传统观点，认为领民酋长是被离散部落的首领称号。部落离散后原酋长变成了国家直接统治下的、有服役纳税法定义务的、与汉族宗主督护相类似的地方基层官员。但他们仍领有数量不等的部民，即部落离散后，部族组织仍在一定程度上存在。他同时认为，北魏的离散部落政策一直在推行，即使一些保留下来的部落，也经历了离散，只是程度不同。② 也就是说，他认为经历离散后被拆解变小的部落的首领被称为领民酋长，领民酋长与酋长的性质已大不相同。但是，事实是被离散的部落已经彻底解体，部落组织荡然无存，如鲜卑旧部落等已不复存在，原来的酋长成了政府官员，而鲜卑部民有了编户民或者军人的新身份。而六镇反乱前的领民酋长则都是原来的部落酋长，所领部落还是原来的部落，只是部落的性质似又与归属北魏以前有所不同。

破六韩孔雀、叱列平、叱列伏龟、斛律金等人作为领民酋长，而他们的同姓破六韩拔陵、叱列步若③、斛律洛阳④等却作为镇兵、牧子等在别处反叛，有可能是经过离散被分离出去的，但也完全有可能是通过征发、被俘等方式离开原部落的。没有发现北秀容尔朱氏部落被离散的证据，也没有看到其遇到要被拆散的威胁。

> 尔朱荣，字天宝，北秀容人也。其先居于尔朱川，因为氏焉。常领部落，世为酋帅。高祖羽健，登国初为领民酋长，率契胡武士千七百人从驾平晋阳，定中山。论功拜散骑常侍。以居秀容川，诏割方三百里封之，长为世业。

---

① 《周书》卷二〇《叱列伏龟传》，第341页。
② 杨恩玉：《北魏离散部落与社会转型——就离散的时间、内涵及目的与唐长孺、周一良、田余庆诸名家商榷》，《文史哲》2006年第6期。
③ 《魏书》卷七四《尔朱荣传》，第1645页。
④ 《魏书》卷九《肃宗孝明帝纪》，第243页。

道武帝对其分土定居，而且曾准备将其迁至南秀容，其领民酋长还有一定的选择权：

> 太祖初以南秀容川原沃衍，欲令居之。羽健曰："臣家世奉国，给侍左右。北秀容既在划内，差近京师，岂以沃堵更迁远地？"太祖许之。①

尔朱荣高祖羽健所率契胡武士只有一千七百人，而尔朱荣时期已是"部落之民，控弦一万"②，其部落在不断发展壮大。像尔朱氏部落这样的部落，并不属于大部落，道武帝最初的考虑，恐怕是认为该部落没有什么威胁而没有必要对其离散，仅予以分土定居。道武帝不可能让所有游牧民族放弃牧业，而保留部落而不是分散成一家一户的生产方式似乎更有利于牧业的管理和发展。事实上，领民酋长制与郡县制和镇戍制管理体制长期并行，一些部落组织依然如旧，一些高车部落、北秀容契胡尔朱氏部落等正是其例。又如："厍狄干，善无人也。曾祖越豆眷，魏道武时以功割善无之西腊汙山地方百里以处之，后率部北迁，因家朔方。干耿直少言，有武艺。魏正光初，除扫逆党，授将军，宿卫于内。以家在寒乡，不宜毒暑，冬得入京师，夏归乡里。"③ 乡里也可指部落聚居地。据周一良先生考证，"厍狄干之先世虽不可知，然干本身则当为第一领民酋长"④。厍狄氏部落一直存在。而身兼领民酋长与朝官的现象当时比较普遍。

游牧部落具有一定的独立性和准军事性，在冷兵器时代，一个游牧部落可以视为一个作战群体，部落酋长具有较强的组织动员能力。部落制的保留几乎等同于相对独立的军事力量的保留。"部落既是政治统治组织，又是军事编制组织，其军事将领，同时又是该部落的酋长、庶长。部落成员兵民一体。"⑤ 这种军事力量对朝廷来说是一把双刃剑，既可以

---

① 《魏书》卷七四《尔朱荣传》，第1643页。
② 杨衒之：《洛阳伽蓝记》卷一《城内》，载周祖谟《洛阳伽蓝记校释》，中华书局1963年版，第15页。
③ 《北齐书》卷一五《厍狄干传》，第197页。
④ 周一良：《领民酋民与六州都督》，《魏晋南北朝史论集》，第181页。
⑤ 高敏：《魏晋南北朝兵制研究》，大象出版社1998年版，第301页。

借力戍边，成为抵御外敌入侵的依靠力量，但也易于形成反抗势力，一旦失去控制，会造成严重后果。北魏朝廷一直对保留的部落既利用又防范，经常派员巡视。侯旭东先生认为，北魏立国后，创立镇戍制，有时甚至增设镇戍就是为了对付境内的胡族。镇戍制不同于郡县制之处在于它的军事色彩，军政合一，以军统民。镇戍治下胡人固有的部落组织还保留，并维持胡族固有的统治方式不变，令胡族对北魏朝廷保持最低限度的归属。[①] 北魏后期，朝廷对北方州镇将领和领民酋长庶长屡加安抚劳赉。《魏书·宣武帝纪》："（正始三年夏四月）甲辰，诏遣使者巡慰北边酋庶。"[②]《元鸷墓志》："延昌中，拜左军将军，直阁如故。奉敕使诣六州一镇慰劳酋长而还。"[③] 灵太后诏书中有"比冀方未肃，徐城寇扰，将统久劳，士卒疲弊，并遣抚慰，赐以衣马。缘边州镇，固捍之劳，朔方酋庶，北面所委，亦令劳赉，以副其心"[④]之语，并遣使慰劳。随着北镇渐露危机迹象，朝廷慰勉领民酋长或有寄希望于酋长势力对六镇镇兵势力形成制约，化解危机之意。酋长势力虽然也是北方边镇的军人集团的一部分，但与镇兵势力毕竟又有区别。

所以，领民酋长制本身既是一种行政管理制度，又是一种兵制，军政合一。领民酋长并不是指被离散后变小了的部落的酋长，领民酋长与酋长的关键区别，在于领民酋长已经被纳入国家官僚体系，与牧守等同为地方基层官员，只是像中正一类官职一样没有被列入正式的品官而已，属于一个特别的职官系列。酋长是世袭的，其权力不是中央政府赋予的，无须中央政府任命，而领民酋长虽然一般可以世袭，但经过了朝廷任命或批准的程序，国家承认其领民权力的合法性，赋予其领民的责任和义务，较之于原始酋长，领民酋长已经迈入了封建化的门槛，只是其所领部民在封建化的程度上尚低于编户民，但也与纯粹酋长制下的部民在权利、义务和人身依附关系上有所不同。相对于郡县制下的行政管理，领民酋长制下的管理可能比较原始、粗糙，具体事务相对较少，而政府对其内部管理事务并不作过多干涉，因此一些酋长可以同时担任朝官或地

---

① 侯旭东：《北魏境内胡族政策初探——从〈大代持节幽州刺史山公寺碑〉说起》，《中国社会科学》2008年第5期。
② 《魏书》卷九《世宗宣武帝纪》，第202页。
③ 《元鸷墓志》，载赵超《汉魏南北朝墓志汇编》，天津古籍出版社2008年版，第342页。
④ 《魏书》卷九《肃宗孝明帝纪》，第223页。

方长官，多职兼顾。领民酋长属于朝廷官员没有疑问，但严格意义上只能视为一种特殊的行政官员，与宗主督护制下的宗主或者三长制下的三长相仿佛，只是领民的数量和实际权力、利益可能要大得多。领民酋长的品级并不低微，且有一定政治地位、社会势力和地方根基，史籍中未见领民酋长被政府解除权力的例子，但政府积极吸收他们为官僚，一些领民酋长身兼朝官或地方行政长官，而领民酋长也乐于为用。如尔朱荣父新兴既是酋长，又担任朝官，"太和中，继为酋长。……朝廷每有征讨，辄献私马，兼备资粮，助裨军用。高祖嘉之，除右将军、光禄大夫。及迁洛后，特听冬朝京师，夏归部落。每入朝，诸王公朝贵竞以珍玩遗之，新兴亦报以名马"①。"冬朝京师"也是朝廷对领民酋长的一种控制方式，也反映出领民酋长身份和职务性质的变化。

领民酋长受中央和地方双重管理。其所领部落虽领有自治地域，但自身仍要受到所在地牧守或者镇将的节制。《魏书·阳平王熙传附子他传》："拜使持节、都督雍秦二州诸军事、镇西大将军、开府仪同三司、雍州刺史，镇长安。绥抚秦土，得民夷之心。"②《刘玉墓志》："君讳玉，字天宝，弘农胡城人。……婚姻冠带，与之错杂。大魏开建，讬定恒代，以曾祖初万头，大族之胄，……为何浑地汗。尔时此班例亚州牧。"③"汗"应为领民酋长的原始称呼。是为领民酋长受刺史节制之例。还有领民酋长受镇将节制的例子。《陆侯传》："出为平东将军、怀荒镇大将。未期，诸高车莫弗讼侯严急，待下无恩，还请前镇将郎孤。"莫弗即酋长。又如，广阳王元渊上书，历数镇戍制的弊端及改镇为州的必要性，但"时不纳其策。东西部敕勒之叛，朝议更思深言，遣兼黄门侍郎郦道元为大使，欲复镇为州，以顺人望"。六镇建镇的目的之一是监视管控高车各部落。东西部敕勒之叛，促使朝廷采纳广阳王渊的建议，说明东西部敕勒之叛亦与未及时改镇为州有关，则东西部敕勒亦受镇将统领，在其管控之下，同样受到镇将的压迫。战时领民酋长需要率部出征，如高车、丁零部落随从护高车中郎将征伐："（泰常）三年（418）春正月丁酉朔，帝自长川诏护高车中郎将薛繁率高车丁零十二部大众北略，至弱水，降

---

① 《魏书》卷七四《尔朱荣传》，第 1643—1644 页。
② 《魏书》卷一六《阳平王熙传附子他传》，第 391 页。
③ 《刘玉墓志》，载赵超《汉魏南北朝墓志汇编》，第 212 页。

者二千余人，获牛马二万余头。"① 随同皇帝或者护高车中郎将等参与征伐。但州府、镇将恐怕不能越过领民酋长直接管控处于其管辖区域内的部民。

领民酋长可以细分为第一领民酋长、第二领民酋长和第三领民酋长，第一、第二等指的是从属于个人的品位的高低，相当于领民酋长被分为第一品、第二品、第三品。第一领民酋长还有"第一酋长"②"第一品大酋长"③等简称或异称。还有一种在"第一领民酋长"前加部落所在地名称的情况，如北秀容人尔朱荣父尔朱新兴转"秀容第一领民酋长"；④尔朱天光为"北秀容第一酋长"；⑤世为酋帅的代郡西部人叱列延庆为"西部第一领民酋长"⑥等，则领民酋长前偶尔标示出所在部落所据有的地域，或有另一种含义，即该地区的最高酋长？是领民酋长职务系列在北魏末的新发展？

多数情况下，领民酋长与酋长一样都具有世袭性。由酋长转为领民酋长，世袭性并未被剥夺，从这一角度，领民酋长制可以被称作领民酋长世袭制。领民酋长制脱胎于酋长制，还脱不开酋长制色彩，而新被赋予的行政职官的色彩相对还很淡薄。这是由部族所处经济发展阶段和政治、文化及地理环境等的特殊性以及世袭制遗风的影响所致。朝廷对领民酋长管理的松散程度类似于封建制下的诸侯。严耀中先生即称领民酋长为"有实无名的封爵"⑦。俞鹿年先生将其归入地方职官，视之为一种特殊的地方政权，认为其性质有点类似于唐宋时期羁縻府州与中央的关系。⑧

世袭领民酋长应由世袭酋长或世袭部落大人之号发展演变而来。见于史籍的世袭领民酋长或世袭第一领民酋长有北秀容尔朱氏、代郡西部叱列氏、朔州敕勒部斛律氏、附化破六韩氏等。如尔朱氏："荣字天宝，

---

① 《魏书》卷三《太宗明元帝纪》，第58页。
② 《魏书》卷七五《尔朱天光传》，第1673页。
③ 《侯夫人墓志》，载赵超《汉魏南北朝墓志汇编》，第42页。
④ 《魏书》卷七四《尔朱荣传》，第1644页。
⑤ 《魏书》卷七五《尔朱天光传》，第1673页。
⑥ 《魏书》卷八〇《叱列延庆传》，第1771页。
⑦ 严耀中：《北魏前期政治制度》，吉林教育出版社1990年版，第187页。
⑧ 俞鹿年：《北魏职官制度考》，社会科学文献出版社2008年版，第201页。

北地秀容人也。世为第一领民酋长，博陵郡公。部落八千余家。家有马数万匹，富等天府。"① "高祖羽健，登国初为领民酋长……曾祖郁德，祖代勤，继为领民酋长。……父新兴，太和中，继为酋长。……朝廷每有征讨，辄献私马，兼备资粮，助裨军用。……转散骑常侍、平北将军、秀容第一领民酋长。"②《洛阳伽蓝记》记载尔朱氏为第一领民酋长的时间与《魏书》有异。又如叱列氏：叱列伏龟："世为部落大人，魏初入附，遂世为第一领民酋长。"③ "至龟五世"④，而叱列伏龟"嗣父业，复为领民酋长"。⑤ 这里的"领民酋长"应是"第一领民酋长"的省称。叱列平："世为酋帅"，"袭第一领民酋长，临江伯"⑥。叱列伏龟、叱列平都属代郡西部叱列氏，任职第一领民酋长的时间基本相同。则叱列氏已分化为多个部落。再如附化破六韩氏：《北齐书·破六韩常传》："破六韩常，字保年，附化人，匈奴单于之裔也。世领部落，其父孔雀，世袭酋长。"⑦ 史籍中未见第二、第三领民酋长世袭，或以"世袭领民酋长"涵盖。如北周《宇文猛墓志》："唯（惟）祖唯（惟）父，世为民酋。"⑧ 不能肯定是第一领民酋长世袭还是第二、第三领民酋长世袭。

  领民酋长的地位一向较高。领民酋长及其子弟往往受到特别的重视和照顾。如斛律羌举："兆败，猛与斛律羌举、乞伏贵和逃亡。及见获，各杖一百。以猛配尉景，贵和配娄昭。羌举以故酋长子，故无所配"⑨；高欢将领、本身又是领民酋长的叱列伏龟，"沙苑之战，随例来降。太祖以其豪门，解缚礼之。仍以邵惠公女妻之"⑩。

---

① 《洛阳伽蓝记》卷一《城内》，载周祖谟《洛阳伽蓝记校释》，第13页。
② 《魏书》卷七四《尔朱荣传》，第1643—1644页。
③ 《周书》卷二〇《叱列伏龟传》，第341页。
④ 《北史》卷六一《叱列伏龟传》，中华书局1974年版，第2182页。
⑤ 《周书》卷二〇《叱列伏龟传》，第341页。
⑥ 《北齐书》卷二〇《叱列平传》，第278页。
⑦ 《北齐书》卷二七《破六韩常传》，第378页。
⑧ 《宇文猛墓志》，录文参见耿志强、陈晓桦《北周宇文猛墓志考释》，《西夏研究》2013年第2期。
⑨ 《北史》卷五三《綦连猛传》，第1927页。
⑩ 《周书》卷二〇《叱列伏龟传》，第341页。

二 魏末风云中的领民酋长与其部落势力及领民酋长世袭制的延续

在离散部落的浪潮中保留下来的一些部落及其酋长，在北魏末风云际会，依靠有组织的强大的部落武装走到了前台，对北朝政治格局的演变发挥了独特的作用。反乱的参与者和反乱的镇压者两方都活跃着领民酋长的身影，成为不可忽视的重要军政力量。而以尔朱荣为代表的酋长势力，既是朝廷平息六镇反乱及以后一系列变乱的主要依靠力量，其本身又成为北魏政权的间接颠覆者。酋长势力与高欢所纠合的六镇兵民势力经过激烈角逐，强弱翻转，后者占据上风，并最终攫取了政权。

北方六镇的军事力量由两部分组成。一部分是由镇将直接控制的镇兵，他们来源复杂，包括被征发而来的良家子和被发配而来的罪犯及其后裔等。虽然六镇镇将多由宗室等鲜卑人担任，但镇兵的民族成分多样，主体民族并非拓跋鲜卑，"六镇鲜卑"这一称谓，指其已经鲜卑化而言，实际上掩盖了部分真相。胡族在六镇人口中占主导地位，孝昌三年（527）孝明帝在诏书中称六镇镇民为"北镇群狄"[1]。"六镇镇人原来具有职业为军人，社会阶级为贵族，种族文化为鲜卑三种特性。"[2] 北方六镇军事力量的另一重要组成部分就是以部族形式存在的由领民酋长统领、受镇将管控的高车等部落兵。

最终导致北魏灭亡的六镇反乱是从怀荒镇镇民杀死镇将于景拉开序幕的，随后沃野镇人匈奴人破六韩拔陵因"高阙戍主率下失和"[3]，杀死沃野镇将，大规模反乱开始。破六韩拔陵振臂一呼，应者云集，其后继者最后颠覆了北魏政权。破六韩拔陵很可能是世袭酋长破六韩孔雀所领部落以前的部民，在成为镇兵和兵户后，其政治地位和经济状况下降，因不堪忍受欺压盘剥才铤而走险的。北镇之乱，乱于镇兵而非酋长，随后的反乱组织者和领导者主要是镇兵、镇将，如怀朔镇兵鲜于修礼[4]、柔

---

[1] 《魏书》卷一〇三《蠕蠕传》，第 2303 页。
[2] 陈寅恪：《魏晋南北朝史讲演录》，万绳楠整理，黄山书社 1987 年版，第 278 页。
[3] 《魏书》卷一八《广阳王建传附嘉子渊传》，第 430 页。
[4] 《梁书》卷五六《侯景传》，第 833 页。

玄镇兵吐斤（杜）洛周①、高平镇人万俟丑奴②、原怀朔镇将葛荣③等。（镇兵、镇民、镇人三种称谓所指基本一致，没有实质区别）但一些领民酋长接连被卷入，拥部民反叛，如敕勒酋长胡琛④、树者⑤，铁勒酋长乜列河⑥等。从原民族成分看，六镇反乱的组织者、参加者包括了镇兵势力和酋长势力两部分原本的御边卫国的武装力量。破六韩孔雀可能是破六韩拔陵的原酋长，北镇反乱后反成其部下。《北齐书·破六韩常传》："破六韩常，字保年，附化人，匈奴单于之裔也。世领部落，其父孔雀，世袭酋长。孔雀少骁勇。时宗人拔陵为乱，以孔雀为大都督、司徒、平南王。"⑦后来破六韩孔雀"率部下一万人降于尔朱荣"，可见势力不小。部分酋长被卷入反乱，属于大势所趋，为求自保，当四处反叛，北镇已无立身之地时，酋长及其部民被迫被离开故土，被裹挟进反叛的队伍中，或者变成了难民饥民，生活无着，被迫盗抢，就成了反叛者。有的随着形势的变化又转投北魏政府一方，如酋长斛律金、破六韩孔雀、乜列河等先后投降尔朱荣和北魏军队。

另有一部分酋长并未参与反叛，而是凭借掌控的部落组织大显身手，率部积极投身于镇压反叛者的斗争中，成为北魏政权借以镇压反叛的中坚力量。许多部落酋长发挥了独特的作用，其中最突出的是世为第一领民酋长的北秀容人尔朱荣。尔朱荣凭借其巨富的家资、对时局精准的判断以及超人的组织领导能力，以其部民为基础，又及早招合义勇、组建军队并加以严格训练，在魏末的角逐中异军突起，成为一支所向披靡的武装力量。尔朱荣最初的平叛对象，是秀容内附胡民乞扶莫于、南秀容牧子万于乞真、并州牧子素和婆崘岭、步落坚胡刘阿如、敕勒叱列步若、敕勒斛律洛阳等多股反乱势力。⑧许多反叛首领是牧子身份，说明很多少数民族人仍在从事畜牧业。

---

① 《梁书》卷五六《侯景传》，第833页。
② 《魏书》卷一〇《敬宗孝庄帝纪》，第259页。
③ 《梁书》卷五六《侯景传》，中华书局1973年版，第833页。
④ 《北史》卷四八《尔朱荣传附从祖兄子天光传》，第1773页。
⑤ 《魏书》卷一六《京兆王黎传附嗣曾孙江阳王继传》，第401页。
⑥ 《周书》卷一五《于谨传》，第244页。
⑦ 《北齐书》卷二七《破六韩常传》，第378页。
⑧ 《魏书》卷七四《尔朱荣传》，第1645页。

武泰元年（528）二月，孝明帝崩，无子，灵太后贪秉朝政，以临洮王年仅三岁的世子元钊继位。尔朱荣与心腹、并州刺史元天穆商议，"欲以铁马五千，赴哀山陵，兼问侍臣帝崩之由"，元天穆盛赞尔朱荣的雄才大略及"部落之民，控弦一万"的军事实力，尔朱荣遂派人暗中入洛，与长乐王元子攸相见，约定将立其为主，然后三军缟素，以五千兵马南指洛阳，一路如入无人之境，① 随后即有残酷的"河阴之变"，此后北魏政权基本上名存实亡。这一结果一则因为北魏政府可以调动的政府军在历次镇压反乱的作战中已消耗殆尽，而且内部不和，但主要还是因为尔朱荣组织指挥有方和以部民为基础的军队训练有素，战斗力强。直到尔朱荣意外被杀，孝武帝才凝聚起一点忠于北魏的力量，但终于不堪一战，不得不西出函谷，寄人篱下，最终身死人手，余部被宇文泰吞并。而留在洛阳的残余势力则被高欢镇压和吞并。表面上看，北魏亡于分别以高欢、宇文泰为核心的两大六镇镇兵势力，实质上亡于以尔朱荣为代表的酋长势力。但尔朱荣对北魏政权毕竟不无功绩。在其周围集结了各地的豪强酋帅和分散的镇兵势力，后来的风云人物高欢、贺拔岳、宇文泰等当时都是尔朱荣的部下，形成了以契胡部落军为基础的当时独大的武装力量，扑灭了如火如荼的四方反乱，实现了北魏表面上的暂时统一和重生。对于尔朱荣之功，魏收评价为"尔朱荣缘将帅之列，藉部众之用，属肃宗暴崩，民怨神怒，遂有匡颓拯弊之志，援主逐恶之图……苟非荣之致力，克夷大难，则不知几人称帝，几人称王也。然则荣之功烈，亦已茂乎！"② 许多小部落的领民酋长，拥有的资源并不少于尔朱荣，只是他们没有尔朱荣那样的野心、气魄、眼光和手段。领民酋长尔朱荣的功业与罪孽，使部落酋长制功过两存。

虽然尔朱荣势力曾经不可一世，但真正成就大业的却是高欢、宇文泰这些原为镇兵的豪杰。尔朱荣的军队以契胡部落为基础组建，但从一开始就广募兵众，后来又吸收了大量的六镇兵民，以至高欢、贺拔岳等军事集团在其意外被杀后迅速组合生成，渐成反噬之势。后尔朱荣时代的东西魏之争，是两大豪强集团之间为政治经济利益而进行的争夺战。一些原是尔朱荣部下的领民酋长又重新站队，依靠部落兵民力量建功立

---

① 杨衒之：《洛阳伽蓝记》卷一《城内》，载周祖谟《洛阳伽蓝记校释》，第14—15页。
② 《魏书》卷七四《尔朱荣传》，第1657页。

业，分别在高欢或宇文泰的部下占有一席之地。

北镇反乱后，领民酋长世袭制一度仍在施行。如朔州敕勒部斛律氏之例。斛律金"高祖倍侯利，以壮勇有名塞表，道武时率户内附，赐爵孟都公。祖幡地斤，殿中尚书。父大那瑰，光禄大夫、第一领民酋长"。正光末，斛律金拥众追随破六韩拔陵反叛，后统所部万户至云州请降，被授予第二领民酋长。后为杜洛周所破，部众分散，金与兄平二人脱身归尔朱荣。① 尔朱荣待斛律平甚厚，"以平袭父爵第一领民酋长"②（此处应理解为由斛律平袭父大那瑰爵孟都公及第一领民酋长）。河桥之战（破高仲密）后，斛律金也"转第一领民酋长"，其第一领民酋长非承袭而来，而是逐级升迁而来。"显祖受禅，封咸阳郡王"③，后其子斛律光"袭爵咸阳王，并袭第一领民酋长"④。

六镇反乱的原因除了经济崩溃下阶级矛盾的激化外，民族矛盾也不可忽视，这种矛盾是指六镇镇兵势力及酋长势力两大鲜卑化势力与洛阳汉化集团之间的矛盾。北镇虽然不能说是孝文帝改制的死角和孤岛，但其整体上对于改制是抵制或消极的。在大动乱、大迁徙的背景下，领民酋长率部南下，北镇各族民众离开了其长期赖以生存的故土，颠沛流离，宇文护母子书对此中种种悲辛有生动描述。⑤ 随着部落生存环境的消解，部落难免分散与重组。六镇反乱以大动乱和民众的苦难为代价创造的民族迁徙和民族交融的客观环境，意外地带来了北魏前期诸帝想要达到却没有达到的结果。而领民酋长制也终将因已经不合时宜而走向终结。

三 领民酋长的虚号化、与六州都督的衔接及其终结

领民酋长之职"自魏初迄其亡于高氏百七十余年间未尝废罢"⑥。北

---

① 《北齐书》卷一七《斛律金传》，第219页。
② 《北齐书》卷一七《斛律金传附兄平传》，第228页。
③ 《北齐书》卷一七《斛律金传》，第221页。
④ 《北齐书》卷一七《斛律金传附子光传》，第224页。
⑤ 《周书》卷一一《晋荡公护传》，第169—172页。
⑥ 周一良：《领民酋长与六州都督》，《魏晋南北朝史论集》，第177页。

魏末期战乱及东西魏纷争时期，一些北镇军人及领民酋长进入中央政权，领民酋长制一度出现短暂发展，领民酋长之职向两个方向演变：一、由于部落自然的离散与分化重组、民族交融的发展，许多镇人出身的将领被朝廷授予领民酋长之职，以示荣宠，多有其名而无其实，以致出现不领民酋长等荣衔，使领民酋长之职最终虚号化。而领民酋长官职序列继续发展并完整化。二、部分将领被授予领民酋长，虽领部落，但该部落并不是以前意义上的部落，而是一个混合体，成员来源复杂；即使原来的领民酋长，其所领部落的成分也发生巨大变化。领民都督之职随之产生。而这两个方向的演化，都使领民酋长系列官职的性质异化，世袭性受到挑战并趋于消失。

（一）官职序列完整化、虚号化

唐长孺先生将北魏的领民酋长分为两类，一类是世袭酋长，另一类则是在部落进一步分化的条件下，由北魏政权通过委任来确定的，不一定世袭，不限本族，甚至有汉人担任此职。并引《皇甫驎墓志》："延兴中，泾土夷民一万余家，诣京申诉，请君为统酋。然戎华理隔，本不相豫，朝议不可。圣上以此诸民丹情难夺，中旨特许。"[1] 此时领民酋长已有向地方行政官员转化的苗头，世袭性已经动摇。

北魏初，离散之余的部落酋长转为领民酋长之时，可能还没有严格区分品级，而是统称为领民酋长、领民庶长，二者的区别只在于部落的大小。[2] 其后才有了第一领民酋长、第二领民酋长及第一领民庶长等品级的区分，品级很大程度上是由个人的功绩决定的，从属于个人，低级别可以依靠积功积劳获得迁升，而与部落大小无关。品级迁升非因部落壮大，实由战功增多。如高欢由第三镇（"镇"为"领"之讹）人酋长越级升迁为第一镇人（领民）酋长[3]、斛律金由第二领民酋长升迁为第一领民酋长。[4] 第二领民酋长并非第一领民酋长的下属，两者之间不是统属关系。太和前后《职员令》均未载领民酋长的品级，恐非失载，或正与其

---

[1] 唐长孺、黄惠贤：《北魏末期的山胡敕勒起义——北魏末期人民大起义研究之二》，《武汉大学学报》（人文科学版）1964年第4期。

[2] 《魏书》卷一一三《官氏志》，第2971页。

[3] 《北齐书》卷一《神武纪上》，第6页。

[4] 《北齐书》卷一七《斛律金传》，第219页。

不属正式品官有关。

不领民酋长（庶长）可能是后起官职，其任命与职权等史籍无载，但断非已被离散部落后的酋长再保持的酋长之号。张旭华先生认为北齐设置不领民酋长、不领民庶长之职，可能主要是为了照顾到追随高欢起兵的"怀朔集团"和军功武人的利益，对其酬赏勋劳而特设之。① 如镇兵出身的刘贵等人被授予的领民酋长之职可能就是第一不领民酋长之类。《刘懿墓志》：

> 君讳懿，字贵珍，弘农华阴人也。自豢龙启胄，赤乌降祥，盘石相连，犬牙交错，长原远叶，繁衍不穷，斧〔衮〕衣朱绂，蝉联弈世。祖给事，德润于身，民誉斯在。父肆州，行成于己，名高当世。君体局强正，气干雄立，刚柔并运，方图备举。弃置书剑，宿有英豪之志；指画山泽，早怀将率□心。起家拜大将军府骑兵参军、第一酋长。②

刘贵父祖并非领民酋长，刘贵在任职大将军府骑兵参军时兼第一酋长，疑为虚职，并不领民。

至此，领民酋长一系官职已经完整化、序列化。《隋书》卷二七《百官志中》记载了北齐领民酋长的官品：

> 流内比视官十三等。第一领人酋长，视从第三品。第一不领人酋长，视第四品。第二领人酋长，第一领人庶长，视从第四品。诸州大中正，第二不领人酋长，第一不领人庶长，视第五品。诸州中正，畿郡邑中正，第三领人酋长，第二领人庶长，视从第五品。第三不领人酋长，第二不领人庶长，视第六品。第三领人庶长，视从第六品。第三不领人庶长，视第七品。③

---

① 张旭华：《北齐流内比视官分类考述（上）》，《郑州大学学报》（哲学社会科学版）2002年第3期。
② 《刘懿墓志》，载赵超《汉魏南北朝墓志汇编》，第335页。
③ 《隋书》卷二七《百官志中》，中华书局1973年版，第770页。

将其列成表格可以更清楚地看出，三级领人（民）酋长、不领人（民）酋长、领人（民）庶长、不领人（民）庶长共同组成了一个相当整齐的八级视（官）品序列：

品级	领人酋长	不领人酋长	领人庶长	不领人庶长
视从第三品	第一领人酋长			
视第四品		第一不领人酋长		
视从第四品	第二领人酋长		第一领人庶长	
视第五品		第二不领人酋长		第一不领人庶长
视从第五品	第三领人酋长		第二领人庶长	
视第六品		第三不领人酋长		第二不领人庶长
视从第六品			第三领人庶长	
视第七品				第三不领人庶长

张旭华认为，北齐领民酋长系列官职与中正等一起被列入具有正式比照官品的国家职官，享有的政治、经济待遇也与流内正式品官大体相同，体现了高齐政权对世袭豪酋的政治荣宠和经济优遇。① 因资料缺乏，北魏的领民酋长的序列及其品位无法确知，但北齐官制多承北魏，则北魏应与上述情形相去不远。

有了视品，领民酋长可与正式职官的品级相比照。如《北齐书·步大汗萨传》："高祖以为第三领民酋长，累迁秦州镇城都督、北雍州刺史。"② 可以以第三领民酋长作为一个台阶，继续累迁。高欢本人曾任第三镇人酋长，其职本身就是累迁而来。而高欢是镇人出身。领民酋长的授予对象不再是原酋长及其子弟，被授职者未必领有部落。如高欢"常在荣帐内"，就是尔朱荣身边的幕僚，其"第三镇人（领民）酋长"要么是虚号，要么是领有一个新组成的混合的部落组织。

---

① 张旭华：《北齐流内比视官分类考述（上）》，《郑州大学学报》（哲学社会科学版）2002 年第 3 期。

② 《北齐书》卷二〇《步大汗萨传》，第 279 页。

（二）领民酋长制与领民都督制的衔接及领民酋长向正规军职的转变

北魏末，部分原来的领民酋长依靠所领部落趁乱崛起，建功立业，加官升品，更上层楼。此外，政府大量给新立战功的将领或者拥有部众者授予领民酋长之号。对此，周一良先生认为是"朝廷欲以此传统之美称羁縻之，冀得其用，没有实际所领部众"①。当时的授职对象，很多都是镇民与部民。如"梁御，字善通，其先安定人也。后因官北边，遂家于武川，改姓为纥豆陵氏。……及长，更好弓马。尔朱天光西讨，知御有志略，引为左右，授宣威将军、都将。共平关右，除镇西将军、东益州刺史、第一领民酋长，封白水县伯，邑三百户"②。又如"王怀，字怀周，不知何许人也。少好弓马，颇有气尚，值北边丧乱，早从戎旅。韩楼反于幽州，怀知其无成，阴结所亲，以中兴初叛楼归魏，拜征虏将军、第一领民酋长、武周县侯。高祖东出，怀率其部人三千余家，随高祖于冀州"③。

北镇兵民及原部落民初入中原，汉化尚浅，对原边镇的领民酋长之名与附加利益仍然心向往之，既有此好尚，授之以领民酋长之职，确可收荣之用之之效，因此领民酋长之名才一度大行其道。但汉人等对领民酋长之名恐怕并不羡慕，或将此名视为未开化的代称。如《魏书·张伦传》载张伦进言："又陛下方欲礼神岷涐，致礼衡山，登稽岭，窥苍梧，而反与夷虏之君，酋渠之长，结昆弟之忻，抗分庭之义，将何以瞰文命之遐景，迹重华之高风者哉？"④"酋渠之长"与"夷虏之君"并称。也只有久在边鄙的镇民或部民才会将其视为美称，当然，由领民酋长之名带来的实实在在的政治经济利益则另当别论。

关于领民酋长的性质及名称的演变，周一良先生认为，"领民酋长由部落酋长衍为不领部落之虚号，更由领民酋长之虚号蜕变而为领民都督，专领北人。逮'六州'两字成北人之代表，于是六州领民都督更省为六州都督"⑤。而对于其品级，周先生认为："有领民大都督及都督之称，犹

---

① 周一良：《领民酋长与六州都督》，《魏晋南北朝史论集》，第182页。
② 《周书》卷一七《梁御传》，第279页。
③ 《北齐书》卷一九《王怀传》，第249页。
④ 《魏书》卷二四《张衮传附白泽子伦传》，第619页。
⑤ 周一良：《领民酋长与六州都督》，《魏晋南北朝史论集》，第194页。

领民酋长只有第一二三之别。都将别将云者，疑又在都督之次，若酋长之下有庶长与？"① 事实上，领民都督史籍所见其例甚少，恐非由不领部落、仅具虚号的领民酋长蜕变而来。只有步大汗萨曾由第三领民酋长迁转多次后升至领民大都督，其经历是由镇民（或部民）到领民酋长再到领民都督的很好的例证。

> 正光末，六镇反乱，（步大汗）萨乃将家避难南下，奔尔朱荣于秀容。后从荣入洛……荣死后，从尔朱兆入洛，补帐内大都督，从兆拒战于韩陵。兆败，萨以所部降。高祖以为第三领民酋长，累迁秦州镇城都督、北雍州刺史。……元象中，行燕州，累迁临川领民大都督，赐爵长广伯。②

可见，领民酋长与领民都督可能是衔接而非替代的关系，二者有较大区别。且"领民都督""领民别将"之职早已有之："牒舍乐，少从尔朱荣为军主、统军，后西河领民都督。尔朱兆败，率众归高祖，拜镇西将军、金紫光禄大夫。"③ 牒舍乐在尔朱荣手下时已任领民都督。步大汗萨之父步大汗居，曾任"龙骧将军、领民别将"。领民酋长转为领民都将、领民别将之类，也无其例。领民都督应是北魏末及北齐战时或常规军事职务的一种。都督有多个级别，共同构成一个军事职务序列，包括领民副都督、领民正都督、直荡都督④等。罗新、叶炜在《狄湛墓志》疏证中认为领民都督"出现于北魏末年六镇反乱之后，疑从领民酋长制度中化来，专统地方胡族"⑤，但领民都督在都督序列中属于较低级别，文献所见领民都督疑为领民正都督的省称。

六州都督与领民都督似非同一职务。地方的"领民都督""领民大都督"前都带有所镇抚地的地名，仅这一点与地方六州大都督、六州都督一样。六州应即原来的六镇，后改为州，因称六州。原北镇兵民南迁后，

---

① 周一良：《领民酋长与六州都督》，《魏晋南北朝史论集》，第188—189页。
② 《北齐书》卷二〇《步大汗萨传》，第279页。
③ 《北齐书》卷二〇《慕容俨传附牒舍乐传》，第282页。
④ 分别见《韩裔墓志》，载赵超《汉魏南北朝墓志汇编》，第435页；《刘悦墓志》，第445页；《吴迁墓志》，第447页，等多处。
⑤ 罗新、叶炜：《新出魏晋南北朝墓志疏证》，中华书局2005年版，第175页。

散布多州。在六州流民集中之处如定州、沧州、冀州等地各设六州都督（六州大都督），职能应是管理与六州流民有关的事务，统领、镇抚流民。如段韶任定州刺史时兼任六州大都督。① 赵郡王高琛及其子高睿分别任冀州刺史兼任六州大都督。② 赵起任沧州刺史兼任六州都督。③ 而"幼孤，随母为独孤家所育养，遂从其姓焉。止于军士之中，有才干，便弓马"的独孤永业曾被简擢补定州六州都督。④ 高欢亲信、常典禁兵的赵道德曾"加中军将军、行定州六州"，但并未赴州，后除卫将军，"迁主都统，出为广武内史。……寻授持节都督南营州诸军事、南营州刺史"，又"加其雄城六州大都督"，大宁初，"又授定州六州都督、定州中军都督、开府仪同三司、骠骑大将军"，所谓"荣命日隆，任遇斯重"⑤。定州有六州大都督，又有六州都督，二者可能是上下级或者并无区别？冯翊王高润任定州刺史时，"开府王回洛与六州大都督独孤枝侵窃官田，受纳贿赂，润按举其事"。独孤枝的六州大都督应是定州六州大都督，可见六州大都督有的以刺史兼任，有的则为专职。⑥

上述地方六州（大）都督，全称应冠以州名或城名，但与斛律金所领"恒、云、燕、朔、显、蔚六州大都督"⑦、清河王岳的"六州军事都督"及"六州大都督"、⑧孙腾曾任的"六州流民大都督"⑨并不相同。后者系专门的中央职官，总理全国所有六州流民事务，统领地方六州（大）都督。北齐清河王岳"俄拜京畿大都督，其六州事悉诣京畿"，则此后北齐中央的六州流民事务归由"京畿大都督"管理，"天平四年（537）夏，罢六州都督，悉隶京畿，其京畿大都督仍不改焉"⑩。这里所罢"六州都督"，指中央的"六州军事都督"或"六州大都督""六州流

---

① 《北齐书》卷一六《段荣传附子韶传》，第210页。
② 分别见《北齐书》卷一三《赵郡王琛传》，第169页；《北齐书》卷一三《赵郡王琛传附子睿传》，第171页。
③ 《北齐书》卷二五《赵起传》，第363页。
④ 《北齐书》卷四一《独孤永业传》，第544页。
⑤ 《赵道德墓志》，载赵超《汉魏南北朝墓志汇编》，第428—429页。
⑥ 《北齐书》卷一〇《冯翊王润传》，第139页。
⑦ 《北齐书》卷一七《斛律金传》，第220页。
⑧ 《北齐书》卷一三《清河王岳传》，第174页。
⑨ 《北齐书》卷一八《孙腾传》，第234页。
⑩ 《魏书》卷一一三《官氏志》，第3004页。

民大都督",而地方的"六州都督"(六州大都督)并未废罢。赵道德北齐大宁初曾任"定州六州都督"。可见地方上的六州都督到北齐中期仍然存在。

中央及地方六州(大)都督,统领六州兵民,包括了相应的领民酋长及其下属部落民。而高琛曾任的六州九酋长大都督,或专管六州部落民。《北齐书·赵郡王琛传》:"高祖将谋内讨,以晋阳根本,召琛留掌后事,以为并、肆、汾大行台仆射,领六州九酋长大都督,其相府政事琛悉决之。"① 东魏六州九酋长大都督之设,本身说明领民酋长仍然存在且众多。又,《魏书·孝静帝纪》:"丁酉,诏加齐文襄王使持节、尚书令、大行台、大都督,以鲜卑、高车酋庶皆隶之。"② 高澄的"大行台、大都督"之职应为"六州九酋长大都督"的上司,总领东魏境内的全部南迁的鲜卑、高车酋庶及下属部落民。鲜卑、高车部落组织尚存,只是发生了分化重组。

所以,无论是地方的六州(大)都督还是中央的六州流民大都督或六州都督、六州军事都督等,都应非领民酋长、庶长转换名称而来,两者之间并非转化关系,而是一种相互衔接的上下级关系,六州都督等应是领民酋长的上级,领民酋长势力皆在六州都督统领、管控之下。当然,虚号领民酋长或不领民酋长等除外。六镇反乱以后,随着六镇势力的南下,因新授领民酋长所统已非传统意义上的部落,同时,现存的部落已发生显著变化,皆成为部民、镇民混合体,部民、镇民已无分别,皆为"流民"。领民酋长已不宜续称,但并非易以领民都督或六州都督。

(三) 南下部落组织的消失、最后的领民酋长、领民酋长制的完结及其原因和意义

北魏末,领民酋长们凭借武力及自身军事才能,风虎云龙般建功立业。及东西魏纷争及周齐分立后,领民酋长重新站队,各为其主,其部落亦随其荣辱浮沉。其间不乏失败跌入低谷者,如尔朱荣被孝庄帝刺杀,"荣世子部落大人亦死焉"③,随着四胡的战败被杀,尔朱氏部落彻底不

---

① 《北齐书》卷一三《赵郡王琛传》,第169页。
② 《魏书》卷一二《孝静帝纪》,第300页。
③ 杨衒之:《洛阳伽蓝记》卷一《城内》,载周祖谟《洛阳伽蓝记校释》,第26页。

存。也不乏跃上巅峰者，如有的领民酋长进入中央权力体系，成为重要的军事将领，甚至成为政权的柱石，从而也无人再以领民酋长目之。如为北齐政权建立了赫赫战功而跻身高位的斛律光。只是斛律光终因功高震主、势力过大而被灭门，已经式微的斛律氏原部落就此无闻。其他领民酋长，叱列伏龟沙苑之败后降于宇文泰，叱列平一直效力于东魏北齐，屡次为将出征，但所领并非叱列氏部落。破六韩常一直追随高欢父子，死后"赠尚书令、司徒公、太傅、第一领民酋长"①。上述这些货真价实、实力较强的领民酋长死后均未见后人承袭，至于刘贵等人获授的领民酋长之职，或没有世袭性，或是虚号，性质和权限等正在发生质的变化。北齐后期及北周已不见领民酋长的活跃身影。领民酋长已风流云散，渐成绝响。

　　长期战乱、屡屡迁徙、政策作用、民族格局的变迁和民族认同的心理因素等，共同促成了领民酋长制的退出。六镇暴乱中六镇自相屠陷，经济崩溃，无法立足，政府将归降的六镇兵民安置在河北地区的冀、定、瀛三州就食，又引发河北起义，起义被镇压后，六镇余部又有一部分随高欢进入今山西地区。随后又有高欢集团与尔朱氏集团的大战以及东西魏之间的持续战争，造成部落的巨大损耗、分散与拆解。户籍政策和兵制的变化，加速了南下部落的消亡。战时军事体制使领民酋长制与都督制接轨，领民酋长势力被牢牢钳制，中央政府对其控制力大大加强。而流散的部民实际被视同兵户，与镇民一起屡被大括为兵。六镇反乱后，北魏政府规定能招募三千人者任别将②，募兵制广泛推行，这时的军队已成为民族的大熔炉。国家借机大括军人、改革兵制、加强控制，推动了部落的离散，部落不再是一个军事编制单位，部落兵制完结，武装力量结构一体化，新老领民酋长完全以军政官员的身份出现，顺应变化来保障或转移其政治经济利益。还有一点，就是领民酋长进入中原后受汉文化影响，随着汉化的加深，领民酋长会发现领民酋长之名并非美称，这一虚名最终必将被取代或取消。而这一名称的消失，也意味着汉人不再将其视为异族，是民族认同推进的表现。

　　鲜卑化的北方部族的南迁，从领民酋长制与都督制和郡县制等军政

---

① 《北齐书》卷二七《破六韩常传》，第379页。
② 《北齐书》卷二〇《薛修义传》，第275页。

体制并轨，到军事部落制终结，北朝的军政治理体制封建化向前迈进了一大步，经济结构、民族结构和社会面貌正在发生巨大变化。至北朝后期，实现北朝民族认同的社会基础已经奠定，外部条件趋于成熟。

北魏政权下的乌桓[*]

[日] 早稻田大学　三崎良章

一　前言

公元 2 世纪以来，在少数民族建立了多个国家的十六国时代，在中国北部拥有强大势力且对东亚形成巨大影响的乌桓[①]并没有建立独自民族的国家。但是，这一时期，乌桓的动向却对十六国形成了巨大影响。关于这一情况，唐长孺先生[②]和林幹先生[③]都已阐明。此外，田余庆先生[④]指出，北魏建国以前的拓跋部和乌桓的关系，深深地影响了拓跋部的势力扩张。另外，本人曾对所谓三燕的前燕、后燕、北燕与乌桓的关系进行了考察，并明确指出：前燕在进入中原的过程中将居住在中原的乌桓

---

[*] 本稿为 2013 年度早稻田大学特定课题研究助成费（特定课题 B）《墓室画像による鲜卑社会の研究》（研究代表者：三崎良章/课题番号：2013B—270）和 2014 年度早稻田大学特定课题研究助成费特定课题（基础助成）《出土画像资料、文字资料による初期北魏社会の研究》（研究代表者：三崎良章/课题番号：2014K—6284）下的研究成果之一。

[①]　"乌桓"也被记述为"乌丸"，本论文为了叙述方便，除了史料引用之外，均统一记述为"乌桓"。关于记述的问题，可参照内田吟风《乌桓族研究》（《满蒙史论丛》4，1943 年；收入其著《北亚史研究——鲜卑柔然突厥篇》，同朋舍 1975 年版，改题为《乌桓鲜卑の源流と初期社会构成》）。和吉本道雅《乌桓史研究序说》（《京都大学文学部研究纪要》49，2010）。

[②]　唐长孺：《魏晋杂胡考》，收入其著《魏晋南北朝史论丛》，生活·读书·新知三联书店 1955 年版。

[③]　林幹：《东胡史》，内蒙古人民出版社 1989 年版。

[④]　田余庆：《代北地区拓跋与乌桓的共生关系》，《中国史研究》2000 年第 3、4 期；收入其著《拓跋史探》，生活·读书·新知三联书店 2003 年版。

纳入了其支配之下，后燕曾将乌桓作为其权力基础的一环加以利用等。[1]

公元386年，拓跋珪（道武帝）即位为代王，北魏由此建国。此后，北魏逐渐将华北各势力消灭，于公元5世纪中期统一华北，并延续这一状态约100年。然而，这一时期内乌桓的动向并没有受到后人过多关注。原因之一是北魏时代的史料并没有留下关于乌桓的过多记载。但是，公元4世纪90年代，在北魏和后燕、北燕之间处于半自立状态的乌桓库傉官氏集团对北魏和后燕的关系产生了巨大影响，并在此之后被纳入北魏政权的支配之下。另外，可以推测出北魏支配下乌桓的存在，并且可以看到北魏政权内部延续乌桓血脉的人物的活动。

正如侯旭东先生[2]和窪添庆文先生[3]指出的那样，北魏在统一华北的过程中，将各个少数民族纳入其支配之下，乌桓便是其中的一个少数民族。在考虑北魏社会以及民族的存在方式时，"在北魏政权下，少数民族如何存在又如何消亡？"是一个趣味深厚的问题。本论文将揭示出北魏政权下乌桓的生存状况以及乌桓系人物的动向，并尝试考察其民族存在形态的一个侧面。具体而言，本论文将指出十六国时代乌桓存在的确切地区以及该地区乌桓在北魏时代的存在情况，并揭示出推定为乌桓系的人物在北魏社会如何存在等问题。

二　北魏乌桓集团的动向

（一）渔阳乌桓

关于魏晋时代居住在华北地区的乌桓状况，林干先生[4]已经按照上谷及代郡、太原及雁门、乐平及离石、辽东及辽西及右北平、冀州、中山、渔阳等地区划分进行了整理。可以得知，其中的渔阳地区，在北魏建国后，乌桓集团曾存在于此。渔阳从东汉初期开始便是乌桓居住地之一，

---

[1] ［日］三崎良章：《"十六国"与乌桓——特别以乌桓与三燕的关系为中心》，中国魏晋南北朝史学会、山西大学历史文化学院编《中国魏晋南北朝史学会第十届年会暨国际学术研讨会论文集》，北岳文艺出版社2012年版。

[2] 侯旭东：《北魏境内胡族政策初探——从〈大代持节幽州刺史山公寺碑〉说起》，《中国社会科学》2008年第5期。

[3] ［日］窪添庆文：《北魏服属诸族觉书》，《立正大学大学院纪要》26，2010。

[4] 林幹：《东胡史》，内蒙古人民出版社1989年版。

可以确认直到北魏时期，乌桓一直存在于此。

关于北魏和渔阳乌桓的关系，《魏书》卷二《太祖纪》元兴元年（398）三月条载：

> 渔阳群盗库傉官韬聚众反。诏中坚将军伊谓讨之。

和七月条载：

> 渔阳乌丸库傉官韬复聚党为寇，诏冠军将军王建讨平之。

均有涉及。关于这一事件，《魏书》卷三〇《王建列传》还载：

> 乌丸库傉官鸣聚党为寇，诏建讨平之。

关于库傉官韬和库傉官鸣的关系，中华书局版《魏书·王建列传》的校勘记指出：可能是同一人物的不同名字，也可能是不同的两个人。如今，已经不能断定韬和鸣的关系，但是至少可以知道：和北魏发生冲突的渔阳乌桓库傉官于398年被北魏政权镇压。

我们不能得知渔阳乌桓集团拥有怎样规模的势力。但可以知晓：公元4世纪初以来，渔阳的支配势力经由鲜卑段部—后赵—前燕—前秦的变迁过程中，一直维持着集团的统一；到公元4世纪末，渔阳乌桓作为自立于后燕和北魏间的独立势力被纳入北魏的支配之下。

其后，《魏书》卷三《太宗纪》泰常元年（416）十月条载：

> 壬戌，幸犲山宫。徒何部落库傉官斌先降，后复叛归冯跋。骁骑将军延普渡濡水讨击，大破之，斩斌及冯跋幽州刺史、渔阳公库傉官昌，征北将军、关内侯库傉官提等首，生擒库傉官女生，缚送京师。幽州平。

由此可知：公元416年，库傉官斌、库傉官昌、库傉官提被杀，库傉官女生加入了北燕政权。另外，正如"先降"二字所言，在此之前，他们曾臣服于北魏政权。或许这正是北魏于398年平定的库傉官的那一部。另外，因为北魏骁骑将军延普是渡濡水而攻击之，可以推断416年库傉官斌等从渔阳迁至北燕城都龙城附近濡水的东侧。也就是说，先前居住在渔阳的乌桓库傉官氏的一部迁到了渔阳东部濡水东侧。而且，北魏于416年将乌桓纳入其支配之下。但是，此后关于渔阳乌桓的记载便没有了。[1]

（二）中原的乌桓

《资治通鉴》卷一〇五太元九年（384）正月条载：

> 慕容农之奔列人也，止于乌桓鲁利家，利为之置馔，农笑而不食。利谓其妻曰。恶奴，郎贵人，家贫无以馔之，奈何。妻曰。郎有雄才大志，今无故而至，必将有异，非为饮食来也。君亟出，远望以备非常。利从之。农谓利曰。吾欲集兵列人以图兴复，卿能从我乎。利曰。死生唯郎是从。农乃诣乌桓张骧，说之曰。家王已举大事，翟斌等咸相推奉，远近响应，故来相告耳。骧再拜曰。得旧主而奉之，敢不尽死。于是农驱列人居民为士卒，斩桑榆为兵，裂襦裳为旗，使赵秋说屠各毕聪。聪与屠各卜胜、张延、李白、郭超及东夷余和、敕勃、易阳乌桓刘大各帅部众数千赴之。农假张骧辅国将军，刘大安远将军，鲁利建威将军。农自将攻破馆陶，收其军资器械，遣兰汗、段赞、赵秋、慕舆悌略取康台牧马数千匹。

淝水之战后，慕容垂在荥阳自立称燕王，其子慕容农与之响应集结兵力。而此时居住在广平郡列人的乌桓鲁利和张骧则成为其招纳的对象。此外，同样居住在广平郡易阳的乌桓刘大也率部众数千人加入其中。可以理解，公元4世纪末，有相当数量的乌桓人居住在广平郡。另，关于慕容垂自身，同二月条载：

> 燕王垂引丁零、乌桓之众二十余万为飞梯地道以攻邺，不拔。

---

[1] 有关于此，辛迪曾《关于库傉官氏的族属——魏晋南北朝时期北方少数民族融合的一个实例》（《内蒙古师大学报》[哲学社会科学版] 2001年第4期）中指出：原本属于乌桓的库傉官氏，一支进入慕容氏后燕的核心集团，因而被视为"徒何"，可后燕灭亡，拓跋鲜卑的北魏统一北中国，他们融入拓跋政权成为拓跋鲜卑成员。经过北魏长期稳定的发展，库傉官氏最终融入拓跋鲜卑中。

> 乃筑长围守之，分处老弱于肥乡，筑新兴城以置辎重。

由此可知，他也利用乌桓进攻了邺。该部乌桓究竟居住于何处不得而知，但从邺或隶属于广平郡的肥乡这一地名来看，可以推断该部乌桓居住在邺到广平郡之间的地域范围。

此外，有记载表明，列人东部的馆陶地区在这一时期也有乌桓居住。《资治通鉴》卷二七太元九年（384）二月条载：

> 东胡王晏据馆陶，为邺中声援，鲜卑、乌桓及郡县民据坞壁不从燕者尚众。燕王垂遣太原王楷与镇南将军陈留王绍讨之。楷谓绍曰。鲜卑、乌桓及冀州之民，本皆燕臣。今大业始尔，人心未洽，所以小异。唯宜绥之以德，不可震之以威。吾当止一处，为军声之本，汝巡抚民夷，示以大义，彼必当听从。楷乃屯于辟阳。绍帅骑数百往说王晏，为陈祸福，晏随绍诣楷降，于是鲜卑、乌桓及坞民降者数十万口。楷留其老弱，置守宰以抚之，发其丁壮十余万，与王晏诣邺。垂大悦曰。汝兄弟才兼文武，足以继先王矣。

由此可知，在前秦末期，广平郡、阳平郡一带居住着相当数量的乌桓人。①

林干先生②指出：此处乌桓为后燕定都中山之后迁至此地。由此可推断：北魏在攻陷后燕都城中山时，乌桓集团曾居住在中山。其中可以确认张骧曾于397年在中山周边活动。③《魏书》卷二《太祖纪》皇始二年（397）十月条载：

> 其将张骧、李沈、慕容文等先来降，寻皆亡还，是日复获之，皆赦而不问。

---

① 林幹《东胡史》指出：384年，冀州及其附近地区，居住着不少乌桓。
② 林幹：《东胡史》，内蒙古人民出版社1989年版。
③ 《魏书》卷二《太祖纪》皇始二年七月条载：（慕容）普邻遣乌丸张骧率五千余人出城求食，寇常山之灵寿，杀害吏民。

可知，张骧虽投降于北魏，但正如《魏书》卷二《太祖纪》天兴元年（398）九月条载：

> 乌丸张骧子超，收合亡命，聚党三千余家，据勃海之南皮，自号征东大将军、乌丸王，抄掠诸郡。诏将军庾岳讨之。

和天兴二年（399）二月条载：

> 庚戌，征虏将军庾岳破张超于勃海，超走平原，为其党所杀。

可以得知，张骧之子张超从中山逃往东方的勃海郡南皮，并自立为"乌丸王"，北魏则命庾岳攻之。因此，张超逃至南皮南方的平原郡，并于此地被"其党"杀害。所谓"其党"应该是指乌桓，由此可知：平原郡有乌桓集团存在。

也就是说，公元4世纪后半期，乌桓居住在广平、阳平、中山、勃海、平原等中原一角，在北魏进攻后燕的过程中，他们则居于北魏支配下。但是，他们5世纪以后的动向则没有记载。

公元4世纪后半期至5世纪初，能够确认的有关乌桓集团的历史仅限于上述内容。同林干整理的十六国时代相比大幅减少，而且无从知晓他们在属于北魏支配后的动向。

三　北魏的乌桓人

（一）王建

《魏书》等中存在有关于乌桓人确切人物的记载。本文在此考察这些人物的动向。

公元398年，为了镇压渔阳乌桓的叛乱，北魏派遣了冠军将军王建。关于王建，《魏书》卷三〇《王建列传》载：

> 王建，广宁人也。祖姑为平文后，生昭成皇帝。伯祖丰，以帝舅贵重。丰子支，尚昭成女，甚见亲待。建少尚公主。登国初，为外朝大人，与和跋等十三人迭典庶事，参与计谋。太祖幸濡源，遣

> 建使慕容垂，辞色高亢，垂壮之。还为左大夫。

由此可知，王建的祖姑为平文帝拓跋郁律皇后。关于她，《魏书》卷一三《皇后列传》载：

> 平文皇后王氏，广宁人也。年十三，因事入宫，得幸于平文，生昭成帝。

王建和王皇后是同族，有关于此，姚微元先生[①]将二人认定为乌桓人，田余庆先生[②]亦是如此。姚微元先生的根据是，道武帝以前的诸皇后都是胡族，在《魏书》卷三〇所记载的王建之外的人物，包括安同、楼伏连等都是胡族。而且，田余庆先生[③]也明确指出广宁郡是拓跋和乌桓共生的地区。从上述情况来看，王建一族应该确为乌桓人。

王建一族与拓跋氏进行婚姻联盟，王建自身也迎娶了公主。而且，具有进攻铁弗部刘卫辰、进攻后燕等从军功绩，道武帝时代主要在北魏进入中原方面做出军事贡献，并晋升为真定公、散骑常侍、冀青二州刺史，有可能在5世纪初去世后，陪葬于道武帝的金陵。而且，其子孙当中的曾孙王树也被记录在《魏书》卷三〇《王建列传》之内，可见直到5世纪后半期，其氏族仍处于北魏政权的中枢。

另外，苗霖霖先生[④]指出，《魏书》卷一六《道武七王列传》载：

> 道武皇帝十男。宣穆刘皇后生明元皇帝，贺夫人生清河王绍，大王夫人生阳平王熙，王夫人生河南王曜。

所记载的大王夫人和王夫人也是王建一族。据此可知，王氏一族和拓跋

[①] 姚微元：《北朝胡姓考》，科学出版社1958年版。
[②] 田余庆：《代北地区拓跋与乌桓的共生关系》，《中国史研究》2000年第3、4期；收入其著《拓跋史探》，生活·读书·新知三联书店2003年版。
[③] 同上。
[④] 苗霖霖：《北魏后宫中的东胡后裔》，《吉林师范大学学报》（人文社会科学版）2012年第3期。

氏有着多重婚姻关系①。

（二）王冏

关于乌桓王氏，《旧唐书》卷七〇《王珪列传》载：

> 王珪，字叔玠，太原祁人也。在魏为乌丸氏，曾祖神念，自魏奔梁，复姓王氏。祖僧辩，梁太尉、尚书令。父颋，北齐乐陵太守。

另外，《新唐书》卷七二中《宰相世系表二中》载：

> 乌丸王氏。霸长子殷，后汉中山太守，食邑祁县。四世孙寔，三子。允、隗，懋。懋，后汉侍中、幽州刺史。六世孙光，后魏并州刺史。生冏，度支尚书、护乌丸校尉、广阳侯，因号乌丸王氏。生神念。北齐亡，徙家万年。

姚微元先生②将这一王氏同王建、王皇后一起归纳为代郡王氏。另一方面，田余庆先生③因为北魏并没有护乌桓校尉这一官职，而且《魏书》《北史》中并没有王冏这一人物，所以并不重视这一记载。然而，虽然《魏书》卷一一三《官氏志》没有记载护乌桓校尉，但该官氏志中同样没有出现的异民族统御官"护高车中郎将"却在《魏书》卷三《太祖纪》泰常三年正月条中出现了。

> 丁酉朔，帝自长川诏护高车中郎将薛繁率高车丁零十二部大人众北略，至弱水，降者二千余人，获牛马二万余头。

---

① 据《资治通鉴》卷一〇八，王建于396年6月灭刘亢泥，并使之迁往平城。李宝珊《略论乌桓的历史发展与融合》（《社科纵横》2007年第6期）指出：此处的刘亢泥为乌桓人。如果这样的话，关于北魏时代的乌桓状况的史料将被扩充，但是目前阶段将此确认为乌桓的观点还有待商榷。
② 姚微元：《北朝胡姓考》，科学出版社1958年版。
③ 田余庆：《代北地区拓跋与乌桓的共生关系》，《中国史研究》2000年第3、4期；收入其著《拓跋史探》，生活·读书·新知三联书店2003年版。

由此，并不能说北魏不存在护乌桓校尉这一官职。而且，关于王罔，《新唐书》卷一〇四《王涯列传》载：

> 王涯，字广津，其先本太原人，魏广阳侯罔之裔。

因此，可以肯定确实存在王罔这一人物。可以推想，王罔确实曾在北魏政权中活动。另外，《魏书》卷八《世宗纪》永平元年（508）正月条载：

> 戊戌，颍川太守王神念奔于萧衍。

再和《旧唐书》的记载相呼应，可以得知王神念确实曾为北魏颍川太守。也就是说，王罔一族经历王光、王罔、王神念三代，从北魏初期至6世纪初活动于北魏政权。

目前尚未发现王罔一支和王建一支的关联，因此，应该将王罔一支称为太原王氏。可以说，北魏时期，至少有两支乌桓王氏的官员存在。①

（三）桓贷

《魏书》卷一一三《官氏志》载：

> 乌丸氏，后改为桓氏。

因此，可以将"桓"姓人物认定为乌桓人。《魏书》中的桓姓人物有桓贷。《魏书》卷四《世祖纪上》始光四年（427）三月条载：

---

① 《北周王光墓志》，见叶炜《从王光、叱罗招男夫妇墓志论西魏北周史二题》（武汉大学中国三至九世纪研究所编《魏晋南北朝隋唐资料》[第二十八辑]，《武汉大学人文社会科学学报》编辑部），墓志记载王光的祖父"使持节、平南将军、并雍二州刺史、广阳公买"和王光的父亲"持节、征东将军、零丘太守、干阳侯于"。因为王光公元560年去世了，所以能认为他的祖父和父亲北魏时期活动着。

诏执金吾桓贷造桥于君子津。①

此外，四月条载：

治兵讲武，分诸军，司徒长孙翰、廷尉长孙道生、宗正娥清三万骑为前驱，常山王素、太仆兵堆、将军元太毗步兵三万为后继，南阳王伏真、执金吾桓贷、将军姚黄眉步兵三万部攻城器械，将军贺多罗精骑三千为前候。

六月条载：

辛酉，班师，留常山王素、执金吾桓贷镇统万。②

有关桓贷记载的出现仅仅在427年。其他地方也找不到有关桓氏的记载，因此不能断定桓氏曾长期在北魏政权活动，但可以确认桓贷这一乌桓系的人物曾存在于太武帝时代。

（四）莫氏、朱氏、罗氏

《魏书》卷一一三《官氏志》中列举的姓氏中，马长寿先生③将上述乌桓氏和薄奚氏同归为乌桓人，滕昭宗先生④将莫那娄氏、渴烛浑氏、叱罗氏归为乌桓人。《官氏志》中记载薄奚氏被改为奚氏、莫那娄氏被改为莫氏、渴烛浑氏被改为味氏、叱罗氏被改为罗氏。其中，根据唐长孺先

---

① 《资治通鉴》卷一二〇记载为"诏执金吾桓贲造桥于君子津"，将"桓贷"记载为"桓贲"。

② 《资治通鉴》卷一二〇将该六月份条目的内容记述为"辛酉，魏主自统万东还，以常山王素为征南大将军、假节，与执金吾桓贷、莫云留镇统万"。滕昭宗《乌丸莫那娄氏考——附考乌丸渴烛浑氏、乌丸叱罗氏》（周伟洲主编《西北民族论丛》（第五辑），中国社会科学出版社2007年版）中将此处的桓贷和莫云视为同一人物。

③ 马长寿：《乌桓与鲜卑》，上海人民出版社1898年版。

④ 滕昭宗：《乌丸莫那娄氏考——附考乌丸渴烛浑氏、乌丸叱罗氏》，周伟洲主编《西北民族论丛》（第五辑），中国社会科学出版社2007年版。

生①的考证，味氏即为朱氏。而且，姚微元先生②将展氏、郝氏、南皮张氏归为乌桓人。拥有上述姓氏且被认为同乌桓有关系的人物，其在北魏的活动状况有史可考的包括：莫题（代人）、莫题和莫云兄弟（雁门繁畤人）、朱瑞、朱长生、罗结、罗兴。

根据《魏书》卷二八《莫题列传》的记载，莫题（代人）最初跟从于道武帝伯父窟咄，后来又归顺于道武帝。道武帝时代，历任左将军和中山太守等职，从事于攻打后燕、对策丁零等，后被认为自比为天子而被处死。

根据《魏书》卷二三《莫含列传》的记载，莫题和莫云兄弟（雁门繁畤人），从其祖父莫含侍奉于穆帝猗卢近侧开始，参与了历代拓跋政权。莫题在道武帝时代因攻打后燕有功而升任东宛侯，莫云从道武帝时代开始便就任官职，太武帝灭夏之后，成为其都城统万城的镇将，并在治理鄂尔多斯方面取得了一定功绩。

根据《魏书》卷八七《节义列传》的记载，朱长生于孝文帝时代被派往高车幽闭三年，后被赞赏守节有功，升任河内太守。

根据《魏书》卷八〇《朱瑞列传》的记载，朱瑞的祖父朱就为沛县令，其父亲朱惠曾任太原太守。朱瑞于北魏末期被尔朱荣提拔，侍奉于孝明帝、孝庄帝，并取得了车师将军和尚书左仆射等地位。此外，其弟朱珍、朱腾、朱庆宝也在同一时期活跃于政权中枢。

根据《魏书》卷四四《罗结列传》的记载，罗结从北魏建国之前就侍奉于道武帝近旁，建国后取得了道武帝、明元帝、太武帝等各皇帝的信任。其子孙后代一直到北魏末期都拥有官职。

另外，1989 年陕西省出土的《叱罗协墓志》③ 载：

> 祖兴，为西部护军。父珍业，为代郡太守。政事恪勤，除梁州刺史，迁车骑大将军、仪同三司、散骑常侍。

---

① 唐长孺：《魏晋杂胡考》，收入其著《魏晋南北朝史论丛》，生活·读书·新知三联书店 1955 年版。
② 姚微元：《北朝胡姓考》，科学出版社 1958 年版。
③ 罗新、叶炜：《新出魏晋南北朝墓志疏证》，中华书局 2005 年版。

根据《周书》卷一一《晋荡公护列传》附《叱罗协列传》的记载，叱罗协出生于公元500年，因此可以推断其祖父兴以及其父珍业应该活动于北魏时代。另外，因为"叱罗"在北魏时代改为"罗"，所以可以推断其祖父就是罗兴，其父亲就是罗珍业。

如上所述，本论文抽取了几个真实存在过、确实活动于北魏社会的乌桓人物。

四　北魏和乌桓

十六国时代，在渔阳、中原等地乌桓作为一个集团。北魏政权支配该地区后，便无法确认乌桓集团的存在了。虽然不能认为乌桓集团在被北魏政权支配后自行消亡，但确实也没有对北魏社会形成重大影响，可以推测：在北魏政权持续的过程中，与拓跋部、汉族的融合在不断进展。

另外，王建、王同、莫题（代人、雁门繁畤人）、莫云、罗结等人，作为被认定为乌桓系的人物而被知晓，他们确实对北魏社会产生了一定的影响力。但是并没有明确记录表明：他们是否保持了乌桓的特性，最终止于保持着五六世纪华北社会的一般倾向。

关于上文所述朱瑞，虽然将其本贯视为代郡桑乾，但《魏书》卷八〇《朱瑞列传》载：

> （朱）瑞始以青州乐陵有朱氏，意欲归之，故求为青州中正。又以沧州乐陵亦有朱氏，而心好河北，遂乞移属焉。

由此可见，朱瑞一直在思考着与青州、沧州朱氏的关联。该地区如前所述，已确认在4世纪末存在着乌桓集团，有可能在6世纪前半期存在着延续其脉络的朱氏。北魏时代，乌桓在不断与拓跋部、汉族进行着融合，但其过程中，乌桓的意识和痕迹并没有完全消失。

试论汉匈族群认同的变化[*]

——以儒家孝道为中心的考察

苏州大学社会学院历史系 冯世明

匈奴是秦汉时期中原王朝最强大的对手，是五胡中最早入居汉地的，也是"八王之乱"后第一个建立政权的少数民族，本文拟对匈奴伦理道德由"贵壮健，贱老弱"向儒家孝道转变之状况作一些探讨，以说明匈奴族对中原传统伦理道德的传承及汉匈族群认同的变化。[①]

一

生活在汉武帝时代的司马迁，在《史记》卷一一〇《匈奴列传》中

---

[*] 本文为国家社会科学基金青年资助项目（12CZS051）；教育部青年基金资助项目（11YJC770055）；国家社科基金年度项目"匈奴史文献及相关争议研究"（14BSS006）阶段性成果。

[①] 国内外学界关于匈奴的研究已经累积了丰硕的成果，这些成果涵盖了族属、政治、经济、宗教、社会生活等，多属于传统的研究模式。近年来，从族群意识、民族心理、胡汉认知等民族社会学、文化学角度进行探讨的文章逐渐增多。台湾学者在这方面着手较早，代表成果有王明珂《华夏边缘——历史记忆与族群认同》，社会科学文献出版社 2006 年版；陈健文《先秦至两汉"胡人"意象的形成与变迁》，台湾师范大学历史学系博士学位论文，2005 年。对于农耕民族而言，游牧民族既是民族属性上的他者，又是生活方式的异己，研究农耕与游牧民族，不仅要从民族关系的角度，还要从文化交往、文明交往的角度进行探讨。受台湾学者的启发，笔者思考这样一个问题：汉族对匈奴充满偏见的"禽兽"印象因何而来，如何在长期的交往中逐渐淡化，这种转变的原因和影响又是什么？为此，本文以儒家孝道于匈奴社会的发展繁衍为探讨视角，展现汉匈族群认同变化的过程。

描绘了匈奴的生活习俗，"自君王以下，咸食畜肉，衣其皮革，被旃裘。壮者食肥美，老者食其余。贵壮健，贱老弱"①。"壮者食肥美，老者食其余。贵壮健，贱老弱"与中原社会"尊老敬长"存在显著的伦理道德差异，汉朝使者出使常常以此为辩难的话题之一。对此，中行说②反驳说："匈奴明以战攻为事，其老弱不能斗，故以其肥美饮食壮健者，盖以自为守卫，如此父子各得久相保，何以言匈奴轻老也？"③ 给壮健的人吃肥美的饮食，无非是为了保卫本族。尚武，乃有"贵壮"的习俗。"社会上对于一个人的衡量也是以他在劳动中和战斗中所起的作用为标准。年轻力壮，能在劳动中，特别在战斗中有所表现的就受到社会的重视，年老体弱的则否。"④ "呼韩邪诸大臣曰：'匈奴之俗，本上气力而下服役，以马上战斗为国，故有威名于百蛮。战死，壮士所有也。'"⑤ 作为北方草原历史上的第一个游牧帝国，靠的是以武力征服大大小小的部落，年老体弱不能战斗，自然不受重视。

  反映匈奴社会对长者态度的史料并不多，有一条是有关于匈奴座次习俗的记载，对于这条史料的理解学术界有不同观点。《史记·匈奴列传》："单于朝出营拜日之始生，夕拜月。其坐，长左而北向。日上戊己"⑥，《汉书》和《通典》也完全袭用了《史记》的文字，最早为"其坐，长左而北向"作注释的是唐人张守节《史记正义》，注谓"其坐北向；长者在左，以左为尊也"⑦。将"长左"解释为"长者在左"。吴景山认为这条史料的正确标点应为"其坐，长左，而北向日，上戊巳"，亦即匈奴以长者居左，奉北方面南之座为尊位。⑧ 这里的"长"是年长者的意思。第二种解释，颜师古《汉书·匈奴传》注"坐者以左为尊"⑨。杜佑在《通典》中的自注也是一样，这里"左"乃是动词谓语，"长左"

---

  ① 《史记》卷一一〇《匈奴列传》，中华书局1959年版，第2879页。
  ② 西汉文帝时人，原为宫廷太监，后因陪送公主到匈奴和亲而对汉王朝怀恨在心，转而投靠匈奴，成为单于的重要谋臣。
  ③ 《史记》卷一一〇《匈奴列传》，第2899页。
  ④ 林幹：《匈奴史》，内蒙古人民出版社2007年版，第165页。
  ⑤ 《汉书》卷九四《匈奴传》，中华书局1962年版，第3797页。
  ⑥ 《史记》卷一一〇《匈奴列传》，第2892页。
  ⑦ 同上书，第2893页。
  ⑧ 吴景山：《匈奴方位崇尚习俗考辨》，《兰州大学学报》1988年第4期。
  ⑨ 《汉书》卷九四《匈奴传》，第3753页。

是以左为尊的意思。笔者更倾向于后者。从匈奴"贵壮健、贱老弱"的习俗来看，仅仅因为年长就居左尊位的可能性很小。而以地位尊卑来决定席位座次是古代很多少数民族的习俗，契丹人、南越人都是如此。《史记·南越列传》载王、王太后亦恐吕嘉等先事发，乃置酒，介汉使者权，谋诛嘉等："使者皆东向，太后南向，王北向，相嘉、大臣皆西向，侍坐饮。"① 汉廷使者地位最尊，故"皆东向"，太后次之，故坐在左边"南向"，南越王兴坐南朝北，而相嘉、大臣地位最低，故只能"皆西向，侍坐饮"，座位的排列是按照地位的高低、身份的尊贵，而非年龄的长幼。汉族也是如此，以鸿门宴为例。"项王、项伯东向坐。亚父南向坐。亚父者，范增也。沛公北向坐，张良西向侍。"② 项羽和他叔父项伯地位最高，所以"东向坐"，谋士范增地位次于项羽，坐在左侧即北边南向，刘邦地位最低，只能坐在右边即南侧"北向坐"，至于他的随从张良连朝西坐在项羽、项伯对面的资格都没有，只能西向侍奉自己主人。

不过，在对待尊长的问题上，令汉人印象最深的恐怕要数冒顿杀父代立了。冒顿训练部下要听从鸣镝的指挥，要求他们在他用鸣镝射击任何目标时，都要毫不犹豫地跟着射击，不从命者即处死。这样训练成功之后，在打猎的时候，他向父亲头曼单于射出鸣镝，他的部下跟着射箭，于是夺得部落大权。③ 历代对冒顿杀父代立一事的评论措辞严厉，《刘敬列传》曰："冒顿杀父代立，妻群母，以力为威，未可以仁义说也"④，《卫青传》载："上（汉武帝）曰：'匈奴逆天理，乱人伦，暴长虐老'"⑤，北宋司马光曰"冒顿视其父如禽兽而猎之"，⑥ 视此为禽兽之行。

---

① 《史记》卷一一三《南越列传》，第2972—2973页。
② 《史记》卷七《项羽本纪》，第312页。
③ "单于有太子名冒顿。后有所爱阏氏，生少子，而单于欲废冒顿而立少子，乃使冒顿质于月氏。冒顿既质于月氏，而头曼急击月氏。月氏欲杀冒顿，冒顿盗其善马，骑之亡归。头曼以为壮，令将万骑。冒顿乃作为鸣镝，习勒其骑射，令曰'鸣镝所射而不悉射者，斩之'。行猎鸟兽，有不射鸣镝所射者，辄斩之。已而冒顿以鸣镝自射其善马，左右或不敢射者，冒顿立斩不射善马者。居顷之，复以鸣镝自射其爱妻，左右或颇恐，不敢射，冒顿又复斩之。居顷之，冒顿出猎，以鸣镝射单于善马，左右皆射之。于是冒顿知其左右皆可用。从其父单于头曼猎，以鸣镝射头曼，其左右亦皆随鸣镝而射杀单于头曼，遂尽诛其后母与弟及大臣不听从者。冒顿自立为单于。"
④ 《史记》卷九九《刘敬列传》，第2719页。
⑤ 《汉书》卷五五《卫青传》，第2473页。
⑥ 《资治通鉴》卷一二"太祖高皇帝下九年"条，中华书局1956年版，第383页。

这些评论凸显了汉人眼中匈奴反道德、灭人伦、悖人性的形象。与此相反，冒顿成为单于后开疆扩土，"北服浑庾、屈射、丁零、鬲昆、薪犁之国。于是匈奴贵人大臣皆服，以冒顿单于为贤"①，族人都很佩服冒顿，认为他非常贤能，可见与尚武精神相一致的，是匈奴"以力为雄"的价值观。

汉宣帝时，匈奴五单于争立，相互攻击，死者以万数。甘露三年（前51），呼韩邪率众五万余人来降称臣，与西汉的关系进入称藩时代。东汉建武时，"八部大人共议立比为呼韩邪单于……于是款五原塞，愿永为蕃蔽，扞御北虏"②，匈奴分裂为南北两部，建武二十四年（48）南匈奴归汉，部众开始大批迁入沿边地区，与汉人杂处。众所周知，儒家孝道是汉文化推崇的美好品德，汉民族十分强调尊老，孔子曰"孝弟也者，其为仁之本与"③，荀子曰"君者国之隆也，父者家之隆也。隆一而治，二而乱"④，董仲舒提出"君为臣纲，父为子纲，夫为妻纲"，并且从强调家庭内部的子孝，推及对社会所有长者的"老吾老，以及人之老"，对外族也讲求以德化之。匈奴内附后，与汉族人民接触的机会增多，有没有受到儒家孝道的影响？我们可以看到单于名号发生了一些变化。据史料记载，呼韩邪见汉帝死后谥号中皆有"孝"字而羡慕，⑤ 遂模仿汉制，此后从其子复珠累单于以下，匈奴单于号的末尾都加"若鞮"（匈奴称"孝"为"若鞮"⑥）二字，是为复珠累若鞮单于、搜谐若鞮单于、车牙若鞮单于、乌珠留若鞮单于、乌累若鞮单于、呼都而尸道皋若鞮单于。从南单于比开始，可能出于音译简省的原因，省去"若"字，只用"鞮"字，是为酰落尸逐鞮单于比、丘浮尤鞮单于莫、伊伐于虑鞮单于汗、酰僮尸逐侯鞮单于适、丘除车林鞮单于苏、胡邪尸逐侯鞮单于长、伊屠于闾鞮单于宣、休兰尸逐侯鞮单于屯屠何、亭独尸逐侯鞮单于师子、万氏

---

① 《史记》卷一一〇《匈奴列传》，第2893页。
② 《后汉书》卷八九《南匈奴列传》，中华书局1965年版，第2942页。
③ 杨伯峻：《论语译注》，中华书局1980年版，第2页。
④ （清）王先谦：《荀子集解》，中华书局1988年版，第263页。
⑤ 汉文帝、景帝、武帝、昭帝、宣帝谥号分别为孝文皇帝、孝景皇帝、孝武皇帝、孝昭皇帝、孝宣皇帝。
⑥ ［日］白鸟库吉：《西域史研究》上册，东京岩波书店1941年版，第219—222页。另外《后汉书》直接提到了"至比季父孝单于舆时，以比为右薁鞬日逐王"，以"孝单于"指代"呼都而尸道皋若鞮单于"。

尸逐鞮单于檀、乌稽侯尸逐鞮单于拔。王莽篡汉，企图通过武力树立威势，强立稽侯珊的子孙十五人俱为单于，并"使译出塞诱呼右犁汙王咸、咸子登、助三人，至则胁拜咸为孝单于"①，赐予的称号中也有"孝"。

内附的南匈奴不可避免抱有一种降者心理，他们要取得汉朝廷的信任，表白自己的效忠之心，在各方面都竭力向汉人靠拢，单于名号的改变显然是源于中原王朝强大的政治作用与文化影响。那么在生活中，儒家孝道有没有被匈奴身体力行，成为其伦理道德的一部分呢？

东汉末年战乱中，大文学家蔡邕之女蔡文姬被掳到南匈奴，嫁给了匈奴左贤王，并生育了两个儿子。12年后，曹操用重金赎文姬归汉。漫长的异乡生活经历、背井离乡的悲痛心情，使蔡文姬创作出了《胡笳十八拍》和《悲愤诗》。其中《胡笳十八拍》第七拍"俗贱老弱兮少壮为美"②，描述了匈奴的民风民俗。可见，至少到东汉末，匈奴很大程度上还保持着原有的习俗，而此时距呼韩邪附汉已经有250年左右。

匈奴内附以来，尚武精神依旧一脉相承。东汉一朝南匈奴的军事活动非常频繁，据内田吟风统计，从南匈奴内附到东汉末的170年间，就有28次军事活动，平均6年就有一次③。东汉政府"令东扞鲜卑，北拒匈奴，率厉四夷，完复边郡，使塞下无晏开之警，万世（有）安宁之策也"④。北匈奴是东汉王朝一个很大的威胁，而鲜卑在东汉后期也慢慢地强大起来，"石槐骁猛，尽有单于之地"，经常骚扰边境。南匈奴重要任务就是参与对北匈奴作战，协助东汉政府镇压鲜卑，这种状况符合统治集团的要求，也导致了"匈奴之俗，本上气力而下服役，以马上战斗为国"的外部氛围依旧。而广大部民仍以部落为单位，分布北地、朔方、五原、云中、定襄、雁门、代、上谷缘边诸郡，东汉中期以后原来分布在西河、上郡、朔方等地的匈奴人南下，深入并州中部的汾水流域一带。这一时期匈奴虽受汉人影响也从事一定的农业生产，但并非其主要的生产部门，仍以游牧为主⑤。

从整体来看，汉代承袭了先秦以来视戎狄为禽兽的观念。随着胡汉

---

① 《汉书》卷九四《匈奴传》，第3823页。
② （宋）：郭茂倩：《乐府诗集》卷五九《琴曲歌辞三》，人民文学出版社2010年版。
③ [日] 内田吟风：《匈奴史研究》，创元社1953年版，第31页。
④ 《后汉书》卷一九《耿国传》，第716页。
⑤ 周伟洲：《汉赵国史》，广西师范大学出版社2006年版，第14页。

杂居，尤其东汉中期后，汉匈之间不再有大规模的战争，汉人对匈奴的敌视感似有降低的趋势①。匈奴受汉族文化的影响，某些具有民族特色的文化确实发生了变化。比如匈奴单于号的末尾都加"若鞮"二字，再如每年正月、五月、九月的集会不仅祭祀天神，还开始"兼祀汉帝"②，但匈奴较为核心的精神内涵未发生实质改变，本文所探讨的视角"儒家孝道"并未深入匈奴的日常生活之中，"贵壮健、贱老弱""以力为雄"依旧是其遵从的社会伦理价值观，汉文化的影响是一个长期缓慢的过程。

二

魏晋南北朝乃至隋唐时期，由于统治集团的种种措施，匈奴人的生产生活方式日益向汉族靠拢，匈奴社会也由奴隶制向封建制转变。在与中原王朝长期交往过程中，匈奴人受到汉族礼仪文化的熏陶和侵染，③原有的伦理道德有所变化，尊敬父母亲长、感恩报恩、供养侍奉、追思父母、报父母亲长之仇、为父母服丧等儒家孝道所倡导的行为，在匈奴各阶层皆有体现，下面将可见的资料一一罗列。

首先是金日磾家族。④ 汉武帝元狩二年（前121），驻牧在今甘肃张掖、武威一带的匈奴浑邪部、休屠部兵败于西汉骠骑将军霍去病，匈奴单于怒欲诛之，浑邪王与休屠王共谋降汉。不久休屠王反悔，浑邪王遂杀休屠王，并其众，以两部四万余众降汉，休屠王的家属包括阏氏和两个未成年的儿子则被没入宫中为奴。长子金日磾时年仅14岁，在宫中养马，由于他孝敬母亲，做事小心谨慎，得到汉武帝赏识，拜为马监，后升迁为侍中、驸马都尉、光禄大夫。金日磾母亲教诲两个儿子甚有法度，

---

① 陈健文：《先秦至两汉胡人意象的形成与变迁》，台湾师范大学历史学系博士学位论文，2005年，第300页。

② 《后汉书》卷八九《南匈奴列传》，第2944页。

③ 钱穆在《国史大纲》中说："五胡杂居内地，已受相当汉化。但彼辈所接触者，乃中国较旧之经学传统，而非代表当时朝士名流之清谈玄理。南渡以还，士大夫沦陷北方者，不得不隐忍与诸胡合作，而彼辈学术涂辙，亦多守旧，绝无南渡衣冠清玄之习。"所以，少数民族所接触的非玄学，而是传统的以儒家文化为主的汉文化。

④ 虽然金日磾降汉及其家族事迹是西汉时期，但可作为匈奴族受汉文化影响的典型事例。

武帝听闻后颇为嘉许，"病死，诏图画于甘泉宫，署曰：'休屠王阏氏。'"金日䃅每次看到画像，"常拜，向之涕泣，然后乃去"。金日䃅弟金伦之孙金敞，"元帝崩，故事，近臣皆随陵为园郎，敞以世名忠孝，太后诏留侍成帝，为奉车都水校尉，至卫尉"。平帝即位，选置师友，金敞子金涉之从父弟金钦"以家世忠孝，为金氏友，徙光禄大夫、侍中，秩中二千石，封都成侯"。金日䃅家族以忠孝传家，得到班固很高的评价："……金日䃅夷狄亡国，羁虏汉廷，而以笃敬寤主，忠信自著，勒功上将，传国后嗣，世名忠孝，七世内侍，何其盛也！"①虽属"夷狄"，但由这一番不平常的经历，进入汉王朝的统治阶层，历经世代，儒家孝道早已融化为他们的文化素养之一。

卢水胡沮渠氏世居河西，至迟在王莽末年，沮渠氏先祖即在汉族地方政权任职了，接受汉文化也就成为自然的事。《沮渠蒙逊传》"其先世为匈奴左沮渠，遂以官为氏焉。蒙逊博涉群史，颇晓天文，雄杰有英略……会伯父罗仇、麹粥从吕光征河南，光前军大败，麹粥言于兄罗仇曰……罗仇曰：'理如汝言，但吾家累世忠孝，为一方所归，宁人负我，无我负人。'俄而皆为光所杀。宗姻诸部会葬者万余人，蒙逊哭谓众曰：'昔汉祚中微，吾之乃祖冀奖窦融，保宁河右。吕王昏耄，荒虐无道，岂可不上继先祖安时之志，使二父有恨黄泉！'众咸称万岁"②。吕光杀蒙逊的两位伯父罗仇、麹粥，沮渠蒙逊趁宗族聚集参加二人丧礼的机会，以"继先祖遗志、为二父报仇"为名举众叛凉，这一举动说明儒家孝道在河西少数民族中是有群众基础的。又"沮渠母车氏疾笃，蒙逊升南景门，散钱以赐百姓。下书曰：'孤庶凭宗庙之灵，乾坤之佑，济否剥之运会，拯遗黎之荼蓼，上望扫清气秽，下冀保宁家福。而太后不豫，涉岁弥增，将刑狱枉滥，众有怨乎？赋役繁重，时不堪乎？群望不絜，神所遣乎？内省诸身，未知罪之攸在。可大赦殊死已下'"③，因为母亲车氏病重，而下罪己之书，散钱大赦，以求母亲病情好转，这完全是汉文化统治者的做法。

魏晋时期，匈奴上层子弟多有求学经历，刘氏一族从小研习汉族传

---

① 《汉书》卷六八《金日䃅传》，第2960—2967页。
② 《晋书》卷一二九《沮渠蒙逊传》，中华书局1974年版，第3189页。
③ 同上书，第3196页。

统典籍。① 刘渊父子两代人,大都在西晋的政治中心洛阳生活过一段时期,结交西晋的达官贵人和各地名士。他们求知欲旺盛,从传统文化中汲取汉族人民数千年积淀下来的思想智慧、价值观,形成自身的素养,其中不乏儒家孝道的表现。

刘渊"(元海)七岁遭母忧,擗踊号叫,哀感旁邻,宗族部落咸共叹赏"②。刘渊兄刘延年,"年十五丧二亲,奉叔父孝闻。子良孙及弟从子为唊人贼所掠,延年追而请之。贼以良孙归延年,延年拜请曰:'我以少孤为叔父所养,此叔父之孤孙也,愿以子易之。'贼曰:'君义士也。'免之"③,为报答叔父养育之恩,愿从贼人手中以自己的儿子交换叔父的孙子。安昌王刘盛,年轻时"不好读书,唯读《孝经》、《论语》,曰'诵此能行,足矣,安用多诵而不行乎!'"④《刘曜载记》记其父亲墓室被风雨摧坏:"大雨霖,震曜父墓门屋,大风飘发其父寝堂于垣外五十余步。曜避正殿,素服哭于东堂五日,使其镇军刘袭、太常梁胥等缮复之。"⑤《太平御览》载:"刘聪皇后呼延氏,渊后之从父妹,有美色,恭孝称於宗族,渊后爱聪姿貌,故以配焉"⑥,皇后呼延氏家族也同样具有孝道修养。

至刘渊的第三代,对汉文化的研习仍然不断。《太平御览》载,刘聪子"汉大将军、东平王约,汉王聪戏之曰:'汝诵何书,昧何句也?'约曰:'臣诵《孝经》,每咏身体发肤,受之父母,不敢损伤'……聪大悦"⑦。刘曜子刘熙也是从小受汉族儒学熏陶长大的,"然太子(刘熙)孝友仁慈,志尚冲雅,亦足以堂负圣基,为承平之贤主"⑧。

---

① 刘渊"幼好学,师事上党崔游,习毛诗、京氏易、马氏尚书,尤好春秋左氏传、孙吴兵法,略皆诵之,史、汉、诸子,无不综览";"刘宣字士则。朴质少言,好学修洁。师事乐安孙炎,沈精积思,不舍昼夜,好毛诗、左氏传";"和字玄泰。身长八尺,雄毅美姿仪,好学凤成,习毛诗、左氏春秋、郑氏易";"刘曜字永明,元海之族子也。少孤,见养于元海……读书志于广览,不精思章句,善属文,工草隶……尤好兵书,略皆暗读"等。
② 《晋书》卷一〇一《刘元海载记》,第 2645 页。
③ 《太平御览》卷四二一引《前赵录》,中华书局 1960 年版,第 1940 页。
④ 《资治通鉴》卷八七"晋怀帝永嘉四年"条,第 2749 页。
⑤ 《晋书》卷一〇三《刘曜载记》,第 2693 页。
⑥ 《太平御览》卷一四〇引崔鸿《三十国春秋·前赵录》,第 694 页。
⑦ 《太平御览》卷六一〇引萧方等《三十国春秋》,第 2747 页。
⑧ 《晋书》卷一〇三《刘曜载记》,第 2696 页。

不仅刘渊这样的匈奴贵族子弟，南匈奴平民阶层中也不乏类似的例子。乔智明"鲜卑（匈奴之讹）前部人也。少丧二亲，哀毁过礼，长而以德行著称……部人张兑为父报仇，母老单身，有妻无子，智明愍之，停其狱"①。恪守孝道的乔智明，对部人张兑为父报仇的行为表现出极大的理解和同情。"陈元达字长宏，后部人也。本姓高，以生月妨父，故改云陈。"② 依照汉族传统习俗，婴儿与父亲同月出生是十分忌讳的，民间俗说这样的孩子会妨害父亲，于是陈元达便将高姓改为陈姓。王延为南单于的根据地西河人，其继母为匈奴大姓卜氏出身。王延"九岁丧母，泣血三年，几至灭性。每至忌日，则悲啼至旬"。继母卜氏对他很不好，而王延"事母弥谨"。"卜氏尝盛冬思生鱼，敕延求而不获，挟之流血。延寻汾叩凌而哭，忽有一鱼长五尺，踊出水上，延取以进母。卜氏食之，积日不尽，于是心悟，抚延如己生。延事亲色养，夏则扇枕席，冬则以身温被"，以孝侍奉继母。他"昼则佣赁，夜则诵书，遂究览经史，皆通大义"，生活并不丰裕，却深具知识阶层的教养。西晋时期，受州郡辟召而不应，结庐于父母墓旁，自给衣食。王延在从事农耕的同时，还一心善导宗族，"属天下丧乱，随刘元海迁于平阳，农蚕之余，训诱宗族，侃侃不倦"③，至六十岁才出仕刘聪。

汉文化水平较高的少数民族统治者，建立政权之后都兴办教学、培养儒生，前赵统治者刘曜就是具有代表性的一位。《刘曜载记》云："曜立太学于长乐宫东，小学于未央宫西，简百姓年二十五已下十三已上，神志可教者千五百人，选朝贤宿儒明经笃学以教之。"④ 选拔一千五百名青少年进入太学、小学，授以经学，对一个规模不是很大的割据政权而言，实在是一件盛事。汉赵国有"博士张师""博士祭酒台产"等，国子祭酒、崇文祭酒、博士、博士祭酒，皆为晋时太常所属国子学官员，专门教授生徒，学习汉文典籍。汉赵承此，也设有这些官职。弘农人董景道，"少而好学，千里追师，所在惟昼夜读诵，略不与人交通。明《春秋三传》、《京氏易》、《马氏尚书》，《韩诗》，皆精究大义"⑤。曜聘其为崇

---

① 《晋书》卷九〇《乔智明传》，第2337页。
② 《晋书》卷一〇二《刘聪载记》，第2679页。
③ 《晋书》卷八八《孝友传》，第2290页。
④ 《晋书》卷一〇三《刘曜载记》，第2688页。
⑤ 《晋书》卷九一《董景道传》，第2355页。

文祭酒，以教生徒。作为最高统治者，刘曜还亲自"临太学，引试学生之上第者拜郎中"，选拔其中优异者为官吏。

匈奴人不仅读书识字，文化程度较高的已经融入了当地的社交圈，这些"乡曲"往来，也是一种文化的交流。随着南匈奴在并州扎根下来，刘豹一族在并州特别是太原的影响日益增大，俨然成为太原大族。刘渊七岁母丧后的悲痛情形，不仅宗族部落咸共叹赏，"时司空太原王昶等闻而嘉之，并遣吊赙"，与当地的大族如太原王氏、上党李氏等"深相崇敬，推分结恩"①，建立了良好的关系。

汉赵国建立后，其所居疆域"东不逾太行，南不越嵩、洛，西不逾陇坻，北不出汾、晋"，②是汉族聚居和经济发达的地区，正是刘渊打着"汉"旗号，以号召广大汉族推翻西晋的结果，所以汉赵统治者从建立政权开始，就极力网罗汉族士大夫、世族豪门。史籍所载汉族官员的人数占了全部官员总数的一半以上，而且位至"七公"及大将军的占全部官员总数的百分之八强。③ 汉族官员皆奉行儒家孝道，这自然也会对匈奴官员产生影响，试以太宰一职为例。汉赵政权基本上承袭了汉魏以来汉族政权的官爵名号，汉赵国的太宰、太师任职者为刘景、刘颢、范隆、张茂、刘曜、刘欢乐、刘延年、刘易、刘雅、王详等，刘姓为匈奴贵族，其余为汉族官员。《太平御览》载："太宰王详，字季海，性至孝。言及二亲，未尝不呜咽摧怆。每忌日，辄三日不食。"④ 范隆也以孝闻名。《晋书·范隆传》："范隆字玄嵩，雁门人。父方，魏雁门太守。隆在孕十五月，生而父亡。年四岁，又丧母，哀号之声，感动行路……疏宗范广愍而养之，迎归教书，为立祠堂。隆好学修谨，奉广如父。"⑤ 匈奴与数量众多的汉族官吏共同执掌政权，久而久之他们的思想、习尚和学习的典籍逐渐与汉族士大夫、官僚相同，他们与汉族官僚事实上已没多大的差别了。

---

① 《晋书》卷一〇一《刘元海载记》，第2645页。

② （清）顾祖禹：《读书方舆纪要》卷三，中华书局2005年版，第119页。这是汉赵最盛时期，即汉建元二年（316）灭西晋，取关中地区之后，至麟嘉三年刘聪死时，所领有的实际统治区域，不包括当时名义上臣属于汉国的石勒、曹嶷所控制的地区。

③ 周伟洲：《汉赵国史》，广西师范大学出版社2006年版，第164页。

④ 《太平御览》卷四一三引崔鸿《十六国春秋·前赵录》，第1905页。

⑤ 《晋书》卷九一《范隆传》，第2352页。

至于一般内迁匈奴，处于被统治阶级的地位，但是他们与广大汉族同处一国之中，通过各种渠道接触日益频繁，加速了融合的过程。比如，胡汉人民均要服兵役，汉国初期的军队大多为内迁匈奴及胡羯等少数民族的部落兵，后来汉族人大量被征入伍，改变了汉赵军队的民族成分。刘曜率所谓"中外"精锐出征，说明胡汉军队经常一起参加战争。又如，作为统治民族的内迁匈奴，随着占领区域的扩大，为巩固政权，将族人分驻各地。刘聪时，先后两次占领长安，匈奴军队随刘曜一起进驻关中，以后又扩大到陇右等地，这也进一步造成了民族的混杂错居，有利于民族界限的打破。还有人口的迁徙，如刘曜平陈安后，迁秦州杨、姜大姓二千余户于长安等，这必然改变国内民族居住地区的布局，大大有利于各族的相互接近和融合。①

胡汉杂居环境下，胡人受到汉人高尚道德感化，史料中有一直接事例。"邓攸字伯道，平阳襄陵人也。攸七岁丧父，寻丧母及祖母，居丧九年，以孝致称。清和平简，贞正寡欲。少孤，与弟同居……永嘉末，没于石勒……勒夜禁火，犯之者死。攸与胡邻毂，胡夜失火烧车。吏按问，胡乃诬攸。攸度不可与争，遂对以弟妇散发温酒为辞。勒赦之。既而胡人深感，自缚诣勒以明攸，而阴遗攸马驴，诸胡莫不叹息宗敬之。"② 胡人为了免遭惩罚，将失火责任转嫁给邓攸，邓攸未辩解而默认，既而胡人深为感动，负荆请罪。说明了汉文化的影响无处不在，在日常生活普通人群交往中起到潜移默化的作用。

汉匈通婚也加快了儒家孝道向匈奴的输入。新兴人刘殷，以至孝闻名，娶妻张氏，也"事王母以孝闻"③。刘聪皇后呼延氏去世，拜刘殷二

---

① 周伟洲：《汉赵国史》，广西师范大学出版社2006年版，第164页。
② 《晋书》卷九〇《邓攸传》，第2338页。
③ "高祖陵，汉光禄大夫。殷七岁丧父，哀毁过礼，服丧三年，未曾见齿。曾祖母王氏，盛冬思董而不言，食不饱者一旬矣。殷怪而问之，王言其故。殷时年九岁，乃于泽中痛哭，曰：'殷罪衅深重，幼丁艰罚，王母在堂，无旬月之养。殷为人子，而所思无获，皇天后土，愿垂哀愍。'声不绝者半日，于是忽若有人云：'止，止声。'殷受泪视地，便有董生焉，因得斛余而归，食而不减，至时董生乃尽。又尝夜梦人谓之曰：'西篱下有粟。'寤而掘之，得粟十五钟，铭曰'七年粟百石，以赐孝子刘殷'。自是食之，七载方尽。时人嘉其至性通感，竞以谷帛遗之。"并州豪族张宣子将女儿嫁给刘殷，"张氏性亦婉顺，事王母以孝闻，奉殷如君父焉。及王氏卒，殷夫妇毁瘠，几至灭性。时柩在殡而西邻失火，风势甚盛，殷夫妇叩殡号哭，火遂越烧东家。后有二白鸠巢其庭树，自是名誉弥显"。

女为左右贵嫔，"性孝友，善风仪"，又纳殷女孙四人为贵人，"皆姿色超世，女德冠时"①。再如刘熙之母羊献容，泰山南城人，出身汉族高门世家，"内有特宠，外参朝政"。刘曜另外一位妻子刘氏病重，"曜亲省临之，问其所欲言。刘泣曰：'妾叔父昶无子，妾少养于叔，恩抚甚隆，无以报德，愿陛下贵之。妾叔皝女芳有德色，愿备后宫'"②，也是深具儒家孝道文化的女性。据学者统计，两汉之间，匈奴族与非匈奴族的婚例共得十七，除一与乌孙一与车师外，余均为汉族。此类婚姻的动机是基于政策性的权宜之计。自与汉人接触频繁之后，推测匈汉同居之地、接壤邻近之地，两族之间的婚例必不在少数。③ 这样不仅将亲族范围扩张到匈奴族社会，对胡汉血统混一与文化融合都具有十分重要的意义。

儒家孝道在魏晋十六国时期匈奴族中逐步发展起来，汉族传统文化教育是最有效的方式，以国家的力量推行教化具有很大影响力，胡汉各阶层的相互交往和融合是重要因素，汉匈通婚加快了儒家孝道向匈奴的输入。除了上述因素外，还来源于当时经济环境的较大变化。魏晋时期劳动力异常缺乏，统治者为了补充劳动力和扩大兵源，逐渐加强了对内迁匈奴的控制。建安二十一年（216），呼厨泉单于率领诸王入朝于魏，曹操把他留在邺城，随后将其部众分为五部。曹操还通过并州刺史梁习，对内迁匈奴采取了一系列措施。吸收上层贵族担任地方官职使其与部落脱离关系，对一般匈奴平民，除了编为义从、勇力，分遣各地打仗、驻防外，"勤劝农桑"，鼓励他们参加农业生产。经此之后，匈奴上层失去实际控制权，匈奴部众在所居郡县接受地方官吏的管制，编入户籍，与汉族人民大体相同。由于一般匈奴平民并没有自己的土地，故而大多沦为汉族私家的奴婢与田客，"魏氏给公卿已下租牛客户各有差，自后小人惮役，多乐为之，贵势之门动有百数。又，太原诸部亦以匈奴胡人为田客，多者数千"④。还有的甚至沦为汉族豪右的"奴隶"，并州刺史护匈

---

① 《太平御览》卷一四一引崔鸿《三十国春秋·前赵录》，第694页。
② 《晋书》卷一〇三《刘曜载记》，第2699页。
③ 谢剑：《匈奴社会组织的初步研究》，收《"中研院"历史语言研究所集刊论文类编：民族与社会编》，中华书局2009年版，第967页。柏贵喜根据北朝史料统计匈奴与汉族通婚共计31例，仅次于鲜卑与汉人通婚，见《4—6世纪内迁胡人家族制度研究》，民族出版社2004年版，第207页。
④ 《晋书》卷九三《王恂传》，第2412页。

奴中郎将陈泰，"京邑贵人多寄宝货，因泰市奴婢"①。由此内迁匈奴的经济，也基本纳入了内地封建的、自给自足的经济系统之中。生产方式正式由畜牧业转向农业，必然削弱匈奴"尚武"的风气，这是儒家孝道滋生的经济基础。

魏晋时期是儒家孝道在匈奴族滋生发展的时期，这是一个由浅入深的过程且并不平衡。一来魏晋南北朝时期，匈奴内部已经不像战国秦汉时那样构成一个整体，而是分解出或与他族融合而产生出很多的部分，除南匈奴外，还有屠各胡、卢水胡、铁弗匈奴等；二来匈奴分布地域广泛，不同时期有不同的部落内附，所以接受汉文化的深浅不同，与汉族接触较多，文化面貌易趋一致。虽然如此，汉匈文化融合的趋势是不可阻挡的，汉匈融合的完成是以内迁匈奴民族最终的瓦解为前提的。前赵为后赵所灭，刘氏一族及将王公卿校以下三千余人，还有"五部屠各"五千余人，被后赵所坑杀，一部分被徙入襄国，其余的匈奴则分散于北方各地，均为后赵所统治；大明四年（460）卢水胡沮渠蒙逊建立的北凉被柔然所灭；元嘉八年（431）铁弗匈奴赫连勃勃建立的大夏国被吐谷浑所灭。他们的部众有的避入山中，与当地其他各族杂居而成为杂胡，绝大多数则逐渐融合到汉族之中。匈奴之名，在南北朝后期便已开始渐渐消失。隋唐时期居住在黄河流域的汉族，实际是十六国以来北方和西北方许多落后族与汉族融化而成的汉族。例如唐代诗人刘禹锡的祖先是匈奴族，其七代祖刘亮是随北魏孝文帝迁都洛阳而成为河南人的。唐昭宗时宰相刘崇望的祖先，本系匈奴独孤部人，也是随孝文帝南徙洛阳的。②随着时间的流逝和历史的演进，刘禹锡和刘崇望身上，已经看不出匈奴的影子了，他们完全与汉族融为一体了。

马戎先生指出，中国儒家传统中的"夷夏之辨"，核心强调的并不是体质、语言等方面的差别，而主要是指在以价值观念、行为规范为核心的"文化"方面的差别。③ 长期的互相交流与影响，汉匈之间的民族差异日益缩小，思想、意识、观念也逐渐趋向一致了，儒家思想是汉民族文

---

① 《三国志》卷二二《陈泰传》，中华书局1959年版，第638页。
② 卞孝萱：《刘禹锡评传》，南京大学出版社1996年版，第12页。
③ 马戎：《民族社会学——社会学的族群关系研究》，北京大学出版社2004年版，第150页。

化心理素质的核心，匈奴从"贵壮健、贱老弱""以力为雄"向儒家孝道转变的过程就是明证之一，这使得汉匈的族群认知发生了转变，在汉人眼中他们不再是不共戴天的仇敌，而是日常生活中经常会接触的异乡人。虽然"戎狄志态，不与华同"，但"非我族类，其心必异"[①] 这样狭隘、偏激和排外的民族主义论调，只有当匈奴强大并威胁到汉人群体的生存时才会出现。同样，匈奴以外的其他民族也都以儒家文化为重，广泛开展儒学和儒家伦理道德教育，[②] 长期以来存在于胡汉之间的华夷界限逐渐淡薄，从而带来北方民族关系的缓和，这在很大程度上促进了北方的民族融合，最终酝酿出了隋唐辉煌的多民族统一国家。

[①] 《晋书》卷五六《江统传》，第1531—1532页。
[②] 无论石勒建立的后赵、拓跋氏建立的北魏，还是宇文氏建立的西魏、北周，还是高氏建立的东魏、北齐，其中对孝道的传承尤为重视，其结果是北方儒家文化渐居统治地位。

三国两晋南朝政区琐论

南京大学历史学院 六朝博物馆 胡阿祥

从1998年夏秋之际加入周振鹤教授主持的《中国行政区划通史》项目团队、承担"魏晋南北朝卷"的写作，到2014年春夏之际由笔者与孔祥军、徐成两位博士合作完成百余万字的《中国行政区划通史·三国两晋南朝卷》（以下简称《三国两晋南朝卷》），在这断断续续的十几年间，"政区建置""政区制度""政区地理"以至"政治地理"，是我们思考的几大关键词。而撰述既竟，爰就相关问题稍作归纳总结，琐论六则如次，作为《六朝政区研究刍议》[①] 一文的姊妹篇。

一 有趣而也诡异的史实

如果我们不拘泥于传统史学纪年，而就历史事实本身立论，那么，"魏晋南北朝"之起始，可以从220年曹丕篡汉，提前到184年黄巾民变，或189年刘协（汉献帝）即位，或190年关东州郡起兵讨伐董卓，或196年曹操迎汉献帝刘协至许（今河南许昌市）；又"魏晋南北朝"之结束，也可以从581年杨坚代周建隋，延后到589年隋室灭陈、重建统一。若姑且取个整数的话，不妨即以189年至589年为所谓的"魏晋南北朝"。

这延续400年之久的"魏晋南北朝"，可以划分为分裂的三国、统一的西晋、分裂的东晋十六国南北朝三个阶段，也可以区别为三国、西

[①] 胡阿祥：《六朝政区研究刍议》，《历史地理》第27辑，2013年。

晋、东晋南朝、十六国北朝四个系统。就四个系统言，三国、西晋、东晋南朝的统治民族为汉族（或称华夏），十六国北朝的统治民族主要为非汉族（或称胡）。而对应到政区建置尤其是政区制度，则作为"外来"征服者的胡族之十六国北朝，颇异于作为"土著"的汉族之三国两晋南朝。[①]《中国行政区划通史》把"魏晋南北朝"分设为"三国两晋南朝"与"十六国北朝"两卷，其学理方面的考虑，当即在此吧。

有趣而也显得诡异的史实又在于，历时400年之久的"魏晋南北朝"或"三国两晋南朝"，在政区制度与政区建置方面，恰好构成一个完整的单元，或者说构成一个独立的阶段：以言政区制度，此前的秦汉与此后的隋唐，分别为郡县二级制与州（短期称郡）县二级制，而中间的"魏晋南北朝"或"三国两晋南朝"为州郡县三级制；以言政区建置，此前的东汉，《续汉书》志第二三《郡国志》"郡、国百五，县、邑、道、侯国千一百八十"，此后的隋朝，《隋书》卷二九《地理志》"大凡郡一百九十，县一千二百五十五"，又《晋书》卷一四《地理志》"凡十九州，郡国一百七十三"，县1200余，而中间的"魏晋南北朝"，经过增置以致滥置，到南北朝末年，州数曾经达到250左右，郡数曾经达到600余，县数也增长到近1600。然则折腾了400年之久的州郡县三级制，为何仅存在于这个时代而不见于秦汉与隋唐？不断增置乃至滥置出来的诸多州郡县，又为何也仅存在于这个时代而不为后世所继承？在历时2500年的中国行政区划史中，"魏晋南北朝"或"三国两晋南朝"的这400年，其政区制度与政区建置究竟经历怎样的演变、具备怎样的特点、呈现怎样的面貌、拥有怎样的地位？这些问题，正是《三国两晋南朝卷》力图解答或者有所涉及的。

《三国两晋南朝卷》的正文十编，本着"详征史料，悉心比勘，精辨细析"（严耕望语）的追求，综合文、表、图的形式，概述了三国两晋南朝之疆域变迁与政区制度，考说了三国两晋南朝之都督区与三国、西晋、东晋、南朝实州郡县与侨州郡县沿革。而联系政区建置与政区制

[①] 如十六国政区，除了常规的、主体的州郡县外，另有军镇、护军、城、营等军政合一的类政区，又有坞堡、部落等社会组织代行政区的职能；至于北朝政区，除了常规的州郡县制外，亦有都督制、总管制、行台制、军镇制、护军制、领民酋长制等。

度两者立说，我们得出的结论，简而言之就是：随着三国两晋南朝历史的推演，其诸多的政区制度指导下的政区建置，并未按照制度的设计、规定而发展、演变，由于政区建置的不断走向增滥，导致了政区制度陷入混乱、失常状态，乃至步入虚妄的境地，并最终葬送了多种政区制度。

二 政区建置的增滥现象

三国两晋南朝政区的增置以至滥置现象，稍作数量的比较，即可得出堪称鲜明的印象。司马彪《续汉书·郡国志》以永和五年（140）为标准年代，"郡、国百五，县、邑、道、侯国千一百八十"[①]，分由13州监察；及至建安二十四年（219），郡国总数增至137。[②] 三国政区的演变即以此为基础。又西晋统一之初的太康四年（283）之政区数量，据《晋书·地理志》，凡19州，下统173郡国、1232县；其后，经过惠、怀二帝的调整，西晋末年有州21、郡国近200、县1300稍减。东晋政区的演变即以此为基础。

东汉而后为三国，三国疆域之和，稍小于东汉；统一以后的西晋疆域范围，则与三国疆域之和大体相当。西晋而后为东晋十六国，南方的东晋，其初疆域不到西晋之半。再往后的东晋南朝，虽然疆域变迁、广狭无常，大略论之，除了少数时段外，仍不及西晋之半。然而本来政区建置的数量、密度就少于、疏于北方的南方半壁江山的三国、东晋南朝，分州、设郡与置县的结果，却是数量颇众，既过本来东汉的政区建置，更远过于本来西晋的政区建置，兹列表其大致情形如下：

---

① 此年实为106郡国。105郡国系永嘉元年（145）至建和元年（147）期间阜陵国暂绝未复之时的制度。

② 李晓杰：《东汉政区地理》，山东教育出版社1999年版，第14页。

表 1　　三国两晋南朝政区建置数量表

朝代	朝代及标准年代	州数	郡数	县数	资料出处	备注
三国	曹魏黄初二年（221）	12	86	707	第三编	同时公孙氏郡4、县25
	蜀汉章武元年（221）	1	18	127	第三编	
	孙吴建安二十六年（221）	3	23	265	第三编	
		16	127	1099		221年合计数
	曹魏景初三年（239）	12	94	741	第三编	
	蜀汉延熙二年（239）	1	21	135	第三编	
	孙吴赤乌二年（239）	3	27	282	第三编	
		16	142	1158		239年合计数
	曹魏景元三年（262）	12	92	749	第三编	
	蜀汉景耀五年（262）	1	22	131	第三编	
	孙吴永安五年（262）	3	34	302	第三编	
		16	148	1182		262年合计数
西晋	太康二年（281）	19	170	1227	第四编	
	永兴元年（304）	20	182	1240	第四编	
东晋	义熙十四年（418）	15	158	907	第五编	实州郡县数
		23	252	1236	六朝书	
宋	大明八年（464）	15	156	892	第六编	实州郡县数
		21	251	1283	六朝书	
齐	建武四年（497）	13	271	1024	第七编	实州郡县数
		22	373	1444	六朝书	
梁	中大同元年（546）	89	340		第八编	实州郡数
		109	405		六朝书	
陈	祯明二年（588）	39	135	557	第九编	实州郡县数
		43	145	579	六朝书	

资料来源：详本表"资料出处"一栏。此栏中的所谓"编"，即《三国两晋南朝卷》（复旦大学出版社将出）正文相应的各编；"六朝书"，指胡阿祥《六朝疆域与政区研究》（增订本，学苑出版社2005年版）"下编"之六朝"政区建置表"。按《六朝疆域与政区研究》之六朝"政区建置表"与《三国两晋南朝卷》相应各编的考证结论，容有小异，特此说明。

这里需要特别指出的是，表 1 数字是就可考见者统计的，即可以视为该年最少应有之数，当时政区的实数必不止此。然而问题的复杂之处在于，以上所涉的各朝之疆域大小既不一致，政局也是或分裂或统一，如义熙十四年（418）、中大同元年（546）分别为东晋、梁朝极盛期，其疆域远过于孙吴天纪（277—280）中与陈朝祯明（587—589）中，故此再就三国两晋南朝首尾之疆域大体相当的吴、陈（陈稍小）两朝末年进行比较。

按孙吴仅有东汉交州的全部，荆、扬二州的各一部分，而天纪四年（280）时，立有扬、荆、交、广四州；47 郡（含校尉部 1，都尉部 2，属国 1）中，东汉旧郡只有 18 个，所置新郡达到 29 个；至于 340 县（含都尉部 3）中，新置之县也是超过一半。又陈朝的疆域范围以及户口数量都与孙吴接近，[①] 但祯明二年（588）43 州、145 郡、579 县的政区规模，以视 300 余年前的孙吴，县增 0.67 倍，郡增两倍余，州增近十倍。如此，孙吴以视东汉、陈朝以视孙吴，州郡县的增置乃至滥置可见大概矣。而这样的情形，也表现在东晋以视西晋、南朝以视东晋，以及南朝之后朝以视前朝。

三　政区增滥情形的分析

以主体疆域保持稳定、政区建置方便比较的南方六朝（孙吴、东晋、宋、齐、梁、陈）为例，其政区的增置乃至滥置，在各别朝代与各别地区的原因、方式或表现并不一致。

以各别朝代言，孙吴新增的 29 郡中，有 10 郡是改尉部所置的，如改会稽东部都尉置临海郡，改会稽西部都尉置东阳郡，改零陵北部都尉置邵陵郡，改零陵南部都尉置始安郡，改桂阳南部都尉置始兴郡，等等。新都、东安、吴兴等郡的新置，庐陵、安成等郡的分置，以及诸多新县的设立，则与镇抚山越有关。又为了加强对南越以及武陵蛮的控制，孙吴于岭南分置 8 郡，于荆州西部分置建平、天门等郡，并林立新县。要

[①] 据《晋书》卷三《武帝纪》，中华书局 1974 年版，第 71 页，西晋平吴时，得 52.3 万户，230 万口；又据《北史》卷一一《隋本纪》，中华书局 1974 年版，第 414 页，平陈时得 50 万户，200 万口。

之,改尉部、镇蛮越,是为孙吴增置郡县的最主要方式,这也从一个侧面反映了孙吴经济的发展与民族地区的开发。

东晋以视西晋,州、郡、县可称滥置的原因,则颇为单纯,即侨州郡县的广泛设置,清人洪亮吉《〈东晋疆域志〉序》所谓"侨州至十数,侨郡至百,侨县至数百"是也;降至南朝宋、齐,随着疆域的一此一彼,次第或者屡次沦陷北方政权的州、郡、县,又次第或者屡次侨置。据此,东晋、宋、齐政区的大量增置,除了经济开发、便于管理等一般原因外,侨置实为最主要的方式,如表2的统计:

表2　　　　东晋、宋、齐侨州郡县占全部州郡县比例表

年代	侨州数∶总州数(%)	侨郡数∶总郡数(%)	侨县数∶总县数(%)
东晋义熙十四年(418)	9∶23(39%)	93∶252(37%)	321∶1236(26%)
宋大明八年(464)	7∶21(33%)	97∶251(39%)	386∶1283(30%)
齐建武四年(497)	10∶22(45%)	106∶373(28%)	413∶1444(29%)

资料来源:据胡阿祥《六朝疆域与政区研究》"下编"之相关"政区建置表"统计。

东晋、宋、齐之侨州、侨郡、侨县在全部政区中所占比例之大,由此可见;而此全部政区,相对于西晋既可谓增置乃至滥置,其增滥的基础无疑又在侨州郡县。另外,刘宋为加强对蛮族的控制,多置左郡左县;及齐,左郡左县多有增置,又宁蛮府划领郡县,在俚族、僚族聚居区且置俚郡、僚郡,政区于是愈趋复杂。

及至萧梁,《隋书》卷二九《地理志》云:"大同年中,州一百七,郡县亦称于此";清人杨守敬《隋书地理志考证附补遗》卷一释之曰:"言其析置之多,如二十三州增至一百七,凡四五倍,其郡县亦准此也。"可见滥置政区,至此已经无以复加;而究其原因,则是颇出多端,如经济开发、疆域扩展、开拓边疆、慰重将帅、笼络敌将、安置士族,等等。[①] 与侨置有关的虚张声势、分州析郡,相对不占重要地位。又陈朝虽

[①] 疆域扩展者,如每得北朝郡、县,往往升级为州、郡;开拓边疆者,如"西开牂柯,南平俚洞"后,为了加强对俚族、僚族的控制,每于其聚居区置州及郡县;慰重将帅者,如出于军事原因,建镇戍之地为州郡;笼络敌将者,梁自天监至于大同,屡与北朝交战,互有胜负,而为了分化敌方,对于投诚过来的将领与官吏,多授以刺史、太守之职;安置士族者,梁世官僚机构膨胀,用增立州、郡的方法,可为士族特别是寒门地主开辟入仕的道路。

然也沿袭了萧梁的滥置趋势，但因长江以北、三峡以西的大片国土丧失于北朝，所以州郡县数量反而锐减，《隋书》卷二九《地理志》记其"州有四十二，郡唯一百九，县四百三十八"。

再以各别地区言，一般说来，不同的地域，由于政治、军事、经济等方面情况的不同，政区的划分也不一致。经济发达地区设郡立县往往比不发达地区要细、地位要高而且稳定；政治、军事重要地区的州郡建置，也要比其他地区细。而在内外关系、中央与地方关系复杂的六朝，各别地域的政区划分及其增置滥置情况又尤具各自特点。如陈朝的州郡县数锐减，直接原因是长江以北、三峡以西的丧失，而此长江以北、三峡以西又是侨州郡县设置众多之地。事实上，东晋南朝尤其是东晋、宋、齐的政区增置以致滥置，与侨州郡县相关者，正以东晋南朝的疆域北部地区，即黄河以南至长江南岸之间最为明显（长江南岸稍远便无侨州郡县的设置）。而如果把东晋南朝的疆域划分为南北两部，则疆域北部地区的政区增置以致滥置，实际是侨州郡县的设置以及政治隶属的多变、民族关系的复杂（汉中为僚，其他地区为蛮）、军事形势的重要、内部纷争的影响等因素的综合结果。至于东晋南朝的疆域南部地区，则长江南岸与南岭之间稍远，州郡县的划分因受经济基础、户口数量的制约而呈平稳发展态势；岭南地区的政区设置，在经济发展与民族开发的双重交互作用下，东晋、宋、齐逐渐增置，梁、陈则明显滥置；又西南宁州地方，州郡县设置没有大的变动，其原因在于政府对宁州控制力的薄弱，土族爨氏称强，所以政区设置少有更张，多存旧规而已。①

进而言之，六朝政区的增置乃至滥置，还表现出政区级别越高、增滥越为显著的现象。本来，一般政区的演变与析置，就符合级别越高就越不稳定、增幅也越大的规律，这是由于县的划分以经济标准为主，是人口、交通、产业等方面的发展达到一定程度的结果，县又是直接"牧民"的基层政区，不宜频繁变动或幅员过小；郡的设置，则兼顾到政治、行政及经济发展等方面；而州的增设，主要是出于政治上或军事上的考虑。如作为特殊政区的东晋南朝侨州郡县，是否设置侨州，侨州是否拥有实土，最为中央政府与地方州镇重视与关心，若京口之徐州（南徐

---

① 在《六朝政区增置滥置述论》（《中国历史地理论丛》1993年第3辑）文中，笔者以太湖流域、岭南地区、巴蜀地区为例，具体分析了其时这三个地区的政区增滥情况。读者可以参看。

州)、广陵之兖州(南兖州)、寿春之豫州、淮阴之北兖州、义阳之司州、襄阳之雍州、南郑之秦州等侨州,都事关政治格局、军事形势、中央与地方关系等要害,而且都联系着相对应的侨流势力集团,所以设即不废,并多割有实土;至于侨县,因为基本上与呈团聚状态的侨流乡族集团有关,所以设置的随意性与侨州比较既要小得多,设置的数量也大体较为实在;而介于侨州与侨县之间的侨郡,行政管理的性质胜过政治与军事的需求,下与侨县、实县的联系胜过上与侨州、实州的关系,因此侨郡的设置较之侨州也要相对规范。正是在上述所谓一般规律与并不例外的侨州郡县的双重控制下,东晋南朝时州的增幅最大,最不稳定,或因人而设州,或侨置而设州,或为了巩固中央集权而使州处于割裂无常的状态,各州之间的幅员相差也颇为悬殊,小者仅数百里见方;郡的增幅次之;县的增幅则最小,一般不超过一倍,如果去掉其中的侨县因素,那么县的增置及其在不同地域的差异,也就大体上与各别地域的经济开发过程与经济发展程度协调一致。

总之,政区增置的一般原因,不外以下几种:疆域扩大,户口滋殖,蛮夷向化,统治空白消失,地方分权加强,行政管理需要,经济开发加深等;至于分裂时期,则又往往加上了体制紊乱、虚张声势、彼此相高、抚绥迁流、位置官吏、控制要地等因素的影响。而上述种种,表现在六朝以至三国两晋南朝的政区建置上,则是日加细密,以致畸形发展,或割裂,或侨立,或析置,即听任政区愈划愈细,愈划愈多。

四 政区增滥与政区虚妄

随着政区愈划愈细,愈划愈多,州郡县的数量既不断膨胀,其辖境、统隶与领户也自然随之缩减。

按东汉永和五年(140),有106个郡级政区,1180个县级政区,户约970万,口约4915万,[①] 分由13州监察,则平均1州察8郡,1郡领

[①] 《续汉书》志第二三《郡国志》:"民户九百六十九万八千六百三十,口四千九百一十五万二百二十。"《后汉书》,中华书局1965年版,第3533页。按以下户口数字,均据史籍所载。史籍所载为编户齐民数,即户籍统计数字,实际人口数则不止此。不入籍的情形颇多,如吏、兵、僧尼、奴婢不入民籍;豪强隐占户口,成为属下之部曲、佃客;人民之脱离户籍与大量流徙。其总数当十分可观。

11县，1县有8千余户、4万余口。汉代州郡县的这种幅员与人口规模，即当时所谓"万里之州"（一州约包含百县之地）、"千里之郡"（一郡约领十县之地）、"百里之县"（县的面积以百里见方为基数），是符合地方行政要求的，也体现了《礼记·王制》"凡居民，量地以制邑，度地以居民"的精神所在。以此为准，受政治、经济、人口及地理诸因素的影响，在中原地区，州、郡、县的设置及面积密而小，远地或更远之地则稀而大。至于三国、西晋，计算其政区的辖境、统隶与领户状况，也显得比较正常。① 而进入东晋南朝时代，州郡县的辖境、统隶与领户开始逐渐失常，虽然长江、南岭之间，因为政治、军事波动较小，尚不过于紊乱，至于其他地区，则辖境愈分愈小，统隶愈变愈单，领户愈来愈少。

考东晋初，"江左区区，户不盈数十万"②。哀帝时，桓温尝言"户口凋寡，不当汉之一郡"③。孝武帝时，范宁疏云："今荒小郡县，皆宜并合，不满五千户，不得为郡，不满千户，不得为县。"④ 事实上5000户之郡、千户之县，在当时已属大郡大县。东晋州郡之残破，户口之寡少，据此可知。

刘宋政区，依据《宋书·州郡志》的记载，州统郡数、郡统县数、县领户口，大体尚不失正轨。以大明八年（464）为断，21州领251郡，平均1州12郡；251郡领1283县，1郡得5县。又其时有户90余万，口546万余，则1县平均700余户，4200余口。但是各别地域之间相差已经颇大，豫、南豫、雍、梁、秦、益、宁等沿边或荒残之地，仅辖一、二县的郡即达40余个；交州义昌、宋平2郡，越州百梁、富昌等8郡且不辖县。至于各县领户一二百者甚多，所领在百户甚至50户以下者也不少。

及至萧齐，虽然疆域视宋为小，由于政区割置益繁，所以州郡县数反较宋为多。若以建武四年（497）为断，虽有22州领373郡，平均1州17郡，但多为侨郡、荒郡；以郡县论，则1郡平均不足4县。《南齐书·州郡志》不载户口，而南豫州"民户益薄"，颍川、汝阳二郡"荒残

---

① 具体情况，可参考梁方仲编著《中国历代户口、田地、田赋统计》，上海人民出版社1980年版，"甲表13""甲表14""甲表15"。
② 《晋书》卷八五《刘毅传》，第2208—2209页。
③ 《晋书》卷九八《桓温传》，第2574页。
④ 《晋书》卷七五《范宁传》，第1986页。

来久"，青、冀二州"流荒之民，郡县虚置，至于分居土著，盖无几焉"，广州"民户不多"，宁州"齐民甚少"。更有宁州益宁郡，"永明五年，刺史董仲舒启置，领二县，无民户"①，南犍为、西益等9郡"皆然也"。又"有名无民曰空荒不立"的郡县也颇多。就其统辖而言，北兖州先唯领阳平一郡，后才增置东平郡。又郡领一、二县者至50余，不领县或不见属县或荒废而不载属县者更近百数，论其分布，则多在越、梁、秦、雍、司、北兖、益、宁、交等边州。

梁朝州郡设置，更是滥无限制，其统隶与领户情况视宋、齐为更坏。梁朝之州领3郡以内者颇多，而且不乏不领郡之州。郡领1县者比比皆是，不领县之郡也多，这种情形又以临边或荒远地区为甚。及陈，疆域大幅缩减，唯保东南与岭南富庶之区，以祯明二年（588）为断，平均每县领户900余，口3700余，情形远较临边地区为好；然而1郡平均仅领不足4县，1州仅领3郡余，不领郡之州与不领县之郡也不鲜见，论者自不能无重叠之感。

进而论之，随着上述的辖境、统隶与领户失常，三国尤其东晋南朝的政区制度也逐渐混乱，走向没落与虚妄。

以三国论，已有遥领、虚封淆人耳目；及东晋、刘宋多置侨州郡县，"故魏邦而有韩邑，齐县而有赵民。且省置交加，日回月徙，寄寓迁流，迄无定托，邦名邑号，难或详书"②。至于萧齐，政区更形繁杂参差，《资治通鉴》卷一三五建元二年（480）胡注曰：

> 有寄治者，有新置者，有俚郡、僚郡、荒郡、左郡、无属县者，有或荒无民户者。郡县之建置虽多，而名存实亡，境土蹙于宋大明之时矣。

按胡注之"寄治者"，是指为了安置侨流人口所设的侨州郡县；"俚郡""僚郡""左郡"则与南朝三大支非汉民族俚、僚、蛮有关，是为集中治理降附的俚、僚、蛮所置的特殊政区；至于所谓"新置者""荒郡""无

---

① 据《南齐书》卷五一《崔慧景传》，中华书局1972年版，第873页，永泰元年有"前宁州刺史董仲民"，则此处之"董仲舒"或为"董仲民"之误。

② 《宋书》卷一一《志序》，中华书局1974年版，第205页。

属县者""荒无民户者"云云，则可看成是"郡县之建置虽多，而名存实亡"之政区紊乱以致没落状态的注脚。

再到梁朝天监以后，州名浸多，分置离合，更是不可胜记，政区之混乱至此极矣。《资治通鉴》卷一五八大同五年（539）十一月条述其时事曰：

> 散骑常侍朱异奏："顷来置州稍广，而大小不伦，请分为五品，其位秩高卑，参僚多少，皆以是为差。"诏从之。于是上品二十州，次品十州，次品八州，次品二十三州，下品二十一州……其下品皆异国之人，徒有州名而无土地，或因荒徼之民所居村落置州及郡县，刺史、守、令皆用彼人为之，尚书不能悉领，山川险远，职贡罕通。五品之外，又有二十余州不知处所。凡一百七州。

作为制度规定的一级政区的州，竟然能够如此"建置"！而以专业的职方之臣，"二十余州不知处所"，更是宁非笑谈，岂不滑稽？

其实，因为政区滥置而引起的政区之变化、政区制度之混乱乃至虚妄，又非仅此而已，举其要言之，尚有数端。

其一，就政区层级言，三国两晋南朝在制度上本为州郡县三级制。但由于州的面积缩小，数量增多，中央政府不便管理与号令；又时当分裂时代与内轻外重时代，每每南北交争，需要强化地方大员的军事统筹力量，于是在州之上，便有了再设一级的必要，都督区因而成立。此类都督区，或包有三五州，或含有七八州，也有兼统某州之某某数郡者，梁、陈更有督十几州者。这样，东晋南朝州的地位相形下降，统制机构称为都督府的都督区，则俨然成为最高一级政区，即兼具了地方行政机构的性质，州郡县三级制遂向府州郡县四级制过渡。

其二，就县以下的基层组织论，三国时因为兵乱不已，民庶播迁，乡里制度已经受到冲击。及至东晋南朝，"氓俗巧伪，为日已久，至乃窃注爵位，盗易年月，增损三状，贸袭万端。或户存而文书已绝，或人在而反托死叛，停私而云隶役，身强而称六疾。编户齐家，少不如此"。其中情弊，则诚如虞玩之所说，编制版籍之时，"吏贪其略，民肆其奸"，以致"改注籍状，诈入仕流，昔为人役者，今反役人。又生不长发，便谓为道人，填街溢巷，是处皆然。或抱子并居，竟不编户"。按乡里组织直接管理编户齐民，征赋课役，实为"民之大纪，国之治端"①。而人民之脱籍如此，版籍之混乱若是，则可谓釜底抽薪，政区制度的基础已遭破坏，严重者乃至无民可牧。

其三，无民可牧，又使荒郡增多。此类荒郡"有名无民，曰空荒不立"，又何论县邑的充实！至于"山川险远，职贡罕通"的那些边州郡县，也往往是空存名称而已。

其四，侨州郡县在本来意义上是没有实土的，"散居无实土，官长无廨舍，寄止民村"②，便是其形象的写照。经过土断，这种情况自是大有改观；然而尽管屡行土断，仍有相当数量的侨州郡县未经土断、没有实土。这类没有实土的侨州郡县，虽有州郡县之名，但无土地之实，虽有官长，但无廨舍，如此建置，怎不令政区制度日趋紊乱？

其五，侨置、滥建，加上户口寡少等原因，又使二州、二郡合治一地，成为一个行政单位，即所谓的"双头州郡"。如齐时青冀二州仅领4郡，东莞琅琊二郡才领3县，宜其合之为一也。及至萧梁，双头郡更有仅辖1县者，如新蔡南、陈留二郡领鲖阳1县。以二郡而才有1县，无怪今人发出"县令何太苦，郡守何太闲"的感叹。③

其六，上述种种，进而使得各级政区的统隶关系渐渐变更，一些州、郡、县的幅员与人口规模缩减到了最低极限。按州必统郡，郡必辖县，这是自东汉末年州郡县三级制成立以来，不可变更的成规。而宋时已多有无县可属之郡，齐时这种情况尤为习见，梁、陈竟有州不领郡、郡不领县者。按总南北朝末年统计，州250余，郡600余，县近1600，④ 以较西晋末年的21州、近200郡国、近1300县，则此时之州已从实质上等同于彼时之郡。本来，按照州郡县三级政区制度的理想设计，州以承上，

---

① 《南齐书》卷三四《虞玩之传》，第608—609页。
② 《南齐书》卷一四《州郡志》，第256页。
③ 顾颉刚、史念海：《中国疆域沿革史》，商务印书馆1999年版，第123页。
④ 东晋南朝时代北方政区的增置滥置，也毫不逊色于南朝。如《北齐书》卷四《文宣帝纪》，中华书局1972年版，第62—63页，北齐天保七年（556）省并州郡诏云："魏自孝昌之季，数钟浇否，禄去公室，政出多门……昧利纳财，启立州郡……牧守令长，虚增其数……要荒之所，旧多浮伪，百室之邑，便立州名，三户之民，空张郡目……循名督实，事归乌有。"再看具体的政区数量，据《魏书·地形志》所记，有州113，郡519，县1352；《隋书》卷二九《地理志》，中华书局1973年版，第807页，称北周大象二年（580），"通计州二百一十一，郡五百八，县一千一百二十四"，陈亦"州有四十二，郡唯一百九，县四百三十八"。

执行中央之政令，县以亲民，平狱讼，督赋役，郡居其间，承上启下，节制一方。此时州既大小不伦，小州辖地不及旧日一郡，县又领民不多乃至无民可牧，则郡级已经失去了存在的必要，太守渐成闲员；州郡县三级制至此也是穷途末路，必须改弦更张了。

然而，对于当时的中央政府与地方统治者来说，这样的政区建置状况与政区制度混乱，尽管已属穷途末路，却也是积久成俗、积重难返、莫之奈何，因为改弦更张所涉及的政治成本与社会成本太大，严重者还会导致政局的动乱与社会的动荡，以此，其彻底的"革命"，有待新的势力特别是新的王朝，而非一以贯之、递嬗相承的东晋、宋、齐、梁、陈本身。历史提供了这样的机会。取北周而代之的隋朝，开国之初的开皇三年（583）即罢诸郡。《隋书》卷四六《杨尚希传》记其事曰：

> 尚希时见天下州郡过多，上表曰："……窃见当今郡县，倍多于古，或地无百里，数县并置，或户不满千，二郡分领。具僚以众，资费日多，吏卒人倍，租调岁减。清干良才，百分无一，动须数万，如何可觅？所谓民少官多，十羊九牧……今存要去闲，并小为大，国家则不亏粟帛，选举则易得贤才。敢陈管见，伏听裁处。"帝览而嘉之，于是遂罢天下诸郡。

及至开皇九年（589）隋灭陈，南方政区也进行了同样的改革：废郡存州、以州统县。至此，自东汉末年以来相沿400年之久的三级制回复为二级制；大业三年（607），隋炀帝又大举并省州县，并改州为郡，以郡统县。① 并省以后，全国仅存190郡，1255县，其政区数目也近于天下分裂前的东汉（如永和五年的106个郡级政区、近1200个县级政区）与西晋（如西晋末年的近200个郡国、近1300个县）。

重建统一的隋朝之大力整顿政区建置与全面改革政区制度，使得政区面貌焕然一新，迥然有别于分裂的东晋十六国南北朝，而隋所禅代的北周及其前的北齐、东魏、西魏、北魏以及十六国，隋所征服的陈朝及其前的梁、齐、宋、东晋，种种特殊的、混乱的、随宜的政区建置与政

---

① 此次改州为郡，易其名称而已，实质上"于制度之更易，疆域之变迁无与也"，参见顾颉刚、史念海《中国疆域沿革史》，第126页。

区制度，也因此宣告了终结。

五　政区建置与政区制度的批评

　　1400多年前隋朝的统一，宣告了历经演变、延续400年之久的三国两晋南朝政区建置与政区制度的终结。然则三国两晋南朝政区的研究，除了其本身的学术意义外，其间的经验值得我们汲取，其间的教训值得我们借鉴。因为归根结底，历史研究其实无关古人旧事，古人故矣，旧事往矣，所以我们追问历史的终极目的，应该还是在于着眼未来的发展吧！

　　历朝历代，如《周礼》六官开篇所说的"辨方正位，体国经野，设官分职"，都是统治者首要的大事，地方政府施政区域——政区的建置与政区制度的设计，也因此成为治理百姓、巩固统治的直接需要与重要手段。以言三国两晋南朝的政区建置与政区制度，处于由盛汉型向盛唐型的过渡阶段[①]，既不同于前此之秦汉，也不同于后此之隋唐，并异于同时之北方十六国北朝政权。而这过渡阶段的三国两晋南朝政区，确有不少经验值得我们关注。

　　比如其时多特殊政区，这些特殊政区的成立又各有其必要性，是三国两晋南朝政权针对不同时期、不同地区、不同民族、不同层次、不同人群、不同统治形势及疆域状况而采取的随宜而明智的措施。即以不同民族、不同层次、不同人群来说，有了侨流人口高标郡望的社会风气、持久深固的地域观念、"乡族集团"的迁徙形式、恢复故土的强烈愿望，才有了东晋南朝侨州郡县长期、普遍、广泛的设置乃至成为制度；有了南迁地方军政长官的兵力以及侨寓政府缺少实州实郡官位的难堪，才有

[①] 严耕望《魏晋南北朝地方行政制度约论》（《大陆杂志》第27卷第4期，1963年）指出："按汉为郡县两级制，郡以仰达君相，县以俯亲民事。而郡府尤为地方行政重心之所在，统地不广，而权力极重，故政令推行可彻底，谋叛中央则未能。此实为一良好制度。唐代前期典型制度亦州以仰达君相，县以俯亲民事。然曰'郡'曰'州'，其名不同，唐代州长官之权力亦视汉代郡守为小弱，而州之上又有虚名统辖之都督，此其异耳。而尤要者，州府内部组织，上佐曰长史、司马，诸曹曰参军，与汉代郡府之置丞尉ون史者固异，与汉代州佐称从事者亦殊。而汉世州郡县之属吏由长官自辟用本地人，唐世州县僚佐则由朝廷除授，且大抵用外州县人。此亦殊异特甚。凡此不同之点甚多，皆由魏晋南北朝三百数十年间逐步自然演变有以致之，非有一人改汉型为唐型者。"

了东晋南朝为了安置失地官吏而专门设置若干侨州侨郡；有了蛮族所处军事地理位置的重要以及人口的众多，才有了齐、梁为治理雍州蛮而使军事性的统治机构宁蛮府划领郡县，于是宁蛮府兼具了地方政区性质；有了蛮人对"蛮"称忌讳的心理以及华夏文化中以"左"代"蛮"的语境，才有了宋、齐为豫州等地蛮族所置的郡县称为"左"郡"左"县；有了相对蛮族而言，俚族、僚族的地位较为次要、分布也较为僻远，才有了齐既为部分降附的俚族、僚族设置俚郡、僚郡，俚郡、僚郡又较之左郡少得多的情形。

再如古代中国行政区划的三大原则，即总括人口原则、行政区与自然区重合原则、便宜赋税征收原则，① 在其时没有得到完全的贯彻，或者说其时主动、被动地对之进行了变通。虽然总括人口原则在郡县两级政区划分时，行政区与自然区重合原则（又称山川形便原则）在州级政区划分时，便宜赋税征收原则在县及县以下基层政区划分时，尚具有较多的兑现机会；少数都督区、部分州的划分却有意采用犬牙交错原则，以防止地方割据，便于中央控制地方，一些都督区、州、尉部、侨州郡县、双头州郡的设置与划分，则与军事形势及地方分权有关，又有遥领、虚封、位置与政治因素、正统观念的关系较为密切。②

政区可以"一国多制"，原则可以适时变通，三国两晋南朝政区建置、政区制度的诸多特点，其实正决定于其时的社会背景与特殊国情。但尽管如此，这一时代的政区建置、政区制度在实际运作中，还是产生了不少麻烦。本来，就不可能有绝无利弊的制度，统治者只是权衡利弊大小而为之，而且制度实行之初，往往利大于弊。由此出发，站在非当事人的今人之立场上，我们"理解的同情"，则三国两晋南朝政区所引出的弊端，尤其值得注意者有以下几个方面。

其一，外重内轻，必然导致割据与动乱。

按汉制"外轻内重"，其时郡太守地位很高，但郡的幅员小、人口少、财力薄，难以形成割据局面；又州的幅员虽大、人口虽多、财力虽

---

① 参考侯甬坚《古代中国的行政区划原则》，收入其著《历史地理学探索》，中国社会科学出版社2004年版。

② 及至齐梁以后，由于政区的不断分割，境域的直线下降，政区划界遂无一定的规律与原则可寻。

厚，但州是监察区，刺史为监察官，也不易造成分裂。及至东汉末年，州由监察区变为行政区，州牧刺史由监察官变为地方最高行政官，于是"外重内轻"局面逐渐形成。又汉末大乱，乃有都督制度的兴起。此本为统军而设，然而军事时期，军权高于一切，都督既握军权，势必凌驾刺史，以军干政，侵夺刺史职权。三国时已有都督兼领州牧，内亲民事，外领兵马；到了西晋末年，都督例兼治所之州刺史，而且能够控制治所以外诸属州，东晋南朝相承不改。都督制度及地方政权双轨制①更加剧了外重之局。这些都督刺史统辖数州，上马管军，下马管民，自辟属吏，荐用僚佐，拥带部曲为私人武力。② 以此，都督刺史遂成为把持地方政治、影响中央政局的一股重要力量。如在地方，都督刺史往往形成割据，而且彼此之间争斗不已；对于中央，则造成"藩伯强盛，宰相权弱"③ 的局面，并导致内外矛盾、政局动乱乃至改朝换代，如刘裕据京口以篡晋，萧道成据淮阴以篡宋，萧衍据襄阳以篡齐，即为都督刺史势成尾大，举兵向阙而更代。

其二，军、政合治，必然导致民刑诸政不修。

按汉代郡县长官之僚佐仅有一个系统。东晋以降，军府形成，其时除单车刺史仅置州吏外，凡刺史加将军者皆得开府置佐，是为军府；刺史兼带护蛮夷校尉等名号者，还得另置校尉府一如军府，则其僚佐更有州吏、府吏与校尉府吏三个系统。又诸郡加督者以及位处军事重地、边控蛮夷者，也多置有军府。军府始置本理军务，原则上不予行政，地方行政仍归州吏、郡吏，也就是地方上军政两套机构与官职同设并置，文武分职，各司其事。然而积时既久，不独军、政浑然不分，府吏还以亲幸权重，渐夺州吏郡吏职权，于是州吏郡吏退处闲散；又战争频繁的三国两晋南朝时期，军事第一，州郡长官及僚佐多系军人。军人当权，地方行政以为军事服务为中心、为转移，其轻视民刑诸政，是为必然结果。民刑不修，也表现在上述乡里组织的破坏上；而乡里组织既经破坏，户口著籍者寡少，州郡空虚，又动摇了政区制度乃至国家统治的基础。

---

① 所谓地方政权双轨制，即州、郡开府者，长官虽为一人，僚佐别为两系（府吏与州吏、郡吏）；又府吏由中央除授，并以外籍为原则，而州吏、郡吏则辟用本地人士。

② 如严耕望《魏晋南北朝地方行政制度约论》引四川云阳梁鄱阳王萧恢题名碑云："鄱阳王任益州，军府五万人从此过"，此即萧恢由荆州刺史转益州刺史时所自随之部曲。

③ 《晋书》卷八四《王恭传》，第2185页。

其三，政区层次过多，政区制度过分不整齐划一，政区建置过滥，必然导致行政效率下降，政区混乱，各级权力衰弱。

按府、州、郡、县，行政层次达到四级，阻隔因之加大，政令不易贯彻，下情也不易上达，中央政府遂不能进行有效的行政管理；三国西晋尤其东晋南朝的特殊政区制度，虽为形势使然，不可妄议，但因之而建置的林林总总的各种特殊政区，却也造成了政区的混乱、系统的复杂，冲击与破坏着正常的政区制度与政区建置；行政区域的既有分割，隶属关系的多有改变，既使政区的历史继承性与相对稳定性遭到沉重破坏，政区制度与政区建置走向没落与虚妄，又使各级政区的辖境、统隶、领户等逐渐失常、失控，地方权力近乎解体，中央集权也因此衰弱。

其四，机构重叠，官吏冗滥，必然导致地方吏治败坏。

按三国西晋尤其东晋南朝时期，依附政区之上的各级地方机构叠床架屋，设官置吏大多相似，于是职责不清，上下推诿；又官吏数目极为庞大，如宋永初二年，"初限荆州府置将不得过二千人，吏不得过一万人；州置将不得过五百人，吏不得过五千人。兵士不在此限"①。此项限制之数目已经极为惊人，况且平时必逾此数。下至小州，州府吏员各近千；郡县吏员也必不少。盖政局不安，地方政治为豪族所把持，地方长官又有很大的用人权，②吏员猥多不足为怪。然而长官及吏员每有食禄而不任事者，或优游岁月、风雅山水，或只以聚敛搜括为意。而大族子弟、寒门庶姓既多谋求地方权位，为着利益均沾，于是乃有任期制度的确立。③按此本良制，官有任期，则安于职守，有裨政务之推广，又可防止刺史、守、令成为地方恶势力；然而事实上却走向了反面。"选举惟以恤

---

① 《宋书》卷三《武帝纪》，第57页。

② 余行迈、魏向东《六朝地方官制述论》（《苏州大学学报》1990年第1期）："地方佐吏除了州之上纲与郡、县之上佐由朝廷除授外，其他内外诸职基本上由各级长官自行辟用。其掌军者所设军府佐吏虽说应由朝廷除授，但府主有推荐权，且可直接版授参军。州郡长官所辟属吏多是本籍人，多为大族子弟，因而地方行政难免为大族把持，由此而形成地区性的地方实力集团。"

③ 如《南史》卷七七《恩倖·吕文显传》，中华书局1975年版，第1932页："晋、宋旧制，宰人之官，以六年为限。近世（永明）以六年过久，又以三周（即三年）为期，谓之小满"；《南史》卷五《齐本纪》，第144页：齐建武三年，"诏申明守长六周之制，事竟不行"。

贫为先，虽制有六年，而富足便退"①，于是任期转而成为地方官尽快尽量搜括的动力，又使选代频繁，迎来送往，浪费了大量的人力物力。如吴孙皓时，"州县职司，或莅政无几，便征召迁转，迎新送旧，纷纭道路，伤财害民，于是为甚"②；及东晋时，情况更为严重，"长吏轻多去来，送故迎新，交错道路"，乃至地方上专拨送迎钱，专置送迎吏，"受迎者惟恐船马之不多，见送者惟恨吏卒之常少。穷奢竭费谓之忠义，省烦从简呼为薄俗，转相仿效，流而不反"③。凡此种种，遂使吏治日坏，而又无完善的地方监察制度以弹纠、肃清、惩处之，④ 于是吏治更为败坏。吏治败坏又影响了地方行政，加深了政治危机。

然则诸如此类的经验与教训表明，政区建置与政区制度的得当与否，不单直接影响到地方政府的行政管理，而且确实关系到国家的巩固、民族关系的演变以及社会经济文化的发展。三国两晋南朝时期是这样，当今自然也不例外。

六 "魏晋南北朝政治地理研究"开题

如上所述，若以政区建置与政区制度两者相互印证、解说与评价，那么三国两晋南朝政区演变的基本轨迹是，由于政区建置的不断走向增滥，导致了政区制度陷入混乱、失常状态，乃至步入虚妄的境地，并最终葬送了多种政区制度。而由这样的"表象"继续深入下去或推扩开来，以《三国两晋南朝卷》之疆域变迁、政区制度的概述与各朝具体的府州郡县的考说为基础素材，发掘与考量并不贫乏的文献记载，更有诸多的

---

① 《晋书》卷七五《范宁传》，第1986页。
② 《三国志》卷六一《吴书·陆凯传》，中华书局1982年版，第1407页。所谓"迁转"，也为地方官任用制度，如梁武帝著令："小县有能，迁为大县；大县有能，迁为二千石"（《梁书》卷五三《良吏传·序》，中华书局1973年版，第766页），即为县令长迁转制度。从制度上讲，迁转本为经世良法，即以县令长的迁转来说，究其意旨在奖掖贤能，盖令长为亲民之官，一经宰县，既深知民事，复具丰富的行政经验，然后提拔为高一级地方官，自能政通事举，少有窒碍。然而事实上因为任用靡滥，迁转也失其效。
③ 《晋书》卷八二《虞预传》，第2144页。
④ 中央监察机构御史台只是不定期派遣御史出巡，而无经常性的措施。及至宋末齐世，乃以府吏中不登流品的典签监督刺史，此辈本为亲幸小臣，人微易盈，放诞恣纵，不顾大体，于是乃有宗室屠戮、政出多途、事权不一等后果。

政治地理问题以及相关问题,① 值得我们探讨。姑举三段史料为例。

例一,《三国志》卷六〇《吴书·吕岱传》:

> 交阯太守士燮卒,权以燮子徽为安远将军,领九真太守,以校尉陈时代燮。岱表分海南三郡为交州,以将军戴良为刺史,海东四郡为广州,岱自为刺史。遣良与时南入,而徽不承命,举兵戍海口以拒良等。岱于是上疏请讨徽罪,督兵三千人晨夜浮海……过合浦,与良俱进。徽闻岱至,果大震怖,不知所出,即率兄弟六人肉袒迎岱。岱皆斩送其首。徽大将甘醴、桓治等率吏民攻岱,岱奋击大破之,进封番禺侯。于是除广州,复为交州如故。

按黄武五年(226)孙权分交州置广州,并强行改派士徽(士燮之子,其时已自署交阯太守,以袭父职)领九真太守,是意在激起士徽的反叛,进而剿灭士氏,以改变汉末以来形成的士氏家族掌控岭南的局面。而当这种企图达成以后,乃"除广州,复为交州如故"。如此,孙权的这次分交州置广州,可谓典型的通过改变政治地理格局,以求处理政治难题的实例。

例二,《晋书》卷八四《殷仲堪传》:

> 尚书下以益州所统梁州三郡人丁一千番戍汉中,益州未肯承遣。仲堪乃奏之曰:"夫制险分国,各有攸宜,剑阁之隘,实蜀之关键。巴西、梓潼、宕渠三郡去汉中辽远,在剑阁之内,成败与蜀为一,而统属梁州,盖定鼎中华,虑在后伏,所以分斗绝之势,开荷载之路。自皇居南迁,守在岷邛,衿带之形,事异曩昔。是以李势初平,割此三郡配隶益州,将欲重复上流为习坎之防。事经英略,历年数纪。梁州以统接旷远,求还得三郡,忘王侯设险之义,背地势内外之实,盛陈事力之寡弱,饰哀矜之苦言……苟顺符指以副梁州,恐公私困弊,无以堪命,则剑阁之守无击柝之储,号令选用不专于益

---

① 所谓相关问题,如三国两晋南朝时期之正统观念、人口迁移、民族政策、胡汉分治、侨旧关系、世族权力、军事形势、经济开发、地域意识等因素,对于政区制度创立、调整、流变乃至破坏、消亡的作用,以及给予具体的政区建置的影响。

州，虚有监统之名，而无制御之用，惧非分位之本旨，经国之远术。谓今正可更加梁州文武五百，合前为一千五百，自此之外，一仍旧贯。设梁州有急，蜀当倾力救之。"书奏，朝廷许焉。

按在东晋太元年间都督荆益宁三州军事、荆州刺史、镇江陵的殷仲堪看来，如果"定鼎中华，虑在后伏"，巴西、梓潼、宕渠三郡可属北方的梁州，而当"皇居南迁，守在岷邛"之时，由于"剑阁之隘，实蜀之关键"，此三郡又"去汉中辽远，在剑阁之内"，自应配隶南方的益州。盖按照政治地理思维，定鼎长江下游的政权，需要长江中上游的缓冲地带，长江上游的巴蜀之地，又需要汉中的屏蔽、剑阁的隘险，这就是"制险分国，各有攸宜"的原理。

例三，《南齐书》卷一四《州郡志》南豫州条：

> 永明二年，割扬州宣城、淮南，豫州历阳、谯、庐江、临江六郡，复置南豫州。四年，冠军长史沈宪启："二豫分置，以桑堁子亭为断。颍川、汝阳在南谯、历阳界内，悉属西豫，庐江居晋熙、汝阴之中，属南豫。求以颍川、汝阳属南豫，庐江还西豫。"七年，南豫州别驾殷弥称："颍川、汝阳，荒残来久，流民分散在谯、历二境，多蒙复除，获有郡名，租输益微，府州绝无将吏，空受名领，终无实益。但寄治谯、历，于方断之宜，实应属南豫。二豫亟经分置，庐江属南豫，滨带长江，与南谯接境，民黎租帛，从流送州，实为便利，远输西豫，非其所愿，郡领灊、舒及始新左县，村竹产，府州采伐，为益不少。府州新创，异于旧藩。资役多阙，实希得庐江。请依昔分置。"尚书参议："往年虑边尘须实，故启回换。今淮、泗无虞，宜许所牒。"诏"可"。

按此段争议的关键，其实不在"空受名领，终无实益"的颍川、汝阳两个侨郡，而在江淮之间、可此可彼的庐江实郡。以淮域为主的豫州希望得到庐江郡，是因为此郡居于辖下的晋熙、汝阴二郡之间，从地理形势与方便治理言，本来就应该划归豫州；而以江域为主的南豫州不愿放弃庐江郡，则是看重了其租帛、竹产等资源以及这些资源"从流送州，实为便利"的交通条件。换言之，庐江郡在豫州与南豫州之间归属的游移不定,涉及了自然形势、资源物产、水陆交通、政区划界等诸多的政治地理问题。

通过以上所举三例,我们应该不难感触三国两晋南朝政治地理领域的广泛与有趣。其实早在1999年,周振鹤发表的《建构中国历史政治地理学的设想》一文中,就提出了"中国历史政治地理学的研究在行政区划方面"应该包括"三个部分或者说三个步骤的内容",第一,"复原疆域政区历史变迁的全过程",即以"沿革表、历史地图与沿革史的撰写与编绘"等形式,开展通代与断代疆域政区地理的研究;第二,"就疆域政区本身的要素",诸如政区结构、幅员、边界等,"进行分解式的以及政治学角度的研究";第三,"研究政治过程对地理区域变迁的影响",这又包括政治地理格局的调整、对行政区域要素的调整、政治过程的决定性作用等方面。[①] 而衡之以《三国两晋南朝卷》的内容,所致力者还仅仅属于周先生所说的第一个部分或第一个步骤。如此,笔者将来或会从事的"魏晋南北朝政治地理研究",自是大有可为的课题,至于本则琐论,则视作开题可矣。

---

① 周振鹤:《建构中国历史政治地理学的设想》,《历史地理》第15辑,1999年。

曹魏南阳郡领县辨正

郑州大学历史学院　张旭华

关于曹魏时期南阳郡领县数目，由于陈寿《三国志》缺乏像《汉书·地理志》和《续汉书·郡国志》那样详细地记载，以致清代学者在补三国疆域志时众说纷纭，歧见颇多。本篇短文拟对此稍加辨正，以期对曹魏南阳郡政区的建置沿革有全面准确地认识。

据《续汉书·郡国志》南阳郡条，约在东汉顺帝永和五年（140），南阳郡领有 37 县：宛、冠军、叶、新野、章陵、西鄂、雉、鲁阳、犨、堵阳、博望、舞阴、比阳、复阳、平氏、棘阳、湖阳、随、育阳、涅阳、阴、郦、邓、山都、酂、穰、朝阳、蔡阳、安众、筑阳、武当、顺阳、成都、襄乡、南乡、丹水、析。① 降至汉末，由于南阳郡先后析置章陵与南乡二郡，又将山都县别属襄阳郡，故其领域已有所变动。

章陵郡始置于何时，史书未有明确记载。据《后汉书》卷七四下《刘表传》载："初平元年……诏书以表为荆州刺史。"刘表请蒯越等共谋大计，蒯越议曰："兵集众附，南据江陵，北守襄阳，荆州八郡可传檄而定。"李贤注引《汉官仪》曰："荆州管长沙、零陵、桂阳、南阳、江夏、武陵、南郡、章陵等是也。"② 其后，蒯越佐刘表平定荆土，"诏书拜章陵太守"③。可见至迟在汉献帝初平元年（190），业已析置章陵郡。关于章陵郡属县，史籍无考。有学者推测："章陵郡既名章陵，章陵一县必当为

---

① （晋）司马彪撰，（梁）刘昭注补：《续汉书》卷二二《郡国志四》，收入中华书局校点本《后汉书》，中华书局 1965 年版，第 3476—3477 页。
② 《后汉书》卷七四下《刘表传》，第 2419—2420 页。
③ 《三国志》卷六《魏书·刘表传》注引《傅子》，中华书局 1959 年版，第 215 页。

其属县无疑。又以章陵县地望观之，其西面毗邻蔡阳，东面为位于南阳郡内最东端之随县，北为平氏县，颇疑此三县亦应属章陵郡。"① 若此说不误，则章陵县领有章陵、蔡阳、随、平氏四县。

南乡郡析置于汉献帝建安中。《水经注》卷二〇《丹水》："汉建安中，割南阳右壤为南乡郡。"② 《晋书》卷一五《地理志下》荆州条曰："后汉献帝建安十三年，魏武尽得荆州之地……又分南阳西界立南乡郡。"③ 据清人吴增仅《三国郡县表附考证》，其时南乡郡领有南乡、顺阳、鄀、丹水、武当、阴、筑阳、析8县。④

建安十三年（208），由南阳郡析置襄阳郡，南阳郡之山都县亦别属襄阳郡。《宋书》卷三七《州郡志三》襄阳公相条下云："魏武帝平荆州，分南郡编以北及南阳之山都立，属荆州。"⑤

由上可知，至汉献帝建安年间，南阳郡领县已明显减少，在《续汉志》所载37县中，除去别属章陵郡4县、南乡郡8县及襄阳郡1县外，所余之地大约还有24县。

世入三国，南阳郡归于曹魏版图，然由于《三国志》只有纪传而无志，故有关南阳郡属县史未明言，难得其详。南朝史学家沈约在《宋书》卷三五《州郡志》序中说："地理参差，其详难举，实由名号骤易，境土屡分。……且《三国》无志，事出帝纪，虽立郡时见，而置县不书。"因此之故，清代学者在补三国疆域志时，对于曹魏南阳郡领县数目也颇有歧说。例如，吴增仅《三国郡县表附考证》（以下简称吴表）称魏南阳郡领27县，其中，宛、冠军、新野、西鄂、雉、鲁阳、犨、堵阳、博望、舞阴、比阳、棘阳、湖阳、随、育阳、涅阳、邓、郦、穰、朝阳、蔡阳、安众22县为汉旧县；又章陵郡于魏黄初三年易名为义阳郡，领有安昌（章陵县改）、平氏、平林、义阳（分平氏立）、平春、鄀、叶7县，约在齐王芳时，省义阳郡，以平春县移江夏郡，鄀县移襄阳郡，其余5县则

---

① 李晓杰：《东汉政区地理》，山东教育出版社1999年版，第200页。
② （北魏）郦道元注，杨守敬、熊会贞疏：《水经注疏》中册，江苏古籍出版社1989年版，第1733页。
③ 《晋书》卷一五《地理志下》，中华书局1974年版，第454页。
④ （清）吴增仅：《三国郡县表附考证》，《二十五史补编》第三册，中华书局1986年版，第2878页。
⑤ 《宋书》卷三七《州郡志三》，中华书局1974年版，第1136页。

还属南阳。故吴表所列南阳郡属县为27县，而《续汉志》中之复阳、成都、襄乡3县，则于史无考。①

洪亮吉《补三国疆域志》（以下简称洪志）称魏南阳郡领22县，其22县与上引吴表所列22个汉旧县全同。② 与吴表相比，洪志缺少义阳郡省废后还属南阳之安昌、平氏、平林、义阳、叶5县。

谢钟英《三国疆域表》（以下简称谢表）则称魏南阳郡领19县，此19县较洪志所列22个汉旧县少新野、棘阳、随、蔡阳4县，多叶县1县。③ 与吴表27县相比，谢表少新野、棘阳、随、蔡阳4县，并少义阳郡省废后还属南阳郡之安昌、平氏、平林、义阳4县。

以下将吴表、洪志与谢表所记曹魏南阳郡领县列表如下：

序号	吴增仅《三国郡县表》	洪亮吉《补三国疆域志》	谢钟英《三国疆域表》
1	宛	宛	宛
2	冠军	冠军	冠军
3	新野	新野	
4	西鄂	西鄂	西鄂
5	雉	雉	雉
6	鲁阳	鲁阳	鲁阳
7	犨	犨	犨
8	堵阳	堵阳	堵阳
9	博望	博望	博望
10	舞阴	舞阴	舞阴
11	比阳	比阳	比阳
12	棘阳	棘阳	
13	湖阳	湖阳	湖阳
14	随	随	
15	育阳	育阳	育阳
16	涅阳	涅阳	涅阳
17	邓	邓	邓

---

① （清）吴增仅：《三国郡县表附考证》，《二十五史补编》第三册，第2876—2879页。
② （清）洪亮吉：《补三国疆域志》，《二十五史补编》第三册，第3059—3061页。
③ （清）谢钟英：《三国疆域表》，《二十五史补编》第三册，第2978—2979页。

续表

序号	吴增仅《三国郡县表》	洪亮吉《补三国疆域志》	谢钟英《三国疆域表》
18	郦	郦	郦
19	穰	穰	穰
20	朝阳	朝阳	朝阳
21	蔡阳	蔡阳	
22	安众	安众	安众
23	安昌（魏初属义阳郡，后义阳郡省，还属南阳）		
24	平氏同上		
25	平林同上		
26	义阳同上		
27	叶同上		叶

统观吴表、洪志与谢表，其所记魏南阳郡领县数目参差不一，颇为悬殊，如以吴表与谢表相比，两者相差竟达 8 县之多。然则，三家之说何以会出现如此大的差异，揆其大要，略有二端：一是吴表所列 22 个汉旧县是否都是南阳郡属县的问题；二是有关曹魏义阳郡的置废及其属县的归属问题。以下就略加辨正。

首先，洪志所列魏南阳郡所领 22 县，与吴表所列 22 个汉旧县全同；而谢表所列魏南阳郡所领 19 县，则较吴表 22 个汉旧县少新野、棘阳、随、蔡阳 4 县，多叶县 1 县。何以如此？谢钟英在为洪亮吉《补三国疆域志》所作《补注》中曾有说明。例如，洪志于南阳郡条下云："魏领县二十二。"谢氏《补注》曰："今从《三国志》、沈《志》、《一统志》，移棘阳、新野、蔡阳、随属义阳，以江夏叶县来属，为十九县。"[①] 并且，在洪志所列南阳郡所属新野、棘阳、蔡阳、随县各条之下，谢氏还具体谈到将其归属义阳郡的理由：

新野："新野两汉志属南阳，《蜀志》邓芝、来敏并云义阳新野

---

① （清）谢钟英：《补三国疆域志补注》，《二十五史补编》第三册，第 3059 页。

人，是魏时新野属义阳。"①

棘阳："棘阳两汉志属南阳，《魏志》邓艾义阳棘阳人，是魏棘阳属义阳郡。"②

随："随两汉志属南阳，《晋太康地志》属义阳。钟英按：沈《志》晋武分义阳为随国，是魏时随县属义阳郡。"③

蔡阳："蔡阳两汉志属南阳……《一统志》云：'魏属义阳。'今考《三国志》，棘阳、新野魏并属义阳，蔡阳在棘阳、新野之南，地望当属义阳，疑魏时本属义阳，至晋初改属南阳。"④

不过，关于新野、棘阳2县究属南阳郡还是义阳郡，洪亮吉在"棘阳县"条下曾经谈到将其归属南阳郡的理由："《邓艾传》义阳棘阳人。今考《太平寰宇记》，魏义阳郡领五县，无棘阳。疑艾传从后追书，故仍列此。《蜀志》来敏、邓芝言义阳新野人，盖亦同。"⑤但是，对于洪氏之说，谢钟英在《补注》中不以为然，他说："洪氏撰《三国疆域志》，不信著书之承祚，而信赵宋之乐史，殆不可解。书中如此类者甚夥，今皆正其误，一以《三国志》为准。"⑥

我意以为，关于曹魏义阳郡属县，《太平寰宇记》卷一三二淮南道信阳军条曾有明确记载："《魏志》：'文帝分南阳立义阳郡，居安昌城，领安昌、平林、平氏、义阳、平春五县。'"⑦同卷信阳县条亦载："本汉平氏县义阳乡之地，《魏志》云：'文帝黄初中分平氏立义阳县。'"⑧据此可知，义阳郡确系魏文帝黄初中所立，领县5，并无谢氏所说之新野、棘阳、蔡阳、随4县。至于《蜀志》称邓芝、来敏义阳新野人，《魏志》称邓艾义阳棘阳人，则确如洪志所疑，很有可能是西晋时陈寿"从后追书"之故。因为查《晋书》卷一五《地理志下》义阳郡条："太康中置，统

---

① （清）谢钟英：《补三国疆域志补注》，《二十五史补编》第三册，第3060页。
② 同上书，第3061页。
③ 同上。
④ 同上。
⑤ （清）洪亮吉：《补三国疆域志》，《二十五史补编》第三册，第3061页。
⑥ （清）谢钟英：《补三国疆域志补注》，《二十五史补编》第三册，第3061页。
⑦ （宋）乐史：《太平寰宇记》第六册，中华书局2007年版，第2599页。
⑧ 同上书，第2601页。

县十二。"其中就有新野、棘阳二县。① 类似的例子，又见《后汉书》卷七四下《刘表传》载建安初年有"从事中郎南阳韩嵩"，李贤注引《先贤行状》曰："嵩字德高，义阳人。"② 而我们知道，东汉之世并无义阳郡，所谓韩嵩义阳人，盖与前揭《蜀志》《魏志》同例，皆为后人"追书"甚明。故谢氏依据《蜀志》《魏志》之文，将新野、棘阳划属义阳郡，似不足凭信。如新野、棘阳二县不属义阳郡，则谢氏所谓"蔡阳在棘阳、新野之南，地望当属义阳"的推论，自然也就无法成立了。另外，谢氏以《晋太康地志》载随县属义阳，以及沈约《州郡志》随阳太守条下载晋武帝"分义阳为随国"，以为"是魏时随县属义阳郡"，也有不妥。因为《州郡志》记述的是晋武帝太康中复置义阳郡的情况，并未涉及曹魏时事，其所云"太康年，又分义阳为随国"③，安能作为"魏时随县属义阳郡"之证？由此而论，曹魏时新野、棘阳、蔡阳、随4县并非义阳郡属县，吴表、洪志将其列为南阳郡属县是正确的。

至于谢钟英将叶县归属于南阳郡，而不是像吴表那样先隶属义阳，后又还属南阳郡，其理由较为充分，应予采信。据《三国志》卷三《魏书·明帝纪》景初元年（237）十二月条载："分襄阳郡之郏、叶县属义阳郡。"似乎郏、叶2县原属襄阳，至此又改属义阳。对此，谢氏在《补注》中考证说："襄阳郡不能越南阳而有叶县。义阳在襄阳之东，亦不能越南阳而有叶县。是叶县无缘自襄阳来属。疑衍叶字。"④ 其说是。因为叶县本为南阳郡属县，而且地处堵阳之北，襄阳郡断不会越过南阳郡中部数县而领有该县。除谢氏之外，杨守敬也认为《三国志·魏书·明帝纪》有误。如杨氏在对吴增仅《三国郡县表》所作《补正》中说："叶自南阳移来，非襄阳也。叶县在比阳、舞阴之北，似不得越此二县而属义阳。"⑤ 故吴表将叶县归属义阳，后又还属南阳，虽然在整体上对南阳郡领县数目影响不大，但其说有误，应以谢说为是。

其次，在曹魏义阳郡的置废及其属县的归属问题上，吴表与洪志、谢表也存在着很大分歧。如据吴表，魏义阳郡领有安昌、平氏、平林、

---

① 《晋书》卷一五《地理志下》，第455页。
② 《后汉书》卷七四下《刘表传》，第2422页。
③ 《宋书》卷三六《州郡志二》，第1105页。
④ （清）谢钟英：《补三国疆域志补注》，《二十五史补编》第三册，第3062页。
⑤ （清）杨守敬：《三国郡县表补正》，《二十五史补编》第三册，第2879页。

义阳、平春、郡、叶7县。而据洪志，魏义阳郡领有8县，较吴表多出郾县1县。若依据谢表，魏义阳郡则领有9县，即较吴表少平春、叶2县，多新野、棘阳、随、蔡阳4县。不过，谢表与洪志虽然对义阳郡属县存有差异，但他们都认为义阳郡自设置以后始终未废，所以也不存在将其属县移还他郡的问题。而吴表则认为义阳郡曾经省废，故其所列魏南阳郡所领27县中，也包括原来隶属义阳郡，后又还属南阳郡的安昌、平氏、平林、义阳、叶5县。对此，吴增仅在《三国郡县表附考证》卷三义阳郡条下说："《寰宇记》魏文帝立义阳郡，治安昌，领安昌、平林、平氏、义阳、平春五县。沈《志》魏文帝立，后省，晋武帝又立。《晋志》太康元年立。今考《魏志·明帝纪》，景初元年，以襄阳之郡、叶二县属义阳郡，而《晋志》无之。据《左传》杜注，叶县已属南阳。是尤足证魏之义阳曾经省废，晋之义阳非魏旧矣。《魏志·齐王芳纪》云：自帝即位，郡国县道多所置省。义阳之省，或在是时①。今从沈《志》。"②

应该说，吴氏称"魏之义阳郡曾经省废，晋之义阳非魏旧矣"，其论颇具见地。前已述及，汉献帝初平元年，已从南阳郡析置章陵郡，辖章陵、蔡阳、随县、平氏4县。下至魏文帝黄初中，复改章陵郡为义阳郡。《水经注》卷二八《沔水》："水出安昌县故城……县故蔡阳之白水乡也。汉元帝以长沙卑湿，分白水、上唐二乡为舂陵县。光武即帝位，改为章陵县，置园庙焉。魏黄初二年，更从今名，故义阳郡治也。"③ 对于黄初二年改名之说，吴增仅曾予考证："《水经注》黄初二年改章陵县曰安昌。今考彭城王据于黄初三年封章陵王，其年徙封义阳，安得二年已改名安昌乎？安昌改名，疑当在彭城王据徙封义阳之初。《水经注》云二年当即三年之讹。"又云："据《水经注》，文帝改章陵县曰安昌，安昌为义阳郡领县。以此推求，义阳似即章陵之改名也。"④ 其说是。

另外，据前揭《太平寰宇记》，魏文帝立义阳郡，"领安昌、平林、平氏、义阳、平春五县"。又《三国志·魏书·明帝纪》载景初元年，

---

① （清）吴增仅：《三国郡县表附考证》，《二十五史补编》第三册，第2884页。
② （清）吴增仅：《三国郡县表附考证》，《二十五史补编》第三册，第2884页。
③ （北魏）郦道元注，杨守敬、熊会贞疏：《水经注疏》下册，第2382—2383页。
④ （清）吴增仅：《三国郡县表附考证》，《二十五史补编》第三册，第2884页。

"分襄阳郡之鄀、叶县属义阳郡"。然据谢钟英、杨守敬考证，叶县本不属义阳，是魏义阳郡实领安昌、平林、平氏、义阳、平春、鄀6县。但是，据《宋书》卷三六《州郡志二》义阳太守条云："魏文帝立，后省，晋武帝又立。"《晋书》卷一五《地理志下》义阳郡条亦云："太康中置。统县十二。"可见曹魏设置义阳郡后，确曾予以省废，延至晋武帝太康中复置。不过，关于义阳郡的省废时间，史籍未有明确记载，《三国志》卷四《魏书·齐王芳纪》嘉平五年（253）条云："自帝即位至于是岁，郡国县道多所置省，俄或还复，不可胜计。"据此，吴增仅推测"义阳之省，或在是时"。因为据《三国志》记载，曹魏时期大规模地改易或置省郡国县邑凡两次：一次是魏文帝即位之初，"郡国县邑，多所改易"[1]；再一次就是齐王芳统治时期，郡国县道"多所置省"。由于义阳郡始置于魏文帝黄初三年，不可能初置即废，故义阳郡见省，很可能即在齐王芳时。

　　随着义阳郡的省废，自然也会产生一个问题，即其原来所领6县到底归属于何郡？依照吴表所列，在义阳郡省废之后，其所领县归属有三：一是以平春县移还江夏；二是以鄀县移还襄阳；三是以安昌、平氏、平林、义阳、叶5县还属南阳。以平春县来说，其县东汉时即属江夏郡，魏文帝黄初三年置义阳郡，始以平春县改属义阳，故随着义阳郡见省，平春县自当还属江夏，应无疑义。再以鄀县来说，其县东汉时即属南郡，汉献帝建安十三年分南郡以北立襄阳郡，以鄀县属襄阳，魏明帝景初元年，又以鄀县属义阳郡，故随着义阳之省，鄀县自当还属襄阳。另外，安昌县系由汉章陵县改名，义阳县系由汉平氏县义阳乡析置，故此3县皆可视为汉南阳郡之旧县。又平林县地望在安昌之东，平氏、义阳2县之南，随县之北，在地域上亦属东汉南阳郡范围之内。所以在义阳郡见省之后，上述4县还属南阳郡，自然也是情理中事。但是，如前所说，曹魏时叶县仍属南阳郡，不属义阳郡，故而也不存在将叶县还属南阳之事。这样，自义阳郡省废之后，还属南阳郡的应为安昌、平氏、平林、义阳4县，再加上南阳郡所领23个汉旧县（含叶县），其领县数目仍为27县。从这一意义上讲，吴表所列魏南阳郡所领27县，考虑到义阳郡省废之后其所属6县的归属问题，较为全面、准确地反映了曹魏时期南阳

---

[1] 《三国志》卷二《魏书·文帝纪》，第76页。

郡政区的建置沿革与发展变化，可资信从。

对于曹魏南阳郡领县数目，当代学者也有不同意见。如梁允麟先生在《三国地理志》一书（以下简称梁书）中认为，"魏南阳郡领汉旧县22"，即宛、冠军、叶、襄乡、西鄂、博望、育阳、雉、鲁阳、犨、堵阳、舞阴、比阳、湖阳、复阳、郦、穰、朝阳、安众、涅阳、蔡阳、邓县。① 梁书的这一观点，与前引清代各家之说均不相同。例如，与吴表27县相比，梁书少新野、棘阳、随3个汉旧县，以及魏初属于义阳郡、后来还属南阳郡的安昌、平氏、平林、义阳4县，但却多出襄乡、复阳2县。与洪志22县相比，梁书少新野、棘阳、随3县，多叶、襄乡、复阳3县。与谢表19县相比，梁书则多出襄乡、复阳、蔡阳3县。需要指出的是，梁书认为魏南阳郡领有襄乡、复阳2县，但吴表、洪志、谢表均无此2县。并且，洪亮吉在《补三国疆域志》南阳郡条曾经明确指出："《郡国志》又有复阳、成都、襄乡三县，今不录。"② 谢钟英在《补注》中也说："三县魏时有无未详。"③ 可见，曹魏时襄乡、复阳2县是否属于南阳郡，还有一些疑问需要澄清。

吴增仅《三国郡县表》所列曹魏南阳郡所领27县，在谭其骧先生主编的《中国历史地图集》第三册"三国魏·荆州"一图中也可以得到印证。该图编绘的南阳郡政区也是27县，与吴表所列27县完全相同。④ 该册地图集在其首页"三国时期图组编例"中有几点说明，其二曰："全图画出公元262年魏（景元三年）蜀（景耀五年）吴（永安五年）的疆域政区及当时我国边区各族的分布地。"其五曰："《三国志》无志，魏蜀吴境内的州郡县建置，据清人吴增仅《三国郡县表》，参谢钟英《三国疆域表》、洪亮吉《补三国疆域志》画出。"由此可见，该图所绘南阳郡政区为曹魏后期的疆域政区，在时间上与齐王芳省废义阳郡后的情况正相契合。而且在"荆州"全图当中，与南阳郡东南毗邻的江夏郡领有平春县，襄阳郡领有鄀县，这也表明在义阳郡省废之后，其原来所领6县确实分别移属于南阳、江夏与襄阳三郡。就此而论，

---

① 梁允麟：《三国地理志》，广东人民出版社2004年版，第160—164页。
② （清）洪亮吉：《补三国疆域志》，《二十五史补编》第三册，第3062页。
③ （清）谢钟英：《补三国疆域志补注》，《二十五史补编》第三册，第3062页。
④ 谭其骧主编：《中国历史地图集》第三册，中国地图出版社1982年版，第19页。

《中国历史地图集》第三册"三国魏·荆州"一图中所绘南阳郡政区，正是依据吴增仅《三国郡县表》而来，它不仅充分说明吴表具有较强的可信性与科学性，而且也较为全面、准确地反映了曹魏南阳郡政区的建置沿革与发展变化情况。

20 世纪以来北魏都城平城建制研究述要及补缀

聊城大学历史文化学院　徐美莉
山西大同大学北魏研究所　马志强

20 世纪以来，关于北魏平城遗址的位置，宫城、外城、郭城的位置及其间的关系，礼制建筑的位置，平城周围的苑囿与离宫诸问题，学者意见纷纭。若将各种意见作一归纳、比较与分析，对于平城研究或许有些微推动功效，笔者除了比较各家论点，也奉上愚见，不当之处，恳请指教。

一　关于北魏都城平城遗址

西汉的平城县城，在公元 4 世纪末成为北魏的都城。孝文帝迁都洛阳之后，平城作为北魏恒州治所达 30 年，直到孝昌元年（525）六镇起义时陷落。此后漫长的历史时期里，汉魏平城遗址逐渐变得不知所在了。当人们根据文献和实物的遗迹探寻时，争议发生，大致说来，对于平城遗址位置的争议围绕今天大同市东御河的方位展开，有御河以东、跨御河、御河以西三说。（御河在古代是称作如浑水的，北魏时期如浑水在平城以北分为东、西两支，今御河为东支，学者又称之为如浑东水。）

明清至于现代，许多学者认为汉魏平城在今大同以东御河东岸的古城村。明、清国家地理志用此说，《大明一统志》"平城外郭"："在府城东五里，本秦汉平城县……在今无忧坡上，南北宛然。"① 清修《山西通志》沿用此说。谭其骧《中国历史地图集》中，平城也被划在如浑水（御河）东岸。②

跨御河一说较早见于日本学者水野清一的研究。20 世纪 30 年代他随侵华日军来到大同，自 1938 年开始考察大同周边平城遗址，确定了北魏平城的北郭墙和东郭墙，认为今大同北郊的安家小村向东至御河东岸的夯土墙为北郭墙，御河东岸古城村西侧的南北向夯土墙为东郭墙，③ 可见水野清一认定的平城是跨御河的。这一观点长期流传，日本学者前田正名所作平城附近地域概要图，如浑水南北贯穿平城。中国学界也多有主此说者，如张畅耕、李乾太等，可参见李乾太所作平城水利图（图 1）。

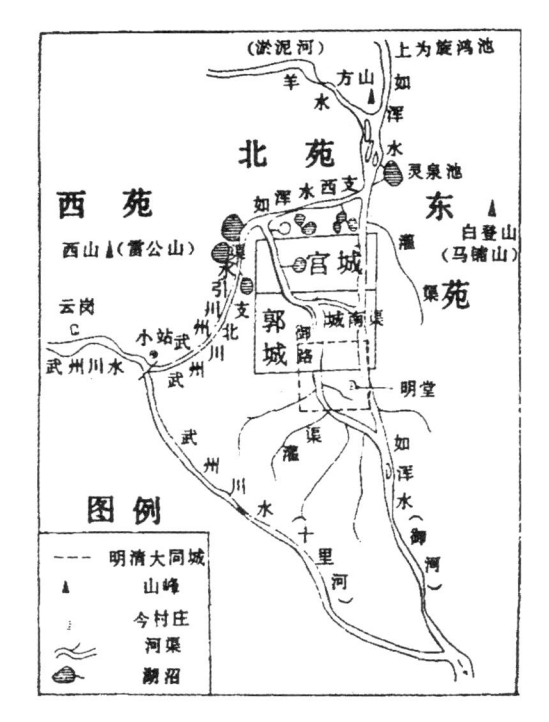

图 1　平城水利图

（取自李乾太《北魏都城平城城市水利试探》，《晋阳学刊》1990 年第 4 期）

---

① （明）李贤等：《大明一统志》卷二一，三秦出版社 1990 年版，第 331 页。
② 谭其骧主编：《中国历史地图集》，中国地图出版社 1982 年版，第四册，图 52。
③ 王银田：《平城考古七十年》，《北朝研究》第七辑，科学出版社 2010 年版，第 103 页。

张增光、殷宪、张志忠等主御河以西说。张增光较早论证了平城在御河以西的观点。① 近年的考古发现也提供了支持性证据,被水野等学者作为平城东郭墙的古城村西北黑灰色的土墙、沙陵汽校沿河岸的土墙沿线,已经考古证实为明清遗存,这样,北魏平城位于御河东岸以及跨御河而建两说遇到挑战。殷宪回顾平城历史后总结道:"自秦汉至今2200多年间,平城之名虽十数易,但汉平城、魏都平城,与隋之云内县恒安镇,唐之北恒州城、定襄县城、云中郡城、大同军城,辽金元之西京、大同府、大同路,明清大同府(镇)城基本重合而代有伸缩罢了,它始终处于御河(北魏称如浑水)西岸的平缓地带。"② 又据御河现在1公里的宽度和季节河的特点,张志忠认为古代的如浑水面当更加宽阔,盛水期水量更应大增,这样的一条河不应该被纳入都城之内,否则将会占据城市面积,造成水患,而且使城墙无法完全封闭,所以跨御河说难以成立,平城东郭只能在如浑水以西。③ 据笔者观察,御河以西说近年来声音最大。

但是,仍然有历史记载让人不敢断然否定跨御河一说,因为有史料显示建于如浑水东的大道坛庙是在城内的。世祖始光二年(425)听从寇谦之建议建道坛,郦道元记"水左有大道坛庙"④,水即如浑东水,南流,道坛在其东。而史官记其在京城之内,"遂起天师道场于京城之东南",至太和十五年(491)八月,孝文帝命令将之移往桑乾之阴,理由为:"昔京城之内,居舍尚希。今者里宅栉比,人神猥凑,非所以祗崇至法,清敬神道。可移于桑乾之阴,岳山之阳,永置其所。"⑤ 由此可知原位于水东岸的大道坛庙是在京城内的东南。若两书记载皆不容怀疑,那就意味着至少郭城是跨越到如浑东水以东的。

---

① 张增光:《平城遗址浅析》,《晋阳学刊》1988年第1期。
② 殷宪:《北魏平城考述》,《北朝研究》第七辑,第54页。
③ 张志忠:《大同古城的历史变迁》,《北朝研究》第七辑,第116、117页。
④ (北魏)郦道元:《水经注》卷一三,中华书局1991年版,第713页。标点符号为作者所加。
⑤ 《魏书》卷一一四《释老志》,中华书局1974年版,第3055页。

二 关于北魏平城宫遗址

因为南朝史官有记载北魏"截平城西为宫城"[①],北魏宫城建于汉平城县城之上,对此学者基本没有疑问。有争议的仍然是汉平城与北魏宫城遗址的位置,争论围绕今大同市北关以北或以南展开,有学者认为平城宫在今大同市北关以北至火车站处,有学者认为在北关及其以南处,在今大同市操场城之上,[②] 北关即位于操场城的西北部。

北关以北的观点发轫于水野清一。他在北关发现了厉坛和汉代诸如蕨手纹(即卷云纹)瓦当等遗物,在北关以北数百米处的火车站供水塔工地发现了东西排列的北魏建筑柱石等遗物,这一切被水野认作皇宫建筑遗物,据此他推断:"从现在的大同火车站到北关附近,曾经是平城的中心。汉代的平城县,北魏的皇城可能就在这一带。"[③] 在中国学术界,汉平城、北魏宫城在北关以北的观点曾经很有影响。20世纪70年代宿白考察平城遗址,依据历年来大同火车站周围发现的北魏瓦件与柱础石,认为大同火车站北供水塔一带为"北魏宫城和宫城前衙署的范围,而大同车站北方现存的一段夯土残垣,或许即是宫殿北壁的遗迹"[④],可见不仅将北魏宫城、连皇城都定位到了供水塔一带。这一观点至今依然被沿袭,傅熹年等认为:"在今大同火车站以北约1.7公里处,发现有东西向城墙,另在火车站的东约2.7公里处又发现南北向城墙,颇有可能是宫城或内城的北垣。在大同城北的小北城内外至火车站附近曾发现大量北魏瓦,火车站东北方还发现成排的复(按,"复"应为"覆")盆柱础,间

---

① 《南齐书》卷五七《魏虏传》,中华书局1972年版,第984页。
② 操场城位于今大同市北部,今大同城格局是明代两次修城的结果,据明正德《大同府志》:"大同府城,洪武五年大将军徐达,因旧土城南之半增筑,周围十三里……以砖外包。"此言所筑在南半,所弃为北半。"景泰年间,巡抚、都御史年富于府城北别筑小城,周围六里,……内有草场。"是为所弃北半之补筑。今大同市北部为北关操场城,又称北关小城。南部为徐达所筑明府城所在。操场城位置在大同主城中轴线上,南北与大城北墙隔燕同东西路而自成体系。操场城东、西墙内侧979米,北墙南侧据明府城北墙北侧间距也是979米,南部墙间距850米许。参见殷宪《北魏平城考述》,《北朝研究》第七辑,第54页。
③ [日]水野清一、长广敏雄:《云冈石窟·序言》,吴宝田译,《北朝研究》1995年第2期。
④ 宿白:《盛乐、平城一带拓跋鲜卑——北魏遗迹》,《文物》1977年第11期。

距五米，柱径50厘米，是大型建筑，可以推知这一带应是宫殿区。"① 事实上，1987年以后在操场城范围内已经发现大面积的丰富的汉代文化层，同时在北关以北发现汉墓群，对于北关以北说都是反证。

北关以南说指的是，汉平城与北魏宫城位于今大同市操场城，北关即在此区域内的西北部。根据近些年的平城考古研究，这已经成为令人信服的结论。考古发现可分为两个方面：第一，对今大同北关以北的考古发现说明这里并非汉平城、北魏宫城所在，在这一带发现的汉墓群说明此处已为汉平城郊外，故而殷宪断言："最近酒厂附近的谦益街发现汉墓群，可知此处已在汉平城北郊。这便从根本上推翻了自日本学者水野清一和长广敏雄之后史学界关于北魏宫城在今大同火车站一带的定论。"② 近年的考古又发现，在水野清一曾发现北魏大型建筑柱石的供水塔周围较大范围内，"地下没有汉至北魏文化遗迹堆积，其他文化层也很薄，时代最早为明清时期的遗物"③，这说明北关以北的观点需要纠正。第二，所有考古发现说明操场城乃汉平城和北魏宫城所在地，王银田总结平城考古道："较为集中的汉代文化层主要发现于今市区北部的操场城，尤其是操场城的中、北部地带，有地层较厚而遗物密集的汉文化层。"④ 殷宪对近20年来操场城考古成果有详细介绍，此不赘述。⑤

根据墙体解剖，学者更准确地界定了汉平城、北魏宫城在操场城的位置。在操场城东西两面墙体中，只有北部存在汉魏墙体的叠压现象，这一现象的南界在操场城东西街以南约50米处，据此张志忠认为："综合分析汉平城县遗址分布于大同北面的操场城已是无可辩驳的事实，但不是操场城的全部，也不是向南延伸至明代府城北墙之间的区域，而是分布于操场城北面的大部分区域，即操场城东西街南约50米一线以北的城圈内。城址轮廓大致为横向的长方形，东西长近980米，南北宽约600米，与汉代边疆地区县一级城址规模相当。这里背靠雷公山，东临御河，地势平坦，是理想的栖息之所。"⑥ 北魏宫城建设在这一区域里展开。

---

① 傅熹年主编：《中国古代建筑史》第二卷，中国建筑工业出版社2001年版，第76页。
② 殷宪：《大同北魏宫城调查札记》，《大同职业技术学院学报》2003年第1期。
③ 张志忠：《大同古城的历史变迁》，《北朝研究》第七辑，第114页。
④ 王银田：《试论大同操场城北魏建筑遗址的性质》，《文物》2008年第1期。
⑤ 殷宪：《北魏平城考述》，《北朝研究》第七辑，第54—60页。
⑥ 张志忠：《大同古城的历史变迁》，《北朝研究》第七辑，第112页。

三 关于郭城、外城遗址及其与宫城的位置关系

都城通常是由若干城区组成的。殷宪、张志忠基本一致地认为,郭城、外城(又称内城、中城)与宫城一起构成平城。文献中的"外城""中城""内城"为同一城区的不同称呼,是随着都城建设、周围环境有所变化而产生的不同名称。最初称为外城,即太祖天赐三年(406)六月"规立外城,方二十里;分置市里,经涂洞达"①,相对于宫城而言,因在宫城之外而称"外城";后来,在外城之外又建郭城,相对于郭城而言,原宫城以外的外城变成了"内城"或称"中城"②。力高才认为平城分为宫城、京城和郭城三大部分,京城即外城。③ 陈连洛则将平城分为宫城、皇城、京城和郭城四部分,并依次被包围,因而"北魏平城形制,当为自内而外由宫城、皇城(或有部分重合共用之可能)、京城(平城)及郭城组成的四重城垣"④。此处的"京城"令人困惑,遍览北魏平城时代历史文献,"京城"应指平城而言,不知诸位据何将之作为一处城区。

笔者认同殷宪等的观点,北魏平城由宫城、外城、郭城构成。先谈外城。关于外城在今天大同市的位置,殷宪、张志忠有同也有异。二位皆认为外城在宫城之南,在操场城之南的明代大同府城,在这一点上二人基本一致。但是,对于外城的南界二人看法有所不同,二人皆根据2001年5月大同南郊发现的北魏杨众度墓志"葬于平城南十里"立论,按,当时十里折算成现在的8.8里,由墓地向北8.8里,大致在大同明府城南城墙一线,至此二人仍然一致,接下来出现分歧,张志忠认为现在大同明府城南城墙一线"正好是北魏平城外城的南城垣",外城"即今天仍保存的明代大同府城"。殷宪则认为,"城南十里",以及后来于大同市东南发现的盖天宝墓志"葬在台东南八里坂上,向定州大道东一百六十步","都是以南郭门为参照的",将大同府城南城墙一线视为郭城南限,

---

① 《魏书》卷二《太祖纪》,第42—43页。
② 殷宪:《北魏平城考述》,《北朝研究》第七辑,第79页。张志忠:《大同古城的历史变迁》,《北朝研究》第七辑,第114页。
③ 力高才:《大同皇城气象刍议》,《山西大同大学学报》2010年第2期。
④ 陈连洛、郝临山:《大同北魏平城形制与建城年代探析》,《山西大同大学学报》(社会科学版)2011年第1期。

而非外城南边。① 据笔者愚见，墓葬应该是在郭城之外的，所谓"平城南十里"应该是南郭墙之南十里，殷宪说法更合理，明府城南墙应该是郭城南界，外城南界应更在其北。

再谈郭城。大致说来，与外城一样，北魏平城的郭城总体在宫城以南，如南朝史官所记载："其郭城绕宫城南，悉筑为坊，坊开巷。坊大者容四五百家，小者六七十家。每南坊搜检，以备奸巧。"② 殷宪根据考古成果和实地考察，对平城外郭有一个大致的定位。太宗泰常七年（422）九月"筑平城外郭，周回三十二里"③，根据这一规模，殷宪大致确立了郭城在今天大同市的位置：郭城东起御河西路以东东关门内，西迄新开路西沿，长约3030米，合6.85周里。南起（明府城）南门，北至大同火车站后水塔一带，长为4115米，合9.3周里，四边合32.3周里，符合文献记载的32里。④ 殷宪主张平城在御河之西，暂引其说。

最后，关于宫城、外城、郭城之间的相对位置，对这一问题也有不同说法。大同市考古研究所绘制《大同市平城遗址示意图》（图2）将宫城独立在郭城之北。陈连洛、张志忠等则是另一种看法，认为宫城、外城北南纵列，分别为两独立城区，而郭城将二者围绕在内，又根据对今大同操场城与明府城墙的考察，张志忠认为宫城与外城之间有400米的距离，"是中国古代都城建设中的特例"⑤。将宫城独立在外的说法，不知依据为何，这恐怕不符合防御的原则，世祖太延五年（439）柔然敕连可汗趁世祖亲征姑臧，乘虚入寇，"至善无七介山，平城大骇，民争走中城。穆寿不知所为，欲塞西郭门，请太子避保南山。窦太后不听而止"⑥。"欲塞西郭门"说明宫城在郭城之内，否则塞西郭门对宫城的安全无补。笔者同意陈连洛等人的意见。总的说来，宫城、外城、郭城间的相对位置大概如此：宫城在北，位于今操场城，外城在南，位于今明府城，郭城将宫城、外城包围在内。

---

① 殷宪：《北魏平城考述》，《北朝研究》第七辑，第75—79页。张志忠：《大同古城的历史变迁》，《北朝研究》第七辑，第115页。
② 《南齐书》卷五七《魏虏传》，第984页。
③ 《魏书》卷三《太宗纪》，第62页。
④ 殷宪：《北魏平城考述》，《北朝研究》第七辑，第78页。
⑤ 张志忠：《大同古城的历史变迁》，《北朝研究》第七辑，第114—115页。
⑥ 《资治通鉴》卷一二三《宋纪五》，文帝元嘉十六年，中华书局1997年版，第3876页。

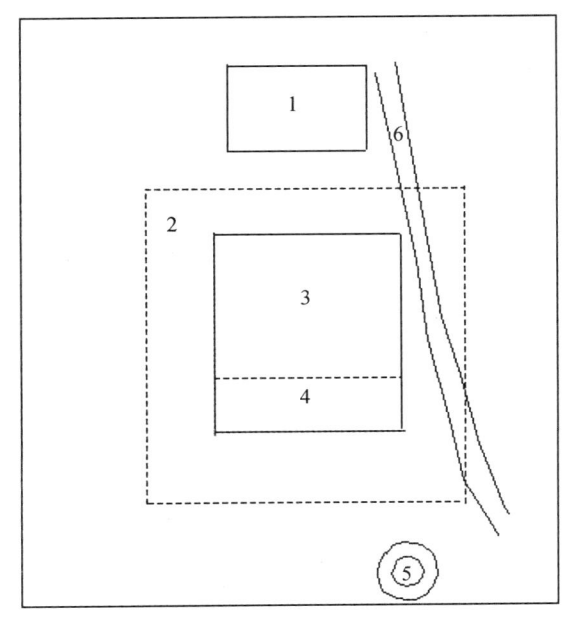

1.平城宫 2.平城外郭 3.明城 3+4.北魏京城
5.明堂辟雍 6.御河

图 2　大同市平城遗址示意图

取自陈连洛《大同北魏明堂与平城遗址》,《山西大同大学学报》(社会科学版) 2010 年第 2 期。

四　关于礼制建筑的位置

宗庙、社稷为都城不可缺少的礼制建筑,因此二者兴建与宫城同步,太祖天兴元年(398)"迁都平城,始营宫室,建宗庙,立社稷",问题是,二者的位置和布局如何呢?北朝史官记载天兴二年十月"置太社、太稷、帝社于宗庙之右"[①],只记社与宗庙的相对位置,具体地点仍不清楚,反倒是南朝史官记载更详细:"截平城西为宫城……南门外立二土门,内立庙,开四门,各随方色,凡五庙,一世一间,瓦屋。其西立太社。"[②] 且不论"截平城之西"其实始于太祖而非世祖,这段资料显示太

---

① 《魏书》卷二《太祖纪》,第 33 页。同书卷一○八《礼志一》,第 2735 页。
② 《南齐书》卷五七《魏虏传》,第 984 页。

庙、社稷在宫城南门外，即南门之南，太庙在东，社稷在其西，在居北朝南的视线上，社稷在右，太庙在左，正是按照中国传统的左祖右社的理念而建。

殷宪对平城的宗庙、社稷位置较为关注，但所说令人困惑，据以上资料殷宪推测："庙与社一东一西似共处天文殿之东……许是庙与社分处天文殿前宫门左右，但相距很近。"又，由于殷宪认为世祖始光二年（425）"改故东宫为万寿宫"之后，宫城移到了西宫以东地区，并将新宫城称为"东宫"，因此，关于太庙他又论道："北魏中期以后，朝廷政治中心由西宫移东宫，'左祖'的位置无形中被改变了。"可惜未论及如何改变。对于孝文帝太和十五年（391）四月"经始明堂，改营太庙"，同年"十一月丁卯，迁七庙神主于新庙"两段资料，殷宪理解为："明堂、太庙属于同一组建筑，要么距离很近，要么在同一个辟雍河圈墙内。总而言之，孝文迁都之前，太庙是由宫城迁到京城东南了。"① 这一理解恐怕差之千里。

平城宗庙、社稷位置的确随着宫城布局的变化而变化过，但不管怎样变化，在中国古代传统中，宗庙与社稷为同一组建筑，按照"左祖右社"的理念来布局，位于宫城之外的轴线大街两侧。上述北魏最初的宗庙、社稷左右对称地位于宫城南门之外正是此意。那么，太和十五年改营之新宗庙的位置，不可能与明堂一起在平城之东南，应该仍在内城之内。如上所引，太和十五年四月改营太庙，十一月丁卯（初十日）迁神主于新庙，大约25天后的十有二月壬辰（初五日）"迁社于内城之西"②，之所以有此举动，是因为社稷随宗庙而动；既然社稷是迁至内城之西，那么新的宗庙自然也在内城。明官修《礼部志稿》："光武立大社稷于洛阳，在宗庙之右。唐因隋制，建于含光门之右，大抵皆本成周左祖右社之意。"③ 以唐长安城、北魏洛阳城为例，唐长安城宗庙、社稷是分左、右位于含光门之外，含光门在皇城南大门朱雀门之西，也就是说，唐长安城宗庙社稷并不位于中轴大街两侧，但含光门前大街仍不失为一条轴线。北魏洛阳城内宗庙、社稷则是布局于中轴大街两侧，洛阳城中

---

① 殷宪：《北魏平城考述》，《北朝研究》第七辑，第66、73页。
② 《魏书》卷七下《高祖纪下》，第168页。
③ 《礼部志稿》卷八二，文渊阁《四库全书》，第598册，第470页。

轴线铜驼大街自宫城南大门阊阖门向南一直延伸而过洛水，在阊阖门之外，铜驼大街两侧对称排列着一些官署，其中，宗庙、社稷也一左一右对称地列于两侧。（图3）洛阳城宫城以外的内城为官府集中区，从《洛阳伽蓝记》可知其中的里坊多居住官僚，平城的内城亦然，张志忠据史料论"于宫城的南部安置许多官宦之家居住"[①]，这正是内城的功能之一。所以说，当太和十五年孝文帝另建宗庙时，社稷也随之而动，二者皆在内城。

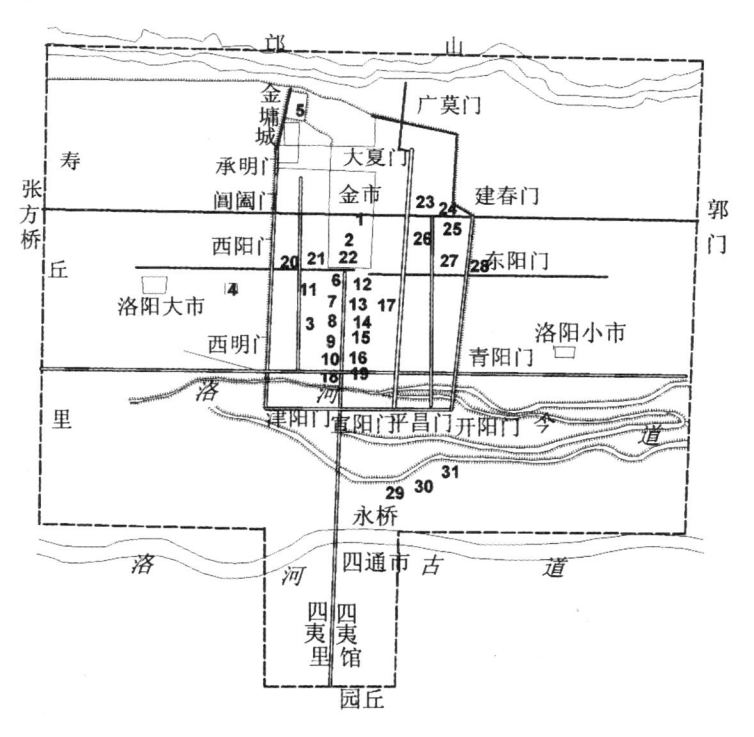

1. 宫城 2. 殿址 3. 永宁寺 4. 白马寺 5. 金墉城 6. 右卫府 7. 太尉府 8. 将作曹 9. 九级府 10. 太社 11. 御史台 12. 左卫府 13. 司徒府 14. 国子学堂 15. 宗正寺 16. 太庙 17. 景乐寺 18. 司州 19. 护军府 20. 太仆寺 21. 乘黄署 22. 武库署 23. 籍田署 24. 典农署 25. 勾盾署 26. 司农署 27. 导官署 28. 太仓署 29. 灵台 30. 明堂 31. 太学

图3　北魏洛阳城平面图

取自贺业钜《考工记营国制度研究》，中国建筑出版社1985年版。

---

① 张志忠：《大同古城的历史变迁》，《北朝研究》第七辑，第115页。

其他礼制建筑分布情况为，鲜卑族传统的祭天坛在西郊，郦道元记载"城西郭外有郊天坛，坛之东侧有郊天碑"①。自世祖起历代皇帝即位后前往接受符箓的道教法坛原在如浑水之东的平城东南（内、外暂不定），太和十五年八月孝文帝命令移往桑乾之南，岳山之阳，移到了平城以南的远郊。此年建成的明堂则在平城东南之郊，已于1995年5月被发现于今大同南部柳航里一带，在明府城南约2公里。② 其他礼制建筑如圜丘、方泽、祭日坛等，可参见张月琴、马志强的研究。③

五　关于平城四周的苑与宫

平城周围的苑囿与离宫构成外围的屏障与景观。先看鹿苑，与平城宫的建设同步，太祖天兴二年（399）于平城北方广大地区建皇家苑囿，即鹿苑，"南因台阴，北距长城，东包白登，属之西山，广轮数十里"④，关于鹿苑的更具体的位置，傅熹年认为鹿苑紧贴着宫城，理由是，"魏晋称宫为台，台阴即宫之北墙，因宫城在平城北半部，北倚平城北城墙，可知鹿苑是紧包在平城北墙之外的"⑤。殷宪另有看法，他考得鹿苑南墙在今大同市北的安家小村、陈庄、白马城达御河一线，与宫城是有间距的。

太宗时期有新苑建设。太宗泰常六年（421）"发京师六千人筑苑，起自旧苑，东包白登，周回三十余里"⑥，对此新苑学者理解不同，前田正名认为这里的旧苑似指鹿苑，"新苑可能是在鹿苑的基础上加以整修而成的"⑦，殷宪认为这次筑苑包含了两项工程，"一方面使旧苑未妥之处趋于完善，另一方面主要是对以白登为中心的方圆30余里的东苑加以开发"，即以白登为中心新建东苑。对于文献中的北苑、东苑、西

---

① （北魏）郦道元：《水经注》卷一三，第709页。
② 王银田等：《大同市北魏明堂遗址1995年的发掘》，《考古》2001年第3期。
③ 张月琴、马志强：《北魏平城京郊的礼制性建筑与祭祀活动》，《山西大同大学学报》（社会科学版）2011年第1期。
④ 《魏书》卷二《太祖纪》，第35页。
⑤ 傅熹年主编：《中国古代建筑史》第二卷，第77页注13。
⑥ 《魏书》卷三《太宗纪》，第61页。
⑦ [日] 前田正名：《平城历史地理学研究》，书目文献出版社1994年版，第106页。

苑，二位先生对于后两者理解基本一致，不同的是北苑，殷宪认为鹿苑与北苑并不完全相同，"鹿苑在北，向西南更靠都城、内有诸池沼和虎圈的范围才是北苑"①，即，北苑距离都城较近，而鹿苑更在北苑之北。

关于西宫、北宫、南宫等离宫，学者看法也不尽相同。西苑有宫，史称西宫，但在学者眼中它一直与宫城纠缠不清（北魏宫城也有"西宫"之称）。笔者赞同前田正名所论："太宗曾多次前往天赐元年建成的西宫小住，并且最后在这里去世。据考证，西宫位于平城西部的西苑。"对于太宗泰常八年（423）十月"癸卯，广西宫，起外垣墙，周回二十里"这段资料，他同样认为是对西苑之宫的扩建。② 在他之前，黄惠贤则将这段资料视为宫城的扩建计划。③ 直到今天，学者仍然各执一端，例如同为大同学者的殷宪、张志忠，前者同于前田，后者则与黄惠贤同。笔者以为，从北魏历史记载的语言环境看，天赐元年（404）所筑之西宫、泰常八年所广之西宫，皆为西苑宫。

关于北宫，以往认识也有需要纠正的。前田认为北宫在平城北苑中："天赐四年筑平城北宫垣，三旬而罢，可见在这以前北宫已经建成。据杨守敬考定，北宫的位置在白登山西北方的北苑之中。"④ 考之史料，天赐四年（407）所筑垣之北宫与杨守敬所考之北宫并非一处。"北宫"也有两种含义，第一指参合陂（今内蒙古凉城东北）之宫，第二才是方山以南的北苑之宫。参合陂之北宫太祖时期已有，天赐四年"秋七月，车驾自濡源西幸参合陂。筑北宫垣，三旬而罢，乃还宫"，此次所筑垣之北宫远在北方的参合陂。又，世祖曾"幸阴山北宫"⑤，参合陂正在阴山南麓，此北宫也应为参合陂之宫。至于杨守敬所考之北宫，具体位置在方山以南，见于郦道元的记载："羊水又东注于如浑水，乱流径方山西，岭上有文明太皇太后陵……如浑水又南至灵泉池……又南径北宫下，旧宫人作

---

① 殷宪：《北魏平城考述》，《北朝研究》第七辑，第76、81页。
② ［日］前田正名：《平城历史地理学研究》，第104、105页。
③ 黄惠贤：《北魏平城故都初探》，《山西地方史论丛》第一辑，山西人民出版社1985年版，第17页。
④ ［日］前田正名：《平城历史地理学研究》，第103页。"北宫垣"前田原写"北宫苑"，据《魏书》改。
⑤ 《魏书》卷二《太祖纪》，第43页。同书卷一〇二《西域传》，第2266页。

薄所在。如浑水又南分为二水，一水西出南屈入北苑中"①，这一北宫才应是杨守敬考定的。

在平城以南也应有苑囿，文献中的南山、南宫就在这里，学者对此关注不多。世祖时期南宫具有重要地位，在延和元年（432）及其之前的两年，世祖每年"行幸南宫"，并"猎于南山"②。太延五年（439）世祖率大军西征，皇太子监国留守平城，穆寿为辅，当柔然南逼，穆寿想要避保南山，可知南山应该是有险可守。

最后，关于永兴园与永乐宫，学者尚少关注它们的位置与关系，试论之。太和十六年（492）宫城改造期间，曾是孝文帝主政场所的永兴园、永乐宫、宣文堂、经武殿，很可能都在北苑内。首先，永乐宫很可能在北苑内。太和十六年（492）二月"戊子，帝移御永乐宫，庚寅，坏太华殿，经始太极殿"，移居永乐宫是为躲避太华殿改建的尘嚣，可知永乐宫距离皇宫稍远。之所以说永乐宫在北苑内，因为北苑有永乐游观殿，太和元年九月庚子，"起永乐游观殿於北苑，穿神渊池"，又，高祖曾敕崔僧渊"以白衣赐裤帻，入听于永乐经武殿"③，既称"永乐游观殿""永乐经武殿"，意味着二殿在永乐宫内，前田正名将"永乐游观殿"理解为永乐、游观两殿，④ 但是据崔僧渊"入听于永乐经武殿"，显然不能理解为永乐、经武两殿，"永乐游观殿"也同样。那么，永乐宫应该在北苑内。

进而推之，与经武殿同时而建、孝文帝迁都洛阳之前常用作议政场所的宣文堂很可能也在永乐宫内。太和十二年九月"丁酉，起宣文堂、经武殿"，说宣文堂在永乐宫内，论证如下：太和十六年二月癸丑，"帝临宣文堂，引仪曹尚书刘昶、鸿胪卿游明根、行仪曹事李韶，授策孔子，崇文圣之谥"⑤。太和十六年二月癸丑为二十七日，如上所言，此月戊子（初二）孝文帝为躲避尘嚣迁居永乐宫，永乐宫即成为临时朝政之所，那

---

① （北魏）郦道元：《水经注》卷一三，第707—709页。
② 《魏书》卷四上《世祖纪上》，第76、78、80页。
③ 《魏书》卷七下《高祖纪下》，第169页。同书卷七上《高祖纪上》，第144页。同书卷二四《崔玄伯附僧渊传》，第631页。
④ ［日］前田正名：《平城历史地理学研究》，第104页。
⑤ 《魏书》卷七下《高祖纪下》，第164页。同书卷一○八《礼志一》，第2750页。

么，作为议政场所的宣文堂应在其中，并且宣文堂与经武殿同时而建又文武相并，二者很有可能皆在永乐宫内。

若宣文堂属于北苑永乐宫的推理不错，那么可以继续推言永兴园也在北苑。太和十七年"三月戊辰，改作后宫，帝幸永兴园，徙御宣文堂。……（五月）壬戌，宴四庙子孙于宣文堂，帝亲与之齿，行家人之礼"①，可见宣文堂在永兴园内，那么永乐宫当然也在永兴园内。这样，永兴园、永乐宫的关系可以这样表述：北苑有永兴园，其中有永乐宫，宫中的宣文堂、经武殿是孝文帝迁都洛阳之前的重要行政场所。

六 平城的建制特点

中国古代都城的规划是遵循着一些理念的，例如宫城的位置，礼制建筑的位置，居民区的位置，以及城市轴线大街，等等。平城是以邺、洛阳和长安为蓝图，由以上的介绍可看出，平城建制特点与魏晋之后的中国都城建制相一致。

北魏平城之中，宫城位于北部，外城在南，郭城虽然围绕在外，但主体在南部，平城宫的这种坐北朝南的布局，正是自曹操的邺城以后中国都城建制的基本特点，除了南宋临安城、元大都的宫城在都城南部，其他时代都城规划中，宫城均居于城市北部。相应地，居民区主体安排在南部，这样的格局，与中国传统的君主南面而治、大众北面而臣的礼制观念正相符合。礼制建筑的位置同样体现了中国都城特点，除了鲜卑传统的祭天坛在西郊，宗庙、社稷是按照左祖右社的理念安排在宫城南门外的轴线大街两侧。

平城内左祖右社的布局同时也体现了按照中轴大街来规划城市的理念。平城中轴线曾随着宫城中心的移动有所改变，曹臣明描绘了三条轴线大街，若理解不错的话，最西边的一条为道武帝时期西宫正殿前大街，在汉平城偏西位置。第二条轴线为文成帝太安四年（458）于永安殿之东所建太华殿之前，至孝文帝太和十六年（492）毁太华殿建太极殿，这条

---

① 《魏书》卷七下《高祖纪下》，第 171 页。

轴线仍为平城中轴大街。最东边的第三条轴线在孝文帝太和元年（477）于太华殿之东所建太和殿之前。[1] 殷宪认为"现存明大同城南北大街同时也应当是北魏平城的中轴线，它向北的延长线即大北门外的操场城街同时也应当是北魏宫城的中轴线"[2]，根据殷宪所描述的宫城区变迁史，这条中轴线应该是太华殿成为正殿后，自它的南大门前伸出去的南北大街，也就是曹臣明所描绘的第二条轴线。

综观以上，70年来北魏平城的考古与研究成果十分显著，虽然局部仍有疑团，例如宫城内政治中心的变迁，但整体而言，平城遗址所在位置、都城建制以及四围的离宫苑囿，都逐渐从尘封与争议中显现出清晰的轮廓。

---

[1] 曹臣明：《浅谈大同操场城北魏一号遗址的性质》，《北朝研究》第七辑，第125页。
[2] 殷宪：《大同北魏宫城调查札记》，《大同职业技术学院学报》2003年第1期。

六朝的军事、漕运与新兴城市：
以巴陵城为中心的考察

上海社会科学院历史研究所 张晓东

以往的观点认为中国古代早期城市的重要特征是军事政治中心，有学者指出"农业时代的中国城市主要是以政治、军事功能为主，是区域性的政治、军事中心"，[1] 但是其在不同阶段和地域的城市发展有着具体的变化。如在六朝时期，军事活动频繁，促进了一些军事城市的出现，特别在战略地位突出的长江中游也涌现了不少新兴军事城市，包括夷道县城、上明城、石城、吕蒙城、夏口城等，[2] 而自战国秦汉以来军事活动多依靠漕运活动的支持，军政需求拉动的军事化漕运活动和仓储建设一直是很多新军事城市兴起的重要推力。[3] 漕运仓城在秦汉大一统的体制下已经出现大型化的倾向，虽然魏晋南北朝时期仓城规模的数据有限，但是在隋朝建立之后仓城的建设达到了它在中国历史上的高峰，[4] 因此研究魏晋南北朝时期的仓城，对于承前启后地理解相关历史现象颇有意义。

尽管以往不少学者认为在分裂战乱时期漕运处于衰落状态，但我认为六朝激烈的军事活动实际对漕运的发展构成了强烈的刺激，像六朝长江中游最重要的漕仓和新兴军事城市是巴陵城，是当时中游具有地缘战略价值的新兴漕运城市，是古代军事化漕运活动推动下所兴起城市的重

---

[1] 何一民：《中国城市史》，武汉大学出版社 2012 年版，第 29 页。
[2] 张晓东：《孙吴时期长江中游的漕运与军事》，《史林》2012 年第 3 期，第 42 页。
[3] 张晓东：《秦汉漕运的军事功能研究——以秦汉时期的漕仓为中心》，《社会科学》2009 年第 9 期。
[4] 张晓东：《隋朝的漕仓与政治经济格局》，《中国社会经济史研究》2012 年第 3 期。

要案例。六朝的巴陵既是军事城市，也是漕运城市。漕运城市的内涵是依托过境和中转的漕运活动兴起和发展的城市，但与运河城市存在一定差异。因为漕运活动不仅在运河上也可在江河上进行，而漕运城市是指起源于漕运活动，和漕运关系密切的城市，与运河城市有同有异。至今尚未见相关研究。① 本故文对六朝军事化漕运活动与新兴军政中心城市的关系作一个案探索。

一 孙吴政权营建的巴丘邸阁城：大型仓城与地缘要冲

三国时期军事漕运枢纽巴陵城的出现首先是军事和漕运发展的结果，而军事需求也是漕运发展的动力，长江中游经济和交通的发展则是漕运得以开展的基础条件。巴丘邸阁最初是江东孙氏争夺长江上游的军事基地，在夺取荆州地区后又成为了边疆政权的二线重镇。

汉末到六朝的长江中游军事地位非常突出，"江左大镇，莫过荆扬"②，扬州"谷帛所资皆出焉"，荆州"甲兵所聚尽在焉"③。具有良好交通区位的巴陵具备了成为中游乃至整个南方的军事要地的潜力。六朝时期南方造船航运有所发展，也是当地漕运发展的良好基础。

汉末刘表治下荆州相对安定，"劝稼务农"④。各地军阀混战，唯有荆州"年谷独登，兵人差全"，在保证本地兵马供应的同时还能从物质上支援朝廷："遣兵诣洛阳助修宫室，军资委输，前后不绝。"⑤ 六朝长江中游

---

① 何一民《中国城市史》（武汉大学出版社2012年版）、傅崇兰等著《中国城市发展史》（社会科学文献出版社2009年版）、张驭寰《中国城池史》（中国友谊出版公司2009年版）等著作对魏晋南北朝城市史论述较简略。傅崇兰的《中国运河城市发展史》（四川人民出版社1985年版）主要是对明清大运河沿线主要城市进行了系统论述，使用"运河城市"这一概念。但是漕运活动不仅在运河上也可在江河上进行，本文中的漕运城市是指起源于漕运活动，和漕运关系密切的城市，与运河城市有同有异。
② 《南齐书》卷一五《州郡志》，中华书局1972年版，第274页。
③ 《资治通鉴》卷一二八《宋几十》孝武帝孝建元年条，中华书局1956年版，第4020页。
④ 《刘镇南碑》，《全三国文》卷五六，商务印书馆1999年版，第572页。
⑤ 《后汉书》卷六四《赵岐传》，中华书局1965年版，第2124页。

粮食贸易存在较大发展,当地有大量余粮。①

在赤壁之战中,孙吴政权开创了巴丘邸阁这一漕仓和军事壁垒,形成争控荆州的战略据点。孙吴主要兵种为水军和船载步兵,军事要冲以水路为主,军用仓储也主要依靠水运来建立。巴丘邸阁在今天的岳阳市,依傍洞庭湖与长江中游水系,依山傍水,地势险要,守御与漕运形势有利:

> 吴以华容之南乡为南郡,晋太康元年改曰南平也。县有油水,水东有景口,口即武陵郡界。景口东有沦口,沦水南与景水合。又东通澧水及诸陂湖,自此渊潭相接……故侧江有大城,相承云仓储城,即邸阁也。②

赤壁之战时,周瑜即以在邸阁周边的三江口为用兵基地:

> 山有巴陵故城,本吴之巴丘邸阁城也。……巴陵西对长洲,其洲南分湘浦,北届大江,故曰三江也。三水所会,亦或谓之三江口矣。夹山列关。③

周瑜在前线作战,孙权则在后方组织兵员和后勤漕运,自称:

> 孤当续发人众,多载资粮,为卿后援。④

曹操的兵锋挫败于巴丘城下,结束了赤壁之战,"于巴丘遇疾疫,烧船。"⑤

汉末荆州在地理上大体分南北两部,南四郡为零陵、桂阳、长沙、

---

① 王玲:《汉魏六朝荆州地区的经济与社会变迁》,中国社会科学出版社2010年版,第125—127页。
② (北魏)郦道元著,陈桥驿校证:《水经注校证》卷三五,中华书局2007年版,第802页。
③ (北魏)郦道元著,陈桥驿校证:《水经注校证》卷三八,第898页。
④ 《三国志》卷五四《周瑜传》,注引《江表传》,中华书局1959年版,第1262页。
⑤ 《三国志》卷一四《郭嘉传》,第435页。

武陵，而北为南阳、江夏、南郡诸郡，大体以洞庭湖划分，洞庭湖以南诸郡，大部分皆属湘江流域。稻米生产最盛的是南四郡，"江表唯长沙有名好米"，"味重新城"①。北部受战乱影响较大，南部少受战火。赤壁之战前随刘备南逃的人口有十余万，战后刘备得南四郡，江夏郡，及南郡一部，南下人口不少都留居其地，诸葛亮"督零陵、桂阳、长沙三郡，调其赋税，以充军实"②。上引史料中油水东的景口也就是油江口，油水入江口，接近刘备在赤壁战后选择的屯兵地公安。刘备以公安为治所，吴国仅得南郡一部，后又侵占江夏郡，襄阳、南阳都在曹操手中。则孙权所得南郡一部为其东部屏障及其向东北方扩张之基地。巴陵属于北四郡江夏郡地界，但地接南郡和南四郡的武陵郡，跨三郡交通枢纽，是连接南北之交通要地，且江湖纵横，有水军保护则易守难攻，适合建立漕仓联结四方漕运。大将周瑜、鲁肃先后在此治军，相传周瑜死在巴丘，鲁肃埋葬此地。孙吴以此为基点屯兵，对中游虎视眈眈。建安十九年孙权与刘备第一次争夺荆州，仍把巴丘再次作为争夺中游的战略大本营，吕蒙督诸将为前锋，鲁肃统中军驻巴丘：

> 权以备已得益州，令诸葛瑾从求荆州诸郡。备不许，……乃遣吕蒙督鲜于丹、徐忠、孙规等兵二万取长沙、零陵、桂阳三郡；使鲁肃以万人屯巴丘以御关羽。权住陆口，为诸军节度。③

孙吴击破关羽之后，此处仍是东吴荆州的交通中心和军事要地，作为东吴西北边防要地西陵的防御二线。长江中游沿江屯田产粮和经巴丘来自转运的南方漕粮形成了补充。东吴以西陵为西北国门，以长江为濠，江夏、夏口为前线重镇，乐乡城以上四十余里即"北枕大江，西接三峡"，④ 曾数度迁都江夏武昌，在建平至江夏一线建立了很多军事据点，驻军八万多人。"西陵、建平，国之蕃表，既处下流，受敌二境。……若有不守，非但失一郡，则荆州非吴有也。如其有虞，当倾国争之。"⑤ 巴

---

① 《艺文类聚》卷八五《百谷部》，上海古籍出版社1999年版，第1449页。
② 《三国志》卷三五《诸葛亮传》，第915页。
③ 《三国志》卷四七《吴主传第二》，第1119页。
④ 《晋书》卷七四《桓彝传附桓冲传》，中华书局1974年版，第1951页。
⑤ 《三国志》卷五八《陆逊传附陆抗传》，第1359页。

丘邸阁的军事地理重要性实际并不亚于西陵和乐乡,因为虽然巴丘并不接近最前线,但边关前线有事,可立刻屯兵输粮,以备接应。如诸葛亮死后,东吴增巴丘守兵万人,"一欲以为救援,二欲以事分割也"。蜀国也加强白帝城守备。孙权质问蜀国使臣宗预为何增兵,宗预应对:"臣以为东益巴丘之戍,西增白帝之守,皆事势宜然,俱不足以相问也。"[1] 宗预说辞拿蜀国东面扼江重镇白帝和吴国巴丘做同等比较。

西陵当地有屯田,但产量有限,不能担当长期消耗,依靠乐乡、巴丘的二线支援。西陵临近边界,吴国都城武昌远在巴丘北,但巴丘向东北沿江至武昌,向西北沿江到西陵,向南迎北来入湖的湘江沅江,沅江穿武陵郡北入长江,湘江发源自零陵郡,穿零陵郡,充当衡阳、湘东二郡界水,入长沙郡后在巴丘山前入江。湘江上源接灵渠运河,水路可通岭南,还有支流也来自临贺、桂阳二郡,江汉还有众多支流。因此,汉魏荆州主要的城市都可以水路相通,巴丘是荆州江南水路汇合的中心,可以集中湘江沅江及其支流的水运,也是武昌和西陵间江路中枢,从江南调集的资源先在这里集中然后才会转运往西陵或武昌,以及在两地间调配分流或送往各处边关。湘江水运又可通过灵渠运河连接岭南,这样从岭南到江汉就连成了一片。汉末岭南民族问题和豪强问题突出,经东吴多次出兵平定,设交州,人力物力可借灵渠湘江北上巴丘长江。诸葛亮死后,三国形势震动,东吴增兵巴丘的灵活性远比增兵武昌或西陵为高,既可增援武昌,抵御曹魏偷袭,又可增援西陵用兵上游。

二 晋宋巴陵:郡县城市的初创与长江中游粮储中心的形成

从东晋到南朝,南方出现了所谓"上下游之争"的政治矛盾,"上游(长江中游)的荆州具有仅次于下游扬州江东地区的经济实力,因此成为第二个重要漕粮来源"[2]。而作为漕运交通枢纽的巴陵则成为长江中游的粮储中心和新兴郡县城市。

公元280年,西晋灭吴,太康元年巴陵县(属长沙郡)的设立是巴

---

[1] 《三国志》卷四五《宗预传》,第1076页。
[2] 张晓东:《六朝的漕运、地域格局与国家权力》,《史林》2010年第3期,第52页。

陵作为郡县城市的开始，是当地正式设立行政区划的开始，后置建昌郡。① 西晋永嘉元年（307）一度分荆州七郡及江州桂阳郡设湘州，东晋咸和三年（328）废，这说明湘江流域社会经济发展粗具规模。西晋末益州粮食匮乏，求救于荆州，"遂以零陵米三万斛给之"②。东晋军事形势波动，刺史治所不稳定，一度迁到巴陵，说明巴陵战略地位提高。东晋治所"移镇"主要在巴陵、南郡江陵、襄阳、江夏武昌各地，可按军事形势分三时期考察，立国初王敦陶侃主掌中游兵权为初期，383年淝水之战前主要由庾氏桓氏主持军事活动为中期，战后为后期。刘宋时长江中游政区变化，荆州一分为三，到刘宋元嘉十六年，"立巴陵郡，城跨冈岭，滨阻三江"③，经济地位继续有所上升。

两晋设南蛮校尉、宁蛮校尉及镇蛮护军等军职治蛮兼安定地方，"荆州置南蛮，雍州置宁蛮"④，职责重大。南蛮校尉军一度是东晋荆州军主力。东晋南蛮校尉自襄阳迁置江陵，⑤ 校尉府一度设方城，"自油口以东，屯营相接，悉是南蛮府屯兵"⑥。巴丘城所依傍洞庭湖承接长江，周边有蛮、越等急待治理的族群，当然这些族群也是宝贵的人口资源，受到战略重视，因此府屯也必然延伸至巴丘："又巴丘湖，沅湘之会，表里山川，实为险固，荆蛮之所恃也。"⑦

荆州主要城市都可以水路相通，巴陵是江南水路汇合的中心，可以集中湘江沅江及其支流流域的水运，也是武昌和西陵间江路的中枢，漕资和从江南调集的资源必须先在这里集中然后才会转运往沿江。陶侃说"荆州接胡蜀二虏，仓廪当备不虞"，而南蛮校尉有僚属官吏，又有"兵籍"，军粮漕运需求很大。⑧ 由于形势不稳定，荆州治所在东晋初王敦主政期间就多次变更："敦然之，即表拜（陶）侃为使持节、宁远将军、南蛮校尉、荆州刺史，领西阳、江夏、武昌，镇于沌口，又移入沔江。"⑨

---

① （北魏）郦道元著，陈桥驿校证：《水经注校证》卷三八，第898页。
② 《晋书》卷六六《刘弘传》，第1766页。
③ （北魏）郦道元著，陈桥驿校证：《水经注校证》卷三八，第898页。
④ 《宋书》卷九七《夷蛮传》，第2396页。
⑤ 《资治通鉴》卷一二八，第4021页。
⑥ 同上书，第4021页。
⑦ 《晋书》卷三四《杜预传》，第1031页。
⑧ 《晋书》卷六七《温峤传》，第1793页。
⑨ 《晋书》卷六六《陶侃传》，第1770页。

王敦称兵作乱时，邓骞劝镇襄阳的荆州刺史甘卓："使大将军平刘隗，还武昌，增石城之守，绝荆湘之粟，将军安归乎？"① 可见襄阳军粮多来自湘江漕运，则必经巴丘一带。之后陶侃掌控中游，平定苏峻之乱后，"加都督交、广、宁七州军事。以江陵偏远，移镇巴陵"②。

陶侃是从东晋内部格局考虑，而非北伐需要。当时北方威胁较小，而内部斗争激烈。一旦北伐发动，襄阳靠近北方战地，而巴丘仅是二线转运地，而从长江中下游看巴丘是一个可供中游南下的枢纽。东晋内部有激烈的"上下游之争"，而陶侃主政期间北方没有大的威胁，陶侃官高至都督八州军事，数次发兵下流平乱，最关注的是长江流域地缘。

到了中期，庾氏桓氏执掌中游军政大权，以荆州为基地北伐，军粮恐仍以巴陵转运和集中。

到晚期，大量漕粮贮备巴陵，而淝水之战后东晋所受北方威胁减轻，内部矛盾再度严重起来。桓玄乘水灾造成"仓廪空竭"，袭取荆州刺史殷仲堪，先行夺取巴陵，"收其兵而馆其谷"，因为殷仲堪治所在江陵，而粮储依赖巴陵供应："又诸将皆败，江陵骇震，城内大饥，皆以胡麻为廪。"殷仲堪急召江北雍州刺史杨佺期来援，杨佺期曰："江陵无食，何以待敌？"③ 殷仲堪欺诈佺期说："可有数万人百日粮。"佺期率兵来救，然而无粮，竟败于桓玄。④

自秦汉以来历代要依靠漕运供应建立仓储以备军需。巴陵既是东晋向北经略的后方基地，也是东晋稳定中游的军事交通枢纽和储备所在，故地理位置使其在内争中比北伐中更加突出。北伐军一过汉水就会面临水运改陆运的问题，因为汉水自西北向东南流，并不利于向中原漕运，汉水流域城市如襄阳、夏口、武昌的交通价值更加彰显，而当荆州内部发生斗争或中游势力取得自主性并虎视下游时，雄踞三江口的巴丘就出现了当仁不让的枢纽地位。

刘宋时巴陵升格为郡，发生了新的城市地位变化。刘宋分荆州为荆、郢、湘三州，元嘉十六年（439）二月"割长沙、江陵、江夏四县为巴陵

---

① 《晋书》卷七〇《甘卓传》，第1863页。
② 《晋书》卷六六《陶侃传》，第1775页。
③ 《魏书》卷九七《岛夷桓玄列传》，第2118页。
④ 同上书，第2119页。

郡"，属郢州，而郢州治江夏郡。① 从此巴陵完成正常郡县城市化，具备了漕运枢纽城市的地位，战略地位日益突出。元徽元年朝廷下诏：

> 国赋氓税，盖有恒品，往属戎难，务先军实，征课之宜，或乖昔准。湘江二州，粮运偏积，调役既繁，庶徒弥扰。②

湘江流域农业实力日益雄厚，而造船业发达，提供了强大的漕运能力："湘州七郡，大艑所出，皆受万斛"③，这也给予了巴丘进一步发展的条件。此外，按照晋书地理志记载长沙郡有户33000，按照《宋书州郡志》记载昇明三年（479）刘宋巴陵郡有户5187，人口25316，已经具备小城市规模。

三　南朝齐梁陈的巴陵郡城：长江流域漕运枢纽城市与边州治所

到了这一时期，长江在东西间交通干线地位更加凸现，南齐湘州经济发展使之可向巴陵漕运更多资粮以供军国之需。梁陈之际，侯景争夺巴陵失败导致其全面败亡，巴陵漕粮更成为梁朝末期军阀陈霸先崛起时，自中游筹集军粮，所依靠的重要资本。江陵之变后，北朝势力深入长江中游，巴丘成为一线边境城市，而湘江流域的经济和漕运地位继续有所发展。梁陈对中游政区调整，增设数州，分封多王，南陈设巴州，以巴陵郡为首郡，巴陵因此首次成为稳定的州治所级别的重要城市。

湘江流域漕运的新发展是可以提供更多的军资支持。建元元年南齐内部军事形势紧张，齐武帝下诏令荆州刺史豫章王兼湘州刺史、南蛮校尉，加大荆州资费供应：

> 复以为都督荆、湘、雍、益、梁、宁、南、北秦八州诸军事，南蛮校尉，荆、湘二州刺史，持节、侍中、将军、开府如故。晋宋

---

① （唐）许嵩：《建康实录》卷一二《太祖文皇帝》，中华书局1986年版，第432页。
② 《宋书》卷九《后废帝纪》，第180页。
③ 《太平御览》卷七七〇引《荆州土地记》，中华书局1960年版，第3415页。

之际,刺史多不领南蛮,别以重人居之,至是有二府二州。荆州资费岁钱三千万,布万匹,米六万斛,又以江、湘二州米十万斛给镇府;湘州资费岁七百万,布三千匹,米五万斛;南蛮资费岁三百万,布万匹,绵千斤,绢三百匹,米千斛,近代莫比也。①

  蛮民人口多归南蛮校尉管辖,征缴"资费"与汉民分开,数目不小。郢州漕运钱粮多要经巴陵集中,湘州漕粮一旦因战事北运或是运往长江下游都必须先运抵巴陵。经巴丘的湘江漕运发达,南齐末萧衍起兵襄阳,征粮湘州,"运租米三十万斛"②。南梁末年侯景包围都城,亲王萧誉镇湘州,荆州刺史萧绎将要下兵援助建业,"遣咨议周弘直至誉所,督其粮众"③,调运湘州漕粮转巴陵南下。

  梁武帝时期侯景之乱爆发。侯景败亡与巴陵争夺战存在很大的直接关系。南朝下游国都为政治中枢,以三吴为菁华之区,而荆湘居建康上游,虽在下游立国不得上游也是枉然。侯景攻陷建康后,用兵三吴,取得胜利,然后再来逆流而上。大宝二年四月,湘东王萧绎以王僧辩为都督东击侯景。僧辩至巴陵,闻郢州已陷,因留戍之。萧绎寄书云:"贼既乘胜,必将西下,不劳远击;但守巴丘,以逸待劳,无虑不克。"又对僚佐说:"景若水步两道,直指江陵,此上策也;据夏首,积兵粮,中策也;悉力攻巴陵,下策也。巴陵城小而固,僧辩足可委任。景攻城不拔,野无所掠,暑疫时起,食尽兵疲,破之必矣。"可见巴陵城小而固。萧绎担心侯景绕过巴陵,是因为自己在江陵。其实不从政治考虑,纯粹从军事考虑,侯景不敢放过巴陵,否则即使到了江陵,后路和粮道也有被切断的危险,甚至可能受困江陵。萧绎乃调江南罗州武州兵助守巴陵。侯景发兵一万攻巴陵,自率大兵随后,至城下问:"何不早降?"王僧辩调侃对方:"大军但向荆州,此城自当非碍。"④ 侯景不敢绕城而过,昼夜攻城,损失很大。六月胡僧佑、沈法和率救兵至,侯景全军溃退:"及景自巴陵败归,猛将多死,自恐不能久存"⑤,从此开始走下坡路。

---

① 《南齐书》卷二二《豫章文献王传》,第405页。
② 《梁书》卷一九《刘坦传》,中华书局1973年版,第301页。
③ 《梁书》卷五五《河东王誉传》,第829页。
④ 《资治通鉴》卷一六四,第5065页。
⑤ 同上书,第5070页。

后陈霸先自岭南北上，进驻巴丘转运漕粮供应"乏食"的王僧辩军，使之顺利攻克江州军事漕运要地湓城，打到下流："高祖（陈霸先）先贮军粮五十万石，至是分三十万以资之，仍顿巴丘。"① 陈霸先任胡颖为巴丘县令专司漕运："镇大皋，督粮运。"② 在后来颁封陈霸先的诏书中这成为重要功勋，如九月梁帝下诏封公加九锡，称颂之：

> 公回麾蠡泽，积谷巴丘，亿庾之咏斯丰，壶浆之迎是众，军民转漕，曾无砥柱之难，舻舳相望，如运敖仓之府，……承此兵粮，遂殄凶逆。③

西魏攻陷江陵后控制了江北要地。南陈疆域达到南朝最低点，巴陵成为中游国门，一旦失守，中游和下游的交通联系即被切断。中游南北征战仍以夺取巴陵为重。南朝在军事地理格局中陷入了被动。陈朝湘州地区经济地位持续上升，湘江流域是长江中游仅存精华，在都督湘、巴等四州诸军事、湘州刺史华皎治下经济交通继续发展，湘州漕运贡赋物资丰富：

> 湘川地多所出，所得并入朝廷，粮运竹木，委输甚众；至于油蜜脯菜之属，莫不营办。又征伐川洞，多致铜鼓、生口，并送于京师。……文帝以湘州出杉木舟，使皎营造大舰金翅等二百馀艘，并诸水战之具，欲以入汉及峡。④

当隋朝统一天下后，地方人口和经济得到恢复和发展，按《隋书地理志》记载，到大业五年（609），巴陵郡有户6934，在今湖南境内九郡中位居第三，仅次于长沙郡和熙平郡。⑤

---

① 《陈书》卷一《高祖纪上》，第5页。
② 《陈书》卷一二《胡颖传》，第187页。
③ 《陈书》卷一《高祖纪上》，第16页。
④ 《陈书》卷二〇《华皎传》，第271页。
⑤ 《隋书》卷三一《地理志下》，中华书局1973年版，第895页。

结　语

第一，巴陵是隋唐以前军事—漕运复合体城市的一个典型，属于古代漕运城市的典型，即早期漕运城市最初是漕运仓，甚至是军用转运仓和仓城，因此带有军事城市性质，是军事漕运复合体城市聚落，因为选址交通便利和政权战略扶持的原因发展，地位不断提升，成为军政中心郡县城市。秦汉时期已经出现很多这样的漕仓城，"秦汉时期的漕仓不仅储备大量粮食，还多有高大的城堡设施卫护。漕仓的经营活动如选址、筑城、聚粮、驻军等，既要考虑国家经济需要，也为了满足战略需求，甚至有根本为军事服务而建具有军仓城堡性质者。"[1] 这种建造传统在六朝时期战乱动荡的刺激下得到深刻发展，巴陵就是典型。

第二，巴陵城是漕运城市，而非运河城市，其选址依傍的是条件优越的天然水路而非人工运河，因此其区位选择在交通地理方面具有高度合理性，结果使其城市腹地延展性在日后得到良好拓展，这和唐宋以后大运河沿线运河城市随运河漕运兴废而兴衰有很大不同，反映了不靠运河的漕运城市与运河城市的不同。唐宋以后在大运河沿线兴起的运河城市，如开封、临清、德州、淮阴等依靠人工运河获得了发展经济的良好条件，可是一旦国家漕运政策变化或是运河衰落，这些城市立刻失去了优越条件，城市衰落很快。巴陵这类不依靠人工运河的漕运城市，兴起的时候固然依靠地理条件和政策倾向，但其交通经济地位来自天然江河，因此枢纽地位较巩固，交通条件不会变化，经济可以持续进步。

---

[1] 张晓东：《秦汉漕运的军事功能研究——以秦汉时期的漕仓为中心》，《社会科学》2009年第9期。

北魏后妃族属分析[*]

黑龙江省社会科学院历史研究所　苗霖霖

北魏是建立于部族制基础之上的鲜卑族政权，其建立之初就存在内部的部落矛盾和外部政权战争，北魏皇帝通过联姻缔结联盟，逐渐解决了这些矛盾，但也造成了北魏前期后妃人数众多、族属复杂。本文以孝文帝太和改制为界，将北魏历史分为前后两个阶段，并通过对不同阶段后妃族属的分析，展现北魏汉化进程与后妃选拔间的关系，以及后妃对北魏统治集团的影响。

一　北魏后妃族属分析

北魏自道武帝建国至孝文帝太和改制，历6帝，凡110年，这一时期，国家经历了政治上由部落联盟到专制王权，经济上由游牧经济到农耕经济，文化上由鲜卑化到汉化的巨大转变，其后妃族属由鲜卑、乌桓、匈奴、羌、羯、蠕蠕等多元化向汉族一元化转变，无疑是北魏这些转变的最直接体现。

（一）太和改制前的后妃族属

鲜卑本是东胡部落联盟中的一支，匈奴大败东胡后，鲜卑、乌桓、蠕蠕等民族从东胡部落联盟中分离出来，各自发展。此后，鲜卑不断发

---

[*] 基金项目：黑龙江省哲学社会科学基金青年项目"鲜卑部落联盟研究"（项目号：12C011）阶段性成果。黑龙江省哲学社会科学基金专项项目"中国古代北方游牧民族行国体制研究"（项目号：14D031）阶段性成果。

展壮大,并逐渐分化出众多部落,出于同根同源的民族情谊及共同对敌的现实需要,拓跋部十分重视与东胡民族、部落的联姻。

根据文献及出土资料,太和改制前北魏后妃共有59位,其中来自东胡民族者共21人,约占后妃总数的39%,成为这一时期北魏后妃人数最多的一个群体。这些出自东胡民族后妃,主要出自鲜卑族的贺兰、慕容、段、乙弗和尉迟部,乌桓族的独孤部和王氏家族以及蠕蠕(柔然)族的郁久闾部等三个民族八个部落(家族)。在这些部落(家族)中,北魏与鲜卑部落联姻最多。其中,鲜卑贺兰部与拓跋部的联姻最早,北魏建立者道武帝拓跋珪的祖、父(即平文帝拓跋郁律与昭成帝拓跋什翼犍)之妻都出自贺兰部。慕容部与拓跋部间的联姻虽略晚于贺兰部,但二者间的联姻却远比贺兰部更为密切和频繁,其中,昭成帝拓跋什翼犍曾纳三位慕容部女子为妃,道武帝拓跋珪亦曾娶慕容氏女子为后,其子明元帝拓跋嗣后宫中亦有超过三位嫔妃来自慕容氏家族,从而使北魏后宫中出现慕容氏"子女先入掖庭者,犹号慕容,特多于他族"[①]。此外,北魏还与尉迟部联姻3次[②],段部、乙弗部联姻各1次,与乌桓独孤部联姻1次、王氏家族3次,与蠕蠕(即柔然)联姻3次。

自明元帝开始,出于稳定国家政局、与周边政权结盟的考量,北魏开始与周边政权联姻,从而使后宫中出现了匈奴、羯、羌等民族的后妃。在太和改制前的北魏59位后妃中,来自这三个民族者便有7人,占后妃总数的12%,成为继东胡民族外,北魏后妃的又一重要来源。明元帝纳后秦西平公主(羌族)入后宫,太武帝拓跋焘则不仅纳北凉(羯族)兴平长公主为昭仪,还将自己的妹妹武威长公主嫁于北凉君主。此外,他还灭亡了大夏国,将国主赫连昌的三个妹妹(匈奴)掠入后宫。作为匈奴分支的高车部帅斛律倍侯利于道武帝时期率部归附北魏,太武帝为子拓跋晃(景穆帝)纳该家族女子为妃,太武帝曾孙献文帝拓跋弘也纳羯

---

① 《魏书》卷五〇《慕容白曜传》,中华书局1974年版,第1123页。
② 景穆帝两位尉迟椒房、文成帝于夫人都是尉迟部后人。姚微元先生考证:尉迟部原住大非川,在吐谷浑境内,当为吐谷浑所属部落之一。后逐渐分为两部分,一部于道武帝时期投降北魏,入居云中,并以部落名为姓,即尉迟氏,成为了北魏所属部落之一。另一部分则在太武帝的追击下西入于阗,夺取了国家的统治权,成为于阗国的统治者。从这个意义上说,于阗国也可算是鲜卑族政权。参看姚微元《北朝胡姓考》,中华书局2007年版,第193—194页;赵万里《汉魏南北朝墓志集释·高宗夫人于仙姬墓志并盖》,科学出版社1956年版,第8页。

族女子为嫔①。

明元帝时期，北魏后宫中还出现了汉族女子的身影。明元密皇后杜氏不仅是北魏历史上第一位以"良家子"入选后宫的女子，也是北魏历史上第一位汉族后妃。明元帝子太武帝拓跋焘将北燕国主冯文通女儿（汉族）纳后宫为左昭仪，太武帝孙文成帝拓跋濬也纳冯文通的孙女为后。②此外，文成帝嫔耿氏、献文帝皇后李氏、孝文皇后林氏也都是以"良家子"被选入后宫的汉女。但在太和改制前，北魏后宫中汉族后妃仅有6人，仅占这一时期后妃总数的10%，汉女尚未成为北魏后妃选拔的主要对象。

综上可知，北魏这一时期的后宫嫔妃包括鲜卑、匈奴、羯、羌、蠕蠕以及汉族等众多民族，虽然她们民族成分不一，入宫的原因各异，但入宫后却都成为嫔妃，甚至有人最终被封为皇后。可见，北魏前期后宫嫔妃的选纳并无民族及身份的芥蒂，这也成为北魏有别于其他少数民族政权的一个鲜明特点。

（二）太和改制后的后妃族属

孝文帝以前，北魏统治区内的汉人较少，民族政权间的联盟、战争造成了其后妃以少数民族为主。至孝文帝继位时，北魏外部的战争已经基本结束，内部经济、文化迅速发展，而此时的南朝政权却频繁更迭，大量的汉人为了躲避战争而逃往北魏，他们不仅带来了汉族先进的文化，也带来了门阀制度。随着汉人数量的急剧增加，鲜卑族与汉族间出现了尖锐的民族矛盾，为了解决国内的民族矛盾，提高皇室在汉族士人中的影响力，孝文帝倡导鲜卑族与汉族的通婚。

孝文帝首先根据家族成员政治上的累世贵显、经济上的依附关系以及文化上的家学世传，划分出汉人家族门地，并根据鲜卑贵族先祖在北魏建国时所立功勋及其后代在官职的高低，划分出鲜卑家族门第。由此，穆、陆、贺、刘、楼、于、嵇、尉等鲜卑八姓，与清河崔氏、荥阳郑氏、

---

① 《显祖献文皇帝第一品嫔侯夫人墓志铭》，赵超：《汉魏南北朝墓志汇编》，天津古籍出版社2008年版，第42页。

② 北燕为太武帝所灭，冯文通子孙入北魏为官，孙女则由于父亲犯罪而被没入皇宫，而后，在太武帝冯昭仪的积极运作下，被文成帝选为嫔妃，后又被立为皇后，此即对北魏影响巨大的文成文明皇后冯氏。

范阳卢氏、太原王氏、陇西李氏汉族五大姓,同列为北魏门阀大族之中。太和十九年(496),孝文帝下诏为六位弟弟选纳汉族五大门阀家族女子为妃,正式拉开了鲜卑世族与汉世族通婚的序幕。作为鲜卑贵族的代表,孝文帝自己也选纳汉族女子进入后宫。据笔者不完全统计,孝文帝后宫的十七位后妃中就有十五位汉族女子,其中选自五大门阀家族中的嫔妃共有六人,博陵崔氏、京兆韦氏、渤海高氏等一般门阀家族也都有女子于此时被选入后宫。宣武帝、孝明帝时期后妃选纳范围进一步扩大,不仅有清河崔氏、范阳卢氏、陇西李氏、渤海高氏、博陵崔氏这些孝文帝时期就选纳过嫔妃的家族,还出现了琅琊王氏、赵郡李氏、顿丘李氏、河内司马氏、渤海高氏这些孝文帝时期不曾选纳过嫔妃的门阀家族中的女子。

此外,孝文帝时期,执掌朝政的冯太后为了维持冯氏家族的地位,先后将兄长冯熙的三个女儿送入皇宫,其中一人被封为左昭仪,两人先后被封为皇后。自此,外戚家族女子凭借着家族势力,成为后妃特别是皇后选拔的主要对象。宣武帝曾纳舅父高偃女为皇后,孝明帝则不仅将从舅胡盛女纳为皇后、胡乐世之女纳为左昭仪,[1] 即便是出自宦官家庭的胡氏远亲——张庆之女,也以名家女身份纳为嫔。[2]

与北魏后宫汉族门阀世族家族女子人数的增加形成鲜明对比的是,选自鲜卑及其他民族的嫔妃人数较以往有所降低,这一时期仅有两位鲜卑女子进入后宫,其中,宣武顺皇后出自鲜卑八姓之于氏家族,孝明帝嫔尔朱氏则出自六镇鲜卑酋帅家族,鲜卑以外的其他胡族则退出了北魏皇室婚姻圈。

综上所述,太和改制后(孝文帝至孝明帝),北魏选拔以汉门阀家族为主。这一时期,北魏后妃共39人,其中汉族后妃有37人,约占后妃总数的95%,其中,出自门阀世族家族者便有33人,出自外戚家族者7

---

[1] 孝文帝改革后宫,规定:"左右昭仪位视大司马,三夫人视三公,三嫔视三卿,六嫔视六卿,世妇视中大夫,御女视元士。"足见,昭仪在北魏后宫地位仅次于皇后,是地位最高的嫔妃。

[2] 张庆乃宦官张祐养子,张祐死后,家势便已衰落。由于张庆妻为江阳王元继之女,元继长子元叉乃灵太后妹夫,成为胡氏外戚集团的一员,张庆也以元叉姐夫的身份,成为了胡氏外戚集团的远亲,不仅自己的官职得到提升,还将女儿以名家女的身份送入皇宫。《魏书》卷九四《阉官列传·张庆传》、《魏书》卷一三《皇后列传·孝明皇后胡氏传》。

人，而出自鲜卑族的后妃则仅有2人，只占总数的5%。可见，自孝文帝开始，汉族门阀家族以绝对优势，成为北魏后妃的主体。

二　北魏皇室婚姻观

在我国古代社会，婚姻是"人伦之始，王教之基"①，因而受到人们的普遍重视，作为国家统治者阶层的皇室，尤其是皇帝，他们的婚姻不仅影响个人，对国家也有着重要的影响。

北魏建立前，鲜卑族拓跋部虽处于部落制时代，但却已进入部落外婚阶段，同姓为婚已被严格禁止。北魏建国后，更以法令的形式明确规定：以拓跋氏为代表的"帝室为十姓，百世不通婚"②。此时拓跋部的联姻对象是以丘穆陵氏（穆氏）、步六孤氏（陆氏）、贺赖（兰）氏（贺氏）、独孤氏（刘氏）、贺楼氏（楼氏）、勿忸于氏（于氏）、纥奚氏（嵇氏）、尉迟氏（尉氏）为代表的鲜卑八姓，和鲜卑慕容氏、乌桓王氏以及蠕蠕（柔然）郁久闾氏等曾显赫一时的部帅家族。由于这些部落（家族）在北魏建立过程中对拓跋部进行过帮助，因而拓跋部帅十分重视与这些部落（家族）的婚姻关系，凭借着这些部落（家族）支持，北魏皇帝不仅迅速稳定了国内外的政局，还使国家踏上了对外扩张的道路。

北魏建立后，这些部族势力依然存在，并对皇权的发挥有所掣肘，有鉴于鲜卑早期权力传承中母族、妻族的对部落的影响，道武帝随即通过"子贵母死"与"离散部落"两项政策，切断了这些部落与皇室间的血缘关系，使部落成员转变为北魏平民。明元帝、太武时期，随着对外战争的进行，匈奴、羌、氐、汉等族政权相继被北魏打败或灭亡，这些政权的公主遂被作为战利品掠入北魏后宫。

可见，太和改制前，北魏皇室的联姻对象，主要是十六国时期的胡族皇室或势力较大的乌桓、鲜卑部落，皇室的联姻仅以国家利益为唯一考量，注重联姻对象的部落或家族势力，对联姻对象并无民族芥蒂，从而造成这一时期的北魏后妃族属呈现出多元化特征。

文成帝和平四年（464）以诏令的形式，初步确定了婚姻的等级，其

---

① 《三国志》卷五三《吴书·程秉传》，中华书局1964年版，第1248页。
② 《魏书》卷一一三《官氏志》，第3006页。

诏曰："今制皇族、师傅、王公侯伯及士民之家，不得与百工、伎巧、卑姓为婚，犯者加罪。"① 成为北魏婚姻改革之先声。遗憾的是，文成帝的诏令并未起到预期的效果，鲜卑贵族婚姻中的等级失伦现象仍然存在。有鉴于此，孝文帝于太和二年（478）再度下诏，禁止"皇族、贵戚及士民之家，不惟氏族，下与非类婚偶"②。自此，北魏全国范围内的胡汉等级婚拉开了序幕，北魏后妃呈现出一元化趋势。

事实上，鲜卑贵族与汉世族的接触和通婚，自十六国时期便已开始。十六国时期，在世家大族集中的河南、河北、关中等地，先后建立起前赵（匈奴）、后赵（羯）、前秦（氐）、前燕（鲜卑）、后秦（羌）、后燕（鲜卑）、南燕（鲜卑）等众多民族政权，在这些政权中，不乏世家大族担任高官者，甚至有的家族还与胡族政权缔结了婚姻关系，如太原王浚就曾以女妻段部鲜卑首领务勿尘，清河崔氏女亦以女妻羯族首领石虎。由此，笔者以为，十六国时期的世家大族已经开始从家族和个人利益出发，积极与当地民族政权合作。但由于这一时期北魏统治中心平城距离世家大族聚居区域较远，加之此时的拓跋部仍沿袭游牧经济，部族发源迟缓，因而与汉族世家大族的联姻较少。

随着北魏灭亡了中原地区纷繁林立的民族政权，统一了我国北方地区，世家大族与北魏皇室的接触也日益增多，并逐渐入仕北魏，其在国家的影响力也逐渐增加。与此同时，与北魏皇室关系密切的"帝室十姓""功勋八姓"却在孝文帝迁都问题上，凭借着家族的势力和影响，与皇帝背道而驰，并最终引发叛乱。随着叛乱被镇压，鲜卑贵族在北魏的影响力急剧削弱，皇权得到前所未有的伸张，有鉴于宗室对皇权的掣肘和推广汉化的需要，孝文帝转而通婚的目光转向了汉世族。他指出：北魏皇室婚配对象存在着"人乏窈窕，族非百两，拟匹卑滥，舅氏轻微，违典滞俗"③。等问题，遂将六个弟弟所纳之妃均降为妾媵，重新为自己的弟弟选纳汉族五大家族及鲜卑功勋八姓女子为王妃。自此，鲜卑皇室、贵族与汉人世家大族根据家族门阀进行联姻在全国范围内得以推广，北魏多族属后妃群体随之为汉族单族属后妃群体所取代。

---

① 《魏书》卷五《文成帝纪》，第122页。
② 《魏书》卷七《孝文帝纪上》，第145页。
③ 《魏书》卷二一《献文六王·高阳王雍传》，第537页。

需要注意的是，鲜卑与汉人间的联姻并非始于孝文帝，在明元帝时期，两个民族间的通婚就已经出现，随后逐步呈现增长的态势，至孝文帝太和改制时，才将胡汉联姻正式作为国策加以颁布。与清朝所施行的满蒙联姻不同①，北魏的胡汉联姻，并非只是鲜卑与汉人之间简单的通婚，以实现鲜卑族与汉族的融合，而是在划分出鲜卑族与汉人世族的基础上，倡导各自等级内的通婚。即北魏皇室、鲜卑八姓与汉人五姓间联姻，而其他鲜卑贵族则与博陵崔氏、河东裴氏、京兆韦氏、安定皇甫氏等门阀家族联姻，从而排斥了不同等级内的相互通婚。如高阳王元雍原配夫人为中书博士范阳卢神宝女，"卢氏薨后，更纳博陵崔显妹，甚有色宠，欲以为妃。世宗初以崔氏世号'东崔'，地寒望劣，难之"②。元雍的原配夫人出自汉人五大门姓之一的范阳卢氏，与北魏皇室在门第上略等，而博陵崔氏在北魏只是中等门阀家族，其家族地位低于五姓，不足以进入皇室婚姻圈，因而遭到宣武帝的反对，这是北魏严格实行胡汉等级婚的一个直接事例。

此外，自孝文帝开始，外戚家族的势力逐渐抬头，并一直把持着皇后的选拔。其中，最早兴起的是长乐冯氏家族，该家族凭借与皇帝的关系，先后三人被封为皇后，一人被封为嫔妃。继而渤海高氏在宣武朝兴起，先后两人被封为皇后。此后，安定胡氏取而代之，先后两人被封为皇后，一人为嫔妃。

三　多族属后妃群体对北魏政局的影响

北魏是拓跋部在集合了当时周边的鲜卑贺兰部、慕容部、段部，乌桓独孤部、王氏家族以及匈奴宇文部等部落势力的基础上建立起的以拓跋部为中心的部落联盟国家。与这些部落缔结了婚姻关系，对于巩固拓跋部落联盟起到重要的作用，但另一方面，这些部落也依靠着与拓跋部的婚姻关系，介入并影响了拓跋部的权力传承。最终，道武帝通过离散

---

①　清朝的满蒙联姻是为了巩固了双方政治上的联盟，加强了清廷与蒙古贵族的联系，稳定了清朝的封建统治秩序，在一定程度上促进了两族间的融合，以及经济、文化等方面的广泛交流。

②　《魏书》卷二一《献文六王·高阳王雍传》，第557页。

部落、分土定居的方式，解决了部落对北魏皇权的威胁，使国家踏上了对外扩张之路。北魏皇室的联姻对象也随之转向了在国家建立中功勋卓著的鲜卑贵族，使他们逐渐成与宗室享有同等政治、经济特权的异姓贵族。

由于北魏前期皇室联姻对象主要是鲜卑或乌桓贵族，从而造成鲜卑原始婚姻形态在国家中的存续和蔓延。为了解决这一问题，文成帝强调"援礼入婚"，解决皇室婚姻中"贵族之门多不率法，或贪利财贿，或因缘私好，在于苟合，无所选择，令贵贱不分，巨细同贯，尘秽清化，亏损人伦"[①] 的问题。随着皇室与鲜卑功勋贵族联姻的密切，他们所拥有的权力也日益膨胀，功勋贵族家族成为继鲜卑部落之后，又一威胁皇权稳固的势力。在孝文帝迁都洛阳之时，这些融入北魏的部落、民族政权势力与功勋贵族结成了巨大的势力，他们意图通过发动政变，阻止孝文帝迁都，并最终被孝文帝所镇压，至此，部落、宗室、勋旧势力最终瓦解，皇权得以维系和巩固。

迁都洛阳后，孝文帝开始着眼于鲜卑文化的发展与国内民族矛盾的解决，倡导鲜卑族与汉族之间的门第婚，从而将汉门阀世族家族中有着良好教养和文化的女子引入北魏皇室，迅速提升鲜卑贵族的文化水平。

事实上，早在北魏建立之初，道武帝就已经有意识的引入汉族士人参与国家决策。随着汉族士人的不断加入，北魏皇帝开始注意到汉世族良好的家学素养，试图借此提升鲜卑贵族的文化水平，而婚姻无疑成为实现这一目的的最佳途径，胡汉门第婚遂在国民中开始推行。孝文帝不仅纳陇西李冲女为夫人，范阳卢敏、荥阳郑羲、太原王琼等人之女为嫔，还将武邑公主、建兴长公主、平阳长公主先后嫁于南宋宗室刘昶为妻，以期通过联姻的方式，迅速提升鲜卑贵族文化水品。孝文帝的希望，最终成为现实，顿丘李彪女"幼而聪令，彪每奇之，教之书学，读诵经传"。"彪亡后，世宗闻其名，召为婕妤"[②]，为后宫九嫔之一，是地位较高的嫔妃，李婕妤入宫后"常教帝妹书，诵授经史"[③]。为后宫诸人接受汉文化、提升文化修养，做出了重要贡献。

---

① 《魏书》卷五《文成帝纪》，第122页。
② 《魏书》卷六二《李彪传》，第1399页。
③ 同上。

如此众多的汉女进入北魏后宫，虽然能够对北魏政权的稳固和文化的发展起到积极的作用，但也无疑会对鲜卑民族的文化、习俗以及血缘产生冲击。自道武帝至明元帝这十位皇帝中[①]，只有道武帝、明元帝、景穆帝三人的母亲是鲜卑人，文成帝的母亲来自于鲜卑的近亲蠕蠕，而太武帝、献文帝、孝文帝、宣武帝、孝明帝的母亲则都是汉人。特别是由于太武帝母亲杜氏是汉人，使太武帝成为北魏历史上第一位汉人与鲜卑的混血皇帝，那么，纯粹鲜卑血统的北魏皇帝则只有道武、明元两位，随着越来越多的鲜卑与汉人混血皇帝的继位，皇室血统离鲜卑越来越远。特别是随着孝文帝汉化的推行，越来越多的汉女进入北魏后宫，皇室成员中拥有鲜卑血统者也越来越少。

在这些汉人后妃中，对北魏皇统产生最直接影响的自然是皇后，皇后可以依靠其背后的外戚家族势力直接左右皇位的传承。如文明太后是北燕国主冯文通的孙女，太武帝左昭仪冯氏的侄女，她在献文帝、孝文帝两朝两度临朝称制，还一度对献文帝、孝文帝的继位起着至关重要的作用，在执掌北魏朝政的二十余年时间里，冯氏家族成为北魏皇室外地位最高的家族，为了维持和巩固本家族既有利益，她不仅使孝文帝纳其兄女为皇后、左昭仪，更将其余侄女全部嫁于北魏皇室为妃。在冯太后和太师冯熙、司徒冯诞相继病逝后，孝文幽皇后冯氏的根基遭到严重削弱，加之她与高菩萨奸情的暴露，使孝文帝逐渐意识到她设计冤杀太子元恂、抚养元恪（宣武帝）的真实用意在于控制朝政[②]，于是孝文帝临终留下诏书赐冯氏"自尽别宫，葬以后礼，庶掩冯门之大过"[③]。冯氏家族就此一蹶不振。宣武帝继位后，对母家渤海高氏[④]极为优待，不仅"委任

---

① 景穆帝拓跋晃乃太武帝拓跋焘子、文成帝拓跋濬父，幼年被立为太子，未继位而死，太武帝死后，皇位由拓跋濬直接继承，文成帝继位后，将其追封为皇帝。

② 这不仅是太后临朝与皇帝巩固皇权的冲突，更是鲜卑族固有的女主政治与汉族政权皇权至上的冲突。参看刘军《试论孝文帝太和末年的夺嫡之争》，《河南师范大学学报》2012年第5期。

③ 《魏书》卷一三《皇后·孝文幽皇后冯氏传》，第334页。

④ 李凭先生指出：高氏本是高句丽族，由于北朝人注重出身地望和门第，官员的政治地位与此相关，高肇怕被人知道自家出身在中原人看来地望偏远的高丽，而攀附渤海高氏，以提升高氏家族的门第。参看李凭《北魏两位高氏皇后族属考》，收于《北朝研究存稿》，商务印书馆2006年版，第163—180页。

高肇，疏薄宗室"①。更将高肇侄女高氏"纳为贵人，生皇子，早夭，又生建德公主。后拜为皇后，甚见礼重"②。但随着高肇被杀，高氏与胡嫔争夺皇子失败而出家，高氏家族的势力随之瓦解，孝明帝生母胡氏所在的安定胡氏家族随之兴起。胡太后效法冯太后临朝称制，不仅为孝明帝纳两个侄女为皇后、左昭仪，还将远亲张庆女亦选入后宫，使胡氏家族成为北魏新贵。孝明帝死后，灵太后另立幼主，企图继续执掌朝政，更给摇摇欲坠的北魏皇权带来了毁灭性的打击，尔朱荣随即发动军事政变，杀死灵太后与幼主，北魏皇权被权臣所控制，他们在宗室近亲中选取皇帝，自己则"挟天子以令诸侯"，并最终导致北魏的分裂。

---

① 《资治通鉴》卷一四六《梁纪二》，武帝天监五年条，中华书局1956年版，第4555页。
② 《魏书》卷一三《皇后·宣武皇后高氏传》，第336页。

南朝的士庶区别

[日] 东北大学　川合安/著
[日] 东北大学大学院博士课程前期　时坚/译

一　引言

　　南朝是典型的、严格执行士人（贵族）与庶民区别的贵族制社会的时代，这是日本学术界公认的说法。[①] 其根据是"至于士庶之际，实自天隔"（《宋书·王弘传》），"士庶区别，国之章也"（《南史·王球传》）等记述，但另一方面，我们也可以看到如"律令既不分别士庶"（《宋书·王弘传》），"宋齐二代，士庶不分"（《通典·食货典》）所述，与严格执行士庶区别恰恰相反的记述。如何将这些记述整合起来，接近士庶区别的实情是研究南朝贵族制社会的主要课题之一。就此课题，日本的冈崎文夫、越智重明、中村圭尔、野田俊昭等人公开发表了各自的见解。中国虽然没有使用"贵族制"的概念，但我们可以看到在唐长孺、王铿的研究中尖锐地指出了南朝的士庶区别。

　　本报告中，首先概括叙述了关于士庶区别的研究史。其次，从有关士庶区别的记述中，尤其以士族拒绝与庶民出身的皇帝侧近官僚同坐的事例为中心，试着从与先行研究不同的视点深入地理解士庶的区别。

　　[①] 比在如谷川道雄《隋唐世界帝国の形成》（东京讲谈社《学术文库》2008年版）中有如下记述：另一方面，门阀主义的固定性、闭锁性带来了社会的停滞。西晋以来担心"上品无寒门，下品无士族"的情况到了东晋、南朝则变得越来越明显。"至于士庶之际，实自天隔"，或者"士庶区别，国之章也"等强调士庶的绝对区别的言辞已经公然地说了出来。

二 有关南朝的士庶区别的研究史

(一) 冈崎文夫的观点及其批判

日本魏晋南北朝史研究的开拓者冈崎文夫认为，东晋以来，士族和庶民分别以黄籍和白籍记录在不同的户籍上，明确地区别开来。他还提出，律令中虽然没有区别士庶，但到了南朝宋，律中规定，士族同伍犯罪不连坐，在法制方面也清楚的区别开来。而且，元嘉二十七年（450）对北魏作战之际，明示了免除兵役的条件（其父祖伯叔兄弟达到一定的官职，本人就能免除兵役），以此为契机，改写户籍记载从而获得免役特权，进而发生了士庶混淆的情况。[1]

如上所述，冈崎氏认为在南朝宋的前半期，士人与庶民在法制上明确地区别开来，出现了典型的贵族制社会。

对冈崎的观点进行批判的是增村宏。增村氏认为，黄籍是包括江南原住民的一般户籍，而白籍则是为从北方流入的人们所设的临时户籍。今日增村的观点已成为了定论。[2] 此外，增村氏还对《宋书》王弘传所载的同伍犯法的争论进行了详细的探讨，阐明了并没有依据能证明曾经修改了律文。[3]

增村氏的研究否定了冈崎观点的论据，但是，南朝是一个严格实行士庶区别的典型的贵族制时代，冈崎氏所提出的这个说法正在普遍化。

(二) 唐长孺的观点

在中国，唐长孺提出了一个崭新的见解，即，与其说南朝的士庶区

---

[1] 冈崎文夫：《南朝に於ける士庶区別に就ての小研究》（《南北朝に於ける社会経済制度》东京弘文堂 1935 年版收录）。

[2] 增村宏：《黄白籍の新研究》（《东洋史研究》2 卷 4 号，1937）。之后，中村圭尔《南朝户籍に関する二问题》（初出 1992，《六朝江南地域史研究》，东京汲古书院 2006 年版收录）论文中完全否定了分别制作士族的户籍与庶民的户籍的可能性。

[3] 增村宏：《宋书王弘传の同伍犯法の论议》（鹿儿岛大学文理学部纪要《文科报告》4 史学编 1，1955）。也参考了川合安的《南朝、宋初の同伍犯法の论议》（《集刊东洋学》67 号，1992）。

别严格化体现了士族的优势，倒不如说其体现了士族势力的衰退。如下所述。①

晋、宋之间，士庶区别日益严格，宋、齐时已经达到僵化的程度。赵翼《陔余丛考》卷一七《六朝重氏族》条所录士大夫拒绝和寒人相接的史实大抵发生在宋、齐时。我们在上面提出寒人的进用恰也在此时，而且更多的寒人地主和正在向地主转化的商人正以各种手段挤入士族行列，以便享受特权。门阀贵族坚决反对把新兴的或假冒的士人处于自己的同一等级，他们认为必须保持原来独占的统治轨道。士庶区别的严格化发生在此时，正因为士庶有混淆的危险，所以这里并不表示门阀势力的强大，相反的倒是由于他们害怕这种新形势足以削弱甚至消除他们长期以来引以自傲的优越地位。

（三）越智重明的观点

在日本，关于南朝的士庶区别，越智重明发表了与一般说法不同的见解。②

越智氏指出，宋齐时代时，皇帝权力逐渐渗透到士大夫阶层，由士大夫拒绝与皇帝侧近的寒人官僚同坐这一记述而"得出士大夫的力量是绝对的，皇帝被其左右这样的见解是很危险的"。

根据越智氏的研究，到东晋为止并没有出现过任用侧近寒人的事情，因此也不会有拒绝同坐的事情发生，到了南朝梁代，由于士大夫已被当作官僚来掌控，故拒绝同坐的事情便也消失了，但在东晋与梁代中间的宋齐时代，在皇帝把士大夫作为官僚来掌控的过程中发生了拒绝同坐的事情。一般说法认为一开始就规定了即使有皇帝的命令，侧近寒人也不能与士大夫同席。但是越智氏认为，至少皇帝和侧近寒人认为侧近寒人与士大夫同席是有可能的。

（四）中村圭尔的观点

中村圭尔立足于越智氏的观点，考察了士族拒绝与侧近寒人官僚同

---

① 唐长孺：《南朝寒人的兴起》（《魏晋南北朝论丛续编》1959 年收录，之后收录于《唐长孺文集二》中华书局 2011 年版）。

② 越智重明：《晋南朝の士大夫》（《历史学研究》238 号，1960），《宋齐时代における皇帝と士大夫》（《东方古代研究》10 号，1960）。

坐的事例，说"获得官僚身份并不能带来士庶地位、身份的变化"，"但是，反过来一想，从同坐例子中的中书舍人和皇帝的行动中，能够看到他们想通过政治权力来克服士庶的意向"。

中村氏还指出，士庶区别中存在着乡里社会的形成契机以及有无官僚身份的形成契机，并在结论中提出对一般说法"南朝国家的构成成员大体分为士庶两个阶层，在两者之间存在着社会上的、政治上的或者其他诸多场面上的严格差别"需要加以修正。①

（五）野田俊昭的观点

野田俊昭在1982年发表的论文《南朝の士庶区别をめぐって》中提出了在南朝虽然士人取决于家系，但也开始出现了通过获得官僚身份而成为士人的现象这一见解。② 他还在1998年发表的论文《"清议"と士庶区别》中列举了士人拒绝同坐的事例，继承越智重明的观点，认为"天子通过要求庶民的士人化这样的方式来明显地暗示其支配权力，士人虽然对此顽强地抵抗，但在此要求还没有露骨地表示出来时，士人并不吝啬对其容忍的情形是有的"③。

（六）王铿的观点

王铿探讨了士人拒绝与庶人同坐等事例，指出其并不能成为证明"士庶区别"的论据，并认为宋齐时代是一个因寒人势力的兴起而动摇了"士庶区别"的时期。④

综上所述，不论是中国还是日本的学术界，对南朝严格执行士庶区别这一通说都在进行着重新理解。笔者也赞成这样的重新理解，但认为在士人拒绝与庶人同坐的事例中还留有探讨的余地。以下是笔者的考察。

---

① 中村圭尔：《"士庶区别"小论》（1979年初出，《六朝贵族制研究》，东京风间书房1987年版收录）。
② 野田俊昭：《南朝の士庶区别をめぐって》（《东方学》63辑，1982）。
③ 野田俊昭：《"清议"と士庶区别》（《久留米大学文学部纪要 国际文化学科编》12、13号，1998）。
④ 王铿：《论南朝宋齐时期的"士庶天隔"》，《北京大学学报》（哲学社会科学版）1993年第2期。

三　士人拒绝同坐事例的探讨

（一）《宋书》卷五七《蔡兴宗传》

太宗崩，兴宗与尚书令袁粲、右仆射褚渊、中领军刘勔、镇军将军沈攸之同被顾命。以兴宗为使持节、都督荆湘雍益梁宁南北秦八州诸军事、征西将军、开府仪同三司、荆州刺史，加班剑二十人，常侍如故。被征还都。时右军将军王道隆任参内政，权重一时，蹑履到前，不敢就席，良久方去，竟不呼坐。元嘉初，中书舍人秋当诣太子詹事王昙首，不敢坐。其后中书舍人王弘为太祖所爱遇，上谓曰："卿欲作士人，得就王球坐，乃当判耳。殷、刘并杂，无所知也。若往诣球，可称旨就席。"球举扇曰："若不得尔。"弘还，依事启闻，帝曰："我便无如此何。"五十年中，有此三事。

这里列举了蔡兴宗（济阳蔡氏）不与皇帝侧近有权势的王道隆（右将军兼中书舍人）同坐的例子，以及中书舍人秋当（文帝的侧近）不敢与王昙首（琅琊王氏）同坐的例子，此外又列举了下面的第三个例子。

文帝对其侧近的中书舍人王弘说："如果能你能得到王球（琅琊王氏）的许可与其同坐的话，就证明你成为士人了"，于是王弘就来到了王球的身边，但王球拒绝了和他同坐，之后他把这件事报告给文帝，文帝说："我便无如此何。"

"五十年里的三个事例"，即在五十年里对以皇帝权力为靠山的所谓的"恩倖寒人"展现出毅然的拒绝态度的士人只有三人，这表明了当时的高官一般都屈服于恩倖而出于无奈与其同坐。

此外，虽然我们得知那个人物是否是士人并不是由皇帝来决定的，但是从文帝的话及中书舍人王弘的行动中，很难确定士人与庶民的身份是与生俱来的。我们不如这样认为，如果能与被认为是士人中的士人王球同坐的话，王弘也可能被认为是士人。再考虑到皇帝的意向，正因为士人与侧近寒人同坐是普遍现象，所以王球这样毅然的态度才会被称赞、记录下来。

(二)《南史》卷二三《王球传》

> 时中书舍人徐爰，有宠于上，上尝命（王）球及殷景仁，与之相知。球辞曰："士庶区别，国之章也。臣不敢奉诏。"上改容谢焉。

这是与（一）一样的逸闻。中书舍人不是王弘，而是换作了徐爰，文帝命令王球、殷景仁与徐爰交往但王球拒绝了，这二点与（一）有所不同。王球所说的"士庶区别，国之章也"的言辞经常被当作表明截然的士庶区别的史料而引用。虽然可以说这体现了王球的主张和意识，却很难说这是能够表明整个社会都承认士庶有别的确凿证据。

(三)《宋书》卷六二《张敷传》

> 迁正员郎。中书舍人秋当、周赳并管要务，以敷同省名家，欲诣之。赳曰："彼若不相容，便不如不往。讵可轻往邪。"当曰："吾等并已员外郎矣，何忧不得共坐。"敷先设二床，去壁三四尺，二客就席，酬接甚欢，既而呼左右曰："移我远客。"赳等失色而去。其自摽遇如此。

可以认为，即便是作为中书舍人、员外散骑侍郎的秋当与周赳，虽然通常能得到对等的交往，但由于对方是像张敷（吴郡张氏）这样自尊心极高的人物，所以被拒绝同坐。同时，也可推测出当时存在着称赞如张敷这样不向权力谄媚的毅然态度的风气。

(四)《南史》卷三六《江敩传》

> 先是中书舍人纪僧真幸于武帝，稍历军校，容表有士风。谓帝曰："臣小人，出自本县武吏，邀逢圣时，阶荣至此。为儿昏，得荀昭光女。即时无复所须，唯就陛下乞作士大夫。"帝曰："由江敩、谢瀹。我不得措此意，可自诣之。"僧真承旨诣敩，登榻坐定，敩便命左右曰："移吾床让客。"僧真丧气而退。告武帝曰："士大夫故非

天子所命。"时人重敦风格，不为权幸降意。

这是评价不向权力屈服的江敩的态度的逸闻。士庶是生来决定的，皇帝硬要使侧近成为士大夫，我们一直以来都是这样理解的，但未必是那个意思。皇帝虽然并不能决定谁是士大夫，但官职、婚姻以及自身的风采仪表等方面都具备了作为士大夫的条件，再加上皇帝的说情，如果能够与被视为士人中的士人江敩同坐的话，不就可以成为士大夫了吗？纪僧真这样的想法并不是妄想，至少展示出了一种可能性。正因为这样的推测，不就可以正确地理解对江敩的毅然态度的评价的意义了吗？

（五）《南史》卷二一《王僧达传》

> 黄门郎路琼之，太后兄庆之孙也。宅与僧达门并。尝盛车服诣僧达。僧达将猎，已改服。琼之就坐，僧达了不与语，谓曰："身昔门下驺人路庆之者，是君何亲。"遂焚琼之所坐床。太后怒，泣涕于帝曰："我尚在而人陵之。我死后乞食矣。"帝曰："琼之年少，无事诣王僧达门，见辱乃其宜耳。僧达贵公子，岂可以此加罪乎。"太后又谓帝曰："我终不与王僧达俱生。"

路琼之虽然是庶人出身，但由于是孝武帝的外戚而成为了黄门郎。这是路琼之拜访王僧达（琅琊王氏）的家而遭到拒绝同坐的例子。此例中不是因为皇帝的命令而去拜访这点与（一）的第三个例子以及（四）例子不同。此外，并没有赞赏王僧达这种行为的记述，这点与其他的例子不同。但是，路琼之并不是凭借自己的资质或家系的力量，而是凭借皇帝的力量发迹，这一点与其他例子中遭到拒绝同坐的侧近寒人是一样的。

从以上考察的五个事例中，可以明确的是不能说士庶是根据出身而预先决定的身份。此外，被士人拒绝同坐的侧近寒人都是凭借皇帝的权力才飞黄腾达的。拒绝与这样的人同坐的士人的态度中，清楚地体现了拒绝迎合权力的意志，而且这种态度还受到当时人们的称赞。另一方面，除了（五）的路太后以外，并没有看到有关遭到拒绝同坐的侧近寒人及皇帝方面对拒绝的士人表露出敌意的记述。相反，我们可以清楚地看到，侧近寒人即使在官僚身份、经济收入等方面与士人同等或者处于其之上，他们仍然怀有想进入士人世界的强烈愿望。

四　结语

在南朝，士人与庶民被明确地区别开来，那是由出身决定的具有世袭性质的身份，因此，南朝是典型的贵族制社会。最先提出此主张的学者是冈崎文夫。冈崎氏认为士人与庶民自东晋以来就分别记载到不同的户籍上，到了南朝宋在法制上也被区别开来。然而现在这个论据已经不能成立了。虽然如此，以士人拒绝与皇帝的侧近寒人同坐这样的逸闻为论据，来说明士人与庶民的身份是由出身决定的这种学说，尤其在概说书中留下了根深蒂固的影响。虽然南朝贵族制研究者越智重明、中村圭尔、野田俊昭对南朝的政治社会是根据士人与庶民这种由出身决定的身份而制定的这样的看法提出了异议（中国的唐长孺、王铿的观点也有同样的倾向），但并没有获得广泛的关注。

因此，在本报告中，重新列举了拒绝同坐的逸闻并对其进行考察。结论有以下两点。第一，从这些逸闻中，并不能推断出士人与庶民的身份只能由出身决定，相反我们可以认为，如果庶民具备了某些条件，是有可能成为士人的。第二，遭到拒绝同坐的人物全部都是皇帝侧近的寒人，而拒绝同坐的人物都是被视为士人中的士人，且面对权力抱有毅然态度的人物。而且从拒绝同坐的态度受到称赞的现象来看，还可以认为在南朝社会中存在着这样一种观念，即不屑迎合权力的态度正是士人中的士人所应持有的态度。从第一点我们可以确定的是，南朝社会并不是一直以来所认为的那样依据出身而身份固定化的社会。此外，从第二点我们可以认为，即使没有固定化，南朝也是具有所谓的"贵族制社会"特征的社会。

刘宋时期门第寒微学人群体之兴起及其原因考论

扬州大学社会发展学院 王永平

晋宋革命,不仅是王朝名称与皇族姓氏的更替,而且是出自北府之寒门武人势力取代高门士族统治地位的社会变革。因此,刘宋立国,必然引发当时统治方式、社会制度、思想文化风尚等一系列深刻变化。检点相关学术史,可见以往人们对南朝时期社会政治、制度等方面变化,已多有关注,而对寒门政治势力兴起在学术文化方面的影响等则少有具体论述。众所周知,东晋时期占据统治地位的高门士族阶层,形成了典型的"门阀政治"格局。高门士族阶层之所以长期具有优越的社会地位,固然有其广泛的社会基础,但不可忽视的一点,即在于他们长期居于学术文化的垄断地位,文化无疑是士族名士得以显名、其家族门第得以确立和传承的关键之一。因此,谈论中古学术文化,总是与士族相联系,而少有将寒人与学术文化联系起来进行深入研究。不过,自刘宋建国以来,随着寒门武人取得统治地位,以皇权为中心的集权统治日益强化,高门士族的政治势力则日趋式微,依附于皇权肌体之上的各类门第寒微之士必然日益活跃起来,显示出其多方面的影响。其中也应当涉及学术文化领域。仔细考察,可见自晋宋变革以来寒门人物确实已在学术文化领域显现身影、有所表现。《南齐书》卷五二《文学·贾渊传》载:

> 世传谱学。(宋)孝武世,青州人发古冢,铭云"青州世子,东海女郎"。帝问学士鲍照、徐爰、苏宝生,并不能悉。渊对曰:"此

是司马越女，嫁苟晞儿。"检访果然。由是见遇。敕渊注《郭子》。

由此可见，宋孝武帝设置负责文化方面顾问的所谓"学士"，其中知名的鲍照、徐爰、苏宝生诸人，显然都出自寒门，绝非高门士族子弟。有鉴于此，本文就刘宋时期寒门文士之群体特征、学术活动及其兴起之社会原因等略作考论，以企望有补于中古学术文化史之研究。

一　刘宋时期门第寒微之学人群体及其学术文化表现

仔细检点相关史籍，可见自东晋末刘裕执掌军政大权以来，特别是在刘宋正式立国之后，通过各种方式和途径得以显现的寒门学人颇多，在当时构成了一个具有鲜明阶层特征的学术文化群体。在此，对相关寒门学术人物及其学术活动略作具体考叙。

（一）隐逸型门第寒微之经史学人

刘宋时期，隐逸名士群体与学术文化关系密切，或以经术教授乡里，或著书立说。考察诸人之家世背景，其中虽有高门士族人物，但大多门第相对寒微，属于低级士族阶层，有的则是寒门学人。

周续之。《宋书》卷九三《隐逸·周续之传》载："周续之字道祖，雁门广武人也。其先过江居豫章建昌县。……豫章太守范宁于郡立学，招集生徒，远方至者甚众，续之年十二，诣宁受业。居学数年，通《五经》并《纬》、《候》，名冠同门，号曰'颜子'。既而闲居读《老》、《易》，入庐山事沙门释慧远。时彭城刘遗民遁迹庐山，陶渊明亦不应征命，谓之寻阳三隐。"作为"寻阳三隐"之一的周续之，由"其先过江居豫章建昌县"云云，可推测其先辈当为南迁之寒门小户，其本人先后受学范宁和高僧慧远，以儒学显名。晋宋之际，刘裕曾一再迎其入京讲经：第一次是刘裕北征，"世子居守"，迎周续之至建康，"馆于安乐寺，延入讲《礼》，月余，复还山"；第二次是刘裕北征后"还镇彭城，遣使迎之，礼赐甚厚。每称之曰：'心无偏吝，真高士也。'寻复南还"。第三次是刘裕建国后，"复召之，乃尽室俱下。上为开馆东郭外，招集生徒。乘舆降幸，并见诸生，问续之《礼记》'傲不可长'、'与我九龄'、'射于矍圃'三义，辨析精奥，称为该通。续之素患风痹，不复堪讲，乃移病钟山。景平元年卒，时年四十七。通《毛诗》六义及《礼论》、《公羊传》，皆传于世"。这里说周续之"通《毛诗》六义及《礼论》、《公羊传》"，其当有相关著作，故得"皆传于世"①。

雷次宗。《宋书》卷九三《隐逸·雷次宗传》载："雷次宗字仲伦，豫章南昌人也。少入庐山，事沙门释慧远，笃志好学，尤明《三礼》、《毛诗》，隐退不交世务。"雷次宗出自豫章雷氏，本传不述其先人仕宦情况，这表明其家族门第寒微，少有相关事迹可述。雷次宗之儒学，主要得自慧远，他曾与子侄书说："暨于弱冠，遂托业庐山，逮事释和尚。于时师友渊源，务训弘道，外慕等夷，内怀徘发，于是洗气神明，玩心坟典，勉志勤躬，夜以继日。"东晋时期，江州是一个重要的儒学教育的中心，先有范宣于民间教授，后有豫章太守范宁设学传道，同时高僧慧远也在庐山传授儒学。《高僧传》卷六《晋庐山释慧远传》载晋末不少著名的隐逸人士入庐山随慧远游学："彭城刘遗民、豫章雷次宗、雁门周续之、新蔡毕颖之、南阳宗炳、张莱民、张季硕等，并弃世遗荣，依远游止。……远内通佛理，外善群书，夫预学徒，莫不依拟。时远讲《丧服经》，雷次宗、宗炳等，并执卷承旨。次宗后别著义疏，首称雷氏，宗炳因寄书嘲之曰：'昔与足下共于释和上间，面受此义，今便题卷首称雷氏乎？'其化兼道俗，斯类非一。"②据《宋书》本传，元嘉十五年（438），宋文帝"征次宗至京师，开馆于鸡笼山，聚徒教授，置生百余人。会稽朱膺之、颖川庾蔚之并以儒学，总监诸生。时国子学未立，上留心艺术，使丹阳尹何尚之立玄学，太子率更令何承天立史学，司徒参军谢元立文学，凡四学并建。车驾数幸次宗学馆，资给甚厚。……久之，还庐山，公卿以下，并设祖道。③……后又征诣京邑，为筑室于钟山西岩下，谓之招隐馆，使为

---

① 《隋书》卷三三《经籍志二》载："《圣贤高士传赞》三卷，嵇康撰，周续之注。"
② 《隋书》卷三二《经籍志一》载："《略注丧服经传》一卷，雷次宗注。"
③ 《宋书》卷八二《沈怀文传》载："怀文少好玄理，善为文章，尝为楚昭王二妃诗，见称于世。……隐士雷次宗被征居钟山，后南还庐岳，何尚之设祖道，文义之士毕集，为连句诗，怀文所作尤美，辞高一座。"

皇太子诸王讲《丧服》经。次宗不入公门，乃使自华林东门入延贤堂就业。二十五年，卒于钟山，时年六十三"。

雷次宗子雷肃之，"颇传其业，官至豫章郡丞"。《隋书》卷三二《经籍志一》载："梁有《（礼记）义疏》三卷，宋豫章郡丞雷肃之撰，亡。"

戴颙。《宋书》卷九三《隐逸·戴颙传》载其"谯郡铚人也。父逵，兄勃，并隐遁有高名……以父不仕，复修其业。父善琴书，颙并传之，凡诸音律，皆能挥手……颙及兄勃，并受琴于父，父没，所传之声，不忍复奏，各造新弄，勃五部，颙十五部。颙又制长弄一部，并传于世"。东晋末，戴颙一度隐居吴地，宋武帝、宋文帝一再征辟，戴颙拒而不应。后衡阳王刘义季镇京口，长史张邵"与颙姻通，迎来止黄鹄山……为义季鼓琴，并新声变曲，其三调《游弦》、《广陵》、《止息》之流，皆与世异。太祖每欲见之，尝谓黄门侍郎张敷曰：'吾东巡之日，当谒戴公山也。'以其好音，长给正声伎一部。颙合《何尝》、《白鹄》二声，以为一调，号为清旷。"元嘉十八年（441），戴颙卒，"景阳山成，颙已亡矣，上叹曰：'恨不得使戴颙观之。'"① 戴颙涉猎玄儒，《宋书》本传载其"述庄周大旨，著《逍遥论》，注《礼记·中庸》篇"②，可见戴颙在学术上是礼玄兼治的。戴颙学风如此，与其家族文化传统不无关系，其父戴逵既周旋于玄学名士之中，又曾赴豫章随范宣习儒，并著论批评丧失内在精神的玄化任诞风尚，晋孝武帝曾下诏征戴逵，称其"学弘儒业"③。《隋书》卷三二《经籍志一》载："《五经大义》三卷，戴逵撰。"谯郡戴氏本属北府地域之次等士族，《晋书》卷七九《谢安传附谢玄传》载："始从玄征伐者，何谦字恭子，东海人，戴遁字安丘，处士逵之弟，并骁果多权略。逵厉操东山，而遁以武勇显。谢安尝谓遁曰：'卿兄弟志业何殊？'遁曰：'下官不堪其忧，家兄不改其乐。'遁以军功封广信侯，位至

---

① 《宋书》卷七八《萧思话传》载萧氏为刘宋外戚，宋文帝曾赐萧思话弓琴，手敕曰："前得此琴，云是旧物，亦有名京邑，今以相借。因是戴颙意于弹抚，响韵殊胜，直尔嘉也……良材美器，宜在尽用之地，丈人真无所与让也。"由此也可见宋文帝对戴颙之赞誉。

② 《隋书》卷三二《经籍志一》载："《礼记中庸传》二卷，宋散骑常侍戴颙撰。"

③ 《晋书》卷九四《隐逸·龚玄之传》。

大司农。"① 可见戴遁早为北府重要将领，长期征战淮北，这表明其家族门第不高，绝非高门，可归之寒庶阶层。

沈道虔。《宋书》卷九三《隐逸·沈道虔传》载："沈道虔，吴兴武康人也。少仁爱，好《老》、《易》，居县北石山下。"其自晋至宋，长期隐居，"冬月无複衣，戴颙闻而迎之，为作衣服，并与钱一万。既还，分身上衣及钱，悉供诸兄弟子无衣者。乡里年少，相率受学。道虔常无食，无以立学徒。武康令孔欣之厚相资给，受业者咸得有成。太祖闻之，遣使存问，赐钱三万，米二百斛，悉以嫁娶孤兄子。……道虔年老，菜食，恒无经日之资。而琴书为乐，孜孜不倦。太祖敕郡县令随时资给。元嘉二十六年，卒，时年八十二"。沈道虔隐逸授业，"乡里年少，相率受学"，得到了宋文帝及郡县的资助，"受业者咸得有成"。沈道虔传中不叙其先辈仕宦，表明其门第寒微。

以上几位是晋宋之际的隐逸学者，入宋后，受到刘宋统治者的重视，屡被征辟，周续之、雷次宗虽未出仕，但一再应征入京师教授儒学，雷次宗还一度主持"四学"之一的儒学馆，且一再为皇族子弟授业，实际上是官方的儒学经师。刘宋中后期及宋齐之际的隐逸经史学者，其生存状态略有不同，主要在民间授业或著述，可考者如下。

关康之。《宋书》卷九三《隐逸·关康之传》载："关康之字伯愉，河东杨人。世居京口，寓属南平昌。少而笃学，姿状丰伟。下邳赵绎以文义见称，康之与之友善。特进颜延之见而知之。晋陵顾悦之难王弼

---

① 《世说新语·栖逸篇》载："戴安道既厉操东山，而其兄欲建式遏之功。谢太傅曰：'卿兄弟志业，何其太殊？'戴曰：'下官不堪其忧，家弟不改其乐'"。注引《戴氏谱》曰："（戴）逯字安丘，谯国人。祖硕，父绥，有名位。逯以武勇显，封广陵侯，仕至大司农。"这里所说戴逯兄弟次第与《晋书》有异。田余庆先生在《北府兵始末》一文中曾考戴逯早期经历，指出："谢玄所募北府诸将，有些人原来就是北府旧将，久战江淮。……从谢玄征伐的北府将戴逯，谯国人，晋隐士戴逵之弟。戴逯原为北府镇将荀羡参军。《晋书》卷七五《荀羡传》，荀羡攻慕容俊还，留'参军戴逯、萧鎋二千人守泰山'。戴逯自受荀羡之命守泰山，至从谢玄征伐，其间二十年以上，事迹不见于史籍。估计荀羡死后戴逯即脱离北府建制，拥众于江淮间，独立活动。《谢玄传》附戴逯，谓逯以武功显，封侯，位至大司农，当为随谢玄立功以后之事。"（《秦汉魏晋史探微》，中华书局2004年版，第350页）关于谯国戴氏南迁后之侨居地，（唐）梁肃《戴叔伦神道碑》载戴逯父戴绥曾为金城太守，"始金城当晋乱，自谯沛徙于丹徒，厥邑既分，遂为金坛人"；（唐）权德舆《戴叔伦墓志铭》也说："（戴）逯后南渡，始居丹徒。"可见戴氏南渡后居于丹徒，其门户当属北府地域次等士族。

《易》义四十余条,康之申王难顾,远有情理。又为《毛诗义》,经籍疑滞,多所论释。尝就沙门支僧纳学算,妙尽其能……弃绝人事,守志闲居……时有闲日,辄卧论文义。"宋顺帝昇明元年(477)卒,时年六十三。《南齐书》卷五四《高逸·臧荣绪传》载:"(关)康之字伯愉,河东人。世居丹徒。以坟籍为务。四十年不出门……弟子以业传受。尤善《左氏春秋》。(齐)太祖为领军,素好此学,送《春秋》、《五经》,康之手自点定,并得论《礼记》十余条。上甚悦,宝爱之。遗诏以经本入玄宫。"可见关康之是刘宋后期著名的隐逸儒学经师。① 关康之门第,《宋书》本传不述其先辈仕宦,显属寒微;又,本传载:"元嘉中,太祖闻康之有学义,除武昌国中军将军,蠲除租税。"士族享有免除税赋之特权,而宋文帝特许关康之免除租税,可见其原本并非士族,应当属于寒门。

臧荣绪。《南齐书》卷五四《高逸·臧荣绪传》载其东莞莒人,祖臧奉先,建陵令,父庾民,国子助教,"荣绪幼孤,躬自灌园,以供祭祀。母丧后,乃著《嫡寝论》,扫洒堂宇,置筵席,朔望辄拜荐,甘珍未尝先食"。从这一记载看,臧荣绪笃孝如此,可见其门风传统。其学术成就主要在史学方面,本传载其"纯笃好学,括东西晋为一书,纪、录、志、传百一十卷。隐居京口教授。南徐州辟西曹,举秀才,不就"。萧齐立国后,萧道成征之不至,司徒褚渊寻之,建元中上启太祖曰:"荣绪,朱方隐者。昔臧质在宋,以国戚出牧彭岱,引为行佐,非其所好,谢疾求免。蓬庐守志,漏湿是安,灌蔬终老。与友关康之沈深典素,追古著书,撰《晋史》十袠,赞论虽无逸才,亦足弥纶一代。臣岁时往京口,早与之遇。近报其取书,始方送出,庶得备录渠阁,采异甄善。"齐太祖答曰:"公所道臧荣绪者,吾甚志之。其有史翰,欲令入天禄,甚佳。"由此可见臧荣绪一支世代侨寓京口。他在经学方面也颇有造诣,《南齐书》本传载:"荣绪惇爱《五经》,谓人曰:'昔吕尚奉丹书,武王致斋降位,李、释教诫,并有礼敬之仪。'因甄明至道,乃著《拜五经序论》。常以宣尼生庚子日,陈《五经》拜之。自号'被褐先生'。又以饮酒乱德,言常为诫。永明六年,卒。年七十四。"臧荣绪虽入齐,但其经历与学术活动主

---

① 《南史》卷七五《隐逸·关康之传》主要综合《宋书》卷九三《隐逸·关康之传》和《南齐书》卷五四《高逸·臧荣绪传》的相关记载,相关事迹有所增补。

要在刘宋。臧荣绪家世代侨居京口，当与臧焘一支同宗，但具体关系不明，入宋后，其祖、父辈仕途并不显赫，臧荣绪则隐逸不仕，著史注经。

辛普明。《南史》卷七五《隐逸上·关康之传》载："时又有河南辛普明、东阳楼惠明皆以笃行闻。"普明字文达，"少就康之受业，至性过人"，后侨居会稽。辛普明从关康之受业，也当一度隐于京口，是一个出自寒门的人物。

顾欢。《南史》卷七五《隐逸上·顾欢传》载："顾欢字景怡，一字玄平，吴郡盐官人也。家世寒贱，父祖并为农夫，欢独好学。年六七岁，知推六甲。家贫，父使田中驱雀，欢作《黄雀赋》而归，雀食稻过半。父怒欲挞之，见赋乃止。乡中有学舍，欢贫无以受业，于舍壁后倚听，无遗忘者。夕则然松节读书，或然糠自照。及长，笃志不倦。闻吴兴东迁邵玄之能传《五经》文句，假为书师，从之受业。同郡顾顗之临县，见而异之，遣诸子与游，及孙宪之并受经焉。年二十余，更从豫章雷次宗谘玄儒诸义。"顾欢"家世寒贱"，是典型的寒门。宋文帝元嘉中，他短时间出都，后长期隐居，于剡县天台山"开馆聚徒，受业者常近百人"。顾欢为学既博且杂，"好黄、老，通解阴阳书，为数术多效验"，"晚节服食，不与人通"。萧道成建齐，顾欢一度应征至都城，进《政纲》一卷，后归隐。会稽孔珪"尝登岭寻欢，共谈《四本》"，顾欢以为"《四本》无正，失中故也"，于是"著《三名论》以正之"。顾欢此论反响甚著，"尚书刘澄、临川王常侍朱广之，并立论难，与之往复；而广之才理尤精诣也"。又载："初，欢以佛道二家教异，学者互相非毁，乃著《夷夏论》……欢虽同二法，而意党道教。"又载："欢口不辩，善于著论。又注王弼《易》二《系》，学者传之。……（齐）武帝诏欢诸子撰欢文议三十卷。"①

沈驎士，《南齐书》卷五四《高逸·沈驎士传》载："沈驎士字云祯，吴兴武康人也。祖膺期，晋太中大夫。"② 沈驎士祖、父皆为宦，当为士族，但并非高门华族，齐永明六年沈渊、沈约表荐沈驎士，称其"家世孤贫，藜藿不给，怀书而耕"云云，可见其"家世孤贫"。本传载

---

① 《南齐书》卷五四《高逸·顾欢传》所载其事迹基本相同，稍简略。
② 《南史》卷七六《隐逸·沈麟士传》载其父沈虔之为宋乐安令。

其"少好学,家贫,织帘诵书,口手不息。宋元嘉末,文帝令尚书仆射何尚之抄撰《五经》,访举学士,县以驎士应选。尚之谓子偃曰:'山东故有奇士也。'"沈驎士返乡后"更不与人物通","隐居余不吴差山,讲经教授,从学者数十百人,各营屋宇,依止其侧。驎士重陆机《连珠》,每为诸生讲之"。沈驎士著述颇丰,"著《周易·两系》、《庄子·内篇训》,注《易经》、《礼记》、《春秋》、《尚书》、《论语》、《孝经》、《丧服》、《老子要略》数十卷……年八十六,卒"[1]。沈驎士教授乡里,一些寒门子弟因学显名,对梁、陈时代的经学颇有影响。如《梁书》卷四八《儒林·沈峻传》载其吴兴武康人,"家世农夫,至峻好学,与舅太史叔明师事宗人沈驎士,在门下积年,昼夜自课,时或睡寐,辄以杖自击,其笃志如此。驎士卒后,乃出都,遍游讲肆,遂博通《五经》,尤长《三礼》",梁朝以之为《五经》博士。沈峻子沈文阿,"传父业,尤明《左氏传》",也为梁《五经》博士。此外,"传峻业者,又有吴郡张及、会稽孔子云,官皆至《五经》博士、尚书祠部郎"。由此可见沈驎士、沈峻及其弟子在南朝后期经学传授中的影响。

吴苞。《南史》卷七六《隐逸下·吴苞传》载:"吴苞字天盖,一字怀德,濮阳鄄城人也。儒学,善《三礼》及《老》、《庄》。宋泰始中过江,聚徒教学。冠黄葛巾、竹麈尾,蔬食二十余年。与刘瓛俱于褚彦回宅讲授。瓛讲《礼》,苞讲《论语》、《孝经》,诸生朝听瓛,晚听苞也。"入齐后,始安王萧遥光、江祏、徐孝嗣等"共为立馆于钟山下教授,朝士多到门焉,当时称其儒者。自刘瓛以后,聚徒讲授,唯苞一人而已。以寿终"[2]。吴苞宋泰始年间南渡,家世不详,可归入寒微之列。

徐伯珍。《南齐书》卷五四《高逸·徐伯珍传》载:"徐伯珍字文楚,东阳太末人也。祖父并郡掾史。伯珍少孤贫,书竹叶及地学书。山水暴出,漂溺宅舍,村邻皆奔走,伯珍累床而止,读书不辍。叔父璠之与颜延之友善,还祛蒙山立精舍讲授,伯珍往从学,积十年,究寻经史,游学者多依之……征士沈俨造膝谈论,申以素交。吴郡顾欢摘出《尚书》滞义,伯珍训答甚有条理,儒者宗之。"又载其"好释氏、《老》《庄》,

---

[1] 《隋书》卷三二《经籍志一》载梁有"《丧服经传义疏》一卷,齐征士沈麟士撰"。
[2] 《南齐书》卷五四《高逸·吴苞传》所载大体相同,但较简略。

兼明道术，岁常旱，伯珍筮之，如期雨澍。"齐建武四年卒，年八十四，"受业生凡千余人"。就门第言，徐伯珍祖、父虽皆为"郡掾史"，但显然并非显达，当为寒士。①

楼幼瑜。《南齐书》卷五四《高逸·徐伯珍传》载其同郡楼幼瑜，"亦儒学。著《礼捃遗》三十卷"②。又载同郡楼惠明"有道术"，隐居金华山，宋明帝闻之，"敕出住华林园"。齐武帝时又于钟山"敕为立馆"。

诸葛璩。《梁书》卷五一《处士·诸葛璩传》载："诸葛璩字幼玫，琅邪阳都人，世居京口。璩幼事征士关康之，博涉经史。复师征士臧荣绪，荣绪著《晋书》，称璩有发擿之功，方之壶遂。"诸葛璩后也隐居，以讲学授业为务，本传载"璩性勤于诲诱，后生就学者日至，居宅狭陋，无以容之，太守张友为起讲舍。璩处身清正，妻子不见喜愠之色。旦夕孜孜，讲诵不辍，时人益以此宗之"。其所著文章二十卷，门人刘瞰"集而录之"。可见诸葛璩先后师从关康之与臧荣绪，齐、梁时期"勤于诲诱"，生徒甚多。就门第言，诸葛璩先人仕宦不显，当出自寒微。

吕道惠。《梁书》卷五三《良吏·范述曾传》载："范述曾字子玄，吴郡钱唐人也。幼好学，从余杭吕道惠受《五经》，略通章句。道惠学徒常有百数，独称述曾曰：'此子必为王者师。'"吕道惠之家世、经历不详，但其传授儒学，"学徒常有百数"，当在宋齐之际，大体可推测他是一个门第不显的地方经师。

刘道拔。《隋书》卷三二《经籍志一》载："梁又有《丧服经传》一卷，宋征士刘道拔注，亡。"刘道拔既为征士，当曾隐逸，但其具体情况不明。

以上诸位隐逸学人，虽有入萧齐，甚至延续至萧梁者，但其求学、聚徒教授等活动主要在刘宋中后期，可见刘宋时期门第寒微之儒学经师群体日渐兴起之状况。

---

① 《隋书》卷三二《经籍志一》载："《周易问答》一卷，扬州从事徐伯珍撰。"
② 《南史》卷七六《隐逸·徐伯珍传》载楼幼瑜字季玉，"亦聚徒教授，不应征辟，弥为临川王映所赏异"，较《南齐书》为详。《隋书》卷三二《经籍志一》又载梁有"《丧服经传义疏》二卷，齐给事中楼幼瑜撰"。

（二）出自寒门的佞幸学人

刘宋时期，随着政治局势与体制的变化，一些寒门人物通过各种方式浮现到历史前台，形成了寒门政治群体，其中有些人还具有一定的文化修养，在学术上也有所表现。

鲍照。《宋书》卷五一《宗室·临川烈武王刘道规传附刘义庆传》载刘义庆"爱好文义……招聚文学之士"，除了"文冠当时"的袁淑，"其余吴郡陆展、东海何长瑜、鲍照等，并为辞章之美，引为佐史国臣"，可见鲍照以"辞章之美"，为刘义庆所招引。关于鲍照的生平，《宋书·刘义庆传附鲍照传》载："鲍照字明远，文辞赡逸，尝为古乐府，文甚遒丽。元嘉中，河、济俱清，当时以为美瑞，照为《河清颂》，其序甚工……世祖以照为中书舍人。上好为文章，自谓物莫能及，照悟其旨，为文多鄙言累句，当时咸谓照才尽，实不然也。临海王子顼为荆州，照为前军参军，掌书记之任。子顼败，为乱兵所杀。"虞炎《鲍照集序》也载鲍照生平："鲍照字明远，本上党人，家世贫贱。少有文思。宋临川王爱其才，以为国侍郎。王薨，始兴王濬又引为侍郎。孝武初，除海虞令，迁太学博士，兼中书舍人。出为秣陵令，又转永安令。大明五年，除前军行参军，侍临海王镇荆州，掌知内命，寻迁前军刑狱参军事。宋明帝初，江外拒命。及义嘉败，荆土震扰，江陵人宋景因乱掠城，为景所杀，时年五十余。"[①] 这里说鲍照为上党人，与《宋书》《南齐书》所载东海人不同，实际上上党为鲍氏祖籍，后鲍氏有支系迁移到东海郡，两晋之际南迁后，其中应寓居于南徐州的南东海郡，鲍照本人自应出生于京口，所以其诗文中称京口为其"旧邦"。鲍照家族经济上虽"家世贫贱"，但颇重视文化教育，鲍照以辞赋著名，在文学史上与谢灵运、颜延之并称为"元嘉三大家"。鲍照不仅擅长辞赋，而且以"以才学知名"，颇为博通，是孝武帝时内廷佞臣中充任顾问的"学士"之一。[②] 关于鲍照之门

---

① 见丁福林《鲍照集校注》（中华书局2012年版）所录虞炎《鲍照集序》及其校注。
② 见《南齐书》卷五六《佞臣传序》、《南齐书》卷五二《文学·贾渊传》。关于鲍照博学，丁福林《鲍照年谱》（上海古籍出版社2004年版）中根据鲍照《飞白书势铭》，考论其"亦解书法"："考鲍照此铭多用蔡邕《篆势》、崔瑗《草书势》、卫恒《书势》、钟氏《隶势》中语者，是其于书法亦实有相当之研讨及功力。"（第17页）此可为鲍照涉猎甚广、学识广博之一傍证。

第，学界存在争议，或以为庶族，① 或以为低级士族即所谓次门，② 钟嵘《诗品中》"宋参军鲍照诗"条有"嗟其才秀人微，故取湮当代"的评论，所谓"才秀人微"，则正是指鲍照门第寒微。鲍照本人诗文中一再自称"臣孤门贱生，操无炯迹。鹪栖草泽，情不及官"（《解褐谢侍郎表》）、"臣自惟孤贱，盗幸荣级"《谢解禁止表》，"臣田茅下第，质非谢品"（《谢永安令解禁止启》）、"臣北州衰沦，身地孤贱"（《拜侍郎上疏》）云云，至于其家庭经济生活，更是贫困潦倒。可见，鲍照虽具有才学等文化特征，但门第日益微贱，已沦为"人微"之"寒士"，由于晋宋之际的社会变革，才有机缘凭借其才学而知名，并得以充任倖臣。此外，作为寒门诗人，鲍照诗风格调也表现出"险俗"的倾向，受到高门士族社会的批评。《诗品中》"宋参军鲍照诗"条指出其诗风"贵尚巧似，不避危仄，颇伤清雅之调。故言险俗者，多以附照"。《诗品下》"齐惠休上人"条说："惠休淫靡，情过其才。世遂匹之鲍照，恐商、周矣。羊曜璠云：'是颜公忌照之文，故立休、鲍之论。'"又《诗品下》"齐黄门谢超宗"诸人条："檀、谢七君，并祖袭颜延。欣欣不倦，得士大夫之雅致乎！余从祖正员常云：'大明、泰始中，鲍、休美文，殊已动俗。唯此诸人，传颜、陆体，用固执不移。'"鲍照诗风"险俗"，与高门士族之"雅致"有别，其"殊已动俗"，显然与得到刘宋统治者之欣赏有关。因此，由鲍照诗风也可看出其门寒人微之身份特征。③

---

① 曹道衡先生在《关于鲍照的家世和籍贯》（收入氏著《中古文学史论集》，中华书局2002年版）则根据相关材料，以为鲍照的出身，"很可能是庶族"，因为《南齐书·倖臣传》《南史·恩倖传》都将其与"巢尚之、戴法兴等庶族人物相提并论"，"这多少说明鲍照的出身比起左思、陶渊明等出身于所谓'寒门'的作家要贫寒得多"（第403页）。

② 丁福林详论鲍照门第为低级士族，见其所著《鲍照评传》（见前揭《鲍照集校注》附录，第1056页）、《鲍照年谱》（上海古籍出版社2004年版，第12—13页）。段熙仲先生在《鲍照五题》（《文学遗产》1983年第3期）一文中曾考论鲍照门第指出："如依颜氏文例解钟记室人微之语，至少可以说，明远决非寒族，而很有可能是上党旧族，南渡较迟，致仕宦不达，亦非势族。"

③ 鲍照诗风体现了南朝新兴的寒门文士的文化旨趣，影响深远，此后效仿者遗其气骨，得其藻饰，以致后世有论者将宫体诗之源头也追溯至此。吴乔《围炉诗话》卷二引冯班论云："至于沈、鲍，宫体滔滔，作俑于此。永明、天监之际，鲍体独行，延之、康乐微矣。严仓浪于康乐之后不言延之，又不言沈、谢，则齐梁声病之体不知其所始矣。不言鲍明远，则宫体红紫之文不知其所法矣，虽言徐、庾，亦忘祖也。"所谓"鲍体独行"，固然夸大其词，但鲍照之影响确实值得重视。

鲍照妹鲍令晖也有才学，能诗文，《小名录》卷下载："鲍照字明远，妹字令晖，有才思，亚于明远，著《香茗赋集》，行于世。"钟嵘《诗品》将鲍令晖列入下品："令晖歌诗，往往崭绝清巧，拟古尤胜。唯《百韵》淫杂矣。（鲍）照尝答孝武云：'臣妹才自亚于左芬，臣才不及太冲尔。'"成书《岁寒堂古诗存》称鲍令晖诗文见学识功力，以为"魏晋若甄后、道蕴，诗笔傲岸，诚闺阁之秀。然或有慧悟，或持才情。唯令晖数诗，不能不兼推学力"。

苏宝生。《宋书》卷七五《王僧达传》载："苏宝者，名宝生，本寒门，有文义之美。元嘉中立国子学，为《毛诗》助教，为太祖所知，官至南台侍御史，江宁令。坐知高阇反不即启闻，与阇共伏诛。"所谓高阇之反，即孝武帝大明年间南彭城蕃县民高阇等联络僧俗谋反，王僧达任诞放纵，"屡经狂逆，上以其终无悛心，因高阇事陷之"，苏宝生也牵连其中，孝武帝诏书说王僧达"唇齿高阇，契规苏宝，搜详妖图，觇察象纬"。苏宝生是否知"高阇反不即启闻"，难以细究，其之所以因此伏诛，恐怕平时与王僧达过从较密。由上载，可见其出自寒门，具有文学才能，又通经学，以通《毛诗》而"为太祖所知"。关于其"有文义之美"，《宋书》卷九四《恩倖·戴明宝传》载元嘉三十年（453）刘劭篡夺帝位，孝武帝南中郎典签董元嗣被害，"世祖事克，追赠员外散骑侍郎，使文士苏宝生为之诔焉"。苏宝生也有诗赋才能，钟嵘《诗品下》"宋御史苏宝生、宋中书令史陵修之、宋典祠令任昙绪、宋越骑戴法兴"条载："苏、陵、任、戴，并著篇章，亦为搢绅之所嗟咏。人非文是，愈有可嘉焉。"这里说苏宝生诸人"并著篇章，亦为搢绅之所嗟咏"，表明他们在当时诗文水平颇高。至于所谓"人非文是"，或以为"人非"指诸人为人无足称，或以为诸人出身寒门而死于非命。确实，诸人皆是出自寒门的佞幸类人物，都具有文学才能，特别是苏宝生还具有经、史学术修养，前引《南齐书》卷五二《文学·贾渊传》，他是孝武帝时著名的寒门"学士"之一。苏宝生曾参与刘宋国史的修撰，《宋书》卷九四《恩倖·徐爰传》载："先是元嘉中，使著作郎何承天草创国史，世祖初，又使奉朝请山谦之、南台御史苏宝生踵成之。"沈约在《宋书》卷一〇〇《自序》上《宋书》表说："宋故著作郎何承天始撰《宋书》，草立纪传，止于武帝功臣，篇牍未广。其所撰志，唯《天文》、《律历》。自此外，悉委奉朝请山谦之。谦之，孝建初，又被诏撰述，寻值病亡，仍使南台侍御史苏宝生续造诸传，元嘉名臣，皆其所撰。宝生被诛，大明中，又命著作郎徐爰踵成前作。爰因何、苏所述，勒为一史，起自义熙之初，迄于大明之末。"可见在刘宋国史撰写过程中，苏宝生颇有贡献。①

吴喜。《宋书》卷八三《吴喜传》载："吴喜，吴兴临安人也。本名喜公，太宗减为喜。初出身为领军府白衣吏。少知书，领军将军沈演之使写起居注，所写既毕，闇诵略皆上口。演之尝作让表，未奏，失本，喜经一见，即便写赴，无所漏脱，演之甚知之。因此涉猎《史》、《汉》，颇见古今。演之门生朱重民入为主书，荐喜为主书书史，进为主图令史。太祖尝求图书，喜开卷倒进之，太祖怒，遣出。"后孝武帝"以喜为主书，稍见亲遇，擢为诸王学官令，左右尚方令，河东太守，殿中御史"。宋明帝时，吴喜领兵征讨，多有战功，然颇自负，如"尝对宾客言汉高、魏武本是何人"，引起猜疑，终被诛害。吴喜门寒地微，宋明帝一再说"喜本小人，多被使役"："吴喜出自卑寒，少被驱使，利口任诈，轻狡万端。自元嘉以来，使充刀笔小役，卖弄威恩，苟取物情，处处交结，皆为党与，众中常以正直为词，而内实阿媚。每仗计数，运其佞巧，甘言说色，曲以事人，不忠不平，彰于触事。"可见吴喜以寒门小人之出身，凭借其"少知书""涉猎《史》、《汉》，颇见古今"的文化修养，得以进入内廷，并一度得以显达。当然，吴喜文化素养有限，未预"学士"之列。

戴法兴。《宋书》卷九四《恩倖·戴法兴传》载："戴法兴，会稽山阴人也。家贫，父硕子，贩纻为业。法兴二兄延寿、延兴并修立，延寿善书，法兴好学。山阴有陈载者，家富，有钱三千万，乡人咸云：'戴硕子三儿，敌陈载三千万钱。'法兴少卖葛于山阴市，后为吏传署，入为尚书仓部令史。大将军彭城王义康于尚书中觅了了令史，得法兴等五人，以法兴为记室令史。"后随孝武帝出镇，为其记室掾、南中郎典签，孝武帝即位，戴法兴为南台侍御史、中书通事舍人，"专管内务，权重当时"。又载："世祖亲览朝政，不任大臣，而腹心耳目，不得无所委寄。法兴颇知古今，素见亲待，虽出侍东宫，而意任隆密。"前废帝时，戴法兴迁越

---

① 《隋书》卷三五《经籍志四》载："梁有宋江宁令《苏宝生集》四卷，亡。"关于苏宝生的相关情况，曹道衡、沈玉成在《中古文学史料丛考》（中华书局 2003 年版）"苏宝生"条中有所考述，以为其"除工诗善文外，又精熟史事"，请参看。

骑校尉,当时江夏王刘义恭等虽为宰臣,但戴法兴等人"执权日久,威行内外,义恭积相畏服,至是慑惮尤甚。废帝未亲万机,凡诏敕施为,悉决法兴之手,尚书中事无大小,专断之,颜师伯、义恭守空名而已"。后前废帝年长,"意稍不能平",终将其免职赐死。本传称"法兴能为文章,颇行于世"。关于戴法兴之出身,由上所载,可见其为世代商贾,宋明帝也说"法兴小人,专权豪恣",确属卑寒。但"法兴好学""颇知古今""能为文章",其发迹当与其文才不无关系。

戴法兴在学术上主要表现在大明年间律历修订有所建议。宋文帝、宋孝武帝父子颇重天文历法,《宋书》卷一二《律历志中》载"宋太祖颇好历数,太子率更令何承天私撰新法",元嘉二十年(444),何承天上表进其所撰《元嘉历》,宋文帝诏曰:"何承天所陈,殊有理据。可付外详之。"尽管当时何承天之历法多有议论,但有司上奏:"承天历术,合可施用。宋(元嘉)二十二年,普用《元嘉历》",文帝诏可之。《宋书》卷一三《律历志下》载孝武帝大明六年南徐州从事史祖冲之上表以为"何承天所奏,意存改革,而置法简略,今已乖远。……臣生属圣辰,逮在昌运,敢率愚瞽,更创新历。谨立改易之意有二,设法之情有三。""世祖下之有司,使内外博议,时人少解历数,竟无异同之辩。唯太子旅贲中郎将戴法兴议。"戴法兴以为"冲之所议,每有违舛,窃以愚见,随事辨问",于是对祖冲之所制历法提出相关质疑,祖冲之亦"随法兴所难辩折之","时法兴为世祖所宠,天下畏其权,既立异议,论者皆附之。唯中书舍人巢尚之是冲之之术,执据宜用。上爱奇慕古,欲用冲之新法,时大明八年也。故须明年改元,因此改历。未及施用,而宫车晏驾也"。律历之学,颇为精密,何承天、祖冲之皆有家世承传,戴法兴居于其间,有所辩驳论难,当有一定的学术修养。①

巢尚之。《宋书》卷九四《恩倖·戴法兴传》载宋孝武帝重用寒门佞幸,"鲁郡巢尚之,人士之末,元嘉中,侍始兴王濬读书,亦涉猎文史,为上所知,孝建初,补东海国侍郎,仍兼中书通事舍人。凡选授迁转诛赏大处分,上皆与法兴、尚之参怀,内外诸杂事,多委(戴)明宝"。关于巢尚之之出身,这里说他为"人士之末",似乎具有士人身份,属于士人之最下层,就门第而言,无疑属于寒门。《南齐书》卷五六《倖臣传

---

① 《隋书》卷三五《经籍志四》载梁有越骑校尉《戴法兴集》四卷,亡。

序》所载"(宋)孝武以来,士庶杂选,如东海鲍照,以才学知名。又用鲁郡巢尚之,江夏王义恭以为非选。帝遣尚书二十余牒,宣敕论辩,义恭乃叹曰:'人主诚知人。'"这似乎表明其文化修养不甚高。不过,上述大明年间有关历法讨论过程中,在众人皆附会戴法兴驳难祖冲之历法时,"唯中书舍人巢尚之是冲之之术,执据宜用",他也当有一定的学术文化修养。此外,巢尚之也擅长书法,唐窦臮、窦蒙《述书赋并注》谈及有关历代书法真迹"前后所亲见者",刘宋有25位书家中便有巢尚之,论曰:"仲远循常,由衷迩俗。企彦琳之端仞,遵茂度之轨躅。岂闻一而得三,同出吴而入蜀。"巢尚之书法流传入唐代,可见当有一定水准。[①]

王道隆、王道迄兄弟。《宋书》卷九四《恩倖·王道隆传》载:"王道隆,吴兴乌程人。兄道迄,涉学善书,形貌又美,吴兴太守王韶之谓人曰:'有子弟如王道迄,无所少。'始兴王濬以为世子师。以书补中书令史。"又载"道隆亦知书,为主书书吏,渐至主书",泰始二年,兼中书通事舍人。王道隆兄弟出身卑寒,"涉学善书",并以此得入诸王藩府和内廷。

徐爰。《宋书》卷九四《恩倖·徐爰传》载其字长玉,南琅邪开阳人,历经刘宋诸朝,颇得重用。本传载其"初为晋琅邪王大司马府中典军,从北征。微密有意理,为高祖所知。少帝在东宫,入侍左右。太祖初,又见亲任,历治吏劳,遂至殿中侍御史。元嘉十二年,转南台侍御史,始兴王濬后军行参军。复侍太子于东宫,迁员外散骑侍郎。太祖每出军行师,常悬授兵略。二十九年,重遣王玄谟等北伐,配爰五百人,随军向碻磝,衔中旨,临时宣示"。可见徐爰在宋文帝时期参与重大军政活动,常"衔中旨,临时宣示",几成文帝的化身。本传载"爰便僻善事人,能得人主微旨",前废帝"凶暴无道,殿省旧人,多见罪黜,唯爰巧于将迎,始终无迕。诛群公后,以爰为黄门侍郎,领射声校尉,著作如故。封吴平县子,食邑五百户。宠待隆密,群臣莫二。帝每出行,常与沈庆之、山阴公主同辇,爰亦预焉"。宋明帝初,以"爰秉权日久,上昔

[①] 萧绎《金楼子》卷六《杂记篇上》载:"巢尚之求官,执事就其求状,尚之乃状云:'尚之始祖父,尧让天下,不受,仍次鲁郡。巢尚之年若干,所由以其无三代,疑于序用。'闻之于孝武帝,武帝拊床赏叹曰:'此必不凡,弥宜用之。'"巢尚之自谓"以其无三代,疑于序用",表明其无家资可凭,门第寒微,以才学得宋孝武帝拔擢才有机会入仕。

在藩,素所不说。及景和世,屈辱卑约,爰礼敬甚简,益衔之",于是泰始三年下诏责难,并将其流徙交州。其实,宋明帝对徐爰不久即有赦免之意,后"听还,仍除南康郡丞。太宗崩,还京都,以爰为南济阴太守,复除中散大夫。元徽三年,卒,时年八十二"。可见在刘宋时期众多佞幸人物中,徐爰"秉权日久",地位显赫。关于徐爰之门第,本传未有明载,宋明帝在泰始三年贬责诏书中说"太中大夫徐爰拔迹厮猥,推斥饕逢,遂官参时望,门伍豪族,迁位转荣,莫非超荷",又说"先朝尝以刍辈之中,粗有学解,故得渐蒙驱策,出入两宫"。所谓"拔迹厮猥""刍辈之中"云云,皆指其出身卑微。

徐爰如此,固然与其"便僻善事人,能得人主微旨"的性格有关,但与其学术修养也不无关系。刘宋时期的寒门权宠多有才学,尤以徐爰为突出代表,其参与之学术活动涉及礼制、史学等。《宋书》本传载其"颇涉书传,尤悉朝仪。元嘉初便入侍左右,预参顾问,既长于附会,又饰以典文,故为太祖所任遇。大明世,委寄尤重,朝廷大礼仪注,非爰议不行,虽复当时硕学所解过人者,既不敢立异议,所言亦不见从"。可见其擅长朝章礼仪,这是他长期侍奉刘宋内廷、充任顾问的重要条件。本传载其在宋孝武帝时参与制定朝章仪注和礼仪的讨论,"世祖将即大位,军府造次,不晓朝章,爰素谙其事,既至,莫不喜说,以兼太常丞,撰立仪注。孝建初,补尚书水部郎,转为殿中郎,兼右丞。……寻即真,迁左丞。"《宋书》卷一四《礼志一》载:"晋氏南迁,立南郊于巳地,非礼所谓阳位之义也。宋孝武大明三年九月,尚书右丞徐爰议:'……今圣图重造,旧章毕新,南驿开途,阳路修远。谓宜移郊正午,以定天位。'博士司马兴之、傅郁、太常丞陆澄并同爰议。乃移郊兆于秣陵牛头山西,正在宫之午地。"又,《宋书》卷一七《礼志四》载:"大明五年十月甲寅,有司奏:'今月八日烝祠二庙,公卿行事。有皇太子献妃服。'……右丞徐爰议以为:'……今太子妃至尊正服大功,非有故之比。既未山茔,谓烝祠宜废。……'诏可。"《宋书》卷二三《天文志一》载元嘉年间讨论天体问题,对观测天体之浑天仪,太中大夫徐爰以为"浑仪之制,未详厥始",对孙吴时期王蕃等人的说法有所辩驳,认为东汉张衡以前"未有斯仪"。由此可推测徐爰学识颇为通博。此外,徐爰在史学方面也颇有贡献,主要是参与刘宋国史的编撰。本传载:"先是元嘉中,使著作郎何承天草创国史,世祖初,又使奉朝请山谦之、南台御史苏宝生踵成之。六年,又以爰领著作郎,使终其业。爰虽因前作,而专为一家之书。"在刘宋国史"起元"问题上,他上表建议"起元义熙,为王业之始,载序宣力,为功臣之断",以为桓玄篡晋,"同于新莽",应归于晋录,"于是内外博议,太宰江夏王义恭等三十五人同爰议,宜以义熙元年为断",另有元兴三年和刘宋开国为宋公元年的意见,孝武帝下诏:"项籍、圣公,编录二汉,前史已有成例。桓玄传宜在宋典,余如爰议。"徐爰所修《宋书》,"虽因前作,而专为一家之书",后来沈约所撰《宋书》,多因徐爰旧本。[①] 由上述可知徐爰在经史学术方面颇多建树,王鸣盛《十七史商榷》卷六四"徐爰不当入恩倖传"条有论曰:"徐爰本儒者,长于礼学,又修《宋书》,仕至显位。考其生平,敭历内外,无大过恶。沈约乃入之《恩倖传》,与阮佃夫、寿寂之、李道儿辈同列,此必沈约一人之私见。约撰《宋书》,忌爰在前,有意污贬,曲成其罪,正与魏收强以郦道元入《酷吏》相似。李延寿最喜改旧,乃于此种大乖谬处则仍而不改,惟于所载爰诸奏议痛加刊削而已。"王鸣盛以为徐爰"本儒者",非一般佞幸可比。徐爰一生著作颇丰,据《隋书·经籍志》著录,有《礼记音》二卷,梁有徐爰注《周易系辞》二卷,《宋书》六五卷,《徐爰家仪》一卷,《杂逸书》六卷、梁有二二卷,宋太中大夫《徐爰集》六卷,梁有一○卷,梁又有徐爰合编《皇览》五○卷,梁有徐爰注《射雉赋》一卷。可见其涉猎广博,著述甚勤。当然,对徐爰之学术也不可过分夸大,他以受宠权幸的身份参与礼制,"朝廷大礼仪注,非爰议不行",但从纯学术的角度看,他在礼制的解释上颇为随意,《宋书》本传载:"世祖崩,公除后,晋安王子勋侍读博士咨爰宜习业与不?爰答:'居丧读丧礼,习业何嫌。'少日,始安王子真博士又咨爰,爰曰:'小功废业,三年丧何容读书。'其专断乖谬皆如此。"其"专断乖谬",固然与其身份有关,也可能有学养不足的因素。此外,徐爰也长于书法,唐窦臮、窦蒙《述书赋并注》谈及有关历代书法真迹"前后所亲见者",刘宋有25位书家中便有徐爰,论曰:"长玉靡慢,神闲态秾。荷小王之伟质,错明帝之高踪,执德而风尘不染,发言而礼仪攸从。"可见徐爰之书法

---

① 赵翼《廿二史札记》卷九"宋书多徐爰旧本"条论此云:"沈约于齐永明五年奉敕撰《宋书》,次年二月即告成,共纪、志、列传一百卷,古来修史之速未有若此者。今案其《自序》而细推之,知约书多取徐爰旧本而增删之者也。"

水平。

徐爰子徐希秀，《南史》卷七七《恩倖传》载其"甚有学解，亦闲篆隶，正觉、禅灵二寺碑，即希秀书也。爰之徙交州，明帝召希秀谓曰：'比当令卿父还。'希秀再拜答曰；'臣父年老，恐不及后恩。'帝大嗟赏，即召爰还。"徐希秀"甚有学解"，这是当时寒门佞幸人物中少有的家学相传的事例。

恩倖类学人中还有女性。《南齐书》卷二〇《皇后·武穆裴皇后传》载："吴郡韩兰英，妇人有文辞。宋孝武世，献《中兴赋》，被赏入宫。宋明帝世，用为宫中职僚。（齐）世祖以为博士，教六宫书学，以其年老多识，呼为'韩公'。"韩兰英在宋孝武帝、明帝时以文辞才学入宫为职僚，当属于特殊的佞幸人物。《诗品下》"齐鲍令晖、齐韩兰英"条载："兰英绮密，甚有名篇，又善谈笑。齐武谓韩云：'借使二媛生于上叶，则玉阶之赋，纨素之辞，未讵多也。'"韩兰英当出自寒门。①

当时在诸王藩府中活动的寒门文士当有不少，除极少数因缘附会，得以显名外，大多埋没无闻。如《南齐书》卷五六《倖臣·刘系宗传》载其"丹阳人也。少便书画"，为宋竟陵王刘诞子景粹侍书，孝武帝时刘诞据广陵反，沈庆之平叛后赦刘系宗，"以为东宫侍书。泰始中，为主书。以寒官累迁至勋官"。入齐后，刘系宗成为重要的执掌机要的寒门权幸。②

（三）僧人中以"儒博"见长之学人

在刘宋时期的门第寒微学人中，有一类人物颇为特殊，即当时的高僧群体，他们除了具有佛学义理外，还致力玄儒等外学。东晋时期的庐山僧团领袖慧远就是一位博通玄儒的人物，《高僧传》卷六《晋庐山释慧远传》载其"少为诸生，博综六经，尤善《庄》《老》。性度弘博，风览朗拔，虽宿儒英达，莫不服其深致"。慧远"内通佛理，外善群书，夫预

---

① 《隋书》卷三五《经籍志四》载梁有宋后宫司仪《韩兰英集》四卷，亡。关于韩兰英入齐后事迹，《金楼子》卷一《箴戒篇》又载："齐郁林王，初欲废明帝，其文则内博士韩兰英所作也。兰英号韩公，总知内事，善于文章。始入，为后宫司仪。"

② 《南史》卷七七《恩倖传》载齐时"有杜文谦者，吴郡钱唐人。帝为南郡王，文谦侍《五经》文句，历太学博士。……文谦有学行，善言吐"。这也是宋齐间出自寒门之学人委身诸王藩府以求发迹的典型。

学徒，莫不依拟"，其在庐山，诸多隐逸儒者雷次宗、周续之等随之游学，"时远讲《丧服经》，雷次宗、宗炳等，并执卷承旨"①。对于慧远之通儒学，当时士大夫以"儒博"称之。② 在慧远影响下，其弟子亦多具儒学修养，形成了庐山僧团儒释兼综的独特学风。③ 这体现着当时佛教中国化过程中文化交融的学术趋向。对此，唐长孺先生曾指出："东晋前期我们还未见兼讲儒经的高僧，东晋后期，佛学探讨日益深入，逐渐摆脱了先前作为玄学附庸的地位，并且进而取代玄学成为思想界的主流。也正是自东晋后期以来，不少高僧不仅弘宣佛法，而且也开讲佛经，而著名的儒学大师则往往深通佛学。"④ 在这一学风影响下，刘宋时期颇多有擅长儒学等"外学"之高僧。

慧严。《高僧传》卷七《宋京师东安寺释慧严传》载："释慧严，姓范，豫州人。年十二为诸生，博晓诗书，十六出家，又精练佛理。"

慧琳。《高僧传》卷七《宋京师彭城寺释道渊传》载："渊弟子慧琳，本姓刘，秦郡人。善诸经及《庄》《老》，排谐好语笑，长于制作。故集有十卷。"慧琳参与刘宋政治，先依附庐陵王刘义真以对抗辅政集团，后又为宋文帝赏识，《太平御览》卷六五五引《宋书》载其当时有"黑衣宰相"之称。《宋书》卷九七《天竺传》载其"有才章，兼外内之学，为庐陵王义真所知。尝著《均善论》，……太祖见而论赏之，元嘉遂参权要，朝廷大事，皆与议焉"。慧琳"兼外内之学"，涉猎甚广。《隋书·经籍志一》著录"《孝经》一卷，释慧琳注"。可见慧琳还有经学方

---

① 《高僧传》卷六《晋蜀龙渊寺释慧持传》载："释慧持者，慧远之弟也。冲默有远量，年十四学读书，一日所得，当他一旬。善文史，巧才制。"可见他也是一个以儒博见长的高僧。

② 《高僧传》卷六《晋吴台寺释道祖传》载其曾"与同志僧迁、道流等，共入庐山七年……各随所习，日有其新……祖后还京师瓦官寺讲说，桓玄每往观听，乃谓人曰：'道祖后发，愈于远公，但儒博不逮耳。'"唐长孺据此以为："道祖讲说是否'愈于远公'，可以不论，但从桓玄的评论中，可知慧远不独佛学渊深，而且亦以'儒博'见长"（《南朝高僧与儒学》，《山居存稿续编》，中华书局2011年版，第204页）。

③ 《高僧传》卷六《释道济传》载其"太元中来入庐山，从远公受学。大小诸经及世典书数，皆游炼心抱，贯其深要。年始过立，便出邑开讲，历当元匠，远每谓曰：'共吾弘佛法者，尔其人乎。'"又，《高僧传》卷六《晋庐山释昙邕传》载其关中人，"少事伪秦……因从安公出家。安公既往，乃南投庐山，事远公为师。内外经书，多所综涉"。慧远弟子或通"世典书数"，或兼涉"内外经书"，唐长孺先生以为"我们不能说这些全都由慧远讲授，但却是庐山学风"（唐长孺：《南朝高僧与儒学》，《山居存稿续编》，第204页）。

④ 唐长孺：《南朝高僧与儒学》，《山居存稿续编》，第202页。

面的著述。

僧含。《高僧传》卷七《宋京师灵味寺释僧含传》载："释僧含，不知何许人。幼而好学，笃志经史，及天文算术。"

昙谛。《高僧传》卷七《宋吴虎丘山释昙谛传》载："姓康，其先康居人。汉灵帝时移附中国，献帝末乱，移止吴兴……谛后游览经籍，遇目斯记。晚入吴虎丘寺，讲《礼》、《易》、《春秋》各七遍，《法华》、《大品》、《维摩》各十五遍。又善属文翰，集有六卷，亦行于世"。唐长孺先生以为昙谛"在虎丘寺，释典与儒经并讲，事同慧远"。他卒于元嘉末，年六十余，其在虎丘寺开讲，当在宋文帝元嘉年间。①

僧瑾。《高僧传》卷七《宋京师灵根寺释僧瑾传》载："姓朱，沛国人。隐士建之第四子。少善《庄》、《老》及《诗》、《礼》"，后出家"游学内典，博涉三藏"。宋明帝时为天下僧主。

智斌。《高僧传》卷七《宋京师灵根寺释僧瑾传》载："先是智斌沙门，初代昙岳为僧正，斌亦德为物宗，善《三论》及《维摩》、《思益》、《毛诗》、《庄》、《老》等。"义嘉乱起，被谮而摈弃交州。

昙度。《高僧传》卷七《宋京师灵根寺释僧瑾传》载："复有沙门昙度，续为僧主。度本琅琊人，善三藏及《春秋》、《庄》、《老》、《易》，宋世祖、太宗并加钦赏。"

法瑗。《高僧传》卷八《齐京师灵根寺释法瑗传》载："释法瑗，姓辛，陇西人，辛毗之后。长兄源明，仕伪魏为大尚书。第二兄法爱，亦为沙门。解经论兼数术，为芮芮国师，俸以三千户。瑗幼而阔达，倜傥殊群。"元嘉十五年，其由北魏入刘宋，后"依道场慧观为师。笃志大乘，傍寻数论。外典坟素，颇亦披览"；宋孝武帝时，"论议之隙，时谈《孝经》、《丧服》。……刺史王景文往候，正值讲《丧服》，问论数番，称善而退"。唐长孺先生以为法瑗"所学实得自慧观"，据《高僧传》卷七《宋京师道场寺释慧观传》载其"晚适庐山又谘禀慧远"，他是慧远弟子，故"慧远在庐山开讲《丧服》，慧观自得预闻。法瑗所学，受之慧观，他讲《丧服》，疑亦传自慧远"②。

以上所列刘宋时期重视儒学之高僧，仅是其中的代表，肯定不够全

---

① 唐长孺：《南朝高僧与儒学》，《山居存稿续编》，第205页。
② 同上。

面，但由此可见当时僧界大德颇重视以儒家经典为核心的外典的研究，儒释兼综之学术文化风尚，不仅对当时佛学发展有一定影响，而且对儒学演进也有深刻影响，应当引起学术史研究者的重视。就以上尚儒高僧之家世门第而言，除法瑗有明确记载为北朝旧门士族、昙谛先人有仕宦经历外，其他都未明其家世，在崇重门第的时代下，僧传记载回避其家世，表明其门第不高，一般可归入寒庶，而对于特别强调为高门者，其实际情况如何，则要仔细甄别。因此，总体而言，僧人当普遍出自寒门。

（四）其他寒门学人

检索相关史籍，刘宋时期还有一些难以归入上述各类别的出自寒门的学人。此外，刘宋时期，统治者重视文辞，一些寒门人士凭借文学特长受到提携，得以显名，前述鲍照、苏宝生等很大程度上与此相关，由于他们"才学"突出，得预"学士"之列，另有一些才学稍逊的文士，其实也并非毫无才学，这里也略加叙述。

姜道盛。《宋书》卷四七《刘怀肃传》载姜道盛"注《古文尚书》，行于世"。《隋书》卷三二《经籍志一》载："《集释尚书》十一卷，宋给事中姜道盛注。"姜道盛家世及其事迹不详，《宋书·刘怀肃传》载宋文帝诏曰："故晋寿太守姜道盛，前讨仇池，志输诚力，即戎著效，临财能清。近先登浊水，殒身锋镝，诚节俱亮，矜悼于怀。"可见姜道盛先后历任给事中和边地晋寿郡太守，参与征讨仇池，事功方面主要以武事显名。由此可推测其门第绝非高门，可能出自寒微之次等士族或寒门。

区惠恭。钟嵘《诗品下》"宋监典事区惠恭"条载区惠恭本胡人，善辞赋，"及大将军修北第，差充作长。时谢惠连兼记室参军，惠恭时往共安陵嘲调，末作《双枕诗》以示谢。谢曰：'君诚能，恐人未重，且可以为谢法曹'。造遗大将军，见之赏叹，以锦二端赐谢。谢辞曰：'此诗，公作长所制，请以锦赐之。'"区惠恭显属门第寒微之文士。[1]

汤惠休。《宋书》卷七一《徐湛之传》载徐湛之为宋武帝外孙，元嘉二十四年出为前军将军，南兖州刺史，镇广陵，"招集文士"，"时有沙门

---

[1] 曹道衡、沈玉成在《中古文学史料丛考》（中华书局2003年版）"《诗品》记区惠恭事序次有误"条中指出，区惠恭不见《宋书》等南朝史籍，"端赖《诗品》以存也"，钟嵘"此条所记，皆惠恭轶事"。

释惠休,善属文,辞采绮艳,湛之与之甚厚。世祖命使还俗。本姓汤,位至扬州从事史"。汤惠休家世不明,曾出家为僧,以文才得宋统治者拔擢,出自寒门无疑。关于其诗风,《诗品下》"齐惠休上人"条载:"惠休淫靡,情过其才。世遂匹之鲍照,恐商、周矣。羊曜璠云:'是颜公忌照之文,故立休、鲍之论。'"《南史》卷三四《颜延之传》载:"延之每薄汤惠休诗,谓人曰:'惠休制作,委巷中歌谣耳,方当误后生。'"汤惠休与鲍照诗风皆尚绮丽,偏于俗艳,多吸收民间歌谣,在当时颇得刘宋统治者喜好,《南齐书》卷五二《文学传论》称"休、鲍后出,咸亦标世";前引《诗品》也说"大明、泰始中,鲍、休美文,殊已动俗",可见其盛极一时,而颜延之等贵族文人则崇尚风雅,故加鄙视,以为"方当误后生"[①]。

吴迈远。《南史》卷七二《文学·檀超传》载:"又有吴迈远者,好为篇章,宋明帝闻而召之。及见曰:'此人连绝之外,无所复有。'迈远好自夸而蚩鄙他人,每作诗,得称意语,辄掷地呼曰:'曹子建何足数哉!'超闻而笑曰:'昔刘季绪才不逮于作者,而好诋诃人文章。季绪琐琐,焉足道哉,至于迈远,何为者乎!'"《诗品下》"宋朝请吴迈远"条说:"吴善于风人答赠……汤休谓远曰:'吾诗可为汝诗父。'以访谢光禄,云:'不然尔,汤可为庶兄。'"《隋书》卷三五《经籍志四》载有"宋江州从事《吴迈远集》一卷,残缺。梁八卷,亡"。可见吴迈远是刘宋后期有一定影响的文士。《玉台新咏》著录吴迈远乐府四首,此外《乐府诗集》又录其《棹歌行》等九首。[②]

丘巨源。《南齐书》卷五二《文学·丘巨源传》载其"兰陵兰陵人也。宋初土断属丹阳,后属兰陵。巨源少举丹阳郡孝廉,为宋孝武所知。大明五年,敕助徐爰撰国史。帝崩,江夏王义恭取为掌书记。明帝即位,使参诏诰,引在左右"。丘巨源受敕辅助"徐爰撰国史",又为"江夏王义恭取

[①] 《隋书》卷三五《经籍志四》载有"宋宛朐令《汤惠休集》三卷",梁有四卷。曹道衡、沈玉成《中古文学史料丛考》"汤惠休事迹"条对汤惠休事迹有所考证,以为其还俗、入仕当在宋孝武帝时期,卒于宋季,又据《诗纪》考出惠休字茂远。

[②] 曹道衡、沈玉成在《中古文学史料丛考》"吴迈远族诛"条中考证吴迈远事迹,根据《南齐书》卷五二《文学·丘巨源传》丘巨源与袁粲书,证实吴迈远入桂阳王刘休范幕,为江州从事,后废帝时参与休范叛乱,为其挥翰操笔,失败后吴迈远被族诛,并论云:"迈远既不为明帝所赏,又狂傲莫二,其入休范幕,作符檄,固无足怪"。(第355页)

为掌书记"，当有一定学养。至于其家世，当无疑出自社会下层的寒门。

祖冲之。《南齐书》卷五二《文学·祖冲之传》载其范阳蓟人，"祖昌，宋大匠卿。父朔之，奉朝请"。由此可见，祖冲之家世不显，应当属于以技术特长仕进的低级士族阶层。其本人以才技显名，本传称其"少稽古，有机思"，宋孝武帝"使直华林学省"。其才学极为博杂，最突出者体现在历法方面："宋元嘉中，用何承天所制历，比古十一家为密，冲之以为尚疏，乃更造新法。……事奏，孝武令朝士善历者难之，不能屈。会帝崩，不施行。"他又长于机械制造，刘宋末，萧道成辅政，令祖冲之"追修古法"，改造指南车，"冲之改造铜机，圆转不穷，而司方如一，马钧以来未有也"；又载："冲之解钟律，博塞当时独绝，莫能对者。以诸葛亮有木牛流马，乃造一器，不因风水，施机自运，不劳人力。又造千里船，于新亭江试之，日行百余里。于乐游苑造水碓磨，（齐）世祖亲自临视。又特善筭。"本传载其"著《易》、《老》、《庄》义，释《论语》、《孝经》，注《九章》，造《缀述》数十篇"。据《南史》卷七二《文学·祖冲之传》，其子暅之"少传家业，究极精微，亦有巧思。入神之妙，般、倕无以过也。……父所改何承天历时尚未行，梁天监初，暅之更修之，于是始行焉"。祖暅之子皓，亦"少传家业，善算历"。可见祖氏在历法、机械、算学等方面家世相传。

关于刘宋时期门第寒微之学人群体，还应当包括与刘宋统治集团关系密切的北府学术人物。沈约在《宋书》卷五五传论中述及刘宋时期著名经师说："臧焘、徐广、傅隆、裴松之、何承天、雷次宗，并服膺圣哲，不为雅俗推移，立名于世，宜矣。颍川庾蔚之、雁门周野王、汝南周王子、河内向琰、会稽贺道养，皆托志经书，见称于后学。"就门第而言，诸人多属于非高门之次等士族，特别是其中的徐广、臧焘、何承天等人皆出自北府之京口地域。北府侨民之代表性家族及其人物，其主体属于次等士族，其门风则普遍尚武，但其中也有少数以学术文化见长的家族和人物，如东莞徐氏、臧氏便如此，便是北府之学门，又如彭城刘谦之，撰《晋纪》二十卷。[①] 入宋后，北府以学见长者何承天可谓最具影响力的学者，一些北府武人子弟也致力学术，如《南史》卷七二《文

[①] 《宋书》卷五〇《刘康祖传》载："刘康祖，彭城吕人。世居京口。伯父简之，有志干，为高祖所知。……简之弟谦之，好学，撰《晋纪》二十卷，义熙末，为始兴相。"

学·檀超传》所载高平檀道鸾、檀超叔侄便以文史显名,有些北府家族以学术文化相传,从而成为南朝时期一个新兴的文化世家群体。①

二 刘宋时期寒门学人之学术风尚及其群体兴起之缘由

(一) 刘宋时期寒门学人群体的学风特征

由上文所论,可见刘宋时期在学术文化领域出现了多种类型的门第寒微的学人群体,其中有隐逸高士类经师、依附于皇权的内廷佞幸人物和高僧中之尚儒者等,就其出身而言,其中大多出自寒门,或出自社会地位较低的"寒士"。这些门第寒微学人在学术旨趣与风尚上也与高门士族社会的主流学风存在明显的差异。沈约在《宋书》卷五五传论中说:"自黄初至于晋末,百余年中,儒教尽矣。"《晋书》卷九一《儒林传序》称:"有晋始自中朝,迄于江左,莫不崇饰华竞,祖述虚玄,摈阙里之典经,习正始之余论,指礼法为流俗,目纵诞以清高,遂使宪章弛废,名教颓毁,五胡乘间而竞逐,二京继踵以沦胥,运极道消,可为长叹息者矣。"这种"莫不崇饰华竞,祖述虚玄"的时代风尚,正是高门士族社会之主流学风。

相较而言,尽管当时社会各阶层、各区域无不受到高门士族社会文化的影响,但寒门社会的文化旨趣绝不可能与高门社会完全一致。就刘宋时期的寒门学人之学风而言,他们皆出自非文化世家,社会地位较低,难以进入高门士族社会的交际圈;他们大多早先长期生活在非文化中心地域,其学术文化相对于高门士族名士聚集之都城或文化中心地域,其学风必然相对保守固陋。在寒门学人群体中,就文化水准而言,当以隐逸群体相对较高,其中大多崇尚儒学,长期隐居地方,"服膺圣哲,不为雅俗推移",以儒学教授乡里。其中有人应征至京师,与高门玄学名士交流,其学风差异明显。如周续之,《宋书》卷七三《颜延之传》载:"高祖受命,补太子舍人。雁门人周续之隐居庐山,儒学著称,永初中,征

---

① 对于晋宋间北府次等士族学人群体之兴起及其学术文化特征等,笔者已有专文《晋宋之际北府地域学术群体之兴起及其学术文化风尚》(《河北学刊》2014年第4、5期连载)考论,在此不再赘叙。

诣京师，开馆以居之。高祖亲幸，朝彦毕至，延之官列犹卑，引升上席。上使问续之三义，续之雅仗辞辩，延之每折以简要。既连挫续之，上又使还自敷释，言约理畅，莫不称善。"周续之入京师与朝士学者多有交流，"续之雅仗辞辩，延之每折以简要"。颜延之"言约理畅"，受到朝士的一致赞许，正在于体现了士族玄化学风，而周续之尽管以"儒学著称"，礼玄兼修，但毕竟长期隐居庐山，在玄化方面与京师学风存在差异。前述刘宋时期的隐逸经师大多不应朝廷征辟，即便有少数如沈麟士、顾欢等短时间应征入朝者，也很快辞聘归隐，其中一个重要原因恐怕在于其学风与文化中心地学风的差异不无关系。当然，从社会地位的角度而言，刘宋时期的隐逸经师大多出自非高门之寒门和低级士族，在极端推崇门第的社会背景下，这些隐逸儒者尽管受到刘宋统治者的征聘，但鉴于门第的差异，他们多坚辞征聘。刘宋时代，大量儒学经师隐逸地方，他们招揽生徒，传授儒业，在玄风竞煽、儒学教育废弛的社会背景下，地方隐居经师自觉承担起儒学教育的使命，这对于当时儒学的传承及此后的学风变化等，具有不可忽视的深远影响。

刘宋时期寒门学人学风的另一个突出的特点表现为重视文艺、数术等实用才艺。由前述可见，刘宋佞幸类学人普遍崇尚文艺，如诗文辞赋、书法，体现出文士化的特征。之所以如此，这些出自社会下层的贫贱寒门子弟，并无文化世族的承继，在学术文化上普遍缺乏积累、学植浅薄，因而在文化的起始阶段，凭借易于接受的文艺才能以求进取，其中的杰出代表人物如鲍照、汤惠休等人，在诗文风格上表现出明显的民间化、世俗化的特点，受到高门士族社会的批评。此外，刘宋统治者多重视文艺，《南齐书》卷三九传论晋宋经学风尚曰："晋世以玄言方道，宋氏以文章闲业，服膺典艺，斯风不纯，二代以来，为教衰矣。"由"宋氏以文章闲业"，可见刘宋一代之文化导向。《南史》卷二二《王昙首传附王俭传》说："先是宋孝武好文章，天下悉以文采相尚，莫以专经为业。"《宋书》卷五一《宗室·临川武王道规传附鲍照传》也载宋孝武帝"好为文章，自谓物莫能及，照悟其旨，为文多鄙言累句，当时咸谓照才尽，实不然也"。宋孝武帝等统治人物的文化趣味及其政策必然引导当时社会文化观念的转变。这便给寒门文士进入帝王之内廷和诸王藩府提供了机缘。这些受到宠信的寒门文士，其中有的具有一定学术文化修养，比如徐爰，以擅长朝仪礼制著称。此外，当时寒门学人之学术表现出重视实用技艺之学的特点。比如戴法兴、巢尚之等人参与历法修订的讨论，这类术数之学，自然不为高门士族玄化清谈名士所重视，刘宋时期，最重要的历法学家是出自北府次等士族群体的何承天，其渊源则可追溯自其舅东莞徐广。① 宋齐间另一历法学家是也是出自寒微的范阳祖冲之，祖氏世代以技术见长，而宋孝武帝时讨论历法问题，士族名士难以置喙，唯戴、巢等佞幸参与讨论。② 可以说，刘宋时期律历之学其精华主要承传于寒微化的次等士族之中，一些寒门文士则以实用技艺略有涉猎。谈到刘宋佞幸学术之实用化，徐爰之擅长礼仪，实际上也具有实用化的特点。他并不是一个典型穷经皓首探究学理的经学家，他之所以熟悉朝仪，主要在于他历经晋、宋数朝，参与晋、宋王朝与刘宋诸帝王的更迭，因而了解相关礼仪与程序，故其所学目的也在于实用。

（二）刘宋时期门第寒微学人群体兴起之社会原因

从中古学术文化史发展、演变的总体进程看，刘宋时期门第寒微阶层学人群体的出现及其在学术文化领域的表现，无疑是一个比较突出的新现象，并预示着此后南朝学术文化变化的趋向。那么，寒门学人群体何以能在刘宋时期兴起呢？这里主要从晋宋之际社会变革与文化政策变化、阶层升降之关系的角度略作分析。

首先，刘宋代晋，门第寒微化的次等士族尚武集团取代高门士族而居于统治地位。这一政治变化，直接导致相关文化政策的变化，儒学人士之影响与地位皆有所提升。

刘宋时期统治方式最突出的变化表现为皇权的集中与强化，与此相关，其思想文化政策与导向也必然有所变化。就古代政治文化的一般规律而言，皇权政治往往提倡儒学。刘宋强化皇权也自当如此。刘宋时期的这一文化现象，在东晋后期已显端倪。东晋后期孝武帝一度强化皇权，在文化上便表现出重视儒学的倾向。田余庆先生曾指出，晋孝武帝时期"皇权有振兴之势，门阀政治出现转折"，"就士族地位和皇权状况言之，

---

① 关于何承天之历法学成就及其渊源、影响等，拙文《晋宋之际北府地域学术群体之兴起及其学术文化风尚》（《河北学刊》2014 年第 4、5 期连载）已有比较集中的论述，敬请参看。

② 颜之推《颜氏家训》卷七《杂艺篇》载："算术亦为六艺要事，自古儒士论天道，定律历者，皆学通之。然可以兼明，不可以专业。江南此学殊少，唯范阳祖暅精之，位至南康太守。河北多晓此术。"

孝武帝一朝伸张皇权，正是由东晋门阀政治向刘宋皇权政治的过渡"①。东晋孝武帝之振兴皇权，在用人标准与思想文化上也有表现，"孝武帝力图伸张皇权，还可以从他用儒生、兴儒学这两端得到说明"。《晋书》卷九一《儒林·徐邈传》称"孝武帝始览典籍，招延儒学之士"②，孝武帝时重用的徐邈、范宁、王雅等三人"在士族中门第都不很高，都以儒学事孝武帝，与江左前此玄风流煽、名士纵横的情况大不一样"③。与此同时，孝武帝着力恢复国子学，整顿太学，尽管成效并非很大，"但却为南朝开通风气，铺陈道路"④。刘裕自晋末执政以来，便明确倡导儒学，《宋书》卷五五《臧焘传》载刘裕起兵反桓玄后，"高祖镇京口，与焘书曰：'顷学尚废弛，后进颓业，衡门之内，清风辍响。良由戎车屡警，礼乐中息，浮夫恣志，情与事染，岂可不敷崇坟籍，敦厉风尚。此境人士，子侄如林，明发搜访，想闻令轨。然荆玉含宝，要俟开莹，幽兰怀馨，事资扇发，独习寡悟，义著周典。今经师不远，而赴业无闻，非唯志学者鲜，或是劝诱未至邪。想复弘之。'"刘裕主政之初，欲意整肃儒学。刘宋建国后，刘裕曾下令设置太学，《宋书》卷三《武帝纪下》载永初三年（422）诏令曰："古之建国，教学为先，弘风训世，莫尚于此，发蒙启滞，咸必由之。故爰自盛王，迄于近代，莫不敦崇学艺，修建庠序。……便宜博延胄子，陶奖童蒙，选备儒官，弘振国学。主者考详旧典，以时施行。"针对以往"学校荒废，讲诵蔑闻"的情况，刘裕要求"选备儒官，弘振国学"。宋文帝也兴学重教，《宋书》卷五《文帝纪》载元嘉十九年（442）下诏兴复国子学："永初受命，宪章弘远，将陶均庶品，混一殊风，有诏典司，大启庠序，而频遘屯夷，未及修建。永瞻前猷，思敷鸿烈。今方隅乂宁，戎夏慕响，广训胄子，实维时务。便可式遵成规，阐扬景业。"沈约在《宋书》卷五五传论中云："高祖受命，议创国学，宫车早晏，道未及行。迄于元嘉，甫获克就，雅风盛烈，未

---

① 田余庆：《门阀政治的终场与太原王氏》，《东晋门阀政治》，北京大学出版社 2000 年版，第 265、269 页。
② 关于晋孝武帝之重视儒学，《晋书》卷六五《王导传附王珣传》载："时帝雅好典籍，珣与殷仲堪、徐邈、王恭、郗恢等并以才学文章见昵于帝。"又，《晋书》卷七五《范汪传附范宁传》载："孝武帝雅好文学，甚被亲爱，朝廷疑议，辄谘访之。"
③ 田余庆：《门阀政治的终场与太原王氏》，《东晋门阀政治》，第 270 页。
④ 同上书，第 272 页。

及曩时，而济济焉，颇有前王之遗典。"刘宋统治者着力倡儒，除努力设学外，一个重要的表现便是大力征聘、表彰具有儒学背景的隐逸经师，周续之、雷次宗等皆曾多次应召至建康，或教授皇族子弟，或设馆教授，实际上成为国家的经师。其他诸多隐逸学人虽不应征，但他们在地方之聚徒教授与生活，也得到朝廷或地方官员的资助与优遇。这样，刘宋时期隐逸经师的处境有所改变，其社会地位与影响也有所提升。

统治者倡导儒学，最有效的手段在于以经术取士。对此，刘裕等统治者也有所考虑。《宋书》卷二《武帝纪中》载义熙七年（411）"先是诸州郡所遣秀才、孝廉，多非其人，公表天子，申明旧制，依旧策试"。同书《武帝纪下》载永初二年（421）二月，"车驾幸延贤堂策试诸州郡秀才、孝廉。扬州秀才顾练、豫州秀才殷朗所对称旨，并以为著作佐郎。"《宋书·文帝纪》载元嘉二十三年（446）文帝又亲临学"策试诸生，答问凡五十九人"，并下诏勉励国子师生，自然意在强调以此取士重用。不过，刘宋一代，学校兴废无常，以儒家经术取士也未制度化，不仅与汉代相比差异明显，即便与南朝后期的梁、陈的情况也不可同日而语。关于南朝经师的境遇变化，焦桂美曾指出南朝后期梁、陈庶族出身的经师普遍入仕，受到朝廷的重用，这与梁武帝以经取士的政策密切相关，而与宋、齐经师多隐逸不仕的情况形成了明显的反差。[①] 当然，从历史发展的过程看，刘宋统治者之重儒，当时儒学教育、经师地位的改善已有所促进，从而为此后的相关变化奠定了基础，诚如焦桂美所指出："南朝师学经历了由学在地方向学在京师的转变。考察发现，南朝四代经师在隐仕关系上经历了一个颇为明显的转化。宋齐经师周续之、雷次宗、关康之、沈麟士、刘瓛等多隐居不仕，而梁陈经师则多出仕于朝。这一转变既反映了东晋以来尚玄轻经之风在南朝前期造成的士人不以通经为荣、通经者反以隐逸为高的不良影响仍然存在，也说明了宋齐两代的倡经措施以及梁代的利禄劝诱对经学发展确实起到了卓有成效的促进作用，最终使通经之士由隐而仕、由草野而走上了庙堂。"[②]

[①] 焦桂美：《南北朝经学史》，上海古籍出版社2009年版，第30—31页。
[②] 同上书，第31—32页。

(二) 刘宋时期对寒门文士的重用及其制度化,是佞幸学人群体出现的直接原因

刘宋统治者为巩固皇权,必须强化集权的统治方式。在此过程中,统治者必然要排斥门阀士族,而重用便于驱使的寒门小人,并将其制度化。《宋书》卷九四《恩倖传序》概述当时士人的门第差异云:"汉末丧乱,魏武始基,军中仓卒,权立九品,盖以论人才优劣,非为世族高卑。因此相沿,遂为成法。自魏至晋,莫之能改,州都郡正,以才品人,而举世人才,升降盖寡。徒以凭藉世资,用相陵驾,都正俗士,斟酌时宜,品目少多,随事俯仰,刘毅所云'下品无高门,上品无贱族'者也。岁月迁讹,斯风渐笃,凡厥衣冠,莫非二品,自此以还,遂成卑庶。周、汉之道,以智役愚,台隶参差,用成等级;魏晋以来,以贵役贱,士庶之科,较然有辨。"由所谓"凡厥衣冠,莫非二品,自此以还,遂成卑庶",可见在士族社会中等级差别是极为严格的,"士庶之科,较然有辨",在高门士族看来,那些低级士族也属于"卑庶"、寒微阶层。刘宋时期,随着皇权之日益强化,相关职官选取标准也随之变化,《宋书》卷四〇《百官志下》叙中书通事舍人,"江左初,合舍人通事谓之通事舍人,掌呈奏案章。后省通事,中书差侍郎一人直西省,又掌诏命。宋初又置通事舍人,而侍郎之任轻矣。舍人直阁内,隶中书。其下有主事,本用武官,宋改用文吏"。《南齐书》卷五六《倖臣传序》所载较详,中书通事舍人晋代"位居九品","管司诏诰",在门阀政治背景下,其地位并不显赫;进入刘宋,随着皇权强化,其人选及其职掌体现着皇权的意志,其政治影响也自然有所提升,"宋文世,秋当、周纠并出寒门。孝武以来,士庶杂选,如东海鲍照,以才学知名。又用鲁郡巢尚之,江夏王义恭以为非选。帝遣尚书二十余牒,宣敕论辩,义恭乃叹曰:'人主诚知人。'……齐初亦用久劳,及以亲信。关谳表启,发署诏敕。颇涉辞翰者,亦为诏文,侍郎之局,复见侵矣。……其下有主书令史,旧用武官,宋改文吏,人数无员。莫非左右要密,天下文簿版籍,入副其省,万机严秘,有如尚书外司"。众所周知,南朝中书通事舍人一职之显赫,无疑是当时皇权强化的直接表现。这里,需要强调的是,从学术文化的角度而言,宋、齐间中书通事舍人选人"多用寒人""士庶杂选",其职掌涉及"关谳表启,发署诏敕","颇涉辞翰者,亦为诏文",其下属主书令史,改由文吏充任。这必然导致相关人员多从寒门才学之士中挑选。可以说，当时中书通事舍人及其主书令史等职员，成为寒门文士寻求进身的台阶，其中少数精英依凭才学而成为"学士"型倖臣。

此外，刘宋时期诸王也在藩府军镇招聚寒门才学之士，以充任文职僚属，有的则参与学术文化活动。对此，《宋书》卷八《明帝纪》有一段记载，颇能说明这一点："（明帝）好读书，爱文义，在藩时，撰《江左以来文章志》，又续卫瓘所注《论语》二卷，行于世。……才学之士，多蒙引进，参侍文籍，应对左右。于华林园含芳堂讲《周易》，常自临听。"宋明帝对"才学之士，多蒙引进"，其中自然包括一些寒门学人，利用他们"参侍文籍，应对左右"。宋明帝在藩府时如此，其他刘宋诸王也多有类似事例，如前引文称刘义庆，"爱好文义"，招揽文士，"近远必至"，其幕中文士既有侨旧高门名士，也有鲍照这样的寒庶子弟。除了诸王招集才学之士，当时的寒门文士也以诗文干谒求进，《诗品下》"宋监典事区惠恭"条所载惠恭事颇为典型："惠恭本胡人，为颜师伯幹。颜为诗笔，辄偷定之。后造《独乐赋》，语侵给主，被斥。及大将军修北第，差充作长。时谢惠连兼记室参军，惠恭时往共安陵嘲调，末作《双枕诗》以示谢。谢曰：'君诚能，恐人未重，且可以为谢法曹造。'遗大将军，见之赏叹，以锦二端赐谢。谢辞曰：'此诗公作长所制，请以锦赐之。'"惠恭本胡人，为"幹"以充役，又为大将军刘义康北第工程之"作长"，其身份自为卑微之寒庶无疑。但他有文学才能，交接名士谢惠连以文干谒刘义康，目的在于求取声名与地位。当时这类寒门文士当有不少。

由上所述，可见晋宋之际的政权更替和社会变革，影响到学术文化，首先表现为统治者必然着力调整文化政策，倡导儒学，这对提升隐逸经师的社会地位具有促进作用；此外，刘宋时期为强化皇权与集权，统治者不仅拔擢与其门第身份相近的寒门人物，而且通过改革政治与职官制度，特别是强化中书通事舍人的职能，"士庶杂选"，一些具有文化修养的寒门学人相继出现。因此，可以说晋宋之际的社会变革给寒门学人群体之兴起提供了时代的机缘。

北周前期宗室势力与主相之争[*]

山西大学历史文化学院　武岑怡　范兆飞

　　宗室，指国君或皇帝的宗族，是中国古代的特殊社会阶层，也是王朝政治中的一股特殊势力。宗室阶层凭借与君主的血缘关系，得到诸多特权，宗法身份所赋予的爵位使其在官僚体制内的优势地位得以维持。事实上，宗室与君主间的关系十分微妙，他们既相互扶持，巩固皇权，又相互猜忌，明争暗斗，进而威胁皇权。宗室问题在每个朝代均十分敏感，不同朝代，甚至同一朝代的不同时期，宗室政策都有所不同。魏晋南北朝时期，政权更迭频繁，各个王朝的宗室情况更加复杂多样。

　　宗室阶层是古代史研究的重要课题，为历代学者所关注，近代以来宗室阶层的相关论著层见叠出，但多集中于汉、唐、宋、明、清等强盛王朝，对北朝宗室特别是北周宗室的研究相对较少。北周前期，宗室发挥了重要政治作用，宗室成员宇文护，一手操纵军政大权，引发北周前期历时三朝的主相之争，最终以其为北周武帝所诛而告终，此后北周皇权复振，政治权力重新划分，对日后北周的政治走向产生了深远影响。关于北周政治情况，特别是前期的主相之争，前贤时彦多有论及，有关北周宗室成员的研究也相对丰富。[②]这些研究深化了

---

[*]　基金项目：山西省留学回国人员科研资助项目"身份、阶层与地域：华北地区北朝遗存调查与研究"(2014003)、山西省高等学校优秀青年学术带头人支持计划"身份与秩序：北朝隋唐的家族、地域与社会"(2013052005)。

[②]　比较有代表性的有杨翠微《论宇文护之死》，《中华文化论丛》第一辑，人民文学出版社 1998 年版，第 92—106 页；[日] 会田大辅，《北周宇文护执政期再考——以宇文护幕僚人事组成为中心》林静微译，《早期中国史研究》第 4 卷第 1 期，台北早期中国史研究会 2012 年版，第 1—40 页；王永兴《论北周武帝宇文邕》，《文史知识》2009 年第 6 期。

我们对于北周前期政治状况的认识，但多数成果是将宗室阶层作为政治史演进的一个侧翼顺便提及，对于北周宗室的动态变化，尤其在北周主相之争极为复杂的政治环境下，宗室在主相之争中发挥了怎样的作用，持续多年的主相之争对宗室的发展产生了怎样的影响，以及宗室阶层的升降浮沉是如何展开的，诸如此类的问题似有深入研撰之需。有鉴于此，本文试图以宗室成员官职的变化为切入点，置于北周前期主相之争的政治氛围中，对北周宗室阶层进行针对性考察，谬误之处，敬请指正。

一 西魏时期宇文氏家族的成长情况

北魏永熙三年（534）贺拔岳死后不久，其军团最终归宇文泰统领。魏孝武帝西迁后，宇文泰"挟天子以令诸侯"，掌握了西魏实权，然其地位并不稳固。西魏政权内存在不同的派系划分，① 围绕权力争夺不断有冲突与妥协。宇文泰统领的北镇武将成分亦很复杂，除元从亲信外，还包括贺拔岳旧部、侯莫陈悦旧部、贺拔胜旧部、追随魏帝的北镇将领。部分北镇武将，如独孤信、杨忠、史宁、李虎等人，与宇文泰关系较疏甚至不睦，对宇文泰而言是一种潜在威胁。② 宇文泰如欲掌握西魏军政大权，甚至改朝换代，就必须大力培植亲信。

早在原州与夏州刺史任上，宇文泰就已着手培植幕僚，接手贺拔岳军团后，继续吸收亲信人物。就亲疏关系而言，其亲信集团成员大致可分三类：一为亲族，如宇文导、宇文护、王励、贺兰祥、尉迟纲等；二为元从幕僚部署，如李穆、于谨、长孙俭等；三为掌权后吸收者，如苏

---

① 吕春盛的划分最为详尽，他将西魏政权诸势力分为北镇势力、关陇河南河东土著势力、追随魏帝势力，每种势力下又细分若干派系，可参考氏著《关陇集团的权力结构演变——西魏北周政治史研究》，台北稻乡出版社2002年版，第29—42页。

② 毛汉光、周双林等学者认为，西魏北周时期，北镇武将中长期存在"贺拔胜集团"，独孤信、杨忠、史宁等人均属这一集团。也有学者不赞同此说，如曾磊在《贺拔胜集团考辨》（《邢台学院学报》2012年第1期）及其博士学位论文《北朝后期军阀政治研究》（南开大学博士学位论文，2013年）中认为，贺拔胜的确在一段时间内拥有强大的实力，却并未纠结起一个"贺拔胜集团"，但北镇武将中确实存在一个疏远宇文泰的政治群体，他们并未结合成一个政治集团，而是被宇文泰加以分化。

绰、宇文贵、李贤、李远等。① 宇文泰亲族无疑是首选培养对象，但是宇文氏家族在北魏末年北镇变乱中人物凋零：宇文泰长兄宇文颢战殁于斩杀卫可孤之役，宇文泰之父宇文肱与次兄宇文连在同定州军作战时战殁，宇文泰三兄宇文洛生被尔朱荣所害；宇文泰的侄子们除宇文导、宇文护外，均被高欢所杀；宇文泰长子宇文毓生于北魏永熙三年（534），其余诸子年岁更小，暂时均无法培养。因此西魏时期，宇文氏家族在宇文泰亲信集团中所占比例不高，但在宇文泰的刻意培养下仍有所发展。兹将西魏时期宇文氏家族主要成员分别列举如下，以说明此时宇文家族的成长情况。

（1）宇文导：19岁时与宇文泰一同入关，② 此后常年征伐，屡立战功。曾亲斩侯莫陈悦，并因此封爵。历加车骑大将军、左光禄大夫、骠骑大将军、太子少保等显职，且升迁速度很快。大统十六年（550），位列西魏初年十二大将军之一。宇文泰对宇文导非常重视，出征时常让宇文导担负留守重任。可惜宇文导卒于魏恭帝元年（554），死在宇文泰之前。

（2）宇文护：宇文泰对宇文护的喜爱不在宇文导之下。当时宇文泰因诸子俱幼，遂将家中事务交由宇文护管理，达到"内外不严而肃"的效果，宇文泰因此高度评价宇文护"此儿志度类我"③。宇文护也随宇文泰四处征战，多次立功，《周书》载："从征侯莫陈悦，破之。……从太祖（宇文泰）擒窦泰，复弘农，破沙苑，战河桥，并有功。……与于谨征江陵，护率轻骑为先锋，昼夜兼行，乃遣裨将攻梁临边城镇，并拔之。并擒其侯骑，进兵径至江陵城下。"④ 西魏恭帝三年（556），宇文泰在北巡途中病倒，驿召宇文护，临终前将改朝换代、统一天下的希望寄托在宇文护身上。

---

① 参见吕春盛《关陇集团的权力结构演变——西魏北周政治史研究》，第123—134页。毛汉光也对宇文泰亲信集团有过分析，但其划定范围较窄，除于谨、宇文贵外，俱为宇文泰亲族，参见其著《中国中古政治史论》，上海书店出版社2002年版，第190—198页。但考诸史籍可以发现，与宇文泰关系亲密者不限于毛氏所划范围内，现以吕氏划分为是。

② 《周书》卷一〇《邵惠公颢附子导传》载宇文导卒于魏恭帝元年（554），年四十四，则宇文导当生于北魏永平四年（511），永安三年（530）宇文泰入关时，宇文导19岁。中华书局1972年版，第155页。

③ 《周书》卷一一《晋荡公护传》，第165页。

④ 《周书》卷一一《晋荡公护传》，第165—166页。

（3）宇文毓：虽在大统十四年（548）受封宁都郡公，但直到大统十六年（550）行华州事后，才正式得到宇文泰培养。此后晋升速度很快，所任官职品级亦较高，历任开府仪同三司、宜州诸军事、宜州刺史。魏恭帝三年（556），授大将军，镇陇右。

（4）宇文觉：宇文泰对其培养始于魏恭帝三年（556），成为安定公世子，一个月之后，便拜大将军。

总体而言，西魏时期宇文氏家族人丁并不兴旺。西魏初期，宇文泰的父辈及其同辈已凋零殆尽，子侄中除被高欢所戮者，仅余宇文导、宇文护与宇文泰诸子，而诸子年岁俱幼，无法培养。所以，很长一段时间里宇文泰的培养对象只有宇文导和宇文护。直到西魏末年，宇文毓与宇文觉相继长大，情况才略有好转。但宇文泰对二人的培养毕竟才刚刚开始，他们虽然被授予了品级较高的官职，却未显露特殊才干，亦鲜有功业，与李弼、于谨、赵贵、独孤信等元从勋贵及其堂兄相较，没有多少政治威望。当时政治形势也十分险峻，令狐德棻曾言："及太祖崩殂，诸子冲幼，群公怀等夷之志，天下有去就之心"，① 宇文毓、宇文觉的资历不足以约束与其父"等夷"之辈。更不幸的是，宇文泰的得力助手宇文导英年早逝，这对人丁本就单薄的宇文家族无疑是雪上加霜。因此，宇文泰临终选择宇文护为自己的接班人就不难理解了。

宇文护接受宇文泰遗命时，也清楚自己的处境：一方面政治形势严峻，另一方面自己虽受顾命，但名位素下，难以掌控"群公各图执政"②的局面，遂向于谨求助。因为宇文护曾随于谨征战江陵，向自己长官寻求支持理所当然，于谨军事经历丰富，对宇文泰霸业有重要贡献，在北周地位崇高，而且于谨一直都是宇文泰亲信，没有理由不帮宇文护。③ 另外，于谨还是宇文泰的姻亲，两个家族的命运在很大程度上是共进退的。在群公会议上，于谨慷慨陈词，"群公迫于谨……于是众议始定"④，这表明，群公实际上是碍于于谨情面，或对于谨实力有所忌惮，而被迫妥协，局面仅是暂时稳定。宇文护此时的实力仍无法服众，如果一旦有异己势

---

① 《周书》卷一一《晋荡公护传》，第182页。
② 《周书》卷一五《于谨传》，第248页。
③ 陈冠颖：《北齐北周早期政争的比较研究》，台北中国文化大学史学系博士学位论文，2010年。
④ 《资治通鉴》卷一六六《梁纪二十二》，中华书局1957年版，第5154页。

力利用西魏皇室发难，宇文泰苦心营建的宇文氏家族很有可能倾覆，诚如吕思勉所言："观此便知泰死后宇文氏急于图篡之故，盖不篡则魏相之位，人人可以居之，不徒若护之名位素下者，不能久据，即宇文氏亦且濒于危；既篡则天泽之分定，而护亦居亲贤之地，不复以名位素下为嫌矣。"① 因此，面对这种情况，改朝换代对宇文护而言已是箭在弦上，不得不发。宇文护当机立断，迫使西魏恭帝禅位于宇文泰世子宇文觉。557年，宇文觉即天王位，正式建立北周，宇文氏家族势力得以进一步巩固，为日后宗室发展奠定基础。

二 相权主导时期的北周宗室阶层

宇文护通过魏周革命开始树立权威，在巩固北周政权的过程中逐步确立并巩固了其权臣地位，并迅速走向皇权的对立面。宗室的发展与这种主相对抗的背景密不可分。北周前期长达十五年的相权主导时期大致可分为三个阶段：孝闵帝时期、明帝时期、武帝即位后至其亲政前，兹依此三阶段从主相之争入手，对这一时期的宗室发展做一具体说明。

（一）孝闵帝时期

宇文泰生前虽然注重培植亲信及分化、整合异己势力，逐步掌握了权力核心，但其继承人宇文护毕竟"名位素下"，资历尚浅，难以服众，"内则功臣放命，外则强寇临边"② 即其执政后面临的基本状况。当时，最初的八柱国尚余五家，即李弼、独孤信、赵贵、于谨、侯莫陈崇，能威胁到宇文家族的正是这些与宇文泰"等夷"之辈，其中于谨、李弼、侯莫陈崇在宇文护地位确立及魏周革命中均采取支持宇文护的态度，③ 只有赵贵与独孤信没有明确表态。孝闵帝即位后不久，之前群公会议上压抑的矛盾很快爆发，发生了赵贵、独孤信谋反事件。该事件的原因与性

---

① 吕思勉：《两晋南北朝史》，上海古籍出版社1983年版，第739页。
② 《北史》卷五十九"论曰"，第2123页。
③ 张伟国：《关陇武将与周隋政权》，中山大学出版社1993年版，第76页。

质众说纷纭,①但无论如何,赵贵、独孤信的资历及势力都令宇文护有所忌惮,于是他在孝闵帝即位封赏时,任赵贵为太傅、大冢宰,独孤信为太保、大宗伯,剥夺兵权,明升暗降。宇文护则借此机会,出任大司马,掌握军权。宇文泰任丞相时,曾立左右十二军,这些军队在宇文泰去世后,都划归宇文护统领,"皆受护处分"②,可见当时宇文护手中还握有数量可观的军队,有可能已兼任都督中外诸军事一职。③ 同时宇文护对宇文泰亲信集团也予以特殊照顾,孝闵帝践阼后,新进6位柱国,其中宇文毓、李远、贺兰祥、尉迟迥均系宇文泰亲信集团,余下的达奚武、豆卢宁二人与宇文泰、宇文护的关系,虽不似宇文泰亲信集团那般特殊,但亦为二人所亲近:达奚武曾拥戴宇文护接管贺拔岳军团;豆卢宁是李弼亲信,与李弼一同归降宇文泰。赵贵与独孤信自然不能容忍宇文护将自己排挤出权力圈之外,遂发动政变,但很快失败,赵贵为宇文护所杀,独孤信被免官,不久被宇文护逼令自杀。宇文护能够步步为营,迅速解决这一事件,离不开宇文泰生前的长期经营,宇文泰一直积极拔擢亲信,到西魏后期权力核心已逐渐为其亲信集团所掌握。④ 至此,与宇文泰"等夷"的元勋功臣中再无人与宇文护所代表的宇文家族对抗。此后,宇文护官拜大冢宰,权势进一步向上攀升,这标志着宇文氏家族的统治已基本稳固。

孝闵帝时期,宇文氏家族的发展情况可从当时宗室成员的官职变化中看出,具体可见下表:

---

① 周双林认为这是宇文泰在培植自己的势力过程中,与贺拔岳、贺拔胜旧部产生矛盾并发展的结果。(《北周赵贵、独孤信事件考论》,《文史》第四十辑,1994年,第57—66页);吕春盛认为宇文泰虽尊赵贵为元老功臣,但只是表面尊崇,内心未必亲密,独孤信则因长期经营秦陇地区,形成一股特殊势力而受到宇文泰猜忌(《关陇集团的权力结构演变——西魏北周政治史研究》,第169—174页);雷依群认为赵贵、独孤信采取激烈行动,均是宇文泰对贺拔岳部长期存有戒心的结果。(《北周史稿》,陕西人民出版社1999年版,第83页);张伟国则认为赵贵、独孤信"名望素重",才是二人被杀的真正原因,这次政变是一个莫须有的冤案(《关陇武将与周隋政权》,第73—82页)。
② 《周书》卷一一《晋荡公护传》,第168页。
③ 参见吕春盛《关陇集团的权力结构演变——西魏北周政治史研究》,第174—176页。
④ 参见周双林《北周赵贵、独孤信事件考论》,《文史》第四十辑,第57—66页、吕春盛《关陇集团的权力结构演变——西魏北周政治史研究》,第174—177页。

表 1　　　　　　　　孝闵帝践祚后宗室成员官职变化表

姓名	官职变化
宇文护	柱国（正9）①→大司马（正7）→大冢宰（正7）
宇文毓	大将军（正9）→柱国（正9）→岐州诸军事、岐州刺史
宇文邕	大将军（正9）（出镇同州）
宇文宪	使持节②、骠骑大将军（9）、开府仪同三司（9）

资料来源：《周书》卷三《孝闵帝纪》及相关人物本传。

由表1可见，此时宗室势力较薄弱，表现在宗室的参政人数与政治威望两方面。就参政人数而言，参政的宗室成员数量较少，原因有二：一是年龄达到任职条件的宗室有限；二是一些年长的宗室如宇文兴、宇文冑等，此时仍在北齐，无法参政。就政治威望而言，4名宗室中，宇文护屡经历练，再经赵贵、独孤信事件巩固了执政地位，确立了较高的政治威望，其余宗室鲜有政治历练，半数成员刚刚步入政坛，基本没有政治威望。宇文护秉承宇文泰既定政策，"决心建立一个以宇文氏子侄、亲信为核心，以兵权为后盾的统治阶层"③，或者说要建立一个宇文氏的家天下框架，④宇文泰之所以如此规划，一方面是为了与当时政权中的异己势力相抗衡，获取更多权力，确保其政治优势地位。另一方面，宇文氏出身胡族，⑤草原民族原始部落制及军事民主制对其政治权力结构的规

---

① 北周依周礼将官爵品级划分为"九命"，官爵品级从九命到一命依次降低，每命前加正命，如正九命、九命、正一命、一命，以区分正从。表格中官职名称后括号内的数字代表其品级高低，如数字9代表九命，以此类推。品级无考则不标出。本文中其余表格内的类似标注不再做注另加说明。

② 据《周上柱国齐王宪神道碑》补，（北周）庾信撰，倪璠注，许逸民点校：《庾子山集注》卷一三，中华书局1980年版，第734页。

③ 张伟国：《关陇武将与周隋政权》，第78页。

④ 杨翠微：《西魏北周政治斗争与中央集权之加强》，《中国文化研究》2003年冬之卷，第127—136页。

⑤ 关于宇文氏族属的问题，学界众说纷纭，基本有四种看法：一是鲜卑族说，这种看法由来已久，《隋书》《通典》《新唐书》《资治通鉴》《辽史》《读史方舆纪要》等史籍均明确指出宇文氏出身鲜卑族，近代以来的学者如金毓黻、王仲荦也持此说；二是匈奴族说，周一良、林干、姚薇元均持此说；三是匈奴鲜卑混合种说，吕思勉、杨翠微即持此观点；四是独立族属说，由王希恩提出这一观点。但不管宇文氏族属究竟为何，其胡族身份是可以肯定的，胡族普遍存在的原始部落制及军事民主制等制度，无疑会对其政治、经济、文化、社会生活等方面均造成一定影响。

划,仍有潜移默化的影响,在这些制度下,宗室有与君王共享权力的传统。北周建立后,宇文护首先以宗室身份参与政治,自然会继续推进宇文氏家天下统治的建立。所以宇文护尽力让宗室参与政治,不仅对他们加授各种勋官戎号,还派他们到地方历练,积累政治资本,兹对此时宇文护主要培养的宗室成员分析如下。

宇文毓:进位柱国大将军,随即又转岐州诸军事、岐州刺史。杨翠微认为宇文护让宇文毓到岐州外任,是怕宇文毓与其岳父独孤信联合篡权。① 事实上,宇文毓到地方任职是宇文护为他创造的积累政治资本的机会。首先,宇文毓在西魏时期曾任大将军,镇陇右,岐州属关中,与陇右相比,距长安更近。如果宇文护真的担心宇文毓与独孤信联合,让他复镇陇右岂不是比外任岐州更好的选择?其次,对比宇文毓与宇文邕可以发现,宇文邕在宇文毓即位后,升柱国,授蒲州诸军事、蒲州刺史,这与宇文毓此时的任职情况十分相似。可以说,这是宇文护培养宗室的惯用手法。宇文毓的履历相较于与他同时进位柱国的达奚武、豆卢宁、李远、贺兰祥、尉迟迥等人,实在乏善可陈,虽然有过在地方任职的经历,但并未像其他人一样身经百战,建立显赫的功勋,如果在中央出任掌握实权官职的话,不仅无法让朝中众人心服,还可能因缺乏经验而无法胜任,难以达到巩固并壮大宇文家族势力的目的。因此到地方历练不失为一个曲线救国、积累政治资本的好办法。宇文毓之前出任过宜州诸军事、宜州刺史,类似的任职经历会让他在岐州任上驾轻就熟,更易出政绩。事实也证明,宇文毓做得确实不错,史书评价他在岐州任上"治有美政,黎民怀之"②。

宇文邕:拜大将军,出镇同州。宇文泰辅西魏时,多居同州,正是因为同州的地理位置十分重要,王仲荦在《北周地理志》"同州"条下引胡三省通鉴注:"所谓以其地扼关河之要,齐人或来侵轶,便于应接,故尔居之也。"③ 西魏实行两都制,即"朝廷在长安,霸府在同州,西魏国家存在着两个政治中心",北周时期该制度并未废止。④ 因此同州在西魏、北周的

---

① 杨翠微:《西魏北周政治斗争与中央集权之加强》,《中国文化研究》2003 年冬之卷,第 132 页。
② 《周书》卷四《明帝纪》,第 53 页。
③ 王仲荦:《北周地理志》,中华书局 1980 年版,第 55 页。
④ [日] 谷川道雄:《隋唐帝国形成史论》,李济沧译,上海古籍出版社 2004 年版,第 304 页。

军事政治地位十分重要，宇文护让宇文邕出镇同州，足见他对宇文邕的重视。

赵贵、独孤信事件解决了宇文氏家族与政权中异己势力的矛盾，但新的矛盾，即宇文护与孝闵帝的矛盾，又悄然滋生。赵贵、独孤信事件后，宇文护的执政地位得到巩固，史言"谋臣宿将，争往附之，大小政事，皆决于护"①，会田大辅对宇文护幕僚进行了统计，发现其幕僚大部分是"胡族系元勋"②子弟或所谓西魏以来功臣子弟，但来源很广，多方面考虑了胡族元勋、山东贵族、关中汉人郡姓等之间的平衡，③ 这从一定程度上可印证"谋臣宿将，争往附之"之言。宇文护以赵贵、独孤信事件为契机，大权独揽，在其执政期间于宗室外逐步培养了一批亲信势力，如叱罗协、尉迟纲、贺兰祥等人。宇文氏家族的统治，随宇文护地位的巩固而稳定，但对孝闵帝而言，宇文护权势的继续上升就意味着自身权力的削弱。值得注意的是，魏周革命后孝闵帝称"天王"而非"皇帝"，谷川道雄认为胡族政权中的"一部分君主避免马上称帝而止于天王之号，其原因极有可能来自于当时的权力结构，即宗室分掌权力，对君主既支持，同时也有抑制"，这样来看，孝闵帝称"天王"的原因就显而易见了，"对寻求权力统一性的帝王来说，这样的分权体制当然是要克服的对象"④，如此一来，主相之争在所难免。

《周书》记载司会李植、军司马孙恒"在太祖之朝，久居权要。见护执政，恐不见容。乃密要宫伯乙弗凤、张光洛、贺拔提、元进等为腹心"⑤，劝孝闵帝图护。孝闵帝能依仗之人不多，心腹仅上述几人，其中张光洛还叛变了孝闵帝。⑥ 在李植、孙恒等人不断的劝说下，孝闵帝决定

---

① 《周书》卷一一《晋荡公护传》，第167页。
② 会田大辅对该词的解释是"是根据藤堂光顺与前岛佳孝分析西魏北周时期拜授柱国、国公者并区分等级的研究中，被称为'八柱国十二大将军级'的元勋，贺兰祥、尉迟迥等宇文泰亲族，及梁御、刘亮等殁于西魏前半期的元勋"。(《北周宇文护执政期再考——以宇文护幕僚人事组成为中心》，《早期中国史研究》第4卷第1期，台北早期中国史研究会2012年版，第19页)
③ [日]会田大辅：《北周宇文护执政期再考——以宇文护幕僚人事组成为中心》，林静微译，第15—34页。
④ [日]谷川道雄：《隋唐帝国形成史论》，李济沧译，上海古籍出版社2004年版，第249页。
⑤ 《周书》卷一一《晋荡公护传》，第166—167页。
⑥ 吕春盛在氏著《关陇集团的权力结构演变——西魏北周政治史研究》中将北周政治势力分为"亲周帝派"与"亲宇文护派"，认为李基、于翼均是"亲周帝派"，但史籍中对他们的政治态度并无明确记载。因此，本文将孝闵帝心腹范围划归在仅包括李植、孙恒等人的小范围内。

诛杀宇文护,遂"数将武士于后园讲习,为执缚之势"①,但这种做法极易暴露目的,加之张光洛将此事密告宇文护,宇文护得以早作准备。由于孝闵帝等人针对宇文护的密谋尚未完全成形,宇文护便将李植、孙恒分别外放为梁州刺史、潼州刺史。这使乙弗凤等人感到更加恐惧,便准备在王公入朝赴宴时诛杀宇文护,然张光洛又将此事告知宇文护。宇文护遂先发制人,诛杀乙弗凤、李植、孙恒等人,并遣贺兰祥逼孝闵帝逊位,不久又将之弑杀。

孝闵帝时期的主相之争,以宇文护的胜利而告终。除宇文护外,已参政的3名宗室成员在这场斗争中的政治态度,史料并无明确记载。事实上,宇文毓与宇文邕均出镇地方,无法及时掌握朝中动态,孝闵帝被废杀一事又进展极快,更使他们心有余而力不足。中央仅宇文宪一人,此时年仅13岁,刚刚步入政坛,政治经验不足,所加官职也不过是骠骑大将军、开府仪同三司等勋官、散官,并无实际权力。因此,他们很难在这次主相之争中发挥作用。事后,宇文护仅将孝闵帝有限的几个心腹斩杀,对宗室并未造成多少影响。况且宇文护此时培养宗室的目的在于建立宇文氏的家天下框架,更不会因此事而牵涉宗室。

(二) 明帝时期

宇文护废杀孝闵帝后,必须采取一些措施稳定北周政局。首先,宇文护在逼帝逊位后,向群臣表明忠心,曾言:"略阳公(孝闵帝)……昵近群小,疏忌骨肉,大臣重将,咸欲诛夷。若此谋遂行,社稷必致倾覆。寡人若死,将何面目以见先王。今日宁负略阳,不负社稷尔。"②其次,立宇文毓为帝。宇文护选择宇文毓的原因有三:其一,宇文毓是宇文泰长子,在没有嫡子的情况下,立长子符合传统继承原则;其二,宇文毓在岐州刺史任上"治有美政",说明他有较强的行政能力;其三,宇文毓此时已23岁,年龄不算幼小。宇文毓自身条件符合宇文护的"废昏立明"③标准,是最佳人选,这样宇文护就不会落下故意拥立无能力或幼小皇族成员为傀儡的把柄。557年,宇文护迎立宇文毓,史称明帝。

---

① 《周书》卷一一《晋荡公护传》,第167页。
② 《周书》卷一一《晋荡公护传》,第168页。
③ 《周书》卷一一《晋荡公护传》,第168页。

明帝即位后面临与孝闵帝一样的境况，孝闵帝与宇文护的矛盾此时转变为明帝与宇文护的矛盾。此时宇文护已权倾一时，孝闵帝政变失败后，宇文护向群臣征求废昏立明的意见，群臣没有异议，均称："此公之家事，敢不唯命是听"①，可见宇文护已权倾朝野，成为明帝强化皇权道路上的巨大障碍，新一轮的主相之争又缓缓拉开序幕。明帝年长孝闵帝八岁，性格更沉稳，并且因孝闵帝的前车之鉴，行事更加谨慎。明帝即位近两年中，表面上一直与宇文护相安无事。武成元年（559），宇文护上表归政，此举意在试探明帝，同时亦可在明帝及百官面前做出一心为社稷着想，对权势无所留恋的姿态。明帝则趁机收走宇文护大权，开始亲揽万机，但军旅之事，仍由宇文护掌管。不久宇文护进行总管改革，"改都督诸州军事为总管"②，旨在加强自己对地方的控制，③ 希图上表归政后能继续掌控国家。严耕望考证，总管制虽是都督制后身，但总管在行政和军事方面的控制力比刺史、都督都有所加强。④ 都督诸州军事在改为总管后，"都督"等称号变为戎秩之等仍然存在，⑤ 说明总管取代都督并不彻底，这也从侧面说明宇文护的这次改革，有可能从一开始就是因为不满归政明帝后权力的丧失，为与明帝争夺权力而采取的对策。如此一来，北周政治空气再度紧张。明帝面对宇文护的反击，回应迅速，武成元年（559），亲自检阅部队，有意向众人宣告自己才是国家真正的主人。随后又改天王称皇帝，这是采纳了崔猷的建议，"猷以为世有浇淳，

---

① 《周书》卷一一《晋荡公护传》，第168页。
② 《周书》卷一一《晋荡公护传》，第168页。北周总管改革的相关研究很多，在改革的推行者到底是谁这一问题上，学者们看法不一。有的学者语焉不详，有的学者如艾冲、盖金伟、王鹏辉、蒙海亮等认为是明帝，还有的学者如吕春盛、张伟国等认为是宇文护。宇文护当时掌管宇文泰遗留的左右十二军，有可能已兼任都督中外诸军事一职，或处于与该职权力相当的地位（前文对此已有所提及，可参见吕春盛《关陇集团的权力结构演变——西魏北周政治史研究》，第174—176、377—384页，与祝总斌《都督中外诸军事及其性质、作用》，选自北京大学中国古代史研究中心编《纪念陈寅恪先生诞辰百年学术论文集》，北京大学出版社1989年版，第236—237页），宇文护上表归政后，仍然管理军旅之事。这次军事改革如果是明帝推行的，那么也必须得到宇文护首肯，如果宇文护在丧失原有权力的基础上参与改革，必定因心有不甘而在这件事上为自己谋求最大利益。而且从改革最后的结果来看，这项改革对宇文护加强地方控制是有利的。
③ 参见吕春盛《关陇集团的权力结构演变——西魏北周政治史研究》，第192—193页。
④ 参见严耕望《中国地方行政制度史·魏晋南北朝地方行政制度》（下），上海古籍出版社2007年版，第530—532页。
⑤ 参见张伟国《关陇武将与周隋政权》，第92—93页。

运有治乱，故帝王以之沿革，圣哲因时制宜。今天子称王，不足以威天下，请遵秦汉称皇帝，建年号"①，从中可看出明帝称皇帝的真正原因，就是要"威天下"，提高君主权威，压制宇文护。

同时，宗室也参与到了这次主相之争中。这一时期宗室成员官职变化的具体情况可见表2。

表2　　　　　　　　　明帝时期宗室成员官职变化表②

姓名	明帝元年（557）	明帝二年（558）	武成元年（559）
宇文护		太师（正9）、雍州牧（9）	
宇文邕	柱国（正9）	蒲州诸军事、蒲州刺史	大司空（正7），治御正，领宗师
宇文宪	大将军（正9）		益州总管、益宁巴泸等二十四州诸军事、益州刺史、③柱国（正9）
宇文直			大将军（正9）（出镇蒲州）
宇文广	使持节、骠骑大将军（9）、开府仪同三司（9）、都督（7）、秦州刺史④	大将军⑤（正9）	梁州总管⑥

资料来源：《周书》卷四《明帝纪》及相关人物本传。

---

① 《周书》卷三五《崔猷传》，第616—617页。
② 宗室成员中仅封爵而未授官职者，未列入表中。
③ 《周上柱国齐王宪神道碑》记载："武成二年，授使持节、大将军、都督益寿宁等二十四州诸军事、益州刺史。"（《庾子山集注》卷一三，（北周）庾信撰，倪璠注，许逸民点校，第735页）
④ 据《周故大将军赵公墓志铭》补（《庾子山集注》卷一三，（北周）庾信撰，倪璠注，许逸民点校，第1014页）。吴廷燮《东西魏北齐周隋方镇年表》中误将宇文广任秦州刺史的时间系于明帝二年。
⑤ 《周书》卷一○"校勘记"第七条考证，宇文广任大将军在明帝二年，结合同书卷四《明帝纪》记载："武成元年……以大将军、天水公广为梁州总管"，则宇文广任梁州总管之前已是大将军。所以宇文广任大将军当在明帝二年。
⑥ 《周故大将军赵公墓志铭》记载："武成元年，迁都督兴梁等十九州诸军事、梁州刺史"。（《庾子山集注》卷一三，（北周）庾信撰，倪璠注，许逸民点校，第1016页）

与孝闵帝时期相比，这一时期参政的宗室成员人数仅增加2名，力量依然薄弱。但宗室地位较之前有所稳固、提高。凡参政的宗室，基本都有机会到地方历练，出任刺史、总管等要职，都督各州军事，掌握一方军政大权。在中央任职者多列三公六卿，特别是宇文护，权势继续上升。李弼死后，宇文护接任太师，位列三公之首。明帝二年（558），又任雍州牧。北周定都长安，雍州遂成皇畿，地理位置、政治地位都非常重要，是以"雍州牧位任隆崇，非宗王勋臣莫居焉"①。需要注意的是，宗室势力在这一时期的变化是宇文护与明帝共同促成的。明帝于武成元年（559）正月亲政，之前均由宇文护培养宗室，明帝亲政后，亦开始有意识地拉拢宗室，与宇文护对抗。兹将明帝培植宗室的情况具体分析如下。

（1）宇文直：是明帝最先提拔的宗室。武成元年（559）三月，明帝检阅军队后，便令宇文直出镇蒲州，并拜大将军，进卫国公，邑万户。宇文直在明帝还未参政的兄弟中年岁最长，成为下一个培养对象是顺理成章的事，明帝抢在宇文护之前对宇文直加官晋爵，这种示好的做法，有助于让初出茅庐的宇文直与自己结成统一战线。宇文直与宇文邕为一母所生，史书记载宇文邕甚为明帝所宠爱，明帝爱屋及乌，最先想到的自然也是宇文直。宇文直出镇的蒲州是明帝二年（558）刚刚在河东设立的，为周、齐对抗的前线，有很高的军事地位，"东魏、北齐的军事重心在并州，河东成为高氏进攻关中的重要通道"②。明帝派宇文直出镇此地，可见对宇文直非常重视，也可以看出他开始培养亲信势力并试图逐步掌握北周政权。

（2）宇文邕：武成元年（559）五月，明帝任宇文邕为大司空、治御正，进封鲁国公，领宗师。御正掌管起草和宣行诏令之权，后期还可以参与决策，③ 不久"明帝以御正任总丝纶，更崇其秩为上大夫，员四人，号大御正"④，这样一来，便提高了御正地位，实际上也就提高了宇文邕的地位。遇有朝廷大事，明帝也多同宇文邕参议。可见，明帝意在将宇

---

① 王仲荦：《北周地理志》，第3页。
② 毛汉光：《中国中古政治史论》，上海书店出版社2002年版，第186—187页。
③ 石冬梅：《论北周的御正和内史》，《唐都学刊》2006年第2期。
④ 《周书》卷三二《申徽传》，第557页。

文邕引为自己的左膀右臂，以分宇文护之权。明帝让宇文邕领宗师，管理宗室，也有牵制宇文护之意。而且大司空位列六卿，为冬官府长官，御正、宗师属天官府，宇文邕以冬宫府长官的身份，管理以大冢宰宇文护为长官的天官府之御正、宗师一事本身就很耐人寻味。

（3）宇文宪：武成元年（559）八月，出任益州总管、益宁巴泸等二十四州诸军事、益州刺史，进封齐国公，邑万户。《周书》称"世宗（明帝）追尊先旨，故有此授"①，这只是借口，真正的原因当是益州为"形胜之地"，史载："初，平蜀之后，太祖（宇文泰）以其形胜之地，不欲使宿将居之。诸子之中，欲有推择。"② 明帝的考虑应当与其父相同，即令亲兄弟出任益州这一"形胜之地"的要职，以巩固自己的地位。

（4）宇文广：是宇文导的长子，武成元年（559）九月，出任梁州总管，进封蔡国公，增邑万户。

（5）封赏勋贵：武成元年（559）九月，明帝对19名功臣勋贵进行了一次较大的封赏，共11名宗室成员爵位提高，占此次封赏总人数的一半以上，但其中并无宇文护。③

由此可知，明帝自收回行政大权后，就着手培养宗室，且其培养范围还有不断扩大的趋势，以期建立、壮大亲信势力，并以此逐步掌握北周政权。史书对明帝亲信的记载非常少，检阅史籍可以认定者有蔡祐、崔猷、于翼、申徽等人④。据上文分析可知，宗室在明帝的拉拢下，已有一些成员如宇文邕、宇文直成为其亲信。宇文邕特为明帝亲爱，朝廷大事，多共参议，明显是明帝坚定的支持者。明帝对宇文直有知遇之恩，并委以重任，此时的宇文直应当也是亲近明帝的。其余宗室成员即宇文宪、宇文广，此时态度尚不明朗。不过不论宗室在这次主相之争中采取

---

① 《周书》卷一二《齐炀王宪传》，第188页。
② 《周书》卷一二《齐炀王宪传》，第187页。
③ 《周书》卷四《明帝纪》，第58页。
④ 《周书》记载，明帝在即位之前就与蔡祐特别交好，即位后对之礼遇弥隆，蔡祐还因为礼遇过重，常称病躲避（第445页）；明帝曾接受崔猷建议改天王称皇帝，以威天下，可见已与崔猷结成统一战线，宇文护虽然对崔猷特别器重，还将崔猷女儿收为养女，但崔猷依旧没有投靠宇文护，仍劝诫宇文护守人臣之道（第616—617页）；明帝去世前，于翼与宇文护同受遗诏，在宇文护依然手握军权的情况下，明帝要想保证宇文邕顺利继位，托付遗命时必会尽力选择极为亲近之人，因此于翼应是明帝亲信无误（第524页）；明帝为巩固皇权，提高身边亲信地位，增设御正上大夫四人，申徽就是其中之一，但其余三人无可考（第557页）。

何种态度，均可加官晋爵。因为宇文护执政时，为继续巩固宇文氏家族家天下的统治，必须加强宗室培养。而明帝即位后，为使宗室成员为己所用，也在加强宗室培养。总体来看，明帝时期的宗室阶层在不断壮大、发展。

长期掌握实权的宇文护已对权力难以割舍，面对明帝步步为营逐步巩固统治地位的策略，权力即将丧失的危机感随之产生。明帝的夺权活动正当合法，宇文护无机可乘，情急之下只好鸩杀明帝，《周书》记载："（明）帝性聪睿，有识量，护深惮之。……乃密令（李）安因进食于帝，加以毒药。帝遂寝疾而崩。"① 明帝死前曾下诏让四弟宇文邕即位：

> 今大位虚旷，社稷无主。朕儿幼稚，未堪当国。鲁国公邕，朕之介弟，宽仁大度，海内共闻，能弘我周家，必此子也。夫人贵有始终，公等事太祖，辅朕躬，可谓有始矣，若克念世道艰难，辅邕以主天下者，可谓有终矣。哀死事生，人臣大节，公等思念此言，令万代称叹。②

明帝这番话可谓用心良苦，为牵制宇文护，重振皇权，放弃让自己的儿子继位，并在言语中企图唤起群臣对宇文泰及北周王朝的忠诚，来保证宇文邕顺利即位。明帝的苦心并未白费，560年宇文邕即位，是为武帝。

（三）武帝即位后至其亲政前

武帝即位后，宇文护专权更甚，主相嫌隙依然无法弥合，主相不和在当时已是公开的秘密。保定三年（563），武帝去原州后又连夜返回长安，侯莫陈崇对亲信说："吾比闻术者言，晋公今年不利，车架今忽夜还，不过晋公死尔"③，武帝听说后立刻召诸公于大德殿，当面训斥侯莫陈崇，是夜侯莫陈崇便被宇文护逼令自杀。从侯莫陈崇的话中，可以看出在经历了宇文护连弑两帝后，时人普遍认为武帝与宇文护关系紧张。

---

① 《周书》卷一一《晋荡公护传》，第168页。
② 《周书》卷四《明帝纪》，第59页。
③ 《资治通鉴》卷一六九《陈纪三》，文帝天嘉四年，第5230页。

武帝即位后，宇文护再掌行政大权，"百官总己以听于护"①，仍是北周实际上的最高统治者。保定元年（561），宇文护任都督中外诸军事，又采取"五府总于天官"的办法维系权力。② 宇文护身为大冢宰，是天官府的最高长官，加五府总于天官之命后，就有了凌驾于五府之上的特权，正如王仲荦在《北周六典》中解释的那样："冢宰太宰，进退异名。百官总焉，则谓之冢宰；若主当官，不兼他职，与五卿并列，则称太宰。北周亦犹是也。宇文护以大冢宰当国，五府总于天官，是总摄百官，准古冢宰也。"③ 如此一来，宇文护便牢牢掌握了军政大权。同时，宇文护也吸取孝闵帝、明帝时期经验教训，为防止武帝培植亲信，开始扩大自己的统治基础，甚至连如同李穆这种曾在孝闵帝图诛宇文护事件中受到牵连者，也开始起用，④ 更不必说一些在主相之争中态度不明确的官员，宗室则更是宇文护的拉拢对象。宗室阶层在这一时期的官职变化如下表3所示：

表3　　　　武帝即位之后到其亲政之前宗室成员官职变化

姓名	官职变化
宇文护	大冢宰（正7）→都督中外诸军事（五府总于天官）→天和七年（572）被武帝所诛
宇文宪	雍州牧（9）→大司马（正7），治小冢宰，理营室殿军器太监，雍州牧如故⑤
宇文直	雍州牧（9）→柱国（正9）→大司空（正7）→襄州总管
宇文招	柱国（正9）、益州总管
宇文俭	开府（9）→使持节→大将军（正9）→宁州刺史、宁州总管→柱国（正9）→益州总管、益州刺史⑥
宇文纯	大将军（正9）→同州刺史→柱国（正9）→秦州总管→陕州总管

① 《周书》卷一一《晋荡公护传》，第168页。
② 《周书》卷五《武帝纪上》，第64页。
③ 王仲荦：《北周六典》，第34页。
④ 《周书》卷三〇《李穆传》，第528页。
⑤ 《周书》本传载："天和三年，以宪为大司马，治小冢宰，雍州牧如故"；《周上柱国齐王宪神道碑》载："（天和）二年拜大司马，仍理小冢宰、营室殿军器太监。"（《庾子山集注》卷一三，（北周）庾信撰，倪璠注，许遗民点校，第734页）
⑥ 据《宇文俭墓志》补，罗新、叶炜著《新出魏晋南北朝墓志疏证》，中华书局2005年版，第285页。

续表

姓名	官职变化
宇文盛	大将军（正9）→柱国（正9）
宇文达	大将军（正9）、右宫伯（正5）、左宗卫
宇文逌	大将军（正9）
宇文胄	大将军（正9）、开府仪同三司（9）→宗师中大夫（正5）、大将军（正9）→原州刺史→荥州刺史①
宇文广	小司寇②（正6）→镇蒲州、兼知潼关等六防诸军事→秦州总管、十三州诸军事、秦州刺史③→柱国（正9）→都督陕、虞等八州甘防诸军事、④陕州刺史→秦州刺史⑤→天和五年（570）薨
宇文亮	开府仪同三司（9）→梁州总管→宗师中大夫（正5）、柱国大将军（正9）→秦州总管、柱国（正9）
宇文椿	开府仪同三司（9）、宗师中大夫（正5）
宇文训	蒲州总管→柱国（正9）→天和七年（572）被武帝所诛
宇文会	骠骑大将军（9）、开府仪同三司（9）→蒲州总管、蒲州潼关六防诸军事、蒲州刺史→柱（正9）→天和七年（572）被武帝所诛
宇文赞	益州刺史
宇文兴	使持节、骠骑大将军（9）、开府仪同三司（9）、都督（9）→宗师中大夫（正5）→泾州刺史→宗师（正5）、大将军（正9）→天和三年（568）薨

资料来源：《周书》卷五《武帝纪》、卷二二《柳庆附兄子带韦传》及相关人物本传。

---

① 《周书》卷一〇《邵惠公颢附子什肥子胄传》记载宇文胄在被授大将军、开府仪同三司后，"寻除宗师中大夫，进位大将军，出为原州刺史，转荥州刺史"，但何时被授予这些官职没有确切记载，王仲荦在氏著《北周六典》中认为其任职时间应在天和年间，现从此说。又宇文胄两次拜授大将军，第二次当为柱国大将军。

② 《周故大将军赵公墓志铭》作"少司寇"（《庾子山集注》卷一三，（北周）庾信撰，倪璠注，许逸民点校，第1016页）。

③ 《周故大将军赵公墓志铭》载："迁都督秦渭等十二州诸军事、秦州刺史。"（《庾子山集注》卷一三，（北周）庾信撰，倪璠注，许逸民点校，第1081页）。

④ 据《周故大将军赵公墓志铭》补（《庾子山集注》卷一三，（北周）庾信撰，倪璠注，许逸民点校，第1018页）。

⑤ 同上。

由此可见，与孝闵帝及明帝时期相比，这一时期宗室势力大增，从参政人数、任官及与非宗室官员对比三方面均可看出。第一，就参政人数而言，参政宗室数量大大增加，从孝闵帝时期的 4 名、明帝时期的 5 名，增长到 17 名之多。第二，就任官而言，宗室大多拜授柱国、大将军，不少人担任要职。首先，从宗室在中央任职的情况看，六卿中有一半曾由宗室担任：宇文护一直任太师、大冢宰，位列三公六卿之首；宇文直曾在保定四年（564）九月到次年二月任大司空；宇文宪从天和三年（568）四月到武帝亲政前一直任大司马。① 宗室在中央还担任除六卿外的其他要官，宇文宪在任大司马的同时，治小冢宰，理营室殿军器太监；宇文广于保定元年（561）任小司寇；宇文胄、宇文亮、宇文椿、宇文兴都曾任宗师中大夫，宇文兴更两度出任该职；宇文达在天和元年（566）拜右宫伯、左宗卫，"为武帝宿卫之官"②，"掌侍卫之禁"③。其次，从宗室在地方任职的情况看，16 名宗室中有 11 名曾外任都督、总管、刺史，9 名出任方镇。根据吴廷燮《东西魏北齐周隋方镇年表》记载，明帝元年（557）到武帝亲政之前北周的 17 个方镇中，宗室曾出镇 7 个，其中秦州、益州、蒲州等重要方镇基本一直由宗室出镇，特别是蒲州一地的刺史或总管一职，从未假手他人。这一时期还有一个重要变化，即除宇文护外个别宗室开始领军作战，如保定三年（563），宇文宪随宇文护伐齐；建德六年（577），宇文纯与田弘率师攻取北齐宜阳等九城。第三，就宗室与非宗室官员对比而言，首先，这一时期的非宗室官员出任方镇后，在方镇间的调动并不频繁，一般仅任一州长官，也有个别官员会任多个州的长官，而这种个别情况在宗室身上则较常见，如宇文广在明帝二年（558）出镇秦州，武成元年（559）出镇梁州，保定二年（562）出镇蒲州，天和三年（568）出镇陕州；宇文亮在保定三年（563）出镇梁州，天和五年（570）出镇秦州；宇文纯在天和三年（568）出镇秦州，天和五年（570）出镇陕州。其次，宗室获得较高职位相对容易，这一时期，位列六卿的非宗室官员中虽有侯莫陈崇、贺兰祥、达奚武、尉迟纲、

---

① 参见（清）万斯同《周公卿年表》、（清）练恕《北周公卿表》，收于《二十五史补编》，开明书店 1936 年版，第 4684、4688 页。
② 王仲荦：《北周六典》，第 535 页。
③ 同上书，第 49 页。

尉迟迥等宇文护的亲信、亲族，但也有杨忠、窦炽、李穆等非宇文护亲信官员，他们无一不是功勋卓著之人，宗室与之相较，则逊色不少。而且一些重要官职，如雍州牧或秦州、益州、蒲州等重要方镇的总管等职，基本经常由宗室担任。

由此可见，这一时期，宗室在政权中的地位大大提高，势力明显增强，政治影响力也相应提高。其原因有二：一是随着宗室成员的成长，年龄达到参政条件的宗室数量较之前大大增加，他们纷纷步入政坛；二是宇文护吸取之前两次主相斗争的教训，有意识地扩大自己的统治基础，为了防止武帝像明帝一样，在宗室中培植亲信，遂主动加强宗室培养。宇文护也曾在宗室中培植亲信，但数量不多，在其亲信集团中不占重要地位。除宇文护诸子外，史籍记载较明确的仅宇文亮、宇文直、宇文宪三人。其中，宇文直后来背叛宇文护，投靠武帝，宇文宪则一直保持中立态度。除宗室外，宇文护亲信集团包括其亲族、亲信武将幕僚，兹列表4分析如下：

表4　　　　宇文护亲信集团中非宗室成员简表

姓名	相关史实	出处
尉迟纲	小司马尉迟纲总统宿卫兵，护乃召纲共谋废立	《周书》卷三《孝闵帝纪》第49页
刘勇	杀护讫，……令收……大将军刘勇……于杀之	《周书》卷一一《晋荡公护传》第176页
尹公正	杀护讫，……令收……中外府司录尹公正……于殿中杀之	《周书》卷一一《晋荡公护传》第176页
袁杰	杀护讫，……令收……袁杰……于殿中杀之	《周书》卷一一《晋荡公护传》第176页
侯伏侯龙恩	杀护讫，……令收……柱国侯伏侯龙恩、龙恩弟大将军万寿……于殿中杀之	《周书》卷一一《晋荡公护传》第176页
	晋公护执政，植从兄龙恩为护所亲任	《周书》卷二九《侯植传》第506页
侯伏侯万寿	及护伏诛，龙恩与其弟大将军、武平公万寿并预其祸	《周书》卷二九《侯植传》第506页

续表

姓名	相关史实	出处
李安	本以鼎俎得宠于护，稍被升擢，位至膳部下大夫	《周书》卷一一《晋荡公护传》第168页
	杀护讫，……令收……膳部下大夫李安等，于殿中杀之	《周书》卷一一《晋荡公护传》第176页
叱罗协	护遂征协入朝。既至，护引与同宿，深寄托之。协欣然承奉，誓以躯命自效。护大悦，以为得协之晚	《周书》卷一一《叱罗协传》第179页
冯迁	每校阅文簿，孜孜不倦，从辰逮夕，未尝休止。以此甚为护所委任。……及护诛，犹除名	《周书》卷一一《冯迁传》第181页
边平	护所委信者，……位至大将军、军司马、护府司马。护败，亦除名	《周书》卷一一《冯迁传》第181页
贺兰祥	晋公护执政，祥与护中表，少相亲爱，军国之事，护皆与祥参谋	《周书》卷二〇《贺兰祥传》第337页
苏威	娶晋公护女新兴公主	《周书》卷二三《苏绰传》第395页
宇文盛	及楚公赵贵谋为乱，盛密赴京告知	《周书》卷二九《宇文盛传》第493页
宇文丘	预告赵贵谋，拜车骑大将军、仪同三司	《周书》卷二九《宇文盛附弟丘传》第494页
陆逞	晋公护雅重其才，表为中外府司马，颇委任之。寻复为司会，兼纳言，迁小司马。及护诛，坐免官	《周书》卷三二《陆通附弟逞传》第560页
王庆	孝闵帝践阼，晋公护引为典签。庆枢机明辨，渐见亲待	《周书》卷三三《王庆传》第575页
薛善	（宇文护）以善忠于己，引为中外府司马	《周书》卷三五《薛善传》第624页
张肃	世宗初，为宣纳上士，传中外府记室参军、中山公训侍读	《周书》卷三七《张轨附子肃传》第665页
辛昂	时晋公护执政，昂稍被护亲待，高祖以是颇衔之。及护诛，加之捶楚，因此遂卒	《周书》卷三九《辛庆之附族子昂传》第700页

续表

姓名	相关史实	出处
段文振	初为宇文护亲信，护知其有干用，擢授中外府兵曹	《隋书》卷六〇《段文振传》第1457页
宇文述	宇文护甚爱之，以本官领护亲信	《隋书》卷六一《宇文述传》第1463页
元岩	大冢宰宇文护见而器之，以为中外记室	《隋书》卷六二《元岩传》第1475页
崔弘度	周大冢宰宇文护引为亲信	《隋书》卷七四《崔弘度传》第1698页

由表4统计可知，宇文护亲信集团中非宗室成员共23名，宗室成员包括宇文护诸子及宇文直、宇文宪在内，共14名，[①] 宗室成员在亲信集团中约占38%，但事实上宇文护诸子俱幼，此时参政者仅宇文训、宇文会两人。这样的话，亲信集团中的宗室成员仅5名，所占比重还不到18%。可见，宗室在宇文护亲信集团中不占重要地位。宇文护并非不想在宗室中广泛培植亲信，《周书》记载，宇文广曾劝宇文护挹损威权，宇文护虽未采纳，亦未为难宇文广。但宇文护对非宗室成员则没有这么宽容，他曾因侯植劝自己行伊尹、周公之事，以及劝诫侯伏侯龙恩时，对自己颇有微词二事，而暗中猜忌侯植，侯植竟因此愁苦而卒。这种对宗室的宽容态度，表明宇文护还是想尽可能地拉拢宗室，以壮大自己的力量。但此时大多数宗室刚刚参与政权，缺少政治经验，而且宗室成员的才干良莠不齐，若不加选择地引为亲信，势必导致亲信集团质量下降，是以宇文护对宗室进行有限的任用。因此，宗室没有在宇文护亲信集团中占重要地位。

宇文护在一系列加官晋爵后，独揽军政大权，不断扩大自己的统治基础，权势已基本巩固，如日中天，史书记载："护第屯兵禁卫，盛于宫阙。事无巨细，皆先断后闻"[②]，宇文护俨然就是未加冕的皇帝，这自然使得主相嫌隙日深。武帝作为北周时期宗室中最早参政的成员之一，历

[①] 宇文护共十一子，分别是训、会、至、静、乾嘉、乾基、乾光、乾尉、乾祖、乾威、德。

[②] 《周书》卷一一《晋荡公护传》，第168页。

孝闵帝、明帝两朝，已逐渐积累了较丰富的政治经验，深知自己羽翼未丰时绝不能与宇文护对抗，必须韬光养晦。于是武帝整日谈议儒玄：天和元年（566），武帝召集群臣，亲自讲授《礼记》；天和三年（568），又召集百官、沙门、道士等，再讲《礼记》，以此来隐藏对宇文护不满，以期消除其戒心。此外，武帝还不断抬高宇文护地位，给予其各种特权。一是在日常生活中对宇文护礼让有加，史书记载："帝于禁中见护，常行家人之礼。护谒太后，太后必赐之坐，帝立侍焉"[1]；二是多次下诏，给予宇文护多种特权和特殊待遇：首先，赐宇文护祭祀德皇帝的特权。德皇帝是宇文泰之父宇文肱，按照礼法规定，只有北周皇帝可以祭拜，作为小宗的宇文护并无此资格。当时有人为迎合宇文护称其"功比周公，宜用此礼"[2]，武帝遂借机下诏，在同州宇文护府第"立德皇帝别庙，使护祭焉"[3]。其次，武帝于保定三年（563）下诏，令诏诰及百司文书，都不能直呼宇文护的名讳，以彰显对宇文护特殊礼遇。最后，天和五年（570），武帝下诏赐宇文护"轩悬之乐，六佾之舞"[4]；三是对宇文护伐齐战败一事不予惩罚。保定四年（564），北周联合突厥伐齐，战败而归。武帝并未对领军的宇文护加以斥责、降爵罢官、收回兵权，甚至没有因此事对宇文护做任何惩罚。这种将领战败却不受任何惩罚的现象是极不正常的，唯一正常的解释就是武帝依旧在韬光养晦，麻痹宇文护。四是给予宇文护家人极高的礼遇。宇文护母亲阎姬从北齐归来后，武帝每逢四季伏腊，都要率领亲戚，对阎姬行家人之礼，敬酒祝寿，"荣贵之极，振古未闻"[5]。宇文护对母极孝，他的《报母阎姬书》情真意切，感人至深。武帝因此而对宇文护母亲尊崇备至，以期使之放松戒备。

面对武帝这一系列做法，宇文护只是表面与之相安无事，实际内心对武帝仍有顾忌。《周书》记载，武帝因为于翼善于鉴别人才，便委托他选置皇太子及诸王相、傅以下的官员，宇文护因此而对于翼内怀猜忌，改任他为小司徒，加拜柱国，"虽外示崇重，实疏斥之"[6]。可见宇文护对

---

[1] 《周书》卷一一《晋荡公护传》，第175页。
[2] 同上书，第168页。
[3] 同上。
[4] 同上书，第175页。
[5] 同上书，第174页。
[6] 《周书》卷三〇《于翼传》，第524页。

武帝并不放心，害怕武帝培植心腹，撼动自己的地位。所以，一旦有类似苗头，宇文护就会立刻将之扼杀。

由于武帝一直对宇文护毕恭毕敬，宇文护的权势也愈来愈大，逐渐达到了其执政以来的最高峰。此时已有人私下劝宇文护废帝自立，[①] 面对这种言论，宇文护内心或有所动摇，史载：

> 护问稍伯大夫虞季才曰："比日天道何如？"季才对曰："荷恩深厚，敢不尽言。顷上台有变，公易归政天子，请老私门。此则享期颐之寿，受旦、奭之美，子孙常为藩屏。不然，非复所知。"护沉吟久之，曰："吾本志如此，但辞未获免耳。公既为王官，可依朝例，无烦别参寡人也。"自是疏之。[②]

由此可见，宇文护当有篡位之意，但又无胜算，遂向虞季才询问天象。虞季才回答宇文护时曾言"荷恩深厚，敢不尽言"，说明二人关系非同一般。宇文护听到虞季才劝自己"归政天子"后"沉吟久之"，胡三省对"沉吟"的解释是"沉吟者，深味其言，微发于声而不能自决之貌"[③]。可以想象宇文护此时内心斗争之激烈，最后只得对虞季才说："吾本志如此，但辞未获免耳"，这不过是其托词。武帝即位以来从未对宇文护不利，而且明帝一朝的经历也很可能使宇文护认为，只要牢固掌握军政大权，武帝就难以撼动自己的地位。更何况废帝虽易，自立实难，陈冠颖从柱国大将军的态度与亲护派、亲帝派的实力两方面分析，认为于谨、李弼等柱国大将军支持宇文护均从国家利益出发，若宇文护有篡夺之心，则他们是否继续支持则充满变数；并非所有的亲护派成员都会为宇文护肝脑涂地，若篡位时有成员倒戈非同小可，因此"宇文护只能维持大冢宰的地位，控制宇文泰诸子，以寻求亲护派和亲帝派之间的最大公因数"[④]。如此看来，若不能自立，维持现状是不错的选择。但宇文护面对

[①] 《资治通鉴》卷一七一《陈纪五》记载，武帝诛宇文护后，"阅护书记，有假托符命妄造异谋者；皆坐诛"，说明在宇文护掌权期间，有人曾劝宇文护自立。第5305页。

[②] 《资治通鉴》卷一七一《陈纪五》，第5302页。

[③] 同上。

[④] 陈冠颖：《北齐北周早期政争的比较研究》，2010年。

劝诫自己归政天子的人，内心总是无法释怀，[1] 由此疏远了虞季才。

虽然宇文护此时比以往任何时候都要专权，对皇帝的防范也更严密，但依然无法扭转自己失败的命运。建德元年（572），宇文护自同州归来觐见太后，武帝趁机将其斩杀，宗室成员宇文直则在其中发挥了关键作用。《周书》记载："初，帝欲图护，王轨、宇文神举、宇文孝伯颇豫其谋"[2]，武帝图护这件事，知情面极窄，仅其身边亲近之人[3]了解，宇文直是宗室中唯一参与这场宫廷政变的人。不仅如此，宇文直还亲自斩杀了宇文护，史载："帝以玉珽自后击之，护踣于地。又令宦者何泉以御刀斫之。泉惶惧，斫不能伤。时卫王直先匿于户内，乃出斩之。"[4] 武帝斩杀宇文护后，果断下令清剿宇文护党羽，宇文护诸子及侯伏侯龙恩、侯伏侯万寿、刘勇、尹公正、袁杰、李安等均于殿中被杀。

这次主相之争以武帝的胜利而告终，宗室在这场政治斗争中所持的态度各不相同。虽然一部分宗室的态度，在史籍中并无明确记载，仅就有史料明确记载者言，大致可分为四类，现具体分析如下。

倾向皇权派：代表人物为宇文广。宇文广在这一时期较受瞩目，历任小司寇、秦州总管等要职，在地方上颇有政绩，史书称其"性明察，善绥抚，民庶畏而悦之"[5]。他在朝中也有令名，当时宇文护诸子及其弟宇文亮等，服玩侈靡，踰越制度，唯独宇文广遵循礼制，又折节待士，"朝野以是称焉"[6]。宇文广因宇文护久擅威权，规劝其减少权势，但宇文护没有采纳其建议。《周书》还记载宇文广曾侍奉武帝饮食，因所食瓜甜美，便以之进奉武帝，武帝很高兴。[7] 以上种种，均表明宇文广坚定地站在武帝一边，是倾向皇权的。

倾向相权派：代表人物是宇文护诸子及宇文亮。宇文护诸子对其父

---

[1] 《周书》卷三〇《窦炽传》记载："（窦炽）以高祖年长，有劝护归政之议，护恶之，故左迁焉。"据此可以看出宇文护对权力的迷恋，一旦有人有归政之议，必不能为其所容。第520页。

[2] 《周书》卷一一《晋荡公护传》，第176页。

[3] 关于武帝亲信集团的人员组成及其在北周的政治活动可以参考曾磊《周武帝、周宣帝亲信人物与军权》，《鞍山师范学院学报》2013年第3期。

[4] 《周书》卷一一《晋荡公护传》，第176页。

[5] 《周书》卷一〇《邵惠公颢附子导子广传》，第156页。

[6] 同上。

[7] 同上。

的支持态度自不待言，宇文亮（宇文导次子）与宇文护儿子们亦较亲近，首先，《周书》记载："晋公护诸子及广弟杞国公亮等，服玩侈靡，踰越制度"，① 宇文亮与宇文护之子均为纨绔子弟，当较有共同语言，沆瀣一气的可能性较大；其次，宇文亮接替宇文广任秦州总管时，宇文广的部属悉数配给他，宇文广在秦州任上政绩颇佳，其部属应当亦不逊色，宇文亮有得到优良班底的特权，很有可能是因为他倾向宇文护；再次，宇文亮虽在秦州任上"甚无政绩"②，却很快进位柱国，可见宇文护对之颇有照顾；最后，史书记载宇文护被诛后，宇文亮"心不自安，唯纵酒而已"③，这充分说明宇文亮与宇文护的关系非常亲密，怕受到宇文护的株连，否则他不会因宇文护伏诛而心下难安。

中间派：代表人物是宇文宪。宗室中，宇文宪最为宇文护器重，不仅参与朝政，还数度对外征战，这在当时的宗室中是绝无仅有的。《周书》载："晋公护执政，雅相亲委，赏罚之际，皆得预焉。"④ 保定四年（564），宇文护将治理皇畿的雍州牧一职授予宇文宪。⑤ 天和年间，宇文宪出任大司马，仍理小冢宰、营室殿军器太监，雍州牧如故。保定四年（564）十月，宇文宪随宇文护一同伐齐，表现出色，史载："值连日阴雾，齐骑直前，围洛之军，一时溃散。唯尉迟迥率数十骑扞敌，齐公宪又督邙山诸将拒之，乃得全军而返。"⑥ 王雄为齐人所毙，三军震惧，宇文宪亲自督励，众心乃安。天和六年（571），宇文宪率军抵御斛律明月，再次展现其出色的军事才能："宪自龙门渡河，斛律明月退保华谷，宪攻拔其新筑五城。"⑦ 虽然宇文宪很受宇文护重视，但未因此彻底倒向宇文护，《周书》记载："护欲有所陈，多令宪闻奏。宪虑主相嫌隙，每曲而畅之。高祖亦悉其心"⑧，可见宇文宪在主相之争中，采取既不得罪武帝

---

① 《周书》卷一〇《邵惠公颢附子导广传》，第 156 页。
② 《周书》卷一〇《邵惠公颢附子导亮传》，第 157 页。
③ 同上。
④ 《周书》卷一二《齐炀王宪传》，第 188 页。
⑤ 《周书》卷五《武帝纪》将此事系于保定四年，第 70 页。《周上柱国齐王宪神道碑》则载："天和元年征还，行雍州牧。"（《庾子山集注》卷一三，（北周）庾信撰，倪璠注，许逸民点校，第 737 页）
⑥ 《周书》卷一一《晋荡公护传》，第 175 页。
⑦ 《周书》卷五《武帝纪上》，第 78 页。
⑧ 《周书》卷五《武帝纪上》，第 189 页。

也不得罪宇文护的态度，在主相之间进行调和，试图缓和主相关系。

投机派：代表人物是宇文直。宇文直为了自身利益，一直在主相之间徘徊。宇文直最初受明帝任用，然因明帝被弑后，宇文护执政，"遂贰于帝而昵护"①，转而支持相权。宇文护自然很看重主动向自己靠拢的宗室，在保定初年就任宇文直为雍州牧，任职时间比最为宇文护器重的宇文宪还早。《周书》记载宇文直"性浮诡，贪狠无赖"②，这种性格使其在政治上易产生投机倾向。天和二年（567），宇文直率兵南伐，出师不利，因而被宇文护免官，宇文直因此怨恨宇文护，转而投靠武帝，并请武帝诛杀宇文护，正中武帝下怀，遂被引为同谋。

由此可见，随着宗室势力的发展，宗室在主相之争中的态度也变得鲜明多样。宗室成员所持的不同政治立场在北周前期的主相之争中发挥了不同的作用，倾向皇权派与倾向相权派对政治平衡的影响较大，中间派可以调和主相矛盾，而投机派为自身利益在主相间来回摇摆，有时可发挥关键作用。皇帝和宰相分别根据自己的需要有针对性地拉拢不同政治立场的宗室，有时直接影响到主相之争的结果，如宇文直在投靠武帝后，亲自斩杀宇文护，直接促成武帝在这场主相之争中的胜利。

纵观整个相权主导时期，宗室势力基本呈直线上升趋势，并在宇文护伏诛前发展到顶峰：宗室的参政人数持续增加，在中央与地方均任要职，政治权力不断扩大，政治地位整体提升，在军事方面，个别宗室开始崭露头角。这一时期，宇文氏家族在政权中占据绝对优势，但这多半来自宇文护的权臣身份，宇文氏家族在西魏时期已人才凋零，宇文护是宇文泰唯一能够依仗的宗室，八柱国在北周初年有很大势力，其中赵贵、独孤信等人因与宇文泰"等夷"，不满宇文护执政，有成为权臣的可能，如果要巩固北周政权，就必须铲除这些异己势力。宇文护在扫除异己势力，巩固北周政权的过程中起了关键作用，同时在此过程中权势日盛，一步步成长为权臣。当政权中的各个势力对皇权不再有威胁时，宇文护遂成为加强中央集权的最大阻碍，这直接导致武帝亲政之前北周皇权不振。北周前期的政治矛盾主要是宇文护作为权臣与皇权的对抗，而非宗室与皇权对权力的争夺，更未形成宗王政治，而且北周建立后长期未对

---

① 《周书》卷一三《文闵明武宣诸子列传·卫剌王直传》，第202页。

② 同上。

宗室进行封王，王仲荦在《北周六典》中曾言："北周初年行周礼，天子称天王，故王爵不以封亲子弟，诸亲子弟但封国公而已。及明帝武成元年八月，改天王称皇帝，而亲子弟封国公不改"①，直到建德三年（574）始封宗室为王。

相权主导时期宗室的发展是权臣与皇帝共同促成的，宇文护归政明帝前，因秉承宇文泰遗志，为建立及巩固宇文氏家天下统治，而对宗室加以培养。宇文护归政后，宗室的发展则完全是主相对抗的结果：作为权臣的宇文护，由于身为宗室，所以对宗室的发展采取宽容态度，即使面对明帝拉拢宗室以为己用时，也未对宗室打击报复，在武帝即位后，还对宗室实行有限的任用，即有选择地在宗室中培养亲信。而皇帝为对抗权臣，倾向于将宗室作为首选培养对象，但也正是因为宇文护的宗室身份及这种宽容宗室的态度，使得皇帝依靠宗室来取得主相之争的胜利变得异常困难。

三 皇权振兴后的北周宗室阶层

武帝韬光养晦诛灭宇文护，结束了十多年的宇文护专政时代，于建德元年（572）正式亲政。这时，北周皇帝没有了权臣桎梏，皇权开始复兴，相权主导的时代终于过去。北周前期从相权覆灭到皇权振兴这一过渡迅速且平稳。首先，权臣宇文护之死，事出突然，之前毫无征兆，武帝未动一兵一卒，就将宇文护斩杀，并迅速清剿宇文护党羽，宇文护方面毫无准备就败局已定，所以宇文护余党及其依附者事后未掀起多少政治波澜；其次，宇文护伏诛后，武帝并未将其党羽赶尽杀绝，在用人方面，整体延续了宇文护时期的人事安排，还对许多人加以重用。② 人事变动基本，没有对朝中大臣的利益造成多大损害，这也有利于政局的稳定。此外，武帝心腹宇文孝伯经常将宫外的消息传递给武帝，史载宇文孝伯

---

① 王仲荦：《北周六典》，第 537 页。

② 会田大辅在《北周宇文护执政期再考——以宇文护幕僚人事组成为中心》一文中，考察了宇文护的执政形象，认为宇文护执政期与武帝亲政期之间，在人才任用方面有连续性，武帝亲政后并没有对所谓的宇文护党羽一网打尽。宇文护任用的人才中，有许多在武帝亲政后仍十分活跃。杨翠微在《西魏北周政治斗争与中央集权之加强》一文中考证，武帝诛杀宇文护后，并没有像一般的政变一样大开杀戒，也没有进行大规模的人事调整，而是在基本保持原来的中枢要员的基础上，对各勋贵忠臣都进行了不同程度的升官。

能够"出入卧内,预闻机务……朝政得失,外间细事,无不使帝闻之"①,武帝得以及时掌握朝中动态,并对亲政后如何稳定政局心中有数,这也是皇权能够迅速平稳过渡的一个原因。

武帝亲政后即皇权振兴之后,宗室的发展情况可从其官职变化略窥一二,具体见下表5。

表5　　　　　　　　　武帝亲政之后宗室成员官职变化

姓名	官职变化
宇文宪	大冢宰（正7）→上柱国（正9）→行军元帅
宇文直	大司徒（正7）→庶人→建德三年（574）被武帝所诛
宇文招	大司空（正7）→大司马（正7）→雍州牧（9）→后三军总管→上柱国（正9）→行军总管
宇文俭	左一军总管→大冢宰（正7）→行军总管→宣政元年（578）薨
宇文纯	前一军总管→上柱国（正9）、并州总管→雍州牧（9）
宇文盛	后一军总管→右一军总管→上柱国（正9）→相州总管→大冢宰（正7）
宇文达	柱国（正9）、荆淮等十四州十防诸军事、荆州刺史→益州总管
宇文逌	柱国（正9）→行军总管→河阳总管
宇文亮	右二军总管→上柱国（正9）→大司徒（正7）
宇文椿	大将军（正9）→岐州刺史
宇文贤	华州刺史→荆州总管、柱国（正9）
宇文康	总管利始等五州、大小剑二防诸军事、利州刺史→建德五年（576）被武帝赐死
宇文赞	柱国（正9）
宇文贵	车骑大将军（9）、仪同三司（9）→幽州刺史→建德五年（576）薨
宇文寶	大将军（正9）
宇文洛	使持节、车骑大将军（9）、仪同三司（9）

资料来源：《周书》卷五、卷六《武帝纪》、卷四九《稽胡传》及相关人物本传。

与武帝亲政前相比,宗室的发展开始出现一些波折。首先,参政人数没有增加。宇文护伏诛后,武帝曾下令清剿宇文护党羽,宇文护的11个儿子均未幸免,其中包括已参政的宇文训、宇文会。虽然武帝亲政后,

---

① 《资治通鉴》卷一七一《陈纪五》,第5305页。

又有新的宗室参政，但这并未使参政的总人数增加，此时共计16名宗室参政，与武帝即位前的17名成员相比，人数略有下降。其次，从宗室的任官方面来看，宗室在中央再未有人出任三公，过去宇文护位列三公之首，独断专权，武帝应当对此难以释怀，所以不再轻易任命三公。不过，六卿大半由宗室担任，特别是大冢宰、大司徒一直由宗室出任，大司马也多由宗室担任。但是大冢宰不再加"五府总于天官"之令，这样的大冢宰实际权力大大缩小。宗室在地方上一般出任总管、刺史、都督等职，其中不乏雍州牧、益州总管等要职。参与政治的16名宗室中9名曾在地方任职，比之前略有下降。根据吴廷燮《东西魏北齐周隋方镇年表》的统计，这一时期宗室出镇方镇的比例亦有所下降，仅5名宗室出镇地方，但其影响和作用仍不可小觑。建德六年（577）北周平齐后，"于河阳、幽、青、南兖、豫、徐、北朔、定置总管府，相、并二州各置宫及六府官"①。相州、并州作为北齐故都，其地位明显高于其他州，任这两州总管的分别是宇文纯、宇文盛，二人均为宗室重要成员。河阳"地临河津，实重镇也"②，地理位置也很重要，河阳总管一职则由宇文遹出任。可见，宗室多出镇要地，说明宗室此时在方镇中仍占重要地位。宗室任职方面的最大变化是宗室领兵征伐的次数增加，且多任主将。武帝亲政后重要军事活动中的领军将领情况如下表6所示.

表6 武帝亲政后重要军事活动中领军将领情况

军事事件	宗室成员所任官职或所承担任务	非宗室成员所任官职或所承担任务
建德四年（575）七月伐齐	宇文纯（前一军总管） 宇文盛（后一军总管） 宇文招（后三军总管） 宇文宪（率众二万趣黎阳）	司马消难（前二军总管） 达奚武（前三军总管） 侯莫陈琼（后二军总管） 杨坚、薛回（舟师三万自渭入河） 侯莫陈芮（率众一万守太行道） 李穆（率众三万守河阳道） 于翼（率众二万出陈、安）

---

① 《资治通鉴》卷一七三《陈纪七》，第5375页。

② 同上。

续表

军事事件	宗室成员所任官职或所承担任务	非宗室成员所任官职或所承担任务
建德五年（576）十月伐齐	宇文盛（右一军总管） 宇文亮（右二军总管） 宇文俭（左一军总管） 宇文宪（前军、率精骑二万守雀鼠谷） 宇文纯（前军、步骑二万守千里径） 宇文招（步骑一万自华谷攻齐汾州诸城） 宇文椿（屯鸡栖原）	杨坚（右三军总管） 窦恭（左二军总管） 丘崇（左三军总管） 达奚震（步骑一万守统军川） 韩步明（步骑五千守齐子岭） 尹昇（步骑五千守鼓钟镇） 辛韶（步骑五千守蒲津关） 宇文盛（步骑一万守汾水关） 王谊（监六军、攻晋州城）
建德六年（577）十一月讨稽胡	宇文宪（行军元帅） 宇文招（行军总管） 宇文俭（行军总管） 宇文逌（行军总管）	

资料来源：《周书》卷六《武帝纪》、卷四九《稽胡传》及相关人物本传。

与武帝亲政前相比，这一时期的宗室开始广泛参与军事活动，并担任要职。从表6可看出，两次伐齐战争中六个行军总管有一半由宗室担任，特别是第二次伐齐时，宗室在出征将领中所占比例大大上升，占到将近一半，且承担重要任务，常领精兵，数量较多。到建德六年（579）讨稽胡时，武帝派出的将领全部是宗室。每次派兵出征，武帝都安排众多宗室成员，表明他对宗室仍有所倚重，同时也有可能是为了解决当时将领临阵叛变的问题。南北朝时期常有人阵前倒戈。这一时期最有名的叛将就是先叛东魏，继叛西魏，再叛梁朝的侯景，还有降周的北齐南安城主冯显，以州降西魏的梁朝兴州刺史席固，降北周的北齐北豫州刺史司马消难，附周的陈湘州刺史华皎，降陈的北周巴陵城主尉迟宪和湘州城主殷亮等，而且就在第二次伐齐战争中，北周驻守要害王药城的仪同三司韩正就以城降齐。面对叛将频出的局面。任用宗室担任高级将领是较保险的选择。

由以上分析可得知，宗室势力的发展出现了波折。虽然宗室仍可在中央享受高官厚禄，在地方出任重要方镇，广泛参加军事活动，但其获得的政治权力整体缩减，实力下降不少，没有人再能像宇文护一样独揽军政大权，宗室已完全无法与皇权对抗。宗室发展之所以出现波折，有两方面原因：首先与宗室自身实力有关，宗室在相权主导时期表现出的能与皇权对抗的强大实力，其中有很大一部分是宇文护一人的力量，宗室中形成的是宇文护一家独大的局面，宇文护执政期间，一直实行加强中央集权的措施，但其目的并非是加强皇权，而是加强相权。因此虽然一些宗室成员在中央担任重要官职，参与决策，却均无左右政局的实力。北周实行府兵制，军队为中央所控制，由任都督中外诸军事者所掌握，武帝在诛灭宇文护后，立刻罢中外府，独掌军权。而且北周地方兵力分散，总管（都督）们在地方上难以培植强大的势力。[1] 因此，在宇文护伏诛后，其余宗室无论在行政上还是在军事上，均难以有效地组织力量与皇权对抗，宗室中能威胁对抗皇权的只有宇文护。而且宇文护的垮台，标志着政权中主相矛盾的终结，皇权开始振兴，主相对抗环境的消失，也使得宗室的发展不能再像过去一样顺风顺水。

其次与武帝对宗室的态度密不可分。武帝亲政后，对权臣专政心有余悸，也不放心宗室。首先，采取一系列措施，防止权臣当政。第一，立刻罢中外府，终武帝一朝再无人任"都督中外诸军事"之职，并进行"讲武"、摈军等一系列军事改革，[2] 以加强对军队的控制；第二，任大冢宰者也不加"五府总于天官"之命；第三，提高御正和内史的地位。[3] 其次，武帝也在时刻提防宗室，《周书》记载，武帝诛护后，亲览朝政，"方欲导之以政，齐之以刑，爰及亲亲，亦为刻薄"[4]，说明武帝对待宗室，也很冷酷。1. 武帝对名望较高的宗室防范甚严。宇文护伏诛后，宇文直劝武帝将宇文宪划归宇文护同党，一并诛杀，武帝曾言："齐公心迹，吾自悉之，不得更有所疑也"[5]，虽然武帝驳回了宇文直的要求，但其内心始终无法释怀，任宇文宪为大冢宰，却未命其掌兵权，也未加

---

[1] 关于北周总管府职权的研究可参考蒙海亮《周隋总管府研究》，陕西师范大学硕士学位论文，2011年。

[2] 关于武帝亲政后，整军经武的措施可以参考吕春盛《关陇集团的权力结构演变——西魏北周政治史研究》，第223—226页。

[3] 参见石冬梅《论北周的御正和内史》，《唐都学刊》2006年第2期。

[4] 《周书》卷一二《齐炀王宪传》，第189页。

[5] 同上书，第190页。

"五府总于天官"之令，这实际上是削弱了宇文宪的权力。即便如此武帝对宇文宪仍防范有加，他曾对宇文宪的侍读裴文举说：

> 晋公不臣之迹，朝野所知，朕所以泣而诛者，安国家，利百姓耳。昔魏末不纲，太祖匡辅元氏；有周受命，晋公复执威权。积习生常，便谓法应须尔。岂有三十岁天子而可为人所制乎。且近代以来，又有一弊，暂经隶属，便即礼若君臣。此乃乱代之权宜，非经国之治术。诗云："夙夜匪解，以事一人。"一人者，止据天子耳。虽陪侍齐公，不得即同臣主。且太祖十儿，宁可悉为天子。卿宜规以正道，劝以义方，辑睦我君臣，协和我骨肉。无令兄弟，自致嫌疑。①

这番话说得非常直白，武帝在表明心迹的同时，明确警告宇文宪不要有非分之想，言语间透露出对宇文宪极大的猜忌。2. 武帝曾在建德初年削抑宗室。《周书》记载："宪友刘休徵献《王箴》一首，宪美之。休徵后又以此箴上高祖。高祖方剪削诸弟，甚悦其文。"② 但史书对武帝究竟如何"剪削诸弟"无明确记载。3. 武帝对许多军政大事的决策并不依赖宗室，而是通过提高御正、内史地位加强皇权。③ 史载："（建德四年）高祖将欲东讨，独与内史王谊谋之，余人莫得知也。后以诸弟才略，无出于宪右，遂告之。"④ 可见武帝的决策层很窄，且宗室不在其中。

武帝如此防范宗室，一方面是因为宇文护长期专权，另一方面则是因为其亲政后，宗室中曾发生宇文直与宇文康的谋逆事件。最初宇文直请武帝诛灭宇文护，动机并不单纯，实际欲借武帝之手夺宇文护权位。但武帝在诛护后，任宇文宪为大冢宰，宇文直的目的没有达到，又请为大司马，仍欲得擅威权。武帝揣测到其想法，遂授之大司徒。可宇文直仍觊觎大冢宰之位，遂于其母文宣皇后崩后，在武帝面前诬陷宇文宪，受到武帝斥责。加之武帝曾因其校猎时乱行，而当众对之鞭挞。这使宇

---

① 《周书》卷一二《齐炀王宪传》，第189—190页。
② 同上。
③ 张伟国《关陇武将与周隋政权》，第105—108页；石冬梅《论北周的御正和内史》对此均有较为详细的论证。
④ 《周书》卷一二《齐炀王宪传》，第191页。

文直对武帝越来越不满。建德三年（574）宇文直趁武帝行幸云阳宫生病时，在京师举兵反叛。亲兄弟反叛对武帝的震动应当比较大，遂强化了武帝对宗室难以完全信任的态度。① 不过武帝仍未将事态扩大，仅是将宇文直免为庶人，还宽慰其他宗室："管蔡为戮，周公作辅，人心不同，有如其面。但愧兄弟亲寻干戈，于我为不足耳。"② 可不久后宇文直又产生谋逆想法，武帝这才将他及其诸子一并诛杀。宇文康亦有过谋逆之图，《周书》载宇文康"骄矜无轨度，信任僚佐卢奕等，遂缮修戎器，阴有异谋"，建德五年（576）东窗事发，武帝下诏将其赐死，同样并未牵连他人。③

综上可知，武帝一方面采取种种手段在政治权力上抑制宗室的发展，另一方面又依仗宗室统率军队出征，利用宗室力量拱卫皇权，并且在宇文护伏诛及宇文直、宇文康的谋逆事件后，均未广泛牵连宗室。这种看似矛盾的态度，正显示出复振后的皇权，在宗室控制方面游刃有余，皇权对宗室基本占据压倒性优势，武帝亲政后的一系列措施表明，皇权振兴后的军政大权由皇帝独掌，宗室在这方面已无优势可言。皇权既可以利用宗室力量，又有能力控制其发展，说明宗室此时基本已被武帝有意识地引导成为拱卫皇权的工具，而非皇权发展的障碍。此外，这也可以看作是皇权振兴后，武帝为防止权臣专政而进行的平衡统治集团内部力量的一种策略。宇文护伏诛后，武帝不仅宽待宗室，对政权中的非宗室成员也未过分调整，整体仍延续宇文护时期的人事安排，还对许多人加以重用。但这并不代表武帝信任他们，武帝所信任者止于其亲信集团，即王轨、宇文神举、宇文孝伯、王谊数人。④ 武帝亲政后，需要的是皇权的振兴，因此武帝对权臣要尽力打压，最好的办法就是维持政权中各政治派系之间及其内部的平衡。

---

① 宇文直谋逆在建德三年（574），武帝与王谊密谋东伐在建德四年（575），很可能就是这件事加深了武帝对宗室的不信任。
② 《周书》卷一二《齐炀王宪传》，第190页。
③ 《周书》卷一三《文闵明武宣诸子列传·纪厉王康传》记载其子湜，于大定中为隋文帝所害，说明武帝当时并未牵连宇文康这一支所有族人，很有可能只是赐死宇文康一人，第206页。
④ 参见曾磊《周武帝、周宣帝亲信人物与军权》，《鞍山师范学院学报》2013年第3期。

四 小结

　　总体而言，北周前期的宗室势力，在相权主导时期，其发展轨迹基本是直线上升的。皇权振兴之后，其发展轨迹开始出现波折：政治权力整体缩减，实力下降，已完全无法与皇权对抗。宗室势力的这种发展轨迹与北周前期的主相之争密不可分。北周前期的主相之争贯穿孝闵帝、明帝和武帝三个时期，宗室成员宇文护职掌相权达十多年，连弑两帝，最终为武帝所诛，历时三朝的主相之争至此终结，北周开始走上皇权复振之路。

　　西魏时期，宇文氏家族人才凋零，可培养者不多；孝闵帝时期，宇文护执政，为确立宇文家族的家天下统治，大力培养宗室；明帝时期，宗室的发展则由主相双方共同促成：宇文护归政前，为巩固宇文氏的家天下统治，继续培养宗室，宇文护归政后，明帝为对抗宇文护，对宗室进行拉拢，也促进其发展；武帝即位后至其亲政前，宗室势力较以往大为增长，一是达到参政年龄的宗室人数大增，二是宇文护吸取孝闵帝、明帝时期的斗争经验，扩大其统治基础，并对宗室实行有限的选用，即有选择地在宗室中培养亲信；武帝亲政后，宗室发展出现波折，一方面是因为相权主导时期，宗室内部的不均衡发展，即宇文护一家独大，其余宗室即使在中央担任重要官职，参与决策，亦无法左右政局，而且皇权振兴后，失去了主相对抗的环境，宗室的发展无法像过去一样顺利。另一方面也与武帝亲政后，对权臣心有余悸，不放心宗室的态度分不开。武帝亲政后，需要打压权臣，振兴皇权，最佳方法即维持政权中各政治派系之间及其内部的平衡，因此武帝对宗室采取既防范又倚重的策略，同时这也说明皇权复振后，武帝在控制宗室方面游刃有余，皇权对宗室基本占据压倒性优势。皇权既可以利用宗室力量，又有能力控制其发展，表明宗室此时基本已被武帝有意识地引导成为拱卫皇权的工具，而非皇权发展的障碍。

　　主相之争中，权臣与皇帝的态度对宗室势力的变化起到很大作用，同时宗室成员在主相之争中的政治立场，对主相胜负也至关重要。倾向皇权派与倾向相权派对政治平衡的影响较大，中间派可以调和主相矛盾，而投机派为自身利益在主相间来回摇摆，有时可发挥关键作用。皇帝和宰相分别根据自己的需要有针对性地拉拢不同政治立场的宗室成员，有时直接影响到主相之争的结果。

从整个魏晋南北朝时期来看，皇权经常处于一种低迷状态，或是权臣专政，或是宗王势大，或是门阀当权。通常来说，不振的皇权对这些问题的解决办法有分封宗室、任用寒人掌机要，但一时不慎又会走向反面，即如王夫之所言："魏削宗室而权臣篡，晋封同姓而骨肉残。"[1] 这正是宗室与皇权最易产生矛盾的地方，在皇权强大时，君主会对宗室势力加以铲除，但有可能由此引起权臣专权，因而皇权不振时，君主又要依靠宗室扶助皇权，但在此过程中，宗室又容易逐渐坐大，进而威胁皇权，或被皇帝铲除，或自相残杀，中国历代王朝都不断上演着这种骨肉相残的悲剧。北周前期的情况又有所不同，宗室势力的消长固然与皇权的强弱密切相关——皇权弱则宗室强，皇权强则宗室弱。而北周宗室势力的一个特殊之处在于，相权主导时期其内部发展的不均衡性，宇文护因西魏末年宇文氏家族人丁不旺，及北周初年严峻的政治形势而成长为权臣，在宗室内部一家独大，拥有绝对权威，其余宗室成员即使身居六卿高位者，亦无法与之比肩。宇文护得以独大并能与皇权对抗，更多的是依靠其中央所任官职——大冢宰、都督中外诸军事——而具有的权臣身份，宗室身份不过是其权臣身份下与皇权对抗的一个筹码或工具，这种身份有助于其在政治上攫取更多特权，但也使之与宗室有一定程度的脱节，他与皇权的对抗是以权臣身份进行的，并不代表宗室与皇权处于对立面，宗室对皇权并未造成威胁，在北周皇权不振时期，亦未形成宗王政治，而且北周前期宗室封爵一直以公爵为最高，直到建德三年（574）才对宗室封王。在宇文护为武帝所诛，皇权重振之后，宗室内部的不均衡性才得以扭转，但此时的宗室已完全无法与皇权对抗。武帝亲政后，倾向皇权派的宗室未与皇权形成对抗之势，后虽有宗室谋逆，但在皇权面前完全不堪一击，不过武帝也没有因之广泛牵连宗室，对宗室进行血腥打击，这样既维持了政局的稳定，又未失去宗室的拱卫。因此，北周前期的政治矛盾主要是宇文护作为权臣与皇权的对抗，而非宗室与皇权对权力的争夺，更未形成宗王政治。可以说，北周前期皇权的低迷主要是由于权臣当政而非宗室势大。是以在武帝剿灭宇文护余党时，宗室未遭大规模屠戮，这使得北周未像魏晋南北朝的其他朝代一样，在皇权复振后发生大规模骨肉相残的悲剧。

---

[1] （清）王夫之：《读通鉴论》卷一一，中华书局1975年版，第779页。

附表：北周宗室世系表①

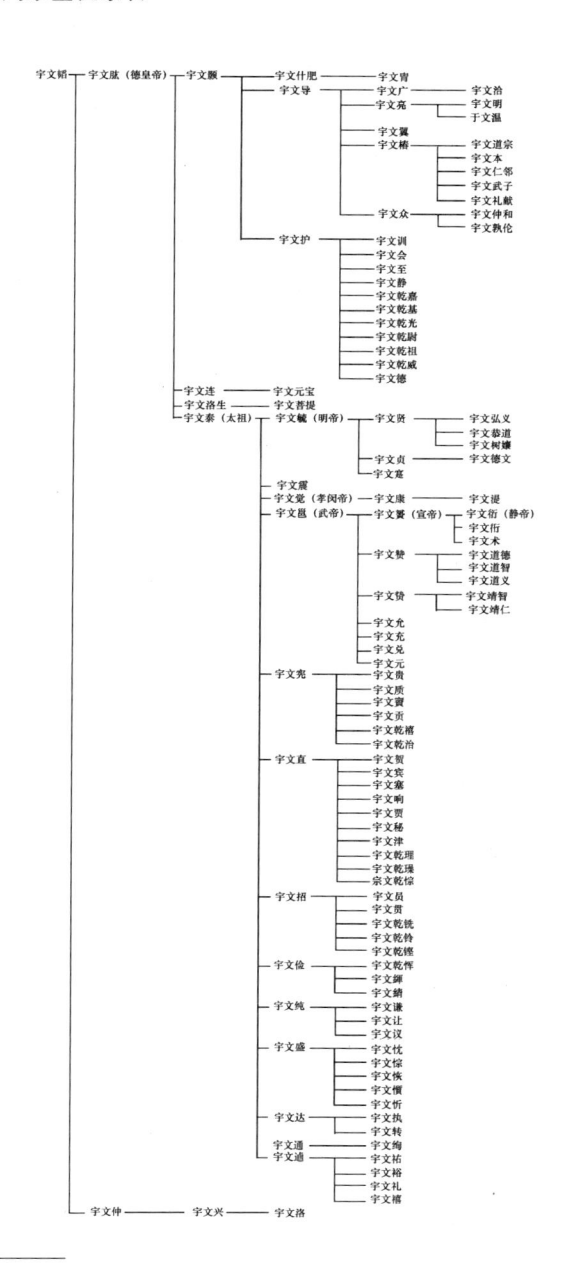

```
宇文韬┬宇文肱(德皇帝)┬宇文颢┬宇文什肥┬宇文胄
      │                │      │        └宇文洽─┬宇文洽
      │                │      │                └宇文明
      │                │      │                  于文温
      │                │      ├宇文广
      │                │      ├宇文亮
      │                │      ├宇文翼
      │                │      ├宇文椿┬宇文道宗
      │                │      │      ├宇文本
      │                │      │      ├宇文仁邻
      │                │      │      ├宇文武子
      │                │      │      └宇文礼献
      │                │      └宇文众┬宇文仲和
      │                │              └宇文执伦
      │                └宇文护┬宇文训
      │                        ├宇文会
      │                        ├宇文至
      │                        ├宇文静
      │                        ├宇文乾嘉
      │                        ├宇文乾基
      │                        ├宇文乾光
      │                        ├宇文乾尉
      │                        ├宇文乾祖
      │                        ├宇文乾威
      │                        └宇文德
      ├宇文连──宇文元宝
      ├宇文洛生─宇文菩提
      ├宇文泰(太祖)┬宇文毓(明帝)┬宇文贤┬宇文弘义
      │              │                ├宇文恭道
      │              │                ├宇文贞  ├宇文树瓘
      │              │                ├宇文宸  └宇文德文
      │              ├宇文震
      │              ├宇文觉(孝闵帝)─宇文康──宇文湜
      │              ├宇文邕(武帝)┬宇文赟(宣帝)┬宇文衍(静帝)
      │              │              │              ├宇文衎
      │              │              │              └宇文术
      │              │              ├宇文赞┬宇文道德
      │              │              │      ├宇文道智
      │              │              │      └宇文道义
      │              │              ├宇文贽┬宇文靖智
      │              │              │      └宇文靖仁
      │              │              ├宇文允
      │              │              ├宇文兑
      │              │              └宇文元
      │              ├宇文宪┬宇文贵
      │              │      ├宇文质
      │              │      ├宇文贵
      │              │      ├宇文贡
      │              │      ├宇文乾禧
      │              │      └宇文乾洽
      │              ├宇文直┬宇文贺
      │              │      ├宇文宾
      │              │      ├宇文蹇
      │              │      ├宇文响
      │              │      ├宇文贾
      │              │      ├宇文秘
      │              │      ├宇文津
      │              │      ├宇文乾理
      │              │      ├宇文乾璝
      │              │      └宗文乾悰
      │              ├宇文招┬宇文员
      │              │      ├宇文贯
      │              │      ├宇文乾铣
      │              │      ├宇文乾伶
      │              │      └宇文乾经
      │              ├宇文俭┬宇文乾恽
      │              │      ├宇文䎽
      │              │      └宇文靖
      │              ├宇文纯┬宇文谦
      │              │      ├宇文让
      │              │      └宇文议
      │              ├宇文盛┬宇文忱
      │              │      ├宇文悰
      │              │      ├宇文恢
      │              │      └宇文忻
      │              ├宇文达┬宇文执
      │              │      └宇文转
      │              ├宇文通┬宇文绚
      │              │      ├宇文祜
      │              │      ├宇文礼
      │              │      └宇文禧
      │              └宇文通
      └宇文仲──宇文兴──宇文洛
```

---

① 主要据《周书》卷一至卷一三整理而成，宇文泰第八子宇文俭次子宇文䌷、三子宇文绩据《宇文俭墓志》补。

山西张壁古堡可汗庙泥包铁像的人物原型推敲

山西大学历史文化学院　钱　龙　李书吉

一　引言

　　张壁古堡是一座军事坞堡，它是北魏末年侨置的南朔州的治所。[①] 堡内建有一座供奉"夷狄之君长"的可汗庙，始建时的供奉对象是后被移至观音堂的一尊泥包铁像。泥包铁像头戴风帽，是典型的北朝鲜卑风格。在中原能够为北方少数民族首领立庙，此人必定在胡人和汉人中都具有非同一般的影响力。考察史料，北朝时期活跃在晋中、晋南范围的具有典型鲜卑特征的游牧民族首领是敕勒人斛律光家族。斛律光是北齐柱臣，同为高齐的皇亲，家族盛极一时。斛律光被杀害后，北齐迅速衰落，北周东伐灭齐，武帝宇文邕赞赏斛律光说："此人若在，朕岂能入邺？"视斛律光为北齐的柱石之臣。在齐周对峙中，斛律光主要活跃在晋中、晋南地区，维护了北齐的安宁，在当地民众中产生了广泛的影响，受到民间的敬仰，逐渐被神格化，成为保境安民的可汗神形象。这种先铸铁像再用泥包的造像手法极为罕见，为何要多此一举，其原因是民众崇拜斛律光，为他铸了一尊铁像，但斛律光又是被北齐朝廷以谋反罪所杀，为了回避北齐朝廷的猜忌，在铁像外面用泥包裹起来，重新塑为高欢的形象。目前，学界对张壁古堡泥包铁像还无论证，笔者鉴于史料记载和可汗庙（墓）碑的发现，以可汗庙（墓）的分析和斛律光神格化的过程为

[①] 李书吉主编：《张壁古堡的历史考查》，三晋出版社2013年版。

线索，对张壁古堡内的泥包铁像人物原型进行发微推敲，不妥之处，敬请批评。

二 古堡内神秘的泥包铁像

张壁古堡内现存有可汗庙、空王佛行祠、三大士殿、二郎庙、真武庙、关帝庙等十数处庙堂古建筑和明清民居宅院。据可汗庙中所存明代天启年《重修可汗庙碑记》记载："此村惟有可罕庙，创自何代殊不可考，而中梁书'延祐元年重建'云。"延祐是元朝元仁宗的年号，延祐元年为1314年，这座可罕庙是村里最早出现的祠庙，它最初建造的年代在元代之前。学界根据古堡的历史考察、建造规制及墙体夯土层等推断，古堡是十六国时期所建。[1]

泥包铁像是可汗庙内最初供奉的"可汗神"。张壁村里的老人说，可汗庙中偏殿供奉的是尉迟恭，主殿供奉的则是突厥封为"定杨可汗"的刘武周，也有学者提出不同见解。[2] 泥包铁像供奉在观音堂后墙券的一龛中，塑造的风格属于北朝时期，而且是以佛像的样式所造，不同的地方则是泥包铁像冠有鲜卑帽，双手上有一反扣的覆钵。在龛上悬有一块乾隆十年（1745）的"急早回头"匾，含有佛教"回头是岸"的教诲之意。后道光五年（1826）用砖将泥包铁像封堵在里面，并在前面立了三尊千手观音像。为什么要如此处置泥包铁像，史料没有记载，而村民则多臆说。泥包铁像右腿及双手部分泥皮脱落，露出了内部的铸铁，揭示了这是一种奇特的泥包铸铁像。外面所包泥像有彩绘，面部为金色，虽历经千年，仍能看出塑造时的鲜亮生动。泥包铁像整体形象为：面容丰腴，细眉长目，鼻准方直，双耳垂肩，头戴鲜卑帽，身穿宽裙长衫，腹前有宽带围裹，双手施禅定印，结跏趺坐。泥包铁像的造型特征，是典型的鲜卑风格，所戴的帽子又称"风帽"，是北朝时所流行的一种帽式。据《重修可汗庙碑记》载：

---

[1] 2012年12月，由中国魏晋南北朝史学会、山西大学历史文化学院和山西省北朝文化中心共同主办的"张壁古堡历史考察暨高层学术论坛"，对张壁古堡的始建年代和学术价值的科学论证，认为张壁古堡的始建，最早可追溯至十六国时期的张平。此后的高欢、斛律光、杨谅、刘武周等人所部，均可能对其进行修葺、重建并加以利用。

[2] 侯清泊、宋建国：《考朔州军人遗迹 解张壁古堡诸谜》，《山西日报》2007年7月17日，C1版。作者认为供奉的是高欢。

> 可罕，夷狄之君长也，生为夷狄君，殁为夷狄神，夷狄之人宜岁时荐俎焉。以我中国人祀之，礼不出经。然有其举之莫敢废也。况神之福庇一方，护佑众生，其精英至今在，其德泽至今存，则补葺安可废，而祀典又安可缺耶？

这位可汗神能够"福庇一方"，护佑当地的百姓，因此，对他的祀典不曾缺失。可汗是夷狄之君，则泥包铁像的人物原型应是一位活跃于中原地区的北方游牧民族首领。这位夷狄的君长能够在死后受百姓香火，为村民所顶礼膜拜，祠庙修葺不辍，祀典不废，生前必定曾有功于民，而且符合"以死勤事""以劳定国""能捍大患"的祭祀标准。

泥包铁像同时具有佛教和儒家特色，又缺乏史料及铭文佐证，使他的形象变得尤为神秘。泥包铁像既然是可汗庙的供奉对象，那么这位夷狄君长不仅为他所属的游牧民族所敬仰，同时也深得本地汉族人民的拥戴。笔者通过分析仅存于山西境内的四处可汗庙（墓），发现这些可汗庙分布地域集中，规模建制相似，是可汗神信仰的一个特定区域。

三 山西境内的可汗庙

山西在历史上是民族融合的中心，境内多有显著的北方游牧民族特色的历史遗存发现。可汗庙集中分布在山西的晋中和吕梁地区，这一区域在北朝时属晋州的范围。山西境内的四座可汗庙分布在了晋中盆地通往运城盆地的交通要隘之上，这里有著名的雀鼠谷、千里径等交通要道，而且也是历史上发生重要军事战争的地方。北周吞并北齐、李唐王朝攻打宋金刚等都曾将此地区作为重要的军事孔道，并在此激战。以每座可汗庙为点，再出线连接起来，便构成了以张壁古堡可汗庙为中心的军事聚点分布网。

陕西户县蒋村镇五泉村有一座可汗庙，可惜已经损毁。[1] 山西现存的

---

[1] 陕西省户县地方名志办公室编：《户县地名志》，1987年，内部出版，第128页。当地有元代《创建崇真观察碑》记载有"下院可汗庙"，清《重修嫽庙碑记》中载有"庙右有可罕殿"，现已毁坏。

四座可汗庙分别位于晋中介休市张壁村、灵石县和吕梁市中阳县上顶（殿）山，相距较近，属于同一个行政区域或文化区域。

灵石县有两座可汗庙，其中一座在南关镇乔家山村，现存最早的石碑是金元时期的《重修可汗庙碑记》，铭文记载：

> 河东要于西北霍之属邑。越灵石东直有千里径，而乔山直其冲，有庙曰可汗，不详何时建……（乔恭）既来征辞，予询其故，但曰可汗而不能言其始末，虽恭之远祖落成，高曾和、信重建，而亦不名其所以始建之由……且言民有忤北方之事者则必震怒，怒之所形则不福其人……

根据碑文记载，可以知道：首先，这座可汗庙的地理位置在军事交通要道"千里径"的入口处，是河东地区重要的军事防御要地；其次，此庙在金代已经存在，乔恭的高祖乔和、曾祖乔信都曾重新修葺过，但都不能详说始建的由来；再次，此庙供奉的是北方的少数民族首领，不能容忍有"悟忤北方之事者"。另一座在英武乡平泉村的山顶高地之上，全称为龙天可汗庙。英武乡位于介休、灵石和交城三地中心，是三地交通的集结点，而可汗庙处在山顶高地，能够充分地观察周边状况，具有重要的军事侦察功能。灵石县境内的两座可汗庙，都具备了军事聚点作用。

吕梁中阳县上顶（殿）山上有一座可汗龙王庙，存有康熙时《重修上殿山龙王庙碑记》碑铭，记载"上殿山克罕龙王神庙，相传至宋朝，有敕封为伏煞侯之典，又起数百余年至今……""克罕龙王"在宋朝受到了敕封，为"伏煞侯"，即降伏恶煞，保佑平安的神侯。既能得到宋朝廷的认可，恰好反映出当地民众对"克罕龙王"广泛的信仰基础。据雍正版《山西通志》记载，在吕梁孝义县西的上顶（殿）山上有一座可汗庙，塑有突厥可汗像，其旁还塑有可汗夫人像，"碑称唐时突厥可汗"。而且在此庙西，有《元和郡县图志》记载的"可汗堆"证实了其真实性。据此推测，上顶山可汗庙始建年代不晚于唐代，其所处地理位置同样具备军事聚点的功能。

介休张壁村古堡内的可汗庙是保存最完整的一座。据《重修可汗庙碑记》称："邑之东南张壁村，绵山环亘焉。"古堡是背靠绵山修建的，本身就是一座军事防御功能极强的袖珍城堡。另一块在可汗庙内发现的清嘉庆《补修可罕王庙碑记》载：

> 我村可罕王庙后山于今年暮春间忽崩，塌崖山数丈。若不急为修理，则大雨漂淋必将废毁庙址……崖仍用土筑而坚固倍之，西崖临街数丈易为砖墙，上庙行路尽修为砖阶……试由街层级而上，入庙四顾，巍然焕然……

描述了补修可汗庙一事，其西崖超出了街道数丈之高，进入庙内需由街道登上多层台阶方可。证实了现在的可汗庙之前就位于古堡的制高点上，充当了哨岗与指挥塔的角色。

因此，可汗庙的建立前，是军事布防的重要聚点。后来因为统领这个军事防御网络的将军受到士兵和当地民众的拥戴，于是建庙立碑，将其神格化来祭祀祈福，以至历经数百年不废。能够担当这一"可汗神"的游牧民族酋长，只有北齐名将斛律光。

四　斛律光的神格化

斛律光来自六镇勋贵，属敕勒斛律部人，是第一领民酋长。在他父亲斛律金的影响下，快速成长为北齐的柱臣。斛律光一生主要的活动范围集中于今天的太原、晋中、临汾和吕梁地区，具备被当地民间神格化为"可汗神"的地域条件。

斛律光家族是从漠北草原南徙来的高车敕勒族。他的先祖倍侯利是斛律部的首领，因受柔然的侵扰挤压，投奔北魏，拓跋焘封其为孟都公，统领部落。到东魏北齐时期，以斛律金为代表的斛律家族参与了高欢的起义，凭借军功成为当时显赫的家族，史称"一门一皇后，二太子妃，三公主，尊宠之盛，当时莫比"[①]。斛律家族同高齐皇族保持着稳定的姻亲关系。北齐禅代东魏后，斛律光先后为丞相、大将军、咸阳王等，成为朝廷柱臣。斛律光在齐周对抗中表现出卓越的军事攻防能力，阻滞了北周东伐的步伐。572年，因为北周韦孝宽的离间和北齐权臣的陷害，斛律光被冠以"谋反"的罪名灭族。斛律光在官方的影响受到了扼杀，但

[①]　《北齐书》卷一七，中华书局1972年版，第222页。

他在民间的影响已经奠定了基础。

斛律光的民间信仰基础体现在斛律王庙的存在。在今运城市新绛县有一座专为斛律光修建的斛律王庙，这也是斛律光墓的所在地。据《元和郡县图志》载："高齐相国咸阳王斛金墓，在县西南十七里。"① 大概在今天太原市晋源区王郭村一带，至今仍未发现。1980年，在太原市西南晋源区沙沟村发现了斛律彻墓。② 墓志铭称：

> 祖明月，齐左丞相，咸阳嗣王。周赠使持节上柱国，恒朔赵安燕云六州刺史，崇国公，邑五千户。匡世佐时，阿衡梁栋……童卝在年，家屯祸难。既逢周武封墓表闾，继绝存亡，旌贤显德。③

斛律彻是斛律光的孙子，经由家难幸存，是北周武帝入邺之后"庚子诏"④的受益者。斛律光被赠崇国公，邑五千户，这些都由斛律彻所袭封继承。"庚子诏"虽然提及了对斛律光家族墓改葬，但改葬在何地却没有明确的记载。

目前，关于斛律光墓有三种说法：《襄汾县志》载：斛律光墓在今山西省临汾市襄汾县邓庄乡斛冢村⑤；另说在襄汾县城南面的解村；第三种认为在运城市新绛县。民国《新绛县志》卷八《陵墓》载："左丞相咸阳王斛律光墓在县衙子城隅城隍庙后。"根据《山右石刻丛编》收录的《创建斛律王庙记》载："当州子城内，正衙东北隅，有北齐季世斛律王影堂，云葬于此，构诸孤坟之上矣。王讳光，字明月，实北齐之良辅也……"胡聘之按："碑见《寰宇访碑录》，补《山西通志·古迹》。考北齐斛律光墓，在绛州子城东北隅。"金代人孙镇写《斛律光庙记》说："王之祠堂旧在州衙子城东北隅，长庆以后，守土者悯王之冤，因即其地而建为影堂。晋天福间，刺史张廷蕴复增大之。"⑥ 同时，《山右石刻丛

---

① （唐）李吉甫：《元和郡县图志》卷一三，中华书局2013年版，第366页。
② 山西省考古研究所、太原市文物管理委员会：《太原隋斛律彻墓清理简报》，《文物》1992年第10期。
③ 罗新、叶炜：《新出魏晋南北朝墓志疏证》，中华书局2005年版，第466页。
④ （宋）司马光著，（元）胡三省音注：《资治通鉴》，中华书局1956年版，第5372页。
⑤ 襄汾县志编纂委员会编：《襄汾县志》，天津古籍出版社2001年版，第452页。
⑥ （清）胡聘之：《山右石刻丛编》，山西人民出版社1988年版。

编》还载有金代孙镇写的《斛律光墓记》：

> 祭法□有功于民者祀之。咸阳王可谓能保全国家，有大功于民宜在祀典者也。王讳光，字明月，朔州敕勒部人。世载忠谨，北齐社稷赖之以安。不幸为祖珽、穆提婆辈所谗，□命而死，惜哉！王之祠堂旧在州衙子城东北隅。俚俗相传云：王尝指此地曰："吾死之后必葬于此，若及百年，当有二千石为吾守坟者。"后人遵其旨葬于此，构诸孤坟之上。此理殆无足考信，且州置于后魏之初，而王殁于北齐之季，则指葬之说不亦厚诬。谨按《守居园池记》云，由于炀反者雅文安发土筑台为拒诛，则庙基正台之遗址。殆长庆以后，守土者悯王之勋业，死非其罪，因即其地而建为影堂。晋天福间，刺史张廷蕴增大其宇乎？不然，樊宗师号为记录细碎，曾不一言及此，固可见也。①

以上两块碑现已不存，但拓本幸留存于今。由碑刻内容可知，斛律王庙始建年代在唐长庆年间（821—824）以后，而墓早于此已有。斛律光墓地的具体位置在绛州"州衙子城东北隅"。《创建斛律王庙记》作于天福五年（940），《斛律光墓记》作于金大定二十年（1180），又有元代王恽的《题斛律王庙壁》，可以确信斛律光墓就存于绛州，斛律王庙就是为斛律光所建。

此外，在《旧五代史》的记载中，晋阳有一斛律寺，② 《资治通鉴》胡三省注曰："斛律寺，盖高齐建霸府于晋阳，斛律氏贵盛时所立。"是说这座斛律寺是在斛律家族兴盛的时候修建的，是斛律氏的一座佛寺。北朝修筑佛寺之风大兴，斛律光家族也笃信佛教，其弟斛律羡就曾在范阳建佛像置于"义坊"。《定兴县志》载：

> 驷马入觐，屡过于此，向寺若归如父；他还百里，停湌届义方食，慰同慈母。赍殊僧俗，脱骖解驾，敬造尊像；抽舍珍物，共造义淀。③

---

① （清）胡聘之：《山右石刻丛编》，山西人民出版社1988年版。
② 《旧五代史》，中华书局1976年版，第949页。
③ 刘淑芬：《北齐标异乡义慈惠石柱——中古佛教社会救济的个案研究》，《城市与乡村》，中国大百科全书出版社2005年版，第73—74页。

此后斛律羡的儿子斛律世达和斛律世迁途经此"义坊"时也要礼拜其父亲所建的佛像。关于北朝时期显贵家族在自家建造佛寺的现象在《北齐书·杨愔传》中有记载，史称：

> 神武见之（杨愔）悦，除太原公开府司马，转长史，复授大行台右丞，封华阴县侯，迁给事黄门侍郎，妻以庶女。又兼散骑常侍，为聘梁使主。至碻磝戍，州内有愔家旧佛寺，入精庐礼拜，见太傅容像，悲感恸哭，呕血数升，遂发病不成行，舆疾还邺。①

"愔家旧佛寺"就是杨氏在自家修建的一座寺庙，其中的太傅是为杨愔之父杨津，"太傅容像"即为杨津之像。杨津北魏时曾官至司空侍中，孝昌后为并州刺史、北道大行台，后因参与孝庄帝诛杀尔朱荣之谋，被尔朱兆所害。高欢时赠太傅等。杨氏主籍弘农华阴，在北魏为豪门大族，家族隆盛。晋阳的斛律寺便是斛律氏在家中供奉佛像所建，其中亦有斛律族人的容像。

斛律光在民间的神格化具有了必要的基础。斛律光本为敕勒胡人，后人为其立庙祭祀，百年不绝，而且在毁撤淫祠的禁令中保存了下来。《斛律光墓记》称：

> 然绵历久远，由五季迄于今，数百年间祭祀不绝，吏民益敬，而屡有灵应。但时代寖运，栋宇倾弊不庇风雨者积有年矣。大定庚子岁，州阙节度使，同知石公摄领郡事，以谓兴滞举废君子之能事，莅政之始已有意于增茸。时朝廷□旨禁绝淫祠，州之境内毁撤者不啻数百屋，王以有功于国，故得庙□一新。公复命壁间皆绘王之勋业所起，至于祖穆之事则不待形容而后知也。仆因并书其始末以释后人之惑，使得专祀王之功而无愧焉。②

斛律光有功于国，正是说他拱卫了北齐皇权，为吏民所敬仰，而且能够福庇一方，对祀祭祈愿"屡有灵应"，体现的就是他在民间信仰中的深厚

---

① 《北齐书》卷三四，中华书局1972年版，第456页。
② （清）胡聘之：《山右石刻丛编》，山西人民出版社1988年版。

基础。《创建斛律王庙记》中称"余闻聪明正直惟神,则斯可谓神矣。人曰颇有灵贶,不可犯也"①。说明斛律光在民间信仰中的地位得到提升,已经成为民间信仰中的神,而且还是一位胡人神。对胡神的崇拜在北朝时是普遍存在的,主要集中在"祆教胡天神"的崇拜上②,到唐朝时更为盛行,唐谚"无狐魅,不成村",就反映了唐初祆教在乡野村落里有很大的影响。唐朝颁行的《开元礼》将日渐兴盛的家庙以制度形式进行了约束,而且在民间有把开国皇帝、功臣名士等有功于国于民的人物神化、仙化,建庙立祠进行顶礼膜拜的习俗。斛律光作为一位胡人神,在这样的背景下逐步被神格化、被供奉,成为庇护一方的可汗神。

五　余论

北朝的鲜卑族有"铸金像以占卜"的传统。正史记载了东魏北齐时期两次铸金像事件。分别是528年,高欢劝尔朱荣称帝,"荣乃自铸金为像,凡四铸,不成"③。550年,高洋欲禅魏,"洋铸像卜之而成,乃使开府仪同三司段韶问肆州刺史斛律金……"④ 所谓铸金为像,是要铸成占卜者自己的形象,如果铸成就预示着所祈求的事情能够成功,反之则不成。尔朱荣四铸不成,最终没有禅魏自立,而高洋一铸便成,力排斛律金等人的反对,禅代了魏祚。作为一种占卜方式,出现在张壁古堡内的泥包铁像,应该也是受到铸金为像风俗的影响。铁像本为斛律光形象,但迫于北齐皇权的猜忌,用泥将铁像包裹起来,塑为高欢的形象。

斛律光世袭其父为第一领民酋长,这一称号在北魏孝文帝汉化改革中被淡化。北魏孝昌之后,鲜卑武人掀起了胡化逆流,领民酋长的称谓也得以重新恢复。这些拥有"领民酋长"头衔的"部落首领初期沿袭原有习惯成为'汗'"⑤。汗即为可汗。可汗是北方少数民族部落首领的俗称,斛律光既是第一领民酋长,在敕勒斛律部落中自然会被称为可汗。

---

① (清)胡聘之:《山右石刻丛编》,山西人民出版社1988年版。
② 荣新江:《中国中古与外来文明》,生活·读书·新知三联书店2001年版,第108—109页。
③ (宋)司马光著,(元)胡三省音注:《资治通鉴》卷一五二《梁纪八》,或中大通二年,中华书局1956年版,第4743页。
④ 同上书,第5042页。
⑤ 俞鹿年:《北魏职官制度考》,社会科学文献出版社2008年版,第198—201页。

斛律光在唐代受到推崇，唐太宗李世民曾说："斛律明月，齐朝良将，威震敌国，周家每岁斫汾河冰，虑齐兵之西渡。及明月被祖孝征谗构伏诛，周人始有吞齐之意。"① 斛律王庙建在斛律光生前主要的活动地域，而且是现存全国斛姓的主要分布区域。②

据有关研究，斛姓在全国三省仍有较多数量的分布。晋中介休市的斛姓主要分布于义安镇义安村、三佳乡东湛泉村和西湛泉村。2012年3月，"张壁古堡的历史考察"课题组来到三佳乡西湛泉村，对该村的村民进行了走访。三佳乡西湛村共有村民1800余人，其中有斛姓的居民有100多人。西湛泉村村支部书记姓李，据李书记讲，"文革"时期西湛村村里存有斛律家族的坟地和石碑，但在"文革"中被破坏掉了，现在已经不能再见到这些有关斛律家族的历史遗存。不过庆幸的是，我们在西湛村见到了自称斛律氏后裔的斛永贵老人。斛永贵老人讲述自己已经85岁高龄，年轻时曾给共和国大将王震当过警卫，后来回到了西湛村。老人讲自己的祖先是斛律氏，在内蒙古还专门有祭祀斛律氏祖先的祭坛，常有斛姓子孙会去祭祀；而且家里以前还存有斛律氏家谱，但后来因保护不善损毁了。不过，老人家中的墙壁上还挂有《敕勒歌》，门外所供奉的敕勒祖先神位则流露出斛永贵老人心中对先祖的眷恋与敬仰。在东湛泉村我们听说有一位斛姓老人已经100多岁了。

斛永贵老人对敕勒斛律祖先的尊崇，义安村、东湛泉村和西湛泉村斛姓人口的集中分布，以及在历史考察中我们所能知道的斛律光家族在介休地区的频繁活动，都是斛律光在介休一带影响深远、具备了民间信仰基础的证据。因此，在各种证据的集中指向下，神秘的泥包铁像的塑造人物原型，铁像就是敕勒族的斛律光，外面所包泥像是鲜卑化的汉人高欢。

张壁古堡属于典型的"明堡暗道"军事坞堡，四通八达的军事地道修造绝非一朝一夕便可完成。因可汗庙所供奉对象为北齐斛律光，祠庙

---

① （唐）吴兢：《贞观政要》卷六，齐鲁书社2010年版。
② 根据山西经济出版社《山西人口姓氏大全》（1991年版），全省有斛姓人口952人，吕梁620人（中阳289人，柳林256人，石楼20人，交口14人，离石5人）、晋中253人，（介休236人，平遥9人）、临汾地区36人（隰县30人，永和5人）、忻州地区是偏关35人以及太原的5人。具体分布在吕梁市中阳县的武家庄镇天神庙村，暖泉镇冯家屹台村，柳林县留誉镇的苗吾村，寺坡村以及惠家坪村，晋中介休市的义安镇义安村，三佳乡东湛泉，西湛泉村，临汾市隰县城南乡上友村，偏关县城空地街。

修建又晚于古堡的存在，所以张壁古堡的始建年代可以上溯至十六国时期。可汗庙的存在，是胡汉民族融合的重要成果，彰显了山西这块古老的土地是历史上民族融合的大熔炉这一史实。

附图：

可汗庙

泥包铁像　　　　　　重修可汗庙碑

魏晋玄学对北宋前期理学的影响

——以易学为中心

复旦大学文史研究院　严耀中

到了隋唐，曾经在魏晋时光芒四射的玄学似乎销声匿迹，其实不然，它对宋初理学的发展还起着影响。这种影响主要在于两个方面，其一在于对《易》的推重，其二是将自然和名教的结合之道。试说之。

一

魏晋玄学与道家的重要不同点之一，是对《周易》的推重，并将其置于老庄之前，而这却是能使它和儒家之间产生很多共同的话头。

两汉经学以后的儒学到了宋代形成了又一高峰，这就是理学。理学的创建是宋代学者"用自己的见解，对过去的著述进行新的解释，已成为普遍的风气"①之结果。其中，吸收魏晋以降流行的各种思想，包括本体论和发生学，是理学发展的重要动因之一，此已为很多学者所论述过。其中突出了易学的玄学，在宋初受其余绪，而讲究变通，任其自然，不拘一格，并着重阐明其道德指向。这十分有利于宋代学者对以往经学进行创造性的诠释。

宋初的一些理学家都擅长于《易》学。如邵雍"精数学，亦《易》

---

① ［日］内藤湖南：《中国史通论》（上），中译本，社会科学文献出版社2004年版，第332页。

之别传，非必得于《河》、《洛》"①，说明其易学非得之于正统经学。他曾师从李之才"受《河图》、《洛书》、《宓羲》八卦六十四卦图像"，从而能"探赜索隐，妙悟神契，洞彻蕴奥"②。而他所著《先天图》在说卦上自成系列，此"虽不与《易》合，倘亦所谓善用《易》者"③。从易学中可以开出本体及象数之学，尤其是邵雍的代表作《皇极经世》，可据此认为："尧夫的思想，在中国思想史上，代表《周易》象数学的一个重要发展。"④ 玄学中易学的一个重要特色把天道看作是自然之运行，并以象数来表达义理，进而成为人们道德行为之依据。"物生而有象，象成而有数，数资乎动以起用而有行，行而有得于道而有德。因数以推象，道自然者也。"⑤ 王夫之的这些话当系玄家易学之要点，却是从邵雍等人易学的基础上概括出来的。

再如张载在其《正蒙·太和篇》起首便云："太和所谓道，中涵浮沉、升降、动静相感之性，是生絪缊、相荡、胜负、屈伸之始。其来也几微易简，其究也广大坚固。起知于易者《乾》乎！效法于简者《坤》乎！散殊而可象为气，清通而不可象为坤。不如野马絪缊，不足谓之太和。语道者知此，谓之知道；学《易》者见此，谓之见《易》。"所以《宋史》本传说他"博学力行，著《太极图》，明天理之根源，究万物之终始"，而且声明此图本于"大哉《易》也"⑥。其实张载在上述论说中，也是将《老子》道生万物思想的一种发挥，而玄学生成的主要因素之一，便是"研究《周易》、《太玄》等而发展出的一种'天道观'"⑦。不仅如此，张载论说中的"气"，实际上是最广义的气，是物质与精神一体化了的气，因而具有本体的意义。所以张载的气是一种存在，而王弼的"无"也是一种存在，由此两者之说都把"道"作为一种存在的本体，有着异曲同工之妙。

宋初从太极图谈到心性本体的还有周敦颐。他在《通书》第一章

---

① （清）皮锡瑞：《经学历史》，中华书局1959年版，第229页。
② 《宋史》卷四二七《邵雍传》，中华书局1977年版，第12726页。
③ 钟泰：《中国哲学史》，辽宁教育出版1998年版，第197页。
④ 韦政通：《中国思想史》，上海书店出版社2003年版，第722页。
⑤ （清）王夫之：《周易外传》卷一"乾"，中华书局1977年版，第1页。
⑥ 《宋史》卷四二七《张载传》，第12712页。
⑦ 汤用彤：《魏晋玄学论稿及其他》，北京大学出版社2010年版，第89页。

"诚上"中得出结论道:"故云'一阴一阳之谓道,继之者善也,成之者性也'。"朱熹于此注曰:"此亦《易》文。"① 周敦颐自己也说:"圣人之精,画卦以示;圣人之蕴,因卦以发。卦不画,圣人之精不可得而见;微卦,圣人之蕴殆不可悉得而闻。《易》何止五经之源,其天地鬼神之奥乎!"② 此正如秦家懿先生所概括:即太极"在《易经·系辞》和周敦颐《太极图》中,太极都是指宇宙的第一原则,推而广之,也是指人性的第一原则"③。故可谓"开宋儒的理学,就是这《太极图说》"④。通过《周易》来阐发本体上的道理,是玄学的一项重要内容,现在宋代的理学家们又更深入地来做了。

还应该提到的是范仲淹,他"是宋学开创者无疑"⑤,而"仲淹汎通《六经》,长于《易》,学者多从质问,为执经讲解,亡所倦"⑥。他还著有《易义》、《易兼三材赋》等文章,也就是说范仲淹在儒学中最擅长的是易学。以范仲淹在政治上和儒学中的地位,对《易》学在早期宋学中发挥主导作用,有着密切的关系。

宋初擅长易学的人是很多的。如王昭素"尤精《诗》、《易》,以为王、韩注《易》及孔、马疏义或未尽是,乃著《易论》二十三篇",宋太祖曾召见他,"令讲《易·乾卦》"⑦。从王昭素对王弼等《易》注的不满意,说明他对玄学中的易学是下过一番功夫的。又如林夔"演《易》重象,自著一书,有卦元卦纬,有丛辞卦经,有起律吹管,有范余叙和,凡九篇,名曰《草范》"⑧。此后宋太宗也"幸太学,命博士李觉讲《易》,赐帛"⑨。宋初统治者对《易》的重视和当时易学的发达是相互呼应的。

《宋史·隐逸传序》强调这些人物被列入该传的一个重要理由,就是

---

① 《周敦颐集》,岳麓书社2002年版,第16页。
② 同上书,第49页。
③ 秦家懿:《朱熹的宗教思想》,厦门大学出版社2010年版,第42页。
④ 贾丰臻:《中国理学史》,上海书店出版社1984年印本,第151页。
⑤ 杨渭生等:《两宋文化史研究》,杭州大学出版社1998年版,第533页。
⑥ 《宋史》卷三一四《范仲淹传》,第10267页。
⑦ 《宋史》卷四三一《王昭素传》,第12808页。
⑧ 《续三阳志》"人物",载《永乐大典方志辑佚》第四册,中华书局2004年版,第2578页。
⑨ 《宋史》卷五《太宗本纪二》,第83页。

依据《周易》中"肥遁，无无不利"及"不事王侯，高尚其事"等卦辞为标准，指出这些传主"果有合于《艮》之君子时止时行"。但这些"隐逸"只是不做官而已，不少浸沉于儒学，在宋初有着较大的影响。若列于该传首位的戚同文"毕诵《五经》"，所授生徒"登第者五六十人，宗度、许骧、陈象舆、高象先、郭成范、王励、滕涉皆践台阁"[①]。

所以《周易》对宋初儒学的影响是显而易见的，故冯友兰先生有所谓象数之学"大成于宋"的说法。愚见以为冯先生所谓的"大成"，应该是指《易》中的义理得到了充分的阐释。在这点上魏晋和北宋前期的学者们指向是一致的，所以说"魏晋以来，最可注意的，就是《周易》完全脱离了占术的地位而成为一种哲学"[②]。这个学术趋向，从魏晋到宋明在一直延续着。在《宋史·艺文志》里"经部"所列举的十类经书中，有"《易》类二百十三部，一千七百四十卷"，及"王柏《读易记》以下不著录十九部，一百八十六卷"[③]。数量之多居《志》中第二，仅次于《春秋》。由此可见《周易》是宋初理学家做学问的一个主要渊源，并形成了很大的一个易学学者群。所以余敦康先生指出："北宋易学紧紧承接着汉代易学与魏晋易学发展而来。"[④] 而魏晋易学其实就是魏晋玄学的一个重要组成部分。

当然《易》为六经之首，学《易》也是儒家的传统，所以一位生活在12世纪初的儒家士大夫强调是孔子"乃著之《易》，以神其天地之蕴，万物之变也"[⑤]。因为孔子说过："加我数年，五十以学易，可以无大过矣。"但读《易》如何能避免大错误，孔子没有说，南宋时朱熹注解道："学《易》，则明乎吉凶消长之理，进退存亡之道，故可以无大过。"[⑥] 不过朱熹对《易经》的这番认识，已经是宋初易学高潮之后的百余年了。

应该指出的是，包含并阐发《周易》思想的是玄学而非道家，因为《周易》也是玄学的根基之一。魏晋南北朝时所谓谈玄，谈的就是《老

---

① 《宋史》卷四五七《戚同文传》，第13418页。
② 容肇祖：《魏晋的自然主义》，东方出版社1996年版，第200页。
③ 《宋史》卷二〇二《艺文志一》，第5042页。
④ 余敦康：《序言》，载氏著《内圣外王的贯通》，学林出版社1997年版。
⑤ （辽）杨丘文：《柳谿玄心寺洙公壁记》，载《全辽金文》，山西古籍出版社2002年版，第590页。
⑥ 《论语·述而》，朱熹集注本，中华书局1983年版，第97页。

子》《庄子》《周易》这三部书以及它们的注疏。因此《周易》无疑是玄学和儒学的一个主要结合点，因易卦"则谓人类社会的伦理礼义皆出自天道之自然的秩序"①。这种发明的功劳，汤用彤先生把它归诸王弼。他认为"改窜《周易》以经附传，实出于王弼之手"，因"王氏之注，不但自成名家，抑且于性道之学有自然拔出之建设。因其深有所会，故于儒道经典之解释，于前人著述之取舍，均随意所适"②。如此结合儒家经典谈性道之学，宋初诸家当然乐于承袭以开展理学。

在东晋南朝"玄教儒风"③并提的学风里，"其中《周易》一学最为明显"④。所以说理学与玄学之间要比理学与道家之间有着大得多的结合点，而在两者结合中占有最大比重的是易学，道家思想的主统仅是《老子》和《庄子》⑤，其中是变易不出来"圣王之道"的。所以宋初易学能够促使人们对《易经》中道理有更深的认识，是吸收了玄学成分的结果。更确切地说，是玄学中的王弼易学成了两汉经学之易学和两宋理学之易学的一个中间环节。

二

玄学发展中走向自然和名教的结合之道，正是宋代前期儒家学者极感兴趣的主题。

玄学与经学之间最大的对立在于自然与名教。大谈自然之道是玄学的一个特色，正如唐君毅先生所指出："老子书中，此自然之名只数见，而王弼则随处及之。又老子书中未明言及性字，而王弼注老子二十八章曰：'万物以自然为性'，又注二十六章曰：'不违自然，乃得其性。'此所谓物之自然之性，即物之各自然其所然之个性独性"⑥。

---

① 蒋伯潜、蒋祖怡：《诸子与理学》，上海书店出版社1997年版，第173页。
② 汤用彤：《王弼之"周易"、"论语"新义》，载《魏晋玄学论稿及其他》，北京大学出版社2010年版，第63—65页。
③ 《陈书》卷三三《沈不害传》，第447页。
④ 参见严耀中《试说玄学对南朝经学之影响》，《上海师范大学学报》2009年第1期。
⑤ 关于玄学是属于经学异端还是"新道家"，学界有两种意见。从魏晋时的主要谈玄家都兼有经学家身份和最后自然与名教合流的结果看，玄学应该被视为是儒学的异支。参见严耀中《魏晋经学主导说——对玄学盛行于魏晋问题的辨正》，《学习与探索》2006年第5期。
⑥ 唐君毅：《中国哲学原论·原性篇》第五章，中国社会科学出版社2005年版，第104页。

有了"自然之性"这样的概念，自然和仁义道德为中心的名教这二者就是可以统一的，据说是孔子所做的《系辞传》云："易知则有亲，易从则有功；有亲则可久，有道则可大；可久则贤人之德，可大则贤人之业。易简则天下之理得矣。"这样通过对"易"的诠释，把自然之理和礼治之理统一了起来，因此就自然之道而言，"何晏和王弼认为孔子对'道'的理解要甚于老子，即让自然本性的充分显现是生命中最真诚的探求"①。这当然是从"性本善"基础上立论，如"王弼以为'自然亲爱为孝，推爱及物为仁'（皇氏《论语集解义疏》卷一）。自然是根本，仁是从根本推广出来"②。又如何晏在《庄子·骈拇篇》中注曰："夫仁义自是人之情性，但当任之耳"，及"恐仁义非人情而忧之者，真可谓多忧也"，说明仁义之道原本于性情之自然，由此以自然来阐明名教，故可视两者为"将无同"！所以周一良先生指出"将无同"思想之"较早代表者，当推何晏与嵇康"③。还如"郭象在《庄子注》里宣称，孔子胜于庄子，是因为庄子只在乎自己的需要"，而"真正的圣人是能够超越自身的需求，包容和顺应万物"④。说明在这些所谓"玄学大家"的心目中，孔孟之道才是无上的。宋儒承袭孟子性善之说，承袭儒家以天下为己任的胸怀，又要从天道中找出名教的依据来，因此是与玄学而非道家才能很好地接得上。

进入南北朝后，南朝的玄学还相当的盛，可以说仍占据着江左思想界的主导地位，其实玄学一词也是那时被叫出来的。隋统一中国后，虽然在政治上是南方被北方所灭，文化上却是使北朝被"南朝化"，此因"南人善谈名理，增设华词，表里可观，雅俗共赏。故虽以亡国之余，足以转移一时风气，使北人舍旧而从之"⑤。这里"善谈名理"即是体现着玄风，而"宋人谈理学，喜欢讲论"⑥，其实也是玄风，此亦系玄学在隋

---

① Whalen Lai, The Three Jewels in China, 载 *Buddhist Spirituality*, Crossroad, New York, 1993, p. 281.
② 容肇祖：《魏晋的自然主义》，东方出版社1996年版，第25页。
③ 周一良：《魏晋南北朝读书札记》"名教自然'将无同'思想之演变"条，中华书局1985年版，第56页。
④ Robert H. Sharf, *Coming to Terms with Chinese Buddhism*, Univ. of Hawaiʻi Press, Honolulu, 2002, p. 92.
⑤ （清）皮锡瑞：《经学历史》"经学统一时代"，中华书局1959年版，第194页。
⑥ 饶宗颐：《佛教圣地：Banāras》，载氏著《文化之旅》，中华书局2011年版，第15页。

唐还继续发挥着它的作用之一侧。其实在内容上，魏晋南北朝期间的学者们"竟无一不混杂儒道，可知在魏晋名士清谈中混乱儒道之界限及立场，乃一显著特色"①。而道家在看待仁义道德上是与儒家泾渭分明的，所以容易被北宋前期理学家们所吸纳的是玄学而非道家的思想。

宋代前期的儒家士大夫也多把这两者联系起来，若张载在其《经学理窟》一文中说："天地之礼，自然而有，何假于人！天之生物自有尊卑大小之象，人顺之而已，此所以为理也。学者有专以礼出于人，而不知礼本于天之自然。"又若在欧阳修"有关'理'的言说中，屡屡说到'自然'而且多用'自然之理'这样的表达"，甚至"把父子之情和朋党都看作'自然之理'"②。在他们眼里自然与理的关系，犹如玄谈里自然与名教关系的翻版，也是"将无同"！

邵雍亦有着类似的观念，在其所作的一首《天意吟》中云："天意无他只自然，自然之外更无天。"③ 这里，自然即天意，也就是体现着客观的理。因为玄学认为"人法地，地法天，天法道，道法自然"④，天道体现在自然，自然之道绵绵不绝就是人效法之本⑤。在他作的另一首诗里，称其"事体极时观道妙，人情尽处看天机"⑥，作为其本人人生的一种指引。这个思路也是和玄学一致的，因为郭象在《庄子·大宗师》注中说："天也者，自然也。人皆自然，则治乱成败，遇与不遇，非人为也，皆自然耳。"其意思是和邵雍类似的，皆系"将自然为体，以名教为用，体用一致"⑦。而"周敦颐的思想是以《易经》和《中庸》为本的"⑧，其思路上也必然归于名教与自然的"将无同"。

玄学走向自然与名教的同一，实质上包含着物质与精神的一致性。张载由此发挥，《正蒙·诚明篇》云："天所性者通极于道。"又云："性

---

① 劳思光：《新编中国哲学史》，广西师范大学出版社2005年版，第123页。
② [日]土田健次郎：《道学之形成》，朱刚译本，上海古籍出版社2010年版，第64、65页。作者还在同书同页提到"程颐也常把'理'和'自然'放在一起说，其中有引人注目的'自然之理'、'理自然'的说法"。
③ （宋）邵雍：《伊川击壤集》卷一〇《天意行》，中华书局2013年版，第144页。
④ 《老子》"二十五章"。
⑤ 严耀中：《试说玄学对南朝经学之影响》，《上海师范大学学报》2009年第1期。
⑥ （宋）邵雍：《伊川击壤集》卷二〇，第344页。
⑦ 严耀中：《两晋南北朝史》，人民出版社2009年版，第105、106页。
⑧ 孔令宏：《宋代理学与道家、道教》，中华书局2006年版，第112页。

通乎气之外，命行乎气之内。气无内外，假有形而言尔。"又云："天性在人，正犹水性之在冰，凝释虽异，为物一也。"等等。即张载的天地之性和气质之性是二是一，犹如玄谈中的自然与名教之是二是一。稍后程颐也"认为理（puttern）贯穿万物并把人和宇宙联在一起，把理置于儒学概念的中心位置，重新解释天和性只不过是理的不同侧面而已"①。这里，可以看到理学和玄学的相当一致，至少"可以说，宋、明大多数道学家的思想，是从孔、孟出发，而较偏于自然的"②。

北宋前期儒家学者们有意无意地承袭玄学将名教同于自然之讨论，既是开创理学之内在需要，也是为着政治提供更强的道德律之需求，符合宋初朝廷谋取长治久安之国策。因为自唐晚期乃至整个五代，政治道德的失落导致社会的剧烈动荡，整个局势和魏晋有着非常相似之处，于是也就有了玄学在当时产生影响的用武之地。

三

玄学之所以能在魏晋南北朝大为流行，是因为它不同于先秦诸子而别具一格，也是符合从魏晋到南北朝由动荡走向治理的社会政治之理论需求。这种形势与唐末至宋初有某种相似，因为"儒家在宋代的中兴，思想和社会的主流传统都需要一个对宇宙之道的解读"③，所以主张自然之道的玄学的一些内涵被宋初的学者们所重视和吸收。

玄学是本体之学，这是它最接近道家的地方，但王弼、郭象、裴頠的论著更系统，如在郭象的"体系中，'天'或'天地'（这里译为universe）才是最重要的观念。天是万物的总名，所以是一切存在的全体"④。又如"郭象在他的《庄子注》中说明本书的宗旨是'明内圣外王之道'。'内圣'就是要顺乎'自然'，'外王'则主张不废'名教'，主张'名

---

① [英] 葛瑞汉：《程朱人性说的新意》，载其著《二程兄弟的新儒学》，程德祥译，大象出版社2000年版，第275页。
② 张岱年：《中国哲学大纲》，生活·读书·新知三联书店2005年版，第395页。
③ Daniel L. Overmyer, *Folk Buddhist Religion*, Harvard Univ. Press, Cambridge, 1976, p. 23.
④ 冯友兰：《中国哲学简史》，北京大学出版社1996年版，第196页。

教'合乎'自然','自然'为本为体,'名教'为末为用"①。但天地即自然,故天地亦即自然之道。他们把自然之道来规范人道,如欧阳修认为王弼的易学系"推天地之理以明人事之始终而不失其正"②,如此就成为道德的基础。尤其是玄学中所谓"崇有"派,能使"爱敬出于自然,而忠孝之道毕矣"③。所以他们"仍然认为孔子是最大的圣人"④。此也正如钱穆先生指出,玄学"未尝薄事为也;未尝轻礼乐也;未尝泯贤愚,忘善恶,谴是非也"⑤。这样玄学便离老、庄远而离孔、孟近了,而为宋初诸多学者所青睐。

玄学是思辨之学,因为谈玄的特点是"为之隐解,发明奇趣,振起玄风,读之者超然心悟,莫不自足一时"⑥。其中易学是追求变化规律之道,范仲淹力主的"庆历新政"指导思想,至少就其本人而言,是以其易学心得为基础的。如其在《上执政书》中说:

> 惟圣人设卦观象,穷则变;变则通,通则久。非知变者,其能久乎?此圣人作《易》之大旨,以授于理天下者也,岂徒然哉!⑦

欧阳修也倡言云:"剥尽则复,否极则泰,消必有息,盈必有虚,天道也。是以君子尚之。"⑧ 即从《易》中表明的周而复始之天道,给了当时理学家们重新开张孟子以道义治国的理念和信仰。

玄学是义理之学。刘劭在其《人物志·八观》说到了当时易学和道家的区别:"《易》以感为德,以谦为道。《老子》以无为德,以虚为道",所以玄学中的易学是可以崇义寻理经世致用的。这正如曹聚仁先生所说:"王弼黜爻象,而专附会义理,似为突创","王弼之《易注》出,

---

① 《汤用彤学术文化随笔》第四编,中国青年出版社2000年版,第259页。
② (宋)欧阳修:《欧阳文忠公集》卷六四《张令注周易序》。
③ 《艺文类聚》卷四八"侍中"条引裴希声《侍中嵇侯碑》。
④ 冯友兰:《中国哲学简史》,第187页。
⑤ 钱穆:《国学概论》,商务印书馆1997年版,第152页。书中同页,钱先生引用阮籍之《通易论》《乐论》;嵇康之《声无哀乐论》《释私论》等证明这些结论。读者可以参考。
⑥ 《晋书》卷四九《向秀传》,第1374页。
⑦ (宋)范仲淹:《范文正公集》卷八。
⑧ (宋)欧阳修:《欧阳文忠公集》卷七六《易童子问》。

而儒家之形上学之新义乃成"①。甚至可以说"王弼的贵无论实质上是一种探求内圣外王之道的政治哲学"②。这就和包括理学在内的儒家哲学在"实质上"一致起来。而理学新义的探讨也是需要谈论出来的，以使"为之隐解，发明奇趣"和"超然心悟"的。这在于他们要解读的是本性的自然状态，来作为道德之本源。因为宋代理学要发扬光大的是孟子的学统，而"孟子的伦理学表明了其所继承之对于上天信仰的力量"，需要"利用上天赐予人类'天性'的说法，将那个较高的道德领域移置于人的身上"③。玄学中将自然之道来作为名教依据之努力值得宋代学者继承，如"王弼注《易》尽扫象数而言义理，北宋胡瑗讲《易》即说义理，他的门人倪天隐著《周易口义》即传胡氏之说"④。所以这还在于"自王弼、向、郭以来直到齐、梁时期，正统玄学家所努力的乃是维护名教，不论是说名教本自然，或者是说名教即是自然，其目的是一致的"⑤。

顺便说一下，宋初的易学发展不仅为接下来的理学提供了思想滋养，而且影响了北宋中期的王安石变法。王安石擅长易学，他的"新学之精髓即在于其借《周易》之微言奥义而发挥自己的新思想，这就为北宋思想形态的转型与发展开辟了新的途径"⑥。如此其实是和魏晋玄学的思路是一致的。

除了上述学术发展的内在因素外，从背景而论，孔令宏先生认为："宋朝开国之初，只能贯彻清静无为的政策，缓和社会矛盾，与民休息。黄老政治应运而生"⑦。这政策和魏晋玄学的观念是相同的，所以其在北宋前期得到士大夫的共鸣也是理所当然。

总结一下，由于魏晋南北朝玄学的发展趋势是和儒学合流，使自然

---

① 曹聚仁：《中国学术思想史随笔》，生活·读书·新知三联书店1986年版，第106、107页。
② 余敦康：《魏晋玄学史》，北京大学出版社2004年版，第293页。
③ ［德］罗哲海：《轴心时期的儒家伦理》，陈咏明、瞿德瑜译，大象出版社2009年版，第251页。
④ 牟润孙：《王夫之顾炎武解"易"之说举偶》，载其著《注史斋丛稿（下）》，中华书局2009年版，第572页。
⑤ 唐长孺：《魏晋玄学之形成及其发展》，载其著《魏晋南北朝史论丛》，生活·读书·新知三联书店1955年版，第339页。
⑥ 范立舟：《宋代思想学术论稿》，澳亚周刊出版有限公司2004年版，第319页。
⑦ 孔令宏：《宋代理学与道家、道教》，中华书局2006年版，第46页。

与名教"将无同"之先例，在两者之间形成一种体用关系，因而这个意向被宋初的学者们所继承和发展。其中《易》学既是玄学和道家的一个重要区别，也是宋初学者受玄学影响的重要内涵。其所以如此，一方面是通过以玄学发展为榜样，在自然之道归纳出天理。另一方面是因为唐宋之际社会的政治经济都处于很大的变革期，学者们设法从易学里探求变革之规律，便不约而同地将易学作为做学问的一个重点，从而带动了玄学对宋初学术文化产生了一定影响，并成为新儒学发展的思想源泉之一。

《帝王略论》的正统观*

日本学术振兴会特别研究员　　［日］会田大辅

引　言

　　唐初贞观年间编纂的正史是研究南北朝时期的基本史料，但是近年的研究表明，正史中有反映唐室意志的倾向。① 因此，对正史所描绘的南北朝历史形象要进行再探讨。其中，贞观初年（627年前后）虞世南所撰《帝王略论》尤其值得注目。《帝王略论》是自三皇五帝至隋文帝的中国通史，以"略"的形式总结各帝王事迹，然后以公子和先生问答（"论"）的形式加以评论。卷一是三皇五帝、夏、殷、周、秦；卷二是汉和后汉；卷三是三国、两晋；卷四是南朝；卷五是北朝。由于《帝王略论》的记载异于正史所描绘的南北朝历史形象，故而其价值甚大。

　　可惜，在南宋末、元初《帝王略论》已经散佚，不存在完整的版本。② 清代时，仅仅知道唐代赵蕤所撰《长短经》、马总所撰《通历》以及《史通》和《太平御览》里引用"论"。进入20世纪，敦煌发现《帝

---

* 本文是平成26年（2014）度科学研究费补助金（日本学术振兴会特别研究员奖励费）的研究成果之一。

①　［日］山下将司：《唐初における〈贞观氏族志〉の编纂と"八柱国家"の诞生》，《史学杂志》第111卷第2号，2002年。

②　唐代，《帝王略论》已流传到敦煌和日本，不仅是官僚、僧侣、地方处士等人引用，而且作为史书和君主论被广泛利用。但是宋代以后，《帝王略论》被列入子部（诸子、杂家）类，君主论思想已无法适应时代的要求，渐被漠视，在宋末元初明显已经散佚。拙稿，陈涛、李荣华译《唐宋时期〈帝王略论〉的利用状况》，宁欣主编《新材料、新方法、新视野：中国古代国家和社会变迁》，北京师范大学出版社2011年版。

王略论》卷一、卷二的写本（P.2636，现藏于巴黎法国国家图书馆），[1] 1932年在日本又发现镰仓时代后期（13C末—14C初）转抄的金泽文库本《帝王略论》（序、卷一、二、四。以下简称"金泽本"。现藏于东洋文库）。[2] 据此，《帝王略论》的序、卷一、卷二、卷四有了完全复原的可能，而从《长短经》和《通历》等对卷三、卷五的引用中，"论"的部分复原也有了可能。但是，到目前为止，《帝王略论》完整的录文和校注尚未公开发表[3]。之前笔者即以全文的校订为目标，调查佚文，[4] 研究唐宋代的使用状况和日本的接受状况。[5]

关于《帝王略论》的编纂目的，尾崎康先生认为是基于唐朝统一天下而编辑的帝王学参考书，此外提及《帝王略论》的史料来源及其所反映的历史观。[6] 瞿林东、李锦绣、陈虎等先生提出，《帝王略论》是为了鉴戒唐太宗而基于虞世南和太宗的历史议论编辑的，其中能看出

---

[1] 王重民：《敦煌古籍叙录》第2卷，中华书局1979年版，第94—95页。

[2] ［日］内藤湖南：《帝王略论の发现》，《内藤湖南全集 第12卷》，东京筑摩书房1970年版，初出1932年版，第260—261页。近年，金程宇先生介绍金泽本时，着重强调了其具有很高的文献价值。金程宇：《东洋文库所藏〈帝王略论〉残卷的文献价值》，《稀见唐宋文献丛考》，中华书局2009年版，第3—17页。

[3] （清）陆心源：《唐文拾遗》第1册，台北文海出版社1962年版，第226—234页；周绍良主编：《全唐文新编》第3册，吉林文史出版社2000年版，第1564—1572页，依据《长短经》《通历》收录"论"。陈尚君辑校：《全唐文补编》，中华书局2005年版，第1册，第37—38页、第3册，第2224—2225页，收录敦煌本和金泽本的序文。陈虎译注：《帝王略论》，中华书局2008年版，依据敦煌本、《长短经》、《通历》，作成"论"的中国语译。胡洪军、胡遐辑注：《虞世南诗文集》，浙江古籍出版社2012年版，第113—120、132—206页有序文和"论"录文。林聪明：《虞世南帝王略论两写本校记》，《东吴文史学报》第6号，1988年，用敦煌本和金泽本校订《帝王略论》序文、卷一、卷二。

[4] 关于中国典籍里的佚文，参见拙稿《唐宋时期〈帝王略论〉的利用状况》、《〈类要〉中の〈通历〉佚文について》，《汲古》第63号，2013年。

[5] 关于唐宋代的利用状况，参见拙稿《唐宋时期〈帝王略论〉的利用状况》、《〈类要〉中の〈通历〉佚文について》。关于日本的接受状况，拙稿《〈紫明抄〉所引〈帝王略论〉について》，《国语と国文学》第87卷第3号，2010年；《日本における〈帝王略论〉の受容について——金泽文库本を中心に》，神鹰德治、静永健编《アジア游学140 旧钞本の世界——汉籍受容のタイムカプセル》，东京勉诚出版2011年版。

[6] ［日］尾崎康：《虞世南の帝王略论について》，《斯道文库论集》第5号，1967年。尾崎先生解释金泽本的书写年代和形式等，并修正错简。

虞世南的历史观、历史比较的方法论，以及对中唐以后史学的影响等观点。①

但是，这些研究没有关注《帝王略论》的南北朝通史的性格，南朝系官僚的虞世南对于南北两朝皇帝作出什么评价，《帝王略论》的正统观又是如何。本文在分析《帝王略论》序文检讨编辑过程后，接着比较南北朝的皇帝评价，并阐明《帝王略论》的正统观。

一 《帝王略论》的编辑

《旧唐书》卷七二和《新唐书》卷一〇二有虞世南（558—638）的列传。虞世南出身会稽虞氏，历任陈建安王法曹参军（九品）、西阳王友（六品）。在开皇九年（589）陈朝灭亡之际，当时他是三十二岁。其后虞世南在隋朝做过晋王广（炀帝）的学士，②炀帝即位后，他就任秘书郎（从五品），从事类书《长洲玉镜》的编辑。又编辑私撰类书的《北堂书钞》一七四卷。其后，他任新设的起居舍人（从六品）。宇文化及弑炀帝后，虞世南被宇文化及带走北上，后被窦建德捕捉，做过黄门侍郎（正四品）。武德四年（621）李世民击破窦建德，虞世南就任李世民幕僚（秦王府参军→秦王府记室参军）、文学馆学士，为十八学士之一，跟房玄龄一起担当文翰起草。在武德九年（626）六月的玄武门之变，李世民杀害皇太子建成而即皇太子位，虞世南就任太子中舍人（从五品上）。同年九月李世民即位后，他历任著作郎（从五品上）兼弘文馆学士、秘书少监（从四品上）、秘书监（从三品），于贞观十二年（638）过世，时年八十一岁。他基于学识、文才、经验，积极地向李世民谏言，有时候

---

① 瞿林东：《〈帝王略论〉——唐初史论的杰作》、《说〈帝王略论〉的历史比较方法》，《唐代史学论稿》，北京师范大学出版社 1989 年版，第 124—156 页。李锦绣：《史地章》，张弓主编《敦煌典籍与唐五代历史文化》上卷，中国社会科学出版社 2006 年版，第 415—425 页。陈虎：《〈帝王略论〉与唐代史学》，《历史文献研究》第 20 辑，华中师范大学出版社 2001 年版，第 289—298 页。

② 王永平：《隋代江南士人之北播及其命运之沉浮》、《隋炀帝之文化趣味与江左文化之北传》，见氏著《中古士人迁移与文化交流》，社会科学文献出版社 2005 年版。

跟李世民议论历代皇帝。此外，他顾及南朝的灭亡，怀抱反南朝的文学观。①

《帝王略论》的编辑时间是武德九年（626）九月和贞观元年（627）之间，②换言之，就是李世民掌握朝廷的实权后。以前的研究认为《帝王略论》是基于即位以前李世民和虞世南的历史议论，编辑帝王学的史书。我通过《帝王略论》序文，研讨《帝王略论》的编辑经过。以下《帝王略论》序文的校订，是以金泽文库本《帝王略论》（简称金）为底本，用敦煌本《帝王略论》（简称敦）和北宋晏殊撰《类要》（简称类）③校订。

【录文一】

帝王略论第一　太子中舍人弘文馆学士虞世南奉敕撰

臣世南言。臣闻遂古之初，结绳而治，轩辕之世，文学兴焉。史官之作，爰自此始。盖所以书事记言，劝善惩恶。文见褒贬，义存规戒，历代之所共遵，百王之所不易。但炎昊之隆，遗文弗纪，唐虞之盛，谟训存焉。斯寔先代之风烈，帝王之楷范。

暨春秋之世，鲁史独全，夫子因而说经，丘明受而为传。沮劝升黜，归之王道，亡国复存，乱臣知惧，谅所谓悬诸日月不刊之书。逮梁木既摧，微言已绝，分门竞起，疑论并兴。公羊殊于谷梁，张夹异于邹左。共经而为矛盾，同师喻于楚越。

自尔已来，多历年载，品藻笔削，世乏人，翰墨繁委，盈于竹

---

① ［日］柳川顺子：《从〈北堂书钞〉的编集态度看虞世南的文学观》，《中国文学论集》第22号，1993年；［日］柳川顺子：《〈北堂书钞〉引书考——集部以外的文献を中心として》，《筑紫女学园大学纪要》第6号，1994年；［日］柳川顺子《虞世南における〈北堂书钞〉编纂の意图とその文学史的意义》，《东方学》第90号，1995年；［日］柳川顺子《虞世南の文学思想とその实践——政治の实用文の分野を中心として》，《广岛女子大学国际文化学部纪要》第1号，1996年。

② 《帝王略论》序云"太子中舍人、弘文馆学士虞世南奉敕撰"。虞世南于武德九年（626）六月担任太子中舍人，而弘文馆是在同年九月太宗即位后所设置。参见［日］尾崎康《虞世南の帝王略论について》，第189—190页。

③ （北宋）晏殊：《类要》卷一七《修史》，《四库全书存目丛书》第166册，齐鲁书社1995年版，第659页。

素。极虑无以测其厓，穷年不能究其说。燕石周宝，真伪罕分，走越繁结，雅郑相舛。且当世[一]所修，咸多[二]隐讳。是以王沈有不实[三]之书，孙盛有辽东之本。斯并全身远害，遂使[四]道为时屈。又有[五]迹见公文，情协私议。史迁之述[六]汉武，多说妖巫[七]，邓粲之纪晋元，盛称家业。陈寿憾于蜀相，沈约雠于宋后。故知良史之难，古今所叹，折衷[八]平允，未易其才。

【校订】

一：金"世"，类"代"。"代"是李世民的避讳。应作"世"。 二：金"多"，类"存"。 三：金"实"，类"寔"。 四：类没有"遂使"。 五：类没有"有"。 六：金"述"，类"迷"。应作"述"。 七：金"巫"，类"诬"。 八：金"裹"，右边有"チウ"。应作"衷"（汉音是チュウ）。

在序文的开头有"奉敕撰"，可知是以太宗的敕命编辑《帝王略论》。第一段落记述修史的沿革，是发明文字以后，才成立史书，可以记录尧舜的事迹，成了后世的模范。其次记述《春秋》的意义和孔子逝世后的诸学派纷立。最后记述说现在出现很多的史书，是玉石混淆的状态，列举曲笔（王沈）、隐匿（孙盛）、私情（邓粲）、私怨（司马迁、陈寿、沈约）的事例，感叹难以发现优秀的史官（"良史"）。

【录文二】

伏惟陛下稽古则天，膺图抚运，武功文德，远肃迩安。犹且[九]未明求衣，日昃思治，属想大同，拟[十]怀至道，欣南风之在咏，庶东户之可追。以万机馀暇，留心坟典，鉴往代之兴亡，览前修之得失。乃命有司，删正四部，研考[十一]缔素，网[十二]罗遗逸。翰林册府，大备于兹。

以为乙部之书，其数不少，前后传记，勿相沿袭，殊途同归，分流共贯。孟坚因子长之书，范晔用华峤之草。虞预、王隐，既曰同文，谢沈、山松，曾无二说。沟洫拟于河渠，恩泽生于佞幸，名异实同，其例非一。亦有弗遵旧体，务存新制，摽益士之殊称，骋者之奇名。载记始于刘[十三]珍，杂录闻于何盛。眩目惊心，夸时动俗，变革徒繁，于义无取。

今宜翦截浮辞，删[十四]削冗长，略存简要，随而论之。爰命微臣，披文具草。又以众史为论，皆一往之谈，析[十五]理研机，或有未尽，可设为宾主，用相启发。臣谨操觚翰，禀承制旨。但耄及神昏[十六]，听受多昧，才疏学浅，缀缉不工。徒烦简牍，惧无足采。缮写始讫。谨以奏闻。谨言。

【校订】

九：金"旦"，右边有"マタ"。"マタ"是"且"的古训。应作"且"。 十：金"凝"，右边有"シツカ"。"シツカ"是"拟"的古训"シツカニ"的略称。应作"拟"。

十一：金"孝"，应作"考"。 十二：金"罔"，应作"网"。 十三：金"邓"，应作"刘"。后汉的《东观汉记》首创载记。刘珍是《东观汉记》的执笔者之一。十四：金"那"，应作"删"。 十五：金"折"，应作"析"。 十六：金"昬"，敦"昏"。"昏"是李世民的避讳。

第二段落记述《帝王略论》编辑的经纬。在称赞太宗的政治举措以后，记述太宗对于汉籍有兴趣，学习历代王朝的兴亡和得失，收集许多的文献。① 其次，有许多跟前代史书一样的历史书（《史记》和《汉书》，华峤和范晔《后汉书》，虞预和王隐《晋书》，谢沈和袁山松《后汉书》等），也有以新奇形式编辑史书的事例（刘珍《东汉观记》的载记、何法盛《晋中兴书》的杂录）。最后，记述简洁史书的必要性和太宗的命令，以前的论纂很一般，应采用主客问答体，以加深内容。

【录文三】

有齐国公子，敏而好学，受业于邹鲁之间。历览群书，而疑滞滋甚。乃投卷而叹曰"多歧亡羊，古人所戒。博而寡要，亦何为哉"

---

① （北宋）王溥：《唐会要》卷六四《史馆下》弘文馆，上海古籍出版社2006年版，第1316页。"至九年三月改为弘文馆。至其年九月，太宗初即位，大阐文教，于弘文殿聚四部群书二十余万卷，于殿侧置弘文馆。"

闻有知微先生，在乎上国，将往问焉。于是担簦负笈，造先生之门，蹑履垂缨，膝行请见。先生拂席凭几，匡坐而迎之曰"吾子俨然，不远千里，将何以教之?"公子曰"仆东国之鄙人也。以躬耕之暇，窃览篇籍，历观古今，治乱之主，或年世长远，或危亡殊灭。兴丧之理，为何所由，岂天意乎，其人事乎。愿释所疑，以祛未寤"先生曰"大哉，此之问也。请陈其要而吾子自释焉。

夫人之生也，含灵禀气，异乎草木，有刚柔之性、喜愠之情，爱恶相攻，是非生矣。群而无主，能无乱乎。乃树立君长，为之司牧，为善则天降之福，祯祥至焉，为恶则天报之祸，妖孽生焉。犹响之应声，影之随形[十七]，此必然之[十八]理也。所谓祯祥者，非止黄龙、丹凤、甘露、醴泉。如周获磻磎之兆，殷感傅岩之梦，是其祥也。所谓妖孽者，非必[十九]鬼哭、山鸣、日斗、星霣。如周之褒姒，曹之孙强，是其孽也。由是观之，天意人事，相参而成。

今[二十]将为子说治乱之迹、贤愚之[二一]二贯。若夫三皇五帝，上圣[二二]之君，德合天地，明并日月，穷机体睿，微妙玄通。固非凡庸所敢轻议。但略陈其事[二三]，存而不论。暨乎三代，则主有昏明，世有治乱。兴亡之运，可得而言。其明者可为轨范，昏者足为鉴戒。以其[二四]狂瞽，试[二五]论之。至于守文[二六]承平，无咎无誉。非之所由者，亦所不谈也"

【校订】

十七：金"形"，敦"刑"。应作"形"。 十八：金没有"之"。以敦补订。 十九：敦没有"非必"。 二十：敦没有"今"。 二一：敦没有"之"。 二二：敦没有"上圣"。 二三：金"但略陈其事明者可为轨"，敦"但略陈其事"。应作"但略陈其事"。 二四：金"其"，敦"某"。应作"其"。 二五：金"请试"，敦"试"。应作"试" 二六：金"父"，敦"文"。应作"文"。

第三段落用齐国公子和知微先生的主客问答体，记述编辑的目的和历史观。齐是山东和河南，齐国公子暗示陕东道（河南、河东）大行台尚书令的李世民。齐国公子学习历史书，越学越发生疑问，所以访问知微先生，问王朝的兴亡"岂天意乎，其人事乎"。对此，知微先生说，君主为善政则出现吉兆，为恶政则出现凶兆，王朝的兴亡"天意人事，相参而成"。最后，说明《帝王略论》的内容，因为夏殷周以后存在明君和暗君，所以作成"论"，"其明者可为轨范，昏者足为鉴戒"。

《帝王略论》序文的构造是"修史沿革→太宗的政治举措和历史学习→简洁史书的必要性→以太宗的敕命编辑→虞世南的历史观（天意＋人事）→鉴戒目的"。从这个结构可以看出太宗即位后开始学习历史，[①] 为了能在政务之间学习中国通史，命令虞世南编辑简洁的史书。以前的研究说《帝王略论》反映虞世南和太宗的历史议论。但是，正史虞世南传和《帝王略论》序没记述即位以前的历史议论。反倒是《帝王略论》完成以后，太宗可能和虞世南开始历史议论。

那么，《帝王略论》的正统观是如何呢？我想比较南北朝的皇帝评价，阐明《帝王略论》的正统观。

二 《帝王略论》的王朝排列

为了比较《帝王略论》，先确认南朝系人物编辑的佛教史书的正统观。开皇十七年（597）费长房撰《历代三宝纪》卷三帝年下[②]的正统观念是"魏→晋→南朝（宋、齐、梁）→周→隋"。费长房出生南朝梁治下的成都，废帝二年（553）西魏占领四川以后，仕官北周、隋。所以《历代三宝纪》从梁朝到北周、隋连接正朔。[③] 麟德元年（664）道宣撰《大唐内典录》卷一《历代众经传译所从录》[④] 按"西晋朝→东晋朝→前秦苻氏→西秦乞伏氏→后秦姚氏→北凉沮渠氏→宋朝→前齐朝→梁朝→后魏元氏→后齐高氏→后周宇文氏→陈朝→隋朝→皇朝（唐）"的王朝排列，将两晋、南朝标为"朝"，五胡、北朝标为"氏"，显示他怀抱"晋→南朝（宋、齐、

[①] 廖宜方：《唐代的历史记忆》第一章《上古淳朴：唐代前期的历史认识与政治想像》，台湾大学出版中心2011年版，第57—69页。

[②] （隋）费长房：《历代三宝纪》卷三《帝年下》，《大正新修大藏经》第49卷《史传部》，东京大藏出版社1960年版，第34页中段。

[③] 陈垣：《中国佛教史籍概论》，中华书局1962年版，第8页；[日] 大内文雄：《〈历代三宝纪〉的成立と费长房的历史观》，《南北朝隋唐期仏教史研究》，京都法藏馆2013年版，初出1983年版。

[④] （唐）道宣：《大唐内典录》卷一《历代众经传译所从录》，《大正新修大藏经》第55卷《目录部》，东京大藏出版社1980年版，第219页中段。

梁、陈）→隋→唐"的正统观。① 道宣出生隋代长安，但是本贯是吴兴，祖父和父是南朝陈的官僚，所以他连接从陈到隋的正朔。②

中唐以后，一部分的官僚主张南朝正统论。比如说，梁宗室的后裔萧颖士与梁王僧辩的子孙王绪，主张"西晋→东晋→宋→齐→梁→唐"的正统论，南朝最后的王朝陈与统一中国的隋被排除在正统之外，而由唐继承梁的火德。此外，皇甫湜也与费长房同样主张"西晋→东晋→宋→齐→梁→北周→隋→唐"的正统观。③

相较之下，《帝王略论》的王朝排序是"序→三皇五帝、夏、殷、周、秦（卷一）→汉、伪新、后汉（卷二）→三国、两晋、伪楚（卷三）→南朝：宋、齐、梁、陈（卷四）→北朝：后魏、周、隋、后齐（卷五）"。《帝王略论》将王莽的新、桓玄的楚作为"伪"（非正统）而采用的同时，五胡十六国的部分则完全没有采用。此处的问题在于"两晋→南朝→北朝"的顺序。《历代三宝纪》与《大唐内典录》也是以"南朝→北朝"的王朝排序，而《帝王略论》卷五的北朝排序则是"北魏→北周→隋→北齐"，④ 在王朝并立状态的场合，有着将被视作非正统的王朝放置于后方的可能性。但与《大唐内典录》不同的是，《帝王略论》的卷四、卷五以南北两朝的君主标记皇帝，并未将北朝排除于正统之外。在"论"中也使用庙号、谥号。而在卷五后段回头记录北齐时，也记录了北齐的皇帝，显然不同于被标记为非正统的伪新、伪楚，以及未被收录的五胡十六国。根据这些部分，《帝王略论》以南北两朝为正统的可能性也很高。

此外，"南朝→北朝→隋→唐"的王朝序列，也可见于《隋书》的五

---

① ［日］藤善真澄：《〈续高僧传〉管见——兴圣寺本を中心に》，《道宣传の研究》，京都大学学术出版会2002年版。在道宣撰《续高僧传》中亦可见同样的正统观。

② 参见［日］藤善真澄《道宣の出自——吴兴の钱氏》，收入藤善真澄《道宣传の研究》。

③ 关于王绪与萧颖士，参见《新唐书》卷二〇二《萧颖士传》，中华书局1991年版，第5768页。关于皇甫湜的正统论，参见《文苑英华》卷七五六《史论三》，中华书局1966年版，第3958页。关于唐代的正统观，参见饶宗颐《中国史学上之正统论》，上海远东出版社1996年版，第31—35页；刘浦江《南北朝历史遗产与隋唐时代的正统论》，《文史》2013年第2期。

④ 在金泽本中，仅残有卷五开头的目次与四行的内容。卷五目次云"……（残阙）……孝庄皇帝、孝静皇帝、周大祖皇帝、孝闵帝、世宗明皇帝、世祖武皇帝、宣皇帝、随高祖文帝、后齐高祖神武皇帝、显祖文皇帝、武成皇帝、温公"，可确认"北魏→北周→隋→北齐"的顺序。

代史志与《大唐六典》。小岛浩之氏在论述制度变迁的同时，认为"南朝→北朝→隋→唐"的顺序对唐朝是为最合适方式的可能性甚高。①

三 《帝王略论》的皇帝评价

（一）对南朝建国者的评价

那么，《帝王略论》对南北朝皇帝如何评价呢。首先关于南朝建国者的评价方面，将以"论"为中心进行考察。底本是使用金泽文库本《帝王略论》卷四，对诸史料进行校订。由于篇幅的关系，在此省略个别校订细节。首先，对于篡夺东晋、建立刘宋的刘裕，有着如下评价：

> 先生曰"梁代裴子野，世以为有良史之才。比宋祖于魏武、晋宣。观彼两君，恐非其类"……先生曰"……观其豁达宏远，则汉祖之风，制胜胸襟，则光武之匹"。

也就是说，梁裴子野所撰的《宋略》，以刘裕与曹操、司马懿加以比较，②先生认为刘裕并非他们的同类，而是可与刘邦、光武帝匹敌的皇帝。接着先生对于南齐的建国者萧道成，在即位后依然致力节俭加以称赞：

> 先生曰"齐高创业之主，知稼穑之艰难，且立身俭素，深知治道，践位已来，务存简约。（后略）"

建立梁的萧衍，虽然是文武兼备的名君，为何信仰佛教仍招致灭国呢，对于公子的提问，先生只强调了佛教方面的意义，皇帝评价的方面不多，也未见与其他历史上的人物进行比较，因此在此省略不谈。至于对南朝最后的陈朝建国者陈霸先的叙述则是：

---

① 参见［日］小岛浩之《〈大唐六典〉の构造と史料的性格》，《〈唐六典〉卷六尚书刑部译注稿（下）》，日本学术振兴会科学研究费补助成事业基盘研究（C）报告书，2014年。
② 《文苑英华》卷七五四《史论一》宋略总论，中华书局1966年版，第3947页。"宋高祖武皇帝……克国得隽，寄迹多于魏武，功施天下，盛德厚于晋宣。"

> 先生曰"武帝以奇才远略，怀匡复之志，龙跃海崛，豹变岭表。……实开基之令主，拨乱之雄才。比宋祖则不及，方齐高则优矣"。

如上所述，先生认为陈霸先不如刘裕，胜过萧道成。而陈霸先的"略"是卷四当中最多的部分，① 成为皇帝的预兆也重复出现，这大概是虞世南曾于陈朝仕官的具体反映。

接下来要确认《帝王略论》卷五（北朝）中关于南朝的内容。《帝王略论》北魏太武帝"论"在记述借由南征击退刘宋北伐，是以"窥觎江外"表达。隋文帝"论"在记述平陈时，则是以"南平江表""克定江淮"加以表现。这些都是以长江流域作为标示，而未提及王朝名，因而未明言南朝败北之事。

（二）对北朝皇帝的评价

其次要讨论的是对北朝主要皇帝的评价。卷五的内容已不见于敦煌本，金泽本也只有在目次残留部分内容，"略"的内容现已不存。然而，在《通历》中引用了"论"的内容。在此以"通历"为底本，对诸史料进行校订，② 校订细节暂且省略。金泽本卷五的残卷，目次之后的内容是：

> 略曰，后魏出自黄帝子昌意少子，受封北土，有鲜卑山，因以为号。复以黄帝以土王，北俗谓土为讬，后为跋，故以为氏。或云汉将李陵降……（以下阙）

---

① 此处内容与《陈书》有一致之处。隋代姚察（旧陈臣）执笔编纂《陈书》，姚察死后，子思廉继续编纂工作。虞世南《帝王略论》执笔时候可能参照《陈书》内容。最终《陈书》是于贞观正史编纂事业之际完成。参见《陈书》卷二七《姚察传》，中华书局1972年版，第354页。"察所撰梁、陈史虽未毕功，隋文帝开皇之时，遣内史舍人虞世基索本，且进上，今在内殿。梁、陈二史本多是察之所撰，其中序论及纪、传有所阙者，临亡之时，仍以体例诫约子思廉，博访撰续，思廉泣涕奉行。……大业初，内史侍郎虞世基奏思廉踵成梁、陈二代史，自尔以来，稍就补续。"

② 本文所引以周征松点校《通历》为底本。周征松点校《通历》，山西人民出版社1992年版。并以《通纪》，（清）阮元辑《宛委别藏》第40册，江苏古籍出版社1988年版、各书所引《帝王略论》加以校订。

如上所见，同时记述了《魏书》卷一序纪所见北魏黄帝始祖传说①以及《宋书》卷九五索虏传所见的李陵始祖传说。

接着考察《通历》卷八、九、十所引"论"的部分。北朝皇帝中最早的"论"是北魏的建国者道武帝，代国时代的皇帝则未被纳入讨论。关于道武帝的记述是：

> 先生曰"道武经略之志，将立霸阶，而才不逮也。……"（后略）

亦即对道武帝的评价是虽然可算做霸者但却才能不足。至于对成功统一华北的北魏第三代皇帝太武帝之评价，则是喜好战争、杀戮，与后赵（五胡十六国）暴君石虎同类的恶评：

> 先生曰"太祖、太武俱有异人之姿，故能辟土擒敌，窥觎江外。然善战好杀，暴桀雄武，禀崆峒之气焉。至于安忍诛残，石季龙之俦也"。

而对5世纪末的孝文帝迁都洛阳，并断然施行汉化政策这方面，先生给予"命代之才"的高度评价，甚至优于导入胡服骑射的赵（战国）武灵王。但是，"论"也指出孝文帝无法抑止宫中之乱（皇太子恂的反乱以及皇妃间的暗斗），认为其威仪与技艺属于春秋鲁庄公（由于夫人哀姜淫荡而产生后继者问题）之俦：

> 先生曰"……孝文卓尔不群，迁都瀍涧，解辫发而袭冕旒，祛毡裘而被龙衮，衣冠号令，华夏同风。自非命代之才，岂能至此。比夫武灵胡服，不亦优乎。然经国之道有余，防闲之礼不足，臣主俱失，斯风遂远。若其威仪技艺，鲁庄公之匹也"。

大统元年（535）北魏分裂为东西魏后，掌握西魏实权、构筑北周建国基

---

① 参见［日］园田俊介《北魏、东西魏时代における鲜卑拓跋氏（元氏）の祖先传说とその形成》，《史滴》第27号，2005年。

础者实为宇文泰。"论"称赞宇文泰支撑居于劣势的西魏，与强国东魏对抗，并与三国吴的周瑜（在赤壁之战击破曹操）及东晋的谢玄（在淝水之战击破苻坚）相提并论：

> 先生曰"……文帝潜师致果，以少击众。虽周瑜之破孟德，谢玄之摧永固，无以加也。……（后略）"

至于在建德六年（577）消灭北齐、成功统一华北的北周第三代皇帝武帝，先生认为其法令严谨，可比拟春秋时代的越王勾践以及齐国将军司马穰苴。但是，先生也认为北周武帝"仁惠之德"未响于天下，因而给予只有猛将才能、而无人君度量的负评：

> 先生曰"周武骁勇果毅，有出人之才略。观其卑躬励士，法令严明，虽勾践、穰苴亦无以过也。但攻取之规，有称于海内，而仁惠之德，无闻于天下。此猛将之奇才，非人君之度量也"。

建立隋朝的隋文帝，在建国之初是相当优秀的君主，然而在统一中国后的朝政紊乱，如此失政遂致使先生给予比晋武帝（司马炎）更加不堪的批评：

> 先生曰"隋文因外戚之重，值周室之衰，负图作宰，遂膺宝命，留心政治，务从恩泽。故能绥抚新旧，缉宁遐迩，文武之制，皆有可观。及克定江淮，一同书轨，率土黎庶，企仰太平。自金陵灭后，王心奢汰。虽威加四海，而情坠万机。……季年之失，多于晋武，卜世不永，岂天亡乎"

而《帝王略论》并未言及炀帝，其理由可能是炀帝与唐朝建国过程的时期重叠，评价也不便论定之故，为了避免危险而不言及。

此外，对于北齐建国者文宣帝的评价则是：

> 先生曰"昔齐桓奢淫无礼，人伦所弃，假六翮于仲父，遂伯诸侯。文宣鄙秽忍虐，古今无匹，委万务于遵彦，保全宗国。以其任

用得人，所以社稷犹存者也"。

虽然文宣帝是位暴君，然而将政治交付杨愔主导之故，尚能保有国家。然而先生以春秋齐桓公比拟文宣帝。

接着想确认的是《帝王略论》卷四（南朝）中的北朝形象。卷四的"略"并未言及与北魏的战争，无法确认北魏的形象。另一方面，梁陈时期与西魏、北周、北齐、隋之间的战斗则屡屡论及，在论述"西魏"、"周"、"齐"、"隋"时，没有使用非正统表现（伪）与夷狄表现（夷、虏等）。陈高宗"略"在记述陈军进攻北齐领地淮南时，云"吴明彻克寿春，擒伪帅王琳"，此处并未称北齐为"伪"，王琳所仕的梁亡命政权（萧庄政权）则被称为"伪"。[①] 但是，在梁元帝"论"有"信强寇之甘言"的叙述，不明示王朝名的同时将西魏描绘成"强寇"；而在陈高祖"论"中，对陈与北周、北齐的战斗称作"西抗周师，北夷齐寇"，对北齐使用了含有贼之意涵的"寇"。

综合以上的讨论，可得如下结果。《帝王略论》的王朝序列是"三国、两晋（卷三）→南朝（卷四）→北朝（卷五）"，同样采用"略"来记述南北两朝皇帝，在"论"中也使用庙号、谥号，显然是将两方都当作正统。然而，在南北朝的皇帝评价方面有明确的差异。对南朝皇帝（建国者）有肯定的评价，当中也有以宋刘裕比拟为刘邦、光武帝的情形。另一方面，对北朝皇帝则是否定的评价，即使是完成华北统一的北魏太武帝及北周武帝也得到负评。而北魏始祖也以黄帝与李陵言及，将北魏正统性加以相对化。在人物比较之际，则使用春秋战国时代的王公与军略家等。与皇帝比较的人物，仅有天下统一后政治紊乱之点而与晋武帝相比的隋文帝。另外，在卷四"论"的部分内容，对西魏（不明示王朝名）、北齐则使用"寇"。也就是说，《帝王略论》形式上同时以南北两朝为正统，在皇帝评价方面则以南朝为优，重视"南朝（宋、齐、梁、陈）→隋"的流动趋势。

---

① 关于萧庄政权，参见拙稿《北齐における萧庄政权人士——〈袁月玑墓志〉を中心に》，公益信托松尾金藏纪念奖学基金编《明日へ翔ぶ——人文社会学の新视点1》，东京风间书房2008年版。

小　结

　　《帝王略论》是现存最早采用南北两朝的通史，将王朝序列描述为"南朝→北朝"之上，从而形成所谓"南北两朝→隋"的正统观。唐朝的五德安排是继承北周（木）、隋（火）之后而称土德，在二王后的制度（崇敬前代、再前代王朝子孙的制度）方面，是以北周、隋的子孙为二王后，抱持"晋→北魏→北周→隋→唐"的正统观。[①] 职此之故，受太宗之命编纂《帝王略论》的虞世南，恐怕难以将北朝当作非正统的存在。而且他出身南朝系官僚之故，在情感上要将南朝当作非正统恐非易事。或许是这个原因，让他采用了"南北两朝→隋"的正统观。当时，要编纂以南北两朝为正统的史书并非没有问题，武德四年（621）十一月，令狐德棻上奏云必须尽快编纂北周、隋的史书，[②] 李渊遂于翌年十二月下诏编纂六代史，不仅是编纂北周、隋的史书，也包括北魏、北齐、梁、陈的史书。此一正史编纂事业尚未完成就已结束，而太宗即位后，继续编纂北魏以外的五代史，于贞观十年（636）完成。统一中国的唐朝，致力于消解南朝系与北朝系（北周系、北齐系）的地域矛盾、政治意识对立，正史编纂也是此政策的一环。[③] 为此，"南北两朝→隋→唐"演化的意识，不仅用于编纂《周书》《隋书》，也用于《北齐书》《梁书》《陈书》。在这方面《帝王略论》的正统观与唐朝历史观一致。

　　然而，身为南朝系官僚却拥有反南朝文学观的虞世南，在《帝王略论》中重视"南朝（宋、齐、梁、陈）→隋"的流变，而对北朝皇帝有负评，应该是在内心将南朝视作正统，这点与唐朝的历史观有所冲突。贞观时期编纂正史时并未采用《帝王略论》的北朝皇帝评价，例如《帝王略论》将北周武帝比为勾践与司马穰苴之流，给予"此猛将之奇才，

---

　　① 关于唐代的二王后之制，参见［日］平冈武夫《「二王の后」——白氏文集を読む》，《白居易——生涯と岁时记》，京都朋友书店1998年版，初出1976年版；［日］来村多加史《唐代皇帝陵の研究》，东京学生社2001年版，第323—332页；吕博《唐代德运之争与正统问题——以"二王三恪"为线索》，《中国史研究》2012年第4期。

　　② 参见《旧唐书》卷七三《令狐德棻传》，中华书局2002年版，第2597—2598页。

　　③ 雷家骥氏指出，五代史编纂是南北两朝系史臣协力的结果，参见雷家骥《中古史学观念史》，台北学生书局1990年版，第528页。

非人君之度量也"的负评,但在《周书》卷六《武帝纪下》史臣曰条①云:

> 摅祖宗之宿愤,拯东夏之阽危,盛矣哉,其有成功也。若使翌日之瘳无爽,经营之志获申,黩武穷兵,虽见讥于良史,雄图远略,足方驾于前王者欤。

上文引用称赞尧的《论语》泰伯"其有成功也",认为如果能够病愈("翌日之瘳无爽"=《尚书》周书武王的故事),得到经营国家的机会("经营"=《毛诗》大雅、江汉。称颂召公受周宣王之命征讨淮夷之歌)的话,即使因滥用武力而受到"良史"(优秀史官)的批判,其雄图远略仍可与先王比肩。由于《帝王略论》的北朝皇帝评价与唐朝历史观差异甚大,可以说《帝王略论》并未反映太宗的历史认识,这些大概是《帝王略论》成立后蓬勃发展的历史议论。

太宗以后,《帝王略论》在朝廷内的使用状况不明,也无法确认是否作为帝王学教材使用的记录。另一方面,7世纪—8世纪之初,僧侣法琳、县尉逄行珪、处士赵蕤等人将《帝王略论》当作评论君主与简便的中国史书加以使用,② 也在敦煌、日本进行传播,因而广泛普及于民间。今后,在继续进行《帝王略论》与正史的比较、史料来源的分析、《帝王略论》内容研究的同时,也将考察《帝王略论》给予太宗与唐代史的影响。

---

① 《周书》卷六《武帝纪下》,中华书局1987年版,第108页。
② 参见拙稿《唐宋时期〈帝王略论〉的利用状况》,《汲古》第63号,2013年。

习凿齿名字释义

湖北文理学院汉水与三国历史文化研究所　叶　植

习凿齿（319?—384），湖北襄阳人，荆楚豪族出身，精通儒学、玄学、佛学、史学以及文学，历任荆州治中、别驾、户曹参军和荥阳太守，后以脚疾归襄阳，寿终于梓里习家池。习凿齿的主要著作有《汉晋春秋》《襄阳耆旧记》《习凿齿集》《晋书》为之立传。

在一个十分考究取名表字的国度，出身于襄阳望族、以诗书传家自矜、身为史学名家兼文章大匠的习凿齿，其名在后人眼里生僻怪异，尤不得其义解，为此困惑的宋代学者孙奕曾将其列入《不类名字》的第二位。[①] 本文就其名字之意蕴试予以释义，并就教于方家与同行。

一　怪名不类与穿凿的解读

习凿齿少年得志，久列士林，终日行走于饱学之士与达官显贵之间，处理政务，送往迎来，唱和应答，以工于文字著称，时人似乎无人认为其名有何不妥，亦未曾留下对"凿齿"意蕴的任何诠释，想必该名在当时不仅别具一格，而且含有某种为士人所称许的文化内涵。

按"凿齿"是帝尧时一个极凶残的部族，曾与后羿大战，文献中存有大量极具浓厚神话色彩的相关记载和解读。《山海经·海外南经》载：

[①] （宋）孙奕：《示儿编》卷一四《杂记》，文渊阁《四库全书》，上海古籍出版社1987年版，第864册，第518页。

羿与凿齿战于寿华之野，羿射杀之。在昆仑墟东。羿持弓矢，凿齿持盾，一曰戈。①

《山海经·大荒南经》：

大荒之中，有山名曰融天，海水南入焉。有人曰凿齿，羿杀之。②

《汉书》卷八七《扬雄传》载其《长杨赋》云：

昔有强秦，封豕其士，窫窳其民，凿齿之徒相与摩牙而争之，豪俊麋沸云扰，群黎为之不康。

服虔曰：

凿齿（齿）长五寸，似凿，亦食人。③

《淮南鸿烈解·本经训》载：

逮至尧之时，十日并出，焦禾稼，杀草木，而民无所食。猰貐、凿齿、九婴、大风、封豨、修蛇皆为民害。尧乃使羿诛凿齿于畴华之野，杀九婴于凶水之上，缴大风于青邱之泽。上射十日而下杀猰貐，断修蛇于洞庭，擒封豨于桑林。④

兹谨以清吴任臣注引各家对凿齿民的记载，作为对此"凿齿"的基本

---

① （晋）郭璞著，袁珂校译：《山海经校注》（增补修订本）卷六《海经新释·海外南经》，巴蜀书社1993年版，第241页。
② （晋）郭璞著，袁珂校译：《山海经校注》（增补修订本）卷一〇《海经新释·大荒南经》，第428—429页。
③ 《汉书》卷八七下《扬雄传》，中华书局1962年标点本，第3559—3560页。
④ （汉）刘文典著，冯逸、乔华点校：《淮南鸿烈解》卷八《本经训》，中华书局1989年版，上册，第254—255页。

解释:

> 鸿烈解:"有凿齿民,即此。"高诱云:"凿齿,兽名,齿长三尺,其状如凿,下彻颔下,羿射杀之。"《博物志》曰:"羿与凿齿战于畴华之野,羿持弓,凿齿持矛,羿杀之。"《路史》云:"尧殊(诛)凿齿于畴华之野,戮九婴于凶水之上。"畴华即寿华也。《青邱记》:"东方泽畴华,南方泽凶水。"《图赞》曰:"凿齿人类,实有杰牙,猛越九婴,害过长蛇,尧乃命羿毙之寿华。"《金薤琳琅》载《昭仁寺碑》云:"殄暴寿华之泽,戮凶绝辔之野"本此也……郭曰:"凿齿亦人也,齿如凿,长五六尺,因以名云。"①

除高诱认为凿齿是一种长着从下颌中穿出如凿子般三尺长牙、被羿消灭的凶残猛兽外,其他学者均认为凿齿是一个民族或部落,该族人嘴上长有长五六寸(尺)、似凿子般的獠牙,使用戈、矛、盾等兵器,被帝尧派遣的羿部落杀死于东方大泽——畴(寿)华之野。故事不免悠谬,与其说真有这么一个长有獠牙的野蛮部族,不如说是一个戴着画有獠牙面具或头盔的原始部落更为可信。他们勇猛强悍,威武好战,面目狰狞,臭名昭彰,危害甚于"九婴"和"长蛇",在与中原帝尧领导的部落联盟的战争中落败于羿,羿因此被传颂为除害英雄。

习凿齿与汉魏之际的高诱、西晋的张华所处时代相去不远,与东晋郭璞大致同时,其族中亦不乏博学洽闻、穷通经史之人,不会不熟知这则频见于经史的典故,却径直为这名孩童取名"凿齿",莫非与该部落故事所显露出的威武勇猛精神有关?联系其字"彦威"作如是推断,于义理虽通,却不能让人释然。既然凿齿部落名声如此不佳,习凿齿怎会以之为名?此释恐为郢书燕说,不妨另觅解读之途。

又古代西南一些少数民族流行一种拔牙习俗,"凿齿"就是拔牙或折齿,将青春期男女上颌两侧牙齿对称拔除或敲折以为美观,以示成年。对此史籍所载甚多,与习凿齿时代相距不远的张华《博物志》称:

---

① (清)吴任臣:《山海经广注》,文渊阁《四库全书》第1042册,第180页。

> 荆州极西南界至蜀，诸民曰"獠子"，妇人妊娠七月而产，临水生儿，便置水中，浮则取养之，沈便弃之，然千百多浮。既长，皆拔去上齿牙各一，以为身饰。①

不过是獠子用拔牙作为成年礼标志的习俗传闻而已。《新唐书·南蛮传·南平獠传》载：

> 又有乌武獠，地多瘴毒，中者不能饮药，故自凿齿。

同《传》"三濮"称：

> 三濮者，在云南徼外千五百里，有文面濮，俗镂面，以青涅之。赤口濮，裸身而折齿。②

唐张说《广州都督岭南按察五府经略使宋公遗爱碑颂》谓：

> 虽有文身、凿齿、被发、儋耳、衣卉、面木、巢山、馆水种落，异俗而化齐。③

有人认为，襄阳与极西南这些流行拔齿习俗民族的居地相近，两地民众或有通婚往来，习俗亦受到影响，取名"凿齿"可能与之相关。其立论基础是襄阳在东晋时经济文化仍极为落后，可能还残留一些与这些地域相近民族有关的拔齿习俗。④

事实上，襄阳距当时"荆州极西南界"獠子、三濮等族的居地非但不近，反而是山河悬隔，异常遥远。襄阳所处汉水中游地区在古代

---

① （晋）张华著，范宁校正：《博物志校正》卷二《异俗》，中华书局1980年版，第24页。
② 《新唐书》卷二二二下《南蛮传下》，中华书局1975年版，第6326、6328页。
③ （唐）张说：《广州都督岭南按察五府经略使宋公遗爱碑颂》，（清）董诰等纂：《全唐文》卷二二七，中华书局1985年影印。
④ Widewidesea：《问一下，习凿齿的名和字之间是什么关系呢》，国学数典论坛，http：//bbs. gxsd. com. cn/forum. php? mod = viewthread&tid = 20662，2007 - 5 - 12。

虽属南方，但开发历史早，经济文化并不落后。西周王朝业已对这一地区开始进行有效管控；春秋战国时期是楚国的腹心地区；东汉时期为帝乡；汉末刘表治荆州期间一度成为全国的文化教育中心，诞育了所谓的荆州学派；襄阳还是西晋灭吴统一战争的策源地；习凿齿所处的东晋时期，王敦、陶侃、庾翼、桓温先后出镇荆州，主要依靠荆襄地区的实力，控制或影响朝政长达近百年之久，荆州的实际地位并不在建康之下，根本不存在经济文化落后一说。近20年来，襄阳及其邻近地区发掘汉魏六朝墓葬逾千座，尸骨中亦未发现凿齿现象，此论穿凿无稽。

襄阳习氏以世代书香门第自矜，断不至用极落后地区的民族习俗为名，其名和相关联的表字必另含深意。

二 雅名释义

周一良先生曾就习凿齿名字的意义发表过一番独到见解：

> 习凿齿之名何所取义不可解，但与其字彦威理当相应。案：陶弘景《真诰》十五阐幽微云，"夜行常琢齿，琢齿亦无正限数也，煞鬼邪。鬼常畏琢齿声，是故不得犯人也"。又云，"昔鲍助者，济北人也。都不学道，亦不知法术。年四十余，忽得面风气，口目不正，气入口而两齿上下恒相切拍，甚有声响，如此昼夜不止，得寿百二十七岁"。注云，"如鲍助琢齿，何容不得永年"。道家叩齿为修炼方法之一，而齿自叩动即所谓琢齿，亦可以辟邪长寿。琢与凿二字，虽韵部不同，而同为入声相近。疑习凿齿之名即琢齿之意，而辟邪祛鬼，亦正与彦威之字相符合也。[①]

其说理固凿然，然详加审察，理据似嫌不足，经不起推问。既为避邪祛鬼，习氏为何不径自选取"琢"本字，却偏要用远不及"琢"雅正又不同韵之"凿"呢？虽与其表字之"威"相应，与"彦"字却乖若凿枘。其说固难成立，但其与表字相联系解读的方法给人以启迪。

---

① 周一良：《魏晋南北朝史札记·〈晋书〉札记》，中华书局1985年版，第97—98页。

《通雅》"齿齿"条称：

> 齿齿，犹言齿齿也。凡有凿可枘之处与龃龉之状皆名为齿。凿或音造，庄（笔者按：庄字误，当为凿）子音槽，古人常并言，如习凿齿取以为名是也。退之《柳碑》"白石齿齿"。刘勰引《录图》曰："嗶嗶、吱吱、纷纷、雄雄，犹齿齿也。"①

直言习氏取名"凿齿"意为"凿"之重言，凿在作凿子时读音为槽，"凿凿"就是"齿齿"。其说未免肤浅，却无意中为我们探寻"凿齿"的本意闪露出一条新径。

《襄阳耆旧记》"习嘏"条载：

> 习嘏字彦云，为临湘令。山简以嘏才有文章，转为征南功曹。莅官，止举大纲而已，不拘文法，时人号为"习新妇"，简益器之，转为记室参军。②

山简于"永嘉三年（309），出为征南将军，都督荆湘交广四州诸军事、假节，镇襄阳"。这位受命于危难之际的征南将军，到任后终日"优游卒岁，唯酒是耽。诸习氏荆土豪族，有佳园池。简每出嬉游，多之池上，置酒辄醉，名之曰：'高阳池。'"永嘉五年六月西晋灭亡，不久，山简死于其退避的夏口（今武汉市武昌区）。③ 或许是受到这位每日必至习家池醉饮高官的眷顾，习嘏旋即由临湘令转任山简征南府功曹、记室参军。这位不甚熟悉官场规矩，常不按官场套路办事的官员，行事方式颇似刚出门的新媳妇，周围人送给了他一个"习新妇"的雅号。由此不难判定其主要生活于西晋后期至东晋初年，《初学记》载其所撰《长鸣鸡赋》④，

---

① （明）方以智：《通雅》卷一〇《释诂·重言》，中国书店据清康熙姚文燮此藏轩刻本影印，1990年。

② （晋）习凿齿著，黄惠贤校补：《〈襄阳耆旧记〉校补》卷二《人物·习嘏》，中州古籍出版社1987年版，第52页。

③ （晋）习凿齿：《襄阳耆旧记·贤牧·山简》，上海图书馆藏明嘉靖刻宋吴琯郡斋本；并见《晋书》卷四三《山涛传附山简传》，中华书局1974年标点本，第1229—1230页。

④ （唐）徐坚：《初学记》卷三〇《鸟部·鸡第三》，中华书局1962年版，第730页。

可证习凿齿称"嘏才有文章"之言不虚。

据《世说新语·文学第四》"习凿齿史才不常"条及其注引檀道鸾《续晋阳秋》《晋书·习凿齿传》《桓温传》《袁环传附袁乔传》载，习凿齿随桓温于永和三年（347）灭蜀，不久在袁乔的推荐下，于一年中官职三转至荆州治中，时尚未满30岁，袁乔在永和四年八月进号龙骧将军后不久即英年早逝。据此推定，习凿齿大约生于元帝大兴二年（319）或此后的1—2年，① 较习嘏小30岁以上。在"名"或"字"中用同样的字或偏旁以示同辈关系是汉以后逐渐形成的一种普遍风气和文化现象，从二人的表字和先后入仕荆州的时间顺序看，他们可能是同宗兄弟。

习嘏之名很可能出自《诗经》，《小雅·宾之初筵》：

赐尔纯嘏，子孙其湛。②

《周颂·雍》：

绥以多福，俾缉熙于纯嘏。③

《鲁颂·閟宫》：

天赐公纯嘏，眉寿保鲁。④

"嘏"意为"大""远""福"，为上天所赐，其表字彦云与之呼应。若上述推测不误，循此立可窥见，习凿齿之名亦或取自《诗经》，《唐风·扬

---

① 参见（南朝宋）刘义庆撰，（南朝梁）刘孝标注，（清）余嘉锡笺疏《世说新语笺疏》卷上下《文学第四》及其注引檀道鸾之《续晋阳秋》"习凿齿史才不常"条，中华书局1983年版，第258页；《晋书》卷八二《习凿齿传》，中华书局1974年版，第2152页；《晋书》卷九八《桓温传》，第2569页；《晋书》卷八三《袁瑰传附袁乔传》，第2169页。

② （宋）朱熹集注：《诗集传》卷一四《小雅·宾之初筵》，上海古籍出版社1958年版，第163页。

③ 《诗集传》卷一九《周颂·雍·载见》，第231页。

④ 《诗集传》卷二〇《鲁颂·閟宫九章》，第242页。

之水》称：

> 扬之水，白石凿凿。
> 素衣朱襮，从子于沃。
> 既见君子，云何不乐？
>
> 扬之水，白石皓皓。
> 素衣朱绣，从子于鹄。
> 既见君子，云何其忧？
>
> 扬之水，白石粼粼。
> 我闻有命，不敢以告人。①

首章之"凿凿"形容白石鲜明坚洁，次章之"皓皓"形容白石洁白清幽，三章之"粼粼"形容白石晶莹。宋代严粲谓："石以白言，又称凿凿然鲜明，皓皓然洁白，盖石在水中，为水所荡涤，故其白如此。末章言粼粼，亦谓水清石见。"②

习凿齿之名当取自首章之"白石凿凿"。郑玄笺称"激扬之水，波流湍疾，行于石上，洗去石之垢秽，使白石凿凿然而鲜明"③。经过流水的激荡洗涤，立于清澈流水中的白石犹如一堵玉肌清润的白璞。苏轼《浚井》谓"上除青青芹，下洗凿凿石"④。"凿"字引申义为使之精白，《左传·桓二年》有"粢食不凿"语。对此，汉唐以来诸儒的解读相同："粢"是未经加工谷物的总称。先秦时期，初次加工过的米称为粝米，将粝米再加工成精白的精米称为"凿"。元许谦谓："凿，即各反。粟一石

---

① 《诗集传》卷六《唐风·扬之水三章》，69 页。
② （宋）严粲：《诗缉》卷一一《国风·唐》，文渊阁《四库全书》，上海古籍出版社 1987 年版，第 75 册，第 148 页下栏。
③ 李学勤主编：《毛诗正义》卷六《唐风·扬之水三章》，北京大学出版社 1999 年版，第 383—384 页。
④ （宋）苏轼：《浚井》，苏轼著，傅成、穆俦标点：《苏轼全集》卷二一《古今体诗》，上海古籍出版社 2000 年版，第 261 页。

得米六斗为粝，粝米一石舂为八斗为凿。"① 杨伯峻先生称"再舂为凿"，"凿，舂也"②。一石粝米经凿这道工序后仅能获得精米八斗，此米亦称"凿"，故《六书故》云："凿，《传》曰'粢食不凿'，引之，则凡精白者皆曰凿。诗云：'白石凿凿。'"③ 诚如是解，则习凿齿之名便略显雅正并蕴涵深意，与其字亦有一定关联，但仍意犹未尽。

魏晋人喜欢或标榜喜欢散怀山水，放志田园，一些高士以归隐山林、枕石餐泉为高洁志向，凿齿或与当时流行的枕石漱流语有关。曹操《秋胡行》云："名山历观，遨游八极。枕石漱流饮泉。"④《三国志·彭羕传》："伏见处士绵竹秦宓，膺山甫之德，履隽生之直，枕石漱流，吟咏缊袍，偃息于仁义之途，恬淡于浩然之域，高概节行，守真不亏，虽古人潜遁，蔑以加旃。"⑤《世说新语·排调》："孙子荆年少时欲隐，语王武子，当'枕石漱流'，误曰'漱石枕流'。王曰：'流可枕，石可漱乎？'孙曰：'所以枕流，欲洗其耳；所以漱石，欲砺其齿。'"误读变为名答。余嘉锡案语称：'枕石漱流'始见于此（笔者按，指《秋胡行》），然彭羕荐秦子敕亦用之，未必袭自魏武，疑其前更有出处也，《晋书·隐逸·宋纤传》太守杨宣画其像作颂曰：'为枕何石，为漱何流？身不可见，名不可求'。知此语为魏晋人所常用矣。"⑥ 余说是。

"齿齿"亦常连用，意与"凿凿"同。"白石齿齿"常见于唐宋及其以后诗文中，多指水中精白之石："柳之水桂树团团兮，白石齿齿俟朝游兮。"⑦"青山映溪三十里，水中白石何齿齿。"⑧"清波漪漪，

---

① （元）许谦：《诗集传名物钞》卷三《郑风·缁衣》，王云五主编：《丛书集成初编》，商务印书馆1936年版，第25页。
② 杨伯峻：《春秋左传注》第一册《桓公二年》，中华书局1981年版，第86页。
③ （宋）戴侗：《六书故》卷二二《植物二》，中华书局1975年版，第521页。
④ 《宋书》卷二一《乐志三·胡秋行》，中华书局1975年版，第610页。
⑤ 《三国志》卷四○《彭羕传》，中华书局1959年版，第995页。
⑥ 《世说新语笺疏》卷下下《排调第二十五》，第781—782页。
⑦ （唐）韩愈：《柳州罗池庙记》，韩愈著，马其昶校注，马茂元整理：《韩昌黎文集校注》卷七《碑志》，上海古籍出版社1986年版，第494页。
⑧ （宋）释文珦：《潜山集》卷五《七言古·溪翁》，文渊阁《四库全书》第1186册，第335页上栏。

白石齿齿。"① "白石齿齿泉涓涓。"② 其语明显源自《扬之水》之"白石凿凿"。

一般而言，叠音词用于人名较之于单字更显亲切活泼、雅致且具韵律，翻开《诗经》305篇，使用叠音词的诗篇过半，为习凿齿取名者的灵感或来自此，取名者巧妙地从叠音词"凿凿"或"齿齿"中各取一字为名，既不失叠音词的韵致，又更为端庄含蓄，凸显取名者学问高深，匠心独具。

显而易见，"凿齿"就是"凿凿"或"齿齿"，来源于《诗·扬之水》，意指屹立于碧波或溪泉中的白石，它如屏如笋，如笔如齿，如剑如戟；它峻峭挺拔，品格高洁，质若白璧。取此佳名乃期望其将来成为一个大有作为、风度翩翩、受人爱戴的高尚君子，犹如扬之水中凿凿齿齿的白石。

我们不妨再来看看习凿齿表字彦威的来源与意蕴。

彦，《说文解字》："从彣。彦，美士有彣，人所言也。从彣，厂声。"对此段注予以纠正："彣作文，非是，今正。言彦叠韵，《释训》曰'美士为彦'。郭曰'人所言咏也。'《郑风传》曰'彦，士之美称'。人所言，故说彦，有文，故从彣。《大学》'彦或作盘'，古文假借字。从彣。厂声，山石之厓岩。人可居者。呼旱切。彦，鱼变切。"③ 知彦系指通常所称的俊彦、彦士，是为美称。《诗·郑风·羔裘》：

> 羔裘如濡，洵直且侯。彼其之子，舍命不渝。
> 羔裘豹饰，孔武有力。彼其之子，邦之司直。
> 羔裘晏兮，三英粲兮。彼其之子，邦之彦兮。④

诗中的主人显然是国中那些身着华美羔裘的青年才俊，他们德才兼备、

---

① （宋）刘学箕：《方是闲居士小稿》卷下《菖蒲记》，文渊阁《四库全书》第1176册，第601页上栏。
② （明）庐集：《题夏简伯画》，朱存理：《珊瑚木难》卷七，文渊阁《四库全书》第815册，第228页上栏。
③ （汉）许慎著，（清）段玉裁注：《说文解字注》九篇上《彣部》，第425页。
④ 《诗集传》卷四《郑风·羔裘》，第292页。

英气勃发、为世人所钦羡。《书·秦誓》云："人之彦圣，其心好之。"①

威，《说文解字》"威，姑也。从女，戌声。《汉律》曰'妇告威姑'"。段注："引申为有威可畏。"②《诗·小雅·宾之初筵》第三章：

> 宾之初筵，温温其恭。
> 其未醉止，威仪反反。
> 曰既醉止，威仪幡幡。
> 舍其坐迁，屡舞仙仙。
> 其未醉止，威仪抑抑，
> 曰既醉止，威仪怭怭。
> 是曰既醉，不知其秩。③

《诗·大雅·既醉》第四章称：

> 其告维何，笾豆静嘉。
> 朋友攸摄，摄以威仪。

第五章云：

> 威仪孔时，君子有孝子。
> 孝子不匮，永锡尔类。④

《大雅·柏舟》：

> 威仪棣棣，不可选也。⑤

---

① 《尚书正义》卷二〇《周书·秦誓》，阮元：《十三经注疏》本，中华书局影印1980年版，上册，第256页下栏。
② 《说文解字注》第一二篇下《女部》，第615页。
③ 《诗集传》卷一四《小雅·宾之初筵》，第890页。
④ 《诗集传》卷一七《大雅·既醉》第三章，第115页。
⑤ 《诗集传》卷二《邶风·柏舟》，第15页。

不言而喻，威字意为高大、威风、威武，前置一彦字，构成主谓结构词组，形容其人，威风偎然，端庄俊美。《旧五代史·安彦威传》称："安彦威字国俊。"①《梁书·臧严传》称"臧严字彦威"② 可证。值得注意的是，"凿凿"与"齿齿"并具巍峨高峻义。朱熹《诗集传》注："凿凿，巉岩貌"③ 与之亦合。

如上考不误，习凿齿之名来自于《诗经》，彦威与之紧照，从孙绰与习凿齿以《诗》相嘲的捷对中不难窥见其对《诗》三百篇之烂熟于心，④《诗》自是家世宗儒的襄阳习氏子弟必精熟之书。

在通常情况下，取一个威武英俊的名字，或是对其人某一方面缺陷的补偏；抑或是在讲究风度仪容的东晋时代，家人寄予其长大后威严俊美、才貌双全的愿望。此乃国人取名表字的惯用手法。这位至少晚年有严重足疾、体貌不扬、皮黑面坳⑤。

习凿齿在《汉晋春秋》中为晋代魏绘声绘色地载录有一个有趣的水激白石祥瑞故事：

氐池县大柳谷口夜激波涌溢，其声如雷，晓而有苍石立水中，长一丈六尺，高八尺，白石画之，为十三马，一牛，一鸟，八卦玉玦之象，皆隆起，其文曰："大讨曹，适水中，甲寅。"帝恶其"讨"也，使凿去为"计"，以苍石室之，宿昔而白石满焉。至晋初，其文愈明，马象皆焕彻如玉焉。⑥

晋以金行，生金者石，其色白。雷同之故事见于与《汉晋春秋》大致同时的《魏氏春秋》和《搜神记》，⑦ 诸作者在为晋朝法统的合法性制造天意舆论以迎合当朝政治需要的目的昭然若揭。故事虽非习凿齿所杜撰，

---

① 《旧五代史》卷九一《晋书·安彦威传》，中华书局1976年版，第1202页。
② 《梁书》卷五〇《文学下·臧严传》，中华书局1973年版，第718页。
③ 《诗集传》，第70页。
④ 余嘉锡：《世说新语笺疏》卷下下《排调第二十五》，"习凿齿孙兴公未相识"条，第809页。
⑤ （梁）萧绎撰，许逸民校笺：《金楼子》，中华书局2011年版，第1128—1131页。
⑥ 《三国志》卷三《魏书·明帝纪》裴注引习凿齿《汉晋春秋》，中华书局1974年版，第107页。
⑦ 同上书，第106—107页。

但以习凿齿叙述的最为精彩，其笔下符瑞中的那堵立于大柳谷口水中、在天然苍石上由白石画出一组图案与文字的巨石，不正是"白石齿齿"吗？那堵立于水中变得"焕彻如玉"的白石画，不就是"扬之水"中之"白石凿凿"吗？结合石上的凿凿白石文字、图案，不正是"白石凿齿"吗？此载与其名之字义相关虽属偶合，仍不妨我们将之理解为习凿齿在编撰此祥瑞故事时兼及对自己的名字作了一次隐讳解读，其取名表字意蕴高致蕴藉臻于极致，何不类之有？

（本文定稿时，本所瞿安全博士提供过有益的修改意见，谨致谢忱）

崔浩的天人思想与北魏政治文化

郑州大学历史学院，岭南师范学院外国语学院　孙险峰

一　绪论

崔浩（381—450）是北魏初期著名的政治家、军事家和儒学家，共经历过太祖、太宗、世祖三朝。按照《魏书》卷三十五《崔浩列传》记载："综核天人之际，举其纲纪，诸所处决，多有应验。恒与军国大谋，甚为宠密。"[1] 可以看出崔浩经常借用天象变化阐述政治见解，其后好像都得到了准确的验证，还因为拥有杰出的政治才能和军事才能，被皇帝委以重任并获得枢要的政治地位。太宗明元帝曾经称赞："崔浩博闻强识，精于天人之会。"[2] 北齐史学家魏收更是高度评价："（崔浩）究览天人，政事筹策，时莫之二。"[3] 甚至五代时期的卜者认为，崔浩拥有深厚的天文历法知识和未卜先知的超自然能力，[4] 把他尊奉为"太白山神"予以祭祀。[5] 因此崔浩精通天人思想的相关事迹，对后世产生了很大的影响。

关于上面言及的"天人之际""天人之会"和"究览天人"等有关天人思想问题，实际上它与汉代董仲舒以来倡导的"天人感应"基本相

---

[1]《魏书》卷三五《崔浩传》，中华书局2003年版，第807页。
[2] 同上书，第813页。
[3] 同上书，第827页。
[4] 本文所说的"天文"一词，是指汉代以来流行的天人思想，并非指现代的天文学。《汉书》卷二六《天文志》，中华书局2002年版，第1273页。
[5] "有瞽者张濛，自言知术数，事太白山神，其神祠即元魏时崔浩庙也。"《旧五代史》卷四六《末帝纪上》，中华书局2010年版，第631页。

同。即天象呈现的灾异或祥瑞，与人间社会发生的政治人事变化存在某种对应关系，人们通过观测天象便可以预知未来。[①] 依照前文多部史书的相关描述，当时有很多人认为，正是由于崔浩掌握了观测天象的技术手段，以及拥有未卜先知的超自然力量，所以才能准确地把握时政。然而根据目前现代的哲学发展和自然科学的巨大进步，已经能够判断出所谓"天人感应"，只不过是一种超自然的咒术性的具有主观唯心主义的神学目的论。[②] 它是在古代自然科学不发达的情况下，统治阶级为了自身的政治需要，以及对于很多自然现象无法做出客观解释时，便主观地认为天与人之间存在某种必然联系，天象变化甚至会影响到国家兴亡。这种以天道推知人事的方法，把社会伦理、官僚体制和宇宙秩序构建成一个能够相互影响、相互作用且极为错综复杂的有机整体。[③] 所以天人思想并非建立在科学实验的基础上，天象变化与政治人事之间没有内在的关联性。

但是，另一方面，在中国古代的社会里，天人思想并非孤立静止地存在，它往往与政治人事之间纵横交错相互影响，因此如果片面地否定天人思想的存在价值，便很难客观地把握政治人物在历史上发挥的重要作用。崔浩为了巩固北魏政权做出的巨大贡献，已经是不容争辩的历史事实，而史书记载他有很多政治观点往往来自洞察天象。那么崔浩是怎样把天象变化与政治人事联系在一起的，他的这些做法又有什么样的政治目的和历史背景呢？并且占卜是古代社会用以推算未来吉凶祸福的迷信思想，实际上它并不能科学地预知未来的政治走向，那么他为什么需要用占卜理论作为自己的政治依据呢？此外，史书记载崔浩拥有杰出的军事才能，这好像与天人思想也有密不可分的内在联系。所以他的政治才能和军事才能与天人思想之间相互缠绕在一起，如果不能科学合理地梳理出这三者之间的密切联系，便很难获知他在政治上和军事上取得成功的真正原因。本文主要考察史书记载崔浩的天文历法、天象占卜和军事才能之间的关系问题，期待能够客观地揭示出崔浩的历史本来面目。

---

① "国家将有失道之败，而天乃先出灾害以谴告之，不知自省，又出怪异警告之，尚不知变，而伤败乃至。"《汉书》卷五六《董仲舒传》，中华书局 2002 年版，第 2498 页。
② 参见任继愈《中国哲学史》，人民出版社 2003 年版，第 76—81 页。
③ 参见麻天祥《中国宗教哲学史》，人民出版社 2006 年版，第 146—147 页。

二 天文和历法

在中国古代社会里彗星被视为灾星，它一旦出现就会给人间社会带来巨大灾难。比如《开元占经》卷八十八《彗星占》"彗孛名状占二"条载："荆州占曰，彗星者，君臣失政，浊乱三光，五逆错变，气之所生也……京房曰，君为祸，则彗星出。"① 等等，诸如此类的文献记载屡见史书，因此统治阶级对于彗星往往持有极端的恐惧心理。

北魏太宗泰常三年出现过一颗彗星，对当时的政治产生了很大影响。按照《魏书》卷三五《崔浩传》记载："（太宗泰常）三年，彗星出天津，入太微，经北斗，络紫微，犯天棓，八十余日，至汉而灭。"② 因为这时北魏建国仅有三十余年，政治根基并不稳固，其他割据政权也虎视眈眈伺机而动，太宗明元帝非常担心这颗彗星会给北魏带来厄运。于是他向大臣们诚恳地询问："今天下未一，四方岳峙，灾咎之应，将在何国？朕甚畏之，尽情以言，勿有所隐。"③ 崔浩根据这样的天象变化表达了个人观点。按照《魏书》卷三五《崔浩传》记载："（崔浩说）古人有言，夫灾异之生，由人而起，人无衅焉，妖不自作，故人失于下，则变见于上，天事恒象，百代不易。《汉书》载，王莽篡位之前，彗星出入，正与同。国家主尊臣卑，上下有序，民无异望。唯僭晋卑削，主弱臣强，累世陵迟，故桓玄逼夺，刘裕秉权。彗孛者，恶气之所生，是为僭晋将灭，刘裕篡之应也。"④ 崔浩结合这颗彗星的运行轨迹，主要从四个方面分析了当时的政治形势：其一，上天出现的灾异和祥瑞与人间社会发生的事情有紧密的关联性。其二，天象变化与人间社会之间存在某种"客观的"和"必然的"规律性。其三，按照《汉书》记载，王莽篡权以前出现的彗星，与今天看到的这颗彗星的运行情况完全相同。其四，因此可以进一步推论，这次彗星降临预示着刘裕将要篡夺东晋政权。可以看出崔浩结合汉代以来流行的天人思想，把古代史料记录的天象与东

---

① 《开元占经》卷八八《彗星占》，中国书店1989年版，第629页。
② 《魏书》卷三五《崔浩传》，第811页。
③ 同上。
④ 同上。

晋政治人事变化紧密地联系在一起，并以层层递进的逻辑推理方法，得出刘裕将要篡权的最终结论。那么，崔浩的这个论断其后是否得到了客观验证呢？根据《魏书》记载，太宗泰常五年（420），刘裕果然废东晋司马德文而自立为帝。① 可以说崔浩预言这颗彗星对于政治人事的影响做出了精确判断。然而如果只是直观地思考他的逻辑推理和叙述方式，好像前后衔接环环相扣毫无破绽。但是查遍整部《汉书》，并没有记录王莽篡权前出现过这样运行的彗星。因此可以初步判断，崔浩的真正目的是想论证刘裕将要篡夺东晋政权，所以才借助王莽篡权的历史事迹，主观地捏造出在此之前，也曾经出现过这样的彗星。并采用类比方法和逻辑推理，进一步强调既然这两颗彗星的运行轨迹完全相同，由于此前王莽已经通过禅让取得了西汉政权，从而刘裕也一定会采用相同方法篡夺东晋政权。

实际上尽管现代的天文学已经飞速发展，人类发明的哈勃天文望远镜能够观测到遥远的宇宙深处，即"哈勃超深场"拍摄到宇宙的幼年期。② 可是目前如果要想利用先进仪器和天文学知识，研究太阳系彗星的周期性变化规律依然是十分困难的事情。因为古代记录彗星的名称、轨道等相关数据都非常简略，所以很难得到准确的验证。③ 更何况王莽的即位时间为公元 8 年，南朝刘裕的即位时间为公元 420 年，两者相差长达 400 多年，崔浩在没有任何史料证据和现代科学仪器的前提下，不可能精确地观测并掌握这颗彗星的运行规律。按照目前的天文观测记录，还没有发现以 400 多年为周期的彗星，所以刘裕将要篡权的政治事件，绝不是崔浩通过观测彗星的运行轨迹得到的相应答案。而且众所周知，王莽是利用禅让手段篡夺了西汉政权，如果分析当时东晋政权的未来政治走向，便很容易推导出刘裕也将采用禅让手段取而代之。尤其是从西汉末期、三国西晋乃至南北朝时期，利用禅让的政治手段取代前朝政权的事例非常普遍，它是新旧王朝和平过渡较为理想的政治方法。④ 刘裕作为东晋宰

---

① 《魏书》卷三《太宗纪》，第 60 页。
② 参见戴闻《看到了最遥远的星系》，《物理》2011 年 2 月。
③ 参见卢仙文《中国古代彗星记录的证认》，《天文学进展》第 18 卷第 1 期，2000 年，第 38—44 页。
④ 参见拙论《皇帝即位の禅让文——三国·晋·南北朝における经学の一侧面》，日本筑波大学《中国文化论丛》2007 年第 26 期，第 15—30 页。

相已经掌握朝廷的实际权力,通过禅让取代前朝政权比较符合当时的政治价值取向和宗教思想潮流。程树德《论语集释》卷三九《尧曰》"四海困穷天禄永终"条载:"自新莽以后,魏晋五代,皆用尧曰文作禅让之册。"① 这更加说明王莽与刘裕获得皇位,都具有一脉相承的政治手段和禅让思想。

按照《魏书》卷三《太宗纪》的编年次序,"司马德宗相刘裕"在太宗泰常元年(416),这颗彗星的出现时间是在太宗泰常三年(418),可见刘裕掌握东晋政权已经有三年时间,他的政治野心也会日益膨胀。"刘裕废杀其主司马德文,僭自称皇帝"的时间是在泰常五年(420)。② 崔浩作为北魏时期的杰出政治家,很容易分析出东晋政治形势的未来变化,即使不参照彗星运行的相关数据,依然能够正确地判断出南朝的政治走向,刘裕篡权已经成为历史的必然趋势。江晓原先生认为崔浩引用王莽篡权前出现彗星的事例,只不过是他的占论技巧而已。③ 所以崔浩借助彗星的运行规律,阐述刘裕将要篡权的政治论点,虽然其后得到了准确验证,但是并不能证明他拥有天人思想和未卜先知的超自然力量。

按照一般的逻辑思维方式,既然崔浩能够经常把天象变化作为自己的政论依据,其前提条件应该是拥有深厚的天文历法知识,下面分析崔浩与高允针对修改历法的一段对话。根据《魏书》卷四八《高允传》记载:"时(崔)浩集诸术士,考校汉元以来,日月薄蚀,五星行度,并识前史之失,别为魏历以示允。允曰:'天文历数不可空论,夫善言远者必先验于今。且汉元年冬十月,五星聚于东井,此乃历术之浅。今讥汉史,而不觉此谬,恐后人讥今犹今之讥古。'浩曰:'所谬者何?'允曰:'案《星传》,金水二星常附日而行,冬十月,日在尾箕,昏没于申南,而东井方出于寅北,二星何因被日而行,是史官欲神其事,不复推之于理。'浩曰:'欲为变者何所不可,君独不疑三星之聚,而怪二星之来。'允曰:'此不可以空言争,宜更审之。'……后岁余,浩谓允曰:'先所论者,本

---

① 程树德:《论语集释》卷三九《尧曰》,中华书局2012年版,第1347页。
② 《魏书》卷三《太宗纪》,第56—60页。
③ 参见江晓原《天学真原》,辽宁教育出版社2007年版,第195页。

不注心，及更考究，果如君语，以前三月（七月）聚于东井，非十月也。'"① 在崔浩与高允的这段对话中，涉及五星聚东井的天文现象，以及水星和金星与太阳的运行轨道，也就是他们言及的"附日"和"被日"的天文历法问题。

下面先考察汉高祖刘邦进入咸阳时，发生的五星聚东井的天象问题。按照《汉书》卷一上《高帝纪上》记载："元年冬十月，五星聚于东井。"② 那么这年五星聚东井与刘邦有何关系呢？根据《淮南子》和《汉书》等史书记载的天地分野说的对应关系，东井属于秦国分野，③ 五星聚东井预示着秦国将要灭亡，是刘汉政权将要兴起的天象征兆。但是高允反对崔浩说："天文历数不可空论。"并且他还分析说："汉元年冬十月，五星聚于东井，此乃历术之浅。"即"史官欲神其事，不复推之于理"。史官用五星聚东井的天文现象，证明秦亡和刘邦进入咸阳都是为了表达天意。实际上所谓"五星聚东井"要在一定的时间内同时聚合在东井天区，空间上必须在东井所属的 33 度范围内，只有具备这两个前提条件，才能发生五星聚东井的天象奇观。下面分别从时间和空间的两个方面展开讨论。

首先从时间的角度分析"五星聚东井"的天象问题。因为汉高祖元年使用的历法为秦正建亥，所以"汉元年十月"应该在"公元前 206 年 11 月 14 日至公元前 206 年 12 月 13 日"之间。④ 按照《五星聚会表》提供的相关数据，公元前 206 年共计发生了 4 次五星聚会的天文现象。⑤ 然而这 4 次五星聚会时间，都不在"公元前 206 年 11 月 14 日至公元前 206

---

① 《魏书》卷四八《高允传》，第 1068 页。
② 《汉书》卷一上《高帝纪上》，第 22 页。
③ 关于天地分野说的对应关系，参照张双棣《淮南子校释》，北京大学出版社 1997 年版，第 385 页；《汉书》卷二八下《地理志下》，第 1641 页。长沙马王堆汉墓帛书记载东井与"秦上郡"对应，这与《淮南子》和《汉书》略有不同。参照刘乐贤《马王堆天文考释》，中山大学出版社 2004 年版，第 189 页；[日] 小岛祐马《古代中国研究·天地分野说和古代中国人的信仰》，筑摩书房 1968 年版，第 44 页。
④ 参见林道心主编《中国古代万年历》，河北人民出版社 2003 年版，第 181 页。
⑤ 这 4 次五星聚会的时间和角度分别是，第 1 次公元前 206 年 5 月 30 日 08 时 32.5 分，聚会角为 21.1 度；第 2 次公元前 206 年 7 月 1 日 19 时 09.1 分，聚会角为 39.7 度；第 3 次公元前 206 年 7 月 7 日 07 时 30.0 分，聚会角为 42.0 度；第 4 次公元前 206 年 8 月 1 日 22 时 15.9 分，聚会角为 38.9 度。参见《夏商周时期的天象和月相·五星聚会表》上册，世界图书出版社 2007 年版，第 459 页。

年12月13日"之间。所以从时间上还不能证明"汉元年十月",出现过"五星聚东井"的天文现象。

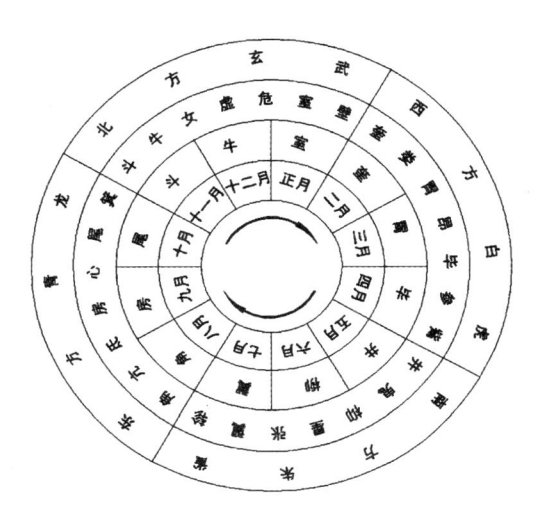

图1 二十八星宿与月份的对应图

其次从空间的角度进一步分析"五星聚东井"的天象问题。中国古代的天文官划分周天大约为 $365\frac{1}{4}$ 度,[①] 二十八星宿分布在天赤道与黄道之间。并且《汉书》卷二十一下《律历志下》和《魏书》卷一〇七上《律历志上》,记载二十八星宿占据的各个天区的相关数值完全相同,也就是"东井"占据天空的33度。[②] 张培瑜先生经过考证认为:"汉元年十月太阳在尾箕斗,水星在尾箕,金星在牛女,火星在氐,木星在毕,虽然土星在井宿,但是与木星相距大约30度,与火星、水星、金星皆相距一二百度。"[③] 所以五星在这个时间内并不会合聚于东井。

再按前文《高允传》记载,其后崔浩又对高允说:"以前三月(七月)聚于东井,非十月也。"实际上这是崔浩发现以前自己计算的历法存

[①] 实际上古代把周天划分为 $365\frac{1}{4}$ 度应为弧长度而不是角度。参见关增建《传统 $365\frac{1}{4}$ 分度不是角度》,《自然辩证法通讯》1989年第5期。

[②] 《汉书》卷二一下《律历志下》,第1006页;《魏书》卷一〇七上《律历志上》,第2676页。

[③] 张培瑜:《五星合聚与历史记载》,《人文杂志》1991年第5期。

在错误，所以又将"十月"改成"七月"。关于五星聚东井究竟发生在汉元年的"十月"还是"七月"，历史上学者们有过相关的讨论。《汉书》卷一上考证"汉元年冬十月，五星聚于东井"条载："刘攽谓，五星本以秦十月聚东井，高帝乃以夏十月入秦，亦即崔浩前三月之说也。"① 可以看出北宋时期的刘攽赞成崔浩的"七月"五星聚东井的观点。清代顾炎武《日知录》卷四《改月》又载："刘攽曰，按历太白辰星去日率不过一两次，今十月而从岁星于东井，无是理也。然则五星以秦之十月聚东井耳。秦之十月今七月，日当在鹑尾，故太白辰星得从岁星也。"② 虽然顾炎武没有直接参与讨论"汉元年"的"十月"或"七月"是否发生过"五星聚东井"的天象问题，但是他认为："案此足明记事之文，皆是追改，惟此一事失于追改，遂以秦之十月为汉之十月耳。夫以七月误为十月，正足以为秦人改月之证。"③ 也就是汉代的历法经过史家修订，这说明他间接地赞成了汉元年七月五星聚东井的观点。但是，清代王念孙《读书杂志》卷四之五《汉书志》"十月五星聚于东井"条载："汉元年十月五星聚于东井，以历推之，从岁星也。刘敞（攽）曰，按历太白辰星去日率不能一两次，今十月而从岁星于东井非理也。然则五星以秦之十月聚东井耳。秦之十月今之七月，日当在鹑尾，故太白辰星得从岁星也。（王）引之曰，此用崔浩前三月聚于东井之说，其实非也。……十月五星聚东井乃事之必无者，高允以为史官欲神其事，不复推之于理是也。"④ 王念孙与其子王引之皆否定崔浩而赞成高允的历法观点。那么，汉元年七月是否出现过五星聚东井的天文现象呢？按照现代历法数据，汉元年七月在"公元前206年8月7日至公元前206年9月5日"之间，⑤ 张培瑜先生经过研究认为，这个月只有土星在井宿，其余四星不仅不在该天区甚至相距甚远。⑥ 所以尽管崔浩再次提出"七月"发生五星聚东井的论点，但是结合现代天文学的研究成果，可以判定"汉元年七月"

---

① 《前汉书》卷一上《高帝纪》附齐召南《考证》，文渊阁《四库全书》第249册，上海古籍出版社1987年版，第37页。
② （清）顾炎武：《日知录》卷四《改月》，岳麓书社1996年版，第121页。
③ 同上。
④ （清）王念孙《读书杂志》卷四之五《汉书志》，中华书局1991年版，第236页。
⑤ 林道心：《中国古代万年历》，第181页。
⑥ 张培瑜：《五星合聚与历史记载》，第104页。

也未曾出现过"五星聚东井"的天文现象。崔浩在历法上摇摆不定的犹豫态度,恰恰说明他对于五星运行情况尚欠深刻研究。而且"五星聚东井"是非常罕见的天文现象,很难与历史上的开基帝王的即位时间偶然相遇。

此外,在崔浩与高允的对话中,还说到金星和水星的"附日"与"被日"的天文历法问题。由于水星和金星为内行星,当太阳运行到尾宿天区时,金星与太阳的最大距角约为48度,水星约为28度。[1] 这时候它们几乎同升同没,所以才称为"附日",也可以称为"伏日",用肉眼观测较为困难。所谓"被日"也可以称为"背日",即此时金水二星背离太阳,如果按照崔浩的"被日"观点,此时金星和水星应该在东井附近,但是实际上从地球上看金星和水星,此时它们与太阳运行在同一侧,因此绝对不可能出现五星聚东井的天象,所以崔浩掌握的天文历法存在常识性的错误。

关于高允对于天人灾异的思想认识,按照《魏书》卷四八《高允传》记载:"允虽明于历数,初不推步,有所论说。唯游雅数以灾异问允,允曰:'昔人有言,知之甚难,既知复恐漏泄,不如不知也。天下妙理至多,何遽问此。'雅乃止。"[2] 可见高允不仅精通历法术数还反对灾异思想,只不过在当时特定的历史环境下无法明说而已。所以崔浩在政治上和军事上取得巨大成就绝非依靠天文历法,而是另有其他原因,这点需要我们继续探讨。

三　天象和占卜

星占术数在中国古代的宇宙观和政治文化中,也发挥着十分重要的思想作用。崔浩就经常利用占卜理论阐述他的政治见解。按照《魏书》卷三五《崔浩传》记载:"时议讨赫连昌,群臣皆以为难。崔浩曰:'始光中……往年以来,荧惑再守羽林,皆成钩己,其占秦亡。又今年五星并出东方,利以西伐。天应人和,时会并集,不可失也。'"[3] 关于这次星

---

[1]　张培瑜:《五星合聚与历史记载》,第103页。
[2]　《魏书》卷四八《高允传》,第1068页。
[3]　《魏书》卷三五《崔浩传》,第815页。

占结果，《魏书》一〇五之三《天象志三》记载："（始光三年）……九月，（太武）帝用崔浩策，行幸统万，遂击赫连定于平凉。十二月克之，悉定三秦。"① 可以看出崔浩将天象变化与政治人事紧密地联系起来，并且在其后的军事行动中得到了准确的验证。那么这是否能够说明崔浩拥有未卜先知的超自然能力呢？下面首先分析这段文章中的星占问题。

所谓"羽林"也被称为"天军"，是天上的星官名称。关于它的历史由来，按照《汉书》卷一九上《百官公卿表上》记载："羽林掌送从，次期门。武帝太初元年初置，名曰建章营骑，后更名羽林骑。"② 可以看出"羽林"是汉武帝太初元年，即公元前96年才设置的"武官名"，其后逐渐演化成天上的"星官名"。关于"羽林"所处的天区位置以及相关的卜辞内容，《史记》卷二十七《天官书》"北宫玄武，虚危……其南有众星曰羽林天军"条下的张守节《史记正义》载："羽林四十五星，三三而聚散，在垒壁南，天军也。亦天宿卫主兵革。不见，天下乱。金、火、水入，军起也。"③ 也就是羽林星座在壁垒的南面，具体位置在赤经22时40分，赤纬-13度，现在统称为宝瓶座（或水瓶座）附近。④ 当金星、火星、水星进入"羽林"天区时，将要发生军队变乱。但是上文《崔浩列传》记载，由于当时夏国赫连昌占据原秦朝都城长安，崔浩认为"荧惑守羽林"便意味着"秦亡"，可以说崔浩采用"羽林"对应"秦地"的天地分野说。根据马王堆出土的《日月风雨云气占》记载："东井，秦上地，舆鬼，秦南地。"⑤ 并且《汉书》卷二十八《地理志下》记载："秦地，于天官东井、舆鬼之分壄也。"⑥ 可以看出不论是传世文献还是最新考古发掘材料都持有相同的史学观点，也就是汉代流行的天地分野说依然是以"秦地"对应"东井"和"舆鬼"。并没有"羽林"对应"秦地"的文献描述。

此外，古代天文官在进行占卜之前要准备相关卦辞。根据目前保存

---

① 《魏书》一〇五之三《天象志三》，第2401页。
② 《汉书》卷一九上《百官公卿表上》，第727页。
③ 《史记》卷二七《天官书》，中华书局2002年版，第1309页。
④ 郑慧生：《认星识历——古代天文历法初步》，河南大学出版社2006年版，星图2。
⑤ 刘乐贤：《马王堆天文考释》，第189页。
⑥ 《汉书》卷二八《地理志下》，第1641页。

星占数据最全面的《开元占经》卷三七《荧惑占八》"荧惑犯羽林"中，共有13条记载羽林星官的占辞。[1] 为了便于讨论现抄录于下。

（1）荆州占曰：荧惑入羽林之宫二十日，天子当之。

（2）郗萌曰：荧惑经过羽林中，天子为军自守。

（3）荆州占曰：荧惑舍羽林之宫，兵大起。

（4）黄帝占曰：荧惑守羽林，大赦。

（5）石氏曰：荧惑守羽林，马有行，期三十日。

（6）又占曰：荧惑芒角赤色，守天军三十日，大国有急，诸侯悉发兵甲；一曰兴兵者亡。

（7）又占曰：荧惑守羽林，兵起，期六十日；火经羽林，臣欲弑主。

（8）圣洽符曰：荧惑入羽林守之二十日以上，臣欲弑主，大人当之，期九十日。（按《荆州占》曰："汉二年荧惑入羽林，起角三芒，守之三十日，国有负兵，秦以之亡也。"）

（9）海中占曰：荧惑入守羽林，入有兵起；若逆行变色成勾巳，天下大兵，关梁不通，急不出其年。

（10）郗萌曰：荧惑入守羽林，有叛臣中兵也。

（11）元命苞曰：荧惑守羽林，若垒城，谋在司马将军为乱。

（12）荆州占曰：荧惑入天军，凶。

（13）又占曰：荧惑入天军，兵败不可用，国更残也。

可以看出上面列举的"荧惑入羽林"的13条卜辞，基本上都是危及统治者的天象，但是不仅没有天上的"羽林"对应"秦地"的星占理论，更没有记载"荧惑守羽林"的占卜结果为"秦亡"的卦辞。此外，在第8条卜辞下面还有一条注释需要略加关注。尽管这条注释与崔浩认为的"羽林"对应"秦地"的卜辞含义基本相同，但是它存在几个问题需要考辨。这条名为《荆州占》的卜辞究竟出现于何时呢？按照《晋书》卷一二《天文志二》记载："汉末刘表为荆州牧，命武陵太守刘叡集天文众占，名《荆州占》。"[2] 这说明《荆州占》出现在东汉末年，是刘表命令武陵太守刘叡编辑而成的。那么是否《荆州占》在成书以前，这条卜辞就已经存在了呢？按照这条卜辞内容分析，它是占

---

[1] （唐）瞿昙悉达：《开元占经》卷三七《荧惑占八》，中国书店1989年版，第291页。
[2] 《晋书》卷一二《天文志二》，第322页。

卜"汉二年"秦国将亡的卜辞。换言之，这条占卜应该出现在"汉二年"以前，才符合一般的逻辑推理。但是众所周知，汉高祖刘邦的"汉二年"不仅没有"羽林"星座名，甚至给羽林军命名的汉武帝还没有出生。如果这条卜辞为汉武帝以后出现的，那么它占卜"汉二年"的政治人事，便不符合占卜理论的基本原则。因为后代已经知道前代发生的历史，后人没有必要再度占卜既定事实。而且这条卜辞并非是《开元占经》的原文，它是后人补入的注释。由于崔浩精通占卜术数的事迹对后代影响很大，所以很可能这条卜辞是后世卜者参阅《魏书》的崔浩卜辞以后，将它植入《开元占经》内。因为历史上只有崔浩有过"羽林"对应"秦地"的星占卜辞。并且，另一方面，崔浩生活的北魏太武帝时期，也有火星守羽林的星占记录。按照《魏书》一〇五之三《天象志三》记载："（始光二年）六月己丑，火入羽林，守六十余日。占曰，禁兵大起，且有反贼之戒。"① 此外，《魏书》一〇五之三《天象志三》亦载："（太平真君）九年正月，火水皆入羽林。占曰，禁兵大起。"② 这两次的占卜结果都是"禁兵大起"，并且与《开元占经》的卜辞理论完全相同，几乎都围绕军队进行占卜。这两条史料能够证明北魏时期，占卜"荧惑守羽林"的卜辞结果和汉武帝以后流行的星占卜辞基本相同，但是都没有"羽林"天区对应"秦地"的卜辞理论。从而可以断言崔浩是想利用"荧惑守羽林"宣传后秦将要灭亡，以此达到讨伐敌国的政治目的。

下面继续考察"五星并出东方，利以西伐"的天象问题。按照《史记》卷二七《天宫书》记载："五星分天之中，积于东方，中国利。积于西方，外国用（兵）者利。"③ 而且《汉书》卷二六《天文志》和《晋书》卷一二《天文志》也有"五星出东方"之类的文献记载。④ 1995年10月新疆尼雅出土了一块汉晋时期的织锦护腕，织锦长度为18.5厘米，宽度为2.5厘米，以青红黄白绿五色彩线织成，上面就有"五星出东方利中国"的文字。同墓葬还出土了另一块织锦，上面有"讨南羌"三字。经过学者

---

① 《魏书》一〇五之三《天象志三》，第2400页。
② 同上书，第2406页。
③ 《史记》卷二七《天宫书》，第1328页。
④ 《汉书》卷二六《天文志》，第1283页；《晋书》卷一二《天文志》，第322页。

们深入研究，认为它们是一副织锦护腕，用作占卜军国大事。① 因此不论是历史文献还是考古发掘，都能够证明中原政权确实把"五星出东方"，看作是本国国运昌盛和敌国将要灭亡的征兆。崔浩用"五星出东方"的天象，宣传讨伐赫连昌能够取得成功之事，比较符合当时的星占思想。然而这年是否发生过"五星出东方"却需要细致核实。因为如果没有发生便意味着崔浩并非依据天象，而是建议讨伐赫连昌才是他的政治目的。

北魏这次讨伐赫连昌的具体时间，根据《世祖纪上》记载的编年次序："（始光三年）冬十月丁巳（426年11月26日），车驾西伐。……会天暴寒，数日结冰。十有一月戊寅（12月17日），帝率骑二万袭赫连昌。"② 此次讨伐赫连昌的时间在始光三年十月。崔浩所言之"又今年五星出东方"的时间，应该在始光三年十月前夕。按照《6000年的五星聚会》的计算数据，公元426年前后期没有发生过五星出东方的天文现象，五星聚会的最近时间，有两次分别发生在413年5月25日和430年11月21日，可以看出这与五星运行到东方七宿（角、亢、氐、房、心、尾、箕）的位置还相差甚远。

表1　　　　　　　五星行度与二十八星宿对应表（中间值）③

所在天区	井宿	井宿	星宿	星宿	柳宿	井宿
黄经度数	76.40	76.40	124.31	124.31	107.95	76.40
430.11.21	248.4	262.5	286.3	244.9	264.6	284.7
所在天区	箕宿	斗宿	女宿	箕宿	斗宿	牛宿
黄经度数	247.68	260.21	289.92	247.68	260.21	282.40

但是，按照《魏书》卷九五《铁弗刘虎列传》记载："（赫连）昌，

---

① 参见于志勇《新疆尼雅出土"五星出东方利中国"彩锦织文初析》：（《西域研究》1996年第3期）"织锦长度为18.5厘米，宽度为2.5厘米，以青红黄白绿五色彩线织成，青色打底，鲜艳的白红黄绿等色，织出星云及孔雀、仙鹤、辟邪、虎等瑞兽花纹。其中星云纹饰形态飘逸灵动，而鸟兽则忽隐忽现地错落飞腾在星云中，其织造工艺繁缛精湛，堪称汉式织锦技术的最高代表作。"纪洪《五星出东方利中国》，《环球人文地理》2012年2月，第160页。
② 《魏书》卷四《世祖纪上》，第71页。
③ 参见《夏商周时期的天象和月相》上册《二十八星宿古度位置》，第328—384页，《6000年的五星合聚》，第442页；以及江晓原、钮卫星《回天——武王伐纣与天文历史年代学·古今五星聚一览表》，上海人民出版社2000年版，第277页。

字还国，一名折，屈子（赫连勃勃）之第三子也。既僭位，改年承光（425）。世祖闻屈子死，诸子相攻，关中大乱，于是西伐。"① 由于赫连勃勃在始光二年（425）已经故去，② 太武帝得到夏国内乱的相关信息之后，于始光三年（426）打算进攻赫连昌，由于群臣反对使他陷入两难的境地。此时崔浩深知太武帝希望讨伐赫连昌，他本人也热衷于北魏大一统的政治事业。而且两汉以来"五星出东方"一直被看做是中原正统政权讨伐周边部族，并能够取得成功的有利天象，为了顺利地推进北魏讨伐赫连昌的军事部署，崔浩便主观地臆造出"荧惑守羽林"和"五星出东方"的天文现象，实际上强调"利以西伐"才是他的政治目的。

此外，崔浩还以占卜灵验而闻名于世。《新五代史》卷二七《唐臣传附刘延朗传》记载："有瞽者张濛，自言事太白山神，神，魏崔浩也。其言吉凶无不中。"③ 正是认为崔浩拥有未卜先知的超自然能力，所以才得到张濛的顶礼膜拜。关于崔浩的占卜理论，按照《魏书》卷三五《崔浩传》记载："是时，有兔在后宫，验问门官，无从得入。太宗怪之，命浩推其咎征。浩以为当有邻国贡嫔嫱者，善应也。明年，姚兴果献女。神瑞二年……"④ 太宗感到野兔突然出现在后宫很蹊跷，崔浩的占卜结果是将有邻国进献美女，其后确实得到了准确的印证。也就是用"野兔"对应"美女"的占卜关系。那么他是否真正拥有未卜先知的超自然能力呢？在考察这个问题之前，首先了解北魏时期关于"野兔"的祥瑞含义。

关于野兔成为统治者尊崇的祥瑞，实际上从东汉光武帝时期已经开始。根据《后汉书》卷二《光武帝纪下》记载："（建武十三年九月）日南徼外蛮夷献白雉、白兔。"⑤ 北魏时期更是把野兔看做罕见的祥瑞。按

---

① 《魏书》卷九五《铁弗刘虎列传》，第 2057 页。该卷校勘记［八］认为："改年永光"条下，《北史》卷九三"永"作"承"。《通鉴》卷一二〇同《北史》。根据"甘肃酒泉文殊山"出土马鸣惠塔，上面刻有"承阳二年"，李崇智先生认为"承光"或为"承阳"之误，或"承光"本不误，北凉沮渠氏奉夏国年号，用韵同义近的"阳"字代替"光"字，故将"承光"写作"承阳"，但史籍不见载"承阳"年号。本论依《北史》和《中国历代年号考》作"承光"。参照李崇智《中国历代年号考》，中华书局 2012 年版，第 50 页。
② "（始光）二年春……是年，赫连屈子死，子昌僭立。"《魏书》卷四上《世祖纪上》，第 70—71 页。
③ 《新五代史》卷二七《唐臣传第十五·刘延朗传》，中华书局 2011 年版，第 291 页。
④ 《魏书》卷三五《崔浩传》，第 807—808 页。
⑤ 《后汉书》卷二《光武帝纪下》，中华书局 2006 年版，第 62 页。

照《魏书》卷一一二下《灵征志下》，从太祖天兴二年七月至孝静帝武定六年十一月，共载有黑兔9条和白兔59条。① 那么北魏把野兔看作祥瑞，究竟有什么样的寓意呢？根据《魏书》卷一一二下《灵征志下》记载："太祖天兴二年七月，并州献白兔一，王者敬耆老则见。"② 所谓"耆"和"老"的含义，按照《礼记》卷一《曲礼上》记载："六十曰耆……七十曰老。"③ 也就是统治者对于年长者施行仁孝才能出现白兔祥瑞。关于兔子作为敬献祖先的贡品，《礼记》卷五《曲礼下》记载："凡祭宗庙之礼，牛曰一元大武，豕曰刚鬣，豚曰腯肥，……兔曰明视。"④ 因为不论把野兔看作是统治者敬老爱老的仁孝之"孝"，还是献给祖先宗庙的牺牲之"孝"，都属于中国文化独有的"孝"的宇宙观范畴。所以"野兔"与统治者的"仁孝"才是对应关系，前文崔浩占卜野兔为"美女"的结论，并不符合汉代以来传统的卜辞理论和祥瑞思想。那么他的占卜又为何被认为非常灵验呢？

根据《崔浩传》记载，这条占卜"野兔"的文献，在太宗继位后至神瑞二年之前的时间内。有关太宗明元帝的在位年号，分别是永兴（5年间）、神瑞（3年间）、泰常（8年间）。姚兴打算进献美女的时间，《太宗纪》记载："（永兴三年）六月，姚兴遣使来聘……（永兴五年二月庚午）姚兴遣使来聘……（永兴五年十一月癸酉）姚兴遣使朝贡，来请进女，帝许之。"⑤ 由于姚兴战败以后急于求和，多次派遣使者向北魏朝贡。按照《崔浩传》的编年次序："是时，有兔在后宫……明年，姚兴果献女。"⑥ 永兴三年姚兴已经派遣使者向北魏朝贡，崔浩占卜野兔的时间应该在永兴五年，姚兴打算进献美女的时间在永兴五年十一月，正式进献美女的时间在神瑞元年。而且游牧民族原本就有通过联姻加强部族关系的传统习俗，姚兴战败以后为了缓解来自北魏的军事压力，使用"美人计"也是军事思想史中经常使用的谋略手段。比如《六韬》卷二《文

---

① 《魏书》卷一一二下《灵征志下》，第2942—2946页。
② 同上书，第2942页。
③ 《十三经注疏·礼记注疏》卷一《曲礼上》，中华书局2003年版，第1232页。
④ 《十三经注疏·礼记注疏》卷五《曲礼下》，第1269页。
⑤ 《魏书》卷三《太宗纪》，第54页。
⑥ 《魏书》卷三五《崔浩传》，第807—808页。

伐》就有"进美女淫声以惑之"这样的文献记载。[①] 所以崔浩占卜之前，必然事先获得了姚兴将要进献美女的相关信息，尽管他占卜野兔为"美女"的结论，与汉魏以来把野兔看作敬老爱老的"仁孝"思想完全相悖，然而他是站在客观分析当时政治形势的理论高度，并且能够针对敌国信息做出准确判断。从而崔浩才能得出将有邻国进献美女的结论，这与占卜野兔并没有内在的逻辑关联性。

关于天象变化与星占理论，还有一条直接涉及崔浩本人的卜辞结果。按照《魏书》卷一〇五之一《天象志一》记载："（太平真君十年）六月庚寅朔，日有蚀之。占曰'将相诛'。十一年六月己亥，诛司徒崔浩。"[②] 由于发生日食的时间在初一，按照现代的天文历法回推计算，太平真君十年六月初一为449年7月6日。根据《5000年日食表》的相关数据，449年共有5月8日和11月2日两次日食，[③] 可是都不在449年7月6日。这说明"太平真君十年六月庚寅"发生的日食是人为臆造的天象结果。而且通过对古今历法进行核实，太平真君十年六月初一的干支日是"乙未"，并不是《天象志一》记载的"庚寅"，该年"六月"并没有"庚寅日"。那么臆造日食时间为什么必须选择"庚寅日"呢？这难道是古人排列干支日的一次偶然错误？实际上这里面有极为复杂的政治因素，下面需要进一步剖析与之相关的占辞原文。按照《开元占经》卷一〇《日占六》记载："《春秋潜潭巴》曰，庚寅日食，诛相，大水，多死伤。"[④]《春秋潜潭巴》也可以简称《潜潭巴》，在《后汉书》卷二三《五行志一》和卷二七《五行志五》等文献中屡有出现，[⑤] 它是对后代影响较大的一部纬书。用干支日对应日食日期学名为"日六甲蚀"，这在《唐开元占经》中有明确记载。通过这段卦辞可以看出，只有"庚寅日"发生日食才有"诛相"的占卜结果，实际上这是想借用上天的名义诛杀宰相。由于崔浩当时正担任司徒，相当于宰相，所以能够看出这次诛杀矛头应该直指崔浩本人。那么，为什么太武帝要假借天意呢？这是因为即使贵为皇帝也不可以随便诛杀朝廷大臣，更何况崔浩为北魏政权屡建奇功，

---

① 《六韬》卷二《文伐》，中州古籍出版社2011年版，第80页。
② 《魏书》卷一〇五之一《天象志一》，第2335页。
③ 参见《夏商周时期的天象和月相·5000年日食表》上册，第75页。
④ 《开元占经》卷一〇《日占六》，第89页。
⑤ 《后汉书》卷二三《五行志一》和卷二七《五行志五》，第3275、3351页。

因此只能以上天降命的名义运用刑罚。如果崔浩确实拥有未卜先知的法术应该可以避开此劫,然而其结果却被太武帝用最残酷的手段诛杀了,这恰恰能够反证出崔浩没有未卜先知的超自然能力。他经常言及的天人思想和占卜理论,只不过是为他的政治主张服务的工具而已。

四 政治才能和军事才能

崔浩还以卓越的军事才能闻名于世,曾经自比汉代的军事家张良,为北魏的统一战争做出过很多贡献。那么他的政治才能和军事才能究竟怎样呢?下面考察崔浩与其他大臣议论朝政时,涉及的政治才能和军事辩证法思想。

北魏太宗神瑞二年因发生严重的粮食歉收,整个朝廷陷入了前所未有的政治危机。《魏书》卷三五《崔浩传》记载:"神瑞二年,秋谷不登,太史令王亮、苏垣,因华阴公主等言谶书国家当治邺,劝太宗迁都。"① 很多大臣和华阴公主都主张迁都邺城躲避饥荒,但崔浩和周澹却提出反对意见。崔浩认为:"今国家迁都于邺,可救今年之饥,非长久之策也。今居北方,假令山东有变,轻骑南出,耀威桑梓之中,谁知多少?至春草生,乳酪将出,兼有菜果,足接来秋。若得中熟,事则济矣。"② 崔浩从首都平城的战略地位、地理环境和农业资源的角度,阐述无须迁都的重要性,并提出解决粮食危机的办法。但是太宗仍然担心地询问:"今既糊口无以至来秋,来秋或复不熟,将如之何?"③ 崔浩回答说:"可简穷下之户,诸州就谷。若来秋无年,愿更图也。但不可迁都。太宗从之,于是分民诣山东三州食,出仓谷以禀之。来年遂大熟。"④ 粮食是国家的命脉,发生危机必然引起恐慌,但很多大臣或轻信谶言或没有远谋,只有崔浩等少数人从国家长远的战略眼光看问题,最终化解了一次国家危机。

崔浩跟随世祖讨伐夏国赫连昌时,突然发生了意想不到的天气变化。

---

① 《魏书》卷三五《崔浩传》,第 808 页。
② 同上。
③ 同上。
④ 同上。

《魏书》卷三五《崔浩传》记载："……会有风雨从东南而来，沙尘昏冥。宦者赵倪进曰：'今风雨从贼后来，我向彼背，天不助人，将士饥渴，愿陛下避之，更待后日。'崔浩曰：'是何言欤，千日制胜，一日之中岂得变易，贼前行不止，后已离绝，宜分军隐出，掩击不意，风道在人，岂有常也。'世祖曰：'善。'分骑奋击，昌军大溃。"① 宦官赵倪认为风向不利于北魏军队继续追赶敌军，等待天气好转之后再采取相应的军事行动。实际上这时候的天气状况确实非常恶劣，前文《世祖纪上》记载："会天暴寒，数日结冰。"中国古代社会有很多占卜风角的思想理论和著作，② 所以不能说赵倪的观点毫无道理。比如《开元占经》卷九一《风占》记载："凡风自冲来，为殃、为丧、为火、为兵、为大人死。"③ 这说明大风从彼方吹来，确实存在很多不利因素。如果在这样的天气多变的情况下，假使敌军在前方险要地点设伏，一旦北魏军队急于冒进，则很容易陷入敌人的伏击圈。然而崔浩这次不仅没有借助天象变化阐述政治见解，却客观地判断此时敌军四处逃窜已经丧失了战斗力，现在正是包围他们的好时机。崔浩还认为只有"人"才能够掌握"风道"，"风向"本身并不懂什么永恒不变的真理。然而这个观点恰恰是在"自我否定"，因为他在政论时经常主张天人思想存在某种客观规律性，在这里却反对超自然力量和气象占卜。那么，为什么崔浩持有自相矛盾的观点呢？实际上崔浩作为辅佐太武帝的军事决策者，他的军事理论的思辨精神，主要体现在能够敏锐地观察并掌握整个战场形势。他没有生搬硬套气象星占理论，也坚决否定随意改变战略战术，因为纸上谈兵不尊重客观事实必然误国害民。所以能够再次推论，崔浩并非真心信仰占卜理论和天人思想。

张渊是北魏初期的太史令，曾经撰写过著名的《观象赋》，他对星象有非常深入的研究，应该说是北魏真正精通"天文"的专业技术人才，《魏书》记载他"明占候，晓内外星分"④。世祖时期曾经议论讨伐蠕蠕时，张渊和很多朝臣都表示反对，只有崔浩极为赞成此事，于是双方展

---

① 《魏书》卷三五《崔浩传》，第 815 页。
② 《后汉书》卷三〇下《郎襄传》"学京氏易善风角星算六日七分"条下李贤注曰："风角，谓候四方四隅之风，以占吉凶也。"中华书局 2006 年版，第 1053 页。
③ 《开元占经》卷九一《风占》，第 667 页。
④ 《魏书》卷九一《术艺·张渊传》，第 1944 页。

开了激烈的辩论。《崔浩传》记载:"(张渊说)今年己巳,三阴之岁,岁星袭月,太白在西方,不可举兵。北伐必败,虽克,不利于上。又群臣共赞和渊等,云渊少时尝谏苻坚不可南征,坚不从而败。"① 下面需要先解释张渊谈论的几个历法星占问题。其一,关于"三阴之岁"的含义。《资治通鉴》卷一〇二一《宋纪三》"今兹己巳三阴之岁"条下胡三省注曰:"干以甲、丙、戊、庚、壬为阳,乙、丁、己、辛、癸为阴。支以子、寅、辰、午、申、戌为阳,丑、卯、巳、未、酉、亥为阴。己巳皆阴,而干支合于己巳,是为三阴之岁"②。其二,关于"岁星袭月"的星占卜辞。《开元占经》卷一二《月占二》记载:"荆州占曰,月犯岁星,其国民饥死,一曰主死期三年。荆州占曰,月犯岁星,其国疾。"③ 其三,关于"太白在西方"的天文现象。《史记》卷二七《天官书》记载:"太白俱出西方……外国利。"④ 所以张渊根据上述的阴阳思想和星占理论,推导出北魏此时不适合讨伐敌军。很多大臣还举例说明当初苻坚没有听从张渊的劝谏,最终导致前秦战败国家灭亡的悲惨结局。但是崔浩反驳说:"渊言天时,是其所职,若论形势,非彼所知。斯乃汉世旧说常谈,施之于今,不合事宜也。"⑤ 崔浩认为张渊的职责是掌管天文,但是他并不了解国内外的政治形势,如果仅仅凭借汉代流传下来的"旧说常谈",也就是用"岁星袭月,太白在西方"之类的星占学,推导国家未来政治走向并不符合客观事实。可见崔浩绝非依赖天人思想和占卜理论,而是针对政治形势的准确判断。《魏书》卷九一《术艺列传附张渊传》记载:"张渊专守常占,而不能钩深致远,故不及浩。"⑥ 张渊完全采用占星术推导政治走向,足以说明这是受到汉代以来流行的天人思想和占卜理论的直接影响,这与崔浩宏观地掌握敌我军事态势和政治形势,以及未来的发展变化不可相提并论。

崔浩曾经品评过三国时期的军事家诸葛亮。《魏书》卷四三《毛修之列传》记载:"(崔浩语)夫亮之相刘备,当九州鼎沸之会,英雄奋发之

---

① 《魏书》卷三五《崔浩传》,第816页。
② 《资治通鉴》卷一二一《宋纪三》,中华书局2007年版,第3807页。
③ 《开元占经》卷一二《月占二》,第107页。
④ 《史记》卷二七《天官书》,第1328页。
⑤ 《魏书》卷三五《崔浩传》,第816—817页。
⑥ 《魏书》卷九一《术艺·张渊传》,第1945页。

时，君臣相得，鱼水为喻，而不能与曹氏争天下。委弃荆州，退入巴蜀，诱夺刘璋，伪连孙氏，守穷崎岖之地，僭号边夷之间，此策之下者。……且亮既据蜀，恃山崄之固，不达时宜，弗量势力。严威切法，控勒蜀人，矜才负能，高自矫举。欲以边夷之众抗衡上国。出兵陇右，再攻祁山，一攻陈仓，疏迟失会，摧衄而反。后入秦川，不复攻城，更求野战。魏人知其意，闭垒坚守，以不战屈之。知穷势尽，愤结攻中，发病而死。由是言之，岂合古之善将，见可而进，知难而退者乎！"① 崔浩认为在中原逐鹿之时，诸葛亮没能帮助刘备与曹操抗衡，并放弃荆州退入蜀地为下策。特别是军事实力不及曹操还要进行野战。应该说这些论据确实是诸葛亮的失败之处，崔浩作为后世的军事家对他的评价比较符合客观事实。

崔浩与太宗交谈时，曾经分析过当时的政治人物。《崔浩传》记载："浩曰：'今西北二寇未殄，陛下不可亲御六师。兵众虽盛，而将无韩白。长孙嵩有治国之用，无进取之能，非刘裕敌也。臣谓待之不晚。'太宗笑曰：'卿量之已审矣。'浩曰：'臣尝私论近世人物，不敢不上闻。若王猛之治国，苻坚之管仲也；慕容玄恭之辅少主，慕容暐之霍光也；刘裕之平逆乱，司马德宗之曹操也。'太宗曰：'卿谓先帝如何？'浩曰：'小人管窥悬象，何能见玄穹之广大。虽然，太祖用漠北醇朴之人，南入中地，变风易俗，化洽四海，自与羲农齐列，臣岂能仰名。'太宗曰：'屈丐如何？'浩曰：'屈丐家国夷灭，一身孤寄，为姚氏封殖。不思树党强邻，报仇雪耻，乃结忿于蠕蠕，背德于姚兴，撅竖小人，无大经略，正可残暴，终为人所灭耳。'"② 崔浩不仅研究北魏以前的政治家和军事家，也研究过同时代的政治家和军事家。这说明他对于很多人物的政治智慧和军事才能都有深刻认识，所以在对敌战争中能够发挥实际效应。

宋代学者对崔浩的军事才能也有很高的评价。《朱子语类》卷一〇三五《历代二》记载："问子房孔明人品。曰：'子房全是黄老，皆自黄石一编中来……孔明学术亦甚杂。'……又问：'崔浩如何。'曰：'也是个博洽底人。'"③ 张良与诸葛亮都是中国历史上著名的军事家，崔浩与他们

---

① 《魏书》卷四三《毛修之传》，第 960—961 页。
② 《魏书》卷三五《崔浩传》，第 811 页。
③ （宋）黎靖德：《朱子语类》卷一三五《历代二》，中华书局 2007 年版，第 3222 页。

相提并论,说明他的军事才能得到了后代学者们的充分肯定。宋代李昉《文苑英华》卷七三八《杂序四》记载:"周有齐太公,秦有王翦,两汉有韩信、赵充国、耿弇、虞诩、段颎,魏有司马懿,吴有周瑜,蜀有诸葛武侯,晋有羊祜、杜公元凯,梁有韦睿,元魏有崔浩。"① 宋代陈亮《龙川集》卷八《酌古论四·崔浩》记载:"崔浩之佐魏,料敌制胜,变化无穷,此其智之不可敌,虽子房无以远过也。"② 这些史料都说明崔浩在军事思想史上的崇高地位。而且他在战场上不墨守成规,辅佐太武帝灵活地指挥作战,充分显示出他的军事思想富有深刻的思辨精神和现实性。那么崔浩在政治上和军事上能够不断取得成功的重要因素还有哪些方面呢?

《崔浩传》记载:"朝廷礼仪,优文策诏,军国书记,尽关于浩。"③ 这条文献的系年编撰在太宗泰常五年(420)之后,崔浩死于太平真君十一年(450),这说明在长达三十多年的时间里,崔浩有条件接触到国家的核心机密,也可以准确地收集到各方面信息,从而才能在政治上和军事上不断取得成功,这与天人思想和占卜理论没有必然联系。如果再引申论之,实际上崔浩的军事思想,还包括目前世界各国都十分重视的信息战。孙武曾说:"知彼知己者,百战不殆。"④ 只有充分掌握敌我双方的准确信息,才有可能在未来战争中威慑敌人保卫国土。

五 结论

通过以上的文献考察,崔浩在政治上和军事上不断取得成功,除了勤奋学习和聪明才智之外,与他能够准确地收集各方面信息密切相关。那么既然崔浩并不相信天人思想和占卜理论,为什么还经常借助天象变化,甚至主观臆造天象阐述政治见解呢?根据《宋书》卷五五《索虏列

---

① (宋)李昉:《文苑英华》卷七三八《杂序四》,中华书局1982年,3847页。
② (宋)陈亮:《龙川集》卷八《酌古论四·崔浩》,吉林出版集团有限责任公司2005年版,第68页。
③ 《魏书》卷三五《崔浩传》,第812页。
④ (春秋)孙子著,杨丙安校理:《十一家注孙子校理》卷上《谋攻篇》,中华书局2008年版,第62页。

传》记载："开（道武帝）颇有学问，晓天文。"① 并且《魏书》卷二《太祖纪》记载："天人会合，帝王之业，夫岂虚应……审天命之不易，察微应之潜授。"② 这说明道武帝不仅通晓"天文"，还拥有天命神授的宗教伦理观。《魏书》卷三《太宗纪》亦载："天人之意，焕然著明。"③ 太武帝在诏书中，也曾经使用过"天人之会"等词语。④ 正是因为北魏初期的三代帝王皆笃信天人思想，如果精通这方面的专业知识，对于国家的政治运营将会起到巨大的推动作用。

由于崔浩恰恰生活在天人思想盛行的年代，他根据自己在朝廷为官多年的所见所闻，深知要想在政治上拥有发言权，需要在宗教信仰方面与皇帝保持高度一致，这样才能得到真正信任。于是崔浩在议论国政时，才经常借助天人思想阐述政治见解，甚至伪造天象达到他的政治目的。所以《魏书》《旧五代史》和《新五代史》等历史文献，记载崔浩精通天人思想和拥有未卜先知的超自然才能，实际上并不符合客观事实。只不过史官们没有认真研究崔浩借用天象的真正目的，也受到当时自然科学技术不发达的思想局限，故此后世的一些卜者才把他看做"太白山神"并予以祭祀。

---

① 《宋书》卷五五《索虏传》，中华书局 2008 年版，第 2322 页。
② 《魏书》卷二《太祖纪》，第 37 页。
③ 《魏书》卷三《太宗纪》，第 60 页。
④ 《魏书》卷四《世祖纪》，第 80 页。

魏晋时期儒学的生存及其在道德重构中的作用

许昌学院魏晋文化研究中心　张丽君

魏晋之时，天人感应神学坍塌，传统道德观念遭到人们的抛弃，社会进入一个玄学盛行的时代。但是，儒家学说并没有因此而退出历史的舞台，在统治阶级的大力扶持下，它依然顽强而努力地生存着，且在新道德的重构中发挥了重要作用。

一　统治阶级对儒学的提倡

魏晋时期，儒家所主张、被封建统治阶级历来奉为社会基本原则的伦理纲常遭到了破坏和践踏；象征儒学统治地位的政府礼乐教化机构，随着中央政权的解体而解体。但是，只要封建社会的性质不变，就离不开儒家思想体系的支撑。许抗生先生认为："在这一时期里，儒学虽说'中衰'，其势力远不如汉代，但儒学并没有止息，也还得到了新的发展。孔子仍然保持者圣人统治的地位，儒学也常为最高统治者所提倡，尤其是经学在历史上还占有相当的成就与地位。"[1] 所以当三国鼎立的局面形成以后，当政者也就表现出重新确定儒学统治地位的意图和努力，在其政治行为中体现出儒学思想观念巨大而深刻的影响。

三国时期的曹操被看作是法家代表人物，他的四道求贤令清楚地显示出他不尚德操只求能力的实用政治倾向，陈寿评他"览申、商之法术，

---

[1]　许抗生：《魏晋南北朝哲学思想研究概论》，天津教育出版社1991年版，第1—2页。

该韩、白之奇策"①，傅玄说："魏武好法术，而天下贵刑名。"曹操的法家思想已经不同于秦代的法家，自先秦经历西汉以后，法家某些思想原则渐渐被儒家吸收。经过两汉政治实践，已经被社会广泛接受的儒家思想与原则，总是不断地影响着曹操的思想与言行。三国时期割据政权的统治者中他是综合儒法两种倾向的突出人物，甚至可以说，正是由他奠定了曹魏政权由重法转变到崇儒的基础。

曹操在提出自己的主张和措施时，大多引用儒学经典，尤其是在为数并不多的令、教、书、议、奏章这种材料中，直接引用《论语》原文的就有几十条，转换其意而用的，也有七八条。我们可以从这些政令、书议、奏章中看到大量儒家思想和主张。

反对强征暴敛，主张对平民的适当赋税。"其收田租亩四升，户出绢二匹、绵二斤而已，他不得擅兴发。郡国守相明检察之，无令强民有所隐藏，而弱民兼赋也。"②

吊唁死者，抚慰亡者后人。官渡之战前，发布律令："其举义兵以来，将士绝无后者，求其亲戚以后之，授土田，官给耕牛，置学师以教之。为存者立庙，使祀其先人，魂而有灵，吾百年之后何恨哉！"③

以儒家思想为指导，整齐社会风俗，促进社会教化。《三国志》卷一《魏书·武帝纪》载建安十年九月，令曰："阿党比周，先圣所疾也。闻冀州俗，父子异部，更相毁誉。昔直不疑无兄，世人谓之盗嫂。第五伯鱼三娶孤女，谓之挝妇翁。王凤擅权，谷永比之申伯。王商忠义，张匡谓之左道：此皆以白为黑，欺天罔君者也。吾欲整齐风俗，四者不除，吾以为羞。"

西晋建立后，司马氏对儒学的扶持力度是曹氏执政时期所无法比拟的。统治阶级为巩固封建统治秩序，维护门阀士族大地主阶级的利益，大力提倡儒家纲常名教，并令人制礼作乐。《晋书》卷一《武帝纪》载晋武帝泰始四年诏曰："敦喻五教，劝务农功，勉励学者，思勤正典，无为百粗庸末，致远必泥。士庶有好学笃道，孝弟忠信，清白异行者，举而进之；有不孝敬于父母，不长悌于族党，悖礼弃常，不率法令者，纠而

---

① 《三国志》卷一《魏书·武帝纪》，中华书局1971年版，第55页。
② 《三国志》卷一《魏书·武帝纪》裴注引《魏书》，中华书局1971年版，第26页。
③ 《三国志》卷一《魏书·武帝纪》，中华书局1971年版，第23页。

罪之。田畴僻，生业修，礼教设，禁令行，则长吏之能也。人穷匮，农事荒，奸道起，刑狱烦，下陵上替，礼仪不兴，斯长吏之否也。若长吏在官公廉，虑不及私，正色直节，不饰名誉者，及身行贪秽，谄黩求容，公节不立，而私门日富者，并谨察之。"这无疑是以儒家思想为指导的施政纲领。

司马氏自身也严格按照儒家礼教行事。《晋书》卷二〇《礼志中》载："文帝之崩，国内服三日。武帝亦遵汉魏之典，既葬除丧，然犹深衣素冠，降席撤膳……帝遂以礼终三年。后居太后之丧亦如之。"陈寅恪先生说晋皇室"居亲丧皆逾制"是其重孝的表现，① 充分体现出司马氏的儒家根底。

惠帝司马衷即位后，"政教陵夷，至于永嘉，丧乱弥甚"，② 社会动荡，儒学受到极大的破坏，永嘉之乱时达到顶点。晋室南渡以后，统治阶级开始对"永嘉之乱"的惨痛教训和西晋统治时的"亡官失守"加以反思，进而对西晋一朝的政治腐败、世风沦丧加以抨击。不少人认为西晋灭亡于名教崩溃，世风败坏，注意到儒学在解决社会问题时所具有的不可替代的作用，他们呼吁恢复名教，重树儒家纲常权威。东晋的范宁就对玄学采取了激烈的批判态度。《晋书》卷七五《范宁传》载，"时以浮虚相煽，儒雅日替，宁以为起源始于王弼、何晏，二人之罪深于桀纣"，在当时的环境氛围之中，士族阶级内部有范宁这样坚定维护儒学立场的人存在，本身就是一个值得注意的现象，表现出思想领域复杂的斗争中，儒学影响的深远和强固。范宁明确且坚定地强调儒学对维护封建统治的重要性和必要性，符合客观的真实。范宁生活在孝武帝时代，他大声疾呼反对士族的颓放行为、虚诞风尚，对矫正时弊是有积极作用的。东晋政权在内忧外患的情况下，政局一旦稍安，就对儒学加以扶掖，致力于儒家文化价值的弘扬。一方面，朝廷恢复学校教育，力图重树儒家纲常纲纪，匡正时风。另一方面，复兴儒学，以名教为准则，确立社会伦理道德规范的趋向愈发明显。东晋时期虚诞颓放之风的收敛，与范宁等人的批判反对不无相关。

---

① 陈寅恪：《魏晋南北朝讲演录》，贵州人民出版社2008年版，第5页。
② 《晋书》卷二六《食货志》，中华书局1971年版，第791页。

二 部分士人对儒学的推崇

社会的动荡不安,人们精神上的空虚和混乱,玄谈任诞对国家利益的轻慢忽视,对政治功利的抛弃冷漠,社会和道德的反常现象风靡一时,使部分士大夫感到深刻的忧虑和不安。玄风浓盛之时,不少士人仍然认定儒家的社会政治原则和道德情操是不可替代的。他们在重新探求新的道德规范的过程中,将儒家道德规范作为人生准则,从言论、思想上表现出对儒家思想的尊崇。杜恕几次上疏,力言轻儒之弊,"今之学者师商、韩而上法术,竞以儒家为迂阔,不周世用,此乃风俗之流弊,创业者之所致慎也"[①]。

(一) 正始名士——何晏、王弼对儒学的赞同

正始时期的何晏、王弼,对儒家思想是执肯定态度的,只是他们各自肯定的角度和程度不同。何晏、王弼等人从社会客观存在的角度来肯定儒家,他们强调以道为本,以儒为末,他们认为儒家是一种必不可少的合理存在,主张本末一体,道儒相融。如果单对儒学所主张的伦理纲常、道德精神的态度来说,何晏、王弼也是相当确定的予以赞同。这在何晏的《论语集解》和王弼的《周易注》《老子注》《论语释疑》中都有明确地体现。

何晏的《论语集解》对《论语》的基本观点、基本内容皆表示认同。如,《学而》"其为人也孝弟"章,注:"上谓凡在己上者。言孝弟之人必恭顺,好欲犯其上者少也。""先能事父兄,然后仁道可大成。"《述而》"志于道"章,注:"德有成形,故可据。""仁者功施于人,故可倚。"《卫灵公》"无为而治者其舜也与"章,注:"言任官得其人,故无为而治。"等等,体现的都是儒家思想王弼十分强调儒家学说在新理论建构中的作用,极力主张本末一体,体用如一,道儒相融。王弼的《老子道德经注》第二十八章曰:"朴,真也。真散则百行出,殊类生,若器也。圣人因其分散,故为之立官长,以善为师,不善为资,移风易俗,复使归于一也。"韩康伯《系辞注》引王弼《大衍义》曰:"夫无不可以

[①] 《三国志》卷一六《魏书·杜恕传》,中华书局1971年版,第502页。

无明，必因于有，故常于有物之极，而必明其所由之宗也。"

何晏、王弼在构建"道本儒末"的玄学理论时，将儒家思想纳入自己的理论体系中，并且对儒家所主张的伦理纲常、道德精神予以赞同，表现出新态度和新看法，何晏、王弼无疑是这种探讨的开拓者。他们在突出道家学说主导地位的同时，也十分强调儒家学说在玄学理论中的位置。他们将道家的"无"进行了一番改造，在道家思想中，"无"与客观存在的"有"不同，"无"是创造天地万物的精神实体，老子曰："天下万物生于有，有生于无。"[①] 王弼作注时却是："天下万物，皆以有为生。有之所始，以无为本。将欲全有，必反于无也。"王弼认为虽然"无"是体，"有"是用，然二者是统一的，"无"不是在"有"之外，而是在"有"之中。王弼的《老子指略》中说得更加明确：

> 夫物之所以生，功之所以成，必生乎无形，由乎无名。无形无名者，万物之宗也。不温不凉，不宫不商。听之不可得而闻，视之不可得而彰，体之不可得而知，味之不可得而尝。故其为物也则混成，为象也则无形，为音也则希声，为味也则无呈。故能为品物之宗主，苞通天地，靡使不经也。若温也则不能凉矣，宫也则不能商矣。形必有所分，声必有所属。故象而形者，非大象也；音而声者，非大音也。然则，四象不形，则大象无以畅；五音不声，则大音无以至。四象形而物有所主焉，则大象畅矣；五音声而心无所适焉，则大音至矣。故执大象则天下往，用大音则风俗移也。

何晏、王弼等人对道家的"无"进行改造，反复论述体用如一，本末不二，建构了道本儒末的理论模式，以此协调统一个体与社会、自然与名教的关系。他们所建构的"道本儒末"理论模式将强调个体人格的道家学说同崇尚社会功能的儒家学说糅合在一起，就是为了整合觉醒的人与动荡不安的社会之间的矛盾，使二者得到协调统一。

（二）竹林名士——向秀的"儒道为一"

竹林七贤之一的向秀主张"以儒道为一"，认为"自然"与"名教"

---

① 陈鼓应：《老子注译及评介》，中华书局1984年版，第223页。

并不对立,自然与名教是相辅相成,缺一不可的,在其《难养生论》中,他提出"自然之理"和"人为之礼"并不矛盾,因为"实由文显,道以事彰。有道而无事,由有雌而无雄耳"。

向秀在《难养生论》中说:"夫天地之大德曰生,圣人之大宝曰位,崇高莫大于富贵,然富贵天地之情也。贵则人顺已以行义于下,富者所欲得以财聚人,此皆先王所重,关之自然,不得相外也。又曰:富与贵是人之所欲也,但当求之以道义,在上以不骄无患,持满以损俭不溢,若此,何为其伤德邪?""夫人含五行而生,口思五味,目思五色,感而思室,饥而求食,自然之理也。但当节之以理耳。"

向秀是把人的自然本能和"思室""求食""富贵"等基本欲望作为一种"自然之理":"有生则有情,称情则自然,若绝而外之,则与无生同。何贵于有生哉?且夫嗜欲,好荣恶辱,好逸恶劳,皆生于自然。"同时又从社会现实出发,要求人们在实现这种"自然之理"时,"当求之以道义","当节之以礼"。"当求之以道义","当节之以礼",就是尊重社会的规范秩序,以此来限制、约束自己的行为,使其与社会和谐一致,这正是儒家学说强调的内容。向秀面对社会的存在,在思想上已开始协调自然与名教也就是道儒两家的矛盾,这样一来,自然与名教就成了相辅相成的统一体了。

(三) 乐广、裴頠对儒学的肯定

乐广、裴頠等人以儒家名教来整饬流风时弊,儒家思想在他们那里得到了高度的肯定:"众理并而无害,故贵贱形焉。失得由于所接,故吉凶兆焉。是以贤人君子,知欲不可绝,而交物有会,观于往复,稽中定务。惟夫用天之道,分地之利,躬其力任,劳而后飨,居以仁顺,守以恭俭,率以忠信,行以敬让,志无盈求,事无过用,乃可济乎、故大建厥报,绥理群生,训物垂范,于是乎在,斯则圣人为政之由也。"[①] 于是,乐广笑王平子、胡毋辅国等人:"名教之中自有乐地,何为乃尔也?"[②] 规劝人们用名教束缚自身的行为,到名教之中寻找乐趣。

裴頠反对虚无思想与放浪行为,深感虚浮放诞的弊害,认为必须重

[①] 《晋书》卷三五《裴頠传》,中华书局1974年版,第1044页。
[②] 徐震堮:《世说新语校笺》德行第一,中华书局1984年版,经14页。

新强调儒学所主张的纲常伦理与道德精神,对道德规范加以匡正,因而作《崇有论》,"崇有"就是恢复儒家的礼法秩序,维护礼法名教。《崇有论》的主要目的是想重新确立礼法名教的权威,并以此进行社会整合。

由《崇有论》的内容,可以看出其宗旨是在玄风大炽之时,维护儒家的社会原则、伦理规范、道德观念,批判虚浮放诞之风。裴頠从"贵无论"着手辩驳,认为万事万物都是自生的,因而具有其存在的合理性。所以,礼法名教作为一种社会存在本身就是其存在的合理依据。如果过分强调"无",就会怀疑和否定现实的社会存在;如果一味强调"无",就会导致对现行礼法制度的蔑视和社会等级秩序的混乱。礼制不存在了,社会关系就会失调,社会冲突就会加剧,必然会引发社会危机。

(四) 郭象对儒学合理观念的吸收

生活于西晋时的郭象,建构的玄学理论吸收了儒学的社会伦理观念。他说,庄子的学说:"通天地之统,序万物之性,达生死之变,而明内圣外王之道。""至仁极乎无亲,孝慈终于兼忘,礼乐复乎已能,忠信发乎天光。用其光则其朴自成,是以神器独化于玄冥之境而源流深长也。"他把"内圣外王之道"和"通天地之统、序万物之性、达生死之变"统一在一起,提出"神器独化于玄冥之境而源流深长"。"神器"一词出自《老子》二十九章:"天下神器不可为也",指政治制度和政治原则,又结合"至仁""孝慈""礼乐""忠信",明显的包含了儒家的道德精神。

关于儒学所倡导的社会道德,郭象表现了两方面的态度。一方面,他肯定仁义礼乐孝慈等观念的合理性,认为它们是合乎人性的自然存在。《骈拇》注曰:夫仁义自是人之情性,但当任之耳。恐仁义非人情而忧之者,真可谓多忧也。夫仁义自是人情也。而三代以下,横共嚣嚣,弃情逐迹,如将不及,不亦多忧乎!在《大宗师》注又说:至仁无亲,仁里而自存。礼者,世之所以自行耳,非我制。知者,时之动,非我唱。德者,自彼所循,非我作。因此他主张一切顺其自然,则仁义礼智信,也就自然地体现出来。

另一方面,他反对有意地提倡这些伦理道德规范。他认为伦理道德既然是人的本性,就要让人顺其自然的发展,这样在人的性情中,道德才会自然而然地体现出来;如果把道德设定为社会的规范性的行为准则,要人们去学习、效法,就会破坏人的自然本性,造成种种虚伪现象,从而破坏社会风气，带来很多危害。

> 夫圣迹既章，则仁义不真而礼乐离性，徒得形表而已矣。（《马蹄》注）
> 法圣人者，法其迹耳。夫迹者，已去之物，非应变之具也，奚足尚之哉！（《胠箧》注）
> 故中知以下，莫不外饰其性以炫惑众人，恶直丑正，蕃徒相引。是以任真者失其据，而崇伪者窃其柄，于是主忧于上，民困于下矣。（《在宥》注）
> 夫知礼意者，必游外以经内，守母以存子，称情而直往也。若乃矜乎名声，牵乎形制，则孝不任诚，慈不任实，父子兄弟，情怀相欺，岂礼之大意哉！（《大宗师》注）

"迹"，是指圣人、先王体现了其性情中的仁义礼知等方面的行为表现。这些行为表现既然在社会实践中体现出来，就成为外在的观念性的东西，所以称为"迹"；圣人、先王能有这种种行为表现的内在性情，称为"真"。在郭象看来，学习、效法圣人、先王，应该学习像他们一样，将仁义礼知等作为内在性情自然流露，而不应该以仁义礼知等外在的观念形式来要求、约束自己和别人。如果这样做，仁义礼知等反而会成为人的自然本性的对立面，当前社会上的许多弊端就是由此而来的，许多严重的社会问题也是由此造成的。

郭象根据社会的现实存在和需要，继承向秀"以儒道为一"的思想路线向前发展，建立了"内圣外王"的思想体系，把强调个体精神超越的道家学说（内圣），与强调社会道德规范的儒家学说（外王），组成一个新的理论，协调自然与名教，消除两者之间的矛盾。在其玄学理论体系中渗透了儒学的思想观念，他肯定了儒家社会道德观念的合理性，同时，他也反对把"名教"虚伪化形式化，对只讲求道德规范的概念形式的倾向进行了批判，从理论上把儒学的内在精神与外在形式相互区别，这在当时是有积极意义的。向秀、郭象等人构建的"内圣外王"模式，上接"道本儒末"模式的要旨予以发展和创新，将个体与社会、名教与自然、内在的精神超越与外在功名的追求糅合在一起，解除了人们长期与社会对抗而产生出来的困惑和焦虑。

（五）葛洪对儒学的坚持

东晋的葛洪，虽然是道教徒，但他站在儒家的立场，通过其著作《抱朴子外篇》批判魏晋以来道德衰败引起社会的问题。《抱朴子外篇》是产生于东晋时期的一部系统的阐述儒家思想观念的著作。在整个外篇中，葛洪处处表现出对于任情放纵风气的极端反感，他完全按照儒家的守俭约、循规矩的方式生活，以儒家的社会道德观念作价值判断的标准，总结历史经验教训，讥评现世弊端，为当政的统治者提供鉴戒。

汉代以来的儒家礼法名教遭到空前打击后，在社会上造成极大的影响，反道德现象迅速弥漫。葛洪对于汉末以来的任自然以适性情的风气表示不满，在《疾谬卷》中，他指斥汉之末世由虚诞流为颓放而造成的"礼教渐颓"的社会风气。他说，君子贤人，应该"咸以劳谦为务"，而"汉之末世，则异于兹。蓬发乱鬓，横挟不带。或裒衣以接人，或裸袒而箕踞，朋友之集，类味之游，莫切切进德，誾誾修业，攻过弼违，讲道精义。其相见也，不复叙离阔，问安否。宾则入门而呼奴，主则望客而唤狗。其或不尔，不成亲至，而弃之不与为党。及好会，则狐蹲牛饮，争食竞割，掣、拨、淼、折，无复廉耻。以同此者为泰，以不尔者为劣"。在《崇教卷》中又说："汉之末世，吴之晚年……唯在于新声艳色，轻体妙手，评歌讴之清浊，理管弦之长短，相狗马之剿弩，议遨游之处所，比错涂之好恶，方雕琢之精粗，校弹棋樗蒲之巧拙，计渔猎相捔之胜负，品藻妓妾之妍媸，指摘衣服之鄙野。"

人们在交往中，不仅没有相互砥砺德行、辨析道义，还以违背礼法规范为风尚。这正是魏晋士大夫日常生活的真实写照。这种生活，影响社会秩序，损害青年的心灵，那力量是极大的。朝廷是如此，家庭是如此，君臣、父子、朋友之间都是如此，那政治怎会不腐败，民族的精神怎会不衰颓呢？

传统道德三纲五常的核心是君主至高无上，君权有无比的神圣性与权威性。葛洪在《诘鲍》篇中，通过对"无君论"的代表人物鲍敬言的诘难，对君主制存在的合理性进行了阐述。

葛洪认为"夫君，天也，父也。君而可废，则天亦可改，父亦可易也"①。君主就像上天和父亲一样神圣不可侵犯。天不能够改变，父亲也不够易，对君主只能服从和忠诚，这是一个长久不变的规范："方策所载，莫不尊君卑臣，强干弱枝。《春秋》之义，天不可雠。大圣着经，资父事君。民生在三，奉之如一。"②葛洪认为君主制的产生是因为人的本性是邪恶的，需要一个强力的组织进行规范和管理，社会才不会陷入混乱和灾难之中，即《诘鲍》篇所说的："夫有欲之性，萌于受气之初；厚己之情，著于成形之日。贼杀并兼，起于自然。必也不乱，其理何居？"历史上的夏桀、商纣这一类残暴无道的君王，他们的罪行并不能作为否定君主制的理由。

魏晋时期，妇女地位有一定提高，相对来说比较自由，其时贞洁观念并不像宋明时期强烈，葛洪对当时女子过于自由的行为有所不满："而今俗妇女，休其蚕织之业，废其玄绂之务，不绩其麻，市也婆娑。舍中馈之事，修周旋之好。更相从诣，之适亲戚，承星举火，不已于行，多将侍从，玮晔盈路，婢使吏卒，错杂如市，寻道亵谑，可憎可恶。或宿于他门，或冒夜而反，游戏佛寺，观视渔畋，登高临水，出境庆吊，开车褰帏，周章城邑。杯觞路酌，弦歌行奏。转相高尚，习非成俗，生致因缘，无所不肯，诲淫之源，不急之甚。刑于寡妻，家邦乃正，愿诸君子，少可禁绝。妇无外事，所以防微矣。"③"夫为妻纲"是汉代以来儒家道德的重要内容之一，妇女的生活行为受到儒家礼法的许多限制。但是，在魏晋时期，夫为妻纲的规范受到严重的削弱，葛洪认为这是"可憎可恶"，并且要求人们要对女子的行为进行约束和管理，"愿诸君子，少可禁绝。妇无外事，所以防微矣"④。葛洪对于妇女地位的歧视是应当受到批评的，当然这也是因为历史的局限性，反过来也可看出，葛洪对于儒家道德的维护与坚持。葛洪企望通过对违背道德行为的批判，重塑儒家礼法道德。

---

① 杨明照：《抱朴子外篇校笺·良规》，中华书局1991年版，第285页。
② 同上书，第291页。
③ 杨明照：《抱朴子外篇校笺·疾谬》，中华书局1991年版，第616页。
④ 同上书，第618页。

三 结语

魏晋之际，中国的传统思想经历了儒学衰微，玄风大炽的巨大变化。当时的士人需要一种新的哲学理论来论证纲常名教的合理性，同时又追求一种与纲常名教保持某种若即若离态度的玄远的精神境界，作为指导生活的准则，为自己找一个安身立命之道。正始年间由何晏、王弼揭开序幕的玄学所讨论的一些问题，正好和士人最实际的需要息息相关。魏晋玄学不讲天人感应，不谈宇宙生成，而是着重探讨现象世界所依据的本体。魏晋玄学不是简单地用道家取代儒家，而是在构造本体论哲学和玄远的精神境界方面借鉴和利用了道家自然无为的思想资料。儒家不像两汉时期处于独尊的地位，但是，只要封建制度存在，儒家的纲常名教思想是无法否定的。儒家思想作为社会统治思想的地位并未曾动摇，儒道合流是思想发展的必然趋势。任何一种政治势力在取得对社会的统治权并初步的稳固地位之后，首先会采取"尊儒"的措施：封孔子及其后代，遵行传统礼法所规定的仪式，倡导传统的伦理观念，振兴道德教化，确立儒家典籍的地位，等等。这些做法就是表示对儒学在思想领域统治地位的肯定和认同。统治阶层处理社会问题、研讨治国方略时，帝王诏令、臣下奏章，在提出具体的举措前陈述所依据的原则大体不出儒家观念的范围，说明儒家思想仍然是统治阶级政治实践中的指导思想。

赞美掩盖下的死亡终结

——解读魏晋节烈妇女的自杀行为

中共淄博市委党校 刘 洁

  自杀，是指个体在复杂心理活动的作用下，蓄意或自愿采取各种手段结束自己生命的行为。它是生存的极限和终点。

  当生存的恐惧超过了对死亡的恐惧，精神上的痛苦达到足以麻醉一切肉体上的痛苦的境地时，人往往就会选择死亡。《晋书·列女传》中有不少像这样在遭遇到难以承受的极限境况时，主动选择结束自己生命的妇女。书中她们"蹈死不回""捐生匪吝"的自杀行为，被赞许为足以"耸清汉之乔叶，振幽谷之贞蕤，比夫悬梁靡顾"[1]。这种崇高的人类精神的胜利，是理所当然的"可以激荡千载"的"美丽的死亡"和"高尚的功德"。尽管如此，但她们的死仍然留给我们一些无法回避的困惑和疑问：她们所面临的那些超越死亡恐惧的生存恐惧（即必须选择死亡的理由）是什么？她们为什么被称颂？她们的死以及对这种死亡称颂的背后，是否暗含着某些被刻意掩盖了的历史真相？

  带着这些疑问，本文将以《晋书·列女传》中的"贞节烈女"们为主要考察对象，分析古代女性从走向死亡到因死亡而被歌功颂德的整个过程，省察这些"高尚"又"美丽"的死亡背后的隐含寓意。

---

[1] 《晋书》卷九六《列女传》，台湾商务印书馆影印文渊阁《四库全书》本。

一　生命的终结:奔赴死亡的贞节烈女们

为了便于更直观地说明问题,我们将《晋书·列女传》中"贞节烈女"们的相关信息以图表列出。①

人物	身份	籍贯	事迹
王惠风	愍怀太子妃	琅玡临沂	贞婉有志节。太子既废,王父绝婚,惠风号哭而归。刘曜陷洛阳,以其赐将乔属,属将妻之。惠风拔剑拒属曰:"吾太尉公女,皇太子妃,义不为逆胡所辱。"属遂害之
宗氏	介休令……贾浑妻	未知	刘元海将乔晞攻杀贾浑,欲纳宗氏。宗氏仰天大哭,骂乔:"屠贩奴!岂有害人之夫而欲加无礼,于尔安乎?何不促杀我!"晞遂害之,时年二十余
辛氏	散骑常射梁纬妻	陇西狄道	刘曜害梁纬,将妻辛氏。辛氏号哭不止,谓曜:"妾闻男以义烈,女不再醮。妾夫已死,理无独全。且妇人再辱,明公亦安用哉!乞即就死,下事舅姑。"遂自缢而死。曜赞其"贞妇",以礼葬之
杜氏	益州别驾许延妻	未知	李骧害许延,欲纳杜氏为妻,杜氏守夫尸,号哭骂骧:"汝辈逆贼无道,死有先后,宁当久活!我杜家女,岂为贼妻也!"骧怒,遂害之
阎氏薛氏	张天锡妾	未知	天锡寝疾,谓二女:"汝二人将何以报我?吾死后,岂可为人妻乎?"皆曰:"尊若不讳,妾请效死,供洒扫地下,誓无他志。"天锡疾笃,二姬皆自刎。天锡以夫人礼葬焉
张氏	苻坚妾	未知	明辨有才识。苻坚攻江左,张氏谏不可,坚曰:"军旅之事非妇人所豫也。"遂兴兵。张氏请从。坚败寿春,张氏乃自杀

---

① 本文所论及的"贞节烈女",既包括"殉身者",也包括夫亡不更嫁的"守志者"。其中,"守志者"在表中用"*"标记。从某意义上说,"守志"实际也是另一种形式的"殉身"。

续表

人物	身份	籍贯	事迹
毛氏	苻登妻	未知	壮勇善骑射。姚苌袭苻登，毛氏率壮士数百人与苌交战。败，苌执毛氏，欲纳之。毛氏骂曰："吾天子后，岂为贼羌所辱，何不速杀我！"又仰天大哭："姚苌无道，前害天子，今辱皇后，皇天后土，宁不鉴照！"苌怒，杀之。
慕容氏	段丰妻	昌黎棘城	慕容德女，平原公主。有才慧，善书史，能鼓琴。段（段）丰遭潜杀，慕容氏寡归改适余炽，乃曰："我闻忠臣不事二君，贞女不更二夫。段（段）氏既遭无辜，已不能同死，岂复有心于重行哉！今主上不顾礼义嫁我，若不从，则违严君之命矣。"遂交礼。三日后，密："死后当埋我于段（段）氏墓侧，若魂魄有知，当归彼矣。"自缢而死。
杨氏	吕纂妻	弘农	美艳有义烈。吕超杀吕纂，将妻杨氏，谓杨父："后若自杀，祸及卿宗。"杨氏告父曰："大人本卖女与氏以图富贵，一之已甚，其可再乎！"乃自杀。
张氏	吕绍妻	未知	有操行。年十四，绍死，为尼。吕隆欲妻之，张氏曰："钦乐至道，誓不受辱。"遂升楼自投于地，二胫俱折，口诵佛经，俄然而死。
*严宪	杜有道妻	京兆	贞淑有识量。年十三适于杜氏，十八而釐居，誓不改节。抚育二子，教以礼度，后并有显名。
*孙氏	虞潭母	吴郡富春	孙权族孙女。性聪敏，识鉴过人；恭顺义和，甚有妇德。潭父忠亡，遗孤藐尔，孙氏虽少，誓不改节，躬自抚养，勤劳备至。拜武昌侯太夫人，加金章紫绶。谥曰定夫人。
*龙怜	皮京妻	西道县	年十三适京，未逾年而京卒，京二弟亦相次而陨，既无胤嗣，又无期功之亲。怜货其嫁时资装，躬自纺织。数年间三丧俱举，葬敛既毕，每时享祭无阙。州里闻其贤，屡有娉者，怜誓不改醮，守节穷居五十余载而卒。

续表

人物	身份	籍贯	事迹
*陕西妇人	未知	未知	刘曜时年十九嫠居陕县,事叔姑甚谨,其家欲嫁之,妇毁面自誓。冤死,曜设少牢以祭其墓,谥曰孝烈贞妇。

从上表的记述中,我们可以发现如下特点。

1. 通过男性来介绍女性。表中除太子妃王惠风、杜有道妻严宪、皮京妻龙怜外,余者皆无名字;除梁纬妻辛氏、吕纂妻杨氏、虞潭母孙氏、皮京妻龙怜的籍贯为传中记载,太子妃王惠风、段丰妻慕容氏为笔者补录(加边框表示)外,余者皆不知所出。而无一例外的则是,每位女性的出场都是以她的所有者——丈夫或父亲为媒介。

2. 记述以某一次或某一件事为主。"传记"作为一种文体,主要内容应该是记述人物一生的生平事迹,《史记》《汉书》等皆如此,《晋书》的其他传记也不例外。但《列女传》却截然不同,撰者对传主德行的总体评价,仅仅以这些女性的某一具体行为为例集中展现。

3. 近乎一致的死亡遗言。尽管这些女性面临的时空环境、死亡原因不同,但她们口中告白的选择死亡的理由,却是惊人的相似,就如同在剪切板中复制了一般。而且,她们对死亡的名分十分看重,表现出强烈的索取欲。

4. 令人艳羡的社会地位。除极个别人外(如陕妇人),表中的女性大都出身于中、上流社会,她们的行为无疑会对忠贞节烈的社会风气的形成产生潜移默化的影响,这实际上是起到了一种上行下效的教育作用。

二 贞节和礼义:选择死亡的正当理由

从上面的列表中,我们看到这些女性选择死亡的原因,大多是为了维护贞节和礼义,如:

> 愍怀太子妃王氏:吾太尉公女,皇太子妃,义不为逆胡所辱。
> 梁纬妻辛氏:男以义烈,女不再醮。妾夫已死,理无独全。
> 许延妻杜氏:汝辈逆贼无道,死有先后,宁当久活!我杜家女,

岂为贼妻也!

　　张天赐妾阎氏、薛氏：尊若不讳，妾请效死，供洒扫地下，誓无他志。

　　苻登妻毛氏：吾天子后，岂为贼羌所辱，何不速杀我!

　　段丰妻慕容氏：忠臣不事二君，贞女不更二夫。

或是为了摆脱危难而牺牲自己（归根结底，这其实也是一种对贞节和礼义的维护），如：

　　贾浑妻宗氏：岂有害人之夫而欲加无礼，于尔安乎？何不促杀我!

　　吕绍妻张氏：钦乐至道，誓不受辱。

　　吕纂妻杨氏：大人本卖女与氏以图富贵，一之已甚，其可再乎!

　　上述这些女人们死前一再重申的近乎格式化的语言虽然长短不一，但都无一例外地表明：在礼法受到威胁或是为了大义需要付出和牺牲的时候，从容慨然地选择死亡是理所应当的。她们也因此得到了补偿：或是统治者的封赏，如辛氏被赞为"贞妇"、阎氏/薛氏妾身得以夫人礼葬、陕妇人谥曰孝烈贞妇，等等；或是史家的赞美，如"贞婉有志节""明辨有才识""美艳有义烈""有操行""贞淑有识量"，等等——尽管这种仅凭一次性事件对女性德行进行总体评价的做法，并不符合"传记"体要求以人物的生平事迹为记述内容的规范。总之，她们的死亡被认定为"功德"而广受颂扬。这也似乎是在提醒和勉励后来者：每当身陷危机情形时，女性就一定要去赴死。

　　因此，可以说，恪守贞节和礼义总是妇女们在面临绝境时，义无反顾地选择奔赴死亡的最充分、最正当的理由。

三　自杀？他杀？：赞美掩盖下的死亡真相

　　表面上看，妇女们死前不断重复着的表白似乎是自身基于对现实的分析而做出的合乎情理的抉择，但事实上决不能将她们的自杀选择看成是纯粹出于"个人意愿"的简单行为。

法国社会学家涂尔干（即 Emile Durkheim，1858—1917，社会学的学科奠基人之一）认为，自杀并不是一种简单的个人行为，而是对正在解体的社会的一种反应。由于社会的动乱和衰退造成了社会文化的不稳定状态，破坏了对个体来说是非常重要的社会支持和交往。随之，人们生存的能力、信心和意志也会受到削弱，这时往往就会导致自杀。

在将自杀与社会意识形态、社会权力体系等相联系的过程中，根据社会与个人的关系及对个人控制力的强弱不同，会有几种不同情形。诸如：

利他性自杀。即因面对强大的社会习俗及群体压力，或为追求某种目标而导致的自杀。这类自杀者常常是为了负责任，牺牲小我而完成大我；在他们看来，自己的死是有价值的、唯一的选择。就像屈原为警醒民众投身汨罗江；孟姜女哭长城以自杀殉夫等。

自我性自杀。与利他性自杀相对，即个人因失去了与社会原有的联系，产生孤独心理，对身处的社会及群体毫不关心，以致完全绝望而导致的自杀。对这类自杀者来说，死亡不是消逝，而是一种新生、一个新世界的开始。就如亲人死亡、离婚者、无子女者的自杀等。

失调性自杀。指因个人与社会的固有关系遭到破坏，现实的痛苦或绝望令人彷徨无措、难以控制而导致的自杀。与自我性自杀不同，这类自杀者一般对新世界也不抱希望，只是怀着强烈的"自我解体"的欲望。例如，失业者、失恋者的自杀等。

宿命性自杀。是指个人因种种原因，受到外界的过分控制或指挥，感到自己完全无法掌握命运、自我无法独立生存而导致的自杀。如某些妇女的殉夫行为、宗教徒的献身等。[1]

《晋书·列女传》中多位女性的自杀行为——一种由强烈的自我解体的欲念支配的行为，就是在遭遇上述某种或几种情形时，在身陷虽欲求生、却又不得不死的两难困境中，在自身对生存的恐惧已远远超过了对死亡的恐惧后，做出的选择。她们的自杀行为虽然有其个人生理上的因素，但笔者以为那是次要的，更主要的还是由社会原因造成的。这种死亡和中国古代以男性为中心的强大的儒家意识形态、严格的父权制话语

---

[1] 有关"自杀"的理论叙述，参见［法］涂尔干《自杀论》，冯韵文译，商务印书馆1996年版。

权力体系密切相关。

本文的第（一）部分中，我们曾经谈到，"烈女"叙事的特点之一就是"通过男性来介绍女性"。当然，从古代妇女大都没有自己名字的历史事实看，这也可以理解。[1] 不过，在后世的女教著作中——即便编纂者是女性也没有任何不同——这种完全以男性为中心建立起来的、非正常的记述方式竟然成为叙事传统，倒是值得深思。"未嫁从父，既嫁从夫，夫死从子。"对"守一"的强调，限制了古代女性的活动空间，使她们无论如何都要归属于某个唯一的男子。对于基本不从事社会活动、仅在日常家庭事务中度过一生的她们而言，结婚不仅意味着生活空间的改变，意味着与父母的疏离、与兄弟姐妹乃至原先所有社会关系的隔绝，更意味着其赖以生存的世界从一个男人转向另一个男人，从此"丈夫"取代"父亲"成为她的唯一、她的所有。丈夫的死亡则意味着她的生存依靠、她的整个世界的幻灭和消逝。这时从理论上说，她们需要找寻新的依靠和唯一，因此再嫁就是合情合理、不可避免的。但妇女们选择的却多是"誓不改节"，以"礼""守一"为借口抵抗再嫁乃至选择死亡者比比皆是。这其中当然不乏出于夫妻间的情深意笃而不愿再嫁者，但根源却不在于此。

从妇女们的死亡告白中可以看到，她们非但对礼义和贞节有着深刻的认识，同时还有着极为强烈的迫使自己去严格恪守的信念。这其实正是为维护以男子为中心的父权制权力体系服务的、儒家"从一而终""恪守节义"等伦理教化观念的反映。妇女们"誓不改节"乃至"心甘情愿"的自杀行为，是在"个体和社会意识形态的矛盾中造成的无奈的选择"，或者说是"在自我解体的欲望中找到的突破口或解放的出路"，是"男性强行建构和巩固自身象征秩序的企图，以女性死亡的方式"[2] 进行的表达。简单地说，女性自杀就是男性观念的投射，就是"男性潜意识里存在着的强迫症的体现"[3]。对妇女们而言，这种选择不仅是面临绝境

---

[1]　有关古代妇女的称谓等问题，已有许多学者做过论述，本文中不再赘述，可参考相关论文、论著。

[2]　[韩]曹淑子：《古代妇女的死亡及其阴影：以杞梁之妻的故事为主线》，收入郑在书主编《东亚女性的起源——从女性主义角度解析〈列女传〉》，崔丽红译，人民文学出版社2005年版，第216、220页。

[3]　同上书，第220页。

时唯一能做的,更是必须做到的。从这个意义上说,"烈女"们的死亡根本不是自行了断生命的"自杀",而是与其本人意愿毫不相干却被强行绑架的、彻头彻尾的"他杀",甚至可以说是一种"蓄意谋杀"。尽管如此,但它还是像伊甸园里危险却充满诱惑的禁果,让一批又一批的女性拥趸为之义无反顾。

四　贞顺修则乾坤定:赞美死亡的意义

《易·家人》曰:"男女正,天下之大义也。"

实现并强化儒家的伦理道德观念和价值体系,维护并稳固男性在社会生活中的绝对话语权,是构建和完善以男性为中心的父权制统治秩序所必需的。但愿望与现实之间总有这样或那样、有时甚至是不可调和的矛盾。"汉末魏晋六朝是中国政治上最混乱、社会上最苦痛的时代,然而却是精神史上极自由、极解放,最富于智慧、最浓于感情的一个时代。"[1] 东汉中后期以来,剧烈的政治变动引发了社会心理和社会观念的大变动——封建皇权的衰弱,让与之共生的夫权(男权)随之变弱;儒家礼教的衰落和玄学思想的流行,使"正统"礼法遭遇践踏。社会秩序的相对杂乱使礼教对女性的限制减弱:"自晋政陵夷,罕树风检,亏闲爽操,相趋成俗","驰骛风埃,脱落名教,颓纵忘反,于兹为极"[2]。以致"妇女庄栉织红,皆取成于婢仆,未尝知女工丝枲之业,中馈酒食之事也"。对于"先时而婚,任情而动""不耻淫逸之过,不拘妒忌之恶""逆于舅姑""反易刚柔""杀戮妾媵""黩乱上下"等悖礼行为,"父兄弗之罪也,天下莫之非也"[3]。更为淫乱的行为也不鲜见,比如有些妇女"或宿于他门,或冒夜而返。游戏佛寺,观视畋渔,登高临水,去境庆吊。开车塞帷,周章城邑。盃觞路酌,弦歌行奏。转相高尚,习非成俗。

---

[1] 宗白华:《论世说新语和晋人的美》,收入许辉、邱敏、胡阿祥主编《六朝文化》,江苏古籍出版社2001年版,第36页。

[2] 《晋书》卷九六《列女传》,台湾商务印书馆影印文渊阁《四库全书》本。

[3] (晋)干宝:《晋纪总论》,收入(梁)萧统编《昭明文选》卷四九《史论上》,台湾商务印书馆影印文渊阁《四库全书》本。

生致因缘，无所不肯"①。这些无不表明，贞节观念的淡薄和两性关系的混乱。

每当社会统治秩序面临某种危机，男性需要稳定和强化统治理念、规范并严格两性关系、净化并改良社会风气时，"就会将这种需要和期冀投射到女性身上"②，就会将成功的赌注押在对女性的整饬上。越是社会动荡、世风日下，在观念上对女性贞节的重视程度就越强烈，对两性关系的束缚就越保守、越严密。"权力总是借压抑性而维持的，权力只有用禁忌和清规戒律来对抗性的潜在的威胁。"③ 为了规范舆论、引导民意，把社会纳入既定的运行轨道，进而更好地维护男性统治秩序，统治者和精英阶层都意识到严肃贞节观念、倡导礼义礼法的重要性。于是，朝廷为严格两性关系、规范婚姻制度、限制再嫁制定了相应的礼法（可见各朝正史中的《刑法志》），作为女性的典范和标准并给予奖励；社会精英们也纷纷响应，指导女性言行的女教著作大量出现，如曹魏荀爽作《女诫》、程晓作《女典篇》，西晋张华、裴頠作《女史箴》等。女性在面临危机时的牺牲和死亡被一次又一次地反复强调，并担负起教化的作用，其效果也颇为显著。这时期守节尤其是殉烈女子的数量大为增加。据董家遵《历代节烈妇女的统计》④，魏晋南北朝时期"节妇"（已嫁或者未嫁而能"守志"者）29 人，占整个中国古代节妇总量的 0.08%；"烈女"（已嫁或者未嫁而自杀"殉身"者）则有 35 人，占历代烈女总量的 0.3%。这表明，尽管绝对数量相差不大，但从所占百分比看，魏晋南北朝时期"殉身"的女性远比"守志"的女性要多。而这两个数字相

---

① （晋）葛洪：《抱朴子外篇》卷二五《疾谬篇》，台湾商务印书馆影印文渊阁《四库全书》本。

② ［韩］曹淑子：《古代妇女的死亡及其阴影：以杞梁之妻的故事为主线》，收入郑在书主编《东亚女性的起源——从女性主义角度解析〈列女传〉》，崔丽红译，人民文学出版社 2005 年版，第 233 页。

③ ［法］米歇尔·福柯：《性史》第 1 卷第 2 部分第 2 章，张廷琛、林莉、范千红等译，上海科学技术文献出版社 1989 年版，第 48 页。

④ 董家遵：《历代节烈妇女的统计》，收入鲍家麟主编《中国妇女史论集》，台湾牧童出版社 1979 年版，第 58 页。董文的统计数据根据《古今图书集成》"闺媛典"和"闺节列传"得出。

比于之前的周、秦、汉三代及之后的唐（节妇数量略多）、五代都要多。①

《北史·列女传序》云："盖女人之德虽在温柔，立节垂名咸资于贞烈。"在以男性为中心的权力支配体系下，妇女们被"美化了的死亡"是她们实现这一愿望的唯一途径。然而，"贞节一旦变相而成为强制的绝欲以后，它就成为不自然的了，也就不成其为一种道德"②。这正如日本作家与谢野晶子所说的那样："道德这事原是为了辅助我们生活而制定的，到了不必要或反于生活有害的时候，便应渐次废去，或者改正。倘若人间为道德而生存，我们便永久作道德的奴隶，永久只能屈服在旧权威底下。"③

五　父权制的"牺牲羊"：死亡背后的阴影

19世纪英国著名的哲学家和经济学家约翰·穆勒说："男人对妇女的统治与其他形式的不同在于它不是暴力的统治，而是自愿接受的，妇女不抱怨且同意参与。即使其身体受到极端的虐待，妻子们也很少敢使用为保护她们而制定的法律。她们如果出于一时难以压制的气愤，这样做了，事后也会竭力请求丈夫原谅，不给应得的惩罚。"所以当"一种习惯具有了普遍性，在某些情况下就是一个强有力的推测，即它是或无论如何曾经是有助于值得赞许的目标的"④。

一个妇女的死如果符合社会的支配性话语——儒家伦理观念、父权制意识形态，就会被歌功颂德。而后，她们的死亡被当作一种生存方式、一种崇高德行灌输给更多女性。这种"品德"最先在宫廷贵族之家的女性中间传播推广（《晋书·列女传》中的女性大多来自中上层社会即是证明），进而演化成"礼仪"的一部分。贵族女子的"守志"和"殉身"

---

① 周、秦、汉、唐、五代"节妇"与"列女"的数量及所占的百分比分别是：6人占0.016%和7人占0.06%；1人占0.003%和无；22人占0.06%和19人占0.16%；32人占0.09%和29人占0.24%；2人占0.006%和5人占0.04%。

② ［英］亨利·赫福洛克·霭理士：《性心理学》，潘光旦译，生活·读书·新知三联书店1987年版，第392页。

③ ［日］与谢野晶子：《贞操论》，周作人译，《新青年》1918年5月第4卷第5号。

④ ［英］约翰·斯图尔特·穆勒著：《妇女的屈从地位》，汪溪译，商务印书馆1995年版，第258、266—267页。

行为不仅成为上流社会的"时尚",更成为她们提高自身价值、炫耀自身地位的一种资本。随着时间的推移,这种"品德"逐渐向边缘扩散,并呈现出下降趋势,① 不断诱惑着平常百姓家的妇女去效仿。而那些为恪守礼义和贞节而选择死亡的女性,也总能因此得到一定的补偿——不但可以收获赞美或说被给予精神鼓励,有时还能得到统治者的封赏或物质刺激,甚至登上印刷品、流芳百世。一想到这些,妇女们不仅乐意接受男性为自己认定的"高尚品德",并将之转化为自觉自愿行动,还能从中得到一些快感,有时甚至是热血沸腾。于是,自杀便成为一种"精神上的慰藉",像全副武装的勇士,随时准备在男性需要的时候冲锋陷阵。

有人说:"贞节既是性意愿被剥夺的结果,又是母权失败的忠实纪录。"这些根据男性的需要"塑造"的女性最终成为男性价值观的"牺牲羊"。作为"牺牲羊","她的存在又诱惑着其他女性成为'牺牲羊'"②。不过,史籍中展现在我们面前的那些选择死亡的女性,都是意志坚定地、自觉自愿地高唱着贞节和礼仪的圣歌慨然赴死,丝毫看不到任何被强迫牺牲的暴力痕迹,这正是男性的高明之处。因为只要是经历了父权制意识形态熏陶的女性就必然会用男性的价值观念来要求自己,男性叙事者们恰恰是利用她们这种"自觉自愿"地选择死亡的方式巧妙地掩盖了将其作为"牺牲羊"的处理机制。③ 从这个意义上说,"贞节烈女"们的自杀选择"可以看作是在认同男性统治秩序的过程中将这一秩序内化了的结果"④。但不论形式如何变换,贞顺节烈的女性形象永远都只是根据男性需要被重新组合的女性形象,都只是按照男性的欲望被刻意制

---

① 罗伯特·伊利阿瑟:《文明化过程:礼仪的历史》,Yoo, Hee Soo 译,汉城新书苑 1995 年版。

② [韩]曹淑子:《古代妇女的死亡及其阴影:以杞梁之妻的故事为主线》,收入郑在书主编,《东亚女性的起源——从女性主义角度解析〈列女传〉》,崔丽红译,人民文学出版社 2005 年版,第 233 页。

③ [法]勒内·吉拉尔:《牺牲羊〈Le Bouc Emifsare〉》,Kim, Jin Sik 译,汉城民音社 1998 年版,第 203 页。

④ [韩]曹淑子:《古代妇女的死亡及其阴影:以杞梁之妻的故事为主线》,收入郑在书主编,崔丽红译:《东亚女性的起源——从女性主义角度解析〈列女传〉》,人民文学出版社 2005,第 217 页。

造的女性形象。并且在以男性为中心的父权制统治体系控制下，女性永远都不可能成为真正独立的主体，也永远都无法摆脱赞美掩盖下的死亡阴影。

北齐文林馆考论

吉林大学古籍研究所　杨　龙

高氏掌控下的东魏北齐政权虽然历时仅四十余年，但是，东魏北齐的统治集团构成复杂，且各政治势力之间的分合争斗变数多端。因而，东魏北齐时期的政治文化的发展就显得异常复杂。当然，随着研究的逐步深入，学界对东魏北齐政治文化的复杂性的认识也是渐次形成的。陈寅恪先生提出北朝以文化区分胡汉的观点，为学界讨论中古胡汉之争的问题设定了一个基本框架。[①] 此后，东魏北齐时期呈现较为激烈的胡汉冲突的现象便浮出水面，为诸多学者所关注。缪钺先生将东魏北齐的胡汉冲突视为这一时期社会政治的主要矛盾，这一观点在很长一段时间内成为学界讨论的主流意见。[②] 随着研究的深入，学界也认识到东魏北齐政治

[①] 陈氏相关论断参，看陈寅恪《唐代政治史述论稿》，生活·读书·新知三联书店2001年版，第197—202页。

[②] 学界一般认为，东魏北齐时代鲜卑勋贵和汉人士族之间存在着严重的胡汉对立，这也对东魏北齐的政治发展产生了深远的影响，胡汉冲突甚至是北齐由盛转衰，继而为北周所灭的主要原因。参看缪钺《东魏北齐政治上汉人与鲜卑之冲突》，收入其著《读史存稿》，生活·读书·新知三联书店1963年版，第78—94页；孙同勋：《北魏末年与北齐时代的胡汉冲突》，收入其著《拓跋氏的汉化及其他》，台北稻乡出版社2005年版，第209—221页；萧璠：《东魏、北齐内部的胡汉问题及其背景》，收入邢义田、林丽月主编《社会变迁》，中国大百科全书出版社2005年版，第160—185页。日本学者更多的关注东魏北齐时代的北族勋贵和汉人贵族之间的政治优势对比，但其讨论的出发点也是基于这一时期的胡汉矛盾。参看［日］谷川道雄《北齐政治史与汉人贵族》，收入谷川道雄《隋唐帝国形成史论》，李济沧译，上海古籍出版社2004年版，第196—238页。

斗争的复杂和政治变动的频繁，也形成了一些新的研究成果。① 其中，将东魏北齐的政治生态以文武之争加以解释其实更为合理。尽管在政治、军事实权方面，有着北族背景的勋贵和恩倖占有较大优势，但政治运行和社会文化上的汉化却是历史发展的主流。汉化是东魏北齐政治文化的主要特征，这是我们认识这一时代的基本出发点。

在东魏北齐时代，汉化不仅是政治制度方面的具体实践，也体现在具有北族色彩的统治者对汉族文化的认同，对代表汉族文化的汉人士族的文化爱好、生活风尚的接受。东魏北齐以高氏为代表的北族人士对儒家经典的学习，对文学的爱好，莫不如是。不仅如此，这种文化实践也为统治者内化为具体的政治实践，北齐末年开设的文林馆就是一个极具代表性的事例。文林馆的设立是北齐末期文学、文化发展过程当中颇为重要的事件。通过国家的政治动员能力，集合境内文化水准一流的文士进行典籍编撰等文化、文学活动，这在一定程度上反映了北齐文化发展的状况。对于文林馆的设立状况、运作过程以及文林馆学士的构成等问题，学界也有相关讨论。这些研究使我们对文林馆的基本状况有了较深入的了解。文林馆存在时间虽然不长，但它做到了囊括境内著名学者，也实现了预期的典籍编撰的工作，推动了北齐文学的发展。② 就我们所关注的问题而言，文林馆的设立和运作不光具有文学史的意义，作为一个

---

① 许福谦先生首先注意到北齐时代的"西胡化"现象，吕春盛先生则认为北齐时代皇权的巩固和继承成为影响政治发展的主线之一，王怡辰先生则试图论证东魏北齐时代的政治集团对国家政治存在的影响，黄永年和胡胜源二先生则提出文武之争才是东魏北齐政治斗争的本质所在。这些讨论大体上是在对东魏北齐胡汉之争观点的改进的基础上，对东魏北齐社会政治发展重新认识。参看许福谦《东魏北齐胡汉之争新说》，《文史哲》1993 年第 3 期；吕春盛《北齐政治史研究》，台湾大学出版中心 1987 年版；王怡辰《东魏北齐的统治集团》，台北文津出版社 2006 年版；黄永年《北齐政治斗争的真相》，收入其著《六至九世纪中国政治史研究》，上海书店出版社 2004 年版，第 5—39 页；胡胜源《武风壮盛到重文轻武——再论北齐倾覆之因》，《兴大历史学报》2008 年第 20 期。

② 丁爱博（Albert Dien）和山崎宏较早即讨论了北齐之文林馆，其文惜未得见。此后，费海玑、王允亮、魏宏利以及黄寿成等学者对北齐文林馆的设置、基本职能以及影响等进行了考察，宋燕鹏先生则对文林馆学士的地域背景和机构进行分析。参看费海玑：《北齐文林馆》，收入其著《历史研究集》，台湾商务印书馆 1968 年版，第 55—68 页；王允亮：《北齐文林馆考论》，《长沙大学学报》2006 年第 6 期；魏宏利：《北齐文林馆的设立、构成及其历史意义》，《西南交通大学学报》2006 年第 5 期；宋燕鹏、高楠：《论北齐文士的地理分布》，《中国历史地理论丛》2006 年第 4 期；宋燕鹏：《北齐的文化著述机构——文林馆》，《兰台世界》2006 年第 12 期；黄寿成：《北齐文林馆考》，《暨南史学》第 7 辑，2012 年。

令人瞩目的文化机构，文林馆在士人的仕宦经历以及北齐文物制度建设方面产生了一定的影响。因而，对北齐文林馆的相关问题展开研究，也有利于我们对东魏北齐政治、文化发展状况的深入认识。

一　文林馆的设立缘由

　　文林馆的创设，被时人视作文化上的一大盛举，显示了北齐国家对文化、文学的重视，也呼应了北齐文士的文学趣味。然而，文林馆之所以能够变成现实，首先应与北齐统治者对汉文化的接受和重视有关。东魏北齐时代士族文化修养得到了极大的提升，对知识的追求和对文学的喜好成为士人群体的重要特征。文士群体的蔚兴，文学创作活动的活跃，这也成为文林馆创设的社会基础。与此同时，文林馆及其运作方式也并非北齐首创，而是受到南朝文化影响下的产物。正是上述几个方面因素作为基础，文林馆的设立不仅获得统治者的认可，更有大批文士的积极参与，其具体运作也有先例作为参考。

　　自北魏孝文帝改革之后，汉化风潮遂浸染朝野。在政治制度的保障之下，北朝之文化、文学获得了长足的发展。魏分东西，北方陷入政治动荡之境地，但在东魏北齐政权之下，士人对于文化修养的重视和对于文学的热衷并未因政治的动荡而停滞，相反，倾慕文化的风气也影响到高氏皇族。高欢就尤为重视对诸子的儒学教育。《魏书》卷八四《儒林·李同轨传》："（高欢）闻景裕经明行著，驿马特征，既而舍之，使教诸子。在馆十日一归家，随以鼎食。"卢景裕为北魏之大儒，但他被迫参与了邢摩纳针对高欢的反叛活动。高欢重其才学，仍旧特征他教授诸子，而且礼遇隆重。卢景裕卒后，李同轨又被高欢礼招，负责教授高欢诸子，"每旦入授，日暮始归"[①]。此后，太学博士也被精选出来接替李同轨，继续教授高欢诸子。[②] 高欢对于诸子之教授的选择有着严格的学术才能上的标准，同时对诸位师傅也颇为礼重，这都显示出他对汉文化的高度认同，对于诸子文化水平的培养有着较高的期待。高欢对待汉文化的态度自然为其继承者所传习，聘请名师以教育诸子就成了北齐诸帝相沿不替的惯

[①]　《魏书》卷八四《儒林·李同轨传》，中华书局1974年版，第1860页。
[②]　《北齐书》卷四四《儒林·李铉传》，中华书局1972年版，第585页。

习。天统初年，武成帝为后主选择师傅，儒士马敬德受到推荐侍讲。① 张景仁工书，武成帝又选其为后主之侍书，教授后主书法。② 儒家经典以及书法均被视作北朝士族之重要特征，武成帝为后主文化水平的提升进行了较为全面的经营。这种做法，必定会对北齐皇帝产生潜移默化的效果，故而俟后北齐文士提议建立文林馆时，才可能获得皇帝的政治支持。

高欢以及北齐诸帝不仅重视对作为继承人的皇太子的儒学教育，这种教育也递延及于其他皇子乃至宗室成员。试举一例。《北齐书》卷四四《儒林·孙灵晖传》：

> 天统中，敕令朝臣推举可为南阳王绰师者，吏部尚书尉瑾表荐之，征为国子博士，授南阳王经。

南阳王高绰系武成帝之庶长子。③ 武成帝对高绰师傅的选择颇为慎重，其中也透露出他对此事的重视。应该说，武成帝为诸皇子选择经师的事例只是北齐时代皇室教育的常见现象。这种持续性的教育不仅带来高氏皇族文化水准的提升，也使得追崇文学之风气蔓延至皇族成员。如高欢第八子高淯少有器望，所引王国府佐也多为文艺清识之士。④ 高洋之子高孝珩，"爱赏人物，学涉经史，好缀文，有伎艺"⑤。当然，北齐皇族的教育并不能在短时间内彻底改变全体宗室成员的文化素养，但这种教育作为一种经常化的举措推行下去，就势必产生长期的影响，类似北魏元氏宗室的汉化倾向便会出现。高齐宗室成员对文化、文学的重视和喜好，也在一定程度上影响着特别是具有北族背景的勋贵集团，使他们也开始接受并认同汉文化。这也是后主时期文林馆得以设立的社会基础之一。

高氏宗室对文化的重视以及他们与文士儒生的互动，这不仅在一定程度上促进东魏北齐文化的发展，同时也构成东魏北齐文学繁盛之一环。北朝自孝文帝改革之后，汉化之风大盛，大批士人从事学术研究和文学创作，再加上南朝文学的北传，使得北魏后期的学术研究和文学创作达

---

① 《北齐书》卷四四《儒林·马敬德传》，590页。
② 《北齐书》卷四四《儒林·张景仁传》，591页。
③ 《北齐书》卷一二《武成十二王·南阳王绰传》，159页。
④ 《北齐书》卷一〇《高祖十一王·襄城景王淯传》，第137页。
⑤ 《北齐书》卷一一《文襄六王·广宁王孝珩传》，第144页。

到一个新的高度。① 东魏北齐承北魏之绪余,推重儒学,遂使得向学之士群起。史家描述其盛况:

> 故横经受业之侣,遍于乡邑;负笈从宦之徒,不远千里。伏膺无怠,善诱不倦。入间里之内,乞食为资;憩桑梓之荫,动逾千数。燕、赵之俗,此众尤甚。②

不可否认,对儒学的推崇实与国家的政策取向相关,故儒生对儒经的学习带有一定的功利性目的。然而,这种风气也推动了整个社会的发展。在此基础上,东魏北齐的文学发展也有了新的推进。本土文学的发展,再加上胡族文学以及南朝文学的相互激荡,使得东魏北齐的文学出现了令人瞩目的新的活力。③ 以邺城为中心,大批文学之士汇聚一堂,相互交游,诗文唱和,提升了文士儒生在社会上的影响。不仅如此,能文之士则为统治者所倚重,撰述军国文翰,参掌纶诰。比如樊逊、卢思道、魏收以及李德林等人。④ 这样一来,文学创作就不仅是一种社会风尚而已,它更与政治关联,通过文士的具体活动影响着东魏北齐政权的性质及政治理念。文化、文学的繁荣,士人对文学活动的积极参与和强烈的兴趣。文学与政治的结合,这些同样为文林馆的建置奠定了社会基础。

北朝时期,皇宗或官贵之家招徕文学之士以为宾客,并以之承担家庭教育或顾问侍对之责,这成为一项社会风尚。北魏前期之崔浩,就曾因噩梦而咨询其馆客冯景仁。⑤ 北魏名臣崔亮在发迹之前就曾为李冲馆客,李冲并嘱咐其兄子李彦善与相处。⑥ 招引馆客之风递延至东魏北齐,亦未衰替。《北齐书》卷四四《儒林·权会传》:"仆射崔暹引(权会)为馆客,甚敬重焉,命世子达拏尽师傅之礼,会因此闻达。"显然,崔暹就有招引儒生文士以为馆客的举动,而权会则负有教育崔暹诸子之责任。

---

① 参见唐长孺《论南朝文学的北传》,收入其著《唐长孺社会文化史论丛》,武汉大学出版社2001年版,第205—232页。
② 《北齐书》卷四四《儒林传序》,第582页。
③ 参看周建江《北朝文学史》,中国社会科学出版社1997年版,第113—134页。
④ 《北齐书》卷四五《文苑传序》,第603页。
⑤ 《魏书》卷三五《崔浩传》,第826页。
⑥ 《魏书》卷六六《崔亮传》,第1476页。

高氏宗室成员也常常吸收当世名士为馆客，以为其私游顾谈之需。《北齐书》卷四三《李稚廉传》："世宗嗣事，召诣晋阳，除霸府掾。……遂命为并州长史。常在世宗第内，与陇西辛术等六人号为馆客，待以上宾之礼。"高澄所吸收的名士馆客就有李稚廉等六人，其规模也不小。尽管高氏尚武豪侠之风并未因此而尽改，① 但这些现象的出现无疑具有重要意义。高氏宗室中的一些成员成为文学风尚的一分子，他们的特殊身份和政治资源则为文学的扩张提供了动力和保障。北齐后主时代设立的文林馆显然符合这一发展路径。文林馆的设立带来的不仅是士人文学旨趣的发展，更重要的是，作为士人群体的一项集体活动，经由国家政治制度的运作，文林馆的设立及其待诏、编撰活动的展开也为国家文化正统性提供了极为有力的证明。

如前所述，高澄曾招待李稚廉等名士为其馆客，而这种招引士人的方式在东魏北齐之上流社会可能也成为一种风尚。《北齐书》卷三〇《高德政传》："德政与帝（高洋）旧相昵爱，言无不尽。散骑常侍徐之才、馆客宋景业先为天文图谶之学，又陈山提家客杨子术有所援引，并因德政，劝显祖行禅代之事。"此处提及的徐之才馆客宋景业和陈山提家客杨子术等人应属同一性质，都是上流官宦招引的才学之士。从他们参与魏齐禅代一事来看，这些馆客在政治上也颇为活跃。这些上流官宦招引的馆客一般与其学术旨趣相近，或者也因馆客符合事主的某些需求。比如上引材料中之宋景业实为徐之才馆客，二人对于天文图谶之学有着共同的爱好。② 崔暹为尚书仆射，就将儒学之士权会引为馆客，命其子崔达拏尽师傅之礼。③ 此外，高欢于河北起事之时，就曾将善易占风角的王春和明于算术的信都芳引为馆客，这显然是为了满足其政治军事斗争的需要。④ 招引馆客的方式在北齐末期得到延续，后主依照惯习豢养馆客，而这也成为设置文林馆的重要基础。《北齐书》卷四五《文苑传序》：

> 后主虽溺于群小，然颇好讽咏，幼稚时，曾读诗赋，语人云：

---

① 高氏皇族崇尚武勇、深具豪侠风气，这在东魏北齐时代尚有若干表现。参看李文才《试论北齐文宣帝高洋之器识与才具》，《江汉论坛》2011年第9期。
② 《北齐书》卷三三《徐之才传》，445页。
③ 《北齐书》卷四四《儒林·权会传》，592页。
④ 《北齐书》卷四九《方伎·王春传》、卷四九《信都芳传》，第674、675页。

"终有解作此理不？"及长亦少留意。初因画屏风，敕通直郎兰陵萧放及晋陵王孝式录古名贤烈士及近代轻艳诸诗以充图画，帝弥重之。后复追齐州录事参军萧悫、赵州功曹参军颜之推同入撰次，犹依霸朝，谓之馆客，放及之推意欲更广其事，又祖珽辅政，爱重之推，又托邓长颙渐说后主，属意斯文。

后主于依仿高欢、高澄等旧制招引馆客一事颇为留意，而根据以上文献，将招引馆客之方式升华为文馆制度，后主所吸收的南朝文士颇与其力。也正是后主所招引的这一批文士及其从事的编撰工作，为以后文林馆的创置及其具体的文学活动奠定了重要的基础。

魏晋南朝时期的文馆学士制度也为北齐文林馆的创设提供了重要的制度参考。魏晋时期，各类以学士为中心的文馆的创设和发展，对于文士交游、学术研究等均起到重要作用。文馆创设最早或可追溯至曹魏时期。《三国志》卷三《魏书·明帝纪》："（青龙四年）四月，置崇文观，征善属文者以充之。"崇文观之具体职能不详，但应是文学之士麇集之所，很可能也是专为文学创作所设之机构。两晋时期似未见类似机构，不过，刘宋明帝泰始四年设立总明观，分玄、儒、文、史四科设置学士以专其业，文馆制度遂有了进一步发展。[1] 自此以后，设立各种类型的文馆并安置相应的学士，这在南朝时期时常得见。比如南齐永明二年，在尚书令王俭的领导下，设立了治礼乐学士及相应的机构，设置旧学四人、新学六人以及相应的佐吏，机构创置颇为完善，其事就在于专修礼乐。[2] 萧梁时代设置学士及相应文馆就更为繁多。[3] 如梁初曾于文德殿设立学士省，招引高才硕学之士于中专职校定坟史。[4] 南朝时期的文馆学士制度蔚为大观，这对于南朝之文学和学术研究的发展起到了重要作用。除了上述具有官办性质的文馆之外，一些具有私人性质的文馆也应引起注意。《南齐书》卷四〇《武十七王·竟陵文宣王子良传》：

---

[1] 《南齐书》卷一六《百官志》，中华书局1972年版，第315页。
[2] 《南齐书》卷九《礼志上》，第118页。
[3] 对南朝学士的总体讨论可参看唐春生《南朝学士考论》，《学术论坛》2003年第6期。
[4] 《梁书》卷四九《文学上·到沆传》，中华书局1973年版，第686页。

(建元) 五年，(萧子良) 正位司徒，给班剑二十人，侍中如故。移居鸡笼山邸，集学士抄五经、百家，依皇览例为四部要略千卷。招致名僧，讲语佛法，造经呗新声，道俗之盛，江左未有也。

萧子良所开设的文馆亦称西邸，而入其中者被称为西邸学士。西邸的创设，本质上是萧子良基于个人学术和文学之爱好而设。当然，由于萧子良个人的影响，西邸也召集了当时以文学闻名的沈约、任昉等"竟陵八友"为首的大批文士，成为一时盛事。

魏晋南朝的官私文馆的主要作用乃是安置文士和学术研究。这些机构为文学之士的相互交往，为其诗文唱和和文学创作提供了极为便利的平台，因而也颇为文士所看重。不仅如此，各类文馆也确乎成为学术研究的重要组织。比如南齐王俭所主持的修礼之馆，其职能就是召集专学之士修订五礼，其制又一直延续至萧梁，并于梁武帝普通五年最终撰成。① 再如南齐之西邸学士和萧梁之文德殿学士，在文学交游之外，编撰典籍无疑成为他们的一项主要任务。刘宋时代所设置之总明观，分玄、儒、文、史四科分置学士，这不仅表明南朝文馆学术研究的专门化倾向，同时也显示文馆总体上还注意学术研究的统合性。萧子良之西邸在文学之外，还注重佛学的研究，也有综合诸学的性质。

随着南北政治文化交流的发展，南朝的这种文化机构的设置方式自然会为北朝所知晓。就文林馆的创设而言，如前引文献所示，来自南朝的颜之推、萧悫等人可能是起了直接的推动作用。换言之，正是由于颜之推等来自南朝的士人对文馆制度的熟悉，他们在推进后主馆客惯习的制度化进路上起了主导作用。这一文馆制度也在北周时期得到实施。北周明帝在位期间，召集学士于麟趾殿校定图书，其制正仿南朝，而一批萧梁灭后由南入北的文士显然成为其中的骨干。② 如上所述，北齐文林馆的创设既有现实基础，也有成熟的制度实践。

综上所述，北齐文林馆的创设并非一时突现之事务，正是东魏北齐北族群体对汉文化的逐步接受，以及汉人士族中文士群体的崛起和这一

---

① 《梁书》卷二五《徐勉传》，第379—382页。
② 参见宋燕鹏、张素格《北周麟趾学士的设置、学术活动及其意义》，《河北科技大学学报》2008年第2期。

时期文学的繁荣发展等背景，才使得文林馆的创设具备了较为可靠的社会基础，北齐之胡汉人士才能够认可文林馆。此外，文林馆的制度背景则源自魏晋南朝的文馆制度。经过南北文化交流，文馆制度与北朝之馆客更进一步融合，遂使得文林馆能够有效运行。

二　北齐士人与文林馆

正是在颜之推等士人的推动之下，北齐文林馆的创设事宜被提上了日程。武平三年，在祖珽的建议之下，文林馆正式创立。[①] 文林馆设立之后，就先后任命数位监撰人员，由他们负责典籍的编撰以及文林馆的日常事务。文林馆学士的征召标准不得而知，就可考史籍言之，文林馆学士的选任途径大体上可分为皇帝直接任命、朝中官员举荐以及个人自荐等方式。一般而言，由朝中官员举荐这一途径是文林馆学士的主要来源，个人自荐者恐怕颇为少见。如宋孝王好臧否人物而获疾于时，他自荐入文林馆待诏，却因此而未获允许。[②] 北齐文林馆将其时境内文名较著之士张罗殆尽，因此也被史家评为一时之盛事。为此，史家也详录了一份文林馆待诏学士的名单，兹转录如下：

> 后主虽溺于群小，然颇好讽咏，幼稚时，曾读诗赋，语人云："终有解作此理不？"及长亦少留意。初因画屏风，敕通直郎兰陵萧放及晋陵王孝式录古名贤烈士及近代轻艳诸诗以充图画，帝弥重之。后复追齐州录事参军萧悫、赵州功曹参军颜之推同入撰次，犹依霸朝，谓之馆客，放及之推意欲更广其事，又祖珽辅政，爱重之推，又托邓长颙渐说后主，属意斯文。三年，祖珽奏立文林馆，于是更召引学士，谓之待诏文林馆焉。珽又奏撰《御览》，诏珽及特进魏收、太子太师徐之才、中书令崔劼、散骑常侍张雕、中书监阳休之

[①]《北齐书》卷四五《文苑传序》，第603页。《北齐书》卷八《后主纪》将文林馆的设立时间置于武平四年，但文林馆设立期间修撰的《修文殿御览》成书于武平三年，这显然不合事实。缪钺先生在所撰《魏收年谱》和《颜之推年谱》当中指出，监撰《修文殿御览》的魏收卒于武平三年，若以此推论，《后主纪》所载文林馆的设立时间或有误。参看缪钺《读史存稿》，第202、217—220页。

[②]《北齐书》卷四六《循吏·宋世良传附宋孝王传》，第640页。

监撰。斑等奏追通直散骑侍郎韦道孙、陆乂、太子舍人王劭、卫尉丞李孝基、殿中侍御史魏澹、中散大夫刘仲威、袁奭、国子博士朱才、奉车都尉眭道闲、考功郎中崔子枢、左外兵郎薛道衡、并省主客郎中卢思道、司空东阁祭酒崔德、太学博士诸葛汉、奉朝请郑公超、殿中侍御史郑子信等入馆撰书，并敕放、恝、之推等同入撰例。复令散骑常侍封孝琰、前乐陵太守郑元礼、卫尉少卿杜台卿、通直散骑常侍王训、前兖州长史羊肃、通直散骑常侍马元熙、并省三公郎中刘珉、开府行参军李师正、温君悠入馆，亦令撰书。复命特进崔季舒、前仁州刺史刘逖、散骑常侍李孝贞、中书侍郎李德林续入待诏。寻又诏诸人各举所知，又有前济州长史李孺、前广武太守魏骞、前西兖州司马萧溉、前幽州长史陆仁惠、郑州司马江旰、前通直散骑侍郎辛德源、陆开明、通直郎封孝謇、太尉掾张德冲、并省右民郎高行恭、司徒户曹参军古道子、前司空功曹参军刘颙、获嘉令崔德儒、给事李元楷、晋州治中阳师孝、太尉中兵参军刘儒行、司空祭酒阳辟疆、司空士曹参军卢公顺、司徒中兵参军周子深、开府参军王友伯、崔君洽、魏师謇并入馆待诏，又敕右仆射段孝言亦入焉。《御览》成后，所撰录人亦有不时待诏，付所司处分者，凡此诸人，亦有文学肤浅，附会亲识，妄相推荐者十三四焉。虽然，当时操笔之徒，搜求略尽。其外如广平宋孝王、信都刘善经辈三数人。论其才性，入馆诸贤亦十三四不逮之也。待诏文林，亦是一时盛事，故存录其姓名。①

以上共录文林馆学士计六十余人。根据我们的考索，以上所列恐仍有遗漏，文献中仍有张景仁、王晞、徐敏行②、荀仲举、王伯以及阳俊之等数人，加上上列人员共计68人。从以上所引文献中可以看到，文林馆学士达到这一规模，至少是经过了前后三次集中举荐甄选的结果。第一次系

---

① 《北史》卷八三《文苑传序》，2780—2781页。《北齐书》卷四五《文苑传序》所录与此略同，但也有些微差别。比如此处之崔德立，《北齐书》作崔德；杨训，《北齐书》作王训。另外，《北齐书》所列名单中缺少崔儦、刘儒行、卢公顺以及周子深等人。李延寿所列当有所本，故本处仍以《北史》所记为本。

② 徐敏行为文林馆待诏学士之事为其夫妇墓志所载。徐敏行夫妇墓志录文见韩理洲《全隋文补遗》，三秦出版社2004年版，第103—104页。

祖珽奏立文林馆之时。经过后主应允，祖珽随即召集一批学士，文林馆的格局基本成型。第二次则是祖珽提议编撰了《修文殿御览》。这一次则开始了较大规模的举荐学士入馆，文林馆学士中约有一半是在这次集中进入的。第三次则是《修文殿御览》编成之后陆续入馆待诏者。毫无疑问，编撰《修文殿御览》之时正是文林馆最为活跃之时。当然，文林馆是为皇帝提供文化顾问的机构，其职责实际上较为多样，编撰《修文殿御览》则是其文化顾问职责的集中展示，祖珽提出这一编撰计划也是为了体现这一机构设置的合理性。

文林馆的设立，其最基本的职能是"待诏"，也即随时预备皇帝之顾问。《北齐书》卷四五《文苑·颜之推传》：

> 之推聪颖机悟。博识有才辩，工尺牍，应对闲明，大为祖珽所重，令掌知馆事，判署文书。寻迁通直散骑常侍，俄领中书舍人。帝时有取索，恒令中使传旨，之推禀承宣告，馆中皆受进止。所进文章，皆是其封署，于进贤门奏之，待报方出。兼善于文字，监校缮写，处事勤敏，号为称职。

颜之推受祖珽之命专掌文林馆事务。从颜之推处理皇帝需索的具体细节中，我们也可以看到这种顾问的主要方式。从文林馆设立的初衷观之，我们或许也可以推测，文林馆提供的顾问应对也应该主要是针对皇帝的文学爱好而进行的。这种职责，从时人之行动亦可见其一斑。《北齐书》卷四一《傅伏传》：

> 又有开府、中侍中官者田敬宣，本字鹏，蛮人也。年十四五，便好读书。既为阉寺，伺隙便周章询请，每至文林馆，气喘汗流，问书之外，不暇他语。及视古人节义事，未尝不感激沉吟。颜之推重其勤学，甚加开奖，后遂通显。

宦者田敬宣积极向文林馆学士请益学问，这一则说明文林馆学士学问广博为人共知，同时也透露出文林馆之职责也主要是在文学和文化方面。《颜氏家训》卷五《省事》："前在修文令曹，有山东学士与关中太史竞历，凡十余人，纷纭累岁，内史牒付议官平之。"颜之推的追叙为我们提供了一个颇为重要的信息。根据相关文献记载,此处学士与太史竞历之事应是指武平七年非难宋景业所造《天保历》,而修文令曹则指文林馆。① 颜之推受命平议各方争论,这也可见文林馆具体职责之一斑。

不过,在"待诏"这一基本任务之外,文林馆还负责典籍编撰的任务。一般认为,北齐文林馆完成的最主要的工作就是编撰《修文殿御览》。此书于武平三年下令编撰,同年十月,该书修成奏上,敕付史阁。② 根据颜之推《观我生赋》所载,同时编成奏上的还有《续文章流别》一书。③ 此外,文林馆学士还编有《文林馆诗府》八卷。④ 由这些情况观之,北齐之文林馆在典籍编撰方面也取得了较为丰硕的成果,其所编撰的典籍实际上也涉及较为宽广的内容。文林馆的编撰活动不仅为国家提供了重要的文化成果,它同时也促进了士人基于文学爱好方面的相互联系,这种联系促进了士人之间的文化认同。

既然文林馆具有待诏之责,同时又承担编撰典籍的任务,则文林馆学士的选择就有着较为严格的要求。推动文林馆设立的颜之推在规划待诏学士的人选时,就曾希望"不欲令耆旧贵人居之"⑤,此处之耆旧贵人不一定是专指北齐之北族勋贵,但颜之推等人意图打破朝中官贵的利益垄断,将文林馆经营成一个文士聚集场所,自是其本意。因此,待诏学士在学识和文学才华上就必须具有较为深厚的造诣。《北史》卷二三《崔挺传附崔昂传》:"(崔昂)第三子液,字君洽,颇习文藻,有学涉,风仪器局为时论所许。以奉朝请待诏文林馆。"崔君洽有文学才华,又涉猎较广,同时还有着良好的风仪气度,故而能入选文林馆。这或可视作文林馆待诏的一般标准。再如李德林,"年十五,诵《五经》及古今文集,日数千言。俄而该博坟典,阴阳纬候无不通涉。善属文,词覈而理畅。……齐主留情文雅,召入文林馆"。李德林则以其博学研深和为文核畅而获名于世,同时也得以因此被召入文林馆,其情形大体同于崔君洽。《隋书》卷六九《王劭传》:

---

① 《隋书》卷一七《律历志中》,中华书局1973年版,第417页。
② 《北齐书》卷八《后主纪》,第105—106页。
③ 《北齐书》卷四五《文苑·颜之推传》,第624页。
④ 《隋书》卷三五《经籍志四》,第1084页。
⑤ 《北齐书》卷四二《阳休之传》,第563页。

劭少沉默，好读书。弱冠，齐尚书仆射魏收辟参开府军事，累迁太子舍人，待诏文林馆。时祖孝徵、魏收、阳休之等尝论古事，有所遗忘，讨阅不能得，因呼劭问之。劭具论所出，取书验之，一无舛误。自是大为时人所许，称其博物。

王劭的事例可以更为具体地说明文林馆待诏的学养状况。应该说，大多数文林馆学士在文学才华、学识素养以及个人风仪等方面都有着令人称道之处。在文林馆的待诏学士当中，虽然不全都是学识广博的饱学之士，但正如《北齐书》的编撰者所评论之"操笔之徒，搜求略尽"一样，文林馆成了士人荟萃之地。

北齐文林馆学士一览表

所属机构	任职者	合计
特进	魏收、崔季舒	2
尚书省	尚书仆射：祖珽（左仆射）、段孝言（右仆射） 尚书郎：崔子枢（考功郎）、薛道衡（左外兵郎）、郑抗（不详）	5
门下省	侍中：张景仁 给事：李元楷	2
中书省	中书令、监：崔劼（中书令）、阳休之（中书监） 中书侍郎：李德林	3
御史台	殿中侍御史：魏澹、郑子信	2
集书省	散骑常侍：封孝琰、李孝贞、张雕 通直散骑常侍：杨训、马元熙 通直散骑侍郎：韦道孙、陆乂、萧放、封孝謇 奉朝请：郑公超、王伯	11
诸卿	卫尉少卿：杜台卿、卫尉丞：李孝基 大鸿胪：王晞	3
国子学	国子博士：朱才 太学博士：诸葛汉	2
左右卫府	奉车都尉：眭道闲	1
东宫属官	太子太师：徐之才 太子舍人：王劭、徐敏行	3

续表

所属机构	任职者	合计
尚书并省	尚书郎：卢思道（主客郎）、刘珉（三公郎）、高行恭（右民郎）	3
公府僚佐	太傅僚佐：崔儦（东阁祭酒） 太尉僚佐：张德冲（掾）、刘儒行（中兵参军） 司徒僚佐：古道子（户曹参军）、周子深（中兵参军） 司空僚佐：崔德（东阁祭酒）、阳辟疆（祭酒）、卢公顺（士曹参军） 开府参军：李师上、温君悠、王友伯、崔君洽、魏师謇	13
地方长官	崔德儒（获嘉令）	1
地方僚佐	萧悫（齐州录事参军）、颜之推（赵州功曹参军）、江旰（郑州司马）、阳师孝（晋州治中）	4
候选官员	辛德源、陆开明（前通直散骑侍郎） 刘逖（前仁州刺史）、郑元礼（前乐陵太守）、魏謇（前广武太守） 刘顗（前司空功曹参军） 羊肃（前兖州长史）、李蕃（前济州长史）、萧溉（前西兖州司马）、陆仁惠（前幽州长史）	10
其他	中散大夫：刘仲威、袁奭	2

考察上表所示名单，士人占据了不容置疑的绝对优势，这也是勋贵集团等难以插足之处。就其具体状况来看，我们又可将其分为如下几类。第一类是文学擅长之人，这是文林馆学士的主要构成部分，他们不仅文才颇佳，而且注重养成广博的学识。第二类则属于专研儒学之人。如上表中所示国子博士朱才、散骑常侍张雕等人。第三类则系有着某些专长技艺者。比如来自南朝的萧放，其文学修养水平不详，但他擅长丹青则是他得到后主及主持文林馆事务的颜之推等人欣赏并引入文林馆的重要原因。① 第四类则是因请托而得入文林馆者，此即史家所谓"文学肤浅，附会亲识，妄相推荐者"。文林馆学士这种类别结构也反映了整个北齐时代士人的群体状况。就其族属情况来看，文林馆学士绝大部分系汉族出

---

① 《北齐书》卷三三《萧放传》，第443页。

身，具胡族背景者仅陆开明、陆乂、高行恭、段孝言数人而已。事实上，这些得入文林馆的胡人家族在北魏时已经完成汉化进程，其文化修养与汉族士人并无二致。① 这一特点也从另一个侧面反映出北齐社会发展的状况。

如果考察这批士人的籍贯，我们也不难发现，河北士人是文林馆学士的主要构成者，他们不仅数量较多，而且文学修为较高，既具有家族化的趋势，又能包容各个社会阶层。来自南朝和关中地区的士人虽然数量较少，但他们也为文林馆的文化活动注入了新的文学成分。② 文林馆学士需要真正具备良好的文学素养，尽管也有阳休之结附耆旧贵人，引之入文林馆待诏，③ 但在文林馆的具体活动当中，这些缺少文学才华的人士自然起不到什么作用。另一个值得注意的现象则是，文林馆学士的成员基本上都是在中央各行政机构任职的士人，或者是于地方任职届满回京候选官僚，直接从地方选拔上来的士人并不多。这也间接说明北齐时代士人主要的活动地域集中在邺城。如果考虑文林馆的文学意义，我们也可据此推断，北齐文化、文学发展的主要地域实际上也是集中在邺城地区的。

如上表所示，文林馆的待诏学士分布在中央各个机构当中，其中又以集书省、公府僚佐以及任满候选官员占据较大比例。从总体上来看，进入文林馆的待诏学士多以文职散官以及职任较为清简的职官为主。而就职官的品级而言，品级较高的中书令、监、尚书仆射和特进的担任者基本上是作为文林馆的监修官员或理事官员进入其中的，而真正负责典籍编撰的士人则大体上属于中央或地方的中层官员，他们年纪较轻，任职尚浅。④ 这些官员于文林馆待诏只是暂时性的事情，一旦编撰等任务完成，他们也要继续迁转他职。在文林馆任职期间给他们带来的是文化上的荣耀，至于个人政治地位的提升，则仍需通过

---

① 出自陆氏家族的陆开明、陆乂二位，就是胡人家族汉化的典型代表。早在北魏时期，他们由胡到汉的文化转型就已经完成。参见 J. Holmgren, The Lu Clan of TaiCommandery and Their Contribution to the T'o—pa State ofNorthern Wei in the 5th Century, T'oungPao, Vol. 69, Livr. 4/5 (1983), pp. 272 - 312.

② 参见宋燕鹏、高楠《论北齐文士的地理分布》，《中国历史地理论丛》2006 年第 4 期。

③ 《北齐书》卷四二《阳休之传》，第 563 页。

④ 参见费海玑《北齐文林馆》，第 55—68 页。

仕宦的渐进来实现。

　　文林馆之职责被定位在文学、文化顾问方面，而入选文林馆的人员大体上以河北地区的汉族士人为主。文林馆学士作为一种文化荣耀而为士人所重，但一般而言，在文林馆的任职经历为他们赢得了士人群体的认同，同时也促进了士人之间的相互交游。在中古中国，对于个人而言，这种身份认同和文化交游有着积极而深远的影响，若北齐政权能延续一段时间，文林馆对政权的政治影响和对社会的文化影响便会彰显出来。

三　文林馆的政治文化内涵

　　从根本上而言，文林馆的成立、待诏学士的简选以及文林馆的待诏和典籍编撰工作的展开，这些固然与皇帝和士人的文学兴趣有关，也为北齐的文化发展做出了重要贡献。然而，若结合现实政治，则文林馆所具有的政治文化内涵还值得我们留意。文林馆绝非只是一个文化事件，他至少具有如下两方面的政治内涵。

　　就北齐时代的政治集团及其斗争状况观之，尽管随着官僚政治的展开，勋贵集团与士人集团通过各自的政治运作取得了一定的权力上的均衡，但勋贵集团政治威势的余绪尚存，再加上一些新的政治因素——如恩倖政治——的出现，又为士人参与政治带来了新的错综复杂的难题。北齐时代一批南朝士人的北上，也为北齐政治舞台上注入一股新的力量，这也使得有的学者将文林馆定性为南朝士人或亲南朝士人争取政治地位的文化机关。① 这一论断或许过于武断。不过，文林馆之创设具有政治斗争的意味，则为诸多学者所论及。北齐武成帝末期、后主初期，一度失势的祖珽在武成帝的亲宠之下，又与和士开、陆媪等联结，再次获得较为崇重之权势。在依附当朝权势者的同时，祖珽也注意培养自己的政治势力。因此，在建议创设文林馆的问题上，祖珽表现得颇为积极。应该说，正是在祖珽的积极推动下，文林馆才得以成立，祖珽与文林馆之间的密切联系也受到学者的关注。一般均认为，祖珽正是希望通

---

① 参看费海玑《北齐文林馆》，第62—63页。

过文林馆培养属于自己的政治势力。① 应该说，祖珽的这一计划尚带有个人政治利益的考量，实际上，文林馆的创建也是所有士人欲增强群体政治力量的寄托。《北齐书》卷四二《阳休之传》："及邓长颙、颜之推奏立文林馆，之推本意不欲令耆旧贵人居之。"颜之推试图为文林馆学士的简选确立一个较为纯粹的标准，将并无学术的耆旧勋贵排除在外，这也绝非其个人的期望，而是符合整个士人群体的初衷的。若从这一点反观文林馆成员的构成，我们或许可以体会到文林馆的成立实际上包含着士人与权贵之间的政治互动。如果说士人之间通过相互交往以确立其身份认同的过程是通过社交网络的路径取得社会政治资源，那么文林馆的成立则为北齐士人群体确立了制度化的获取政治资源的路径。

  文林馆学士的学术活动则从另一个方面展示了其政治文化的内涵。典籍的搜集、整理和编纂，典章制度的设计和运行，这首先是中国古代国家文化发展的重要标志。在东魏北齐所处的的政治环境之下，文化事务以及典章制度还与其文化的正统性论证关系密切。东魏初期，杜弼建议整顿吏治，打压权贵，高欢则以国际形势作对，证明整顿吏治之未合时宜。高欢提及来自南朝的威胁："江东复有一吴儿老翁萧衍者，专事衣冠礼乐，中原士大夫望之以为正朔所在。"② 所谓衣冠礼乐，无疑是文化正统性的彰显。因而，东魏北齐要想提升其政治威望，在文物典章方面的工作就不可或缺。自东魏孝静帝始，典校经籍的工作就陆续展开。《隋书》卷四二《李德林传》："父敬族，历太学博士、镇远将军。魏孝静帝时，命当世通人正定文籍，以为内校书，别在直阁省。"又，曾任侍中一职的元湛也负责整理经籍："又除骠骑将军，仍侍中，俄以本官监典书事。逸文脱简，罔不捃摭，毁壁颓坟，人所穷尽。"③ 可见，整理宫中文

---

① 缪钺即持此一看法。参看缪钺《颜之推年谱》，《读史存稿》，第219页。丁爱博也曾对文林馆进行过专题研究，在祖珽与文林馆的关系方面，他与缪钺观点相近。吉川忠夫以颜之推为中心，也论述了文林馆所具有的与勋贵武人对抗的政治意味。丁爱博的这一观点也为 J. Holmgren 所吸收。参看缪钺《颜之推年谱》，《读史存稿》，第217—219页；J. Holmgren, Politics of the Inner Court under the Hou‐chu (Last Lord) of the Northern Ch'i (ca. 565‐73), Edited by Albert E. Dien, *Stated and Society in Early Medieval China*, Stanford University Press, 1990, pp. 318‐319；[日] 吉川忠夫：《颜之推论》，收入其著《六朝精神史研究》，王启发译，江苏人民出版社2010年版，第228—231页。

② 《北齐书》卷二四《杜弼传》，第347页。

③ 赵超：《汉魏南北朝墓志汇编》，天津古籍出版社2008年版，第357页。

籍的工作受到了孝静帝的重视。既言"命当时通人"，则可推断校定文籍的人士当不止李敬族一人。更重要的是，这一工作当不是一时之举。《北齐书》卷四五《文苑·樊逊传》：

> （武定）七年，诏令校定群书，供皇太子。逊与冀州秀才高乾和、瀛州秀才马敬德、许散愁、韩同宝、洛州秀才傅怀德、怀州秀才古道子、广平郡孝廉李汉子、渤海郡孝廉鲍长暄、阳平郡孝廉景孙、前梁州府主簿王九元、前开府水曹参军周子深等十一人同被尚书召共刊定。

樊逊等十一人于武定七年被简选以刊定群书，其时在东魏末期。玩味文意，这次集中校定群书当与李敬族受命校书为二事。北齐设有秘书省，机构颇为完善，其职责正是典司经籍。① 可以肯定，北齐仍将文籍之搜集与整理之事视为常务。《隋书》卷三二《经籍志一》："孝文徙都洛邑，借书于齐，秘府之中，稍以充实。暨于尔朱之乱，散落人间。后齐迁邺，颇更搜聚，迄于天统、武平，校写不辍。"唐代史家去北朝不远，他们对东魏北齐的典籍整理的叙述当为有据。隋初牛弘建议广开献书之路，在他的奏章中就提及东魏北齐曾尝试搜集书籍，到北周平齐，获得的书籍有三万余卷，较旧有之书增加五千余种。② 搜集整理之功当不可小觑。

文林馆运行期间的主要工作是编定了《修文殿御览》，这一典籍是为皇帝提供文化服务的文献汇编。为满足皇帝的知识需求，自然需要学识广博的文士。不过，《修文殿御览》的编撰并非一时之功：

> 初，齐武成令宋士素录古来帝王言行要事三卷，名为《御览》，置于齐土巾箱。阳休之创意取《芳林遍略》，加《十六国春秋》、《六经拾遗录》、《魏史》第（等）书，以士素所撰之名称为《玄洲苑御览》，后改为《圣寿堂御览》。至是，斑等又改为《修文殿》上之。徐之才谓人曰："此可谓床上之床，屋下之屋。"③

---

① 《隋书》卷二七《百官志中》，第754页。
② 《隋书》卷四九《牛弘传》，第1299页。
③ 《太平御览》卷六〇一引《三国典略》，中华书局1960年版，第2707页。

就以上所述观之，《修文殿御览》的雏形在武成帝时期已经形成，而《修文殿御览》无疑是在这一规划下扩大进行的。徐之才对《修文殿御览》"床上之床，屋下之屋"的贬评虽有一定道理，但祖珽建议编撰此书也是对文林馆职责的具体执行。除此之外，《修文殿御览》的编撰还蕴涵一种证实文化正统性的目的。《北齐书》卷三九《祖珽传》：

> （祖珽）后为秘书丞，领舍人，事文襄。州客至，请卖《华林遍略》，文襄多集书人，一日一夜写毕，退其本曰："不须也。"

《华林遍略》系梁武帝令徐勉组织当时大批学者，历时八年编成，共有七百卷。① 《华林遍略》集合萧梁文士智慧，是一部内容博富、体制完备的大型类书，代表着南朝文化发展的一个高峰。该书编成之后，便广为流传。② 《华林遍略》也引起北朝朝野的重视，上述高澄组织书手连夜抄写此书便可见一斑。不惟如此，以后祖珽盗卖《华林遍略》，高澄竟至治其刑狱。③ 除重视之外，高澄的上述举动表明他对《华林遍略》所代表的南朝文化的羡慕。高澄的这一个人情绪则转化为北齐国家针对南朝政府的一种文化优越性的追求，祖珽提议扩修《修文殿御览》，正是迎合国家的这种政治需求。

《修文殿御览》是一部可与南朝之《华林遍略》相抗衡的大型类书，该书也集中了北齐国家境内文士的集体智慧。《修文殿御览》在唐宋时代仍有流传，在中日传世文献中仍可见其部分遗文。④ 根据学者的辑佚来看，《修文殿御览》条目清晰，"事""文"分列，且文字简洁凝练，体

---

① 《南史》卷七二《文学·何思澄传》，中华书局 1975 年版，第 1782 页。
② 参看刘全波《〈华林遍略〉编撰考》，《敦煌学辑刊》2013 年第 1 期。
③ 《北齐书》卷三九《祖珽传》，第 515 页。
④ 敦煌文书之 P.2526 号写本的内容，有不少学者推测可能即《修文殿御览》抄本，当然，反对之声也不少。刘安志先生在前人研究基础上，对 P.2526 号写本进行了细致的分析，进而推断该写本并非《修文殿御览》，而更可能是《华林遍略》之抄本。其说可从。参见刘安志《〈华林遍略〉乎？〈修文殿御览〉乎？》，收入其著《新资料与中古文史论稿》，上海古籍出版社 2014 年版，第 227—265 页。

现了北朝学术的某些特点。① 就体例、内容以及文学水平而言，《修文殿御览》在某些方面都已超过《华林遍略》。此外，有证据表明，《修文殿御览》的编排方式确实是文林馆学士有意彰显其文化正统性的措置。《太平御览》卷六〇一引《三国典略》：

> 前者修文殿令臣等讨寻旧典，撰录斯书，谨罄庸短，登即编次，放天地之数为五十部，象乾坤之策成三百六十卷。昔汉世诸儒集论经传，奏之白虎阁，因名《白虎通》。窃缘斯义，仍曰《修文殿御览》。

所谓"放天地之数""象乾坤之策"，正是对《修文殿御览》分部分卷中蕴涵着政治意味的编排方式的清晰说明。至于《修文殿御览》书名的拟定，也是仿效汉代儒生议论所成之《白虎通》的命名方式，这也是利用旧典证实此书的文化意涵。因此，《修文殿御览》的编成，实与北齐之文化正统性的诉求密不可分。

北齐国家欲提升其文化正统性，在诸多方面均有精细的规划和具体实践。与整理经籍具有同样政治文化意涵的是议定五礼。礼制的讨论在北朝时期一直未有停辍，但从孝文帝改革开始，北朝才建立完备的五礼体系。② 五礼体系遂成为孝文帝以后礼制建设的规范框架。东魏北齐时代，议定五礼之事就持续进行。天平四年，下诏命尚书右仆射与朝臣于尚书省共同议定五礼。③ 天统年间，又命太尉高睿领导士人袁聿修等议定五礼。④ 后主武平初年，又命魏收及赵彦深等监议五礼，其时多为儒生马敬德、熊安生等主持讨论。⑤ 经过东魏北齐多次的议定五礼，形成了《仪注》一书，该书后为隋代制定礼仪制度时倚为重要依据。⑥ 论者亦特别强

---

① 目前对《修文殿御览》的辑佚，中日学者做了大量的工作。在此基础上，刘安志先生对现有古籍中之佚文进行了十分详尽的搜集和整理。参见刘安志《〈修文殿御览〉佚文辑校》，《魏晋南北朝隋唐史资料》第28辑，2012年。
② 梁满仓：《魏晋南北朝五礼制度考论》，社会科学文献出版社2009年版，第144—146页。
③ 《魏书》卷八四《儒林·李业兴传》，第1864页。
④ 《北齐书》卷一三《赵郡王琛传附高睿传》、卷四二《袁聿修传》，第172、565页。
⑤ 《北齐书》卷三七《魏收传》，第495页。
⑥ 《隋书》卷六《礼仪志一》，第107页。

调东魏北齐之礼仪制度系魏晋及南朝前期旧制,为隋唐礼仪制度重要源流之一。① 这种影响不光是提供了成熟稳定的制度文本,更重要的是,东魏北齐精于礼制的儒生也成为隋代制定礼乐的重要参与者。东魏北齐礼制建设的发展对于其政治文化的进展做出了积极的贡献,东魏北齐国家也通过实际的行动提升了其文化之正统性地位。

如前所述,北齐时代的文林馆不是纯粹出于后主的文学爱好而设,而是有着深层的政治文化内涵。文林馆不仅是士人文化优势的集中展现,它也推动了国家政治文化的提升。文林馆与整理经籍、议定礼仪一起构成国家文化事业的序列,共同构造国家政治的文化正统性。整理经籍、议定礼仪所产生的影响力需要经过较长时间的积累,二者对文化正统性的论证也需要在事后才能产生效果,而文林馆的成立及其展开的文化活动则直接提升了国家的文化号召力,颇为及时地论证了其文化的正统性地位。

结 语

东魏北齐时代的政治状况颇为复杂,这是由于不同的政治群体、不同的利益诉求的交错混杂所致,我们需要通过更多层次和更广泛的视角的考察来理解这一时代的政治史。当然,历史发展仍有其主线。汉文化的持续发展就是东魏北齐时代发展主线之一,这一发展主线也对现实政治产生持续性的影响。北齐文林馆的成立及其运行虽是北齐灭亡前数年间的事,但要真正认清其实质,我们就无法避开整个东魏北齐政治发展的状况。

文林馆的成立,是东魏北齐政治斗争和文化发展相激荡的产物。文林馆学士的人选限定在学识广博又颇具文才的士人范围之内,不惟如此,文林馆更是代表着北齐最高文化机构,承担着颇具政治内涵的文化职责。事实上,在完成文林馆的既定任务的同时,这也是势力渐具的文化士族面对北齐政治危机之时,促进北齐政治发展转型的一次尝试。

---

① 陈寅恪:《隋唐制度渊源略论稿》,生活·读书·新知三联书店2001年版,第12—17页。

论晋代法赙和丧仪中体现的丧制等级

南阳师范学院历史文化学院 高二旺

由于曹操倡导薄葬，故曹魏丧制的等级性不是很严格。但随着司马昭定五等爵制度、修订新礼，以及武帝司马炎改革丧礼，晋代的丧礼制度逐渐完善，两晋的丧制在法赙和丧仪方面表现更为明显。

一 晋代法赙和丧仪概况

赗赙作为一种赠丧制度，原义是对办丧事的人给予物质帮助。清代毛奇龄认为，赠丧有赠含、赠襚、赠赗、赠赙四名，总称赠丧。他引用《公羊》云："车马曰赗，货财曰赙、衣被曰襚。"[①] 法赙其实是以国家的名义给予的赗赙，其内容极为广泛，包括赠予的钱物以及敛衣、葬具等丧葬用品。有学者认为，赙赠之礼为汉代旧制，"本为自天子达于庶人的助丧行为，至此，由于等级身份不同，皇戚、近臣、高级官吏去世，往往由天子、朝廷厚加赙赠"[②]。而丧礼威仪主要指送丧的车服、旗帜、鼓吹等仪仗，法赙和丧仪都有一定的等级。两晋有明显的丧制规格，且等级细化。最能显示丧礼规格的是赗赙制度，高规格的王公丧礼一般会赐东园秘器、朝服、衣、钱物等。若再有丧礼威仪方面的追崇，其级别更高。有的还会加以"殊礼"，给羽葆鼓吹和其他一些送葬的凶仪。

为了便于分析，我们不妨把晋代贵族官僚丧礼中法赙和丧礼威仪等

---

① （清）毛奇龄：《丧礼吾说篇》，《续修四库全书》第95册，第67页。
② 韩国河：《魏晋时期丧葬礼制的承传与创新》，《文史哲》1999年第3期。

方面的情况列表如下：①

人物	去世时间	殓衣、葬具等	赗赙（钱财物）	丧葬威仪
王沈	泰始二年（266）	赐秘器朝服一具、衣一袭	钱三十万、布百匹、葬田一顷	
王祥	泰始五年	赐东园秘器、朝服一具、衣一袭	钱三十万、布帛百匹	
谯周	泰始六年	赐朝服一具、衣一袭	钱十五万	
司空裴秀	泰始七年	赐秘器、朝服一具、衣一袭	钱三十万、布百匹	
安平献王司马孚	泰始八年	东园温明秘器、朝服一具、衣一袭	绯练百匹、绢布各五百匹、钱百万，谷千斛	给銮辂轻车，介士武贲百人，吉凶导从二千余人，前后鼓吹，配飨太庙。
石苞	泰始八年	赐秘器、朝服一具、衣一袭	钱三十万、布百匹	及葬，给节、幢、麾、曲盖、追锋车、鼓吹、介士、大车，皆如魏司空陈泰故事。车驾临送于东掖门外。
郑袤	泰始九年	赐秘器、朝服一具、衣一袭	钱三十万、绢布各百匹，以供丧事	
鲁芝	泰始九年		赠赙有加，赐茔田百亩	
郑冲	泰始十年	赐秘器、朝服、衣一袭	钱三十万，布百匹	
荀𫖮	泰始十年	赐温明秘器、朝服一具、衣一袭	钱二百万，使立宅舍	

---

① 表中材料除特别注明的外，均出自《晋书》中各人的传记，空白处为缺少此项内容。

续表

人物	去世时间	殓衣、葬具等	赗赙（钱财物）	丧葬威仪
华表	咸宁元年（275）	诏赐朝服		
何曾	咸宁四年	赐东园秘器、朝服一具、衣一袭	钱三十万，布百匹	
卢钦	咸宁四年	赐秘器、朝服一具、衣一袭	布五十匹、钱三十万	
羊祜	咸宁四年（278）	赐以东园秘器、朝服一袭	钱三十万，布百匹；赐去城十里外近陵葬地一顷	
贾充	太康三年（282）	加衮冕之服、绿綟绶、御剑，赐东园秘器、朝服一具、衣一袭	自充薨至葬，赗赐二千万。给茔田一顷	大鸿胪护丧事，假节钺、前后部羽葆、鼓吹、缇麾、大路、銮路、辒辌车、帐下司马大车，椎斧文衣武贲、轻车介士。
李胤	太康三年		二百万、谷千斛	
山涛	太康四年	赐东园秘器、朝服一具、衣一袭	钱五十万、布百匹，以供丧事，将葬，赐钱四十万、布百匹。	
荀勖	太康十年	赐东园秘器、朝服一具	钱五十万、布百匹	
魏舒	太熙元年（290）		赗赙优厚	
陈骞	元康二年（292）	加以衮敛		
唐彬	元康四年		赐绢二百匹，钱二十万	

续表

人物	去世时间	殓衣、葬具等	赗赙（钱财物）	丧葬威仪
傅嘏夫人鲍氏	晋武帝时		钱十万，给作葬藏人功	
汝南王司马亮	被楚王玮杀害，楚王玮伏诛后追封	给东园温明秘器、朝服一袭	钱三百万、布绢三百匹	丧葬之礼如安平献王孚故事，庙设轩悬之乐。
刘颂	赵王伦专权时	朝服一具	钱二十万	
王导	咸康五年（339）	赗襚之礼，一依汉博陆侯及安平献王故事		及葬，给九游辒辌车、黄屋左纛、前后羽葆鼓吹、武贲班剑百人，中兴名臣莫与为比。
桓彝	不详		钱五十万、布五百匹	
温峤	不详		钱百万、布千匹	
周𫖮	不详		钱二十万、布百匹。又赡赐其家	
郗鉴	咸康年间		赠一依温峤故事	
桓温	宁康元年（373）	赐九命衮冕之服，又朝服一具、衣一袭、东园秘器	葬前：钱二百万、布二千匹、腊五百斤，以供丧事。葬时：优册即前南郡公增七千五百户，进地方三百里，赐钱五千万、绢二万匹、布十万匹	及葬，一依太宰安平献王、汉大将军霍光故事，赐九旒鸾辂，黄屋左纛，辒辌车，挽歌二部，羽葆鼓吹，武贲班剑百人。
谢安	太元末	赐东园秘器、朝服一具、衣一袭	钱百万、布千匹、蜡五百斤	及葬，加殊礼。

续表

人物	去世时间	殓衣、葬具等	赠赙（钱财物）	丧葬威仪
司马道子	被桓玄所害	追崇太傅为丞相，加殊礼，一依安平献王故事		加羽葆鼓吹。
忠敬王司马遵	义熙四年（408）	赐东园温明神器，朝服一具、衣一袭	钱百万、布千匹	葬加殊礼
毛宝的孙子毛璩、瑾、瑗皆死于王事	义熙年间改葬		三十万、布三百匹	

从上表来看，晋代丧礼的等级是分明的，皇族丧礼规格最高的是安平献王司马孚，大臣的丧礼最隆重的当数西晋的贾充和东晋的王导、桓温。

二 王公丧礼有标志性赙物

如果从丧仪的视角把上表中体现的丧礼规格进行分等，可以分为诸侯王的丧礼和三公的丧礼两个层次。这两个高规格的丧礼有一定的共同点，那就是都赐有"东园秘器，朝服一具，衣一袭"，这三种赐物可视为王公丧礼的标志。

东园秘器即官署所作棺木，往往用于皇帝恤赐。西汉哀帝的佞臣董贤去世被赠以东园秘器等，颜师古注曰："东园，署名也。《汉旧仪》云东园秘器作棺梓，素木长二丈，崇广四尺。"[①]《后汉书·熹邓皇后纪》载，新野君薨时朝廷赠以东园秘器等物。章怀注曰："东园，署名，属少府。主作凶器，故言秘也。"温明秘器又称"东园温明"，用于大殓。西汉霍光始用，服虔曰："东园处此器，形如方漆桶，开一面，漆画之，以镜置其中，以悬尸上，大殓并盖之。"师古曰："东园，署名也，属少府。其署主作此器也。"[②] 周一良先生曾提到，秘器种类甚多，"魏晋采用汉

---

① 《汉书》卷九三《佞幸传·董贤传》，中华书局1962年版，第3734页。
② 《汉书》卷六八《霍光传》，第2948—2949页注文。

制，晋代大臣死，有言赐东园秘器者，有言赐温明秘器者，亦有如安平王司马孚之赐东园温明秘器者。其间区别不得而详，将来考古发掘或能阐明也"①。其实，东园秘器不等同于温明秘器，前者主要指棺梓，后者是用于大殓的明镜之器，两者都属于东园官署所作的秘器。温明秘器直到清朝仍用，文藻《中国丧礼沿革》引《癸辛杂志》载："今世有大殓，而用镜悬之棺盖以照尸者，往往谓取光明破暗之义。"②并举霍光为例。可视为温明秘器就是明镜的又一例证。

三　功臣丧礼规格超过宗室成员

　　王一级的丧礼又分两类，一是以司马孚为代表的同姓王，还包括汝南王司马亮、忠敬王司马遵、东晋司马道子等等。二是异姓功臣如贾充、王导、桓温、谢安，其丧礼也是王级的待遇，其标志就是都有九旒鸾辂、黄屋左纛、辒辌车、挽歌、羽葆鼓吹、武贲班剑等丧葬威仪中的全部或其中几项，并且其丧礼兼依汉晋诸侯王和功臣故事。羽葆的使用代表诸侯王规格，古代已有。《礼记·杂记》载："升正柩，诸侯，执绋五百人，四绰，皆衔枚；司马执铎，左八人，右八人，匠人执羽葆御柩。"并且"君葬用辁，四绰，二碑，御棺用羽葆。大夫葬用辁，二绰，二碑，御棺用茅；士葬用国车，二绰，无碑，比出宫，御棺用功布"③。由此看来，羽葆用于诸侯丧礼，且用于御柩。在魏晋南北朝时期，羽葆配合鼓吹，仅用于王一级的丧礼，表明其生前的尊崇地位，班剑也是晋代才出现的制度。辒辌车的使用也是高级丧礼的标志，谢安的儿子谢琰遭母忧，朝廷疑其葬礼。时议者云："潘岳为贾充妇《宜城宣君诔》云：'昔在武侯，丧礼殊伦。伉俪一体，朝仪则均。'谓宜资给葬，悉依太傅故事。"王珣时为仆射，与谢氏有隙，故意延缓其事。谢琰听说后感到耻辱，"遂自造辒辌车以葬，议者讥之"④。

　　关于黄屋左纛，《汉书·高帝纪上》载："纪信乃乘王车，黄屋左

---

① 周一良：《魏晋南北朝史札记·〈宋书〉札记·秘器》，中华书局1985年版，第138页。
② 转引自文藻《中国丧礼沿革》，陈其泰等编《二十世纪中国礼学研究论集》，学苑出版社1998年版，第357页。
③ 《礼记·丧大记》，见杨天宇《礼记译注》，上海古籍出版社2004年版，第596页。
④ 《晋书》卷七九《谢安传附子琰传》，第2078页。

蘙。"李斐曰："天子车以黄缯为盖里。蘙，毛羽幢也，在乘舆车衡左方上注之。"关于羽葆和班剑，西汉韩延寿曾"植羽葆，鼓车歌车"。颜师古注曰："羽葆，聚翟尾为之，亦今蘙之类也。"① 元康元年规定，"诸公及开府位从公者，品秩第一"，"给武贲二十人，持班剑"②。《晋公卿礼秩》为傅畅所作，其中记载："诸公及开府位从公者，给虎贲二十人，持班剑焉。"③ 同《晋书》记载相合。再如，"特进薨，遣谒者监护军丧事，赐东园秘器。五时朝服，各一具，衣一袭，给青徘徊赤耳车，挽歌四十人。方相车，建七旒车，铭旌车"④。由此看来，晋代的丧礼确实有严格的等级制度。

从上表可以看出，贾充、王导、桓温的丧礼实际超过了司马孚的丧礼，无论从赐物的数量和丧葬威仪上来看都是如此。功臣丧礼规格超过宗室成员表明士族势力的强大。

四　重臣的丧礼也有层次之分

重臣的丧礼主要通过赙赠钱物来体现等级，赙钱的数量与官员生前的地位密切相关。根据表格中显示的赙赠情况，第一等级为功臣温峤"赐钱百万，布千匹"，因为一般大臣的赙赠钱一般不超过百万，布不超过千匹。第二等级的普遍标准为"钱三十万，布百匹"，可能出现上下浮动的情况。从王沈开始，石苞、王祥、裴秀、郑冲、羊祜、何曾赐钱物均为"钱三十万，布百匹"。山涛和荀勖均为"钱五十万、布百匹"，桓豁"赠钱五十万，布五百匹"，超出石苞标准；另外何曾、卢钦、李胤、刘颂均低于或相似于这个标准。这表明晋代重臣的丧礼赙赠也有层次之分。当然并非所有官方对死者家属的赐钱都是礼制的体现，如一些官员由于廉洁导致贫穷，靠皇帝赐钱物才能办丧事。卢钦卒时，皇帝特赐钱五十万，为立第舍。还下诏曰："故司空王基、卫将军卢钦、领典军将军

---

① 《汉书》卷七六《韩延寿传》及注文，第3214页。
② 《晋书》卷二四《职官志》，中华书局1974年版，第726页。
③ （梁）萧统撰，李善等注：《文选》卷六〇《齐竟陵文宣王行状》注文，中华书局1977年版，第1110页。
④ （唐）徐坚：《初学记》卷一四《礼部下·死丧第八·葬第九》"事对·旌车羽盖"条，中华书局1962年版，第361页。

杨器,并素清贫,身没之后,居无私积。顷者饥馑,闻其家大匮,其各赐谷三百斛。"① 这种赐钱不等同于丧礼规格,属于皇帝助丧之用,同赗赙之礼的原始意义相近。

除赗赙钱、衣物、葬具等之外,还有其他几种情况值得注意。如赐予功臣蜡、漆等供丧葬之用。还有赐葬地的情况,王沈、鲁芝、贾充等都被赐予葬地。鲁芝在晋武帝时卒,"帝为举哀,赗赠有加,谥曰贞,赐茔田百亩"②。

陈成国先生认为:"晋朝上层社会的葬仪,留下了四件有代表性的材料。皇帝之葬可以看明帝的情况,皇后之葬可以用杨艳做标尺,诸侯王的葬礼则以安平献王为基准,朝廷重臣的丧葬应以王祥或石苞为代表。这四则典型材料代表上层社会的四个阶层。从皇帝到大臣自有等级之分,皇帝为最高级,依次下降。但皇后或许可以同皇帝差不多。"③ 他还指出皇帝、太后是否为死者发哀以及为死者发哀时间的长短,成了衡量死者地位的标志。这种分析是有道理的,但忽略了几个问题:一是他所列举的丧制的四则典型材料,全部是西晋时期的,且大臣多是晋武帝时期的,不能涵盖两晋的全部。如王导的丧礼依"汉博陆侯及安平献王故事",并且"中兴名臣莫与为比",这种丧礼规格比王祥和石苞还要高。即使是在西晋,王祥等人的丧礼也比不上贾充的规格。由于晋代丧礼的要素有包括赗赙、赠、赐、谥、祭祀、皇帝的哀悼表现等等几个方面,所以理想中第一等的丧礼应包括:赠赙丰厚、丧仪甚盛、赠谥显号、皇帝亲临举哀、祠以太牢、配飨太庙等各个方面。其实这样的理想丧礼是不存在的,如果有的话,西晋安平献王司马孚的丧礼应该符合上述各个方面,却没有祠以太牢的礼节,并且丧葬威仪也不是最高的,比不上桓温。二是没有以变化的观点看问题,在国家统一,礼制完备的时期,丧礼的规格是明显的。但在社会动荡的时期,即使生前地位再高,恐怕也不能享受正常的丧礼规格。并非所有的重臣都会享受到正常的丧礼,如高光在怀帝即位后,与傅祗并见推崇。不久为尚书令,"以疾卒,赠司空、侍中。属

---

① 《晋书》卷四四《卢钦传》,第1255页。
② 《晋书》卷九〇《良吏·鲁芝传》,第2329页。
③ 陈成国:《魏晋南北朝礼制研究》,湖南教育出版社1995年版,第141—142页。

京洛倾覆，竟未加谥"①。

五　余论

　　法赗和丧仪是丧制比较明显的标志，此外，两晋丧礼等级还表现赠谥、墓葬规格等许多方面。丧礼等级的严密，从一个侧面反映出统治秩序的相对稳定和制度的严密。曹魏时期，由于曹操倡导薄葬，其丧制等级并未凸显。从西晋开始，丧制等级的细密化并非偶然现象，它的出现有着复杂的社会背景。

　　从政治方面来看，西晋完成了国家统一，竭力推行以礼治国的策略。司马氏在掌权的曹魏末年就开始了五礼的编撰，咸熙元年（264）七月，司马昭奏定司空荀𫖮定礼仪，同时"始建五等爵"②。晋朝五等爵制度的设立和五礼的撰修和都为丧礼等级区分和丧制的推行提供了一个可行的标准。这些标准表现在丧礼上就是丧制规格依据生前政治地位高低，唐人徐坚《初学记》引傅畅《晋公卿礼秩》亦载："特进薨，遣谒者监护军丧事，赐东园秘器。五时朝服，各一具，衣一袭，给青徘徊赤耳车，挽歌四十人。方相车，建七旒车，铭旌车。"③ 表明丧仪的使用在晋代有严格的等级。政治地位之外，影响丧制的另一个要素就是死者生前的功劳，西晋由于是通过暴力手段下的"和平禅让"篡夺了曹魏的江山，故而在其中功勋较大的臣子其政治地位就越高，其丧礼规格同样较高，如贾充便是如此。东晋时期，门阀政治对丧礼等级也有着重要的影响，由于权臣位高权重，功劳更大，所以其丧礼超出了宗室规格，以王导为代表。加之士族使用礼仪来彰显自身的高贵，丧仪等级明显也在情理之中。

　　经济方面，由于赙赗钱财和盛大丧仪需要耗费大量财力，因此足够的经济实力严格丧制的推行的经济基础。西晋前期国家富有，东晋时期，内部战乱相对较少，故而都有推行丧制的经济力量。如东晋得赗钱最多

---

① 《晋书》卷四一《高光传》，第1199页。
② 《晋书》卷二《文帝纪》，第44页。
③ （唐）徐坚：《初学记》卷一四《礼部下·死丧第八·葬第九》"事对·旌车羽盖"条，中华书局1962年版，第361页。据《三国志》卷二一《傅嘏传》注文载：傅畅是傅嘏的孙子，"字世道，秘书丞，没在胡中。著《晋诸公赞》及《晋公卿礼秩故事》。"《隋书》卷三三《经籍志二·史志》亦载："《晋公卿礼秩故事》九卷，傅畅撰。"

的是桓温，死时赐钱 200 万，葬时又赐 5000 万。如果没有雄厚的国力和发达的商品货币经济是不能支撑的。从文化方面看，两晋是世家大族势力兴起和门阀氏族兴盛的时期，国家张扬孝道，而大族也通过礼仪来保持家风，维持门第，"两晋标榜以孝治天下，到了南北朝时期，世家大族的势力又得到了空前的发展，亲情血缘关系是世家大族处理人际关系的重要准则。而治丧、丧葬、丧服等礼仪规定，反映了传统的孝悌观念，有益于维系家族中的亲情血缘关系"①。而丧礼等级也从一个侧面反映了死者生前的门第高低。

  从法赙和丧仪来看，晋代丧制具有严格等级且权臣丧礼突出。司马孚丧礼成为两晋宗室丧礼的最高标准，西晋重臣丧礼以王沈为标准上下浮动，这些都表明晋代丧礼制度的严格等级和细化程度。权臣方面以西晋的贾充和东晋的王导、桓温丧礼规格为最高，至于东晋权臣的丧礼依宗室标准甚至超出宗室规格，是"王与马、共天下"的门阀政治的一个缩影。晋代丧制等级的细密化对后世也产生了重要的影响，晋代以降，丧制等级趋于严格，并逐渐以官品作为丧制等级的标准。南齐武帝即位初年（483），褚渊薨，此前庶姓三公的辒车，规格不定。皇帝采纳王俭建议从褚渊开始，"官品第一，皆加幢络"②。后齐职令依据官品对官员的丧仪等级进行了更为细密的规定，如用旌方面的等级，规定："旌则一品九旒，二品、三品七旒，四品、五品五旒，六品、七品三旒，八品已下，达于庶人，唯旐而已。"③

---

① 梁满仓：《论魏晋南北朝时期的五礼制度化》，《中国史研究》2001 年第 4 期。
② 《南齐书》卷二三《褚渊传》，中华书局 1972 年版，第 431 页。
③ 《隋书》卷八《礼仪志》，中华书局 1973 年版，155 页。

魏晋南北朝墓志家谱初探

河南师范大学图书馆　王仁磊

魏晋南北朝时期谱学兴盛，"人尚谱系之学，家藏谱系之书"①，出现了大量的谱牒著作。然而遗憾的是，该时期的谱牒没有一部能够完整保存下来，现在仅能见到后人从相关典籍中辑录出来的只言片语。20世纪新疆吐鲁番出土的两件高昌家谱，被认为是现在仅存的该时期家谱实物，可惜也残缺不全。② 长期以来，由于有关该时期的家谱史料严重匮乏，相关研究也未能取得实质性的进展。可喜的是，陈直先生独辟蹊径，从墓志中探寻南北朝时期的家谱，为我们提供了挖掘该时期家谱资料的新方向。③ 陈爽先生循此路径，提出了"引谱入志"概念，认为中古谱牒以特殊形式大量保存于墓志之中，把魏晋南北朝家谱研究引向了深入。④ 本文拟在前人研究的基础上，以家谱研究的视角，就魏晋南北朝时期的墓志家谱谈一些粗略的看法，敬请学界同仁批评指正。

一　"墓志家谱"概念的引入

关于家谱的定义，学界有不同的看法，笔者较为赞同王鹤鸣先生将

---

①　《通志》卷二五《氏族略·氏族序》，中华书局1987年版，第439页。
②　相关研究见马雍《略谈有关高昌的几件新出土文书》，《考古》1972年第4期；李裕民《北朝家谱研究》，《谱牒学研究》第3辑；王素《吐鲁番出土〈某氏族谱〉新探》，《敦煌研究》1993年第3期。
③　陈直：《南北朝谱牒形式的发现和索隐》，《西北大学学报》1980年第3期。
④　陈爽：《出土墓志所见中古谱牒探迹》，《中国史研究》2013年第4期。

家谱定义为"记述血缘集团世系的载体"①。依此定义,王先生又将家谱分为书本家谱和非书本家谱两大类别。书本家谱即书写、印刷在纸上装订成册的家谱,现在所见到的绝大部分家谱均属此类。非书本家谱则包括口传家谱、结绳家谱、甲骨家谱、青铜家谱、碑谱、塔谱、布谱等十余种。

其中的碑谱,即刻在石碑上的家谱,在汉代已开始盛行,一直延续到民国时期甚至当代。浙江余姚出土的东汉建武二十八年(52)的"三老碑"和延熹三年(160)的"孙叔敖碑",就是汉代碑谱的代表。②

魏晋南北朝时期,墓志使用较为普遍,尤其是在社会的上层。其中大量墓志上刻有墓主家族世系、婚姻、任官等内容,成为该时期墓志撰写的一个惯例,陈爽先生称这种现象为"引谱入志",并总结了以下几种书写方式:在墓志起首(墓主事迹之前)即完整叙述家族世系婚宦;在墓志结尾(辞铭之后)完整叙述家族世系婚宦;在墓志起首记述父祖世系婚宦;在墓志结尾记录子女行辈婚宦;在墓志起首记述父祖世系婚宦,同时在墓志尾部记述子女行辈婚宦;在墓志志阴等位置记述家族世系婚宦;几乎通篇墓志记录家族谱系。魏晋南北朝时期这类墓志的数量,目前能够见到的约有200方。唐代以后,这种"引谱入志"的"志例"基本上消失了。③

笔者认为,魏晋南北朝时期这类墓志中记录的家族世系,以及墓志中记述墓主姓氏来历、追述祖先的文字,与当时社会上普通的书本家谱同时存在,可称之为墓志家谱,是魏晋南北朝时期家谱的一种独特的重要形式。墓志家谱也可以纳入广义的碑谱之中,但与地面上的碑谱又有所区别。

墓志家谱与当时普通的书本家谱存在一定的关联,在书写墓志时,通常情况下会参考书本家谱,如北魏《郭定兴墓志》言:"氏系之由,以载史册,三祖之分,具记家谱,故不复备详焉。"④ 又如,北魏《高猛墓志》云:"其氏族所出,弈叶之华,固已备诸方策,可得而详焉,不复一

---

① 王鹤鸣:《中国家谱通论》,上海古籍出版社2011年版,第4页。
② 王鹤鸣:《中国家谱通论》,第9页。
③ 陈爽:《出土墓志所见中古谱牒探迹》,《中国史研究》2013年第4期。
④ 罗新、叶炜:《新出魏晋南北朝墓志疏证》,中华书局2005年版,第95页。

二言也。"① 东魏《大魏故信都县令张（瓘）君墓志铭》记载张氏家族："代有人焉。缅究遗编，可略而言矣。"② 其所言家谱、方策、遗编，当均是魏晋南北朝时期普通的书本家谱。

二 墓志家谱的时代特征

通检赵超先生《汉魏南北朝墓志汇编》和罗新、叶炜二位先生《新出魏晋南北朝墓志疏证》中的墓志家谱，魏晋南北朝时期的墓志家谱可以看出以下时代特征。

（一）重父祖官爵，轻子孙

魏晋南北朝墓志家谱中，对先祖的记述较多，且较为详细，包括名讳、官爵、事迹、夫人（甚至包括夫人的父祖名讳、官爵）等，而对子孙或只记数量，或只记名讳，或干脆不予记录，总之比较简略。而对从祖、从父及兄弟姐妹的情况，则更少有墓志家谱做详细记录。

如《魏故假节龙骧将军豫州刺史李（蕤）简子墓志铭》在墓志结尾处记述墓主的家族世系云："亡祖宝，字怀素，仪同三司敦煌宣公。夫人金城杨氏。父祎，前军长史。亡父承，字伯业，雍州刺史姑臧穆侯。夫人太原王氏。父慧龙，荆州刺史长社穆侯。君夫人太原王氏，讳恩荣，封晋阳县君。合葬君墓。父洛成，太宰中山宣王。君八男，四女。"③ 在这里，详细记述了墓主祖父和父亲的名讳、官爵，甚至包括其祖母和母亲的姓氏、父讳及官爵，但是，对于子女情况，只是用简单的"八男，四女"一带而过，不仅没有任官、婚姻等情况的记录，甚至连名字都没有留下。

又如，《魏侍中大司马华山王妃故公孙（甑生）氏墓志铭》在志首详细记述了公孙甑生的父祖情况："祖顺，字顺孙，给事中义平子。夫人河南长孙氏。父讳寿，字敕斤陵，散骑常侍左光禄大夫都督秦雍荆梁益五州诸军事征西将军东阳氿池镇都大将征东将军都督青州诸军事青州刺史

---

① 罗新、叶炜：《新出魏晋南北朝墓志疏证》，第101页。
② 赵超：《汉魏南北朝墓志汇编》，天津古籍出版社2008年版，第314页。
③ 同上书，第48页。

蜀郡公，谥曰庄王。父囧，字九略，大鸿胪少卿营州大中正使持节冠军将军燕州刺史义平子。夫人河南长孙氏。父讳遐，字乐延，使持节抚军将军衮秦相三州刺史。"① 在接下来介绍完墓主本人的基本情况后，只是简单以一句"凡生二男一女"，交代了其后代的情况。

当然，魏晋南北朝时期也有很多墓志家谱详细记录了墓主后代的情况，包括子女的姓名、年龄、官爵、婚配情况等。"轻子孙"未必存在于每一方墓志家谱中，只是相对而言，但"重父祖"却是普遍现象。

（二）重姻亲关系，轻名字

魏晋南北朝墓志家谱在记述墓主及其父祖、子孙时，往往会一并述及他们的婚姻情况，写明姻亲家族姓氏郡望，甚至包括配偶的父祖名讳及官爵、事迹，但配偶的名字一般不出现在墓志家谱中。

这种情况在墓志家谱中较为普遍，前述两方墓志家谱均是如此，人们在论及该时期墓志家谱时常举的例子《魏故使持节假黄钺侍中太师领司徒都督中外诸军事彭城武宣王妃李（媛华）氏墓志铭》②（见图1）中也存在这种情况。对墓主母亲、子妇的记载，只有家族姓氏郡望，而无名字，但女性家族成员所适，一般是写明夫婿家族郡望与姓名的。

（三）再娶与继亲如实书写

对于男子有多任妻子的情况，魏晋南北朝墓志家谱中也如实记录，比如《晋使持节侍中都督幽州诸军事领护乌丸校尉幽州刺史骠骑大将军博陵公太原晋阳王公故夫人平原华（芳）氏之铭》③ 中就详细记载了华芳夫君王浚三任夫人（前夫人济阴文氏、中夫人河东卫氏、夫人华氏）的姓氏郡望、父祖名讳及官爵、姻亲等情况。

又如，《寇臻墓志》志尾载："夫人本州都谯国高士夏侯融之女，生男五人。后夫人本州治中安定席他之女，生男四人。"④

---

① 赵超：《汉魏南北朝墓志汇编》，第321页。
② 同上书，第148—150页。
③ 同上书，第12页。
④ 同上书，第49页。

图 1 李媛华墓志图版

记载继亲情况的墓志家谱也是存在的，如《魏故龙骧将军荆州刺史广川孝王（元焕）墓志铭》详细记载了元焕的本亲及继亲："本祖干，侍中使持节征东大将军都督中外诸军事录尚书司州牧赵郡灵王。祖亲南安谯氏，父鳌头，本州治中从事史济南太守。父谌，给事黄门侍郎使持节散骑常侍都督相州诸军事中军将军相州刺史。亲勃海高氏，父信，使持节镇东将军幽瀛二州刺史卫尉卿惠公。妃河南穆氏，父篡，荆州长史。继曾祖贺略汗，侍中征北大将军中都大官，又加车骑大将军广川庄王。曾祖亲上谷侯氏，父石拔，平南将军洛州刺史。祖谐，散骑常侍武卫将军东中郎将广川刚王。祖亲太原王氏，父叡，侍中吏部尚书卫大将军尚书令太宰公中山文宣王。父灵遵，冠军将军青州刺史广川哀王。亲河南宇文氏，父伯昇，镇东府长史悬氏侯。"① 值得注意的是，志中元焕的本亲只书父祖二代，而继亲则更是从曾祖父记起。本亲与继亲之间记述了

---

① 赵超：《汉魏南北朝墓志汇编》，第169页。

元焕妻子的姓氏郡望及其父讳与官职。

又如《魏故汝北郡中正寇君（胤哲）墓志》载："雍州刺史河南宣穆公之玄孙，郢州使君昌平威公之曾孙，顺阳府君轨之孙，光州刺史遵贵第二子。继第五叔父遵略之孙。"志尾又言："中正（按：指墓主）无子，第四弟懃以第三息文叡继后。"① 该志记录了两个继亲关系。

（四）重视家族中女性成员

魏晋南北朝时期的墓志家谱，对家族中的女性成员较为重视，这与宋元以后女子一般不入谱有很大不同。虽然是重视家族中的女性成员，但她们的名讳不一定都有记载，这显然是与墓志家谱重姻亲关系有关，并不能说明当时女子地位高。② 这一时期的墓志家谱中，有许多子女并列记述的例子（一般按先子后女的顺序排列，也有按年龄大小子女混排的），甚至有的记述了女子所适家族及夫婿姓名，而未记儿子所娶妻子家族的情况。

如《君讳昂（崔昂）墓志》志尾记述崔昂子女情况："长子谋，字君赞。第二子恪，字君和。第三子液，字君洽。第四子天师。第五子人师。长女适荥阳郑思仁。第二女适赵郡李孝贞。第三女适范阳卢公顺□。"③ 这里，崔昂的五个儿子均未记及妻族情况（据墓志推测，其五子均未婚的可能性不大），但三女所适家族均有记录，甚至有夫婿的名字。

又如《李祖牧墓志》志尾载："外祖广平宋弁，魏吏部尚书。夫人广平宋，父维，魏洛州刺史。长子君荣，字长谋，司空府刑狱参军。第二子君明，字仲爽，齐符玺郎中，卅九亡，同日祔葬于茔西北。第三子君颖，字叔叡，安德王开府长史，年卅四亡，同日祔葬于茔东北。第四子君弘，字季宽，太尉府行参军。庶第五子君亮。庶子君华，染道。庶子君盛。庶子君褭。长女魏颍川王元斌之世子世铎。第二女适博陵崔子信，信太子舍人。第三女适博陵崔伯友，友梁州骑兵参军。第四女齐世宗文襄皇帝第五子太尉公安德王延宗妃。"④

---

① 赵超：《汉魏南北朝墓志汇编》，489页。
② 参见陈爽《出土墓志所见中古谱牒探迹》，《中国史研究》2013年第4期。
③ 赵超：《汉魏南北朝墓志汇编》，第434页。
④ 罗新、叶炜：《新出魏晋南北朝墓志疏证》，第220页。

《魏故乐安王妃冯（季华）氏墓志铭》则详细记载了其七个姐姐的婚配情况，即便是在该时期的墓志家谱中也较为少见，志载："长姊南平王妃。第二第三姊并为孝文皇帝后。第四第五姊并为孝文皇帝昭仪。第六姊安丰王妃。第七姊任城王妃。"① 之所以会出现这种情况，主要是为了凸显冯氏家族与北魏帝室的关系。

（五）女子墓志侧重所生子

在魏晋南北朝时期女子的墓志家谱中，有的只记其所生子的情况。

如《周故邵州刺史寇峤妻襄城君薛夫人墓志》在志尾只记有："第三子士宽。第四子士宣。女柔华。"② 据志载："前后夫人，各有二子。夫人以眇眇之年，鞠孤孤之胤。"薛夫人对前夫人所生二子不可谓不慈，但志尾却没有记下他们的名讳，而只是记录了所生二子。

又如《魏故平西将军汾州刺史华阴伯杨保元妻华山郡主元氏志铭》中间有"长子熙之，位大鸿胪卿。次子叡景，夙年零落"之语，志尾又载其子女情况云："长子名熙之，骠骑大将军北华州刺史大鸿胪卿，华阴县开国男。次子叡秀。次子叡景。次子叡和。次子叡弼。次子叡邕。"③ 则中间所记二子，有可能只是墓主的所生子。

（六）追记先祖代数不确定

魏晋南北朝墓志家谱中追记先祖的代数不确定，有的只记到父辈，有的述及父祖二代，有的叙述曾祖、祖、父三代，有的追及高祖、七世祖甚至更远。宗室成员（或其他政权统治者后代）的墓志家谱，一般追记到某位皇帝（或某政权最高统治者）为止。总体看来，墓志家谱一般是追记到能够充分体现墓主家族地位的先祖为止。

只记到父辈的墓志家谱，如《魏故中给事中谒者关西十州台使郭显墓志铭》在志首载："父袁命，东兖州别驾。母赵郡李氏。显妻济州平原栢氏。息金龙。息女洪妃，适段苌洛。次息女景妃，适杨康生。龙妻刘

---

① 赵超：《汉魏南北朝墓志汇编》，第156页。
② 同上书，第490页。
③ 同上书，第385页。

氏。龙息文憘，次息见憘。"①

述及父祖二代的墓志家谱，如前引《魏故假节龙骧将军豫州刺史李（蕤）简子墓志铭》和《魏侍中大司马华山王妃故公孙（甑生）氏墓志铭》均是。

叙述曾祖、祖、父三代的墓志家谱，如《齐故车骑大将军银青光禄大夫济南郡太守顿丘男赠使持节都督豫州诸军事豫州刺史李（云）公墓志铭》言："曾祖方叔，仪同三司顿丘献王，魏文成皇元恭后之父也。以外姻之重，启封河卫。祖峻，开府仪同太宰羽真录尚书顿丘宣王。父肃，侍中相州刺史穆公。"②

追记到七世祖的墓志家谱如《魏故员外散骑常侍清河崔（猷）府君墓志铭》（见图2）云："七世祖岳，元嵩，晋散骑侍郎。高祖荫，道崇，

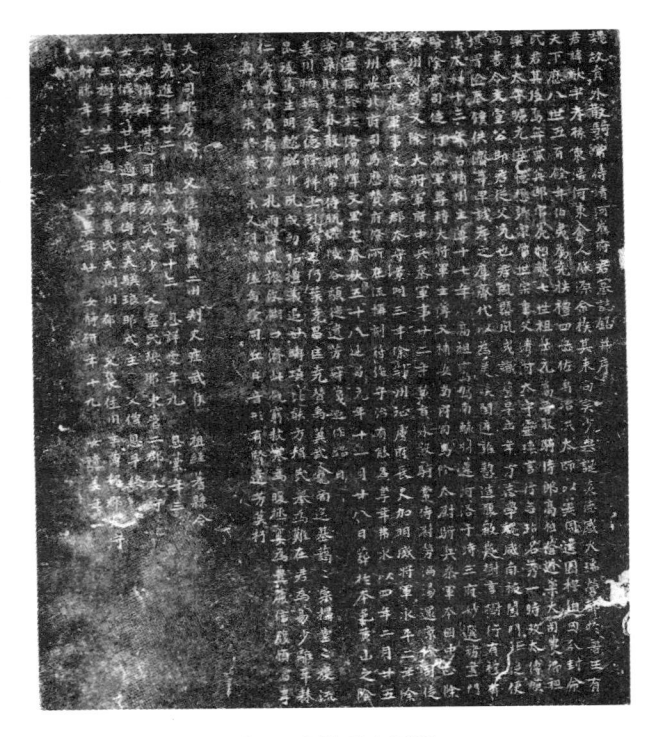

图2 崔猷墓志图版

---

① 赵超：《汉魏南北朝墓志汇编》，第157—158页。
② 同上书，第478页。

大司农卿。祖乐陵太守旷，元达，德懋乡家，当世宗重。父清河太守灵瑰，言行无玷，名秀一时。"① 但这里只是提及其七世祖，接下来的世系却并非每代都有记载。

三 墓志家谱的文献价值

魏晋南北朝时期的墓志家谱，在中国家谱发展史上具有重要地位，包含了大量的原始史料，对魏晋南北朝史研究、地方史研究等学术研究均具有重要意义，应当引起学界的进一步重视。

第一，墓志家谱是中国家谱发展史中的重要一环，在中国家谱史上占有重要地位，与该时期存在的书本家谱同样重要。特别是在该时期书本家谱亡佚殆尽的今天，墓志家谱为我们研究魏晋南北朝家谱提供了重要的实物材料，使我们探讨该时期的家谱成为可能。我们今天所能见到的家谱，多为明清以来的书本家谱，宋代以前的家谱由于年代久远，极其罕见。从甲骨卜辞、青铜器皿、碑刻墓志等上面保留下来的家谱就显得十分宝贵，对我们完整研究中国家谱发展史起到了重要作用。

第二，墓志家谱是研究魏晋南北朝史的重要参考资料，具有第一手材料的重要意义，有待于我们进一步深入挖掘。正像陈爽先生所指出的那样："古代石刻中新史料的开掘与清理，为我们研究中古社会风貌提供了丰富而详尽原始史料，也将进一步拓展中古历史研究的学术视野。"② 至少，墓志家谱对墓主家族世系的记述，往往能够补史书记载之缺。又如，墓志家谱中所涉及的职官名称，也可以丰富我们对魏晋南北朝时期职官的认识。

第三，墓志家谱中记载的一些地名，对地方史研究也具有一定的参考价值。如《晋使持节侍中都督幽州诸军事领护乌丸校尉幽州刺史骠骑大将军博陵公太原晋阳王公故夫人平原华（芳）氏之铭》言："祖父讳机，字产平，故魏东郡太守。夫人郭氏、鲍氏。墓在河内野王县北白径

---

① 赵超：《汉魏南北朝墓志汇编》，第66—67页。
② 陈爽：《出土墓志所见中古谱牒探迹》，《中国史研究》2013年第4期。

道东北，比从曾祖代郡府君墓，南邻从祖东平府君墓。"① 在墓志家谱中，记述了相关家族成员的墓茔所在方位，这也是宋元以后家谱中应有的内容之一。此例中所提到的白径道，疑为白陉道，然而现在的一般看法认为太行八陉之一的白陉位于今河南辉县市与山西陵川县之间，即先秦时期就已经存在的孟门，而河内野王县（今河南沁阳市）北是太行八陉的另外一条——太行陉所在地。不知此墓志中的白径道是否与后来的辉县白陉有关联，还有待于今后考证，但这至少给我们研究白陉提供了一条新的史料。

---

① 赵超：《汉魏南北朝墓志汇编》，第12页。

接受史视阈下鸠摩罗什形象嬗变的历史考察

河北省社会科学院《河北学刊》编辑部　冯金忠

鸠摩罗什与真谛、玄奘并称为中国佛教三大翻译家，其译经开创了中国佛教史的新时代。正是这样一位佛教高僧，在其私生活方面，生前身后却充满着争议，可谓毁誉参半。他成名甚早，腾誉天山南北，但进入内地后，人们对他的认识有一个过程，甚至其间多有误解。本文拟从接受史的视角，将魏晋至隋唐时期世人眼里鸠摩罗什的形象嬗变加以考察。

一

鸠摩罗什，天竺人，生于龟兹，七岁出家，童龀时便表现出超人的佛教天赋，"从师受经，口诵日得千偈，偈有三十二字，凡三万二千言。诵《毗昙》既过，师授其义，即自通解，无幽不畅"[1]。先后游历参学于罽宾（今克什米尔）、沙勒（即疏勒，今新疆喀什）、温宿（今新疆乌什），及还龟兹，名盖诸国。他先学小乘，后转大乘，当时龟兹僧众有万余人，虽然鸠摩罗什不过十余岁，但均对他推而敬之，莫敢居其上，以至于每至讲说，西域"诸王皆长跪座侧，令什践而登焉"[2]，其见重若此。

---

[1] （梁）释僧祐撰，苏晋仁、萧炼子点校：《出三藏记集》卷一四《鸠摩罗什传》，中华书局2008年版，530页。

[2] （梁）释慧皎撰，汤用彤校注：《高僧传》卷二《译经中·晋长安鸠摩罗什传》，中华书局1997年版，第49页。《出三藏记集》卷一四本传亦云："每至讲说，诸王长跪高座之侧，令什践其膝以登焉。"

鸠摩罗什不仅道震西域,还声被中原。当时远在长安(今陕西西安)的高僧道安听说鸠摩罗什在西域,便劝说苻坚迎之。苻坚亦"素闻什名"①,遂于建元十九年(383),派遣骁骑将军氐人吕光统领七万大军,讨伐龟兹等国。关于苻坚派吕光西伐龟兹,据《高僧传》和《出三藏记集》的说法,似乎就是专为了获得鸠摩罗什,鸠摩罗什弟子僧肇所撰《鸠摩罗什法师诔并序》亦云:"大秦苻、姚二天王,师旅以延之。"② 其实并非如此。当时苻坚已平山东,士马强盛,遂有图西域之志,其志并不是龟兹一地,更非区区鸠摩罗什一人所能已。正如汤用彤先生所指出的:"苻氏出师,本亦在求什。但坚好大喜功,欲如汉帝之开通西域置都护,又得车师前部王等之诱劝,因以兴师,则其动机固非专为迎什也。"③后世典籍中力言苻坚伐龟兹为了鸠摩罗什一人的说法,无非是粉饰美化,借以提高鸠摩罗什的身价。而且苻坚对儒家文化浸染很深,他渴望获得鸠摩罗什,似乎也并非因为鸠摩罗什的佛教造诣,史称吕光西征前,苻坚嘱咐说:"闻彼有鸠摩罗什,深解法相,善闲阴阳,为后学之宗,朕甚思之。若克龟兹,即驰驿送什。"④ 从"善闲阴阳"之语来看,他更感兴趣的似乎是鸠摩罗什的术数之能。西域僧人多阴阳术数之能是众所周知的,鸠摩罗什在少年之时便显露出这方面的禀赋和才能,史称他"博览五明诸论及阴阳星算,莫不必尽,妙达吉凶,言若符契"⑤。吕光军未至,鸠摩罗什便已有预感,他对龟兹王白纯曰:"国运衰矣,当有勍敌从日下来,宜恭承之,勿抗其锋。"⑥ 无奈白纯不从,出兵拒战,吕光大破之,遂获鸠摩罗什。

苻坚在淝水之战几乎全军覆没,前秦政权分崩离析,吕光于建元二十年(384)破龟兹,但不知何故,他并没有遵照苻坚之命,驰驿将鸠摩罗什送至长安。苻坚于次年被杀,这样驿送鸠摩罗什之事更是无从谈起,

---

① (梁)释僧祐撰,苏晋仁、萧炼子点校:《出三藏记集》卷一四《鸠摩罗什传》,第532页。
② (唐)释道宣撰:《广弘明集》卷二三,《大正新修大藏经》第52册《史传部》。而文渊阁《四库全书》本则作"大王"。"苻"当为"苻"之化,即苻坚。
③ 汤用彤:《汉魏两晋南北朝佛教史》,北京大学出版社1997年版,第202页。
④ 《出三藏记集》卷一四《鸠摩罗什传》,第532页。
⑤ 《晋书》卷九五《艺术传·鸠摩罗什传》,中华书局1974年版,第2499页。《出三藏记集》与《高僧传》所载略同。
⑥ 《晋书》卷九五《艺术传·鸠摩罗什传》,第2500页。

鸠摩罗什的命运遂与吕光联系在一起。吕光率军东返，途中发生的一件事，开始令他对鸠摩罗什刮目相看。一天，吕光宿营于山下，将士安顿后都休息了。鸠摩罗什却提醒吕光："不可在此，必见狼狈，宜徙军陇上。"① 但吕光不纳。至夜大雨倾盆，洪潦暴起，水深数丈，兵士溺死者数千。鸠摩罗什生于龟兹，对西域当地的气候、地理十分熟悉，山区本来就气候无常。他反对宿营于山下，主要根据的是生活经验，而不是未卜先知之能。但吕光却将他视为异人，"始敬异之"②。

东晋太元十年（385），吕光在河西击败前秦凉州刺史梁熙后，进入姑臧，自领凉州刺史，建元太安；后又改称三河王、大凉天王，史称后凉。凉州，地处中西交通的要道，自东汉以来，印度和西域的传教译经僧进入中原内地，都途经此地，历来佛教十分发达。《魏书·释老志》云："凉州自张轨后，世信佛教。敦煌地接西域，道俗交得其旧式，村坞相属，多有塔寺。"③ 但吕光及其后继者并不信奉佛教，也不鼓励鸠摩罗什发挥专长，从事传教译经，而只是把他当作能占卜吉凶、预言祸福的方士，对在西域被奉为神僧的鸠摩罗什缺乏必要尊敬，甚至还恶作剧地百般捉弄。鸠摩罗什之父鸠摩炎也曾出家为僧，后被逼娶了龟兹国王之妹。这段历史也成为吕光要挟鸠摩罗什的工具。史称"光性疏慢，未测什智量，见其年尚少（按，鸠摩罗什时年已 41 岁——引者注），乃凡人戏之，强妻以龟兹王女。什拒而不受，辞甚苦到。光曰：'道士之操不逾先父，何所苦辞？'乃饮以醇酒，同闭密室。什被逼既至，遂亏其节"④。这还不算完，吕光甚至还令鸠摩罗什骑乘桀骜不驯的牛、马，借欣赏鸠摩罗什在上面仓皇失措以及坠摔下来狼狈不堪的情态，以此取乐。但鸠摩罗什受此侮辱，依然表现得很淡定，曾无异色。长此以往，吕光也不得不有所收敛。其子吕纂也是如此。史称"光死，子缵（同纂，即吕纂——引者注）立。戏弄鸠摩罗什，或共棋博，及杀子，云'斫胡奴头'，什曰：'不斫胡奴头，其胡奴斫人头。'后缵弟超字胡奴，果斫缵头"⑤。

---

① 《出三藏记集》卷一四《鸠摩罗什传》，第 532 页。
② 同上。
③ 《魏书》卷一一四《释老志》，中华书局 1974 年版，第 3032 页。
④ 《出三藏记集》卷一四《鸠摩罗什传》，第 532 页。
⑤ 《太平御览》卷七五四，转见（清）汤球辑，吴振清校注《三十国春秋辑本》，天津古籍出版社 2009 年版，第 245 页。

佛教作为外来宗教，传入中国之初，为了利于传播，开始依傍于玄学。另外，西域僧人多术数神通，术数神通等手段也成为吸引统治者和民众的一个重要手段。根据佛教的说法，修习安般法门可以得到五神通，即天耳通、天眼通、如意通、他心通、宿命通等。道安即把禅法看作"应真之玄堂，升仙之奥室"①。他曾说从一数到十，从十数到一，无非期于"无为"和"无欲"，以得到最高的"寂"，而显神通。从僧传来看，早期来华的西域僧人多有此能，其中最著名的莫过于佛图澄，他依靠占卜术数在后赵被奉为国师。鸠摩罗什为吕氏父子所信重，主要就是因为他的术数之能。一次正月，姑臧大风，鸠摩罗什对吕光说："不祥之风，当有奸叛，然不劳自定也。"②果然不久梁谦、彭晃相继而反，寻皆殄灭。后凉龙飞二年（397），张掖卢水胡沮渠男成及从弟蒙逊反，推建康太守段业为主。吕光遣其子太原公吕纂率众五万讨之。时论谓段业等人不过乌合之众，而吕纂素有威名，加之以众击寡，势必全克。吕光以问鸠摩罗什，鸠摩罗什却说："观察此行，未见其利。"果不其然，吕纂败绩，仅以身免。"其预睹征兆，皆此类也。"③由于鸠摩罗什几乎每言皆中，姚苌据有关中，素闻鸠摩罗什之名，派人迎请之。但"诸吕以什智计多解，恐为姚谋，不许东入"④。直至其子姚兴继位，复遣敦请，但吕隆仍不放行。不得已，姚兴遣陇西公姚硕德西伐后凉，后凉军大败，吕隆上表归降，至此鸠摩罗什才得以离开凉州，进入长安。

鸠摩罗什在凉州凡十六年，并不得意，其才能不得重视，史称鸠摩罗什："停凉积年，吕光父子既不弘道，故韫其经法，无所宣化。"⑤明珠暗投，不遇知音，这对于一个有志于弘法的高僧来说，无疑是莫大的悲哀。但这并不是鸠摩罗什悲哀的结束，即使到了唐初，时人对鸠摩罗什的价值仍缺乏清晰的了解。

众所周知，两晋时期是佛教发展的一个重要时期，出现了一大批高僧大德，诸如竺法护、佛陀耶舍、昙摩流支、朱士行、法显、释道安、慧远、鸠摩罗什、昙无谶、佛图澄、支遁等。但《晋书》未列"释老

---

① （东晋）释道安：《道地经序第一》，见《出三藏记集》卷一〇，第366页。
② 《出三藏记集》卷一四《鸠摩罗什传》，第532页。
③ 同上书，第533页。
④ 《高僧传》卷二《晋长安鸠摩罗什传》，第51页。
⑤ 《出三藏记集》卷一四《鸠摩罗什传》，第533页。

志"，只是在《艺术传》中收录了僧人五人，以上诸人，除了鸠摩罗什、佛图澄之外，几乎均未收录。后人对此遗珠之失也颇有微词，如陈垣先生就对《晋书》不载"最负高名"的东晋支道林（即支遁）事迹不以为然。① 但在寥寥的五人名单中，鸠摩罗什得以入选，可见唐初对鸠摩罗什是很重视的。另外，由于鸠摩罗什曾于长安草堂寺集义学八百人，重译经本。唐代时，在草堂寺内为鸠摩罗什建造了舍利塔，以兹纪念。此时距鸠摩罗什去世已经三百余年，这也是鸠摩罗什在唐代影响力彰显的一个例证。但也应看到，这种认识是歪曲的，不全面的，这在官方意识形态中表现得尤为明显。从《晋书·鸠摩罗什传》中可见一斑。

《晋书》成于唐代，由宰相房玄龄负责监修。此书将鸠摩罗什列入《艺术传》中，同传的还有佛图澄、单道开等僧人。所谓"艺术"，与今天的概念不同，多用来指占卜术数等专业技能。正如《晋书·艺术传序》所云："艺术之兴，由来尚矣。先王以是决犹豫，定吉凶，审存亡，省祸福。曰神与智，藏往知来；幽赞冥符，弼成人事；既兴利而除害，亦威众以立权，所谓神道设教，率由于此。"此传共载二十四人，这些人的传记全都着意于描述他们的占卜、图谶、医术、星算、阴阳等事。然撰者对此也不无怀疑，甚至颇有微词："然而诡托近于妖妄，迂诞难可根源，法术纷以多端，变态谅非一绪，真虽存矣，伪亦凭焉。""详观众术，抑惟小道，弃之如或可惜，存之又恐不经。载籍既务在博闻，笔削则理宜详备，晋谓之《乘》，义在于斯。今录其推步尤精、伎能可纪者，以为《艺术传》，式备前史云。"在唐统治者看来，鸠摩罗什之所以受珍视，被奉之若神，乃是依凭"兆见星象"等小道，不仅未抓住鸠摩罗什的主要贡献，评价未中肯綮，而且颇有微词，显得十分不屑。这种态度，出现在佛教最为鼎盛的唐代似乎显得不合情理。由于李唐统治者自认为老子后裔，尊崇道教，在规定佛道顺序时，强调道在佛先，因此这种对鸠摩罗什的贬抑态度，应当与唐太宗"先道后佛"的偏执政策有直接的关系。②

---

① 陈垣：《中国佛教史籍概论》，中华书局1962年版，第26页。
② 霍旭初：《鸠摩罗什"破戒"问题琐议》，《新疆大学学报》2007年第4期。

二

后秦弘始三年（401）底，鸠摩罗什到达了长安，姚兴待以国师之礼，"奉之若神"。请入居西明阁、逍遥园，翻译众经，鸠摩罗什在长安开始了在中国佛教史上具有深远影响的译经事业，其人生进入了黄金时期。而这一切无疑得益于姚兴。

姚兴优宠佛教，他"少崇三宝，锐志讲集"[1]，"专志经法，供养三千余僧，并往来宫阙，盛修人事"[2]。在他统治时期，由于他的影响，"公卿已下莫不钦附，沙门自远而至者五千余人。起浮图于永贵里，立波若台于中宫，沙门坐禅者恒有千数。州郡化之，事佛者十室而九矣"[3]。他大力支持鸠摩罗什的译经事业，为鸠摩罗什提供了国家译场逍遥园与大寺，使译经有了优裕安宁的工作环境。他还为鸠摩罗什配备了国内第一流的名僧作为助手，沙门僧肇、僧略、僧邈等八百余人，"谘受什旨"[4]。姚兴本人佛教造诣深厚，堪称鸠摩罗什人生的伯乐，他知道鸠摩罗什的价值，在他的开掘之下，鸠摩罗什这块金子，在中原内地才开始熠熠闪光。正如牟钟鉴先生所指出，"罗什的贡献与后秦姚兴的赞助是分不开的，也可以说姚兴成全了罗什。若无姚兴，也就不会有罗什后期在长安的译经事业，则罗什无缘弘法东土，始终不过是西域一位名僧，不可能有后来在中国佛教史上的崇高地位"[5]。

但也正是这个姚兴，又继吕光之后，迫使鸠摩罗什第二次破戒，遂使鸠摩罗什一生蒙羞。史载，姚兴常谓鸠摩罗什曰："大师聪明超悟，天下莫二，若一旦后世，何可使法种无嗣。"遂以妓女十人，逼令受之。自尔以来，不住僧坊，别立廨舍，供给丰盈。[6] 在这里，鸠摩罗什娶妻破戒是被迫的，是在姚兴皇权的威逼之下。但在有关记载中，似乎鸠摩罗什亦有主动索要的例子。据《晋书·鸠摩罗什传》，鸠摩罗什曾讲经于草堂

---

[1] 《出三藏记集》卷一四《鸠摩罗什传》，第533页。
[2] 《出三藏记集》卷一四《佛驮跋陀传》，第541—542页。
[3] 《晋书》卷一一七《姚兴载记上》，第2985页。
[4] 《出三藏记集》卷一四《鸠摩罗什传》，第534页。
[5] 牟钟鉴：《鸠摩罗什与姚兴》，《世界宗教研究》1994年第2期。
[6] 《高僧传》卷二《晋长安鸠摩罗什传》，第53页。

寺，姚兴及朝臣、大德沙门千余人肃容观听，鸠摩罗什忽下高坐，谓姚兴曰："有二小儿登吾肩，欲鄣须妇人。"兴乃召宫女与之，一交而生二子焉。

鸠摩罗什少时的一些记载，似乎也可以为他的这种行为提供一些印证。《出三藏记集》卷一四鸠摩罗什本传，言其："性率达，不砺小检，修行者颇非之，什自得于心，未尝介意。"以此置于鸠摩罗什回龟兹以后。《高僧传》记载略同，而系于在沙勒之时。显然在少年之时，鸠摩罗什轻狂不羁，就有一些不守戒律的行为，并为世人所非议。但这毕竟是他少时的行为，不能据此推定他成年后的行为。

鸠摩罗什生于龟兹，并在那里生活多年。龟兹佛教小乘占据统治地位，戒法极为谨严。① 《出三藏记集》卷一一《比丘尼戒本所出本末序》记载了龟兹严格的戒律。在今新疆库车出土的《十诵比丘波罗提木叉戒本》残片中，第一条就是："如若比丘触犯淫戒，要被驱逐出僧团。"② 东晋兴宁元年（363），鸠摩罗什回到龟兹受了具足戒，并且跟卑摩罗叉学习《十诵律》。"寺僧皆三月一易屋、床坐，或易蓝者。""（比丘尼）亦三月一易房，或易寺。出行非大尼三人不行。"③ 季羡林先生推测，三月必易房、床、座，大概也出于不欲其久，防止产生思爱的目的。④ 浸润其中的鸠摩罗什不可能不受到其影响。

从史源上讲，《晋书·鸠摩罗什传》可能是从《出三藏记集》和《高僧传》摘录合编的。⑤ 也就是说，它属于后出史料。成于之前的《出三藏记集》和《高僧传》二书中，均没有鸠摩罗什梦有二小儿登肩而向姚兴索要女人的记载。故许多学者对这一故事持有怀疑否定态度。郭朋先生即指出，"这一记载，唯见《晋书·罗什传》，可能不实，但另两次娶妻，当属史实"⑥。霍旭初先生也指出，《出三藏记集》《高僧传》中记

---

① 汤用彤：《汉魏两晋南北朝佛教史》，第 196 页。
② 参见李琪译《新近刊布的古代新疆梵文文书》，《新疆社会科学情报》1985 年第 4 期。
③ 《出三藏记集》卷一一《比丘尼戒本所出本末》，411 页。
④ 季羡林：《鸠摩罗什时代及其前后龟兹和焉耆两地的佛教信仰》，《孔子研究》2005 年第 6 期。
⑤ 霍旭初：《鸠摩罗什"破戒"问题琐议》，《新疆大学学报》2007 年第 4 期。
⑥ 郭朋：《鸠摩罗什》，见辛冠洁《中国古代著名哲学家评传续编二》，齐鲁书社 1982 年版，第 352 页。

载鸠摩罗什的"破戒"完全是被迫行为，这是可信的，而《晋书·鸠摩罗什传》的记载则是鸠摩罗什主动索要女人，这种记载并不可信。①

《出三藏记集》卷一四《佛陀耶舍传》也提到了鸠摩罗什在长安破戒之事。佛陀耶舍与鸠摩罗什关系密切，鸠摩罗什年少时在沙勒曾从佛陀耶舍学习《阿毗昙》《十诵律》，甚相礼敬。鸠摩罗什在姑臧，曾遣信邀之，但佛陀耶舍到达姑臧，鸠摩罗什已入长安，二人失之交臂。他"闻姚兴逼以妾媵，劝为非法，乃叹曰：'罗什如好绵，何可使入棘中乎！'"②鸠摩罗什娶妻后，确实留有子胤。《魏书·释老志》载，北魏孝文帝太和二十一年（497）曾令访其子胤，其年五月，诏曰："罗什法师可谓神出五才，志入四行者也。今常住寺，犹有遗地，钦悦修踪，情深遐远，可于旧堂所，为建三级浮图。又见逼昏虐，为道殄躯，既暂同俗礼，应有子胤，可推访以闻，当加叙接。"直至隋代，吉藏《百论疏》提到长安犹有其孙。梁代宝唱《名僧传》，撰成于慧皎《高僧传》之前，收录东汉至南朝齐名僧425人，该书自宋代后佚失，日本根据存有的传本汇成《名僧传抄》，其中保留有："梦释迦如来以手摩罗什顶曰：汝起欲念，即生悔心。"

综合以上记载，尽管主动索要女人、"一交而生二子"的故事可能为后人捏造，但鸠摩罗什被姚兴所逼、破戒则是不可回避的事实。这在当时僧界也产生了一些不好的影响，史称"诸僧多效之"。鸠摩罗什乃聚针盈钵，引诸僧谓之曰："若能见效食此者，乃可畜室耳。"因举匕进针，与常食无别，诸僧愧服乃止③。鸠摩罗什对自己的破戒行为是极为悔恨的，他在对弟子和信徒讲经说法时，经常自责，并用比喻的方式告诫弟子，"譬如臭泥，中生莲华，但采莲华，勿取臭泥也。"④ 鸠摩罗什在龟兹时，曾师从卑摩罗叉研学戒律。他到长安后，卑摩罗叉后来也到了长安。

---

① 霍旭初：《鸠摩罗什"破戒"问题琐议》，《新疆大学学报》2007年第4期。也有的学者当作史料引用《晋书·鸠摩罗什》中的材料，并认同此说，如"虽然记载中都说是'被逼'，但细琢磨，这不过是撰书僧徒的曲笔而已。《晋书·鸠摩罗什传》出自史家，就没那么多顾虑……那次纳妻却实实在在是主动要求的"。参见吴焯《克孜尔石窟壁画裸体问题初探》，《中亚学刊》1983年第1期。

② 《出三藏记集》卷一四《佛陀耶舍传》，第537页。

③ 《晋书》卷九五《艺术传·鸠摩罗什传》，第2502页。

④ 《出三藏记集》卷一四《鸠摩罗什传》，第535页。

鸠摩罗什与卑摩罗叉相见欣然，当时卑摩罗叉初来乍到，见鸠摩罗什地位显赫，极受姚兴尊崇，尚未知鸠摩罗什被逼破戒之事，随口问道："汝于汉地大有重缘，受法弟子可有几人？"鸠摩罗什听后十分尴尬，半遮半掩地答道："汉境经律未备，新经及律多是什所传出，三千徒众，皆从什受法；但什累业障深，故不受师敬耳。"① 虽然不便明言，但也是隐晦地承认了自己破戒的事实。

姚兴本人深通佛理，佛教造诣甚深，他对鸠摩罗什爱之敬之，事之若神，又为什么要逼迫鸠摩罗什娶妻破戒呢？这其实涉及了当时儒家伦理与佛教之间的冲突。

佛教宣扬人生皆苦、一切皆空，主张勘破红尘，超脱尘世，出家修行，落发为僧。戒律在佛教中具有至高无上的权威，"戒、定、慧"中，首要的便是戒。其作用在于防非止恶，淫戒是其中的大戒。鸠摩罗什译《禅法要解》曰："若淫欲多者，应教观不净。"出家人持戒首重四"波罗夷"，四"波罗夷"谓"淫、盗、杀、妄语"，犯其中的一条便即时被逐出佛门。这四大戒，也以"淫"居首。这与中国传统所谓的"万恶淫为首"的观念暗合，是以佛教传入中国后，淫戒最受僧徒们所重视。在戒律译出之前，据说东汉明帝时由摄摩腾和竺法兰所译的《四十二章经》，也就是中国最早出现的一部佛经，其中已经有这样的话：

> 佛告诸沙门，慎无视女人。若见，无视，慎无与言。若与言者，敕心正行，曰：吾为沙门，处于浊世，当如莲花，不为泥所污。老者以为母，长者以为姊，少者为妹，幼者子，敬之以礼。

据汤用彤先生考证，东汉时已有此经，实无可疑。汉桓帝延熹九年（166）至明帝时约百余年。明帝时于大月支写译此经，或亦可能之事。② 这表明中土沙门相当早便已知悉出家人不应与女子接触之规定。十六国南北朝时期，中国最流行的两部律典——四分律与十诵律均译成汉文之后，中原内地僧人开始接触到更严格的戒规。但同时也应看到，由于佛教经典的翻译是一个长期的过程，内地僧人对佛教戒律的接受也不是一

---

① 《出三藏记集》卷一四《鸠摩罗什传》，第535页。
② 汤用彤：《汉魏两晋南北朝佛教史》，第24页。

蹴而就的。在这种背景下，中国内地戒律也有一个由宽弛到严密，逐步规范化的过程。在南北朝时期，僧人结婚成风，且不乏僧人与尼姑结婚成家的事例。此时，僧人的老婆也有了专门的称呼——"梵嫂"，小和尚则敬称之为"师娘"。直至唐代，法律上仍然没有禁止僧人结婚的条款，但在实行执行过程中，是不允许僧人娶妻的。如果娶妻被发现，要被罚执苦役。中国历史最早从法律层面禁止僧人娶妻的，出现在宋朝。因此，鸠摩罗什娶妻破戒只有放在这个社会大背景下，才能给予全面客观的估价。

中国古代儒家讲究孝道，特别重视传宗接代，讲究不孝有三，无后为大。在五伦中，是从夫妇开始，"大道肇端乎夫妇"。在佛教传入中国的初期，在佛教与内地儒家文化的碰撞中，佛教为世人及儒道所攻击的一个重要方面便是不讲孝道，无后。因此，为了适应中国文化土壤，佛教徒必须有所改变，有所变通。逼迫鸠摩罗什娶妻的姚兴，身为一个入据中原的外族统治者，为了巩固统治，他以华夏正统自居，也不得不作出服膺儒教的姿态来，提倡以孝治国，积极招徕耆儒硕德。《晋书·姚兴载记》记载，姚兴敕令关尉曰："诸生咨访道艺，修己厉身，往来出入，勿拘常限。"于是，学者咸劝，儒风盛焉。他强迫鸠摩罗什娶妻生子，与其说是出于对鸠摩罗什个人的关心爱护，不如说是对传统儒家文化的妥协。

对于鸠摩罗什而言，他娶妻生子，自毁名节，既是世俗政权压迫下的产物，也是他在这种环境下为了弘法的需要，而不得已所作的变通。从道安时代时期，僧人们便认识到了在中国古代专制集权政治下，"不依国主，则法事难立"[1]的道理。鸠摩罗什当然也深谙此理。他对弘法中土具有高度的责任心和毅力。少时当其母将离开龟兹，远适天竺时，她对鸠摩罗什说："方等深教，应大阐真丹（即震旦，指中国——引者注），传之东土，唯尔之力。但于自身无利，其可如何。"[2] 鸠摩罗什回答道："大士之道，利彼忘躯。若必使大化流传，能洗悟矇俗，虽复身当炉镬，苦而无恨。"[3] 这表明鸠摩罗什在少年时代便立下了为佛教献身的宏愿。

---

[1] 《高僧传》卷五《义解二·晋长安五级寺释道安传》，第178页。
[2] 《高僧传》卷二《晋长安鸠摩罗什传》，第48页。
[3] 同上。

这种为了弘法而献身的意志是支持他忍耻纳垢，甘冒遗世之讥的主要动力。

鸠摩罗什圆寂后，其弟子僧肇在诔文中写道："爰有什法师者，盖先觉之遗嗣也。凝思大方，驰怀高观，审释道之陵迟，悼苍生之穷蔼，故乃奋迅神仪，寓形季俗，继承洪绪，为时城堑。世之安寝，则觉以大音；时将昼昏，乃朗以慧日。思结颓网于道消，缉落绪于穷运，故乘时以会，错杜以正。"① 僧肇是鸠摩罗什的高足，自凉州起便开始追随鸠摩罗什，无论是学识，还是人品方面，他对其师鸠摩罗什都是十分了解的。其中的"寓形季俗"一词，颇值得注意。梁人慧皎时代在鸠摩罗什稍后，他在《高僧传·译经僧传》后有"论"，在论中对鸠摩罗什有一段评述："而童寿（即鸠摩罗什——引者注）有别室之愆，佛贤（佛陀跋陀罗）有摈黜之迹，考之实录，未易详究。或以时运浇薄，道丧人离，故所感见，爰至于此。若以近迹而求，盖亦珪璋之一玷也。"② 所谓鸠摩罗什的"别室之愆"，即指"破戒"之事。慧皎也承认鸠摩罗什之破戒是其人生的污点，即所谓"珪璋之一玷"，但可贵的是他探究了其发生的社会根源，这比泛泛指责鸠摩罗什之人，无疑高明得多。慧皎认为，鸠摩罗什之所以如此，不是个人的原因，而在于"时运浇薄，道丧人离，故所感见，爰至于此"。也就是说，社会风气不轨而造成道德上的丧失，道出了鸠摩罗什为了弘法，不得不曲俯世俗的无奈，也充满了对鸠摩罗什的理解。其实鸠摩罗什的遭遇在封建社会中并非个案，元代的刘元，本为道士，师事青州杞道录，他善于塑像，至元中，凡两都名刹，塑土、范金、抟换为佛像，出刘元手者，神思妙合，天下称之，"由是两赐宫女为妻"③。

鸠摩罗什在长安十余年，敷扬佛法，广出妙典，遂使"法鼓重震于阎浮，梵轮再转于天北"④。庐山慧远与鸠摩罗什惺惺相惜，他闻鸠摩罗什入关，即遣书通好，并赠以衣裁法物。后听说鸠摩罗什欲返本国，"情

---

① （东晋）释僧肇：《鸠摩罗什法师诔并序》，见《广弘明集》卷二三，《大正新修藏经》第52册《史传部》。
② 《高僧传》卷三《译经下》"论曰"，第142页。
③ 《元史》卷二〇三《方伎·阿尼哥附刘元传》，中华书局1976年版，第4546页。
④ （东晋）释僧肇：《鸠摩罗什法师诔并序》，见《广弘明集》卷二三，《大正新修大藏经》第52册《史传部》。

以怅然",乃复作书,嘘寒问暖,并报偈一章,并条具经中疑难数十事,请其解释。又晋王谧亦以二十四事相咨问。这表明尽管鸠摩罗什有破戒之耻,但当时在大部分高僧那里仍能客观对待,并不以一眚而掩大德。

综上可知,鸠摩罗什作为一代高僧,十六国时期以来,对他的接受经历了一个长期的过程。在后凉吕氏眼里他不过是一个通阴阳、谙术数的术士,根本没有认识到他的价值。后秦姚兴堪称鸠摩罗什的伯乐,在他的支持下,鸠摩罗什的人生进入了辉煌期,也开启了中国译经事业的新时代。但在当时儒释斗争的时代背景下,鸠摩罗什意在姚兴的逼迫下不得已娶妻破戒。直至唐代,在官方意识形态下,对鸠摩罗什的认识仍是不全面的,甚至是歪曲的,大力渲染他的术数之能,其辉煌的译经成就反被漠视。而在僧众阶层,则对鸠摩罗什大多能客观对待,既指出其破戒之失,但也充分肯定其译经的功绩。这既体现了鸠摩罗什本人内涵的丰富多彩,也充分反映了不同时代、不同阶层对鸠摩罗什接受的复杂性。

白道考

——北朝隋唐时期的草原之道

爱知学院大学　［日］松下宪一

一　引言

　　白道是从云中通过大青山到草原地带的主要通道，北朝隋唐时期的史料中处处可见。然而除《水经注》与《冀州图经》以外，有关史料中没有白道与白道城的位置消息，至今无定论。研究者曾经认为白道城城址位于呼和浩特市攸攸板乡坝口子沟口，白道是从呼和浩特市到武川县的省道104一带。可是，坝口子沟的位置不符合《水经注》的记载。所以，笔者以《水经注》的记载对照卫星图片，再度探讨研究有关地域的遗迹之后，确定白道与白道城的位置。

二　北朝隋唐时期的白道

　　从北魏到隋唐的白道为北塞内外用兵之主要通道。据《魏书》卷三《太宗纪》："泰常四年（419）十二月癸亥，西巡至云中，逾白道，北猎野马于辱孤山。"明元帝出发平城，经由云中越过白道至草原地带。太武帝时期，闾大肥和奚斤出云中白道征讨柔然可汗大檀[1]。同时，来大千驻

---

[1]　《魏书》卷三〇《闾大肥传》，中华书局1974年版，第728页。

屯云中，兼任白道军事①、段进为白道守将的事例②。北魏末，六镇暴乱之时，破六韩拔陵进攻怀朔镇、武川镇，北魏政府派遣征北将军临淮王彧和安北将军李叔仁，然而临淮王彧大败于五原，李叔仁败于白道。北魏政府再度派遣李崇、崔暹、广阳王深等等，崔暹违犯李崇的命令，战斗破六韩拔陵于白道，大败，单骑逃走了。破六韩拔陵攻击李崇，李崇退却云中。北齐的骠骑大将军阳州长史郑子尚的祖父郑万，北魏末就任白道镇将、云中太守③。北齐文宣帝天保六年（555）秋七月，文宣帝自己统率轻骑五千从白道追击柔然，经由怀朔镇至沃野镇④。白道为北魏防守北边之主要道路，北魏重臣驻屯云中兼任白道军事，又白道是到六镇的主要道路之一。

隋唐时期北征突厥，白道为主要道路。此外，隋文帝开皇四年（584），突厥沙钵略可汗势力衰落，遣使告急于隋，请将其部落度漠南，寄居白道川。隋文帝许之，并分配衣食车服。开皇七年（587）正月，沙钵略可汗遣其子入朝，请猎于恒、代之间，沙钵略可汗一日捕获鹿十八头，奉献鹿的尾、舌。返至紫河镇，其牙帐为火所烧，沙钵略恶之，一个多月后，沙钵略可汗去世了。隋世，白道川一带为突厥沙钵略可汗的根据地。唐时期，白道路仍然为军事重要道路屡次在史料中出现。例如，贞观三年（629）冬十一月，李勣率兵出云中，于白道大破突厥颉利可汗⑤。

据此诸史料，察知北朝隋唐时期白道为北边军道之主要干线。白道在云中之北，为阴山道口。

三 《水经注》与《冀州图经》

关于白道与白道城的位置，除《水经注》与《冀州图经》以外，没有详细记载。《水经注》卷三《河水条》⑥：

---

① 《魏书》卷三〇《来大千传》，第725页。
② 《北史》卷八五《段进传》，中华书局1995年版，第2843页。
③ 赵超：《汉魏南北朝墓志汇编》，天津古籍出版社2008年版，第468页。
④ 《北齐书》卷四《文宣帝纪》，中华书局1992年版，第60页。
⑤ 《旧唐书》卷六七《李勣传》，中华书局1991年版，第2485页。
⑥ 《水经注》卷三《河水条》，上海古籍出版社1990年版，第51—53页。

又有芒干水，出塞外，南迳种山，山即阴山……其水（芒干水）西南迳武皋县，王莽之永武也。又南迳原阳县故城西，又西南与武泉水合，其水（武泉水）东出武泉县之故城西南，县，即王莽之所谓顺泉者也。水（武泉水）南流又西屈，迳北舆县故城南……其水（武泉水）又西南入芒干水。芒干水又西南迳白道南谷口，有城在右，萦带长城，背山面泽，谓之白道城。自城北出有高阪，谓之白道岭。沿路惟土穴，出泉，挹之不穷……芒干水又西南，迳云中城北，白道中溪水注之，水（白道中溪水）发源武川北塞中，其水（白道中溪水）南流，迳武川镇城，城以景明中筑，以御北狄矣。其水（白道中溪水）西南流，历谷，迳魏帝行宫东，世谓之阿计头殿。宫城在白道岭北阜上，其城圆角而不方，四门列观，城内惟台殿而已。其水（白道中溪水）又西南历中溪，出山西南流，于云中城北，南注芒干水。芒干水又西，塞水出怀朔镇东北芒中，南流迳广德殿西山下……其水（塞水）历谷南出山，西南入芒干水。芒干水又西南注沙陵湖，湖水西南入于河。

据此，芒干水迳白道的南谷口，谷口右侧有白道城。从白道城北出有高阪，所谓白道岭。白道城在由武泉水至白道中溪水之间，白道中溪水于云中城北，南注芒干水。所以白道城在从武泉水入芒干水的地点至云中城北，就是白道中溪水注芒干水之间。芒干水即今大黑河，如果那样，白道中溪水即今何河川？《清史稿》卷六〇《地理七·归化城直隶厅》[①]；

北，大青山，即阴山，古白道川。其支阜，西石绿，西北克寿，东北乌兰察布、喀喇克沁、钟山。金河，古芒干水，俗大黑河，西南迳厅南。左合小黑河，即紫河，古武泉水。又西南，右合哈尔几河，入托克托。克鲁库河，古白道，中溪水从之。

民国时期撰《清史稿》的学者认为大青山是白道川，金河（俗称大黑河）

[①] 《清史稿》，中华书局1976年版，第2040—2041页。

是芒干水，小黑河（紫河）是武泉水，克鲁库河（今枪盘河）是白道中溪水。董祐诚《水经注图说残稿》①卷二："今克鲁伦必拉出归化城西北，接茂明安界，西南流，迳城西境，会图尔根河，疑即白道中溪水也。"克鲁伦必拉即今枪盘河，董祐诚也认为白道中溪水是枪盘河。王仲荦先生②的见解也相同，白道中溪水是黑勒库河（今枪盘河）、塞水今名察素齐河，在内蒙古土默特左旗界，白道城在今内蒙古呼和浩特市北。然而，杨守敬、熊会贞《水经注疏》③将枪盘河比定为塞水，将哈尔几河（今白石沟水）比定白道中溪水。又杨守敬《水经注图》④依据这个见解描写的地图。克鲁库河（今枪盘河）就是塞水，哈尔几河（今白石沟水）即白道中溪水。

	《清史稿》	董祐诚	王仲荦	杨守敬
白道中溪水	克鲁库河（枪盘河）	克鲁伦必拉（枪盘河）	黑勒库河（枪盘河）	哈尔几河（白石沟水）
塞水			察素齐河	克鲁伦必拉（枪盘河）

可是，据《水经注》的记载，入芒干水有武泉水、白道中溪水、塞水三条河川。其中，白道中溪水和塞水通过阴山南出注芒干水。分析卫星图像，通过阴山注入大黑河有三条河川，就是哈拉沁河、乌素图河、枪盘河。内蒙古博物馆汪宇平先生⑤在考古调查的基础上认为今乌素图河即白道中溪水，这条水发源于大青山后武川县城以南，大青山公社界面之内。它把武川县南丘陵地带附近的水汇合到一起南流，从北魏六镇之

---

① （清）董祐诚：《水经注图说残稿》卷二，《董方立遗书》同治八年（1869），四川成都。
② 王仲荦：《北魏延昌地形志北边州镇考》，《北周地理志》，中华书局1980年版，第1091—1093页。
③ （清）杨守敬、熊会贞：《水经注疏补》，中华书局2014年版，第214页。
④ （清）杨守敬：《水经注图》，台北文海出版社1967年版。第115页。
⑤ 汪宇平：《从〈水经注〉的论述看呼和浩特市郊北部的山川形势和文物古迹》，《向达先生纪念论文集》，新疆人民出版社1986年版；汪宇平：《呼和浩特市北部地区与"白道"有关的文物古迹》，《内蒙古文物考古》第3辑，1984年。

一的武川镇现在的土城梁村以东流过，经过马家店到蜈蚣坝西坡下称坝沟，再度流到六洲湾进入呼市界面，改称大祖儿沟，到老园子村称乌素图河，然后从乌素图村南流出山，再南流进入大黑河。种种迹象表明，这条白道中溪水便是现今的乌素图河。然而，乌素图河发源武川县南方山中，比较短的河川。又乌素图河入小黑河后，小黑河注入大黑河。并且，坝顶遗迹是《水经注》记载的北魏行宫"阿计头殿"的时候，北魏行宫在白道中溪水以西。所以乌素图河不可能认为白道中溪水或塞水。笔者认为哈拉沁河即白道中溪水，枪盘河即塞水。白道城在哈拉沁河出谷口的东边。

	汪宇平	松下
白道中溪水	乌素图河	哈拉沁河
塞水		枪盘河

又在《冀州图经》[①] 中有关白道的记载：

> 云中周围十六里（六百里？），北去阴山八十里，南去通漠长城百里，即白道川也。南北远处三百里，近处百里，东西五百里，至良沃，沙土而黑，省功多获，每至七月乃熟。白道川当原阳镇北，欲至山上，当路有千余步，地土白而石灰色，远去百里即见之，即是阴山路也。从此以西及紫河以东，当阴山北者，惟此道通方轨，自外道皆小而失次者多。

《冀州图经》是撰者不详，《隋书》卷三三《经籍志二》[②]："隋大业中，普诏天下诸郡，条其风俗物产地图，上于尚书。故隋代有诸郡物产土俗记一百五十一卷，区宇图志一百二十九卷，诸州图经集一百卷。"所以，笔者认为《冀州图经》是隋时期编纂的地理书。事实，《冀州图经》中有"隋文季年"的记载。据《冀州图经》的记载，云中即是白道川，土地肥沃，南北百里或三百里，东西五百里，云中白道川即是土默川平原。《魏

---

① 《冀州图经》，（清）王谟《汉唐地理书钞》，中华书局2006年版，第301页。
② 《隋书》卷三三《经籍志二》，中华书局1973年版，第988页。

书》卷二四《燕凤传》①云"云中川自东山至西河二百里,北山至南山百有余里,每岁孟秋,马常大集,略为满川"。云中川是拓跋鲜卑代国之基地,还有云中与盛乐之二大据点②。从云中川至阴山路只有白道,其余道全部狭隘迷路了。白道地土如石灰色,从百里远方便可能望见。隋文帝开皇三年(583)夏四月己巳,卫王爽大破突厥于白道山,停筑原阳、云内、紫河等镇而还③。明年,突厥沙钵略可汗势力衰落,遣使告急于隋,请将其部落度漠南,寄居白道川,隋文帝许之。大业三年(607),炀帝行幸榆林,突厥启民可汗来朝,炀帝招待启民可汗及部落民三千五百人,奏百戏之乐。同时,征用丁男百余万人建设长城,西距榆林,东至紫河,涉及千余里。然而,一旬之间,死者过半数,炀帝停止建设④。据此记载;北朝隋唐时期的云中川别称白道川,为游牧民族活动据点。

四 考古资料

关于内蒙古土默川及呼和浩特一带的北魏遗迹,注意的是,坝口子古城(图1)与塔利古城(图2)。坝口子古城位于呼和浩特市攸攸板镇坝口子村,地势由北向南倾斜。在大青山南侧,现在通过省道104号,控制着连接阴山南北的交通要道。

城址平面呈长方形,南北长585米,东西宽340米。南墙向北202米处有一道横断全城的东西墙,将城分为南北二城。北城中部筑有三座南北相接的子城,俗称"里罗城"。子城南部地面上散布有数量较多的汉代绳纹瓦和北魏素面瓦,还有灰色绳纹夹砂陶片、绳纹砖等,部分遗物或可晚至隋唐。南城内遗物甚少,亦未发现建筑遗迹。城内曾出土萨珊波斯卡瓦德一世银币一枚、库思老一世银币三枚。城内出土的文化遗物,以北城的西南角,中南部和城墙断口处比较丰富。一般以汉代绳纹陶片为主。在北城中南部发现石刻佛像残片1件,这应是北魏时期的遗物。证明这座古城与北魏有关。然而,由于古城遭破坏严重、且未经发掘,

---

① 《魏书》卷二四《燕凤传》,中华书局1974年版,第610页。
② [日]松下宪一:《定襄之盛乐与云中之盛乐》,《史朋》40,2007年。
③ 《北史》卷一一《隋本纪上》,中华书局1995年版,第409页。
④ 《隋书》卷三《炀帝纪上》,中华书局1973年版,第70页。

对于北城、南城及各子城的始建年代是否一致及增修沿用等情况，尚无法得知。

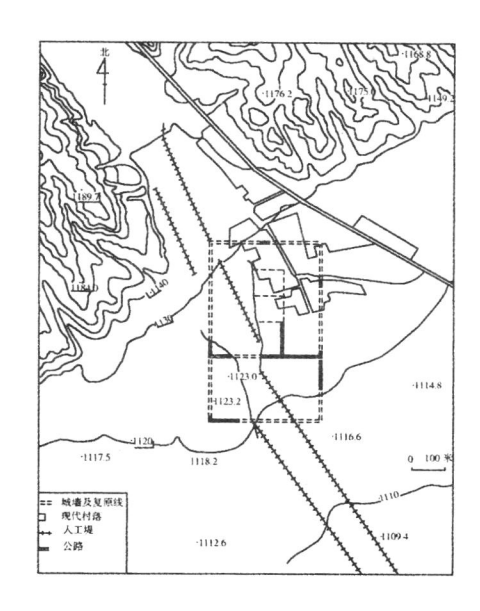

图1　坝口子古城遗址平面图

资料来源：塔拉主编：《草原考古学文化研究》，内蒙古教育出版社2007年版。

图2　塔利古城址平面图（2008年卫星图片）

王宇平先生将坝口子古城为白道城。又白道位于坝口子村北，经过河槽约8公里到坝底村，从此走上现今的蜈蚣坝，再北行不足1公里，在冲沟东岸有一段凝灰岩构成的山梁，高出3—5米，宽约20—30米，南北长380米，色灰白，如石灰，这便是"白道"。从战国以来到近代在大青山上修通公路为止，这段白道是山前山后往来行人车马所必经之路。

又苏哲先生说，可知在当时的地理概念中白道即阴山道，道南的土默川平原因之被称为白道川，白道所穿越的这段阴山被称为白道岭，历岭而出的枪盘河名之白道中溪，白道岭南之坝口子古城谓之白道城，其在军事上的作用是守卫白道南谷口。如此解释，与文献记载殆无矛盾[1]。

对于这些解释，笔者认为白道城在白道中溪水出谷的东边，白道中溪水即哈垃沁河。所以，白道城应在哈垃沁河的东边一带，这里有塔利古城。

城址在呼市东郊15公里塔布秃村北1公里处，快靠着大青山的山脚了。城为正南北方向，南北长约900米，东西宽约850米，其平面接近正方形。在这个城的里面还有一座小城，小城城墙也系土筑，保存情况比大城良好，南北墙和东西墙的长度都在230米左右。城的平面为一正方形，小城位于大城中略靠北的地方。大城内的南部，靠近小城的一带，地面上的陶片和瓦片相当多，筒瓦外表有绳纹，瓦当的残片都是卷云纹的。小城内地面上的陶片比小城外更多，筒瓦，板瓦为多。板瓦厚度在2厘米左右，外表有粗绳纹，阴面则有方格纹，瓦当有素面、卷云纹和带文字的三类。带文字的多为"万岁"和"与天无极"。

从现在地面遗物分布情况来看，主要集中在小城内和大城内的南部地区，这些现象可以说明居住遗迹主要是集中在小城内和大城内的南部地区。小城内似是官署所在，大城南部以民居或兵营为多。根据城内地面上采集的陶片、碎瓦和瓦当，由其器形和上面的文字来看，都应该是属于西汉时期的，没有比其早或晚的东西，基本上可以推断城建于西汉，到西汉以后就颓废了，可能以后长时期中都没有人在此居住，直到清代

---

[1] 苏哲：《内蒙古土默川、大青山的北魏镇戍遗迹》，《国学研究》第3卷，北京大学出版社1995年版。塔拉主编：《草原考古学文化研究》（内蒙古教育出版社2007年版）也采用这个解释。

时在其附近出现了村落。在大城内再修小城，城门开得较少，这似乎都是为了加强对城的防御。这座城为西汉定襄郡下面的一个县城也是可以肯定的①。

20世纪年代，王文楚、施一揆先生依据史志与考古资料、考定呼市东郊塔利村古城当即两汉武泉县城②。对于这个见解，孙驰先生认为塔利古城不应当武泉故城。孙先生依据托克托县黑水泉古城出土"武泉"陶片，综合《史记》有关记载，黑水泉古城即为两汉武泉故城③。在黑水泉古城发现的"武泉"陶片为确定古城城名提供了重要物证。然而，陶器刻印的"武泉"是表明陶器产地，武泉生产的陶器搬运到黑水泉古城，所以，不一定黑水泉古城即为武泉县故城。而且，据《水经注》的记载，武泉水出发武泉县故城西南，南流又西流，经过北舆县故城南，西南流入芒干水。然而，黑水泉古城一带没有符合河川。所以，笔者认为黑水泉古城不是武泉县故城。笔者以卫星画像对照《水经注》的记载，推断武泉县故城在卓资县南方附近，塔利古城也不是武泉县故城。

2013年，笔者实地调查塔利古城的小城（图3）。小城北墙残高有二米（图4），夯层有12厘米左右（图5）。小城内地面上散布瓦片、瓦当片、砖、陶片等等（图6）。板瓦片阴面则有方格纹。瓦当片是卷云纹的。这些遗物属于西汉时期的，但是，瓦片中还有北魏时期的黑色瓦片（图7）。所以，这些遗物意味着北魏时期有人在此居住证据。这座城为北魏时期的重要城塞之一也是可以肯定的。

五 结语

卫星图像对照《水经注》的记载，白道中溪水即是哈拉沁河。又据《水经注》的记载，白道城有白道中溪水出谷的右边，就是哈拉沁河出谷的东边。那里有塔利古城。塔利古城是西汉时期利用防守匈奴的

---

① 吴荣曾：《内蒙古呼和浩特东郊塔布秃村汉城址调查》，《考古》1961年第4期。
② 王文楚、施一揆：《两汉武泉县与北舆县》，《历史地理研究》第1集，复旦大学出版社1986年版。
③ 孙驰：《两汉武泉今地考》，《中国边疆史地研究》1998年第3期。

城寨。但是，在这座城内发现了北魏时期的黑色瓦片，证明北魏时期也在利用。注意的是，塔利古城跟坝口子古城规模较大，而且塔利古城有大城和内城的双重构造，城门较少，重视防守的城寨。所以，笔者认为塔利古城应该是白道城。白道即是哈拉沁河溯到武川县东部的道路（图8）。

图3　塔利古城内城和大青山

图4　塔利古城内城北墙

图5　内城北墙夯层

图6　散布瓦片

图7　北魏黑色瓦片

图8　哈拉沁河和石灰岩

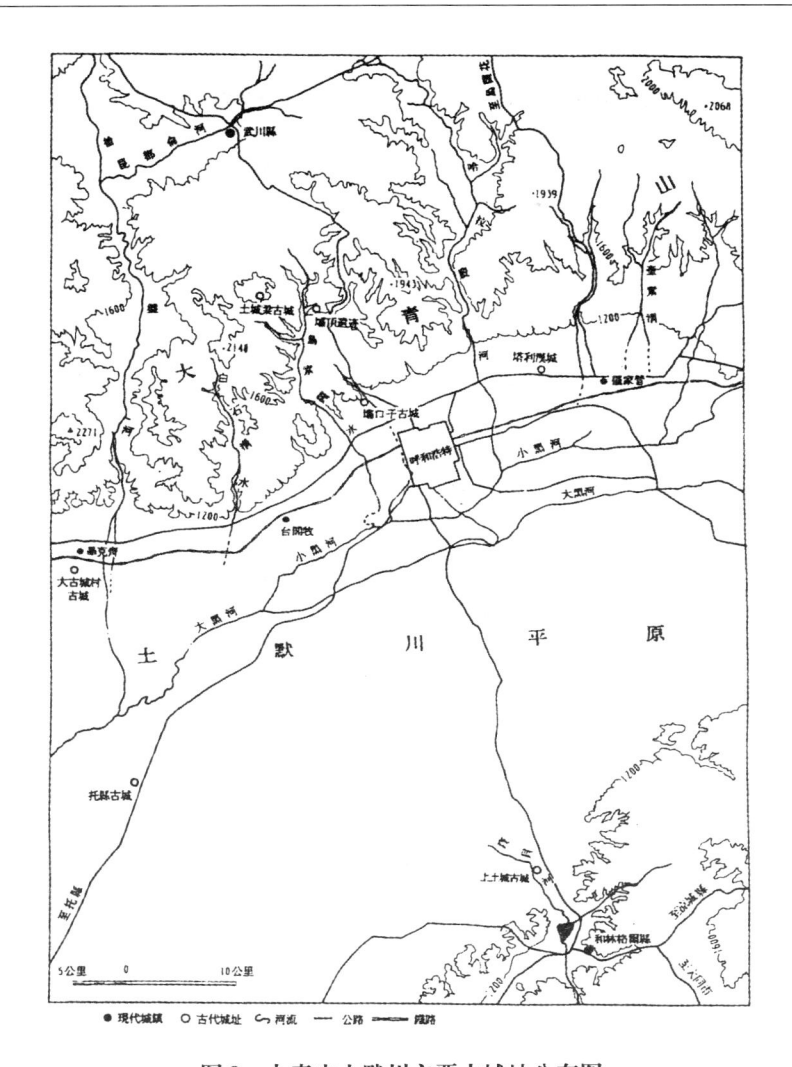

图 9　大青山土默川主要古城址分布图

转引自苏哲《内蒙古土默川、大青山的北魏镇戍遗迹》,《国学研究》第 3 卷,北京大学出版社 1995 年版。

北魏畿上塞围寻踪

山西省左云县三晋文化研究会　刘溢海

《魏书》载，北魏时曾于明元帝泰常八年（423）和太武帝太平真君七年（446），两次修筑长城。但对于第二次即太平真君七年所筑之长城却不称长城，而是名之为"畿上塞围"。笔者认为，此太平真君七年所筑之长城之所以不称长城而称之为"畿上塞围"，盖因该长城不与以往的长城所相同。以往的长城都是线状的，即有两个端点，而该次所筑之长城，虽也有东西两个端点，却是将首都平城以南、北作两条弧状线并将之相连成环状，将平城包围在了中间，该长城之特点关键在于以环状包围了京畿，因而冠名为"畿上塞围"。然而，近年来，一些学者对畿上塞围的研究，却明显地分为三种观点：A. 畿上塞围为环状，全封闭地包围了京畿；B. 畿上塞围为弧状的半包围状，拱卫了京畿。而在 B 类的半包围中，又分为两种观点：一为在京畿以北，大体上为今明代外长城（大边）之走向；二为在京畿以南，大体上为今明代内长城（即内边，亦称小边）之走向。综而述之，即为三种观点：一、环状全包围京畿，代表学者高旺、刘仲；二、北线弧状半包围京畿，代表学者殷宪、高平、尚平、魏坚；三、南线弧状半包围京畿，代表学者罗哲文、董耀会。

一　《魏书》中两次筑长城之载述

在北魏长达 149 年的历史中，曾大规模地修筑长城，在《魏书》中载录有两次，即明元帝（拓跋嗣）于泰常八年（423）所筑的东起赤城、西到五原的长城和太武帝（拓跋焘）于太平真君七年（446）所筑的畿上塞围。

在北魏时，来自北方最大的威胁是柔然（蠕蠕）与高车（敕勒），因此，明元帝于泰常八年所筑之长城，主要是为了防御柔然与高车这两大部族之南侵，而以柔然为最。《魏书·太宗纪》载："（泰常八年）二月戊辰，筑长城于长川之南，起自赤城，西到五原，延袤二千余里，备置戍卫。"① 这条长城东部起点赤城，即今河北省赤城县，大体位置在今张家口市东偏北方向，亦即北京市西北方向；其西部终点五原，即今内蒙古五原县，大体位置在今包头市西偏北，黄河北部。此道长城的修筑，较为有效地减少了来自北方两大部族对北魏的威胁。到太武帝时，太武帝拓跋焘多次亲征，他是统一北半个中国过程中武功最为成功的一位帝王。太延五年（439），他率部西征张掖，灭了北方最后一个割据政权北凉，统一了黄河以北的中国。也就是在他西征北凉之际，发生了柔然乘虚南下进逼平城的危机，使得京师（平城）大骇，这是迫使太武帝决心在京师周围修筑第二道防线（即畿上塞围）的主要原因之一。此时的北魏虽以北部的柔然为主要心腹之患，南部的刘宋政权虽然与魏暂时处于和平共处的状态，但备战仍然是需要的，而修筑一圈环状的长城将京师平城乃至京畿之地全部环拱在内，是太武帝的又一战略措施。于是，太武帝于太平真君七年（446）征发司、幽、定、冀四州十万民众筑畿上塞围。对其事《魏书·世祖纪》载："（太平真君七年六月）丙戌，发司、幽、定、冀四州十万人筑畿上塞围，起上谷，西至于河，广袤皆千里。"②

二 各位学者对畿上塞围的认识分歧

本文开头即已陈述了诸位学者对畿上塞围的三种不同看法，现将其三种观点分述于下：

第一种观点：认为畿上塞围是一圈环状包围京畿的全封闭长城，其代表学者为已故内蒙古长城专家高旺先生和山西省左云县的刘仲先生。

高旺在他著的《内蒙古长城史话》之《北魏长城》一章较为详尽地陈述了自己对畿上塞围的观点：

---

① 《魏书》卷三《太宗明元帝纪》，中华书局1974年版，第63页。
② 《魏书》卷四《世祖太武帝纪》，中华书局1974年版，第101页。

古制，王畿方千里，即东西南北各去都城约五百里的地面称"畿"，或称"京畿"。"畿上塞围"就是环绕京畿地面所筑的军事防御工程。

根据上述历史记载，可知畿上塞围是环绕首都平城辖区四周而筑的。其具体走向，环绕平城北面的，由居庸关向西北，经河北、山西北境，而后进入内蒙古兴和县，再由兴和经丰镇、凉城、和林及清水河南境，到达黄河东岸；环绕平城南面的，也是从居庸关起，但是向西南行，至山西灵丘向西，经平型关、雁门关、宁武关，再由宁武西北行至偏关，进而到达偏关老营北丫角山接外塞。①

高旺先生在其书中特别绘制了一幅《北魏长城图》，图中，泰常八年筑的那条长城位于包头、经呼和浩特、集宁、到张家口以北，而太平真君七年所筑之畿上塞围，则呈环状封闭，环卫了以京师平城为中心的京畿地区，基本上拱卫了今山西朔州、大同二市的全部和其东部的河北省北部地区。（参见附图 2 所示。）

刘仲先生对畿上塞围的观点与高旺相同，他在《左云三屯乡的长城》文中，阐述了自己的观点："塞围围圈了河北省的北部与山西省的大同、朔州两市的全部，成为后来这一区域内独有的内、外长城的基线。"山西大学的李书吉教授在其《山西北部边塞考述》文中，引录了刘仲先生的观点，并特别指出："我觉得（刘仲先生）这个发现的认识很重要。"②

第二种观点：认为畿上塞围呈半包围弧状，位于京都平城（大同）之北部。其代表学者是山西大同的殷宪、高平、尚平三位，以及北京的魏坚教授。

殷宪先生在其《北魏畿上塞围考辨》文中说：

北魏的畿上塞围，就是沿京畿北边界修的一条边墙或壕堑。……应在平城京畿地区北，与居庸关经河北北部入山西北部出内蒙古南部至黄河的明代外长城走向基本一致，但并不重合，应在

---

① 高旺：《内蒙古长城史话》，内蒙古人民出版社1991年版，第74页。
② 阎荣主编：《边塞文化论》，山西人民出版社2009年版，第86页。

大边之南，或远或近，若即若离。①

大同的高平与尚平二位先生在其合著的《浅谈左云长城》中认为：畿上塞围"是比长城低薄一些的土墙，用以补长城之不足，它东起今山西广灵西之上谷，沿今山西河北界到今山西省天镇县附近，折向西，围绕大同市直达黄河东岸，长达一千余里。根据这条长城（指泰常八年所筑长城）和塞围的走向方位来推断，都有一段应经由左云"。该文还特别绘有一幅《北魏长城示意图》。（见附图1）②

上述高平与尚平二位所示的畿上塞围虽然也认为在京师平城之北，起点却在山西广灵县的上谷，而与殷宪先生所述的起点不同。笔者认为此处山西广灵县的上谷，绝非《魏书》中的上谷。查《中国历史地图集》，其北魏时的上谷是郡名，治所在居庸，即今官厅水库东北方的延庆（属北京市）境。《魏书》中所载的畿上塞围之"起于上谷"，即是由今北京市的延庆县境为东部起点。

中国人民大学北方民族考古研究所的魏坚教授的观点与上述高平、尚平二位一致，魏先生在其《北魏金陵与畿上塞围的考古学观察》中说："所谓'畿上塞围'，顾名思义，即是位于京畿以北，为了保卫京都平城而修筑的一道塞墙。据文献，这道塞围应是东起山西广灵县西北边之上谷，沿今山西与河北界到今天镇县附近，再折向西，围绕大同北，直达山西偏关、河曲县的黄河东岸。其长度足有千余里。"③

第三种观点：认为畿上塞围位于京都平城之南，呈半弧状由南部半环卫京都平城，其代表学者是已故著名古建筑学家、长城研究专家罗哲文（1924—2012）先生和当今著名长城研究专家、中国长城学会副会长董耀会先生。

罗哲文先生在其所著《长城》一书的"南北朝长城"一节中写道："（畿上塞围）即是从现在北京居庸关，向南至（山西）灵丘，再向西经平型关、北楼、雁门、宁武、偏头诸关而达山西河曲县。当时把这道长

---

① 中国魏晋南北朝史学会、山西大学历史文化学院编：《中国魏晋南北朝史学会第十届年会暨国际学术研讨会论文集》，北岳文艺出版社2012年版，第111页。
② 阎荣主编：《边塞文化论》，山西人民出版社2009年版，第252页。
③ 《左云文史》2012年第2期（总第10期），第23页。

城称之为畿上塞围，是因为它环绕于首都大同的南面，用它来保卫首都之意。"①

董耀会先生著有《万里长城纵横谈》一书，该书笔者未能见到过。但殷宪先生在其《北魏畿上塞围考辨》一文的开头，即转引了董耀会先生在《万里长城纵横谈》一书中关于畿上塞围的观点：

> 国内有长城研究者认为，"东起上谷，西止于河"的长城的走向是：自今延庆南境的八达岭趋向西南，跨越小五台山、蔚县和涞源两县间的黑石岭（飞狐陉），从山西省，过灵丘县境的沙河源头（天门关），转西循恒山过今浑源应县之地，代县的雁门关（句注陉），转趋西北过宁武县阳方口（楼烦关）、神池、朔县诸地，沿偏关河而西止于黄河东岸。其平面布局略呈向南突起的弧形，围护着北魏京都的东、南、西三面，称作塞围。②

上述用较多篇幅引述各家对畿上塞围位置与走向的不同观点，以向读者展示近年来学者们对畿上塞围研究的基本情况，供对此问题关注者所参考与探讨。

三　近年来据地面遗存长城实体对畿上塞围的判定

从北魏太平真君七年（446）修筑畿上塞围，至今已过去了近1570年。在其漫长的岁月历程中，畿上塞围的大部已被湮没在历史长河中，地面遗存实体少之又少，加之有些段落又被后来的北齐、隋与明长城等所利用与叠压，因之，我们现在要在地面上寻找畿上塞围之遗迹就显得十分困难。即便是从地面上发现其遗迹（大都呈低矮的土圪塄状），其判断确认也较为困难。尽管如此，困难归困难，但热衷于长城研究的学者们仍不泄气，他们据地面遗存实体审慎地对其作出判断。魏坚教授根据

---

① 北京旅游出版社1988年版，第41页。
② 中国魏晋南北朝史学会、山西大学历史文化学院编：《中国魏晋南北朝史学会第十届年会暨国际学术研讨会论文集》，北岳文艺出版社2012年版，第108页。

多种资料,结合地面考古,大胆地判定今山西左云县北部明长城(大边)内侧的一段地面土垣为北魏的畿上塞围遗存。前面引述魏先生之文中,魏坚先生在亲临山西左云实地考察后认为:"2008年8月,在左云县的调查中,考察了一段与东汉长城与明代长城构筑方法迥异的塞墙。这段塞墙由大同新荣区进入左云县砖楼沟境内,位于东汉和明长城内侧,与山(马头山)前明代长城大致并行至威鲁口月华池,长约22公里。在月华池的一段基址宽约5米,残存高仅1米左右。墙体夯筑,夯土中含有大量黑灰色砂粒,墙体地表可见布满砂粒。此段比东汉和明长城的构筑略显疏松低薄的塞墙,很可能就是北魏太平真君七年为拱卫京都所修筑的'畿上塞围'。"[①]

笔者作为山西左云人,对上述魏坚先生所考察的这段塞墙亦曾进行过多次实地调查,笔者同意魏坚先生的观点。其实,该段遗存在威鲁口月华池中断后,向西又在今五路山东麓出现于地面上。当地群众称之为"壕堑"。《左云县志》(中华书局1999年版)将其定为"北魏金陵围墙"。笔者认为,此段长城正好是威鲁口月华池塞墙之西段遗存,它是今左云县境相当难得的畿上塞围遗存,而非北魏金陵围墙。

更为令人欣喜的是,近年来,位于大同南部的恒山一线,有人在考察北齐长城时发现,北齐天保七年(556)所筑的位于恒山上的长城,就利用了北魏畿上塞围的部分段落为基础,其大体位置基本上位于今代县、山阴、应县、浑源、广灵(即今明长城内长城之走向)等一线。[②]

四 结论

据上述各类文献资料所载及各位学者对北魏畿上塞围所持的不同观点,笔者认为,上述高旺与刘仲二位的观点,即北魏畿上塞围是呈全封闭的环状长城较有说服力,也符合史料所载述。其实,许多人在理解《魏书》中载录的筑畿上塞围的那段话时,恰恰忽略了原文中的:"起上谷,西止于河,广袤皆千里"句中的那个"皆"字。这里的"皆",即"都"之意思。也就是说,东起上谷(延庆县)西止于河(黄河)的

[①] 《左云文史》2012年第2期(总第10期)。
[②] 尚珩:《北齐长城考》,《山西长城》2009年6月号(总第3期)。

"塞围"是由南线与北线两条呈弧线的长城环拱京都平城，而其东端与西端又都互相连接，成为一个扁环状，因而才有了"广袤皆千里"之句。本来，"广"指东西方向的长度，"袤"指南北向的长度，但汉字的两字连用，往往会改变其中一字的本义。如《魏书》中对北魏泰常八年所筑的长城就称为"延袤二千余里"。这条长城本为东西向的，却用称南北的"袤"来称之。由此证明，上述引文中的"广袤皆千里"，就是说：环卫京都平城南、北两条弧状长城都由上谷起，而止于黄河，其两条长城非常形象地说明了畿上塞围是一扁环状的封闭型长城。而这道环形封闭状长城的部分段落，不仅被后来的北齐长城利用，而且又成为今明长城大边（外长城）与小边（内长城）的基本走向基线。在罗哲文所著《长城》一书中附有一张《明长城图》，图中的那一圈大边与小边，与高旺所绘的环状畿上塞围，无论其走向与位置都非常近似。（参见附图三）。由此可见，今明长城的内、外长城，有许多段落下叠压着北齐长城与北魏的畿上塞围。

一句话：北魏畿上塞围是扁环状的封闭塞墙，它环拱了京都平城及其所辖的全部的京畿地面。

（本文附图三幅）

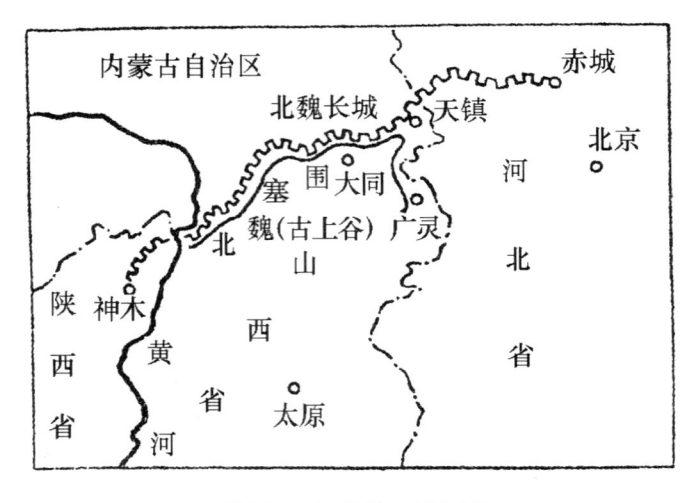

附图1　北魏长城示意图

选自《左云边塞文化论》，山西人民出版社2009年版，第252页。

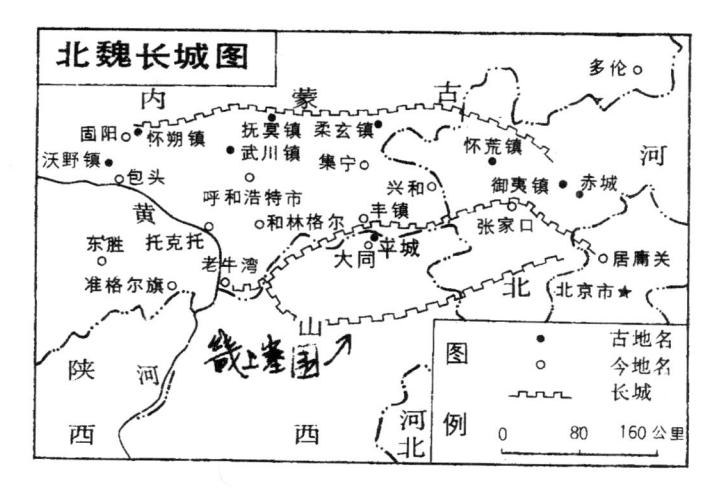

附图 2

选自高旺著《内蒙古长城史话》，内蒙古人民出版社 1991 年版，第 69 页。

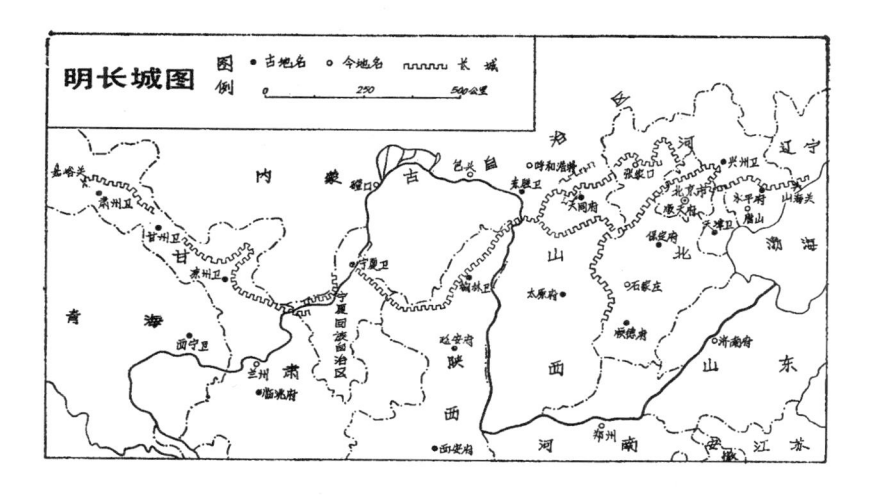

附图 3

选自罗哲文著《长城》，北京旅游出版社 1988 年版。

左云及邻近北魏陵墓野外观察探究

山西左云三晋文化研究会　刘志尧

对于历史，有些是文字的记载，有些是对地面信息符号的挖掘、研究，有些纯属根据综合资料的科学推断，对于北魏文化，同样包括这三个方面的历史内容。

一　从探究西马头山北魏墓说起

2013年11月6日上午，正值严冬时日，我同专门研究北魏历史文化的魏文先生来到山西省右玉县西马头山，目的是对山上所谓北魏陵墓作一番考察。

西马头山属阴山余脉，海拔约2000米，同左云县的摩天岭连为一体。因山的形状像一匹朝西奔驰的骏马，因而俗称西马头山，而那两只耸起的马耳朵正是两座被当地传说的北魏陵墓。缘何能把陵墓筑在山顶上？这一直是一个谜。

上山之路选择在东南方向山脚下。从山脚到山顶，斜坡十分陡险，也无什么上山之路，山坡还长满了沙棘林和荒草，上山只能脚蹬手攀，我们边爬边歇，一直攀约2小时方才登上山顶。

山顶是平的，像空中草原，长满了过膝的荒草，朝西望去，那两座高大的墓冢就在山的边缘尽头，欲走近，还有1公里的距离。

两座墓冢封土高大，南北相邻相望，相距约200米。南向墓冢，底围110米，高13米，斜高17米，墓冢被荒草砾石覆盖。墓冢东面有盗洞，盗洞顶高1.5米、宽约1米，夯土层为11cm，钻进洞约8米，便成垂直洞口，用手电照射，深不见底，用一块圆石向下滚落试探，从"咕咚咕咚"跌落到底延续时间和声音，可判断垂直深约10多米。从洞口捡得两小块尸骨，包好带回以便今后作鉴定。为证实是一座被盗陵墓，复又滚石跌落墓底将回声录音。

再观察陵墓选址，距西南约50米便是悬崖峭壁，人工无法上下攀越。陵墓向东，两边成两条线延伸，堆垒12个砾石堆，成对称状，每边6个，形似蒙古草原上的敖包。石堆高约1.5米，底围6米。两线所布石堆中间却似廊道，宽约15米，长约百米。其中有3个石堆被盗挖，坑深2米，用砖砌底砌壁，砖长30cm，宽15cm，厚6cm，敲打有金属声，属北魏特制。初步分析，廊道即陵墓神道。另外，北方民族有13豕之说，加上主陵正好为13豕。

北向陵墓，封土底围120米，高约12米，斜高17米。土冢被荒草覆盖，东面有盗洞，洞深约14米，斜坡延伸下去，用圆石滚落试探，无跌落到底的回声，证明墓顶未被打开。墓室之物未被盗窃。

根据盗墓贼遗留的"农夫山泉"塑料空瓶和"平遥牛肉"包装袋以及一些方便面袋的出厂日期，初步判断两座陵墓在2011年均被实施盗挖，盗墓贼约为十多人的团伙。

二 从西马头山被盗陵墓证实摩天岭土冢均为陵墓

西马头山，与东向的摩天岭连为一体，均属阴山余脉，再向东是内蒙古凉城县的东马头山，向北是内蒙古凉城县的双榆树山。西马头山距东马头山约50公里，摩天岭距双榆树山约20公里，然而就在这方圆约1000平方公里的山岭上，通过调查发现，共有20座类似西马头的陵墓。

就以摩天岭方位中心为观察点，首先向西22公里的西马头山两座陵墓已作出勘察分析。其次摩天岭属左云县地界的有11座：即摩天岭制高点一座，摩天岭长城内侧一座，红砂岩口古道山一座，太子梁一座，魏嘉山一座，大王庄山2座，十二窑山一座，官山一座，镇宁关一座，六墩沟梁一座。其中魏嘉山陵、太子梁陵、古道山陵、摩天岭陵等四陵南北成线，封土耸峙，高大壮观，其余均分布在这些陵墓的前后，墓冢相对小些。而十二窑山和古道山陵有石头构件，太子梁陵有盗洞。

再次，内蒙古凉城县境 8 座，其布阵形势仍以摩天岭为方位中心作观侧，向北双榆树山陵一座、青石墩陵一座；向东狮耳山陵一座，平顶山陵 2 座，威鲁口官帽山 2 座，马头山一座。此此，右玉县境风，除西马头 2 座外，团山还有一座。其中，狮耳山陵、青石墩陵、双榆树陵南北成线，墓冢高大恢宏。在这诸多座陵墓中，最早被发现的是太子梁陵墓。太子梁陵底围长 160 米，垂直高约 15 米，斜高 18 米。2004 年东面就被挖了盗洞，而初步认定为陵墓。测量盗洞深 14 米，墓室未被打开。但盗墓贼并不甘心，继 2011 年西马头山向南陵墓被挖开后，2012 年冬又盗挖太子梁陵墓，当挖下 9 米深后，被当地群众发现报警，左云县公安局遂于 2012 年 12 月 10 日抓捕 3 人，其他跑掉，在被抓 3 人中，有一人脚被冻伤残废。2013 年 12 月，又有群众发现了盗墓团伙，2013 年 12 月 10 日，盗墓团伙有 7 人被左云县公安局抓捕，盗洞又挖下 13.5 米。后被左云县文体局封堵了盗洞。据审讯，他们实施盗墓是由一位香港老板出资赞助的。

魏嘉山陵墓，在太子梁陵墓东南侧，底围 160 米，垂直高约 15 米，墓冢全为封土覆盖。2007 年秋，大唐电力公司安装风力发电挖基础，在陵墓东挖出 2 块云冈岩石头构件。

大王庄山顶的两座陵墓，封土规模均同西马头山陵墓。两陵墓东西成线，相距 200 米。

古道山陵墓，底围 150 米，垂直高度 10 米，南北两侧有人工修筑围墙。

摩天岭长城内侧陵墓，底围 130 米，垂直高度 10 米，陵墓南有云冈岩石头构件数块。摩天岭长城外侧陵墓，底围 120 米，垂直高度 10 米。

十二窑山陵墓，底围 100 米，垂直高度 8 米。陵墓顶有云冈岩石头构件 2 块。六墩沟梁陵，底围 60 米，垂直高度 8 米，有石头沟件，向东有 12 个石堆。2004 年考察时，在陵墓旁捡到北魏古钱币 1 枚。

青石墩陵墓，笔者在 2008 年 9 月 29 日下午专程去作了考察，底围 120 米，垂直高度 15 米，陵墓周围全被石砌，露有苔藓，墓冢南有盗洞，约 10 多米深，盗洞夯土为 8cm，墓室未被挖开。

狮耳山陵墓，笔者在 2008 年 10 月 1 日下午专程去作了考察，底围 300 米，垂直高度 20 米，是所有陵墓中最为高大的一座。向南 1 公里发现上山古道。

平项山陵墓 2 座，位于青石墩陵墓之东 2 公里处，封土规模同西马头山陵墓。团山陵，底围 60 米垂直高度 6 米。两陵墓相距 300 米。

东马头山陵墓，底围 150 米，垂直高度 10 米，墓冢全被石头覆盖，有被盗挖的痕迹。

三　在左云十里河、元子河两岸发现的陵墓

摩天岭阴山余脉之东南方向为左云川界，摩天岭成为左云川界的天然屏障，左云川界为丘陵地貌，有十里河和元子河从西向东流经左云川界地面。然而就在这两河的沿岸，分布有百余座古墓冢。

十里河古称武州川水，《水经注》对武州川水曾作出详细描述。观察十里河沿岸墓冢由西向东：三屯乡汉疙瘩墓 1 座，王家窑墓 1 座，则㾿坡墓 3 座，三台子墓 1 座，八台子墓 1 座；管家堡乡沿长城墓 23 座，后辛庄墓 2 座，黑烟墩墓 2 座，三圣坡墓 1 座，管家堡墓 3 座；云新镇北六里墓 2 座，辛窑沟墓 2 座，红圪墩墓 2 座；张家场乡张家场墓 1 座，将军墓 1 座，东二队墓 1 座，九队墓 2 座，旧高山墓 1 座；马道头乡郭家坪墓 1 座，黄家店墓 1 座，施家窑墓 1 座。

元子河沿岸墓冢，即小京庄乡降村猴头山墓 1 座，树儿里墓 1 座，前坪墓 19 座。

观察分析两河沿岸墓冢，它们有几个共同的特点：一是这些墓冢均筑在各个丘陵的最高处；二是墓冢规模均为：底围 50—60 米，封土高 5—8 米。其他特殊现象诸如明代的烽火台竟然建在墓冢封土之上，如北六里墓、旧高山墓、张家场墓等，而且这几座烽火台脚下均有盗洞，这是盗墓贼的聪明所为。照此推测，左云县境内分布着 145 座烽火台，而且均筑在丘陵高地，未被发现的烽火台墓之数难作推测。另一个特殊发现，前坪墓墓室为石砌，碹石均为专门打制的白砂石石头构件，其墓室呈圆形，自下而上内缩，墓口呈 1 米见方圆口，形似一座石砌蒙古包埋在地下，被盗墓室无棺椁，只有尸骨。当地村民称鸡罩篓子墓。

四　将摩天岭墓冢与左云川界墓冢推测为北魏陵墓的思考

我们将目前已发现的 22 座摩天岭墓冢和左云川界百余座墓冢推则为北魏陵墓。其思考理由如下：

（一）诸多专家学者通过考察反映并作出推测和结论

2008 年 9 月，大同史学家、大同市地方志办主任要子瑾先生前往太子梁墓冢作了考察，推测："除了皇陵没有别的解释。"并撰文《关于左云边塞文化品牌的思考》谈到太子梁陵说："其形制与方山永固陵如出一辙，墓东面的一个盗洞，洞壁上夯层清晰可见厚 10 厘米这是典型的北魏建筑夯层——这些墓冢，虽然尚待考古发掘证实，我以为除了北魏金陵外，别无解释。"[①] 中国人民大学北方民族考古研究所所长、古墓研究权威专家魏坚教授，到太子梁墓冢考察，察看了山势形胜、地形地貌，又细致察看分析研究了盗洞，从占山风水学上道出了选筑皇陵的理由，从夯土层分析为北魏的陵墓，并根据考察研究结果，写成论文作为"边塞文化高层论坛"的发言专题内容，并以此为素材又撰文《北魏金陵与畿上塞围的考古学观察》发在吉林大学所办《边疆考古研究》2010 年第九辑上，文中说："笔者在内蒙古中南部从事考古工作多年——根据秦汉以后历代王朝依照风水选择陵墓的观念，只有在内蒙古和林格尔、凉城、两县南端与山西左云、右玉接壤的高山丘陵地带，才是建造皇家陵寝的最佳区域——这其中，以在左云太子梁南北一线面向大同方向的 6 座墓葬的封土较为高大，这个数目似乎正与北魏 6 个皇帝葬于金陵的数目相合，但这只是臆断而已，并无实据和必然联系。此外，在这区域内的其他墓葬或可就应当是北魏时期陪葬皇陵的皇亲国戚和勋臣旧将。"[②] 此外，先后还有中国人民大学张永江教授；内蒙古史学家郝志成教授、张利教授、王雄教授，山西大学史学家李书吉教授、张世满教授、靳生禾教授、谢鸿喜教授等前往考察探究，一致推测为北魏金陵。中国人民大学边境

---

① 刘志尧主编：《边塞文化论》，山西人民出版社 2009 年版，第 56 页。
② 《边疆考古研究》第九辑，科学出版社 2010 年版，第 216 页。

民族史研究室张永江主任，2008年8月23日来左云考察时，根据他多年考察陵墓的经验常识在考察现场说："只有皇家方可占山为陵，占山起陵是皇家的专利。"2010年7月15日，中国魏晋南北朝史学会会长李凭教授前往太子梁墓冢考察，同样也作出"这是一个陵"的推测。在2012年9月16日左云举办的"中国长城文化高层论坛"上，大同史学家赵忠格先生发言，谈到左云历史时曾说："左云不缺的就是皇陵。"

（二）对北魏金陵和北魏疑似皇陵的推断

既然诸多墓冢被一些专家学者推测为皇陵，那么，究竟是哪个朝代的皇陵呢？结论只有一个——北魏皇陵，即金陵。

纵观大同历史，自春秋时期修筑平城，到现在已有2300年的历史，而且在平城唯一建立国都的时间则在北魏。北魏天兴元年（398）道武帝拓拔珪迁都至此，到孝文帝拓跋宏（元宏）太和十八年（494）迁都洛阳为止，作为一代帝都近百年之久。曾有六位皇帝（包括未即位的景穆帝拓跋晃）及十多位皇妃去世。但如今除发现冯太后的"永固陵"（俗称祁皇墓）在大同之北的方山外，其他诸帝后的陵墓却一直未能在大同附近发现。作为北魏的皇陵"金陵"究竟在哪里？多年来一直是北朝研究学者及考古学家们十分关注的问题。现在，从左云摩天岭发现的诸多高大土冢现象看，这应该是北魏金陵之地。在中国封建时期，唯其帝陵有"山陵"之称。这些人工封土冢，除了皇室，民间绝不可能有这般力量，也绝对没有占山为陵的资格和权力。

（三）摩天岭及左云川界是北魏帝妃最理想的陵墓之地

按常规，作为帝都，其帝王死后大都要建在京都附近——其陵寝多建在风景优美而被认为"有风水"的山地。根据秦汉以后历代王朝依照风水选择陵墓的观念，地处摩天岭及其与内蒙古凉城、和林格尔交界处一带区域，位于北魏盛乐和平城之间，更兼山势雄伟，丘陵起伏，东南则有广袤的平川相连，从地形条件到相对位置，都应当是理想的陵区所在地，是建造皇家陵寝的最佳区域。北魏时期，左云是京都大同的畿内之地。摩天岭位于大同西北方80公里之处。如果按阴阳八卦风水讲，左云占据乾位，乾代表天，乾象为最大，西北方又是休门，象征休养生息，设置陵地为乾山巽向。后来，拓跋宏迁都洛阳，置陵选地邙山，仍在洛阳西北方，占据乾位休门。

如果按地质学讲，左云属复合丹霞地貌，三千万年前的地质板块运动碰撞所产生的喜马拉雅造山，给了左云两山夹河阔川特殊地理环境、地形地貌，地壳运动的海枯石烂凸显了地表异彩纷呈的风光，拔地而起的横面崛露雄浑巍峨。遥想北魏时期的武州川水北岸阴山，山川秀丽，水草丰美，风光宜人，皇帝占山为陵，依山为体，土厚水低，最宜殡葬。而武州川元子河沿岸，属阴山与洪涛山中间峡谷丘陵地带，地势开阔，地表下有10—25米的黄土层，黏结性能良好，土壤紧硬密实，是帝王最理想的埋骨处所，最宜安葬墓穴，因而成为将相大臣，达官显贵欲选择的墓地。左云川界丘陵高地呈现覆斗形或圆锥形大大小小的土包，应该是这些皇亲国戚、勋臣旧将的墓冢。

（四）五路山陵墓及左云川界墓冢，可能包括刘蠡升国都帝妃墓葬

摩天岭疑似帝妃陵墓及左云川界的北魏墓，并非都是鲜卑拓跋氏族的陵墓，可能夹杂刘蠡升国都帝妃们的墓葬。北魏孝昌元年（525）十二月，汾州稽胡首领刘蠡升借北方群起反魏、中原动荡之机，在"云阳谷"① 即左云五路山一带，聚众举兵反魏，自称天子，建年号"神嘉"置百官，建立起地方民族政权，定国都于摩天岭脚下的榆林城，史称神嘉王朝"乱世天子"。公元534年，北魏帝国一分为二，高欢立清河王元亶之子元善见为帝迁都于邺城（河北临漳）为东魏，宇文泰杀魏孝武帝脩立南阳王元宝炬为帝，定都长安，史称西魏。东魏建立第三年正月，东魏丞相高欢发兵袭击刘蠡升，刘蠡升兵败退守云阳谷，高欢见云阳谷地势险要，地形复杂，易守难攻，遂使用和亲诡计，出其不意，举兵攻袭刘蠡升，刘蠡升兵败而亡，神嘉王朝存在十年（525—535）。其后，刘蠡升残余势力仍坚持斗争，复立刘蠡升三子南海王为帝继续反抗朝廷，四十三年后其孙刘没铎又继承乃祖遗志，居云阳谷（五路山）兴兵自立，称圣武皇帝。自刘蠡升称帝败亡再到圣武皇帝复建帝朝，约半个多世纪时间，从皇帝到达官显贵乃上百人，摩天岭与左云川界也应是神嘉王朝陵寝选地。

---

① 魏文：《北魏神嘉王朝在左云》，《左云文史》2010年第1期。

（五）以方山陵为例，观察北魏皇陵选地均有相似之处

按照常规，帝王死后要与其后妃合葬一陵，《魏书》称"祔葬"。可文成帝拔跋濬之皇后，即冯太后却偏要例外，生前看准了距今大同市北25公里方山这块地方，立言终葬于此，而其孙孝文帝对祖母的选择极为支持，遂为冯太后在方山建永固陵。

方山，北连采梁山，东、南、西三面均为齐崖，其上是宽阔的平台。而永固陵包括孝文帝为自己营建的"万年堂"陵寝就修筑在这个宽大的平台之上。方山陵为我们透露出了这样的信息：冯太后遵循了鲜卑人死后喜葬山丘之巅的葬俗。另外她的陵地选择模仿了先帝们的地形地貌，即西马头山陵、双榆树山陵、东马头山陵、大王庄陵。

西马头山陵地，南、西、北三面为齐崖绝壁，上面是一个长方形宽阔的平台，东连阴山。

双榆山陵地，北、东、南三面为齐崖绝壁，上面是一个长方形宽阔平台，西连阴山。

东马头山陵地，北、东、南三面为齐崖绝壁，上面是长方形宽阔平台，西连阴山。

大王庄陵地，东、南、西三面为齐崖绝壁，上面是宽阔的长方形平台，北连阴山。

因鲜卑拓跋氏族有选择高地的葬俗，那些显贵勋臣除了陪葬皇帝无资格上山而在左云川界选择墓地，仍然择高地修筑墓室。

（六）摩天岭因修筑金陵改称圣山，因运送棺椁修筑了两条古道

翻开左云地方志，北魏时期将摩天岭改称圣山。所谓圣，即最崇高的地方，也是封建社会对帝王的尊称，将摩天岭改称圣山，这不能说不与山上修筑皇陵有关。因为是圣山，与之相关的称谓和配套文化工程设施也不少，如圣泉、三圣坡、三圣沟等等地名。在圣山脚下，20世纪80年代全国第三次文物普查时，曾发现了11公里的土筑长城。[①] 认定是金陵围墙。

既然将金陵修筑在摩天岭上，往上运送棺椁是必须要解决的问题，

[①] 王日卿主编：《左云县志》，中华书局1999年版，第781页。

因而又在摩天岭西拓展了红砂岩口古道，在摩天岭东修筑了马头山古道。

红砂岩口古道由摩天岭脚下三圣坡作为东面入口处，距红砂岩口2公里，古道有石头砌基砌墙，用沙土堆铺构筑，有的地段，石基高约数米。历史上修筑红砂岩古道，除了皇家，民间是绝对没有这种力量的。

马头山古道，由山脚下圣泉沟盘旋而上直达山顶，古道约2公里，修筑古道利用圣泉沟弯曲谷壁谷坡地形，因地制宜，盘旋延伸，砂土混合铺垫，虽狭窄而坚固耐用。现在山西通往内蒙古，这条古道仍起着连接贯通的作用。

以上北魏金陵、古道、金陵围墙并榆林古城，可以说形成了这方地域较为突出的北魏文化概念。

（七）由盗墓信息给我们的推测与想象

摩天岭北魏金陵（有待发掘），再加左云地界封土高大的古墓葬共百余座，但到现在官方没有挖掘过一座，因而没有取得任何鉴别的实物证据。然而，自进入21世纪中央电视台设置《鉴宝》栏目以来，左云盗墓现象呈疯狂趋势，除那些北魏金陵（有待发掘）无能力挖掘外，几乎左云地面所有的古墓均被盗挖。在民间所编的"大同十大怪"顺口溜中就有"左云涌入盗墓贼"一说。从外界涌入左云多少盗墓贼？挖走多少文物宝藏？不得而知，但盗墓贼毕竟传递给我们一些信息。

根据历史留存在左云地面墓葬信息符号，左云有春秋墓、汉墓、北魏墓、明代墓，有游牧民族墓、汉民族墓。相互作比较，我们会发现各个朝代墓葬的明显特征。所谓汉墓，根据大同史学家殷宪先生"汉墓群五里之内必有城"[①]的推断，墓群一般靠近城郭。左云白羊城东就是春秋墓和汉墓群，但并无封土，已被盗挖百余座。春秋时期墓基本属北方游牧民族墓葬，不留封土。在明朝，左云白羊城曾是山西行都司驻所，其左都督范瑾、提督张倪都是当朝一品官员，但他们的墓葬，除了石刻墓碑，神道翁仲，封土并不高大。汉代、明代墓与那些修筑在丘陵高地上的高大墓冢相比较显得低矮，这样判断推测为北魏陵墓毫无疑问。惟其帝陵有"山陵"之称。魏晋虽然提倡墓葬节俭，但墓葬封土规格显示的是皇家的尊严。

---

① 刘志尧主编：《边塞文化论》，山西人民出版社2009年版，第387页。

盗墓贼一般都有较高的史学常识，实施盗墓发挥了他们的聪明才智，就耸立在左云地界丘陵高地的烽火台而言，盗墓贼竟然会把它们认定为北魏墓葬。因为，当初北魏皇亲显贵、勋臣旧将们选择的墓葬高地，又被明王朝作了筑烽火台地基的选地，为省工省料，就将其烽台筑在北魏墓葬封土上。

　　盗墓信息还透露，左云地界被挖开的那些个墓室，大多有壁画，这除了北魏王朝皇家有这样的讲究，民间恐怕没有这样的雅气。

　　人类历史，留存下了石器，留存下了文字，也留存下了墓葬与庙宇，而我们研究历史，墓葬应是最具说明问题的实物，因而各个朝代的文化在一定程度上包括相应的墓葬文化，就摩天岭并左云地界墓葬而言，除了盗墓贼掌握了真实的凭据而不作公开透露外，我们只能凭借观察印象作一些推断，至于推断准确与否？也许历史会根据这些判断引以启示而作出结论。再者，如果不是发现西马头山陵室被盗墓贼挖开，也许我也没有勇气和信心推测这些便是北魏墓葬。

北魏、东魏时期端氏县酒氏家族的佛教造像事业

日本龙谷大学　　［日］北村一仁

序　言

　　此前，作为对两魏交界地区佛教造像的个案研究之一，笔者曾对山西省晋城市阳城县次营镇周壁村的《上官氏摩崖造像》加以考察。但是研究中还存在一些不足，例如，关于对河东地区统治方式的问题，有人在发表后的讨论中提出，东、西魏政权是否存在差异？[1] 特别关于东魏北齐政权采取的政策，本人感觉还有不少问题，需要从另外的角度研讨。所以，这次报告拟定了如下课题：从东魏北齐的视角，利用几通碑刻来考察上述问题，揭示东魏政权地方统治的实际状态，进而思考其与西魏北周政策上的差异。

　　作为具体考察地域，我拟选择与《上官氏造像》同属于北魏、东魏安平郡（今山西沁水、阳城一带）的端氏县（治在今山西沁水县郑庄镇）。在检寻有关材料时，我注意到当地有"酒"姓一族的活动，从北魏后期到东魏时期他们制作了几通造像。其中，关于北魏时期的三通造像，

---

　　[1] ［日］北村一仁：《北朝国境地域における佛教造像事业と地域社会——山西阳城县出土，上官氏造像を手掛かりとして一》，龙谷大学亚洲佛教文化研究中心，2013年度，第1回，第3单位（东亚地域班）国际研究会《佛教石刻と地域社会—中国中古时代における地域史的宗教环境の探究一》。还有我以其报告为基础在《东洋史苑》（第84号，2014）上发表的小文。

日本佐藤智水先生《山西省沁水県の柳木岩摩崖造像と碑文について》[1]这篇文章已有详细的录文。这次报告将参考佐藤先生及其他前人研究，围绕北魏到东魏时期安平端氏县酒氏一族的造像活动，对上述的问题展开考察。

一　酒氏造像事业的背景

(一) 沁水县域的造像事业和酒氏

首先，对于现在沁水县北朝到隋代的佛教石刻，根据诸书加以整理，用表1揭示如下：

表1　　　　　　　　沁水出土北朝到隋代的佛教石刻

朝代	年份	碑题	场所	主要的参加者	法量	主要根据
北魏	493	王寨千佛造像碑	龙港镇王寨村	不明	高1.14米 上宽0.51米 下宽0.69米 上厚0.26米 下厚0.28米	《三晋》[2] 5
北魏	513	酒畔成等三十三人造像碑（西大村造像碑）	郑庄镇西大村	酒畔成等酒氏	高2.36米 上宽0.36米 下宽0.4米 厚0.25米	《三晋》7
北魏	515	后托盘摩崖造像	固县乡后托盘村南200米	比丘僧景、邑主刘始弄、像主马文欢等	高2米 长3.2米	《厚重》[3] 200

---

[1]　[日]宫治昭代表：《ガンダーラ美术の资料集成とその统合的研究》，H20—24年度科研费补助金（基盘研究（A））报告书 vol. I 所收。

[2]　车国梁主编：《三晋石刻大全・晋城沁水卷》，三晋出版社2012年版。

[3]　山西省文物局编：《厚重山西：山西省第三次全国文物普查重要新发现选编》，科学出版社2010年版。

续表

朝代	年份	碑题	场所	主要的参加者	法量	主要根据
北魏	515	柳木岩摩崖造像	郑庄镇河头村	酒德尒等酒氏	高2米 东西5米	《三晋》6 《文物地图集》① 496
北魏	520	吕黑成、酒文知等	不明（端氏县，今在瑞士苏黎世，瑞特保格美术馆）	吕黑成、酒文知等吕氏、酒氏	全高1.25米	《中国佛教雕刻史论》② 图版150 《金申》40③
北魏		石佛沟造像碑	十里乡石佛沟村	不明	不明	《石刻总目》④ 164
北魏		木亭千佛碑	龙港镇木亭村	不明	高2.04米 上宽0.515米 下宽0.55米 上厚0.18米 下厚0.215米	《石刻总目》164
东魏	542	僧恩等造像碑	不明（安平郡附近？今在日本京都国立博物馆）	邑师僧恩、起像主陈天护、大像主酒买、开明主酒小雅、教化都邑主酒贵□等	高0.982米 宽0.458米 厚0.205米	《佛教雕刻》⑤ 38—39（照片）
北齐	567	东峪村（丈八寺）造像	十里乡东峪村东约100米	不明	通高4.2米	《文物地图集》496
北齐		木亭造像碑	龙港镇木亭村	不明	高0.66米 宽0.34米 厚0.15米	《三晋》8

---

① 国家文物局主编：《中国文物地图集·山西分册》，地图出版社2006年版。
② ［日］松原三郎：《中国佛教雕刻史论 图版编》，东京吉川弘文馆1995年版。
③ 金申：《海外及港台藏历代佛像 珍品纪年图鉴》，山西人民出版社2007年版。
④ 吴广隆等编：《三晋石刻总目·晋城地区卷》，山西古籍出版社1998年版。
⑤ ［日］京都国立博物馆编：《京都国立博物馆藏佛教雕刻》，京都便利堂1984年版。

续表

朝代	年份	碑题	场所	主要的参加者	法量	主要根据
北朝		宋家沟造像	龙港镇宋家沟村东约300米	不明	佛：高2.25米 菩萨：高1.65米	《文物地图集》496
北朝		老爷沟摩崖造像	龙港镇柿园村南约200米老爷沟东坡上	不明	高5米 长20米	《文物地图集》496

诸书著录的计有以上十二通，虽然都是沁水县出土，但地域分布不尽相同，最多的地方是龙港镇（即县城），在该地区有五通石碑出土。十里乡、固县乡附近和郑庄镇也很多。需要说明的是，从两魏分立到北周再度一统华北的时期，西魏北周的造像一通也没有，都是东魏、北齐的。这表明西魏、北周政权似乎未曾控制过该地区。

上述这些活动之中，酒氏参加的有三次：

一、北魏延昌三（513）年《酒畔成等三十三人造像碑》

二、北魏延昌四（514）年《柳木岩摩崖造像》

三、北魏神龟三（520）年《吕黑成、酒文知合邑四十人造像》

这三通造像要么是郑庄镇出土的，要么明确记有端氏县之名，所以可以判定都是在差不多同一地区制作的。也就是说，在沁水县的石刻之中，与酒氏有关的都是在郑庄镇发现的。

另外，东魏542年的《僧恩等造像碑》也是与酒氏有关的。虽然出土的地方不清楚，但中心人物僧恩是安平郡的延业寺主，碑刻里面有不少的安平附近的地方官吏之名，也有很多的酒姓的人，而酒氏如后所述应该是安平端氏的土豪，所以这通碑刻可能也是在当地附近制作的。因此本稿拟以上述的四通石刻为对象进行考察。

（二）北魏、东魏时期的端氏县和建兴、安平郡

首先，关于安平郡端氏县，《魏书》卷一一六《地形志二上·建州安平郡条》云："领县二，户五千六百五十八，口一万九千五百五十七。端氏、濩泽"，"端氏"条下原注："二汉属河东，晋属平阳，后属。真君七

年省,太和二十年复。"① 就是说,太和二十年(496)以后,在建州安平郡设有端氏县,虽然设置的时间不明确,但按《隋书》卷三〇《地理志中·冀州长平郡条》云:"端氏,后魏置安平郡,开皇初郡废"②,也就是说,从北魏以后到隋开皇年间,端氏县都是安平郡的治所。

图1 端氏县石刻关系地图③

然而,关于这个安平郡有点复杂,据《魏书·地形志·建州条》,从和平五年(464)到设置建州的永安年间(528—30),该地区设有建兴郡。④ 在后揭《吕黑成、酒文知合邑四十人造像》里有"建兴郡端氏县"这条记述,就是其明证。关于这一点,施和金、王仲荦两位先生都没说什么意见。⑤ 但按碑刻内容加以推测,端氏县在北魏太平真君七年(446)被省并后,可能到和平五年(464)又作为建兴郡的领县被重新设置。这

---

① 《魏书》卷一一六《地形志》,中华书局1974年版,第2482页。
② 《隋书》卷三〇《地理志》中华书局1973年版,第849页。
③ 以 google map(谷歌地图)的卫星地图为基础做成。以"◎"表示的地点是造像出土的地方。
④ 《魏书》卷一一六《地形志》,中华书局1974年版,第2481页。
⑤ 施和金:《北齐地理志》,中华书局2008年版,第251页;王仲荦:《北周地理志》,中华书局1980年版,第824页。

样的话在记述上就产生了矛盾，对此很难做出解释，但无论如何，在《吕黑成、酒文知合邑四十人造像》完成的520年左右，端氏县已经是建兴郡的领县，这一点没有疑问，最后在东魏《僧恩碑》制作的542年，碑文出现了安平郡之名，说明安平郡已设置。

下面来看一下端氏县的地理位置。从北魏到东魏时期的端氏县，县治不在今端氏镇，而是在沁水县城东北19公里左右的郑庄镇西城村。[①] 郑庄镇西城村在沁河（北朝时期的沁水）和沁水河的合流处，从高平市（北魏到北齐时期的长平郡泫氏县）途经沁水县治、翼城县，到曲沃县的331号省道贯穿其间。就是说，这条道路贯通了太岳山脉，将山西西南部和东南部连接起来，而郑庄镇西城村正位于这条交通路线的中央。据严耕望先生《唐代交通图考》，唐代并没有关于这条交通路线的记载，仅有从沁水县城经过阳城，到达晋城的道路。[②] 但鉴于端氏县或建兴、安平两郡的治所设在当地，想必肯定也有通过端氏县的交通线路，另外，因为该地区地处山区，难以随意铺设道路，所以推测当时的交通线路应该就在离现在的331号省道不远的地方。

那么，从政治地理的视角来看，特别东西魏分裂以后，当地处在一个怎样的位置上呢？因为该地区离国境有一定距离，所以没有成为直接的战场。但在分裂之前，北魏孝昌二年（526）六月，在与之邻接的南绛郡（山西绛县大交镇），"南绛蜀"陈双炽发起了被称为"叛"[③] 的事件，另外，在东西魏政权分裂之后（534年左右），正平（新绛县柏壁村）、二绛（南绛、北绛＝翼城县北绛村）、建州（绛县南城村）、太宁（泰宁、沁水县固镇），这些郡县都遭到了西魏将军杨标的攻击。然后538年左右，"（杨标）又击破东魏南绛郡，虏其郡守屈僧珍"。[④] 就是说，杨标驻守在正平郡，而且攻陷了在《僧恩碑》也有记述的东魏南绛郡。此后，南绛郡设置了浍交戍，成为东西魏间的战场。

按如上的情形来看，端氏县位于山西南部的要冲，与之邻接的南绛

---

① 刘纬毅：《山西省历史地名词典》，山西古籍出版社2004年版，第256页。
② 严耕望《唐代交通图考》第五卷《河东河北卷》，"中央"研究院历史语言研究所1986年版，图十九以及1419页。
③ 《魏书》卷六九《裴良传》，中华书局1974年版，第1531页；卷九《孝明帝纪》，第244页。
④ 《周书》卷三四《杨标传》，中华书局1971年版，第592页。

战乱不断，在分裂时期虽然绝不是处在最前线，但也是能目睹兵燹的场所。而且鉴于前面对交通情况的推测，该地区处在东魏、北齐的军队从上党进军时必经的交通线路上，在北朝时期，当地的居民应该经常受到战乱的威胁。

二 从北魏时期的三通石刻来看的北魏时期端氏酒氏

下面，拟将各通碑刻按时间排列，加以简单的研讨。

（一）北魏延昌三年（513）《酒畔成等三十三人造像碑》

首先是《酒畔成等三十三人造像碑》，这通碑有北魏延昌二年（513）8月8日的纪年，位于今端氏县西大村。根据佐藤先生的测定，高2.35米，宽0.4米，厚0.275米，属于大型千佛碑。四面都有雕刻，右面有愿文。奉为对象是"七世父母、所生父妣（妣？）"，没有"皇帝陛下"或"国家"等语句。

图2 《酒畔成等》（部分，2008/8/28，著者拍照）

就这次造像活动的参与者而言，"邑主"是酒畔成和酒三成，从名字来看，他们应该是同辈行的。在正面有"维那"斑道绥之名，他们三个人是中心人物。另外在右面有 7 个人的名字，其中酒姓的 3 人。还有，在正面也有 26 个人名，最多的是酒姓（11 名），其次是斑氏（2 名），左（？）、林、谢、姓氏不明的各 1 名。但在碑刻上有"三十三人"的记述，与此有一些矛盾。

就是说，这次事业的"邑主"酒氏，此外的 26 个人之中也有 16 人是酒姓，所以这次活动是以酒氏家族为中心的，并且其中有些人名也见于其他碑刻，详见后述。另外，因为没有对于皇帝、国家的祈福，所以其政治性色彩好像比较稀薄，他们应该是作为私人行为而进行这次造像事业的。

（二）北魏延昌四年（515）《柳木岩摩崖造像》

下面是《柳木岩摩崖造像》，这处造像有延昌四年（515）的纪年，位于今郑庄镇河头村。按佐藤先生的移录，碑文记载的地点为"镜里川口村"，但《三晋》作"境内小口村"，因磨损严重，这里不能断定何者为是。摩崖位于郑庄镇的西南，沁河南岸的断崖上，与前述《酒畔成等造像碑》所在的西大村同处在 331 号省道附近。

关于摩崖的制作者，其题名见于石刻，佐藤先生已释读出其中的大部分，据他的录文，制作石刻的邑义是以酒文□（宗？）为首，以几个酒姓的人为中心的集团，这次造像活动的发心者也是酒氏。另外，在前述《酒畔成等》中也有酒文宗和酒角鸰之名，我推测两通石碑是同一集团制作的。

关于愿文，这条愿文并不长，但是时间、地点、发心者、奉为对象等体例都是完备的。首先奉为对象是"皇帝陛下、太皇太后、诸公群臣、宰守令长、卒（率）土人民"，他们"普同斯福"。在延昌四年正月宣武帝去世，所以在造像时的"皇帝陛下"就是孝明帝，太皇太后是胡太后。由此可见其政治性色彩比《酒畔成等》浓厚。

关于发心者，在愿文之后有发心、供养者之名。虽然这个部分的构成非常复杂，但大体可分为两个部分，每部分又分为若干个家庭。另外，人名的下部还有供养者像，其旁边也有 20 多人的名字。就是说，碑面至少有 105 人的名字。其中，最多的是酒姓（55 名），其他是马姓 13 名，裴姓 7 名，等等。部分姓氏的标识有不明确之处，因而，如果加以更详细的调查的话，统计数据可能会有点变动。但酒姓的人还是占有多半，这次事业无疑是以酒氏家族为中心的。

（三）北魏神龟三年（520）《吕黑成、酒文知合邑四十人造像》

最后，关于《吕黑成、酒文知合邑四十人造像》。这通石刻在是神龟三年（520）制造的。虽然出土场所不清楚，但有"建兴郡端氏县水碓昇（泉？皋？）合村"这条记述。在正史、地理书、地方志等的传世史料和当代的地图之中都没有"水碓昇"这个地名或村名，但其制作地在端氏县是明确的。据佐藤先生的测量，碑刻高 1.27 米，宽 0.49 米，厚 0.17 米，比另外两通碑刻小。在碑刻的正面有"斋主吕黑成"、"开明主酒文知"之名，背面有"邑主吕成"和"维那"吕天生、吕黑成、酒文知的名字。就是说，邑义的领导者是吕成，而这次活动的主持人是吕黑成和酒文知。吕成和吕黑成的关系不明白，可能是同一人或近亲。以上都是指导者阶级，在造像背面还有"邑子"四十人的名字，都是一般的人。其中吕氏 23 名，是最多的家族。其他的，酒氏 7 名，贾氏 5 名，等等。就是说，无论从指导者阶级来看，还是从一般的"邑子"来看，这次活动都是以吕姓为中心的，而酒氏也扮演了重要的角色。

另外，这次事业的奉为是"皇帝陛下（皇帝诸佛）""七生""所生"的父母，因此蕴涵着公私两方面的意图。但有点奇怪的是"皇帝诸佛"这一表述，待考。

（四）小结——从造像碑来看的北魏时期的酒氏

以上，对北魏时期建造的三通碑刻做了简单的考察，据此可知，在北魏时期的端氏县以酒氏为中心进行了两次佛教造像活动，另外他们还参加了以吕氏为中心的活动。就是说，北魏的酒氏进行了三次造像活动，可见他们是热心佛教事业的家族。

此外，在正史之中没有酒氏人物的记载，仅仅出现在郑庄镇周边的造像记之中而已。从这一点来看，酒氏的势力范围仅限于该地区，即勉强能包括端氏县而不及安平全郡，遑论其他地区。还有，需要注意的是，造像题名中没有关于官位的记述。这表明酒氏没有出任官吏者，又或者他们没有在碑刻上书写自己官职的意图。如果是前一种情况，因为他们是平民家族，无人任官，这没有问题。但如果是后一种情况的话，其理由是什么呢？这当然可以有很多种推测，囿于史料，具体情况只能待考。然而，考虑到他们制作的造像体积庞大，所以他们的经济实力肯定是不小的。

总之，北魏时期的酒氏，不是那种在北魏政权以及地方社会之中都拥有巨大影响力的豪族（如河东薛氏、裴氏等等），其活动空间仅限于端氏县一地属于小型的地方有力家族。

三 东魏时期的酒氏——《僧恩等造像碑》的探讨

到东魏时期，酒氏家族与邻接地区的地方官一起进行了较大规模的佛教造像事业。其明证是《僧恩等造像碑》。这通造像碑现存日本京都国立博物馆，在同馆编辑的《佛教雕刻：京都国立博物馆藏》（便利堂1984年版）中有照片、拓片、录文。但录文有不少的错误，首先我想重做录文。

（一）碑刻的概要

制作时间：东魏兴和四年（542）冬天，出土地点：不明

法量：高0.982米宽0.458米厚0.205米（以上，据《佛教雕刻》）

（碑阳上段）

1	邑师 延业 寺主□ 安平□ 都僧恩
2	□
3	起像主龙骧将军西河令陈天护
4	壁支佛主前郡中正 李买
5	□
6	南面左相上坎佛 主 前郡主酒延祚
7	□
8	宝佛主前太学中正郭 景僑
9	南面大像主前郡中正郭 常起
10	镇远将军□台郎中□□
11	大斋 主 □
12	四面大像主内黄人龙骧将军督濩泽人染□□
13	大像主燉煌人前郡中正酒买 愿命
14	开明主燉煌人□ 郡孝司徒胡公下郎中四门
15	士泾州长史督□ 太守酒小雅愿命
16	南面右相菩萨主前□西曹郑恭
17	南面右相菩萨主前□
18	南面右相迦叶主□
19	南面右相 景昇
20	南面中坎左相弟二主李 显 安
21	南面中坎左相弟三主马进
22	南面中坎右相弟四主□ 永兴
23	南面中坎右相弟一主南降郡主簿高明憘
24	南面中坎右相弟二主前郡中正酒□□生
25	南面中坎右相弟三主□□

（碑阳下段）

1. 大魏兴和四季岁在庚戌①日次析木②□□
2. 村井汾晋雍四州诸人等敬造石像一区□
3. 夫妙道玄虚群生□□□□令□甚□自非明哲相□如佐
4. 群萌无以绍其悟是以∴日净以□权阐冲光于九夜道悟恒
5. 显跡鹿野体凝双林神潜十柱大千思道慕之悲群生衔莫晓之广
6. 以假像以其形敬礼□□以悟道然弟子等波□□□□此□母慨生屯
7. 毡累途业厄晦世未离三难复□□□□□□□□遂腾跃
8. 备刊图像望使遗影□□□于□□□□□□录事
9. 管其中真容华丽□□□□□□罕壁□似□□□□□□伏愿皇祚
10. 安乐更新于买时般若□□□□火宅□因□□□□□同登斯
11. □□以随教轨留末世□□□□□□□□□□□□□
12. □□□□世内外至于□□□□□□□□
13. 石题碑以申铭颂
14. 至道玄微托生王宫三夜启悟大化□□临摧摩
15. 严妙显就化道无□逢乐知改遇道纂崇徽□弥
16. 四州诸人每遇大渴知财非有识有非
17. 念末绝豫造桥梁□
18. 教化都邑主前祭酒从事郡功曹酒贵 唯那□郡
19. 教化都邑主前安平郡中正张洪远□□ 唯那五戒六
20. 都邑主内黄人前安平郡中正张显功香火李升唯那南降郡中正高迥
21. 都邑主晋州人镇西府长史常龙□ 唯那前太学中正李湛 伏奴 标
22. 都唯那五戒染元明 唯那前□ 中正酒□
23. 都唯那西道大行台郎中童遵和 唯那平
24. 都唯那□□南降郡功曹高惠相 卫洪□
25. 都唯那□□郡□□□□ 唯那前安平郡主酒长强

（碑阴）（右侧）

1. 西面上坎佛主前武乡令酒羽愿命
2. 西面大像主前相州主簿路思光
3. 西面思唯佛主前山阳县令高□□俱妻卫氏女
4. 西面下坎主前赵郡功曹李买
1. 北面左相菩萨主前五戒陈龙渊
2. 北面右相上坎佛主前安平郡功曹酒元宝
3. 大通佛主前太学中正董宜生
4. 北面其像主前中正酒武兴
5. 左相菩萨主前擧建州秀才后州主簿

① 兴和四年的干支是壬戌，误。最靠近的庚戌是 530 年。
② 《汉书》卷二一下《律历志下·岁术》，中华书局 1962 年版，第 1006 页：“析木，初尾十度，立冬。中箕七度，小雪。于夏为十月，商为十一月，周为十二月。终于斗十一度"，表示冬天。

(二) 碑刻的内容

首先，这通碑刻是在"（并？）汾晋雍四州"制作的，虽然造像的具体制作地不明，但在碑文中有许多酒姓的名字，还有很多建州、安平郡、"督濩泽人"（？）等的地方官吏，所以推测这通碑刻也制作于建州安平郡（今沁水县）。还有，这通碑刻完成于542年冬天，这是一个怎样的时期呢？我们知道，本年10月，东魏曾出兵包围玉壁，旋即退走。另外在此前的538年左右，西魏的杨标率军攻陷了东魏的南绛郡。就是说，这个时期东西魏政权间关系非常紧张，战火已逼近当地。

下面探讨立碑的人。在碑文上有46人的名字，其中酒姓的12人，8个当地的地方官吏（包含前任者），所以立碑半数左右是与酒氏和与安平有关的人。由此可知，虽然愿文云："……村并汾晋雍四州诸人等"，但实际上建州的人居多。而且，汾、晋、（东）雍州和建州都在靠近的地方，只并州在较远，我感觉有些问题。因此，"并汾晋雍"的"并"字好像不是表示"并州"的，就是"和"的意思。所以关于发愿文起首部分的缺字，我们应该作为"（建州安平郡的）某村"和"汾晋雍"这些"四州"人一起制作的碑刻理解。另外，题名中也可见晋州（西河、南绛）的地方官吏之名。总之，以今天的行政区划而言，这次事业是晋城西部、临汾南部、运城东北部的三市交界地区的人们共同参加的。关于立碑人的具体情况，现根据他们造像活动中的角色、世俗官职，以表格形式整理如下（见表2）：

表2　　　　　　　　　　《僧恩等造像碑》人名表

	造像上的角色	官职	姓名	备考
碑阳上段	邑师	延业寺主、□安平□都	僧恩	沙门
	起像主	龙骧将军、西河令	陈天护	
	璧支佛主	前郡中正	李买	
	南面左相上坎佛主	前郡主	酒延祚	
	宝佛主	前太学中正	郭景俊	
	南面大像主	前郡中正	郭常起	
	大斋主	镇远将军、□台郎中		
	四面大像主	龙骧将军、督濩泽人	染…	内黄人
	大像主	前郡中正	酒买	敦煌人

续表

	造像上的角色	官职	姓名	备考
碑阳上段	开明主	□郡孝司徒胡公下郎中、四门□士、泾州长史、督□□□太守	酒小雅	敦煌人
	南面佐相菩萨主	前□西曹	郑恭	
	南面右相菩萨主			
	南面右相迦叶主		酒景昇	
	南面中坎左相弟二主		李显□	
	南面中坎左相弟三主		马进安	
	南面中坎左相弟四主		□永兴	
	南面中坎右相弟一主	南降（绛）郡主簿	高明憘	
	南面中坎右相弟二主	前郡中正	酒□生	
	南面中坎右相弟三主			
碑阳下段	教化都邑主	前祭酒从事、郡功曹	酒贵□	
	教化都邑主	前县中正	张洪远	
	都邑主	前安平郡中正	张显功	内黄人
	香火		李昇	
	都邑主	镇西府长史	常龙□	晋州人
	都唯那五戒		染元明	
	都唯那	西道大行台郎中	董遵和	
	都唯那	南降郡功曹	高惠相	
	都唯那	□……郡□□	卫洪□	
	唯那	西河		
	唯那	…郡□		
	唯那五戒		□兊	
	唯那	南降郡中正	高逈	
	唯那	前郡中正	酒延明	
	唯那	前太学中正	李湛	
	唯那	前…	…伏奴	
	唯那	平□中正	酒□标	
	唯那	前安平郡主	酒长强	

续表

	造像上的角色	官职	姓名	备考
碑阴	北面左相菩萨主	前赵郡功曹	李买	
	北面右相上坎佛主	前安平郡功曹	酒元宝	
	大通佛主	前中正	酒宜生	
	北面大像主	前太学中正	董武兴	
	左相菩萨主	前举建州秀才、□州主簿		
右侧	西面上坎佛主	前武乡令	酒羽	
	西面大像主	前相州主簿	路思光	
	西面思唯佛主	前山阳县令	高□俱妻卫氏女	
	西面下坎主五戒		陈龙渊	

概括而言，在碑阳的上段刻有"邑师"和碑阳佛像供奉者之名，下段有邑义领导者之名，在碑阴和右侧刻有各面佛供奉者之名。

首先，来看一下领导者群体。作为指导邑义的沙门"邑师"，有"延业寺主、□安平□都"僧恩之名，但此人不见于其他史料记载。关于领导造像事业的世俗群体，有"起像主""龙骧将军、西河令"陈天护，他肯定是发起人。还有"大像主"酒买、"大斋（？）主"名字不明的一个人、"四面大像主"染某①，还有"开明主"酒小雅。另外，作为参与、协力这次事业而指导邑义的人，有"教化都邑主"酒贵□和张洪远，"都邑主"张显功、常龙□，"都唯那"染元明等之名，他们应该也都是领导人。

下面，对世俗的官职加以探讨。我们最为注意的是有前任官职的人。以酒氏为首，题名中出现的郡主、功曹、中正、县令等很多都是该地区政府中的前职，现职的仅有三种，即：南降（绛）郡的地方官吏（郡主簿高明憘、郡功曹高惠相、郡中正高回）、"督蒦泽人"内黄人染某、两个"州主簿"。其中，三个南绛郡的僚佐不见于其他史料，所以具体情况不清楚，但都是高姓，推测也是北齐宗室的疏属或当地大姓。虽然不知道当时的南绛郡太守是谁，但如前所说，此前杨标击破了"南绛郡守屈

---

① "染"姓与"冉"姓相同，参看罗新、叶炜《新出魏晋南北朝墓志疏证》，中华书局2005年版，第125页。

僧珍"，三个僚佐可能是屈僧珍或其后任的属僚。附带而言，因为不清楚那时南绛郡是否还被东魏有效控制，所以这三个僚佐是否能真正履行职务也是不清楚的。

下面来看酒氏的情况。酒氏担当了大像主、教化都邑主，就是说，他们领导了这次造像活动，同时也是义邑的领导。总之，在这次造像活动中，酒氏充当了中心角色。此外，就世俗官职而言，其大部分是"前"职，在造像之时有官职的仅有酒小雅和酒□标两个人。这表明在东魏初期他们有官职，但在造像时已丢失官职。虽然具体原因不详，但不妨做如下推测：因西魏攻占了他们的任职地，故而丢失了官职。然而没有可以确证西魏攻陷安平郡的材料，所以上述的推测是难以坐实的，也有可能仅仅是因为他们的任期结束了。

接下来探讨一下愿文。虽然剥落严重看不清楚，但细看碑面，在第11行有"伏愿皇祚"的奉为对象，虽然可能也有其他的奉为对象，至少以"皇祚"为对象是可以肯定的。另外还有"豫造桥梁"这条记述，虽然在造像铭中会经常看到这类表述（桥梁是到净土的桥梁），但在本碑有"业厄晦世，未离三难"、"每过遇大渴"这些语句，意为，当时的世界是黑暗的，联系到这一情形，"豫造桥梁"这句话可以这样理解：如果因战乱丧失生命，热烈希望去往净土，现在我们开始准备。所以"豫造桥梁"不外乎是对于现世生活破灭的预备，这应该也是酒氏对所面临的绝望处境的表现。

小结——端氏县酒氏家族和其造像事业

以上，对于安平酒氏参与的四次造像事业（北魏3、东魏1）做了讨论。首先，北魏时期的三通碑刻都是酒氏主办或参与的，题名中没有他们出任官职的记述，所以在当时酒氏和北魏政权的关系比较疏远。反之，东魏时期的《僧恩碑》是建州安平郡以及"（并）汾晋雍"地区的人们和地方官吏一起制作的，其特征是酒氏拥有的前职比现职多。

那么，多次进行造像活动的端氏酒氏是个怎样的家族呢？可惜，在正史上没有酒氏的名字，在该地区的地方志中也没有酒氏的事迹。就是说，这四通碑刻是关于他们仅有的记录。据《僧恩碑》，他们本来是敦煌人，但在其他的史料之中没有相关实例。碑刻里面有他们出任安平附近地方官吏的记载，柳木岩摩崖也有该村酒氏居民的记述，可知其在北魏时期已经成为定居端氏县的家族。然而在郑庄镇以外的出土资料之中没有酒姓的人，所以酒氏的势力范围好像未及一县。其规模与以前笔者研讨过的周壁上官氏差不多。附带说一下，本报告的题目不用"安平酒氏"而用"端氏酒氏"的理由正在于此。

还有，北魏时期的碑刻里面的题名者都没有官职，反之，东魏的《僧恩碑》题名出现了有官职的人。从这个情形来看，我们推测当地的人们到东魏方获得出任官职的机会。其原因可能有很多，作为政治背景，因为该地区靠近交界地区，东魏政权企图任命当地人为地方官吏，以此来拉拢他们倒向自身政权，进而实现对该地区的有效控制。酒氏也顺应了这一政策。就是说，政府与当地居民间相互合作关系的形成，是当地居民在东魏时期得以担任官职的原因。

那么，这次东魏时期的酒氏造像的背景情况如何呢？这其中应该包涵着对自身生活空间日渐成为东西魏交战的前沿战场的恐惧。他们表现出效忠东魏的态度，寻求东魏的保护，还有"豫造桥梁"这一表述，都表明当时的状况让他们感到不安和恐惧。作为应对措施，一方面他们从属于东魏政权，获得出任当地官吏的机会和军事后盾，进而维护自身所属集团的利益；另一方面又依靠从北魏时期就开始信仰的佛教，来获得精神的安定。

此后，酒氏家族的状况不是很清楚。但《北齐书》卷一七《斛律光传》云："（天保）九年（558），又率众取周绛川、白马、浍交、翼城等四戍"[1]，就是说，在有酒氏成员担任地方官吏的南绛郡（浍交）发生了军事争夺，动乱又波及该地区。虽然当地不是阳城的周壁、稷山的玉壁城、闻喜的龙头城[2]那样的最前线，但战争的威胁恐怕还是会给他们造成恐怖。

最后，就"序言"中揭示的问题做一点说明。这个问题是：在统治河东地域的方式上，东魏北齐和西魏北周之间有什么区别？首先，在稷

---

[1] 中华书局1972年版，第223页。
[2] 参看［日］会田大辅《北周宇文护執政期の地方统治体制——〈延寿公碑〉からみた河东地域》（《東アジア石刻研究》，第5号，2013。还有，关于玉壁城、龙头城的情况和石刻，请参看拙稿《北朝——隋における民众佛教と地域社会——山西省运城市出土の佛教石刻を用いて》，《龙谷大学亚洲佛教文化研究中心2014年度研究报告书》）。

山建造的西魏《巨始光造像碑》、稷山玉壁城的北周《颂延寿公造像碑》，以及闻喜龙头城的北周《拨拨嵘造像碑》诸碑都是大型的，许多人参与其中。就供奉者的构成而言，多是由作为地方官吏的当地豪族或北族系贵族主持，土著人群则作为他们的属僚或普通民众参与其中。规模大、人数多是这类活动的主要特征。

简言之，西魏北周的造像事业是由中央政权派遣的地方官主持，当地人支持、参加的，规模也比较大。另一方面，至少就河东地区（即交界地区）而言，东魏北齐则很少见到这类大型造像。另外，更值得注意的差别是，参与造像的地方官吏也不多。从这些事实来看，西魏北周积极利用了佛教造像活动来作为统治河东地域的有效手段，反之，东魏北齐则并没有采取类似做法。这就是通过本报告和此前拙稿的考察而得出的结论。

（附记：在修改本稿的时候，得到了华东师范大学周鼎先生的帮助，衷心感谢）

北魏洛京的建立与释教信仰生活的新启

——太和十七年（493）迁都至景明二年（501）洛阳筑坊

重庆大学人文社会科学高等研究院　周　胤

近年来，有关隋唐长安城市空间与佛教信仰相互关系的讨论，十分热烈，且成果显著。而与之形成鲜明对比的，是北魏洛阳相关研究的冷寂。尽管有关古都洛阳的规划、历史沿革等历史地理学方面的研究，一直备受瞩目。然致力于这一方面研究的学者却很少涉及佛教信仰与城市空间的关系问题。尽管研究北魏佛教的学者从来济济，且成果丰硕，然将信仰与都城空间结合起来考察的，却又寥寥无几，且往往流于泛论。学者或为资料所囿，或因思路所限，建树不多。因此，结合历史地理学、宗教学、考古学等其他相关领域的研究方法，综合考察北魏迁洛初期的城市面貌，及都城居民的佛教信仰生活状态，是极富意义的一个课题。本文即在此背景下提出。

一　新京面貌及都城规制中所反映的政教关系

太和十四年（490）"九月癸丑，太皇太后冯氏崩"[1]。太和十五年"春正月丁卯，（孝文）帝始听政于皇信东室"[2]。北魏历史在冯氏仙逝之

---

[1]《魏书》卷七下《高祖纪下》，中华书局1974年版，第166页。
[2]同上。

后开始正式步入孝文帝独自引领的时代。太和十七年，孝文帝定迁都之计。太和十八年，诏天下，喻以迁都之意。亲告太庙，奉迁神主，车驾发平城宫。① 太和十九年，"九月庚午（10月8日），六宫及文武尽迁洛阳"②。然徙居之初，嵩基始构，百废待举。如傅熹年在《中国古代建筑史》中所言："当时洛阳是废弃了近二百年的废墟，从规划到建设，困难很多，重建的规模又空前巨大，所以进展颇慢。除在太和十九年、二十年（495、496）建成临时性的太庙、太社、圜丘③、方泽以便行礼外，到世宗景明二年（501）才建成主殿太极殿并筑京城诸坊。"④

根据文献及考古资料，可知北魏洛阳主要是在曹魏、西晋之故城基础上⑤，综合平城⑥、南朝建康⑦等城市的设计而立。其中，学者已经达成共识的是，宫城正门阊阖门与南边内城城门宣阳门之间的"铜驼街"乃是全城的主轴线（参见图1⑧）。据傅熹年分析："在这条主轴线上，于

---

① 《魏书》卷七下《高祖纪下》，第175页。

② 同上书，第178页。

③ "分祭天地的圜丘、方泽按礼制说法应分别建在都城南北的近郊。迁都洛阳之初，于太和十九年、二十年分建于都南委栗山和都西北黄河南岸的河阴。后来因离都城太远，于景明二年（501）在都南伊水之北改筑圜丘，方泽移近与否，史无明文。"参见傅熹年主编《中国古代建筑史》第二卷，中国建筑工业出版社2001年版，第83页。

④ 傅熹年主编：《中国古代建筑史》第二卷，第80—81页。

⑤ "太和十七年，高祖迁都洛阳，诏司空穆亮营造宫室，洛阳城门依魏晋旧名。"（参见周祖谟《洛阳伽蓝记校释》，中华书局2010年版，第26页）《水经注》卷一六《谷水》中关于金墉城、洛阳旧宫遗址等情况的介绍也反映出北魏重建洛阳是在魏晋洛阳城之基础上进行。参见（北魏）郦道元撰，杨守敬、熊会贞疏，段熙仲点校，陈桥驿复校：《水经注疏》，江苏古籍出版社1989年版，第1385—1438页。

⑥ "重建的洛阳以原魏晋洛阳城为内城，在它的东、南、西、北四面拓建里坊，形成外郭……这种以原有都城为核心，外部主要在东、西、南三面的布局，在前此的都城中，只有北魏平城是这样。由此可知，北魏重建洛阳，拓展外郭，是吸收了平城的传统。"参见傅熹年主编《中国古代建筑史》第二卷，第81页。

⑦ 《南齐书》卷五七《魏虏传》，中华书局1972年版，第990页："（永明）九年（491），遣使李道固、蒋少游报使。少游有机巧，密令观京师宫殿楷式。……虏宫室制度，皆从其出。"

⑧ 在已知考古资料之基础上，查阅相关文献，综合杨勇《洛阳伽蓝记校笺》（中华书局2006年版）、周祖谟《洛阳伽蓝记校释》、范祥雍《洛阳伽蓝记校注》（上海古籍出版社1978年版）、傅熹年《中国古代建筑史》（第二卷）等著作中所附北魏洛阳城图，笔者根据孝文帝迁都后直至宣武帝景明二年筑坊期间的诸多史实，重新绘制了这九年中北魏洛阳的城市概图（含伽蓝）。

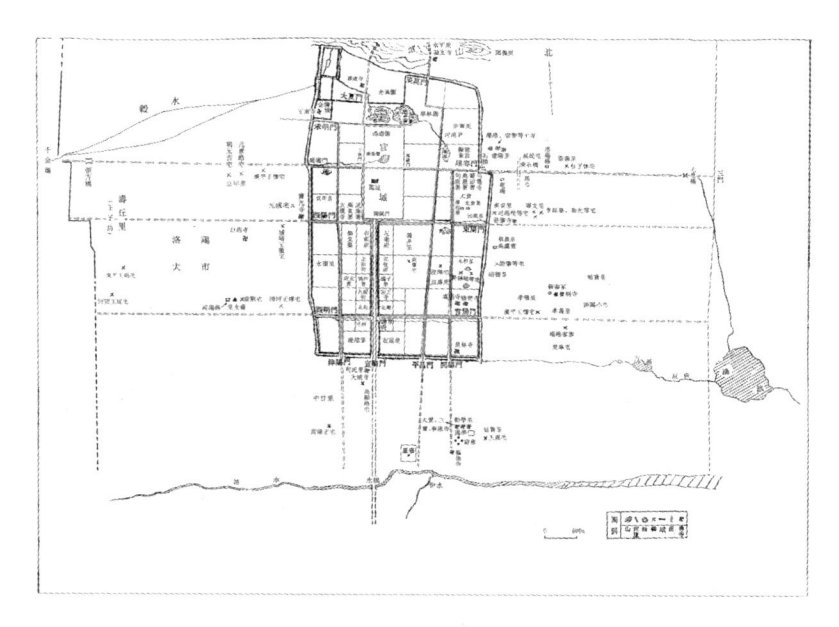

图 1　北魏洛阳城市及伽蓝图（公元 493—501 年）

御道两侧建重要衙署，左右各约占一坊之宽，形成衙署区……与北魏洛阳同时的南朝建康把宫门前御道（即城市主轴）南伸，穿过正门朱雀门，渡过秦淮河上浮桥朱雀航。北魏洛阳也效法它，把阊阖宫门前御道穿出正门宣阳门和外郭南门，渡过洛水浮桥，又更进一步通到祭天的圜丘[①]。这样，在北魏洛阳的规划中，就有意识地把代表封建国家的一系列最重要建筑物——表示皇权天授的圜丘，表示家族皇权和土地所有权的太庙、太社，表示行政权的官署都串联在一条纵深近十里的都城主轴线上，引导到最高统治者的象征——皇宫。北魏洛阳在继承传统的基础上又有所发展，在有意识地利用都城规划突出皇权至上思想方面超越前代，后来居上。"[②]

在这条主轴线上的一系列重要建筑物中，亦设有当时国家的宗教事

---

　　① 按：尽管圜丘是在景明二年（501）才改筑至都南伊水之北，然孝文帝迁都初期拟定的这一主轴线上所串联的其他一系列重要衙署，已足以说明彼时"皇权至上"的规划用意。
　　② 傅熹年主编：《中国古代建筑史》第二卷，第 82、87 页。

务管理机构，即"昭玄曹"。"昭玄曹"主要是北魏僧官处理僧务之所①。《魏书·释老志》载："先是，立监福曹，又改为昭玄，备有官属，以断僧务。"② 由此可知，北魏最早设立"监福曹"，后改为"昭玄曹"。僧曹中，处理僧尼事务者，乃僧官也。

据《北山录》卷第八《住持行第十四》介绍：

> 中夏姚秦世，弃俗者十室而半。罗什入关，学徒籝粮（籝笼属），不远千里而至者三千，因立道䂮为僧正，慧远为悦众（维那也），法钦、慧斌掌僧录（主簿书。若今僧判也），给车舆吏人。僧正秩同侍中，余别有差。震旦有僧官，自秦始也。③

因此可知，僧官之设置，最早始于姚秦时期。《隋书·百官志中》载："后齐制官，多循后魏……昭玄寺，掌诸佛教。置大统一人，统一人，都维那三人。亦置功曹、主簿员，以管诸州郡县沙门曹。"④ 查阅北魏时期的文献，未见"大统"之称，常见者为"沙门统""道人统""沙门都统""沙门大统"等，推测在当时北魏昭玄曹中，概只设最高僧统一员⑤，次官为都维那。另有功曹、主簿员，"以管诸州郡县沙门曹"。北魏历任僧统者，已知有道武帝、明元帝时期的法果⑥；太武帝时期的法达⑦；

---

① 显祖时，僧曹亦有负责供给道士衣食的情况，《魏书·释老志》载："又有东莱人王道翼，少有绝俗之志，隐韩信山，四十余年，断粟食荬，通达经章，书符咒。常隐居深山，不交世务，年六十余。显祖闻而召焉。青州刺史韩颓遣使就山征之，翼乃赴都。显祖以其仍守本操，遂令僧曹给衣食，以终其身。"参见《魏书》卷一一四《释老志》，第3055页。

② 《魏书》卷一一四《释老志》，第3040页。

③ （唐）神清撰，慧宝注：《北山录》卷八《住持行第十四》，载《大正藏》第52册，第623b页。

④ 《隋书》卷二七《百官志中》，中华书局1973年版，第758页。

⑤ 这一观点也在谢重光《中古佛教僧官制度和社会生活》（商务印书馆2009年版）中得到阐发，参见该书第57页。

⑥ "初，皇始中，赵郡有沙门法果，诫行精至，开演法籍。太祖闻其名，诏以礼征赴京师。后以为道人统，绾摄僧徒……至太宗，弥加崇敬，永兴中，前后授以辅国、宜城子、忠信侯、安成公之号，皆固辞……年八十余，泰常中卒。未殡，帝三临其丧，追赠老寿将军、赵胡灵公。"参见《魏书》卷一一四《释老志》，第3030—3031页。

⑦ "有沙门法达，为伪国僧正，钦（玄）高日久，未获受业。"[（梁）慧皎撰，汤用彤校注：《高僧传》（中华书局1992年版，第413页）] 按：玄高于太平真君五年（444）卒于平城，主要活跃于太武帝执政时期。盖太武帝废佛之前，法达为僧正。

文成帝时期的师贤①；文成帝、献文帝时期的昙曜②；孝文帝时期的僧显③；宣武帝时期的惠深④、僧暹⑤，以及孝庄帝至孝武帝时期的僧令⑥。因此，在孝文帝都洛时期，于昭玄曹中担任最高僧官者，盖为僧显，其由政府任命⑦。

昭玄曹的功能与僧官的职责极为丰富，谢重光曾在《中古佛教僧官制度和社会生活》中探讨和归纳了昭玄寺的巨大权力：1. 立法和司法权；2. 人事权；3. 建寺审批权；4. 监管僧众宗教活动和日常事务之权；5. 对寺院经济的管理和财产支配权；6. 管理外国僧尼之权。⑧ 对宗教（尤其是佛教）范围内的众多事务拥有极大管理权的昭玄曹，在洛阳都城规划的初期，也被安置于都城的主轴线上，与其他官署并列，统一于皇权之下，这一布局不禁引人思考彼时皇权与教权的关系

---

① "京师沙门师贤，本罽宾国王种人，少入道，东游凉城，凉平赴京。罢佛法时，师贤假为医术还俗，而守道不改。于修复日，即反沙门，其同辈五人。帝（文成帝）乃亲为下发。师贤仍为道人统。"参见《魏书》卷一一四《释老志》，第 3036 页。

② "和平初，师贤卒。昙曜代之，更名沙门统。"参见《魏书》卷一一四《释老志》，第 3037 页。

③ 太和三年（479）"敕恩远寺主僧显为沙门都统"。（参见 [宋] 志磐撰：《佛祖统纪》，载《大正藏》第 49 册，第 355a 页）又，（唐）道宣《广弘明集》卷二四载《帝以僧显为沙门都统诏》。（参见《大正藏》第 52 册，第 272b 页）

④ "神龟元年（518）冬，司空公、尚书令、任城王澄奏曰：……至正始三年（506），沙门统惠深有违景明之禁……永平二年（509），深等复立条制（后略）。"参见《魏书》卷一一四《释老志》，第 3044 页。

⑤ "（冯）亮既雅爱山水，又兼巧思，结架岩林，甚得栖游之适，颇以此闻。世宗给其工力，令与沙门统僧暹、河南尹甄琛等，周视嵩高形胜之处，遂造闲居佛寺。"参见《魏书》卷九〇《逸士》，第 1931 页。

⑥ 《魏故昭玄沙门大统僧令法师墓志铭》（永熙三年（534）二月三日）："武明之世，礼遇弥隆，乃以法师为嵩高闲居寺主……虽迹出尘中，而尚羁世纲，寻被征为沙门都维那。屡自陈逊，终不见许。既弗获以礼，便同之畏法。庄帝聿兴，仍转为统。自居斯任，弥历数朝，事无暨壅，众咸归德。今上龙飞，固乞收退，频烦切至，久而方允。于是隐轮养志，保素任真，形影虽留，心神已化。俄遘笃疾，奄然辞世。行年八十有一。临终自得，安然若归。天子追悼，敕主书任元景诣寺宣慰。二月三日甲辰，窆于芒山之阳……大魏永熙三年岁次甲寅二月甲寅朔三日丙辰。"参见颜娟英主编《北朝佛教石刻拓片百品》，台北"中央"研究院历史语言研究所 2008 年版，第 82 页。

⑦ （清）严可均《全后魏文》载《立僧尼制诏》（太和十七年）曰："门下：凝觉澄冲，事超俗外……近见沙门统僧显等，自云欲更一刊定。"（《全上古三代秦汉三国六朝文》，中华书局 1958 年版，第 4 册，第 3540 页）由此可知，直至太和十七年（493），僧显仍为沙门统。

⑧ 谢重光：《中古佛教僧官制度和社会生活》，第 61—67 页。

问题。

　　早在道武帝时,"法果每言,太祖明叡好道,即是当今如来,沙门宜应尽礼,遂常致拜。谓人曰:'能鸿道者人主也,我非拜天子,乃是礼佛耳。'"① 诸多的学者曾由此条材料出发,论证过北魏时期的皇权与教权问题,如塚本善隆即认为:"北魏佛教从建国初便与皇帝权力结合,因而以强烈的国家性格,打下了发展的基础!皇帝任命的官吏道人统——即是以帝之臣僚为首席的北魏佛教教团,当然礼敬皇帝。道人统法果所打出的'现在皇帝即是现在如来'的思想,长久以来为北朝佛教界、政治界所承续,渐渐强化了北朝佛教的国家性格。"② 这种教权与皇权统一于帝王一身的制度,实际贯穿于北魏时期的诸多朝代中。如道武帝后的文成帝时期,"诏有司为石像,令如帝身。既成,颜上足下,各有黑石,冥同帝体上下黑子。论者以为纯诚所感"③。将佛像雕凿如帝王之身,且连身上的黑子亦表现得一模一样,同样是在表示"佛即是帝"的观念。孝文帝时期,"承明元年(476)八月,高祖于永宁寺,设太法供,度良家男女为僧尼者百有余人,帝为剃发,施以僧服,令修道戒,资福于显祖"④。孝文帝因具有佛之身份,因此可以为良家男女剃发,度之为僧尼。这种教权与皇权相结合的特点,可以帮助我们理解孝文帝为何将昭玄曹置于都城的主轴线上,而非其他地方。其所昭示的意义,即教权属于皇权之一部分,教权与皇权集中于帝王一身。

　　但是,并不仅只昭玄曹的设立地点由国家规定,迁都之初,孝文帝亦颁布了一则都城令,限制并规定洛阳内外城中的寺院数目及其建立地点:"城内唯拟一永宁寺地,郭内唯拟尼寺一所,余悉城郭之外。欲令永遵此制,无敢逾矩。"⑤ 这样,从僧务管理机构的设置,到建立寺院方面

---

　　① 《魏书》卷一一四《释老志》,第3030—3031页。
　　② [日]塚本善隆:《魏书释老志研究》,林保尧译,新竹市觉风佛教艺术文化基金会2007年版,第102—103页。
　　③ 《魏书》卷一一四《释老志》,第3036页。
　　④ 同上书,第3039页。
　　⑤ 同上书,第3044页。

的规定（以及僧官的任命、僧制条约的颁布①、度僧尼人数的限制②，等等），均被纳入了帝王的专制之下。这即是我们可以从孝文帝迁都初期的京城规制中所见到的北魏皇权与教权之关系情况。

二 皇居之所及内道场的延续

上文谈及孝文帝在迁都时的城市规划及其所反映的政教关系情况，那么，集权于一身的孝文帝当时又居于新都何处呢？对其居所的了解，由于能够帮助我们更为直观地探讨和感受帝室在洛阳的生活，尤其是在佛教信仰生活方面，因此我们必须对之作出考察。

据《魏书》记载，太和十九年（495）八月，"金墉宫成"③。杨衒之《洛阳伽蓝记》云："迁京之始，宫阙未就，高祖住在金墉城。城西有王南寺，高祖数诣寺与沙门论义，故通此门，而未有名，世人谓之'新门'。（按：即承明门）"④ 另外，郦道元《水经注》中，也提到在迁都之初，"皇居创徙，宫极未就，止跸于此"。"此"即指"金墉城"。因此，综合以上信息可知，彼时的宫室尚未完成，孝文帝暂居于金墉城内。

据《金墉城的勘查收获》介绍："据考古勘探，在北魏内城西北角内外修筑有三个相互毗邻的小城，自北而南分别编号为甲城、乙城和丙城。三个小城皆为南北长方形，南北总长 1048 米……通过在三座小城墙垣上发掘解剖，发现其建筑时间有明显差别……其中甲、乙二小城显然不是文献记载的魏晋至北魏时期金墉城，而与之时代、位置和建筑遗迹相符合的只有大城西北角内丙城……甲、乙城的建筑时代晚于北魏……甲、乙城是（隋末）李密修建的可能性最大。"⑤ 因此，结合以上考古信息可知，孝文帝迁洛之后暂时居住的金墉城，盖在图 2 当中丙城之位置。

---

① 如"（太和）十七年，诏立僧制四十七条"。参见《魏书》卷一一四《释老志》，第 3039 页。
② 如"（太和）十六年诏：'四月八日（佛诞日）、七月十五日（盂兰盆日），听大州度一百人为僧尼，中州五十人，下州二十人，以为常准，著于令。'"参见《魏书》卷一一四《释老志》，第 3039 页。
③ 《魏书》卷七下《高祖纪下》，第 178 页。
④ 周祖谟：《洛阳伽蓝记校释》，第 30—31 页。
⑤ 钱国祥：《金墉城的勘查收获》，载杜金鹏、钱国祥主编《汉魏洛阳城遗址研究》，科学出版社 2007 年版，第 xix—xxi 页。

《元河南志》是清人缪荃孙据徐松从《永乐大典》中辑录出来的《河南志》手抄本校刻而来，其中辑有一幅北魏金墉城图（参见图3）。借此，我们可以大概了解金墉城内宫室楼观的设立情况。其中的光极殿①，则应为孝文帝当时处理政务和接见群臣之主殿②（参见图4）。

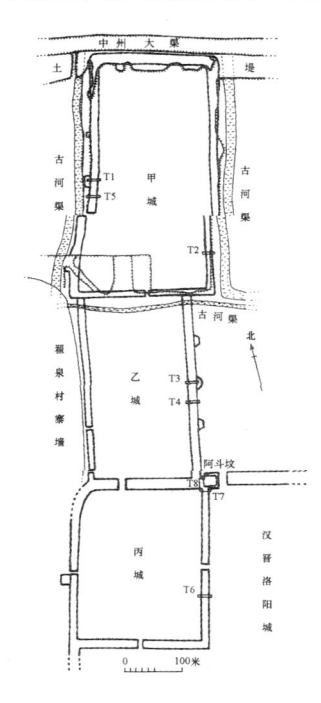

图2　金墉城甲、乙、丙城位置示意图

采自钱国祥《汉魏洛阳城金墉城形制布局研究》，载《汉魏洛阳城遗址研究》，第461页，图一。

---

①　"高祖在城内作光极殿，因名金墉城门为光极门。"参见周祖谟《洛阳伽蓝记校释》，第40页。

②　相关文献中经常提到"光极堂"或"光极东堂"，盖其为"光极殿"之一部分，为孝文帝处理政务之主要场所。如"（太和十九年）十有二月乙未朔，引见群臣于光极堂，宣示品令，为大选之始"。（《魏书》卷七下《高祖纪下》，第178页。）"（太和十九年十二月）甲子，引见群臣于光极堂，班赐冠服。"（《魏书》卷七下《高祖纪下》，第179页。）"（太和十九年）及冠恂于庙，高祖临光极东堂，引恂入见，诫以冠义曰：（内容略）。"（《魏书》卷二二《废太子传》，第587页。）

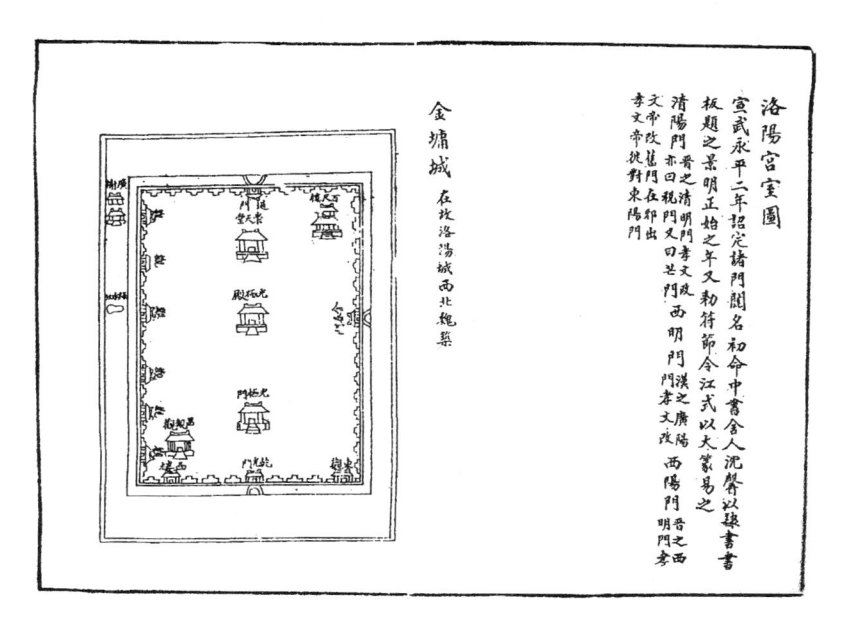

北魏洛京的建立与释教信仰生活的新启　543

图3　北魏金墉城图

采自（元）不著撰人，（清）徐松辑：《元河南志》，载《丛书集成续编》，台北新文丰出版公司1989年版，第235册，第215页。

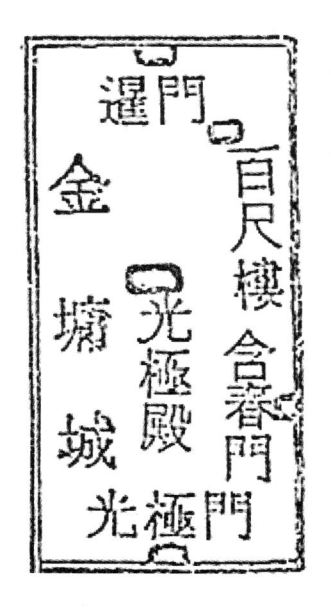

图4　北魏金墉城简图

采自周祖谟《洛阳伽蓝记校释》书后附图。

对于存在禁中的佛事活动，隋朝命其名为"内道场"①。赞宁曾在《大宋僧史略》中提及其起源的问题："内道场起于后魏……魏大（太）武皇帝始光二年，立至神道场。神䴥四年（431），敕州镇悉立道场。盖帝王生此日也（寻文。是生日权建法会耳）。"②《佛祖统纪》曾经记载这两次生日法会的情况："（始光）二年（425），帝诞节，诏于佛寺建祝寿道场（圣节道场之始）。"③ 又，"神䴥元年，帝诞节，诏天下佛寺并建道场。"④ 赞宁后在"生日道场附"条中继续诠释道："生日为节名，自唐玄宗始也。魏太武帝始光二年立道场。至神䴥四年，敕州镇悉立道场，庆帝生日。始光中是帝自崇福之始也。神䴥中是臣下奉祝帝寿之始也。自尔以来，臣下吉祝，必营斋转经，谓之生辰节道场，于今盛行焉。"⑤ 同时，他在"内斋附"条下又提到："皇帝诞日，诏选高德僧，入内殿赐食加厚俟。寻文起于后魏之间，多延上达，用徼福寿。"⑥ 因此，从最本初意义上的"内道场"来讲，其起源于北魏时期皇帝在诞生日时建立法会以祝帝寿的活动。盖自北魏以来，帝诞日建道场已成习俗，之后则发展成为"皇帝诞日，诏选高德僧，入内殿赐食加厚俟"等形式。

然北魏时期禁中的佛事活动，尚不止于帝诞日的法会而已，《魏书·释老志》载："高祖践位，显祖移御北苑崇光宫，览习玄籍。建鹿野佛图于苑中之西山，去崇光右十里，岩房禅堂，禅僧居其中焉。"⑦《佛祖统纪》载："（皇兴）五年（471），帝（献文帝）雅好佛学，每引朝士沙门共谈玄理，有遗世之心。是年，昭传位太子，徙居崇光宫称上皇，建鹿野寺，与禅僧数百习学禅定。"⑧ 又，《南齐书·魏虏传》："宏父弘禅位后，黄冠素服，持戒诵经，居石窟寺……宏尤精信，粗涉义理，宫殿内

---

① "内道场起于后魏，而得名在乎隋朝，何邪？炀帝以我为古，变革事多，改僧寺为道场，改道观为方坛，若内中僧事，则谓之内道场也。"参见（宋）赞宁撰《大宋僧史略》，载《大正藏》第54册，第247b页。
② 《大宋僧史略》，第247b页。
③ 《佛祖统纪》，第354a页。
④ 同上。
⑤ 《大宋僧史略》，第247c页。
⑥ 同上书，第248b页。
⑦ 《魏书》卷一一四《释老志》，第3038页。
⑧ 《佛祖统纪》，第355a页。

立浮图。"① 由此可知，北魏禁中的佛事活动，颇为丰富，从帝王的生日道场，到宫殿内建立浮图，群僧法集，敷扬禅要，均属其中。因此赞宁会在《大宋僧史略》中定义曰："若内中僧事，则谓之内道场也"②，"凡存（在）禁中，并内道场也"③，此即是说，但凡发生于禁中的佛事活动，均可被称为"内道场"，而其所包含的佛事范围，则相当广泛。

前文引《南齐书·魏虏传》载"宏尤精信，粗涉义理，宫殿内立浮图"。所指乃在平城时期，那么孝文帝在迁都之后，又延续有怎样的内道场活动呢？④

《佛祖统纪》曾载："（太和）十七年（493），诏懿德法师听一月三入殿，俾朕餐禀道味，饰光朝廷。"⑤ 此即引自《广弘明集》中所载《帝听诸法师一月三入殿诏》。诏中提到，"先朝之世，经营六合，未遑内范。遂令皇庭阙高邈之容，紫闼简超俗之仪。于钦善之理，福田之资，良为未足"⑥。此即是说，在孝文之前，由于皇室忙于经营四方天下，因而未暇在禁中开展佛事活动，遂使"皇庭阙高邈之容，紫闼简超俗之仪"，且于佛理的学习和"福田之资"方面，都有所缺乏。因此孝文帝决定听诸懿德法师一月三入殿，令之"时来相见"，以期"飡禀道味，饰光朝廷（庭）"。而在入殿法师的人数及名单方面，则有相应的文书颁告（"人数法讳，别当牒付"⑦）。这一诏令的颁布时间，乃在孝文帝决定迁都之际，因此都洛之后，其也应当得以执行。而"一月三入殿"之"殿"者，则很可能即前文所提到之"光极殿"。

另外，孝文帝重视研习佛理，与名僧高德往复论议之事迹，亦频见

---

① 《南齐书》卷五七《魏虏传》，第990—991页。
② 《大宋僧史略》，第247b页。
③ 同上。
④ 需要说明的是，孝文帝后期于洛阳禁中的佛教活动，文献记载和实物资料都甚匮乏，究其原因，或是由于孝文帝在太和十七年（493）九月定计迁都至太和二十三年（499）四月崩殂，其间凡仅七年，甚为短促，且都城草创，百废待兴，文物制度，均未完备。同时由于高祖频岁南征，在洛时间不多。因此与内道场相关的佛事活动所录不多。然即便如此，历史文献中的零星记载仍向我们透露了一些信息，详见后论。
⑤ 《佛祖统纪》，第355a页。
⑥ 《广弘明集》，第272c页。
⑦ 同上。

于史载。如《魏书·高祖纪》言孝文帝"善谈《庄》、《老》,尤精释义"①;《魏书·韦缵传》记"高祖每与名德沙门谈论往复,缵掌缀录,无所遗漏,颇见知赏"②;《魏书·裴宣传》载"高祖曾集沙门讲佛经,因命宣论难,甚有理诣,高祖称善"③。前文提及《洛阳伽蓝记》中,亦载孝文帝住于金墉城时,城西有王南寺,其数诣寺与沙门论义。《魏书·释老志》中尚记云:"高祖时,沙门道顺、惠觉、僧意、惠纪、僧范、道弁、惠度、智诞、僧显、僧义、僧利,并以义行知重。"④ 由此可知,从孝文帝时起,北魏已逐渐注重佛教义理的研习。这些懿德高僧或在禁中与孝文帝、儒士朝臣谈论佛理、讲经布道,从而推动了佛教义理的学习和流行,为之后北土盛讲经论之风的开启,创设了背景。

综上所述,孝文帝在迁洛之后,暂时居于金墉城内。他承袭了平城时期的内道场传统,诏请懿德法师一月三入殿,俾其"餐禀道味",以期"饰光朝廷"。在这样的内道场中,孝文帝和以义行知重的诸位法师们逐渐开启了北魏后期注重讲经论道、研习佛理的局面,也为日后洛阳城中寺院内部格局的演变,提供了原因及内涵上的解答。

三 南迁僧尼的安置及洛城寺院的概况

佛陀禅师是孝文帝时期深受帝王及世人尊敬的一位高僧(《魏书·释老志》作"跋陀"⑤),《续高僧传·魏嵩岳少林寺天竺僧佛陀传四》记云:

> 佛陀禅师,此云觉者,本天竺人。学务静摄,志在观方……因从之游历诸国,遂至魏北台之恒安焉。时值孝文敬隆诚至,别设禅林,凿石为龛,结徒定念。国家资供,倍架(加)余部……后隋(随)帝南迁,定都伊洛,复设静院,敕以处之。而性爱幽栖,林谷

---

① 《魏书》卷七下《高祖纪下》,第187页。
② 《魏书》卷四五《韦缵传》,第1014页。
③ 同上书,第1023页。
④ 《魏书》卷一一四《释老志》,第3040页。
⑤ 太和二十年(496),"又有西域沙门名跋陀,有道业,深为高祖所敬信。诏于少室山阴,立少林寺而居之,公给衣供"。参见《魏书》卷一一四《释老志》,第3040页。

是讬。屡往嵩岳，高谢人世。有敕就少室山为之造寺，今之少林是也。①

又，《续高僧传·魏洛阳释道辩传六》云：

释道辩，姓田氏，范阳人……天性疏朗，才术高世，虽曰耳聋，及对孝文，不爽帝旨……初住北台，后随南迁，道光河洛。②

当太和之初，平城已有僧尼二千余人③。因可推见，自太和十七年（493）起，随孝文帝南迁之僧尼队伍，有多浩荡，而上述佛陀禅师、释道辩等，亦在其中。前文提过，孝文帝在迁都之初，曾经颁布一则都城令，规定"城内唯拟一永宁寺地，郭内唯拟尼寺一所，余悉城郭之外"。因此在这种情况下，诸多的南迁僧尼当如何安置，成为一个问题。

洛阳城中不被允许兴建过多的新寺乃是国策，但都城之中，尚有一些迁都之前就已存在的寺院，包括不少汉晋时期遗留下来的名寺。只是这些数目有限的寺院，恐怕唯有当时的大德高僧，才有资格优先入住。其他普通的僧尼大众，盖只能选择郭外如嵩高山上的一些寺院，作为暂栖之所。④ 如帝在迁都之后，便为佛陀禅师设置静院，敕以处之。只是禅师"性爱幽栖，林谷是讬。屡往嵩岳，高谢人世"，于是孝文帝只好敕就少室山为之造寺，即今之少林寺也。

《续高僧传·齐邺下大觉寺释慧（惠）光传三》云：

---

① （唐）道宣撰：《续高僧传》，载《大正藏》，第50册，第551a—b页。
② 《续高僧传》，第471c页。
③ 《魏书·释老志》载："自兴光至此（指自文成帝复佛至太和元年），京城内寺新旧且百所，僧尼二千余人。"参见《魏书》卷一一四《释老志》，第3039页。
④ 汤用彤曾分析认为："北魏未迁都洛阳之前，嵩山已渐为禅僧集居之所。太武帝时僧周已在嵩山头陀坐禅。其后有生禅师者，创立嵩阳寺……嵩阳之创立……乃在迁都之前。及迁都以后，在太和十九年，孝文帝为佛陀禅师于嵩山少室立少林寺。（《太平寰宇记》）宣武帝时，令冯亮与沙门统遒、河南尹甄深，周视嵩高形胜之处，造闲居佛寺。（《北史·隐逸传》）《伽蓝记》曰，嵩高中有闲居寺、栖禅寺、嵩阳寺、道场寺。上有中顶寺。则嵩岳一带，佛寺甚多。"（参见汤用彤《汉魏两晋南北朝佛教史》，中华书局1983年版，第558页。）笔者以为，汤用彤之分析较为合理。迁都之初，大批僧尼选择嵩高山、北邙山（及京东石关、京南关口、京西瀍涧）等地的寺院暂时栖居是极有可能的。

（慧光）初在京洛，任国僧都。后召入邺，绥缉有功，转为国统。将终前日，乘车向曹，行出寺门，屋脊自裂，即（既）坐判事，块落笔前，寻视无从，知及（乃）终相。因斯乖忿，四旬有余，奄化于邺城大觉寺，春秋七十矣。①

由此可知，当时僧官只在僧曹办公和处理日常僧务，平日所居，则仍在各自所属之寺院。因此迁洛之后，若僧官们被安置于郭外的寺院，则其来去昭玄曹，将是一件非常不便且耗时的事。因可推知，这些高僧大德或在迁都之初，便享有优待，由孝文帝敕住于洛阳城中的早期寺院内。

关于洛阳城中的早期寺院，今人有赖于《洛阳伽蓝记》，才得以了解和研究它们的概况。尽管杨衒之曾在书中坦言："然寺数最多，不可遍写；今之所录，止大伽蓝。"② 但其所提供的信息，于今日看来，仍甚宝贵。因此，若将其作为"管中窥豹"之用，亦未不可。据笔者分析，《洛阳伽蓝记》中所提到的诸多寺院，大凡杨衒之无法名其创建者或详其历史渊源的，盖在迁都之前便已存在。这些寺院有（参见表1）：

表1　　　　　　　　孝文帝迁都前的洛阳寺院表

寺名	立寺者	位置	寺内建筑、佛像情况	备注
城内				
王南寺		金墉城城西		迁京之始，宫阙未就，高祖住在金墉城。城西有王南寺，高祖数诣寺与沙门论义。（《洛阳伽蓝记校释》[下略]，第30页）
修梵寺		在青阳门内御道北		

---

① 《续高僧传》，第608a页。
② 周祖谟：《洛阳伽蓝记校释》，第25页。

续表

嵩明寺	在修梵寺西	并雕墙峻宇，比屋连甍，亦是名寺也。修梵寺有金刚，鸠鸽不入，鸟雀不栖。菩提达摩云得其真相也。（第47页）	
景林寺	在开阳门内御道东	讲殿迭起，房庑连属。丹楹炫日，绣桷迎风，实为胜地。寺西有园，多饶奇果。春鸟秋蝉，鸣声相续。中有禅房一所，内置祇洹精舍，形制虽小，巧构难比。加以禅阁虚静，隐室凝邃，嘉树夹牖，芳杜匝阶，虽云朝市，想同岩谷。净行之僧，绳坐其内，飧风服道，结跏数息。（第49页）	

城东

璎珞寺	在建春门外御道北，所谓建阳里也。即中朝时白社地，董威辇所居处。（第58页）		
建阳里十寺	在建阳里		里内有璎珞、慈善、晖和、通觉、晖玄、宗圣、魏昌、熙平、崇真、因果等十寺。（第58页）里内士庶，二千余户，信崇三宝。众僧利养，百姓所供也。（第59页）

续表

宗圣寺	在建阳里	有像一躯，举高三丈八尺，端严殊特，相好毕备，士庶瞻仰，目不暂瞬。此像一出，市井皆空，炎光辉赫，独绝世表。妙伎杂乐，亚于刘腾。城东士女，多来此寺观看也。（第59页）	
崇真寺	在建阳里		
庄严寺	在东阳门外一里御道北，所谓东安里也。		
宝明寺	出青阳门外三里，御道北有孝义里。里西北角有苏秦冢。冢旁有宝明寺。		
城南			
大统寺	在景明寺西，即所谓利民里。		《正光三年大统寺慧荣造像记》（正光三年［522］八月十一日）："正光三年七月十七日，大统寺大比丘慧荣造像一。愿国祚永宁，上延亡二亲，荣及姊妹，一切含生，速到彼岸，同证正觉。"[①]

[①] 韩理洲等辑校：《全北魏东魏西魏文补遗》，三秦出版社2010年版，第495页。

北魏洛京的建立与释教信仰生活的新启　551

续表

大觉寺①	在劝学里	（劝学）里内有大觉、三宝、宁远三寺。周回有园，珍果出焉。有大谷梨、承光之柰。（第106—107页）	《邢峦妻元纯陀墓志》（北魏永安二年［529］十一月七日）："魏故车骑大将军、平舒文定邢公继夫人大觉寺比丘元尼墓志铭并序。夫人讳纯陀，法字智首，恭宗景穆皇帝之孙，任城康王之第五女也。……及车骑谢世，思成夫德，夜不洵涕，朝哭衔悲。……便舍身俗累，托体法门，弃置爱津，栖迟止水。博搜经藏，广通戒律，珍宝六度，草芥千金。十善之报方臻，双林之影遄灭。"②
三宝寺	在劝学里		
宁远寺	在劝学里		
承光寺	在劝学里	承光寺亦多果木，柰味甚美，冠于京师。（第108页）	
城西			
白马寺	汉明帝所立也。佛教入中国之始。（第134页）	寺在西阳门外三里御道南	"自洛中构白马寺，盛饰佛图，画迹甚妙，为四方式。凡宫塔制度，犹依天竺旧状而重构之，从一级至三、五、七、九。世人相承，谓之'浮图'，或云'佛图'。"（《魏书·释老志》，第3029页）	寺上经函，至今犹存。常烧香供养之，经函时放光明，耀于堂宇。是以道俗礼敬之，如仰真容。浮图前柰林蒲萄异于余处，枝叶繁衍，子实甚大。（第135页）

---

① 从《邢峦妻元纯陀墓志》来看，大觉寺或为尼寺。
② 参见毛远明《汉魏六朝碑刻校注》，线装书局2008年版，第6册，第276—277页。

续表

寺名		位置	描述	备注
宝光寺		在西阳门外御道北	有三层浮图一所，以石为基，形制甚古，画工雕刻。（第136页） 隐士赵逸见而叹曰："晋朝石塔寺，今为宝光寺也。"人问其故。逸曰："晋朝三十二寺尽皆湮灭，唯此寺独存。"指园中一处，曰："此是浴堂。前五步，应有一井。"众僧掘之，果得屋及井焉。井虽填塞，砖口如初。浴堂下犹有石数十枚。当时园地平衍，果菜葱青，莫不叹息焉。 园中有一海，号咸池。葭葑被岸，菱荷覆水，青松翠竹，罗生其旁。京邑士子，至于良辰美日，休沐告归，征友命朋，来游此寺。雷车接轸，羽盖成阴。或置酒林泉，题诗花圃，折藕浮瓜，以为兴适。（第137页）	普泰末，雍州刺史陇西王尔朱天光总士马于此寺。（第137页）
城北				
禅虚寺		在大夏门［外］御道西		

这些寺院主要分布在洛阳内城之南半部①，及内城外各条御道的附近（参见图1）。就这些寺院的内部布局来看，其仍以模仿"天竺样式"为主。如景林寺（参见表1内容），其中的"祇洹精舍"，周祖谟校释云：

---

① 内城以西阳门和东阳门之间的御道为分割线，分为南北两部分，其中北半部的地势较高，南半部地势则较低。

"梵言 Jatavanavihār，出《贤愚经》卷十……精舍即塔庙，息心精炼者所栖，故曰'精舍'……案此盖依天竺精舍式样所作，故置诸禅房之内。"① 不过，除了景林寺禅房内的"精舍"乃依天竺"祇洹精舍"之样式而建，孝文帝迁都以后于洛水之滨为冯太后追福所立的报德寺，更是"洸洸济济，与舍卫竹园同风"②。此处所谓"舍卫竹园"，乃是指古代印度最早且最有名的"迦兰陁竹园"（Kalanda-veṇuvana，又称"竹林精

---

① 周祖谟：《洛阳伽蓝记校释》，第49页。李崇峰曾在《佛教考古：从印度到中国》中论及"塔庙"云："在佛教术语中通称的支提殿或塔庙，实际上就是一座祈祷堂，梵文称caityagṛha，巴利语cetiyagharā。这种建筑内的主体是窣睹波，通称'支提'。"参见李崇峰《佛教考古：从印度到中国》，上海古籍出版社2014年版，第15页。

② 《报德玉像七佛颂碑》东魏武定三年（545）（河南洛阳出土，大阪小泽龟三郎旧藏）载："大魏龙飞恒代。创基帝业。王有九土。至高祖孝文。定鼎嵩洛。庄饰□宙。津梁四海。礼乐更新。雅颂洋溢。于是逆旅星宫。林墅华殿。广兴塔庙。绍隆三宝。始造报德寺。洸洸济济。与舍卫竹园同风。（后略）"参见颜娟英主编《北朝佛教石刻拓片百品》，第121页。傅熹年认为，"孝文帝在南郭为冯太后追福建报德寺，这应即《令》中所说的郭中尼寺"。（《中国古代建筑史》第二卷，第86页。）塚本善隆也认为，报德寺乃是尼寺——"孝文帝不仅预设永宁寺之地，并且为相同目的，在洛阳开阳门外，建造一所尼寺与为文明皇太后所建之大同报德寺同名。"（[日] 塚本善隆著：《龙门石窟：北魏佛教研究》，林保尧、颜娟英译，台北觉风佛教艺术文化基金会2005年版，第29页）然笔者对于"报德寺乃尼寺"这一判断仍持怀疑。《洛阳伽蓝记》云："报德寺，高祖孝文皇帝所立也。为冯太后追福。"（周祖谟：《洛阳伽蓝记校释》，第106页）从"追福"二字来看，此洛阳报德寺确应在文明太后物故之后，才在洛阳兴建，且从上述《报德玉像七佛颂碑》中的内容来看，此寺乃在高祖迁都之后才开始建造。又，《佛祖统纪》载："二十一年（497），诏为太后建报德寺。"（《佛祖统纪》，第355b页）则可确定洛阳之报德寺，乃不同于《魏书·高祖纪》《魏书·皇后列传》中所言太和四年（480）"罢畜鹰鹞之所"而立的报德佛寺。因迁都之初，都城制度规定"城内唯拟一永宁寺地，郭内唯拟尼寺一所，余悉城郭之外"。因此，傅熹年和塚本善隆便认为此报德寺即为孝文帝允许于郭内建立的唯一尼寺。然而我们从《报德玉像七佛颂碑》的碑侧人名中，看到有"洛州沙门统报德寺主法相、报德寺僧明、报德寺道琳、报德寺道□□"的记录，则从"洛州沙门统报德寺主"来看，此寺之寺主应为男性僧侣，且"报德寺僧明"也应为男性。又，杨衒之在《洛阳伽蓝记》中，对于尼寺多有注明，而在"报德寺"条中，并未特别指明彼为尼寺。因此笔者对报德寺是否为尼寺，仍然抱持怀疑态度。那么，又当如何解释孝文帝最初在都城令中所规定的外郭城内只许建立尼寺一所的问题呢？难道孝文帝自己破了规矩，在所谓的外郭城内建立了一所僧寺吗？笔者推测，因报德寺所处之位置，已是南临洛水，寺在开阳门外三里。《魏书·释老志》亦载："先是，于恒农荆山造珉玉丈六像一。（永平）三年（510）冬，迎置于洛滨之报德寺，世宗躬观致敬。"（参见《魏书》卷一一四《释老志》，第3041页）因此，很有可能报德寺所处之位置，乃属于迁都初期暂时划定的外郭城外。到世宗景明二年（501）筑坊之时，外郭城的范围则有可能出现变动，从而将此报德寺容括于郭城之内，成为杨衒之描写的对象。以上问题便迎刃而解（参见图1）。

舍"、"竹园精舍")和舍卫城的"祇洹精舍"(又称"祇园精舍")①。

其中,迦兰陀竹园是释迦牟尼传教的重要根据地。东晋法显和唐代玄奘分别在《法显传》和《大唐西域记》中有过简略的记载。《法显传》记曰:"出(王舍)旧城北行三百余步,道西,迦兰陀竹园精舍今现在,众僧扫洒。"②《大唐西域记》云:"山城北门行一里余,至迦兰陀竹园,今有精舍,石基砖室,东辟其户。如来在世,多居此中,说法开化,导凡拯俗,今作如来之像,量等如来之身。"③ 以上透露的信息仅只知道竹园精舍的建筑多为"石基砖室",且遗憾的是,"现在的竹林精舍在地面上看不到任何建筑物的遗迹"④。

"祇洹精舍"亦是释迦牟尼僧伽集团之一主要根据地。《法显传》云:

> 从此南行八由延。到拘萨罗国舍卫城……出城南门千二百步,道西,长者须达起精舍。精舍东向开门,门户两厢有二石柱,左柱上作轮形,右柱上作牛形。池流清净,林木尚茂,众华异色,蔚然可观,即所谓祇洹精舍也……祇洹精舍大援落有二门,一门东向,一门北向。此园即须达长者布金钱买地处处。精舍当中央,佛住此处最久。说法、度人、经行、坐处亦尽起塔,皆有名字……绕祇洹精舍有九十八僧伽蓝,尽有僧住处,唯一处空。⑤

从法显所记的情形来看,祇洹精舍中有大院落,且环绕精舍,有九十八

---

① "伽蓝又有'精舍'和'支提'之分。精舍之意为精进修行者所居。精舍初为讲道场,后为僧众住所。相传释迦牟尼成道后,开始四处传教。他在摩揭陀国取得了很大成功,皈依佛教的迦兰陀长者,主动献出首都王舍城附近的一大竹园,而该国君主频婆沙罗对释迦牟尼也极为崇仰,在竹园修建了精舍施与释迦,作为佛陀居留、说法之地,名曰'竹园精舍'。拘萨罗国首都舍卫城一位名叫给孤独的商人为了表示对佛陀的虔信,用金砖铺地为代价买下了波斯匿王太子祇陀在舍卫城南的花园,建筑精舍,作为佛陀在舍卫城居住说法的场所。而祇陀太子仅出卖花园的地面,自己将园中的树木奉献给释迦,以表示对佛陀的崇仰。故以两人的名字名此精舍为'祇陀给孤独园',简称'祇园精舍'。此精舍与'竹园精舍'并称佛教最早的两大精舍。"参见业露华主编《中国佛教图鉴》,台北额尔古纳出版 2008 年版,第 220—221 页。
② (东晋)沙门释法显撰,章巽校注:《法显传校注》,中华书局 2008 年版,第 96—97 页。
③ (唐)玄奘、辩机原著,季羡林等校注:《大唐西域记校注》,中华书局 1985 年版,第 734 页。
④ [日]筱原典生:《西天伽蓝记》,兰州大学出版社 2013 年版,第 125 页。
⑤ 《法显传校注》,第 61—63 页。

僧伽蓝。又，玄奘《大唐西域记》云：

> 城南五六里有逝多林（唐言胜林，旧曰祇陁，讹也）。是给孤独园，胜军王大臣善施为佛建精舍。昔为伽蓝，今已荒废。东门左右各建石柱，高七十余尺。左柱镂轮相于其端，右柱刻牛形于其上，并无忧王之所建也。室宇倾圮，唯余故基，独一砖室岿然独在，中有佛像①。

可知玄奘至此地时，已是"室宇倾圮，唯余故基，独一砖室岿然独在，中有佛像。"

据筱原典生《西天伽蓝记》介绍，19世纪中期，英国学者亚历山大·卡宁厄姆（Alexander Cunningham）在印度斯坦平原中部的一个小村庄发现大规模的佛教伽蓝遗址，该遗址现在被称为莎荷玛荷（Sāheth-Māheth）遗址。该遗址由两个遗址群组成，一般认为莎荷遗址是祇园精舍，玛荷遗址就是舍卫城。祇洹精舍遗址东西230米，南北350米。"精舍建筑基本上都是砖砌……现在祇园精舍有讲堂、礼拜堂、佛塔、戒坛、沐浴池、僧院、释迦牟尼的香堂，阿难、大迦叶、舍利弗、目犍连、罗睺罗、优婆离等佛弟子的禅室，也有央掘魔的禅室。从建筑的分布情况来看，好像北边是修行区，南方是生活区。"②印度祇园精舍考古发掘调查如图5。

由此可知，祇园精舍中院落众多，含有讲堂、礼拜堂、佛塔、戒坛、沐浴池、僧院、禅室，等等，修行区与生活区各有分别。因此，报德寺"洸洸济济，与舍卫竹园同风"，其规模之宏大，院落类型之丰富，当不难想见也。

另外，西阳门外御道北之宝光寺，为晋朝之石塔寺。园中有浴堂一处，其前五步，则有一井。"井虽填塞，砖口如初。浴堂下犹有石数十枚。"③（参见前表）范祥雍注释"浴堂"云："南海寄归内法传三云：

---

① 《大唐西域记校注》，第488—489页。
② 《西天伽蓝记》，第110—112页。
③ 周祖谟：《洛阳伽蓝记校释》，第137页。

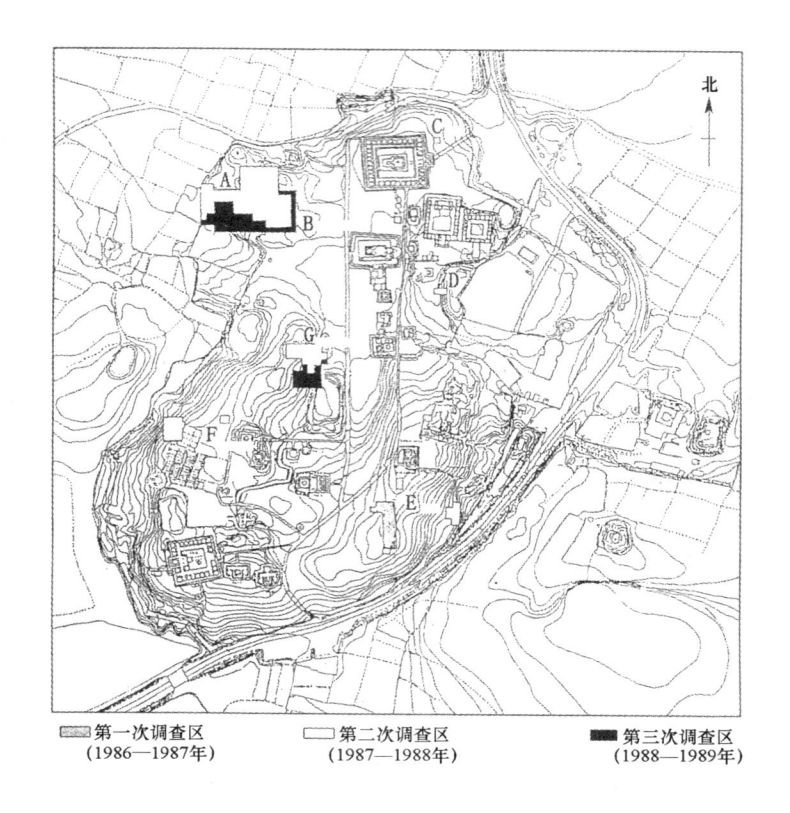

图 5　印度祇洹精舍遗迹分布

A. 浴池地　B. 塔基及僧院　C. 僧院　D. 寺殿及僧院
E. 建筑　F. 僧寺　G. 小寺、塔、僧院

（采自龚国强《隋唐长安城佛寺研究》，文物出版社 2006 年版，第 221 页，图五四）

'那烂陀寺有十余所大池，每至晨时，寺鸣健椎，令僧徒洗浴……世尊教为浴室，或作露地砖池，或作去病药汤，或令油遍涂体。夜夜油恒揩足，朝朝头上涂油。明目去风，深为利益。'是寺有浴室，此制亦仿自印土。"① 那烂陀佛寺（Nālandā Vihāra）始建于公元 5 世纪，且形制甚大（参见图 6）。其地"位于古印度摩揭陀国王舍城北，即今印度比哈尔巴特那（Patna）的巴尔贡（Bargaon）村附近"②。印度古寺院中设有浴室、

---

① 范祥雍：《洛阳伽蓝记校注》，第 200 页。
② 龚国强：《隋唐长安城佛寺研究》，文物出版社 2006 年版，第 214 页。

水井之情形，也同样见于上述祇园精舍的遗迹中（参见图7、图8）。因可推知，宝光寺的形制和布局，应与"天竺样式"有相仿之处。且《洛阳伽蓝记》云"普泰末，雍州刺史陇西王尔朱天光总士马于此寺"[①]，其既可容纳众多的武士及马匹，则宝光寺占地之巨，或有诸多院落，亦可推知也，此又与天竺寺院有着相通之处。

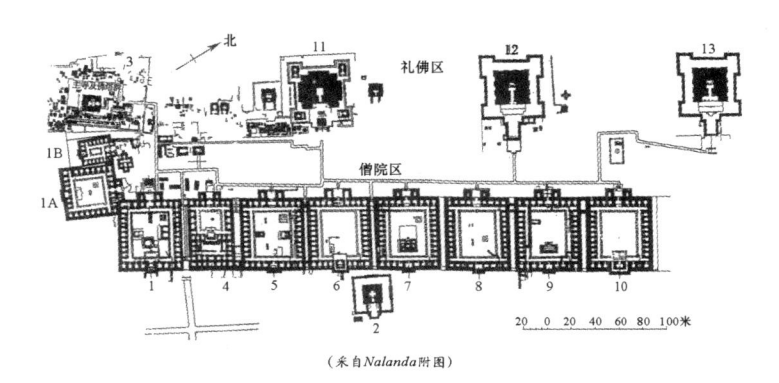

（采自Nalanda附图）

图6 印度烂陀佛寺遗址示意图

（采自龚国强《隋唐长安城佛寺研究》，第216页，图五二）

图7 印度祇洹精舍 A区域沐浴池遗迹

（采自［日］纲干善教《インド・祇園精舎跡の発掘調査》，载《仏教芸术》187号，1989年，图3）

---

① 周祖谟：《洛阳伽蓝记校释》，第137页。

图 8 印度祇洹精舍 F 区域水井遗迹

（采自［日］纲干善教《インド祇園精舍跡の発掘調査》，图 5）

作为此期寺院中最重要且最具标志性意义的建筑物——佛塔，杨衒之记宝光寺佛塔为"以石为基，形制甚古，画工雕刻"[1]，此处所谓"形制甚古"，似又在表露其与天竺或西域间的某种联系。北魏洛阳城中的汉晋遗存寺院，以白马寺为最早，其由汉明帝所立，乃佛教入中国之始。《魏书·释老志》云："自洛中构白马寺，盛饰佛图，画迹甚妙，为四方式。凡宫塔制度，犹依天竺旧状而重构之，从一级至三、五、七、九。世人相承，谓之'浮图'，或云'佛图'。"[2] 张弓在《汉唐佛寺文化史》

---

[1] 周祖谟：《洛阳伽蓝记校释》，第 136 页。
[2] 《魏书》卷一一四《释老志》，第 3029 页。

中分析认为:"汉魏都城大邑只许胡僧立寺,意味着早期佛寺主体建筑的型制,是天竺西域桑门熟习的式样。这种式样最早曾被当作造塔法式,画在白马寺壁上……取单数层级构筑'佛图',是天竺宫塔制度的特征。佛图每层壁面布满佛龛,象征'天宫千佛',所以又称'宫塔'……汉晋时期葱岭以东的西域地区佛寺,普遍盛行宫塔式。"① 张弓点出了早期佛寺主体建筑形制模仿天竺西域样式的原因,并且还指出了汉晋时期寺塔形制东来的脉络②。然其并未具体说明,所谓白马寺仿照的"天竺旧状",到底是何模样。萧默在研究后认为:"白马寺塔不是楼阁式。所谓'天竺旧状'乃是砖石结构的覆钵式窣堵波,'重构'是'重迭'的意思,所以白马寺塔是砖石结构的多层窣堵波。在敦煌壁画中,这种式样也见画出……河西和吐鲁番出土的一批北凉小石塔,多作拉高了的单层窣堵波形,但其中白双日塔,塔身却是重迭两层覆钵,只是下层覆钵为圆柱形,是重迭窣堵波塔的最早例证。"③(参见图9-6)

如此我们便知,洛阳白马寺佛塔所依照的"天竺旧状",盖为砖石结构的多层窣堵波,其曾经成为汉土佛塔建造的典范。因此汉晋早期遗留下来的寺塔,仍然保持着天竺、西域样式的特点。

综上所述,北魏迁都之时,洛阳城中尚存有一些自汉晋时期遗留下来的寺院。彼时自平城南迁的僧尼,人数众多,而这些数目有限的寺院,盖唯当时的高僧大德,才有资格优先入居。这些寺院主要分布在北魏洛阳内城之南半部,及内城外各条御道的附近。这些寺院的整体布局和主体建筑形制多模仿天竺、西域之样式,占地规模巨大,院落众多,且多以"祇洹精舍""竹林精舍"等古代印度名寺为仿效对象。寺院中的标志性建筑寺塔,亦多以天竺式样为主,除白马寺塔外,宝光寺三层浮图也是"以石为基,形制甚古"。另外,值得注意的是,不仅早期留存下来的寺院乃以"天竺旧状"为范本,孝文帝迁都后所建的洛滨"报德寺",亦

---

① 张弓:《汉唐佛寺文化史》,中国社会科学出版社1997年版,第154—155页。
② "西晋永康二年(301)张轨任凉州刺史后,西域塔寺制传至敦煌等郡。《魏书·释老志》曰:'凉州自张轨后,世信佛教。敦煌地接西域,道俗交得其旧式,村坞相属,多有塔寺。'所谓'旧式',即指'塔寺';'道俗交得',指僧寺和民间精舍皆取塔式。敦煌郡在凉州西端,必是西域'旧式'先达之地。这段文字不仅说明凉州佛教盛兴之始,还揭示了塔寺东来的脉络。"参见张弓《汉唐佛寺文化史》,第159页。
③ 萧默:《敦煌建筑研究》,机械工业出版社2002年版,第150、163页。

具有"舍卫竹园"之风貌。因可推见,彼时佛寺的设计和建造,仍然重视印度、西域之原型,以及建筑传统。

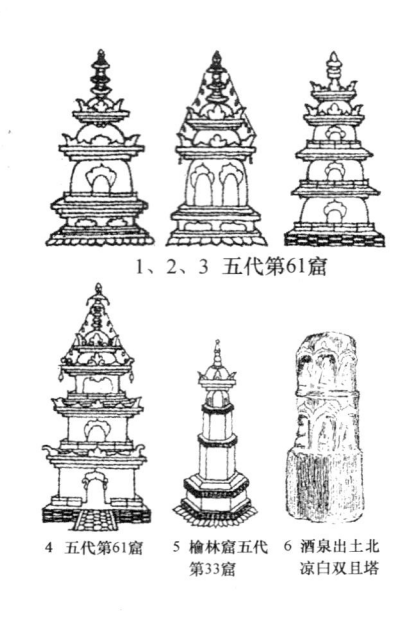

1、2、3 五代第61窟

4 五代第61窟　　5 榆林窟五代第33窟　　6 酒泉出土北凉白双且塔

图9　多层砖石塔

(采自萧默《敦煌建筑研究》,第163页,图4—21)

四　新迁之民的居住安排及释教信仰生活的开启

由前文分析已知,洛阳内城之北半部以宫室、皇家园林的规划为主,南半部则以官署为主。因此,迁徙之初,北来的鲜卑宗室、非宗室鲜卑贵族、汉族官僚及其他士庶,多被安置于外郭城中。《资治通鉴》曾载(南齐)明帝建武元年(即北魏太和十八年,494),任城王元澄对孝文帝言:"今代都新迁之民,皆有恋本之心。扶老携幼,始就洛邑,居无一椽之室,食无甔石之储。"[①] 由此可见始迁洛阳之际新都的寥廓与民众创居的艰难。从文献记载来看,新迁的居民大多敬奉佛教,因此在洛阳创居的同时,民众的信仰生活也需得到继续。本节将从洛阳外郭城之东、南、西、北四面,分析南迁居民的安置情况及他们的信仰生活概貌。

---

① 《资治通鉴》卷一三九,中华书局1956年版,第4371页。

(一) 洛阳城西

迁徙之初，百废待兴，然新迁之民的居所安排，并非全无制度、规律可循。一些住地的选择，也有承袭平城传统之情况。太和十八年（494）中书侍郎韩显宗曾经上书孝文帝曰：

> 顷来北都富室，竞以第宅相尚，今因迁徙，宜申禁约，令贵贱有检，无得逾制。端广衢路，通利沟渠，使寺署有别，四民异居，永垂百世不刊之范，则天下幸甚矣。①
>
> 又曰："伏见洛京之制，居民以官位相从，不依族类。然官位非常，有朝荣而夕悴，则衣冠沦于厮竖之邑，臧获腾于膏腴之里。物之颠倒，或至于斯。古之圣王，必令四民异居者，欲其业定而志专。"……高祖善之。②

可见韩显宗提倡，里坊安排当使士、农、工、商按照不同的职业集中居住（即"四民异居"）。"这种主张始见于《管子·大匡》，说'凡仕者近宫，不仕与耕者近门，工贾近市'。《管子·小匡》又说：'士农工商四民者，国之石民也，不可使杂处。杂处则其言咙，其事乱。'"③ 从"仕者近宫"的原则来看，迁都初期，宫室暂设在金墉城内，而金墉城位于洛阳内城之西北角。《洛阳伽蓝记》云："自延酤以西，张方沟以东，南临洛水，北达芒山，其间东西二里，南北十五里，并名为寿丘里，皇宗所居也。民间号为'王子坊'。"④ 因可发现，鲜卑皇宗所聚居之区域，乃近当时的宫室（参见图1）。同时，在北魏具有特殊地位的非宗室鲜卑贵族，亦多居于城西地区，如穆（丘穆陵）氏穆纂，即住于城西之宜年里⑤；侯（莫陈）氏

---

① 《魏书》卷六〇《韩显宗传》，第1338—1339页。
② 同上书，第1340—1341页。
③ 傅熹年：《中国古代建筑史》第二卷，第84页。
④ 周祖谟：《洛阳伽蓝记校释》，第147页。
⑤ 《穆纂墓志》载："君讳纂，字绍业，洛阳人也。侍中、大尉公、黄钺将军、宜都贞公崇之后，冠军将军、散骑常侍正国之孙，司徒左长史、驸马都尉长成之子……以大魏正光二年（521）二月己亥朔十八日丙辰，卒于京师宜年里宅。"（参见韩理洲等辑校《全北魏东魏西魏文补遗》，第167—168页）《洛阳伽蓝记》城西"永明寺"条云："寺西有宜年里，里内有陈留王（元）景皓、侍中安定公胡元吉等二宅。"（参见周祖谟《洛阳伽蓝记校释》，第160页）由此可知，宜年里在洛阳城西，穆纂居于此里。

侯刚，则住于城西中练里①。

皇宗当中，据文献记载和实物资料，多有崇信释教者。如孝文帝之弟广陵惠王元羽，后在洛阳立有龙华寺一所②；高阳文穆王元雍，《辩正论》载其："虚襟佛理，崇信法桥，造像书经，兴立塔寺，写一切经一十二藏"③；彭城武宣王元勰于洛阳立有明悬尼寺一所④，《辩正论》言其"法门大启，佛事广兴。修造伽蓝，创建灵塔"⑤；北海王元详，建"追圣寺"⑥一所，龙门石窟古阳洞内，则有《北海王元详造像记》一则⑦。孝文帝从兄弟中，齐郡敬王元祐，墓志载其"访道忘食，从义遗忧"⑧。龙门古阳洞内，存有《元祐造像记》⑨一则；安丰文宣王元延明，《辩正论》言其"（与中山王熙）俱立道场，斋讲相续。以香汁和墨，写《华严经》一百部，素书金字《华严经》一部，皆五香厨四宝函盛。静夜良辰清斋行道。

---

① 《洛阳伽蓝记》载："出西阳门外四里御道南，有洛阳大市，周回八里……台（皇女台）西有河阳县（台），台东有侍中侯刚宅。"（周祖谟：《洛阳伽蓝记校释》，第141页）范祥雍注释："按侯刚墓志云：'以魏孝昌二年（526），岁次鹑火，三月庚子朔，十一日庚戌，寝疾，薨于洛阳中练里第。'此侯刚宅疑即是中练里第。"（参见范祥雍《洛阳伽蓝记校注》，第213页，注释［二六］）

② 参见周祖谟《洛阳伽蓝记校释》城南"龙华寺"条（第112页）。

③ （唐）沙门释法琳撰：《辩正论·十代奉佛篇》，载《大正藏》，第52册，第514c页。

④ 参见周祖谟《洛阳伽蓝记校释》城东"明悬尼寺"条（第55页）。范祥雍："北史十九彭城王勰传：'景明、报德寺僧鸣钟欲饭，忽闻勰薨，二寺一千余人皆嗟痛，为之不食，但饮水而斋。'由此可见勰必虔信佛教，故僧人与之有特殊感情，此寺为其所立，亦得一证。"（参见《洛阳伽蓝记校注》，第73页，注释［一］）

⑤ 《辩正论·十代奉佛篇》，第514c页。

⑥ 参见周祖谟《洛阳伽蓝记校释》城南"追圣寺"条（第112页）。

⑦ "维太和之十八年（494）十二月十一日，皇帝亲御六旌，南伐萧逆。军国二容，别于洛汭。行留两音，分于阙外。太妃以圣善之规，戒途戒旅，弟子以资孝之心，戈言奉泪。其日，太妃还家伊川，立愿母子平安，造弥勒像一区，以置于此。至廿二年（498）九月廿三日，法容刻就，因即造斋，镌石表心，奉申前志。永愿母子长餐化年，眷属内外，终始荣期，一切群生，咸同斯福。维大魏太和廿二年（498）九月廿三日，侍中、护军将军、北海王元详造。"参见毛远明校注《汉魏六朝碑刻校注》第3册，第303页。

⑧ 毛远明校注：《汉魏六朝碑刻校注》第5册，第7页。

⑨ "夫玄宗冲邈，迹远于尘关，灵范崇虚，理绝于埃境。若不图色相以表光仪，寻声教以陈妙轨，将何以依稀至象，髣髴神功者哉！持节督泾州诸军事、征房将军、泾州刺史、齐郡王祐，体荫宸仪，天纵淑茂，达成实之通途，识真假之高韵，精善恶二门，明生灭之一理，资福有由，归道无碍，于是依云山之逸状，即林水之仙区，启神像于青山，镂禅形于玄石，缔庆想于幽津，结嘉应于冥运，乃作铭曰：芒芒玄极，眇眇幽宗，灵风潜被，神化冥通，舟舆为本，旷济为功。德由世重，道以人鸿，超观净境，邈绝尘封，图形泉石，构至云松，□□□，□□幽空。福田有庆，嘉应无穷。熙平二年（517）七月廿日造。"参见毛远明校注《汉魏六朝碑刻校注》第4册，第344页。

北魏洛京的建立与释教信仰生活的新启　563

每放五色神光照曜台宇。众皆共睹倍更发心。"① 孝文五子亦敬信佛教,太子元恂被废为庶人后,"颇知咎悔,恒读佛经,礼拜归心于善"②;京兆王元愉,本传言其"又崇信佛道,用度常至不接"③;清河文献王元怿,于洛阳立景乐寺④一所,并舍宅为冲觉寺⑤;广平武穆王元怀,舍宅立大觉寺⑥、平等寺⑦各一所;汝南文宣王元悦,复修景乐寺,并有《元悦修塔记》⑧、《元悦遣贾良造像记》⑨ 两则,表其奉佛之诚。其他宗室成员中,西河王元太兴,舍王爵入道;城阳怀王元鸾,本传载其"虚心玄宗,妙贯佛理"⑩;广阳懿烈王元嘉(及之后的广阳忠武王元深、广阳文献王元湛)"咸受八戒,俱持六斋。造寺度僧,设会崇善"⑪。元嘉且"读一切经凡得三遍。造爱敬寺,以答二皇。为众经抄一十五卷。归心委命,

---

① 《辩正论·十代奉佛篇》,第 514c 页。
② 《魏书》卷二二《废太子传》,第 588 页。
③ 《魏书》卷二二《京兆王传》,第 590 页。
④ 周祖谟:《洛阳伽蓝记校释》,第 41 页。
⑤ 同上书,第 127 页。
⑥ 同上书,第 157 页。
⑦ 同上书,第 79 页。
⑧ "(上阙)□□□□□□竟□以□□□□为□□心慕善见之苦,行仰须达而舍财。□□□□想起心里。虽少诞乾宫。长育坤庭□□□□自恣奢声,任怀何期,憇志克身,立成猛□,而能弃有薄荣,专以贫元。摩诃大檀越清信士侍中、太尉公、汝南王元悦,敬修古塔,毁坏形像,□加功力,庄饰令新,使如初妍。本昔□□,随□功德,普治璨丽,整□仪容,严净美妙,令道俗众生,见者增善。以斯微因,仰资□□□文皇帝,愿灵飞十方,神出三界。□奉□□闻法□□□□□达师子吼□龙□坐。次愿皇帝陛下、皇太后,二圣钦明,治同三光,万岁无疆。下及蠕动蠢类,一切法界众生,永断五恶趣,常舍六道形,速发菩提心,忽获法津荣。咸蒙慈愿,故普登□□□、□然□□□,安乐恒不倾,超越百非□,□□□□□,□□长满足。灵智坚固。大魏正光三年(522)八月十一日遣太尉府省事令史曲元宾造。"参见韩理洲等辑校《全北魏东魏西魏文补遗》,第 495 页。
⑨ "(上阙)薄荣专心(下阙)侍中、太尉公、汝南(下阙)□形像,加功庄饬,使如(下阙)普治璨丽整尊仪容(下阙)斯微因,令道俗众生,见者增善(上阙)祖孝文皇帝,使灵飞十方,神出三[界]。□蓬师子吼,值龙花坐。次愿皇帝陛下,皇太后,使二圣钦明,□同三光。增年益寿,万岁无疆。下及臣民,蠢动之类,永断五恶趣,常含六道形。速发菩提心,忽获法津荣。越度是非表,端坐涅槃诚。湛然长满足,灵智坚[固]平。正光三年(522),十一月九日,汝南王遣太尉府长行兼参军贾良敬修。"参见毛远明校注《汉魏六朝碑刻校注》第 5 册,第 160 页。
⑩ 《魏书》卷一九下《城阳王传》,第 509 页。
⑪ 《辩正论·十代奉佛篇》,第 514b 页。

志在法城"①。

因此，北魏皇室大多信奉佛教，如文成帝在《修复佛法诏》中所说："况释迦如来功济大千，惠流尘境，等生死者叹其达观，览文义者贵其妙明，助王政之禁律，益仁智之善性，排斥群邪，开演正觉。故前代已来，莫不崇尚，亦我国家常所尊事也。"②佛教在北魏大部分时期中的地位，相当于彼国之国教，全民信奉，虔诚热烈。以上所列鲜卑宗室的信仰者，不过是有记载可寻的一部分人物。这些皇宗成员，因其所具有的身份、地位、权力和财富，成为当时推动洛阳佛教事业发展的重要力量，而他们所聚居的城西区域，也成为日后面貌变化最为明显的地区。

在非宗室鲜卑贵族中，前文提到穆（丘穆陵）氏，其"为勋臣八姓之首，在北魏一朝是仅次于宗室元氏的鲜卑贵族，因其本非拓跋氏同族，为'余部内入者'之首，故与拓跋氏保持了百余年的婚姻关系，社会政治地位独特"③。龙门石窟古阳洞中，有《丘穆陵亮妻尉迟氏造像记》一则：

> 太和十九年（495）十一月，使持节、司空公、长乐王丘穆陵亮夫人尉迟为亡息牛橛，请工镂石，造此弥勒像一区，愿牛橛舍于分段之乡，腾游无碍之境。若存托生，生于天上诸佛之所；若生世界，妙乐自在之处。若有苦累，即令解脱。三涂恶道，永绝因趣。一切众生，咸蒙斯福。④

造像记中的尉迟氏是使持节、司空公、长乐王穆（丘穆陵）亮的夫人，尉（尉迟）氏亦是勋臣八姓之一。此则造像记镌刻的时间在太和十九年，即迁都之最早期，反映了当时南迁的贵族，在一个新环境下迅速模拟代都曾有且熟悉的生活的情景。如塚本善隆分析："平城在佛教勃兴时代，曾建有许多极尽庄严的灵场灵园能满足奉佛的情感，今既舍之而迁，在新都迅速地再重建他们的佛寺与佛教的圣域，便是重要有效的策略。"⑤由此，出于日常信仰生活的需求，北魏洛阳在之后的宣武和孝明帝时期，开始逐渐重蹈平城的覆辙，佛寺数目急剧攀升，几乎遍布城中各个里坊。而此番情景的形成，则当另文详述。

---

① 《辩正论·十代奉佛篇》，第515a页。
② 《魏书》卷一一四《释老志》，第3035—3036页。
③ 张金龙：《北魏政治与制度论稿》，甘肃教育出版社2003年版，第336页。
④ 《丘穆陵亮妻尉迟氏造像记》，载毛远明校注《汉魏六朝碑刻校注》第3册，第286页。
⑤ ［日］塚本善隆：《龙门石窟：北魏佛教研究》，林保尧、颜娟英译，第29页。

（二）洛阳城东

在前文韩显宗的陈表中，其亦主张洛邑居民应当依姓族而居，此点在迁徙初期的居民安排上，也得到了履行和实现。洛阳外郭城的东侧，即以"门族地望"为原则，聚居有较多的汉族官僚及其家族，如东清河崔氏，居于晖文里内；弘农杨氏，居于景宁里内。

自然的，除了鲜卑贵族外，汉族士庶，亦多崇奉释教。《洛阳伽蓝记》载："在东阳门外二里御道北，所谓晖文里。里内有太保崔光、太傅李延寔、冀州刺史李韶、秘书监郑道昭等四宅。并丰堂崛起，高门洞开。"① 其中，崔光历孝文、宣武、孝明三朝，本传记其"崇信佛法，礼拜读诵，老而逾甚，终日怡怡，未曾恚忿……每为沙门朝贵请讲维摩、十地经，听者常数百人，即为二经义疏三十余卷"②。可见其崇奉佛法之诚笃。又，"敬义里（在东阳门外御道南）南有昭德里。里内有尚书仆射游肇、御史中尉李彪、七兵尚书崔休、幽州刺史常景、司农张伦等五宅"③。其中，《魏书·李彪传》载：

> 彪有女，幼而聪令，彪每奇之，教之书学，读诵经传……彪亡后，世宗闻其名，召为婕妤，以礼迎引。婕妤在宫，常教帝妹书，诵授经史……后宫咸师宗之。世宗崩，为比丘尼，通习经义，法座讲说，诸僧叹重之。④

笔者尝谈到⑤，北魏时期上层贵族家庭的女子，其在接受传统女子教育之外，亦接受其他诸如释氏方面的教育。李彪教其女书学，读诵经传，而其女"果入掖庭，后宫咸师宗之。世宗崩，为比丘尼，通习经义，法座讲说，诸僧叹重之"⑥。可以想见其父及其家族对婕妤在释典佛学方面的影响和引导。

另外，《洛阳伽蓝记》城东"景宁寺"条云："景宁寺，太保司徒公

---

① 周祖谟：《洛阳伽蓝记校释》，第69页。
② 《魏书》卷六七《崔光传》，第1499页。
③ 周祖谟：《洛阳伽蓝记校释》，第73—75页。
④ 《魏书》卷六二《李彪传》，第1399页。
⑤ 参见拙作《北魏洛阳女性之佛教信仰世界管窥》，蒲慕州主编《礼法与信仰——中国古代女性研究论考》，香港商务印书馆2013年版，第190—191页。
⑥ 《魏书》卷六二《李彪传》，第1399页。

杨椿所立也①。在青阳门外三里御道南，所谓景宁里也。高祖迁都洛邑，椿创居此里，遂分宅为寺，因以名之……椿弟慎（顺），冀州刺史，慎（顺）弟津，司空，并立性宽雅，贵义轻财。四世同居，一门三从。朝贵义居，未之有也。"② 笔者在《北魏洛阳女性之佛教信仰世界管窥》一文中也曾讨论过，《杨无丑墓志》载杨无丑为杨懿第四子杨顺的女儿，去世

---

① 周祖谟校释："杨椿字延寿，恒农华阴人，杨播之弟也。自高祖至肃宗时，累为州牧，都督军事，建义元年（528）为司徒公，永安初进位太保、侍中。普泰元年（531）为尔朱世隆所害，年七十七。见魏书五十八本传。"参见《洛阳伽蓝记校释》，第88页。

② 周祖谟：《洛阳伽蓝记校释》，第88页。

据杨氏家族成员的墓志记载，杨氏一族居于"依仁里"，而非杨衒之所记之"景宁里"。张金龙曾在《北魏政治与制度论稿》中认为："景宁里与依仁里应为同里异名。"（第338页）笔者以为：景宁里当在孝文迁都初期便由杨椿创立居住。之后或因永平初年，杨椿辗转出除"都督朔州抚冥武川怀朔三镇三道诸军事、平北将军、朔州刺史。……寻加抚军将军，入除都官尚书，监修白沟堤堰。复以本将军除定州刺史。"（参见《魏书》卷五八《杨椿传》，第1286—1287页）杨氏一门遂因之而搬迁至依仁里，并分景宁里宅为景宁寺。《杨顺墓志》反映出在宣武帝永平四年（511）时，杨氏已居于依仁里。（见下表）

墓志人名	卒时	卒地	墓志出处
《杨颖墓志》	永平四年（511）五月廿七日	卒于京师依仁里第	《全北魏东魏西魏文补遗》，第112页。
《杨播墓志》	延昌二年（513）十一月十六日	薨于洛阳县之依仁里	同上书，第132页。
《杨舒墓志》	延昌四年（515）九月九日	于洛阳县之依仁里弟瘠甚而卒	同上书，第143页。
《杨仲彦墓志》（按：盖杨椿之子）	孝昌三年（527）二月廿（？）□日	卒于洛阳依仁里宅	王连龙：《北魏杨仲彦墓志》，《社会科学战线》2011年第5期，第284页。
《杨幼才墓志》	普泰元年（531）七月四日	遇害于洛阳依仁里	《汉魏六朝碑刻校注》，第7册，第26页。
《杨叔贞墓志》	普泰元年（531）七月四日	遇害于洛阳依仁里	同上书，第24页。
《杨顺墓志》	普泰元年（531）七月四日	遇害于洛阳依仁里	《全北魏东魏西魏文补遗》，第327页。
《杨仲宣墓志》	普泰元年（531）七月四日	遇害于洛阳依仁里	同上书，第328页。
《杨遁墓志》	普泰元年（531）七月四日	遇害于洛阳依仁里	同上书，第329页。

时尚未出嫁①。墓志载其"该般若之玄旨,遵斑(班)氏之秘诫"②,因可推知当时在上层贵族的门第中③,佛典与传统女子教育典籍并举。史载"自(杨)昱已下,率多学尚,时人莫不钦羡焉"④。由此可见,杨氏一门极重家族教育,而释典方面的学习,也应在其中。⑤

又,历北魏明元帝至孝文帝多朝的老臣刁雍,"笃信佛道,著教诫二十余篇,以训导子孙"⑥;北朝后期,颜之推在《颜氏家训·归心篇》中训诫其子孙当尊崇内教、奉佛修行⑦。由此可知,北魏(北朝)时期的家族教育(特别是上层贵族家庭的教育),对释典之学习及信仰方面的修持,当颇为重视。

综上可知,北魏的汉族官僚及士庶主要居于洛阳城东之区域,其中不乏聚族而居者,阖门信佛的家族亦有之。他们构成了彼时佛教信仰群体中的另一重要部分,同样推动了北魏后期都城佛教事业的发展。

(三) 洛阳城南

北魏洛阳城的南部,规划安置有投诚、归顺而来的南朝人士等⑧。这

---

① 参见拙作《北魏洛阳女性之佛教信仰世界管窥》,第190—191页。
② 《杨无丑墓志》,出土地点与时间不详。参见毛远明校注《汉魏六朝碑刻校注》第4册,第370页。
③ 杨氏家族,虽出自恒农华阴(今陕西华阴县),然显赫于北魏时代的后期,活跃于京城洛阳之间,"时播一门,贵满朝廷"。参见《魏书》卷五八《杨播传》,第1281页。
④ 《魏书》卷五八《杨播传》,第1302页。
⑤ 《魏书·杨播传》云:"播家世纯厚,并敦义让,昆季相事,有如父子……兄弟旦则聚于厅堂,终日相对,未曾入内。有一美味,不集不食。厅堂间,往往帏幔隔障,为寝息之所,时就休偃,还共谈笑……椿、津年过六十,并登台鼎,而津尝旦暮参问,子侄罗列阶下,椿不命坐,津不敢坐。椿每近出,或日斜不至,津不先饭,椿还,然后共食。食则津亲授匙箸,味皆先尝。椿命食,然后食。"(《魏书》卷五八《杨播传》,第1302页)由此也可见,杨椿在杨氏家族中的地位颇高,从其家族"昆季相事,有如父子"的情况来看,杨椿信奉佛教,必定会影响到整个家族的信仰取向。
⑥ 《魏书》卷三八《刁雍传》,第871页。
⑦ "汝曹若观俗计,树立门户,不弃妻子,未能出家;但当兼修戒行,留心诵读,以为来世津梁。人生难得,无虚过也。"参见颜之推撰,王利器集解《颜氏家训集解》(增补本),中华书局1993年版,第396页。
⑧ 从高祖迁都时期,南朝投诚而来的王肃被安置在城南延贤里的情况来看,永桥南面夹御道而设的"四夷里""四夷馆",很可能是在世宗景明二年(501)九月筑坊之时,或之后才开始建设。

种安排方式实际模仿自平城时期的布局。①

由文献可知，南人入国者中，亦不乏敬奉佛教者。《洛阳伽蓝记》载：

> 劝学里东有延贤里，里内有正觉寺，尚书令王肃所立也。肃字恭懿，琅琊人也，伪齐雍州刺史奂之子也。赡学多通，才辞美茂，为齐秘书丞，太和十八年（494）背逆归顺②。时高祖新营洛邑，多所造制，肃博识旧事，大有裨益，高祖甚重之，常呼王生。延贤之名，因肃立之。肃在江南之日，聘谢氏女为妻，及至京师，复尚公主③……肃甚有愧谢之色，遂造正觉寺以憩之。④

王肃尚陈留长公主的时间，在宣武帝时。⑤《魏书》记"王肃景明二年

---

① 《魏书》载显祖皇兴元年（467），北魏以慕容白曜为将，南讨青齐。时属南朝刘宋的历城守将崔道固拒守两年，后与兖州刺史、梁邹守将刘休宾并面缚而降。"既而白曜送道固赴都，有司案劾，奏闻，诏恕其死。乃徙青齐士望共道固守城者数百家于桑干，立平齐郡于平城西北北新城。"（《魏书》卷二四《崔玄伯传》，第630页）北魏迁徙青齐士望于"桑干"，其地乃位于平城都南——《魏书·释老志》载："太和十五年（491）秋，诏曰：'夫至道无形，虚寂为主。自有汉以后，置立坛祠，先朝以其至顺可归，用立寺宇。昔京城之内，居舍尚希。今者里宅栉比，人神猥凑，非所以祗崇至法，清敬神道。可移于都南桑干之阴，岳山之阳，永置其所。给户五十，以供斋祀之用，仍名为崇虚寺。可召诸州隐士，员满九十人。'"（《魏书》卷一一四《释老志》，第3055页）另外，平城时期南人归附北魏者，死后在丧葬地点方面，亦有具体的规定——其必须在都南桑干地区。《魏书·王慧龙传》记世祖太武帝时期："（慧龙）临没，谓功曹郑晔曰：'吾羁旅南人，恩非旧结，蒙圣朝殊特之慈，得在疆场效命。誓愿鞭尸吴市，戮坟江阴。不谓婴此重疾，有心莫遂。非唯仰愧国灵，实亦俯惭后土。修短命也，夫复何言。身殁后，乞葬河内州县之东乡，依古墓而不坟，足藏发齿而已。庶魂而有知，犹希结草之报。'时制，南人入国者皆葬桑干。晔等申遗意，诏许之。"（《魏书》卷三八《王慧龙传》，第877页）如此，则在平城时期，南人从生时居所直至死后葬地，均被规制在都城南面的桑干地区。北魏迁洛之后，也颇效仿代都已有之布局，将南来之人安置于城南区域。

② 《魏书·王肃传》："父奂及兄弟并为萧赜所杀，肃自建业来奔，是岁，太和十七年（493）也。"（《魏书》卷六三《王肃传》，第1407页）与《洛阳伽蓝记》所载归顺时间不同。

③ 周祖谟："宣武时尚陈留长公主。公主本刘昶子妇，高祖妹，原封彭城长公主。见《魏书》卷六三《王肃传》。《太平广记》卷一七四引此下有'其后谢氏入道为尼，亦来奔肃，见肃尚主'十六字。"参见《洛阳伽蓝记校释》，第109页。

④ 周祖谟：《洛阳伽蓝记校释》，第108—109页。

⑤ "高祖崩，遗诏以肃为尚书令，与咸阳王禧等同为宰辅，征肃会驾鲁阳……诏肃尚陈留长公主，本刘昶子妇彭城公主也，赐钱二十万、帛三千匹。"参见《魏书》卷六三《王肃传》，第1410页。

(501）薨于寿春，年三十八"[1]。由于孝文都洛时期不允许在京城之内建立佛寺，因此正觉寺之建立，应在宣武帝时。[2]

除王肃之外，其弟王秉亦在武帝之初"携兄子诵、翊、衍等入国"[3]。其中王诵，字国章，王肃长兄王融之子。"学涉有文才，神气清俊，风流甚美。"[4] 从《王诵妻元贵妃墓志》可知，王诵住于"延贤里"西之"劝学里"[5]，亦在洛阳城南。《辩正论》载其"义综六经，史该百氏。衣冠仪貌，朝野所推……六斋之日，恒设净供，献佛饭僧。俸禄所资，多入经像"[6]。可见王诵奉佛，亦甚勤恳。王翊，字士游，王肃次兄王琛之子。"风神秀立，好学有文才。历司空主簿、清河王友、中书侍郎。"[7] 后在洛阳内城中舍宅立"愿会寺"一所[8]，其亦奉佛。

综上可知，南来的王肃一族，多信仰佛教。此类自南朝入国的奉佛者，带来了南方不同的文化和制度，其中也包括释教方面的不同文本、教义，及佛教造像、寺塔建筑等艺术范式，推动了南北社会间的交流与融合。

---

[1] 《魏书》卷六三《王肃传》，第1411页。

[2] 周祖谟按："《魏书》传称：肃子绍，为谢氏所生，肃临薨，谢始携二女及绍至寿春。与《伽蓝记》所载不同。考其女王普贤，世宗纳为贵华。《普贤墓志》云：'考昔钟家耻，投诚象魏。夫人痛皋鱼之晚悟，感树静之莫因，遂乘险就夷，庶恬方寸。惟道冥昧，仍罹极罚，茹荼泣血，哀深乎礼。'由是观之，史传盖得其实。"（《洛阳伽蓝记校释》，第109页）范祥雍校注："魏书肃传云：'绍，肃前妻谢生也。肃临薨，谢始携二女及绍至寿春（按，王肃卒在寿春任所）。'王绍墓志云：'考司空深侔伍氏之概，必誓异天之节。乃鹄立象魏，志雪冤耻。君年裁数岁，便慨违省，念阙温凊，提诚出嵎，用申《月末》庆。天道茫茫，俄钟极罚，婴号茹血，哀瘵过礼。'又肃女王普贤墓志亦云：'考昔钟家耻，投诚象魏。夫人痛皋鱼之晚悟，感树静之莫因，遂乘险就夷，庶恬方寸。惟道冥昧，仍罹极罚，茹荼泣血，哀深乎礼。'二志所言与传相合。盖当谢氏携子女至北时，肃已尚主，乃造寺以憩之，遂不相见，至肃死时始自洛阳奔丧任所，故传言'始携二女及绍至寿春'。"（《洛阳伽蓝记校注》，第155页，注释[二〇]）按：以范祥雍之判断为是。正觉寺之建立，应在世宗时期。

[3] 《魏书》卷六三《王肃传》，第1412页。

[4] 同上。

[5] "主名贵妃，河南洛阳人也。年廿九，岁次丁酉，二月壬辰朔，十四日乙巳，亡于洛阳之学里宅。"（毛远明校注：《汉魏六朝碑刻校注》第4册，第349页）推测此"学里宅"盖为"（劝）学里宅"。

[6] 《辩正论·十代奉佛篇》，第514c页。

[7] 《魏书》卷六三《王肃传》，第1413页。

[8] "（昭仪寺）池西南有愿会寺，中书侍郎王翊舍宅所立也。"参见周祖谟《洛阳伽蓝记校释》，第45页。

（四）洛阳城北

《洛阳伽蓝记》城北"禅虚寺"条云："在大厦门（外）御道西。寺前有阅武场，岁终农隙，甲士习战，千乘万骑，常在于此。"[1] 傅熹年分析："北魏洛阳宫城通过北面的禁苑华林园连接北城，城外设洛阳小城和阅武场，是军事用地。出于这个目的，它的外郭主要设在东、南、西三面城外，城北虽在洛阳小城之西、广莫门之东有一排，北郭就在邙山上，但北面二门之间部分完全空出为军事禁区。"[2] 由此可知，洛阳城北之居住者甚少，而当时流行的一些时风，也导致了城北少人青睐。《洛阳伽蓝记》载："洛阳城东北有上商里，殷之顽民所居处也……迁京之始，朝士住其中，迭相讥刺，竟皆去之"[3]，然仍有人如冠军将军郭文远者，"游憩其中，堂宇园林，匹于邦君"[4]。

在此区之居民中，亦有信佛者。洛阳城北"凝玄寺"，"阉官济州刺史贾璨所立也。在广莫门外一里御道东，所谓永平里也……迁京之初，创居此里，值母亡，舍以为寺"[5]。由此可知，凝玄寺的创立时间，盖在孝文帝迁都之初。《魏书·贾粲传》云："贾粲，字季宣，酒泉人也。太和中，坐事腐刑。颇涉书记。世宗末，渐被知识，得充内侍……灵太后之废，粲与元叉、刘腾等伺帝动静……粲既叉党，威福亦震于京邑……灵太后反政，欲诛粲，以叉、腾党与不一，恐惊动内外乃止。出粲为济州刺史，未几，遣武卫将军刁宣驰驿杀之，资财没于县官。"[6] 可见贾璨（粲）之发迹乃在宣武帝时。孝明帝时，因其与元义结为党羽，从而"威福亦震于京邑"。迁都之初，贾粲尚不知名，居于广莫门一里外的永平里，即城北邙山一带。都城制度规定："城内唯拟一永宁寺地，郭内唯拟尼寺一所，余悉城郭之外。"同前文讨论的孝文帝所建之报德寺，很有可能凝玄寺所处之位置，在迁都之初尚属于暂定的外郭城外。到世宗景明二年（501）筑坊之时，外郭城的范围则有可能出现变动，从而将此凝玄

---

[1] 周祖谟：《洛阳伽蓝记校释》，第165页。
[2] 傅熹年主编：《中国古代建筑史》第二卷，第83页。
[3] 周祖谟：《洛阳伽蓝记校释》，第167—168页。
[4] 同上书，第168页。
[5] 同上书，第166—167页。
[6] 《魏书》卷九四《阉官传》，第2029页。

寺容括于外郭城内,成为杨衒之描写的对象。

(五) 小结

由以上分析可知,北魏迁都洛阳之后,南来的代都居民被有计划地安置在新京外郭城之东、西、南、北四面。城西主要是北来的鲜卑宗室和非宗室鲜卑贵族;城东主要是汉族官僚及士庶;城南则是投诚、归顺北魏的南朝人士(及其他百国千城的附化之民);城北居者较少,因其为军事重地且朝臣多耻居之。

南朝梁释僧祐《出三藏记集·法苑杂缘原始集目录序第七》中,曾载有当时颇多的咒愿文条目,如:

> 为亡人设福咒愿文第二十一(出僧祇律)
> 生子设福咒愿文第二十二(出僧祇律)
> 作新舍咒愿文第二十三(出僧祇律)
> 远行设福咒愿文第二十四(出僧祇律)
> 取妇设福咒愿文第二十五(出僧祇律)[①]

条目中的咒愿文,均出自《僧祇律》,《僧祇律》同是北方所流行之戒律。从这些咒愿文的标题可见,从亡人、生子、作新舍,到远行、娶妇,人们日常生活中的诸多活动都需要有僧尼参与,以为当事人祈福祝愿。这也从一个侧面反映出佛教对当时的社会和普罗大众的生活,有多重要。

另外,北魏时期的帝王、皇室和一些贵族家庭,均有延请僧尼作为佛教门师的情况。南北朝唐代俗人以僧尼为"门师",系高门大族供养或以某一僧尼为阖门之师的情况[②]。如《高僧传》云世祖太武帝时期,"伪太子拓跋晃事(玄)高为师……时有凉州沙门释慧崇,是伪魏尚书韩万

[①] (梁)僧祐撰,苏晋仁点校:《出三藏记集》,中华书局1995年版,第476页。
[②] 参见[日]山崎宏《支那中世佛教の展開》第三部,第五章,《支那佛教盛時に於ける家師、門僧》,东京清水书房1947年版,第832—856页。

德之门师"①。另外,昙曜曾为文成帝之师②,道登则为孝文帝之师③。这种"门师"的风习,也一直延续到迁洛以后。1931 年于河南省洛阳城北安驾沟村北出土的《魏前将军廷尉卿元公(湛)妻薛夫人(慧命)墓志铭》中,载薛夫人"尊佛尽妙,禅练尚其极"④。在该墓志的最后,提到"门师释僧泽书"。由此可知,这位贵族阶层的薛夫人,也曾经拥有专门的佛教师父。

又,龙门石窟药方洞中,《路僧妙造像记》云:

> 大魏普太二年(532),四月廿四日,清信士路僧妙为亡夫造释加象一区。愿令亡夫舍秽从真,神超藐海,面奉慈颜。愿见在眷厉,福钟善集。舍门师昙辨,比丘僧德,亡者蔡"文"建。⑤

毛远明《汉魏六朝碑刻校注》注引《八琼室》云:"'舍门',当即'沙门'之异文。"毛氏认为"舍",与"沙"音近,其说可从。又作"桑门",亦音近⑥。如此,则路僧妙的门师即昙辨。这样看来,当时的妇女(尤其是贵族妇女),也有延请佛教门师的情况。由此可见,北魏当时的僧尼,与皇室、上层贵族家庭,甚至是平民百姓,都有着千丝万缕的联系。由于都城是权贵聚集的地区,因此僧尼对于当时京邑居民的重要性,更为突出。

新都乔迁而来的各色居民中,包含有众多的佛教信奉者。他们背井离乡来到洛阳,承袭平城旧都之传统,于新京艰难开创新的安居之所及

---

① 《高僧传》,第 411—413 页。
② "初昙曜以复佛法之明年,自中山被命赴京,值帝(文成帝)出,见于路,御马前衔曜衣,时以为马识善人。帝(文成帝)后奉以师礼。"参见《魏书》卷一一四《释老志》,第 3037 页。
③ "时沙门道登,雅有义业,为高祖眷赏,恒侍讲论……二十年卒,高祖甚悼惜之,诏施帛一千匹。又设一切僧斋,并命京城七日行道。又诏:'朕登法师奄至徂背,痛怛摧恸,不能已已。比药治慎丧,未容即赴,便准师义,哭诸门外。'缅素荣之。"参见《魏书》卷一一四《释老志》,第 3040 页。
④ 毛远明校注:《汉魏六朝碑刻校注》第 6 册,第 142—143 页。
⑤ 同上书,第 358 页。
⑥ 毛远明校注:《汉魏六朝碑刻校注》第 6 册,第 358 页,注释 6。不过中古时期似无"沙门师"之称,若从碑别字的角度来看,"舍"或是"合"之异体,"合门师"亦符合门师之意。另外,"舍"也含有房屋、住宅的意思,因此"舍门师"或正表达了门师的义涵。

宗教圣地。都城百姓的日常生活离不开佛教，诸多的社会活动也需有僧尼参与，然而孝文帝最初设立的都城制度却将新立的佛寺统统规制于郭城之外，使人们的各种佛事活动变得不易。由于佛教在彼时人们的生活中占据有极其重要的地位，因也为日后都城居民逐渐打破制度，开始于城中兴建佛寺，埋下了伏笔。

五 本文总结

本文首先展示了新京洛阳的面貌，通过国家宗教事务管理机构"昭玄曹"的设立地点，折射出都城规划中所体现的政教关系情况。之后讨论了孝文帝当时在新都的暂居之所——金墉城的情况，及帝在禁中的佛事活动。然后，笔者对当时南迁僧尼的安置情况做了推测和分析，并就洛阳城中自汉晋时期遗留下来的寺院分布及形制情况做了介绍。最后，分析了新京不同区域内的居民安排及其中不同信仰群体的概况。

《全后魏文》载太昌元年（532）七月壬寅《报高欢请迁都邺诏》曰："高祖定鼎河洛，为永永之基，经营制度，至世宗乃毕。"[1] 整个洛阳都城经营制度的完成，乃在世宗宣武帝时。孝文定鼎嵩洛，礼乐更新，为后世北魏洛阳城的总体格局定下基调。宣武帝景明二年（501）"九月丁酉（10月3日），发畿内夫五万人筑京师三百二十三坊，四旬而罢"[2]。后一年，即景明三年，宫城正殿太极殿落成[3]。至此，洛阳城的面貌较迁都之初，已有了一番新的变化。

孝文帝迁京之初定立都城制度，不允许民众在洛阳城内建立寺院，其原因在于"道俗殊归，理无相乱故也"[4]。同时，也为预防再次出现平城时期如僧人法秀谋乱之故事。[5] 然由于佛教在当时人们的日常生活中，

---

[1] （清）严可均校辑：《全上古三代秦汉三国六朝文》第4册，第3577页。
[2] 《魏书》卷八《世宗纪》，第194页。
[3] "（景明三年十二月）壬寅，飨群臣于太极前殿，赐布帛有差，以初成也。"参见《魏书》卷八《世宗纪》，第195页。
[4] 《魏书》卷一一四《释老志》，第3044页。
[5] 太和五年（481）"沙门法秀谋反，伏诛"。参见《魏书》卷七上《高祖纪上》，第150页。

已成为十分重要的一部分，丧葬嫁娶等社会活动，均离不开僧尼的法事和祈福。同时，因为洛阳的新寺均设在城郭之外，出入的不便也使得城中居民的宗教活动变得不易。因此，都城制度"逮景明之初，微有犯禁"①。随后，尽管宣武帝重申孝文帝时期的禁令，"仰修先志，爰发明旨，城内不造立浮图、僧尼寺舍，亦欲绝其希觊"②，但"俗眩虚声，僧贪厚润，虽有显禁，犹自冒营"③。直到正始三年，沙门统惠深亦违背武帝的禁令④，于是洛阳城内的建寺之风便再难遏止，都城的面貌遂为之改变。

从微观视角上来看，洛阳城中在宣武、孝明帝时期所立之寺院的格局、寺塔的形制，也已与汉晋时期遗留下来的早期寺院有了明显的不同——以佛塔为中心，前塔后殿（殿后或有讲堂）的布局成为洛阳地区寺院的主流形制；楼阁式佛塔的流行，显示出印度窣堵波塔与中国已有的"重楼"的结合，反映出佛塔形制逐渐中国化的趋势。于是，随着寺院建立数目的增多，城中寺塔林立，蔚为壮观。但与此同时，寺院的无度扩张也对里坊空间造成了破坏，其毁坊开门，妨碍里内通巷，影响了都城原有的格局，给城市管理带来了压力。且由于舍宅为寺的现象十分频繁，因此出现了孝明帝时期"寺夺民居，三分且一"⑤的现象。

这些都城面貌发展变迁的过程十分有趣，也值得探讨，我们将在今后的研究中继续开启这些新的主题。

---

① 《魏书》卷一一四《释老志》，第3044页。
② 同上。
③ 同上。
④ "至正始三年（506），沙门统惠深有违景明之禁，便云：'营就之寺，不忍移毁，求自今已后，更不听立。'先旨含宽，抑典从请。前班之诏，仍卷不行，后来私谒，弥以奔竞。"参见《魏书》卷一一四《释老志》，第3044页。
⑤ 《魏书》卷一一四《释老志》，第3045页。

西京博物馆北朝墓志可资补史、正史举例

山西大同大学　殷　宪

随着中国古代墓志的出土，一些有识之士提出了用出土墓志再构中国古代史的构想。近来在北朝史方面确也有人做过一些尝试，但不能算是成功。这些努力，犹不及新中国之初赵万里先生认认真真地做的一部《汉魏南北朝墓志集释》和后来赵超先生老老实实搜罗订正的《汉魏南北朝墓志汇编》受用，更不及罗新、叶炜二君《新出魏晋南北朝墓志疏证》考述该洽。依我看，要用新出墓志重构历史，首先是要梳理出新出墓志证史、补史和正史的三大功能，然后与正史中的相关内容挂钩，一一匹配，裨补其缺失，订正其错讹。可以这样设想，若是用所有能够看到的北朝墓志证、补、正北朝正史，展现的肯定是一个无比广阔的天地。

近两年，我在大同市西京文化博物馆，见到了五六十方过去未曾谋面的北朝墓志。几十方墓志空间是小了点，但在释读过程中时有发现，收益良多，感触颇深。一是感到北魏后期到东西魏分裂、北齐、北周禅代，直至杨隋继祚，许多因素都是一以贯之的；后面的洛阳、邺城、长安与前面的平城同样是一脉相承的。洛阳的北魏，邺城的东魏、北齐，长安的西魏、北周，源头都肇自平城的北魏。二是觉得正史容量有限，不可能应收尽收，加之编纂时一些人为因素和后世缺简佚帙，许多重要信息已经茫然无闻，难免生出"书到用时方恨少"之叹。《魏书》是如此，《北史》也是如此。而两本薄薄的《北齐书》原本就有大半是移抄自《北史》或后世很简略的辑本，才打开就翻到底了，不说挂一漏万，也是遗简多多。幸好西京馆所藏以北齐志石为大宗，30多方墓志，高氏宗室、

王公大臣占了很大比重。其中竟然存活着那么多过去我们读正史未尝获知的信息，这是过去不曾想到的。限于本文篇幅，容我暂将这一块放下，先从北魏及东西魏做起。搜检馆藏元魏墓志，竟未见一方真正属于北魏平城百年的铭刻，北魏后期迄于东西魏也只有14种。始于宣武帝元恪景明五年（504）的《城阳宣王拓跋忠墓志》，迄于东魏武定三年（545）的《镇东将军相国司马高唐县开国男穆子琳墓志》，所含43年。较之馆藏北齐墓志，元魏时期志石数量固少，品位也不甚高，但细细读来，仍然有许多可资证、补、正《魏书》《北史》内容的新材料。兹将其中一些奇香逸丽撷示如后。

例一，景明五年（504）《侍中、征西大将军、尚书仆射、城阳宣王拓跋忠墓志》

侍中、征西大将军、尚书仆射、城阳宣王，讳忠字仙德，昭成╱皇帝之曾孙，丞相、常山王之孙，征西大将军、三都坐大官、常╱山康王之中子，禀风云之秀气，体星景之嘉灵，识警机详，邃╱量凝远。韫玉内映，怀素宝其奇；逸彩外彰，摛华尚其妙。故耐（乃）╱下照旻晖，延恩天眷；文缨月徙，戎章岁袭。秘略宣谋，声誉出╱内，心膂之寄，宠莫二焉。将远图昌国，永赞鸿业，而庆善靡征，╱嘱纩在候。銮舆亲幸，使者属路。春秋卌有五，太和四年岁次╱庚申七月乙未朔十日甲辰，薨于外第。天子愍悼，民哀邦瘁。╱赠襚之厚，礼殊恒命。暨景明五年岁次甲申正月戊申朔十╱四日辛酉（丁酉），妃河内司马氏，晋谯王之孙也，字妙玉。春秋五十╱有六薨于洛阳清明里第。缉融礼馈，式昭庭训。四德详著，母╱仪帝宗。□命钦嘉，锡□梓乡。追赠温县君。粤十一月甲辰朔╱六日己酉，谨惟周典改岁迁兆，阖窆于代都永固白登之阳╱阿。松门方杳，薰闼将扃。洒刊石泉宫，式永休烈。其辞曰：╱业广维城，绵葛昌祚。曰懋君王，玉润渊度。德契机华，道蔚详╱素。识镜秋明，义富春雾。优游其赏，昭晢其虑。敷庸景彻，锡光╱天顾。秘谋云在，禁言已处。出入宠荣，频繁庆遇。端综九官，式清百务。衡管尅和，居╱键耐□。方赖辅勋，台平佐誉。不愁遗人，╱与善冥数。灭景幽轩，沉晖泉路。杨庭一蔼，松门不曙。勒铭玄／图，休光永布。

关于拓跋忠，《魏书·常山王遵传附可悉陵弟忠传》云：

> 陪斤弟忠，字仙德。少沉厚，以忠谨闻。高祖时，累迁右仆射，赐爵城阳公，加侍中、镇西将军，有翼赞之勤，百僚咸敬之。太和四年，病笃辞退，养疾于高柳。舆驾亲送都门之外，赐杂彩二百匹，群僚侍臣执别者，莫不涕泣。及卒，皆悼惜之。谥曰宣，命有司为立碑铭。有十七子。
>
> 子盛，字始兴，袭爵，位谒者仆射。卒。①

《北史·常山王遵传附素子忠传》于忠诸子中又多列出二子，余皆相同。②

"传"与"志"两相对照，《忠志》可资证史者有：传与志一致或基本一致的，一是这位"直勤"的身世（唯志将昭成帝玄孙误为曾孙）、姓字。③ 二是官职中的部分内容，即传中的"加侍中"对应志中的"侍中"；传的"右仆射"对应志的"尚书仆射"；传的"镇西将军"基本对应志的"征西大将军"；传的"谥曰宣"，对应志的"城阳宣王"。

《忠志》可补《忠传》的：一是其妻情况为传中未及，志则记为"妃河内司马氏，晋谯王之孙也，字妙玉。春秋五十有六薨于洛阳清明里第"。二是卒葬时地和享年。传云，忠"太和四年，病笃辞退，养疾于高柳"，未记卒时。志中则谓："春秋卅有五，太和四年岁次庚申七月乙未朔十日甲辰，薨于外第（高柳）。"三是葬时葬地，亦传所无者，志云："景明五年岁次甲申正月戊申朔十四日辛酉（丁酉）……粤十一月甲辰朔六日己酉，谨惟周典改岁迁兆，阖窆于代都永固白登之阳阿。"

《拓跋忠墓志》可资正史者主要是他的封爵。传记为"城阳公""谥

---

① 《魏书》卷一五《常山王遵传附可悉陵弟忠传》，中华书局1974年版，第376页。
② 《北史·魏诸宗室传·常山王遵传附素子忠传》，中华书局1974年版，第567页。
③ 《魏书·昭成子孙传》载，"常山王遵，昭成子寿鸠之子也"，"子素，太宗从母所生"。素"长子可悉陵"，"弟陪斤"，"陪斤弟忠，字仙德"。据此，拓跋忠应为昭成五世孙即玄孙，但志却谓为"昭成皇帝之曾孙，丞相、常山王（遵）之孙"，少了一代人。此种误记或另有隐情，譬如，昭成子寿鸠早亡，其妻为昭成所蒸而后生常山王遵，这样名义上的昭成孙遵实为昭成之子，拓跋忠也就成了昭成曾孙而非玄孙。

曰宣"，志则记为"城阳宣王"。此"王"或为生前所封抑或卒后所赠，无论是何种情况，《魏书》《北史》都误记为公了，应据志改。另外，还有两点是要说及的。一是志主的姓氏。太和四年直勤忠卒于平城，此时宗室为拓跋氏。孝文帝迁洛后，于太和"二十年春正月丁卯诏改姓为元氏"①，但在"忠志"中，篆额为"魏故城阳宣王墓志"，无姓氏。志文"城阳宣王，讳忠字仙德"也无姓氏。既无前之拓跋或直勤，亦无后之元。为什么呢？我想志若书为拓跋，明显违例；若书为元又不符事实，这是志而非史，于是只好阙如了。当然这种两难还是代人恋旧心理作怪。二是一条珍贵信息。1984年在大同市东王庄出土了"葬于白登之阳"的《元淑墓志》，元淑是拓跋忠之弟。以往我们只知道代京平城下有永固县，《忠志》"窆于代都永固白登之阳阿"，使我们知道白登山属永固县。白登山即今大同城东十里的马铺山，这就是说当时的永固县在平城左侧如浑水（御河）之东，北起永固陵所在的方山一线，南至白登山一带。②

例二，永平二年（523）《临洮王杨氏墓志》

妃讳奥妃，字婉㜑，恒农华阴人也。汉太尉震之裔，晋太保骏之□世孙。/祖伯念，安南秦州安邑子。考柒德，兰陵太守。家□皆以忠笃知名，清廉/推称。所以长荣守贵，见赏前朝。妃少而机悟，长而温敏。幽闲表德，宽/裕在躬。孝友纯深，因情而至。方严和谨，克自天然。年十有八，百两云归。/整务轩闱，内言不出。奉王以敬，接下以慈。虽小星惠及而不专关雎。/进贤以辅佐，以斯为四，不能尚也。若夫彤管箴戒之篇，母仪妇容之典，/顾史问诗之诲，开图镜鉴之录，莫不寻读玩诵，谈说如流。必以身厉下，/不以贵情物。女工之艺，妙绝当时。织纴组纫之业，饎酿醴酏之品，蘋藻/荐羞之仪，笾豆折俎之数，皆详达法制，谙晓无疑。躬自先人，必经乎目。虽王博之妻，老而无废。叔文之母，相而犹绩。度彼俦兹，乌能是过。王/既遇祸，幽居别室。四子蒙稚，半离褓襁。一女遗

---

① 《魏书·高祖孝文帝纪》，第179页。
② 详见殷宪《北魏故城阳宣王拓跋忠墓志考》，《中国国家博物馆馆刊》2014年第3期，第76页。

育，甫及将年。情计分擘，/□□涂炭。行路为之改容，闻者为之洒泣。妃推亡抚存，哀而有礼。虽/敬姜昼哭，杞妇崩隍，假斯而譬，何足云也。岁序言周，西光复迫。以永平二年十一月十二日薨于第，春秋廿有九。苍梧不从，盖祔非古。正光四/年岁次癸卯四月丁巳朔廿九日乙酉，窆夛于洛阳之西陵东南培/塿之阳先王神茔之内，乃作铭曰：

昌源启胄，肇自帝辛。桐珪既锡，命氏斯因。灼灼丞相，实为俊民。堂堂两/仪，实迈清尘。于穆不已，诞兹柔惠。表淑来嫔，君王是俪。质优桃李，声芳/□桂。玉式葳蕤，金相琬瘱。有闻六行，无违四德。温良恭俭，秉心渊塞。望/班均操，瞻樊取则。方以母师，永贻邦国。与仁乖信，报道诚欺。松凋霰日，/兰灭春时。廻飚□□，倏忽崦嵫。祖庭戒轸，远卜斯期。惟尔既备，驾言归/止。月照松蔓，风翻旆起。穷扃一闭，方为万祀。刊石泉幽，流芬无已。

息宝月，年廿二，宝辉，年廿一，宝炬，年十七，宝明，年十六。息女明月，年十/五。

月嫔萧氏，曾祖齐□高皇帝。祖映，齐□□临川献王。父子贤，齐太子/□□平乐侯。妣□氏，□皇太后再从姪。祖洪仪，冯翊太守。父巳□平/□□□。明月适侯民□□□□，皇太后姨弟少□。月息男永沙，年二。

关于孝文帝三子临洮王元愉以及他与歌女杨氏的非礼结合，《魏书》《北史》所记甚详。《魏书·京兆王愉传》云：

世宗为纳顺皇后妹为妃，而不见礼答。愉在徐州，纳妾李氏，本姓杨，东郡人，夜闻其歌，悦之，遂被宠嬖。罢州还京，欲进贵之，托右中郎将赵郡李恃显为之养父，就之礼逆，产子宝月。顺皇后召李入宫，毁击之，强令为尼于内，以子付妃养之。岁余，后父于劲，以后久无所诞，乃上表劝广嫔侍。因令后归李于愉，旧爱更甚。

《魏书·崔光列传》又载：

元愉自尽后,"永平元年秋,将刑元愉妾李氏,群官无敢言者。敕光为诏,光逡巡不作,奏曰:'伏闻当刑元愉妾李,加之屠割。妖惑扇乱,诚合此罪,但外人窃云李今怀妊,例待分产。且臣寻诸旧典,兼推近事,戮至刳胎,谓之虐刑。桀纣之主,乃行斯事。君举必书,义无隐昧,酷而乖法,何以示后?陛下春秋已长,未有储体,皇子襁褓,至有夭失。臣之愚识,知无不言,乞停李狱,以俟育孕。'世宗纳之"①。

尽管正史不惜笔墨专记此事,但依然是史传唯述大概,志文则可得获其详。譬如,元杨结合的具体时间史无明载,志则云,杨氏"年十有八,百两云归"。杨氏被杀时间,史唯云"以俟育孕",志则记为"永平二年十一月十二日薨于第,春秋廿有九"。杨氏第五胎所生是男是女,史无之。故赵万里《集释》中前人由早年出土的杨妃长子《元宝月墓志》论及此事云:"至妃最后所产之子为谁,书阙有间,无可考矣。"②志则明记:"王既遇祸,幽居别室。四子蒙稚,半离襁褓。一女遗育,甫及将年"。知"遗育"者为女。关于杨氏子女,史惟言有四子,志则记其名讳及523年的年齿云:"息宝月,年廿二,宝辉,年廿一,宝炬,年十七,宝明,年十六。息女明月,年十五。""明月适……皇太后姨弟……"原来这位杨氏不仅是做了几天皇帝便被逼自绝的皇子的妻子,而且其三子元宝炬竟是西魏的第一位皇帝,史称文帝。后来,其孙(二子宝辉之子)元钊曾被灵太后胡氏扶上皇帝宝座,史称幼主。西魏元宝炬长子拓跋钦也曾被宇文泰扶立三年后毒死,史称西魏废帝。紧接着是元宝炬第四子拓跋廓登极,三年后禅位于周。像这样的志文,可以裨补的不仅仅是"孝文五王"列传,而且对整个北魏后期和东西魏历史都大有裨益。

例三,东魏武定三年(545)的《魏故镇东将军相国司马高唐县开国男穆君墓志铭》

祖鑯,齤幽凉并相五州刺史。父显业,散骑侍郎。君讳瑜,字

---

① 《魏书》卷一九《京兆王愉传》,第589页。《魏书》卷六七《崔光传》,第1490页。
② 赵万里:《汉魏南北朝墓志集释·一九一》,科学出版社1956年版。

子琳，河南洛阳人。其先盖穆天子之苗裔也。同枌社于旧乡，宅戚里于京/邑。清澜皎洁而远，修条蓊蔚而长。君姓于魏为氏族之首，衣缨有序，名德相继。祖以/国誉民英，独秀一时。父以清晖美叶，昭暎当世。君禀高门之余庆，资忠孝于自然。风/神表于丱岁，德操异于岐龄。闺门以孝，乡闾以信。学遍群书，才兼六艺。九皋既响，声闻遂远。弱冠州举茂才，对策高第，解巾为安戎令。政治清净，吏民怀之。台郎清显，上/膺列宿。王姬请子而弗获，景纯量力而思退。自非卓尒盛才，莫得居焉。君以才学冠/群，允应其选。除尚书屯田郎中。永熙之初，预功定策，封高唐县开国男，食邑三百户，/仍为郎。懃力伏奏，独宿台上。帝嘉其能，转仪曹郎中，寻兼吏部郎。参赞大选，权衡用/穆。迁中军将军，司州别驾。纲纪皇州，实有声誉。复为魏郡中正，商榷门才，洪细不失。又为镇东将军大行台郎中。于时帝功退闱，幽荒入侍。高车主覆罗去宾举其部落，/万里来王。皇上嘉焉，用酬高秩。除为肆州刺史。去宾戎人，未闲政务。以君器曰瑚琏，/才称桢干，除其长史，委以州事。九原之地，俗杂华夷。君导之以德，齐之以礼，教之以/义方，敦之以儒学。加以廉清洁己，甚得士民之心。府解来归，板辕塞陌，不胜去思之/慕。乃起清楼"德颂"，刊君美迹。还为相国勃海王第三子、永安公开府长史，相王属心/铁石，骐骥必乘，乃以君为司马。方期出驾朱骖，褰帷巡部，入衣衮绣，坐而论道。遐年/同于齐太，远寿均于卫武。而心事无从，沉疴忽遘。遽哉阅水，盜矣藏舟。春秋五十有/四，以魏武定之五年龙集丁卯，二月戊辰朔，十八日乙酉，薨于晋阳。大将军嗟惜，遣参军崔士文营护丧事，送致邺都。赠使持节、都督瀛州诸军事、骠骑大将军、瀛州刺史、度支尚书。惟君器局/淹凝，志度清远。仪形秀杰，神心虚简。蹐躅礼乐之园，翱翔诗书之囿。寒松无以方其/劲，秋月岂足等其明。季彦既慙以领袖，阳元又愧以堂堂。及从宦临官，薄领辐凑。剖/判无窾，断决如响。故吏赠金，畏四知而不受；父老送路，虽一钱犹不纳。罪囚临死，吞/指以誓其恩；刑人刖足，终身尚荷其惠。每至吉日良辰，游山对水。春观花鸟，秋瞻皎/月。静夜调琴，清朝置酒。堂满振鹭，席溢琳琅。彫虫互作，清谈时起。言出为论，笔下成/章。实廊庙之羽仪，是人伦之标榜。而天道不仁，仍随朝露。粤以其年五月丁酉朔，十/三日己酉，窆于西门豹祠西南之野马岗。□夫，图绘易灭，缣素可烬，敬铭泉石，焕乎/昭晋。其词曰：

惟岳降神，生此异人。忠以奉上，孝以承亲。登朝謇謇，里閈闇闇。贤良应贡，弦歌宰民。/升降建礼，才藻秀上。既有高勋，分珪裂壤。暂赞提衡，玄黄无爽。别乘司隶，王猷用广。/陈公以来，实委中正。以才以地，准的乡姓。朱紫既分，窊隆取定。毗州翼府，芳尘可咏。/徒言报施，攸然无实。哲人其萎，验之今日。旌旗飘摇，松杨□瑟。朱灯一燼，□□□□。

穆子琳，《魏书·穆崇传附鏼孙子琳传》有其祖、父及本人传记云：

穆鏼孙子琳，"举秀才，为安戎令，颇有吏干。随长孙稚征蜀有功，除尚书屯田郎中。出帝即位，以摄仪曹事，封高唐县开国男，邑二百户。孝静初，镇东将军、司州别驾。以占夺民田，免官爵。久之，河至罗国主副罗越居为蠕蠕所破，其子去宾来奔。齐献武王奏去宾为安北将军、肆州刺史，封高车王，招慰夷虏。表子琳为去宾长史，复其前封。寻迁仪同开府长史、齐献武王丞相司马。卒时年五十三，赠骠骑大将军、都官尚书、瀛州刺史"。

传文一百六十七十字，志文却有千余字。传简如条干，志则枝叶繁且茂矣。志谓"君姓于魏为氏族之首"，说的是《魏书·官氏志》所云，在诸代姓中"其穆、陆、贺、刘、楼、于、嵇、尉八姓，皆太祖已降，勋著当世，位尽王公，灼然可知者……一同四姓"。而在此八姓中穆姓居于首位。太和十九年（495）孝文铨定鲜卑勋臣八姓之前，穆姓本作丘目陵。以传与志相比。其祖其父官位繁简不同而已。于志主本人，传作"子琳"，志则谓"讳瑜，字子琳"。其人或以字行。传之"举秀才，为安戎令，颇有吏干"，志则述为"学遍群书，才兼六艺……弱冠州举茂才，对策高第，解巾为安戎令。政治清净，吏民怀之"。传云，"随长孙稚征蜀有功，除尚书屯田郎中"。志文于功绩之外补应选一节："君以才学冠群，允应其选。除尚书屯田郎中。"传记"出帝即位，以摄仪曹事，封高唐县开国男，邑二百户"。志则谓"永熙之初，预功定策，封高唐县开国男，食邑三百户，仍为郎"。看来志是对的，屯田郎中是应选而授的，高唐县开国男才是随长孙稚征蜀，因功而封。食邑"传"记为二百户，志记为三百户，未知孰是。

穆子琳一生值得大书一笔的有一件事。传谓：

河至罗国主副罗越居为蠕蠕所破，其子去宾来奔。齐献武王奏去宾为安北将军、肆州刺史，封高车王，招慰夷虏。表子琳为去宾长史，复其前封。

志记此事为：

高车主覆罗去宾举其部落，万里来王。皇上嘉焉，用酬高秩。除为肆州刺史。去宾戎人，未闲政务。以君器曰瑚琏，才称桢干，除其长史，委以州事。九原之地，俗杂华夷。君导之以德，齐之以礼，教之以义方，敦之以儒学。加以廉清洁己，甚得士民之心。府解来归，板辕塞陌，不胜去思之慕。乃起清楼"德颂"，刊君美迹。

传、志比校，传之"河至罗国"为高车一部，姓"副罗"或"覆罗"。越居为父，去宾为子。入奔肆州者为其子去宾，官肆州刺史，将军号安北将军。志记此为"用酬高秩"。志文于穆子琳在肆州长史任上的政绩十分详备，也颇具体生动，足以补史。而于穆氏出肆州之前，正史只有："孝静初，镇东将军、司州别驾。以占夺民田，免官爵。"是一条很简单的记述。志文隐去占夺民田被免官之事，详述"转仪曹郎中，寻兼吏部郎，参赞大选，权衡用穆""迁中军将军，司州别驾""复为魏郡中正，商榷门才，洪细不失""又为镇东将军大行台郎中"四小段履历，却十分重要。

自肆州荣归，传谓"寻迁仪同开府长史、齐献武王丞相司马"。志则确记为"勃海王第三子、永安公开府长史"，魏时的高欢三子永安公即入齐后的永安王高浚。传记穆氏享年五十三，志记为五十有四，应以志为准。其东魏武定五年二月十八日的卒年，和丞相府所在地晋阳的卒地以及"遣参军崔士文营护丧事，送致邺都"，和邺城"西门豹祠西南之野马岗"的葬地，每条皆可增补史阙。至于传中"赠骠骑大将军、都官尚书、瀛州刺史"与志"赠使持节、都督瀛州诸军事、骠骑大将军、瀛州刺史、度支尚书",繁简不同而已。总之《穆子琳墓志》可附于《魏书·穆崇传附钀孙子琳传》之后。亦可直接移入《北史·穆崇传》后。

例四,永熙三年(534)《长孙遏妻王尼墓志》

使持节,都督秦兖相三州诸军事,安西将军,秦州/刺史,长孙遏妻王,元出营州乐浪遂城县。/曾祖国,圣世乐陵、平原、河内三郡太守,使持节,/冠军将军,并州刺史,博平男。祖成,平北将军,合/肥子。父亮,宁朔将军,零丘、陇东二郡太守,营州/太中正,博平男之长女。貌挺丰秀,藉引兰柯。习礼/幽闲,傅母训就。有斋肃敬,不忘祭诚。四德殊备,则/雅步庭闱。年始二八,适氏长孙。懃执妇道,恭事舅/姑。乾灵優祐,早丧氏天。悲悼毁性,哭动崩城。结心/守义,踰于供姜。舍素从缁,冀凭彼圻。神爽独朗,闻/不再悟者也。麈尾壹麾,则四部云会。天不降善,殀/此神器。春秋七十有二,正月五日薨京师,窆于邙/北。缁素咸酸,刊石题咏。其词曰:/
识性冲年,婉熔是藏。色养温清,慈姑□堂。信越秋胡,/贞踰杞梁。霜风酷历,摧此春芳。春芳夏摧,群情衔/叹。俯述馨风,仰悲玄赞。志达幽明,如景开汉。流光/迅速,痛切难寻。沦晖永住,幽堂转深。啼追灵教,截/割抽心。皂帛滂沱,泣血双林。
大魏永熙三年岁次甲寅正月甲申朔十四日

此志于长孙遏提供的资料太少,很难溯其祖考为何人。但我们知道,魏初名臣有长孙嵩,其父名仁。与拓跋同姓,写作拔拔氏,后以其长孙的身份改姓长孙。唐太宗长孙皇后、宰相长孙无忌盖出乎此门。遏妻王尼志文于王氏家世介绍甚详。知王尼为冯燕人物乐浪王氏裔孙。王氏为辽东乐浪巨族。笔者有《从北魏王礼斑妻舆砖、王斑残砖说到太和辽东政治圈》一文,[①] 因2000年大同出"王礼斑妻舆"与"王斑"二砖,联想

---

① 殷宪:《从北魏王礼斑舆妻砖、王斑残砖说到太和辽东政治圈》,《中华文史论丛》2006年第4辑,第129页。

到早年所出延昌四年（515）的《王祯墓志》和正光四年（523）的《王基墓志》共同的家世与此王礼斑（班）、王斑（班）有关：

> 燕仪同三司武邑公波之六世孙。高祖礼班（王基志简作"班"），散骑常侍，平西将军，给事黄门侍郎，晋阳侯。曾祖定国，圣朝库部给事中，河内太守，博平男。祖唐成，广武将军，东宫侍郎，合肥子。父光祖，宁远将军，徐州长史，淮阳太守，司州中正，晋阳男。

拿王祯、王基兄弟祖上与王尼祖上对照，知定国即国，唐成即成。祯、基兄弟之父名光祖，王尼父则单名亮，亮实为亮祖之省。是知王光祖与王亮祖为亲兄弟，王祯、王基与王尼为堂兄妹，他们都是王礼班即王班的玄孙。

乐浪王氏与冯太后家族冯氏，杨播、杨椿兄弟家族杨氏，韩麒麟家族韩氏，以及皇室元氏皆为姻亲。现在又知道与长孙氏的联姻。对于乐浪王氏人物，《魏书》《北史》俱无专传。唯《太武帝纪》有"建德太守王融十余郡来降"一笔。王融与冯太后祖母实为兄妹。冯太后伯父冯崇、父冯朗、叔父冯邈皆王氏子，王融甥。王融女则为杨播、杨椿之母。也就是《魏书》说的冯太后的外姑。冯氏三兄弟背叛父亲与舅氏共入代魏，皆由其父北燕主冯文通废嫡（王氏子冯崇）立幼（慕容氏子冯仁）引起。墓志的这些资料很重要，《魏书》应有辽东高句丽王氏人物的传记。

例五，延昌二年（513）《魏故讨寇将军殿中将军领卫士令王君/墓志铭》

> 君讳飏，字志飏，兖州高平人也。/祖琚，侍中、散骑常侍、祠部尚书、使持节征/南大将军、青冀二州刺史、羽真、高平王。考/生，中散、威远将军、高平太守。君识志渊凝，/雄资独洁。诚可谓磨如不磷，涅如不缁。/不幸芳桂摧馥，当春洛彩，然福善无征。春秋卅有七，延昌二年岁次壬辰三月十七日/卒，殂于京师。摧兰委哲，远迩同嗟。奥又十/一月廿二日窆于洛北芒（邙），故式玄石，刊铭/记焉。

《魏书·阉官传》有《王琚传》，其云：

> "王琚，高平人，自云本太原人。""琚以泰常中被刑入宫禁，稍迁为礼部尚书，赐爵广平公，加宁南将军。高祖以琚历奉先朝，志在公正，授散骑常侍。后为侍中、征南将军、冀州刺史，假广平王。征还，进为征南将军，进爵高平王。""高祖、文明太后东巡冀州，亲幸其家，存问周至……太和二十年冬卒，时年九十。赠征南将军、冀州刺史，谥曰靖。"
>
> "养子寄生，未袭而亡。子盖海，袭祖琚爵。初琚年七十余，赐得世祖时官人郭氏，本钟离人，明严有母德，内外妇孙百口，奉之肃若严君，家内以治。盖海官至青州乐陵太守。"

"讳飑，字志飑"，官"荡寇将军、殿中将军、领卫士令"的王飑，显然不是袭祖爵的青州乐陵太守王盖海。王飑该是王寄生的另一个儿子，也是"内外妇孙百口"的一员。

例六，永安二年（529）《魏故车骑将军相州刺史祝阿县开国子王君墓志铭》

> 君讳休，字老生，太原晋阳人也。兆自南郊之迹，因姬水之胤，王德□□史籍。七百著/于周篇。晋司徒昶之后。祖次多，雄略□□，为秦并秦二州刺史，北平公。父惠，英望瑰/奇。文成之际，为内行内小。既尅青州，除槃阳镇将，袭爵北平公。君初生有破瓮之/骨，诞育怀目击之气。天资雄桀，少能超巨；图军营于川埠，习击剑于庠塾。推道六经，/遍崇射驭。幼而结客，颇招危冠之术；长携乡友，乃延回轮之伎。力能举鼎，才官蹶□。/时为武皇所重，敕补身左右冗从仆射。属正光之季，汧陇风兴，汉阳尘起。胡骑/连于北塞，简书竟于中原。募在佥孙，遂出君为南道统军。君寒暑厉己，所部同命。麾/戈暂临，蛮夷草偃。是以南服清荡，戎车凯还。即为直后，加越骑校尉。时莫折犹未宾/于秦渭，葛荣盛乱于燕赵。可谓长蛇始兴，奔鲸方作。以君谋勇超人，除中坚将军，征/葛别将。所

在振威，远近畏敬。功高德广，声扬朝廷。孝昌之初，除清河太守。君廉俭自／居，宽猛济时。二年中，俄除龙骧将军，转广宗太守。政刑恤下，吏惮机明。境息犬吠，民／起康歌。时胡尘内侵，相定扰攘。夏邑冠盖，儵等豺狼；神州绵茂，翻同宇县。邯郸既休，／蹈迹漳河，宁言饮马。广土膏腴，变为榛薮。自非器堪，无以宰压。君频莅比邦，声驾奇／闻。三年中，复除平北将军，广平内史。君始宣下车，赭衿顿寝。一扬谋政，佩牛争解。虽／龚遂之处勃海，何能方焉。时葛贼充将，每败王师。控强百万，已窃惊号。人情皆昏，朝／廷深忧。君四诚在国，以死幕效。时擐甲跨鞍，若神若化。每经突阵，旁似无人。出入褰旗，／远近声曰雷虎。建义元年，除抚军将军，银青光禄大夫。酬勋赏德，封祝阿县开国子，／食邑三百户。时泰山羊侃构逆兖州，而邢杲复起衅于海湘，并率豪桀，图为抗御。／既扫风尘，非雄弗寄。在朝简将，未逾于君。遂敕君为都督，委以戎机，与大行台于辉、大都督东莱王等并连镳争驾。先平兖州，君略出不意，势同决水。轂行暂登，望尘／崩溃。露板交驰，兖土告宁。而邢贼弥炽，复敕君廻旗，与太宰元天穆等整褫沧瀛。君／以贼众营牢，恒以野战屈之。将事攻抱，俄便擒殄。遇北海王元颢违社稷之重，同伪／梁之疾恶同闻鼎，致皇家北巡。君初破邢贼，军徒尚勇。遂袭元颢之后，先攻大梁，／尅不旋足。及取虎牢，易于返掌。忽以太宰北渡，人情阻异。君进退有难，即率部下入洛观机。事／未变成，为颢所执。自两汉权奇，百代一有。垂云之翅，委羊角而不举；横海之鳞，失沧流以卧曝。以永安二年五月九日，春秋五十有二，薨于京师。玄乙（燕）衔泥于坟璲，亲知流涕于街衢。勋业未终，朝廷／嘉惜。策赠使持节，都督相州诸军事，车骑将军，相州刺史，子如故，礼也。粤以天平四年岁次丁巳，三月丙申／朔，十四日己酉，窆于邺城西豹祠之南二里焉。嗟矣，后人以传芳音，其词曰：

睿睿虎臣，德比西灵。量珠湛湛，日旗英英。褰帏入赵，跃马渡泾。屡辞推毂，每战先鸣。惟君雄桀，志在边场。力殊投盖，才过蹶张。胡笳夜断，烽燧昼亡。如何不吊，歼我人□。

大魏天平四年，岁次丁巳三月丙申朔十四日己酉造

此志记志主王休字老生者，"祖次多，雄略□□，为秦并秦二州刺

史,北平公。父惠,英望瑰奇"。秦者,姚秦也。

《魏书·徒何慕容廆传附从孙永传》记,"垂进师,入自木井关,攻永从子征东将军小逸豆归、镇东将军王次多于台壁。永遣其从兄太尉大逸豆归救次多等,垂将平规击破之"①。

《魏书·太祖道武帝纪》又记,皇始二年三月壬子夜,"(慕容)宝将李沈、王次多、张超、贾归等来降"②。

《魏书·术艺传·晁崇传》复记,"后其家奴告(晁)崇与(其弟晁)懿叛,又与□臣王次多潜通,招引姚兴,太祖衔之"③。

又《太祖道武帝纪》记,天安五年冬十月,"获先亡臣王次多、靳勤,并斩以徇"④。

依照上述史料,王次多本为西燕慕容永的镇东将军,公元394年后燕慕容垂攻灭西燕,王次多归后燕。公元397年,与后燕将领李沈、张超、贾归等一道降魏。天安五年,即公元402年,魏秦平阳乾壁之战前太史令晁崇家奴告发晁崇、晁懿与已投降姚秦的王次多"潜通",其后获秦将先亡臣王次多、靳勤,"斩以徇"。说是402年将这位贰臣祭旗了。

据《王老生墓志》,王老生"永安二年五月九日,春秋五十有二,薨于京师",永安二年是529年,逆推其生年为478年,即孝文帝太和二年。如果王老生确系其父老来所生,假令王惠五十岁所生,则其父生于429年,即太武帝时期。如果是六十岁时所生,则生于419年,即明元帝泰常五年。无论是429年还是419年,都在史载王次多402年死后多年,如果402年王次多真的被杀,世上就不会有王惠,更不会有王老生。然而,现在不仅出现了王次多孙王休王老生的墓志,而且还有曾孙天保四年(553)的《王炽墓志》。这样就可能有两种情况,一是王次多被祭旗之后,有次多妻或族人收养一子王惠继嗣,若是这样,王惠便不会"袭北平公"了,因此,可能性不会大。二是《魏书》和《北史》记402年斩王次多于平阳有误,或王次多原本就未被俘获,秦亡后子孙方入魏。三是王次多确在平阳被俘了,却是欲斩而未斩。后来他并未再度反复,

---

① 《魏书》卷九五《徒何慕容廆传附从孙永传》,第2065页。
② 《魏书》卷二《太祖道武帝纪》,第92页。
③ 《魏书》卷九一《术艺传·晁崇传》,第1944页。
④ 《魏书》卷二《太祖道武帝纪》,第40页。

但明元、太武都再未授官予此贰臣，是故"老生志"唯记其在秦的并秦二州刺史，只是保留了北平公爵位。其少子王惠则在文成帝时做了内行内小，槃阳镇将，袭爵北平公。看来，第三种可能性要大些。无论是什么情况，战功卓著的王老生及其子王炽墓志所载行迹均有补史的意义。王老生来自两燕，他与王尼一样，也应该是乐浪王氏。

例七，魏天平四年（537）《朱显墓志》

大魏天平四年十一月廿三日，故卫将军右光禄大夫朱显，／沧州乐陵郡乐陵县某乡某里人也。盖唐后之遗烈，汉／臣郁之馀芳。资雅度于先氏，绵洪猷于后族。基乃隆乎，业唯廓哉。公质美金璧，文徽彩闰。超然独秀，卓立群首。臣子之义，／俱有志焉。然千载一时，生逢武帝。延昌年中，诏补虎贲／中郎将。又南土邻边，易动难安。以公文武兼济，器貌俱茂，特／赏圣心，众望亦尔，诏除轻车将军，汝阴太守，带戍主。公明／于得失，审于权正。虽在边场，亦以文德，来之恩威。未几遐迩／同豫。至孝昌之季，国步艰岨。命公为将，镇压冀定。功效时彰，／表在勋府。永安之初，诏曰："显履操明毅，艺干恢流，历奉四／朝，勋劳三纪，可使持节，假平西将军，督南岐州诸军事，右将／军，南岐州刺史。"及轩盖西岳，准政北辰。庇此荒庶，耻而且格。／鳏寡归仰，若事考妣。生祠未足等敬，棠树裁可比爱者也。入／除征西将军，金紫光禄大夫。又以公先朝耆旧，名德俱跨，进卫将军，右光禄大夫。朝廷推崇，期以栋梁。但上天不吊，春秋／六十七薨于邺都。简辰令龟，玄榇有礼。葬于王官之西，邻在／豹君之祠。然名节具瞻，宜诠金石。其辞曰：

芒芒造化，悠悠囊古。天象乃大，唯唐克举。载启英胄，肇兹烈／祖。我公诞世，居文在武。孝形四海，仁标率土。至哉行粹，箴乎／道茂。罡矛既均，简易斯睦。室以俭罄，身由义富。先民雄哲，后／生令淑。德音常韵，岂伊兰菊。贤臣蹇蹇，恭人温温。射隼南城，／垂翼西蕃。礼化日隆，风俗时敦。朝光易映，夕气早昏。身可有／限，令问宁迁。

"朱显志"谓，朱显历奉四朝，勋劳三纪。四帝即孝文、宣武、孝明、孝庄四位皇帝，历北魏中后期至东魏三十多年。孝庄帝元子攸永安初，"以功除使持节、假平西将军，督南岐州诸军事、右将军、南岐州刺史。入朝加征西将军，金紫光禄大夫，进卫将军，右光禄大夫"。督一州诸军事，已是从二品，卫将军也是从二品。征西将军为正二品，右光禄大夫和金紫光禄大夫都是从第一品。朱显的地位相当显赫，但是《魏书》《北史》皆无传。志谓朱显为沧州乐陵郡乐陵县某乡某里人。乐陵古属沧州，今为德州乐陵县。检《魏书》，北魏乐陵籍人物，一是朱元旭，其祖朱霸，太武帝真君末南叛，居青州乐陵，遂为乐陵人。朱氏北归后的朱元旭为孝文太和间至东魏武定年间人，六十七岁卒，时在武定三年（545），比朱显小八岁。二是朱瑞，桑乾人，应是《魏书·官氏志》所载改为朱氏的渴浊浑氏。祖朱就，父朱僧生，先后冒籍青州乐陵和沧州乐陵，先为青州大中正，后为沧州大中正。朱瑞是北魏后期的一位重要人物，史谓其"长厚质直，敬爱人士"①，官至车骑将军，后被尔朱世隆所杀。朱显也应该是改姓后附于乐陵郡乐陵县的代人渴浊浑氏子孙，也应该补入《魏书》《北史》。现在雁同地区尚有烛姓一万余人，应当全是未改为朱姓的渴浊浑氏，而二万多朱氏也应该大部分为改为朱姓的桑乾郡渴浊浑氏。

例八，东魏元象元年（538）《高贵、高宝墓志》

  魏故使持节，侍中，司空公，尚书，左仆射，徐兖豫南青四州诸军事，骠骑大将军，徐州刺史，高公墓志铭
  公讳贵，字贵乐，勃海条人也。奄郁遂初，昭彰中叶。光华被于图册，宾实形/于尊鼎。高祖，燕司空。薨栋一时，准的四海。曾祖，中书令，东安侯。仪形朝野，/德布生民。祖，太尉。神高韵远，郁为时杰。考，假黄钺，太傅，大将军。道播人灵，/智周万物。潜德兆朕，是用嗣兴。公神祇授祥，山川锺美。生有拔群之量，幼/表出世之姿。绮发如云，骈齿若贝。目曜光精，声振清朗。故以相者致惊，通/人叹息。知尊贵之必在，识公辅之有归。亦云就傅，尽丽虫篆。仍事束修，探/穷秘隩。超侨札之该博，跨屈贾之高才。

---

① 《魏书》卷八〇《朱瑞传》，第1769页。

指掌今古，华藻烂发。辩穷天口，陋/白马之上谈；气盖拔山，薄黄须之称勇。至其孝悌为本，仁义是基。因心所/践，通神感物。逸调在躬，秉斯妙赏。奇情远兴，爰究天人。或年芳景丽，露泫/三成之草；或风威气寒，霜彫四衢之树。于是词人奇士，合樽从席。一觞一/咏，濠梁非远。洛阳才子，固有憨德；山东英妙，高谢清尘。冀仓仓在上，不夺/邦国之宝；神斯鉴止，无谬与善之说。而霜零中夏，兰萎春序。逝者不作，人/百徒然。呜呼，以延昌四年十一月十二日薨于第，时年十三。及大丞相勃/海王，大济横流，功踰再造。侍中清明宰物，德在民谣。天子眷存亡之休烈，/申昆季之殊宠。乃下诏曰："盖封墓加宠，事显于旧章；追亡锡号，义存/于故典。侍中岳民望羽仪，社稷贞干。恩泽所加，宜被枝叶。其兄贵乐，风韵淹雅，器度清高。芳兰有丛，珠玉相润。未秋见落，良用嗟伤。有命追崇，当异/常礼。可特赠使持节，侍中，司空公，尚书左仆射，都督徐兖豫南青四州诸/军事，骠骑大将军，徐州刺史。"以元象元年九月廿八日，即安于鬴水之东/南三里。思所以永，垂茂实贻诸后人。乃作铭曰：

有汉斯广，惟荆载峻。育宝摘光，怀珍吐润。世功世禄，曰英曰俊。灼灼清猷，/锵锵高韵。晋必有祀，羊姓方兴。眷言先哲，斯言有征。翘翘才子，丕绪斯承。/佗人之德，如彼丘陵。冠是万夫，非直千里。器总百能，辩藏三耳。神机外发，/光华傍起。耸兹崖岸，寔为纲纪。匪曰神启，亦伊天赞。世求模楷，朝思栋干。/将翼三匡，且同十乱。冲天折羽，临云委翰。春秋代袭，日月其驰。寂寥若此，/荏苒于斯。身亡德著，家亦扶危。皇心有眷，文物陆离。迢迢城阙，芒芒陵阜。霜凝松柏，风摇旌柳。峰沦玉碎，天长地久。何用传芳，贞石不朽。

魏故使持节，侍中，骠骑大将军，司徒公，尚书令，都督青齐光济四州诸军事，青州刺史高公墓志铭

公讳宝，字惠宝，勃海条人也。自降道蟠磜，式表东海。公子启邑，命氏斯因。/冠盖蝉联，名德继轨。故以垂之缃素，被于管弦。随绵昳以不穷，与神策而/靡绝者矣。祖太尉，含光体道，寔为

人杰。父太师，勃海王。积德累仁，郁成国/宝。公禀粹含灵。资元育德。幼而自寤，神机照爽。爰始僻呀，至于佩鞢。言合/准的，动应轨仪。侪类之中，灼然秀异。明珠既孕，便有照车之奇；和璧始剖，/即蕴连城之价。少弗知倨，或复因习。弱不好弄，盖自天然。怀橘遗亲，状曰/起予。凡所属意，动辄过人。及研志虫篆，潭神史籍。斐愤不已，游息罔倦。妙/类银钩，博兼玉屑。虽张家曾子，郑氏神童，总以为匹，莫能尚也。若其事亲/尽孝，奉兄唯友。出告反面，药食斯尝。夏清冬温，朝夕匪懈。岂直归禽自扰，/因鱼必通。固亦江流载生，噬指爱赴。逮于美景良辰，携朋啸侣。绿绮徐挥，/彤章间发。籍甚之美，标暎一时。及白雀降符，紫衣表瑞。眷言升岗，寔曰半/体。方当赞三舍之规，倍一匡之绩，奄摧火色，遽夭绮年。彻膳罢县，深/皇上之感。分荆离鸟，轸相国之哀。追终褒德，有隆彝准。诏赠使持节，侍/中，司徒公，尚书令，都督青齐光济四州诸军事，骠骑大将军，青州刺史。谥/曰恭。粤以元象元年九月廿八日葬于氰水之东南三里。今来古往，陵谷/贸迁。话言弗勒，茂实谁传。乃作铭曰

庆发鹰扬，兆宣非虎。汪汪大风，世祚东土。举袂成帷，挥汗犹雨。轩冕比暎，/髦杰接武。熊皇受篆，风力挺生。祁帝驭寓，稷契充庭。殊途比绩，异轸均声。/岂唯家祉，爰叶国灵。夫君笃生，诞膺纯嘏。幼乃岐嶷，少而温雅。若刘称骥，/犹常咏马。独擅洛中，孤标日下。从师觑道，索妙探幽。一览斯究，三余靡休。/艺单篆隶，博极山丘。清谈河注，秘思泉流。侧省退踪，逖观遗籀。太项幼觉，/甘罗早秀。自我方之，千龄等茂。小年何促，大渐靡救。一人嗟悼，百寮骏奔。/声明徒响，文物空尊。长捐华馆，永即松门。藏舟惑徙，遗爱方存。

高欢弟高贵、高宝虽为少亡重葬，但可补入《魏书·高湖传附谧子树生传》。此传中高树生名下只有二子，"长子即齐献武王也"。"王弟琛，字永宝。天平中，骠骑大将军、开府仪同三司、御史中尉、南赵郡开国公。"[1] 此人不可能是少亡的名宝字惠宝者，从"高宝志""父太师、勃

---

[1] 《魏书》卷三二《高湖传附谧子树生传》，第753页。

海王",确知他是树生子、高欢弟。是知高树生有三子,二子成人,一子少亡。较之正史多了一笔。另,"高贵志"有"乃下诏曰:'……侍中岳民望羽仪,社稷贞干……其兄贵乐,风章韵淹雅,器度清高'"云云,贵乐即贵。由此又见高贵应为高翻子侍中高岳之兄,高欢堂弟。"高贵志"复云,"考,假黄钺,太傅,大将军,"其身份与正史中高树生弟高悉"元象中,赠假钺、使持节、侍中……大将军、太傅……"相符。《魏书·高湖传附子谧传》记高翻有一子高岳,"武定末,侍中、太傅、清河郡开国公"。"高贵志"的面世,也为该家族增加了新成员。不过还需要说明一点。洛阳师院藏新出北魏永熙二年(533)《高树生墓志》,载高湖爵位为"河东侯",为此2014年第2期《文物》所载王连龙《北魏高树生及妻韩期姬墓志考》一文认为,《魏书》"太祖赐爵东阿侯",可正为"河东侯"。"高贵志"则记"曾祖,中书令,东安侯",古人用字不严格,东安侯实东阿侯之别写,河东侯则可能是误记。许多学者早已指出,高欢指其父高树生为高湖之孙本身就不靠谱,墓志于此生误不足为怪。

高贵、高宝墓志的价值还在于,它真实还原了北魏后期王公贵族教育子弟的部分内容和要求,此类资料在正史中虽偶见片言只语,但远不及此二志之该详。

小学如:"亦云就傅,尽丽虫篆"(高贵志)。"研志虫篆","妙类银钩,博兼玉屑"(高宝志)。学童以小学(字学)启蒙。

穷经如:"仍事束修,探穷秘隩"(高贵志)。"潭神史籍。斐愤不已,游息冈倦"(高宝志)。经史是学童的必修课。

文学如:"超侨札之赅博,跨屈贾之高才。指掌今古,华藻烂发"(高贵志)。词赋之学自是幼童教育的题中应有之义。

口辩如:"辩穷天口,陋白马之上谈"(高贵志)。口辩是一种以从政为目的的智力开发。

武功如:"气盖拔山,薄黄须之称勇"(高贵志)。马上功夫依然是鲜卑贵族子弟素质教育不可或缺的内容。

德行如:"至其孝悌为本,仁义是基"(高贵志)。"言合准的,动应轨仪"。"事亲尽孝,奉兄唯友。出告反面,药食斯尝"。"怀橘遗亲,状曰起予"(高宝墓志)。由单一的"武化"转向"儒化",这是鲜卑贵族在长期封建化、中原化进程中的重要成果。

交游如:"词人奇士,合樽从席。一觞一咏,濠梁非远"(高贵志)。"逮于美景良辰,携朋啸侣"(高宝志)。这也是一种素质训练及人生的初始准备。

《王遇墓志》再考

暨南大学历史系　王银田

近读《书法丛刊》，得见新近出土的北魏王遇墓志铭文，[1] 再略作考释一二。因该刊论文厘定铭文稍有欠妥之处，故笔者在此对铭文重加标点并列之于下，以便后面的进一步考证。同一行文字间空格以"○"代替，行末标以"」"。

魏故安西将军泰州刺史澄城公之少子使持节镇」西将军侍中吏部尚书太府卿光禄大夫皇构都将」领将作大匠雍华二州刺史宕昌恭公霸城王遇之」墓志。○○公其先周灵之苗，子晋之胤。氏族之起，始」于伊南。远祖逃秦垄右，避渗西戎，改姓钳耳，仍居羌」氏。逮正始之初，被○○诏还姓，禋复王门。公远禀玄」流之庆，近资华岳之灵，始鬻龙仪，历位清衢。绸缪皇」幄，屡进谠言。枢机左右，历奉三帝。出董岳牧，入综玑」衡。清派九流，绩畅万里。皇京徒历，洛食延休，经趾天」居，昭综唯公。铨德与能，方授端右。而上灵茫昧，不永」颐龄。遘疾弥留，春秋六十有二，薨于洛阳乘轩之里」。归葬于首阳之右，朝乡之里。府长史薛欢、别驾魏顺」等，详载景行，志扬不朽。其词曰」：

远日难辍，哀晷易流。宿草一变，千载长秋。荣留人藉」，仪暧松丘。敢凭幽石，敬播兰猷」。

维大魏正始元年岁次实沉，月旅应钟，廿四日造」。

---

[1] 赵君平：《北魏〈王遇墓志〉释略》，《书法丛刊》2013年第5期。

王遇事迹见《魏书·阉官传·王遇传》（以下简称《王遇传》）与《北史·恩倖传》，而以前者较详。"王遇，字庆时，本名他恶，冯翊李润镇羌也。与雷、党、不蒙俱为羌中强族。自云其先姓王，后改氏钳耳，世宗时复改为王焉。自晋世已来，恒为渠长。"① 志文称"公其先周灵之苗，子晋之胤。氏族之起，始于伊南。远祖逃秦垄右，避沴西戎，改姓钳耳，仍居羌氐"。学界一般认为王遇是羌人，假若其祖上是因避沴西戎而居羌的汉人，则不大可能世代为渠长成为当地羌人首领且成为"羌中强族"，周室后人之说更无从考证。《魏书》记载王遇姓氏时着意写道"自云其先姓王，后改氏钳耳"，"自云"二字作者魏收当有所指，且明确说其为"冯翊李润镇羌也"。《魏书》与王遇墓志记载其改姓王氏的时间在世宗朝，墓志甚至明确为"正始之初，被诏还姓，禋复王门"，然而早于该墓志十六年的太和十二年（488）《大代宕昌公晖福寺碑》（以下简称《晖福寺碑》）正文中就已出现"宕昌公王庆时"②，碑阴记载王遇父兄等姓名皆记为王某某，③ 这一年代上的冲突至今尚无人深究。《晖福寺碑》碑阳记"太和十二年岁在戊辰七月己卯朔一日建"，文字位置在碑左端末行，此为立碑时间当无疑问。细查碑体实物发现"宕昌公王庆时"六字中，"王"字前空一格，空格处明显下凹，"王"字的笔画也明显比其他文字刻得更深，且此"王"字的书法风格也与碑文其他文字完全不同，其他文字的横笔皆于右端上挑，而此"王"字三横笔皆规矩平直（见图1），据此可以判断碑文"王庆时"是由原碑文"钳耳庆时"改刻而成的，即把"钳耳"二字铲去，保留一个空格后补刻"王"字。碑阴文字也与碑阳文字明显不同，书写与雕刻皆十分草率，应是改姓王氏后补刻的。《魏书》记载王遇改姓氏在世宗时，《王遇墓志》记载为"正始之初"，该墓志立于正始元年（504），改姓氏当发生

---

① 《魏书》卷九四《阉官传·王遇传》，中华书局1974年版，第2023—2024页。
② 武树善：《陕西金石志》卷六，民国二十三年（1934）。（清）毛凤枝：《关中石刻文字新编》卷一《碑碣类》，《续修四库全书》，上海古籍出版社2002年版，第909册，第17页。赵一德：《晖福寺碑赏析（并注）》，云冈石窟研究院编《2005年云冈国际学术研讨会论文集·研究卷》，文物出版社2006年版，第703—721页。
③ （清）毛凤枝：《关中石刻文字新编》卷一《碑碣类》，《续修四库全书》，上海古籍出版社2002年版，第909册，第20页。刘东平：《"晖福寺碑"相关问题蠡测》，《文博》2013年第5期。

在这一年。

王遇家人名氏全部刻于碑阴,此外还有制文与刊文者的职官与名氏。碑阴文字的刊刻时间有两种可能,一是与碑阳文字同时刻成,二是后刻。后刻也有两种可能,其一是碑阴原无文字,改姓氏后刊刻;其二是改姓氏后将太和十二年原碑文铲掉而补刻,若是这种情况势必要将整个碑阴重新铲平,铲除的厚度至少要达到原刻文的深度,从碑额后部的圭形区域来看仍然凸起于周边的龙纹,整个碑阴十分平整,铲除后补刻的可能性也不大,故本人倾向于第二种中的前一种,即碑阴原本无文字,改姓氏后刊刻。

姚薇元《北朝胡姓考·羌族诸姓·王氏》根据《魏书·王遇传》称世宗时改王姓认为"此氏不在太和诏改之列,故《官氏志》不见。"[①]据《通鉴》,孝文帝改姓氏在太和二十年(496),"魏主下诏,以为'……诸功臣旧族自代来者,姓或重复,皆改之。'于是始改拔拔氏为长孙氏,达奚氏为奚氏,乙旃氏为叔孙氏,丘穆陵氏为穆氏,步六孤氏为陆氏,贺赖氏为贺氏,独孤氏为刘氏,贺楼氏为楼氏,勿忸于氏为于氏,尉迟氏为尉氏;其余所改,不可胜纪"[②]。这一姓氏改革应该没有涉及羌人钳耳氏,王遇改姓只是个别行为。此后隋唐仍不乏钳耳氏的记载,如《隋书》萧琮嫁从父妹于钳耳氏,唐《广异记》有竺山县丞钳耳含光,《旧唐书》有钳耳大福等等可为证。

北魏建国初期,冯翊和杏城的羌豪纷纷投降北魏,但王遇家族入魏时间不明。《魏书》与王遇墓志对王遇先人记载甚略,只知"晋世已来,恒为渠长",祖上名讳失载,志文甚至不见王遇祖、父名。《魏书》载遇父"守贵",《晖福寺碑》碑阴载遇父为"王□隆",曾任郡功曹。[③]据马长寿先生研究,遇父所任"郡功曹"系北魏前官秩,"疑即赫连夏或姚秦时之冯翊郡功曹",王遇家人入魏估计是在太武帝平定杏城盖吴起义之后,太平真君七年(446)跟随盖吴起义的李润羌被太武帝一并镇压,王遇家人于是被徙入魏。[④]这种推测是颇有道理的,《王

---

① 姚薇元:《北朝胡姓考》(修订本),中华书局1962年版,第324页。
② 《资治通鉴》卷一四〇《齐纪六》,明帝建武三年,中华书局1956年版,第4393页。
③ 刘东平:《"晖福寺碑"相关问题蠡测》,《文博》2013年第5期。
④ 马长寿:《碑铭所见前秦至隋初的关中部族》,广西师范大学出版社2006年版,第42—43页。

遇传》记载"遇坐事腐刑",其子为"养弟子",明显是成年前已被阉割,《魏书》记载王遇"拔自微阉"亦可为明证。①墓志载王遇卒年六十二岁,但薨于何年则未提及,志文落款为正始元年(504)十月,若以此年去世计,王遇当生于太平真君四年(443),幼年被没入宫,又惨遭阉割,与高力士身世何其相像!

遇父职位不高,祖上亦当官位不显,故多失载。《魏书》记载王遇显贵之后,其父被"追赠安西将军、秦州刺史、澄城公",此与《晖福寺碑》记载一致,而志文载为"安西将军、泰州刺史、澄城公",另一为"秦州",一为"泰州"。《魏书·地形志》有秦州而无泰州,但北朝文献多有"泰州"的记载,北魏时确有泰州当无疑义,王仲荦先生曾有论述,认为"秦""泰"二字字形相近,史书常有错讹。②依《魏书·地形志》关中东北部包括王遇祖籍地李润镇一带北魏时曾属秦州,而泰州则在河东,追赠遇父守贵为秦州刺史的可能性似乎更大些。

《晖福寺碑》碑阴载王遇家族八人,按原碑文称谓与顺序分别为父王□隆,安西将军,秦州刺史,澄城公,此即《王遇传》所记守贵,守贵应是其字,按《王遇传》其官爵为王遇发迹后之"追赠",此处所记官爵除"秦""泰"之别外,与《王遇传》和王遇墓志一致。兄王何韬,华州主簿。兄王□明,宁远将军,澄城太守,雍州刺史,澄城侯。兄王□桃,宁朔将军,河东太守,澄城子,澄城太守。《关中石刻文字新编》(以下简称《新编》)作"宁朔将军",新近发表的刘东平《"晖福寺碑"相关问题蠡测》(以下简称《蠡测》)作"宁翔将军",③案北魏无"宁翔将军"而有"宁朔将军",经对碑文的辨认为"朔"字无疑。《蠡测》"澄城子",《新编》误作"澄州子",北朝无澄州而有澄城。兄子□□□,本郡功曹,威远太守,澄城太守。兄子王元雍,鹰扬将军,华州□将。世子王道训,内行内小,《新编》作"内行内小",《蠡测》作"内行尚小",案北魏无"内行尚小","内行内小"为拓跋职官,屡见于北朝碑刻,如《文成帝南巡碑》,④《封魔奴墓志》,《丘

---

① 《魏书》卷一三《文成文明皇后冯氏传》,中华书局1974年版,第329页。
② 王仲荦:《北周地理志》卷九《河北上》,中华书局1980年版,第769—770页。
③ 刘东平:《"晖福寺碑"相关问题蠡测》,《文博》2013年第5期。
④ 张庆捷:《〈南巡碑〉中的拓跋职官》,《中国史研究》1999年第2期。

哲墓志》，① 近经刘东平先生核对原碑确为"内行内小"。另，道训，《新编》作"道训"，《蠡测》误作"道谕"。第二子王□□，中书□生。《王遇传》仅载其父守贵、王遇本人和其养子厉三人，王遇墓志称遇为"少子"，与《晖福寺碑》记载有三位兄长吻合，他应是四子中最小者。"遇养弟子厉，本郡太守，稍迁至右军将军，袭爵宕昌侯。产业有过于遇时"②，厉也应是字，当属以上二子中的一位。

据墓志可知，王遇家居洛阳乘轩里。乘轩里早在战国时期的洛阳即已存在，据《战国策·赵策》记载，苏秦即乘轩里人，"苏秦说李兑曰：'雒阳乘轩里苏秦，家贫亲老，无罢（疲）车驽马。'"③ 另据北魏熙平二年（517）《魏故侍中太保领司徒公广平王元怀墓志》，元怀乃"河南洛阳乘轩里人"④，按，乘轩里之名当为战国时期洛阳富贵人家所居，苏秦昔日家贫故有是言。北魏乘轩里当沿袭前代名称而来，但具体位置似难详查。

较之墓志，《魏书·王遇传》对其事迹的记载更为具体。志文言王遇"历奉三帝"，应即献文帝、孝文帝和宣武帝三朝，《魏书》只记载仕孝文与宣武时事。王遇初仕于献文，时及弱冠，资历尚浅，至孝文初王遇已至而立，此后直至宣武虽宦途多舛，几度起落，然终至位高权重，尽享恩宠。《魏书》载王遇曾"为中散，迁内行令、中曹给事中，加员外散骑常侍、右将军，赐爵富平子。迁散骑常侍、安西将军，晋爵宕昌公。拜尚书，转吏部尚书，仍常侍。例降为侯。出为安西将军、华州刺史，加散骑常侍"，世宗初，又兼将作大匠，拜光禄大夫，死后赠使持节、镇西将军、雍州刺史。与墓志文记载大体相同。按《晖福寺碑》载，太和十二年时王遇已任散骑常侍、安西将军、吏部内行尚书，爵位宕昌公。墓志记载王遇官职中有"皇构都将"一职，按"都将"一职最早设置于北魏，文献记载担任此职者甚多，唯北朝史乘尚不见"皇构都将"。孝文帝《吊殷比干墓文》有："唯皇构迁中之元载，岁御

---

① 赵超：《汉魏南北朝墓志汇编》，天津古籍出版社1992年版，第125、267页。
② 《魏书》卷九四《阉官传·王遇传》，中华书局1974年版，第2023—2024页。
③ 缪文远、缪伟、罗永莲评注：《战国策》卷一八《赵策一》，中华书局2012年版，第507页。
④ 赵超：《汉魏南北朝墓志汇编》，天津古籍出版社1992年版，第92页。

次乎阉茂，望舒会于星纪，十有四日，日唯甲申。"①"皇构"显然指都城，北朝时期有"营构都将"②，"营构东宫都将"③，则此"皇构都将"应是管理都城的官职，王遇担任此职或许与其任职将作大匠，营建平城和洛阳有关。

营建两京当属王遇在任期间的重要功绩。《王遇传》记载，早在平城时期，王遇就"为文明太后所宠，前后赐以奴婢数百人，马牛羊他物称是"，"俱号富室"。他具有突出的城市规划与建筑设计才能，"遇性巧，强于部分。北都方山灵泉道俗居宇文明太后陵庙，洛京东郊马射坛殿，修广文昭太后墓园，太极殿及东西两堂、内外诸门制度，皆遇监作"。两都城大量重要工程皆由王遇负责，尤其是"世宗初，兼将作大匠"，主持洛阳最重要的建筑太极殿和内外城门的工程，遇"虽年在耆老，朝夕不倦，跨鞍驱驰，与少壮者均其劳逸"④。对新都洛阳的营建做出了巨大贡献。

王遇一生信佛，不仅在故乡创建了晖福寺，而且在京都平城修建了武州山石窟寺（云冈石窟）中的崇教寺。据《大金西京武州山重修大石窟寺碑》记载，金代的时候寺中尚存石刻文字，一载在护国，"一在崇教，小而完，其略曰：安西大将军散骑常侍吏部内行尚书宕昌（公）钳耳庆时镌岩开寺……盖庆时为国祈福之所建也"。宿白先生推定此崇教寺即今云冈石窟第9、第10一组双窟，规模宏大壮丽。⑤另据《水经注》记载，他在平城东郭外还建了佛寺祇洹舍，"东郭外，太和中阉人宕昌公钳耳庆时立祇洹舍于东皋，椽瓦梁栋，台壁榱陛，尊容圣像，及床坐轩帐，悉青石也。图制可观，所恨唯列壁合石，疏而不密。庭中有《祇洹碑》，碑题大篆，非佳耳。然京邑帝里，佛法丰盛，神图妙塔，

---

① （清）严可均辑：《全后魏文》卷七，商务印书馆1999年版，第78页。
② 姜俭父昭"卒于营构都将"，《魏书》卷四五《韦阆传》，中华书局1974年版，第1018页。东魏兴和三年（541）《鲁孔子庙碑》载李仲璇曾任营构都将，（清）严可均辑：《全后魏文》卷五八，商务印书馆1999年版，第577页。
③ 卢同任"营构东宫都将"，《魏书》卷七六《卢同传》，中华书局1974年版，第1681页。
④ 《魏书》卷九四《王遇传》，中华书局1974年版，第2023—2024页。
⑤ 宿白：《〈大金西京武州山重修大石窟寺碑〉校注——新发现的大同云冈石窟寺历史材料的初步研究》，《北京大学学报》（人文科学版）1956年第1期。

桀跱相望，法轮东转，兹为上矣"①。凡遇所建皆雕饰巧丽，极尽奢华。

实沉或作实沈，《左传·昭公元年》："昔高辛氏有二子，伯曰阏伯，季曰实沉，居于旷林，不相能也，日寻干戈，以相征讨。"②《晋书·天文志》："自毕十二度至东井十五度为实沈，于辰在申。"③ 用以指代十二星次之一，在十二辰为申。南朝释僧祐《出三藏记集·善见律毗婆沙记》："齐永明十年，岁次实沉……以十一年，岁次大梁，四月十日得律还都，顶礼执读。"④ 北魏正始元年为甲申年。应钟为乐律名称，十二律之一。《淮南子·天文训》："下生应钟，应钟之数四十二，主十月，上生蕤宾。"⑤ 古人以十二律与十二月相配，每月以一律应之。南梁《锦带书》："应钟十月"，⑥ 南北朝时期墓志中常以之纪年月，如《魏故平东将军济州刺史长宁穆公之墓志铭》："维大魏熙平元年岁次实沉夏四月，公遘疾不愈，薨于京师。"《魏故使持节征东将军仪同三司都督青州诸军事青州刺史元使君墓志铭》："大魏建义元年岁次实沈月在夷则丙辰朔十八日癸酉造。"《魏博陵元公故李夫人墓志铭》："以兴和三年大梁之岁应钟之月二日庚子卒于家，于黄钟之月十七日乙酉□窆于邺城之西北十有五里。"⑦ 王遇当安葬于正始元年十月廿四日。

（本文写作过程中得到西安碑林博物馆赵东平先生，张婷女士，西北大学文博学院刘斌先生的大力支持，在此谨表谢意）

---

① （北魏）郦道元注，（民国）杨守敬、熊会贞疏：《水经注疏》卷一三《漯水》，江苏古籍出版社1989年版，第1149页。
② 郭丹、程小青、李彬源译注：《左传·昭公元年》，中华书局2012年版，第1570页。
③ 《晋书》卷一一《天文志上》，中华书局1974年版，第308页。
④ （梁）释僧祐：《出三藏记集》卷一一，《续修四库全书》，上海古籍出版社2002年版，第1288册，第278页。
⑤ 何宁：《淮南子集释》卷三，中华书局1998年版，第248页。
⑥ （梁）萧统：《锦带书》，《丛书集成初编》，中华书局1985年版，第2970册，第4页。
⑦ 赵超：《汉魏南北朝墓志汇编》，天津古籍出版社1992年版，第348页。

图 1　《晖福寺碑》（局部）
（刘东平拍摄）

北魏平城墓葬中的河西因素[*]

北京大学中国考古学研究中心　倪润安

北魏都城平城文化的崛起，得益于北中国各地文化的流入和重组，其来源地区包括河西、东北和关陇、关东地区。平城墓葬文化中，已可以明确确认的来源地有河西、东北、关陇三个地区，其中河西、东北为最主要的两大来源地。陈寅恪先生对河西文化在北朝隋唐文明传承中的作用评价很高。他通过对史料文献的考察，在《隋唐制度渊源略论稿·礼仪》中说："秦凉诸州西北一隅之地，其文化上续汉、魏、西晋之学风，下开（北）魏、（北）齐、隋、唐之制度，承前启后，继绝扶衰，五百年间延绵一脉，然后始知北朝文化系统之中，其由江左发展变迁输入者之外，尚别有汉、魏、西晋之河西遗传。"[①] 近些年来，随着平城地区北魏墓葬的大量发现与资料公布，我们能够通过墓葬形制、图像、随葬器物等来具体地观察和讨论河西文化在北魏文化构建和文明传承中所起的重要作用，不再局限于史料记载的精英阶层，而可以将视野扩展到更广泛的民众。

一　平城墓葬形制中的河西因素

北魏平城地区墓葬的形制可分为4种，即竖穴土坑墓、竖井墓道土

---

[*] 本文为2013年度教育部人文社会科学重点研究基地重大项目《中古时期丧葬的观念风俗与礼仪制度》的阶段性成果之一，项目批准号：13JJD780001。

[①] 陈寅恪：《陈寅恪集·隋唐制度渊源略论稿·唐代政治史述论稿》，生活·读书·新知三联书店2001年版，第46—47页。

洞墓、长斜坡墓道土洞墓、长斜坡墓道砖室墓。[1] 其中，竖穴土坑墓平面呈纵长梯形或纵长方形，是最基本的墓葬形制，由来已久，早期拓跋鲜卑也使用这种墓葬形制。另3种墓葬形制，则是拓跋鲜卑进展到长城地带后，逐渐吸纳使用的。

竖井墓道土洞墓和长斜坡墓道土洞墓在平城地区相当流行。除了墓道不同，这两种墓葬形制在墓室平面形状上有很高的契合度，都多见纵长梯形、纵长方形和刀形3种形制，具有比较稳定的组合。如形制为竖井墓道土洞墓的大同南郊北魏墓M46（图一：1）[2]、M230（图一：2）[3]、M7（图一：3）[4]，形制为长斜坡墓道土洞墓的智家堡棺板画墓（图一：4）[5]、大同南郊北魏墓M77（图一：5）[6]、雁北师院北魏墓M18（图一：6）[7] 等。而河西魏晋十六国墓葬中，恰可以看到这样的组合存在，墓道或是斜坡式，或是竖井式，如敦煌祁家湾M309墓室平面呈纵长梯形（图二：1），M213墓室平面呈纵长方形（图二：2），M350、M206墓室平面呈为刀形（图二：3、4）[8]；玉门白土良M9平面近纵长方形，长斜坡墓道（图二：5）[9]；酒泉孙家石滩魏晋墓2003JSM1墓室平面呈纵长方形（图二：6）[10]；高台县骆驼城2001M4墓室平面呈纵长方形，竖井墓道（图二：7）[11]。这表明平城主流墓葬形制与河西地区应有渊源关系。

---

[1] 倪润安：《北魏平城时代平城地区墓葬文化的来源》，《首都师范大学学报》（社会科学版）2011年第6期。

[2] 山西大学历史文化学院、山西省考古研究所、大同市博物馆：《大同南郊北魏墓群》，科学出版社2006年版，第41—43页。

[3] 同上书，第122—124页。

[4] 同上书，第29—30页。

[5] 刘俊喜、高峰：《大同智家堡北魏墓棺板画》，《文物》2004年第12期。

[6] 山西大学历史文化学院、山西省考古研究所、大同市博物馆：《大同南郊北魏墓群》，第342—344页。

[7] 刘俊喜主编：《大同雁北师院北魏墓群》，文物出版社2008年版，第14—16页。

[8] 甘肃省文物考古研究所、戴春阳、张珑：《敦煌祁家湾——西晋十六国墓葬发掘报告》，文物出版社1994年版，第48—50页。

[9] 甘肃省文物考古研究所：《甘肃玉门白土良汉晋墓发掘简报》，《考古与文物》2006年第1期。

[10] 甘肃省文物考古研究所：《甘肃酒泉孙家石滩魏晋墓发掘简报》，《考古与文物》2005年第5期。

[11] 甘肃省文物考古研究所、高台县博物馆：《甘肃高台县骆驼城墓葬的发掘》，《考古》2003年第6期。

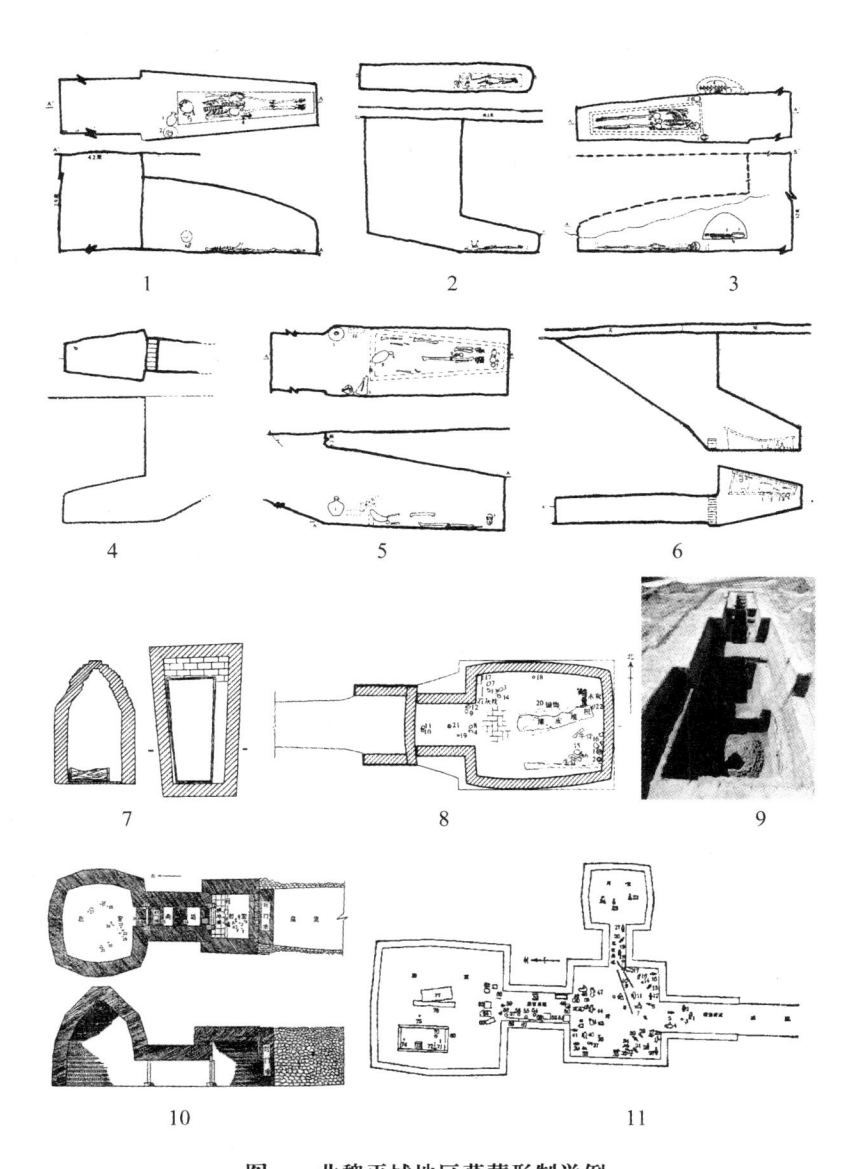

北魏平城墓葬中的河西因素　605

图一　北魏平城地区墓葬形制举例

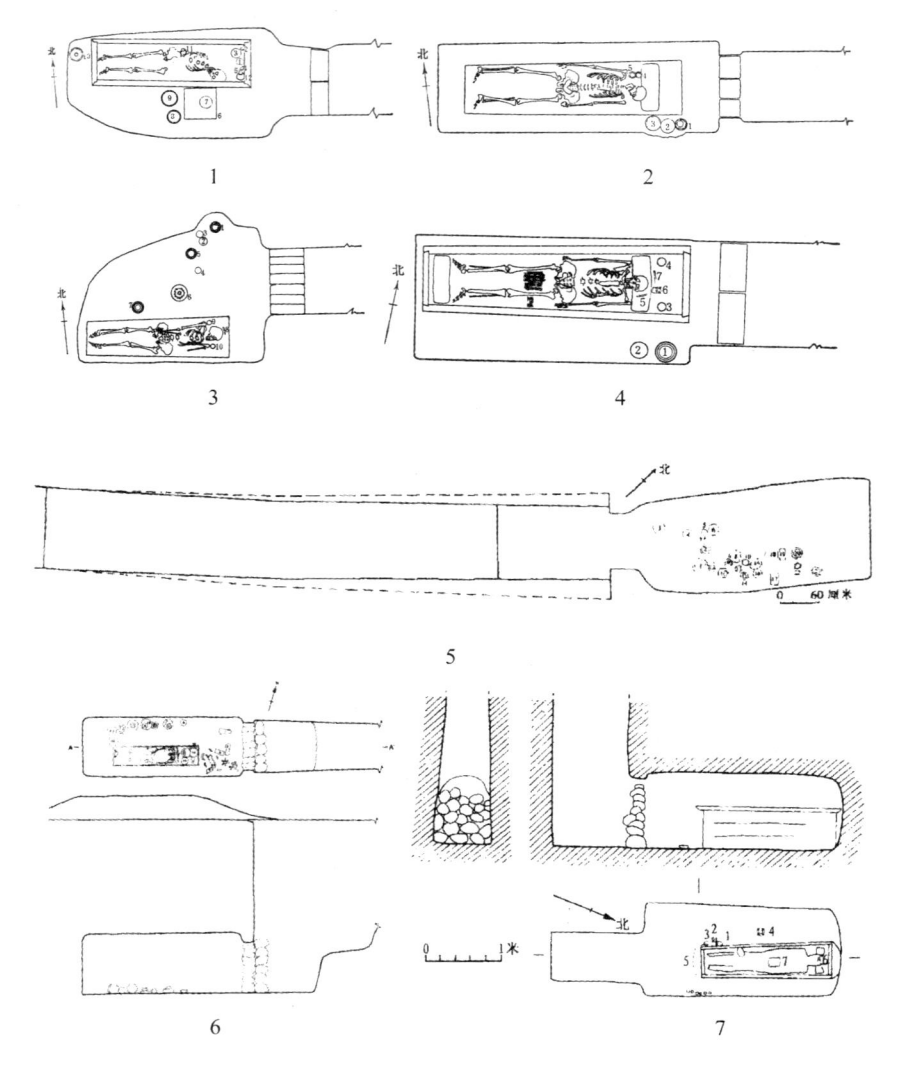

图二　河西魏晋十六国墓葬形制举例

汉晋时期，长斜坡墓道砖室墓在大同附近地区就已出现，既有方形单室墓，也有前室呈方形、后室呈长方形的双主室墓，[①] 但在十六国时期

---

① 平朔考古队：《山西朔县秦汉墓发掘简报》，《文物》1987 年第 6 期；大同市考古研究所：《山西广灵北关汉墓发掘简报》，《文物》2001 年第 7 期。

陷于中断。砖室墓在北魏平城地区再次出现,不应是简单地对本地旧传统的恢复,而需要有新的诱因。北魏的长斜坡墓道砖室墓中,目前年代明确的较早墓葬是太延元年(435)沙岭壁画墓。① 这个时期正是在道武帝、太武帝东征西讨之下,北方接近完成统一的阶段。平城地区再现长斜坡墓道砖室墓,与统一过程中平城与其他地区文化交流明显频繁起来有关。而十六国时期,中原北方地区仅见河西流行砖室墓。后燕占领的关东地区目前尚未识别出该时期的墓葬,特征不明确。辽西地区三燕文化墓葬中,慕容鲜卑固有的梯形土坑竖穴木棺墓始终处于主导地位,代表辽西传统文化因素的石椁墓也是主要形制,而前燕时期出现的代表中原汉文化因素的长方形砖室墓、代表辽东汉魏时期文化因素的石板搭盖石室墓、代表夫余文化因素的长方形土坑竖穴木椁墓到后燕、北燕时期都不见或少见。② 辽东至朝鲜北部的高句丽墓葬,无论是积石墓还是封土墓,其内部构造都是石质墓。③ 关中地区已发现的十六国墓葬均为带斜坡墓道的土洞墓,④ 固原一带的十六国墓也是如此。⑤ 河西魏晋十六国墓葬中,斜坡墓道砖室墓则是其主流,连绵不绝;4世纪末至5世纪中期,河西地区流行前、后双室砖墓。⑥ 从这种情况看,平城地区砖室墓的重新发展应受到了河西文化的影响。

不过,我们也注意到,平城的砖室墓并没有直接从方形单室墓或前、后双室墓开始,而是先从长方形单室墓起步。沙岭壁画墓就是一座东西向、墓室平面呈长方形的单室墓(图一:8)。已有迹象表明这还不是北魏砖室墓重现的起点,沙岭壁画墓前面可能还存在着平面呈纵长方形(或纵长梯形)的竖穴砖椁墓的发展阶段。1961年发掘的呼和浩特美岱村

---

① 大同市考古研究所:《山西大同沙岭北魏壁画墓发掘简报》,《文物》2006年第10期。
② 田立坤:《三燕文化墓葬的类型与分期》,巫鸿主编《汉唐之间文化艺术的互动与交融》,文物出版社2001年版,第205—226页。
③ 魏存成:《高句丽考古》,吉林大学出版社1994年版,第45—66页。
④ 岳起、刘卫鹏:《关中地区十六国墓的初步认定——兼谈咸阳平陵十六国墓出土的鼓吹俑》,《文物》2004年第8期;后收入咸阳市文物考古研究所《咸阳关中十六国墓》,文物出版社2006年版,第134—146页。
⑤ 宁夏固原博物馆:《彭阳新集北魏墓》,《文物》1988年第9期。该墓年代应属于十六国时期,参见倪润安《北周墓葬俑群研究》,《考古学报》2005年第1期。
⑥ 孙彦:《河西魏晋十六国壁画墓研究》,文物出版社2011年版,第31—35、38页。

北魏墓，是一座竖穴砖椁墓，墓室平面呈纵长梯形（图一：7）。[1] 这也许进一步说明，平城本地汉晋砖室墓的传统并未影响北魏，北魏是在统一北方的过程中，受到河西的直接影响，借鉴其用砖的理念而非形制，然后在平城周边地区自行发展砖室墓，实践中参照了土坑墓、土洞墓的形制，所以才会出现竖穴砖椁墓这样比较初始态的砖墓。当然，平城砖室墓最终还是向着方形单室墓或前、后双室墓演变。大同和平二年（461）梁拔胡墓，墓室呈规范的弧方形，南北向（图一：9），[2] 显示平城砖室墓最晚此时已完成了从竖穴砖椁墓到长斜坡墓道方形砖室墓的演变。到北魏中期，在献文帝与孝文帝二帝并存、冯太后与孝文帝"二圣"并尊的情况下，前、后双室墓才进一步出现，[3] 如方山永固陵（图一：10）；[4] 有的前室设置耳室，如怀仁丹扬王墓[5]、太和八年（484）司马金龙夫妇墓（图一：11）[6] 等。

二 平城墓葬图像中的河西因素

在平城地区，北魏早期墓葬壁画形成了以墓主人为中心的第一次图像组合定型（图三）。这套模式的核心是出现在墓室后壁正中的墓主夫妇并坐或男墓主人正坐宴乐图，墓主人坐于建筑物帷幔之下的榻上，背后设有屏风，榻前设案及食具，旁有侍者，两侧绘有鞍马、侍从、杂耍乐舞；墓室两侧壁的画面也是围绕墓主人的活动展开，一侧壁绘庄园生活图，另一侧壁绘车马出行图或山林狩猎图；墓室的前壁

---

[1] 内蒙古文物工作队：《内蒙古呼和浩特美岱村北魏墓》，《考古》1962年第2期。
[2] 张庆捷：《大同南郊北魏墓考古新发现》，国家文物局主编《2009中国重要考古发现》，文物出版社2010年版，第106—111页。
[3] 倪润安：《北魏平城时代平城墓葬的文化转型》，《考古学报》2014年第1期。
[4] 大同市博物馆、山西省文物工作委员会：《大同方山北魏永固陵》，《文物》1978年第7期。刘绪：《方山二陵的发掘与文明皇后的评价》，山西省博物馆编《山西省博物馆八十年》，山西人民出版社1999年版，第145—156页。
[5] 怀仁县文物管理所：《山西怀仁北魏丹扬王墓及花纹砖》，《文物》2010年第5期；王银田：《丹扬王墓主考》，《文物》2010年第5期；倪润安：《怀仁丹扬王墓补考》，《考古与文物》2012年第1期。
[6] 山西省大同市博物馆、山西省文物工作委员会：《山西大同石家寨北魏司马金龙墓》，《文物》1972年第3期。

绘门吏或门神；甬道不定型，绘有伏羲、女娲、青龙、白虎、侍女等题材。其中，侧壁上的庄园生活图和甬道中的题材来自河西地区的贡献。

庄园生活图包含了河西魏晋十六国墓葬壁画的诸多元素。如沙岭壁画墓南壁的庄园生活图（图四：1），由步幛分为左、右两部分，步幛中间有开口，两侧互通；在步幛左侧画面中，墓主人侧坐于瓦顶建筑之下，旁有侍者，与露天的客人宴饮，并有乐舞助兴，类似场面见于酒泉丁家闸5号墓前室西壁壁画上部（图四：3）；[1] 右侧画面中，聚集了粮仓、车舆、帐篷以及杀羊、酿酒、烤肉串、汲水、进食等诸多要素，类似题材流行于河西地区，如敦煌佛爷庙湾西晋墓M37的粮仓图（图四：5），[2] 嘉峪关新城魏晋墓M3的毡帐图（图四：6）和酿酒图（图四：7）、M6的宰羊图（图四：8）和烤肉串图（图四：9）、M1的汲水图（图四：10）、M5的进食图（图四：11）、M7的车舆图（图四：12）；[3] 酒泉丁家闸5号墓前室西壁壁画的下部（图四：3）、北壁壁画上部的左侧（图四：4）均有车舆图，在北壁壁画下部的右侧还有杀猪、庖厨的场景（图四：4）。[4] 梁拔胡墓西壁的庄园生活图（图四：2），也是由中间开口的步幛分为左、右两部分。在右侧画面中，牛、马野外放牧的场景是河西魏晋十六国墓葬壁画的常见图像，如嘉峪关新城魏晋墓M6的放羊图（图四：13）、M5的放马图（图四：14）和放牛图（图四：15）[5] 等，表现庖厨的灶与酒泉西沟村魏晋墓M7前室东壁的烧灶庖厨图（图四：16）[6] 相近。右侧画面表现汲水的井和左侧画面的车舆、帐篷等，如沙岭壁画墓一样，也是河西因素的体现。

---

[1] 甘肃省文物考古研究所：《酒泉十六国墓壁画》，文物出版社1989年版，第14页。

[2] 甘肃省文物考古研究所：《敦煌佛爷庙湾——西晋画像砖墓》，文物出版社1998年版，第86页、图版五九：2。

[3] 甘肃省文物队、甘肃省博物馆、嘉峪关市文物研究所编：《嘉峪关壁画墓发掘报告》，文物出版社1985年版，图版七六：1、五六：1、六八：2、六一：1、六四：1、六四：3、七三：2。

[4] 甘肃省文物考古研究所：《酒泉十六国墓壁画》，第14—15页。

[5] 甘肃省文物队、甘肃省博物馆、嘉峪关市文物研究所编：《嘉峪关壁画墓发掘报告》，图版五二：1、五三：1.2。

[6] 甘肃省文物考古研究所：《甘肃酒泉西沟村魏晋墓发掘报告》，《文物》1996年第7期。

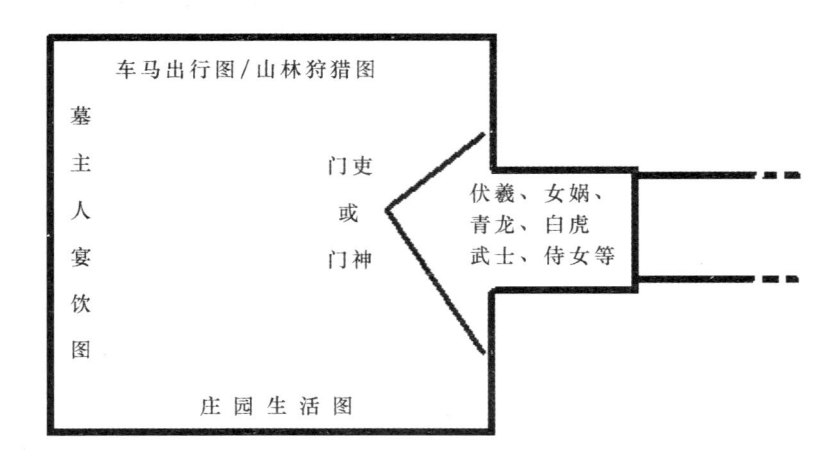

```
┌─────────────────────────────────┐
│         车马出行图/山林狩猎图      │
│墓                                │\
│主         门吏    伏羲、女娲、     │ \___
│人          或     青龙、白虎、     │
│宴         门神    武士、侍女等     │ ___
│饮                                │/
│图                                │
│           庄园生活图              │
└─────────────────────────────────┘
```

图三　北魏早期墓主人图像组合第一次定型

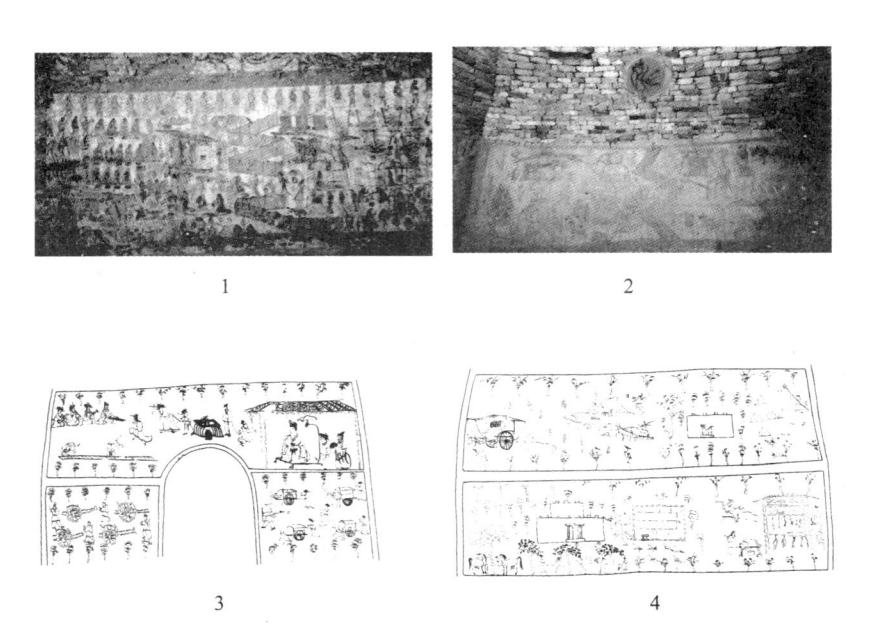

1

2

3

4

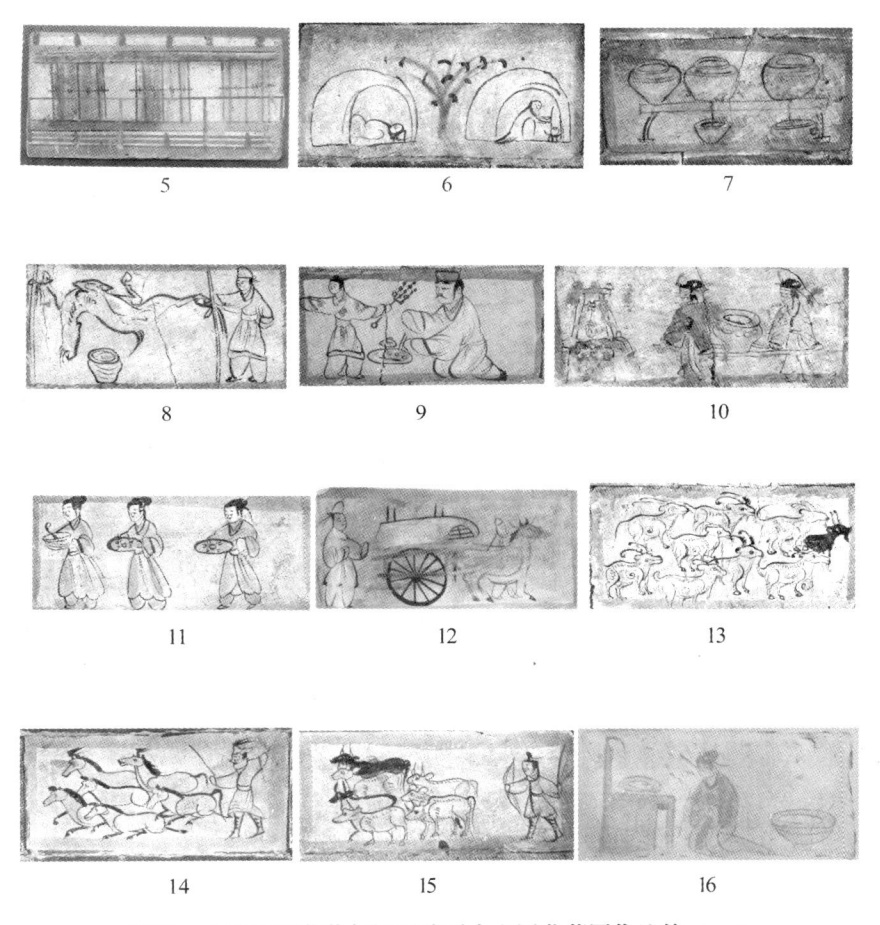

图四 北魏平城墓葬与河西魏晋十六国墓葬图像比较（一）

大同沙岭壁画墓甬道顶部绘有伏羲、女娲，背后各自有青龙、白虎（图五：1）；梁拔胡墓甬道两壁绘青龙、白虎。伏羲、女娲题材在魏晋十六国时期基本上只见于河西地区，如嘉峪关毛庄子魏晋墓木版画（图五：2），[①] 嘉峪关新城曹魏甘露二年（257）M1男棺盖板画（图五：3）和女

---

① 孔令忠、侯晋刚：《记新发现的嘉峪关毛庄子魏晋墓木板画》，《文物》2006年第11期。

棺盖板画（图五：4）、西晋M6棺盖板画（图五：5），① 高台县魏晋墓2003GNM10棺板画（图五：6），② 以及1995年高台县骆驼城画像砖墓的画像砖上所绘（图五：7、8）。③ 尤其嘉峪关M6的棺板画在伏羲、女娲身后也绘有青龙或白虎，与沙岭壁画墓有较高相似度。青龙、白虎等四神题材此时期也是流行于河西地区。如高台县地埂坡魏晋墓M1后室顶部南坡绘朱雀（图六：2），北坡绘玄武（图六：3），东坡绘多头多身青龙拖月（图六：1），西坡绘多头多身白虎拖日；M4前室后壁上部正中绘青龙，两侧各绘一麒麟（图六：4）。④ 敦煌佛爷庙湾西晋墓M37出有整套的四神画像砖（图六：5—8）。⑤

除壁画之外，在平城葬具图像中也能看到河西因素的体现。沙岭壁画墓墓室中后部发现的漆皮堆积本是一具漆棺，⑥ 其棺板内容的布置与该墓壁画的分布一致，右侧棺板所绘应是庄园生活图，其中打场图（图七：1）是壁画中尚未见到的；而此内容正是河西魏晋墓的特色题材之一，如嘉峪关新城魏晋墓M5的打场图（图七：2）⑦ 等。大同县湖东北魏一号墓木棺后挡板上的启门图（图七：3），结合了酒泉丁家闸5号墓前室北壁壁画下层的坞壁妇人启门（图七：4）⑧ 和敦煌佛爷庙湾西晋墓M133照墙顶部的二门吏（图七：5）⑨ 的因素。大同南郊北魏墓群M112石棺

---

① 甘肃省文物队、甘肃省博物馆、嘉峪关市文物研究所编：《嘉峪关壁画墓发掘报告》，第18页、图一九。

② 甘肃省文物考古研究所：《甘肃省高台县汉晋墓葬发掘简报》，《考古与文物》2005年第5期。

③ 张掖地区文物管理办公室、高台县博物馆：《甘肃高台骆驼城画像砖墓调查》，《文物》1997年第12期。

④ 吴荭：《甘肃高台地埂坡魏晋墓》，国家文物局主编《2007中国重要考古发现》，文物出版社2008年版，第84—91页。甘肃省文物考古研究所、高台县博物馆：《甘肃高台地埂坡晋墓发掘简报》，《文物》2008年第9期。

⑤ 甘肃省文物考古研究所：《敦煌佛爷庙湾——西晋画像砖墓》，第62—64页、图版一八：2、3，图版一九：3，图版二一：1。

⑥ 曹丽娟：《大同沙岭北魏壁画墓研究》，中央美术学院硕士学位论文，2009年，第8页。

⑦ 甘肃省文物队、甘肃省博物馆、嘉峪关市文物研究所编：《嘉峪关壁画墓发掘报告》，图版四五：2。

⑧ 甘肃省文物考古研究所：《酒泉十六国墓壁画》，第15页。线图中未绘出妇人，彩版中可见。

⑨ 甘肃省文物考古研究所：《敦煌佛爷庙湾——西晋画像砖墓》，第37页。

床立面的中间足上所雕兽面衔环（图七：6）[1]和宋绍祖墓石椁外壁的铺首衔环浮雕（图七：7)[2]也来自河西，如嘉峪关新城魏晋墓M5的铺首衔环图（图七：8)[3]等。

墓主人宴饮图、出行图[4]和狩猎图[5]、门吏图（图六：4、图七：5）在河西文化因素中也常见。但从图式看，北魏平城的这些题材更似东北地区的文化因素，而不是模仿河西。[6]

三　河西丝路文化与平城随葬器物

平城墓葬随葬品直接取型于河西墓葬的鲜见。但平城墓葬中的外来物品和受丝路文化影响而出现的新物品却是与河西所起的中转或连通作用息息相关的。

北魏太延三年（437）三月，"龟兹、悦般、焉耆、车师、粟特、疏勒、乌孙、渴盘陀、鄯善诸国各遣使朝献"[7]。"世祖以西域汉世虽通，有求则卑辞而来，无欲则骄慢王命，此其自知绝远，大兵不可至故也。若报使往来，终无所益，欲不遣使。有司奏九国不惮遐崄，远贡方物，当与其进，安可豫抑后来，乃从之。"[8] 西域九国前来朝拜，起初太武帝并不打算报使答之，认为招之无用，表明在北魏灭北凉之前的相当长时期内，平城与西域的交往还不十分密切，基本处于被动受献的状态。另一个原因是此时与北魏交好的北凉在发挥着中转作用，西域的外来物品先贩到凉州，再由北凉以供奉等形式输入平城，太武帝觉得与西域直接往

---

[1] 山西大学历史文化学院、山西省考古研究所、大同市博物馆：《大同南郊北魏墓群》，第41页，图一四七B。

[2] 大同市考古研究所　刘俊喜主编：《大同雁北师院北魏墓群》，第106—119页。

[3] 甘肃省文物队、甘肃省博物馆、嘉峪关市文物研究所编：《嘉峪关壁画墓发掘报告》，图版二八、二九。胡之主编：《甘肃嘉峪关魏晋五号墓彩绘砖》，重庆出版社2001年版，第48页。

[4] 郭永利：《河西魏晋十六国壁画墓宴饮、出行图的类型及其演变》，《考古与文物》2008年第3期。

[5] 贾小军：《魏晋十六国河西社会生活史》，甘肃人民出版社2011年版，第181—194页。

[6] 倪润安：《北魏平城时代平城墓葬的文化转型》，《考古学报》2014年第1期。

[7] 《魏书》卷四《世祖太武帝纪》，中华书局1974年版，第88页。

[8] 《魏书》卷一〇二《西域传·序》，中华书局1974年版，第2260页。

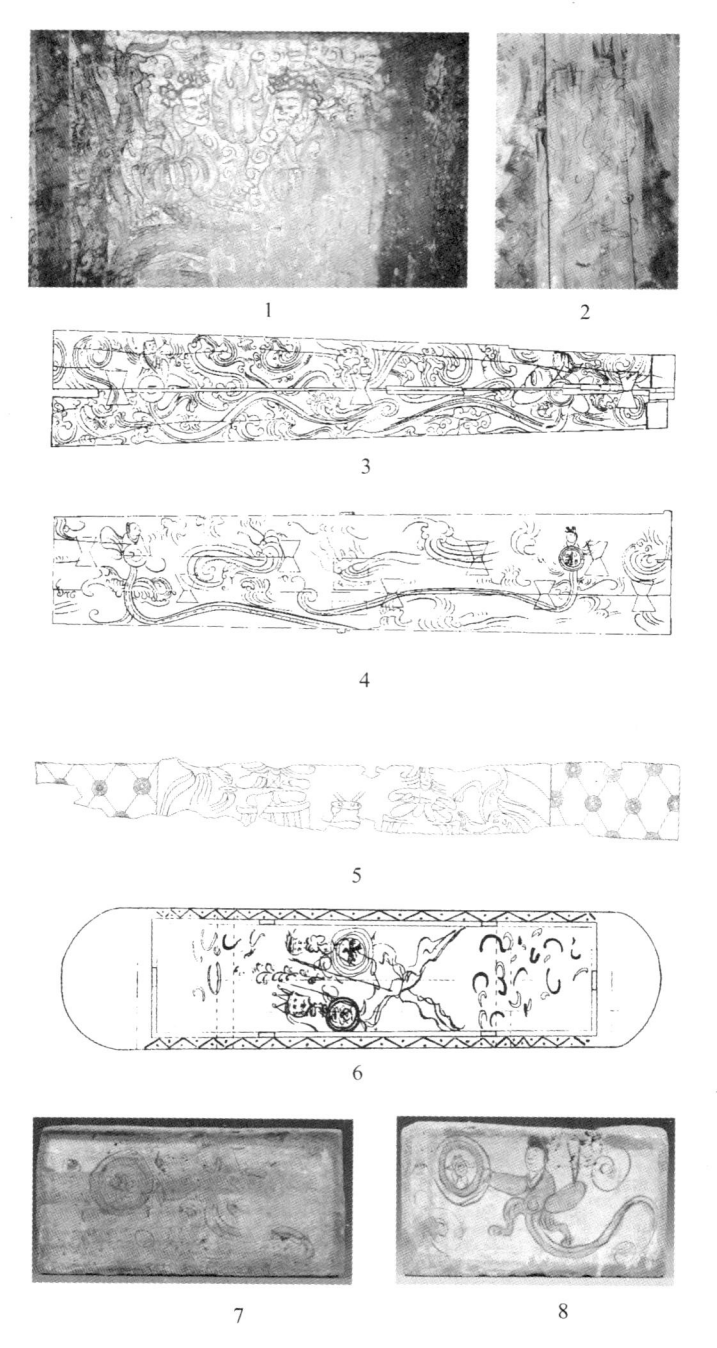

图五　北魏平城墓葬与河西魏晋十六国墓葬图像比较（二）

北魏平城墓葬中的河西因素　615

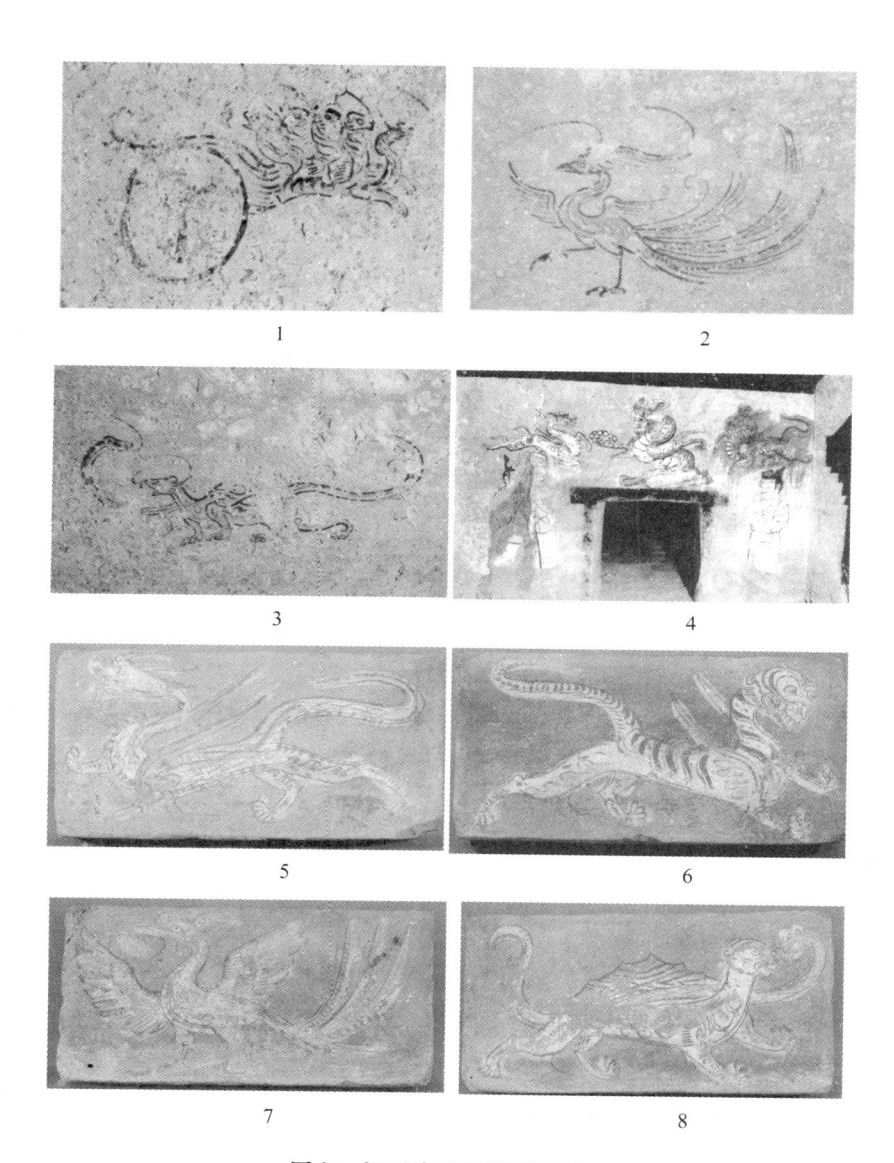

图六　河西魏晋墓葬四神图

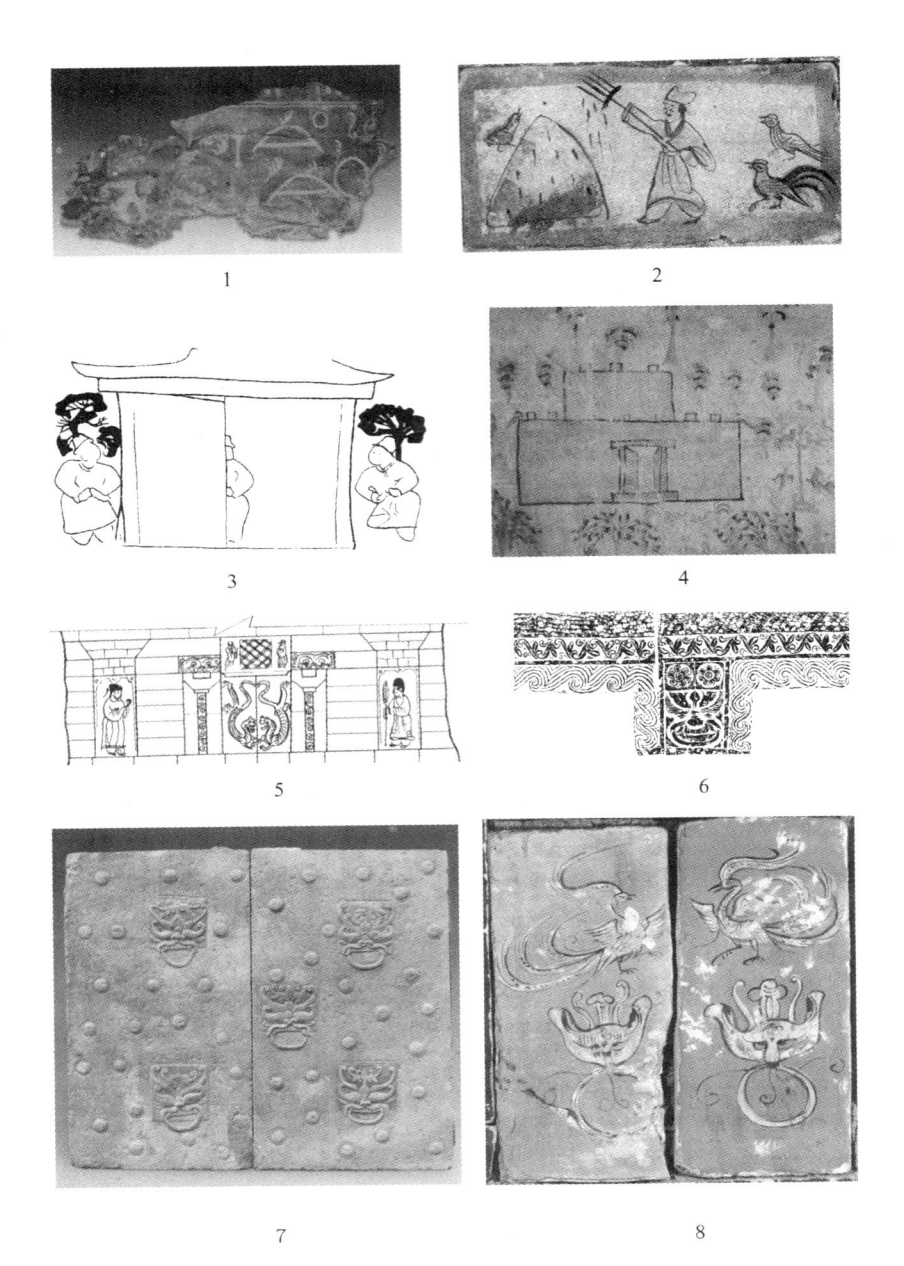

图七 北魏平城墓葬与河西魏晋十六国墓葬图像比较（三）

来的必要性不大。所以，外来商人此时没有集聚平城，而是客居凉州，尤以粟特人为多。439 年，太武帝出兵北凉，姑臧城破，大量粟特商人被俘就是例证。"其国商人先多诣凉土贩货，及克姑臧，悉见虏。高宗初，粟特王遣使请赎之，诏听焉。"① 高台县地埂坡魏晋墓 M4 前室北壁屋宇斗拱之下绘两胡人对坐，深目高鼻，络腮胡须，头戴尖顶高帽（图八：2）；前室东壁绘乐舞胡人 4 人，其中 2 人扛鼓、敲击（图八：3），2 人舞蹈（图八：4），皆髡发、绑腿。② 后者据考证就是粟特人③，前者则很可能是粟特贵族，或许就是墓主人。这些从河西迁入平城的粟特人又进一步促进了平城文化的丰富。

　　北魏攻灭北凉后，"徙凉州民三万余家于京师"④，凉州的贸易和文化中转作用被破坏。此后果已被有司所预见，北魏终将灭亡北凉而直面西域，因此灭北凉前夕他们就劝太武帝要着眼未来，"安可豫抑后来"，需主动建立与西域诸国的直接关系。太武帝"于是始遣行人王恩生、许纲等西使。恩生出流沙，为蠕蠕所执，竟不果达。又遣散骑侍郎董琬、高明等多赉锦帛，出鄯善，招抚九国，厚赐之。初，琬等受诏：便道之国，可往赴之。琬过九国，北行至乌孙国。其王得魏赐，拜受甚悦。谓琬等曰：'传闻破洛那、者舌皆思魏德，欲称臣致贡，但患其路无由耳。今使君等既到此，可往二国，副其慕仰之诚。'琬于是自向破洛那，遣明使者舌。乌孙王为发导译，达二国，琬等宣诏慰赐之。已而琬、明东还，乌孙、破洛那之属遣使与琬俱来贡献者，十有六国。自后相继而来，不间于岁，国使亦数十辈矣"⑤。董琬、高明这次出行，不仅与西域诸国建立了直接联系，而且增进了北魏对西域各国的了解，带回了丝绸之路交通线路的详细情报，使得北魏不依靠北凉也能通畅地利用丝绸之路。但是奔走于西域与平城之间的商人和使者，仍需主要沿河西走廊往返，河西

---

① 《魏书》卷一〇二《西域传·粟特传》，中华书局 1974 年版，第 2270 页。
② 吴荭：《甘肃高台地埂坡魏晋墓》，国家文物局主编《2007 中国重要考古发现》，第 84—91 页。
③ 郑怡楠：《河西高台墓葬中粟特人图像与酒泉胡人聚落——以河西高台地埂坡 M4 墓葬壁画为中心》，中共高台县委、高台县人民政府、甘肃敦煌学学会、敦煌研究院文献所、河西学院编《高台魏晋墓与河西历史文化研究》，甘肃教育出版社 2012 年版，第 489—500 页。
④ 《魏书》卷四《世祖太武帝纪》，中华书局 1974 年版，第 90 页。
⑤ 《魏书》卷一〇二《西域传·序》，中华书局 1974 年版，第 2260 页。

因此继续发挥着连通作用。

图八　高台县地埂坡魏晋墓 M4 粟特人图像

图九　北魏平城墓葬出土玻璃器

外来金银器和玻璃器是当时国际贸易中的高档货物，在北魏平城墓葬中都有发现。大同南郊北魏墓群出土有 4 件银器，即 M107 的鎏金錾花银碗、素面银罐，M109 的镏金錾花高足银杯、素面银碗。① 大同市小站村正始元年（504）封和突墓出土狩猎纹银盘 1 件。② 这些银器有西亚的，也有中亚的，都是经过丝绸之路由胡商携带来的。其路线很可能是从西域进入河西走廊，然后经过秦州路和鄂尔多斯沙漠东南边缘地区，流入平城。③ 北魏时期的玻璃器更是不断出土，种类多种多样，有碗、罐、瓶、壶、杯等。④ 随玻璃器传入平城的还有玻璃制造技术。《魏书·西域传·大月氏传》记载："世祖时，其国人商贩京师，自云能铸石为五色琉璃，于是采矿山中，于京师铸之。既成，光泽乃美于西方来者。乃诏为行殿，容百余人，光色映彻。观者见之，莫不惊骇，以为神明所作。自此中国琉璃遂贱，人不复珍之。"⑤ 此处的琉璃即玻璃。大同市迎宾大道墓群出土的玻璃壶 M16：4（图九：1），⑥ 无论从造型还是器表弦纹看，与北魏陶壶如出一辙；大同市七里村北魏墓群出土的玻璃碗 M6：6（图九：2）⑦ 也属于典型的北魏传统造型。这两件玻璃器应当是平城本地制造的。

粟特等胡人来到平城，在这个新兴的国际化大都市中，留下了比河西汉人更清晰的印迹。他们的商贸活动促进了平城经济的繁荣，日益成为人们关注的对象，商队中常用的运输畜力驼、驴被吸收进墓葬俑群，如宋绍祖墓出有骆驼 1 件、驴 2 件，⑧ 成为代表新时代的符号之一。粟特人还以其能歌善舞的民族特性融入平城高层人士的娱乐生活。如大同雁北师院北魏 M2 出土的一组陶杂技俑共 9 件，包括 7 件成年男俑、2 件童子俑，个个面相丰满，浓眉大眼，深目高鼻；6 个人立姿拍手或持乐器伴奏（图十：1—6），1 个人仰面，为主角，与 2 个童子表演"缘橦"杂技

---

① 山西大学历史文化学院、山西省考古研究所、大同市博物馆：《大同南郊北魏墓群》，第 224—233、235—243 页。
② 马玉基：《大同市小站村花疙瘩台北魏墓清理简报》，《文物》1983 年第 8 期。
③ [日] 前田正名：《平城历史地理研究》，李凭、孙耀、孙蕾译，书目文献出版社 1994 年版，第 286—291 页。
④ 高丁丁：《北魏平城的琉璃制造》，《文物世界》2008 年第 4 期。
⑤ 《魏书》卷一〇二《西域传·大月氏传》，中华书局 1974 年版，第 2275 页。
⑥ 大同市考古研究所：《山西大同迎宾大道北魏墓群》，《文物》2006 年第 10 期。
⑦ 大同市考古研究所：《山西大同七里村北魏墓群发掘简报》，《文物》2006 年第 10 期。
⑧ 刘俊喜主编：《大同雁北师院北魏墓群》，第 153—155 页。

图十　大同雁北师院北魏 M2 粟特杂技俑

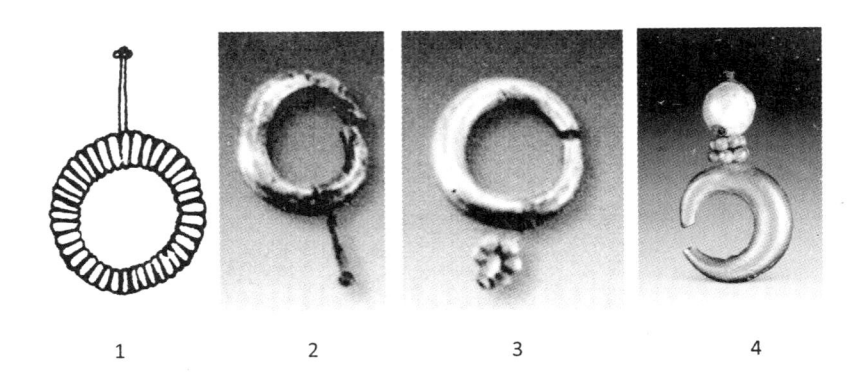

图十一　北朝出土粟特人耳饰举例

（图十：7）。① 粟特人的装饰品出现在平城。大同市南郊北魏墓群 M129：11 是 1 件环状金耳饰，主环为联珠圈，附一钉形小柱（图十一：1）。② 大同市七里村北魏墓群 M12 出土 3 件环状金耳饰，其中 1 件附一钉形小柱（图十一：2），还有 1 件所附小柱的另一端是一联珠圈小环（图十一：3）。③ 这种耳饰的主环与传统的单环式耳环相同，不易发现其真正来源。而西安北周史君墓中出土 1 件环状金耳饰，主环附一钉形小柱，小柱上穿有 1 颗珍珠和两层联珠圈（图十一：4）。④ 这使我们能够理解钉形小柱的作用，并了解到这种耳饰可能是粟特人的饰件。粟特人的葬俗也在平城有所体现。平城墓葬出有一种器物，被称为下颌托，至今已出土 13 件，其中 12 件出自大同南郊北魏墓群，是到目前为止国内外出土该器物最多的地点。⑤ 大同南郊北魏墓群 M107 的下颌托出土时仍完整地扣合在墓主人的头骨上，⑥ 恰好显示了下颌托的使用方法。下颌托可能是中亚草原游牧人在祆教影响下创造的一种遗物，随着信仰祆教的粟特人在北朝隋唐时期入华定居和迁徙而在中国传播。⑦

四 河西文化与北朝隋唐文明的传承

以往的研究在考察河西文化对北朝文明建构的重要作用时，常常着重于分析河西人士入魏后的所作所为。这些人士中，既有唐和、李宝、源贺等原西凉、南凉王族重臣，又有大批儒学人士，如敦煌张湛、刘昞、阚骃、索敞、江式，金城宗钦、赵柔、程骏以及武威阴仲达、段承根、常爽等。他们或著书立说，教授门徒，树立了重学崇儒的风尚，繁荣了北魏的学术文化；或参与制定北魏各种典章制度，以李宝幼子李冲最为

---

① 刘俊喜主编：《大同雁北师院北魏墓群》，第 52—55 页。
② 山西大学历史文化学院、山西省考古研究所、大同市博物馆：《大同南郊北魏墓群》，第 374—375 页。
③ 大同市考古研究所：《山西大同七里村北魏墓群发掘简报》，《文物》2006 年第 10 期。
④ 西安市文物保护考古研究院编著、杨军凯著：《北周史君墓》，文物出版社 2014 年版，第 43—44 页。
⑤ 王银田：《丝绸之路与北魏平城》，《暨南学报》（哲学社会科学版）2014 年第 1 期。
⑥ 山西大学历史文化学院、山西省考古研究所、大同市博物馆：《大同南郊北魏墓群》，第 230、233 页。
⑦ 冯恩学：《下颌托——一个被忽视的祆教文化遗物》，《考古》2011 年第 2 期。

突出，他是三长制的创立者，又是各种礼仪、官制的制定者，还是北魏迁都洛阳的设计者和执行者；同时，这些人还对北魏政治及军事做出了巨大贡献。① 然而，这样的研究角度使我们没有很好地注意北凉灭亡前河西文化如何对北魏产生影响。

从平城墓葬形制、墓葬图像所见河西因素看，这些影响是在北魏灭北凉之前就发生了的。其中很重要的途径之一是北凉与北魏的密切交往。北凉玄始元年（412），沮渠蒙逊自称河西王，此后"频遣使朝贡"北魏。北凉承玄四年（431），蒙逊送子安周至平城"内侍"。年底，北魏太武帝遣太常李顺持节前往姑臧册封蒙逊为假节加侍中、都督凉州西域羌戎诸军事、太傅、行征西大将军、凉州牧、凉王。北魏延和二年（433）四月，沮渠蒙逊病逝，其第三子沮渠牧犍嗣位，继续奉行向北魏称臣纳贡、通便修好的政策。北魏太武帝又遣李顺封拜他为都督凉沙河三州西域羌戎诸军事、车骑将军、开府仪同三司、领护西戎校尉、凉州刺史、河西王。北凉通过与北魏的密切交往，还实现了政治联姻。北魏太武帝迎娶蒙逊的女儿为夫人，之后把妹妹武威公主嫁给牧犍为妻。② 北凉频繁地向北魏献殷勤，甘为附庸，促成了北魏先东后西的统一战略，成为十六国割据政权中被北魏最后灭掉的大国。如果不发生武威公主被毒杀的突发事件，北凉仍会存在一段时间。在与北凉的政治、经济、文化交往中，北魏实际上获益颇多。平城河西因素的出现与强化，离不开北凉灭亡前所起的示范效应。北凉文化因素被引入到平城，恐与李顺有关。李顺是太武帝朝重臣，甚受宠待，前后受命12次出使凉州，③ 是北凉与北魏维持良好关系的关键人物。太武帝时期正值平城第一次推行汉化，李顺无论出于邀宠或仅是报告出使情况，都会把在北凉的所见所闻作为平城文化建设的建议呈递上去。此外，享有北魏宗室待遇的源贺、在平城开设学馆的常爽等在北魏灭北凉之前入魏，也可能是河西因素引入平城的另一途径。总之，到435年的沙岭壁画墓时，河西因素已成为模式化的壁画内容之一，显然是有关部门综合了相关建议所为，并作为一种规则加以实施。

---

① 陆离：《论诸凉入魏人士对北魏的政治、军事贡献》，《敦煌学辑刊》2000年第1期。
② 《魏书》卷九九《卢水胡沮渠蒙逊传》，中华书局1974年版，第2204—2206页。
③ 《魏书》卷三六《李顺传》，中华书局1974年版，第830—832页。

至于北魏灭北凉之后河西文化在平城墓葬中如何体现,我们看到的是寓居凉州的粟特人等胡人以其鲜明的文化特色渗透在平城墓葬之中,与河西士人的诸多贡献交相辉映。这提示我们,河西因素的载体不仅是河西王族和士人,还有久居凉州的外来胡人。胡人携带的文化信息也已成为河西丝路文化的重要组成部分,同样在北朝隋唐文明的创新中产生了不容小觑的影响。譬如,唐代金银器三大外来系统中有一项是粟特系统;[①] 骆驼形象在北魏时期达到表现的第一个高潮,在隋唐墓葬中更具有新意,孕育出了以"胡汉"相融为特色的唐文化;[②] 粟特等胡人进入河西定居,将西域乐舞带来,又糅合了河西当地的羌戎乐舞而形成"西凉乐",北魏太武帝平河西后得之,继而成为北朝隋唐乐舞文化的核心组成部分之一;[③] 下颌托北魏晚期在洛阳偃师、长安均有发现,入唐以后分布更广,先在北方流行而后扩散到南方,唐初为李唐上层接受,唐代中期开始向中下层汉人官吏中扩散[④]等。

可以期待的是,随着考古资料的继续发现,我们将能从更多的时空维度和更细的文化层面分析河西文化在北朝隋唐文明传承和创新中发挥的重要作用。

[①] 齐东方、张静:《唐代金银器皿与西方文化的关系》,《考古学报》1994年第2期。
[②] 齐东方:《丝绸之路的象征符号——骆驼》,《故宫博物院院刊》2004年第6期。
[③] 郑怡楠:《河西高台县墓葬壁画娱乐图研究——河西高台县地埂坡M4墓葬壁画研究之二》,《敦煌学辑刊》2010年第2期。
[④] 吴小平、崔本信:《三峡地区唐宋墓出土下颌托考》,《考古》2010年第8期。

长沙吴简中的《叩头死罪白》文书木牍

大阪教育大学　　[日] 伊藤敏雄

引　言

本文研究对象是长沙吴简中的《叩头死罪白》文书木牍（暂定名），在关注其编缀痕与编缀用空格的同时，对其特征与功用进行考察。

据汪力工介绍，长沙吴简中包含木牍 165 枚[1]。其中如《长沙走马楼 J22 发掘简报》[2]（以下，简称《发掘简报》）、《长沙走马楼二十二号井发掘报告》[3]（以下，简称《发掘报告》）例 15（J22-2695，后引［木牍 1］）与例 16（J22-2540，后引［木牍 3］），以及散见的木牍包括如下文句：开头在官职名、姓名之后以"叩头死罪白"开始，存在"被~敕"的文言，文末以"诚惶诚恐，叩头死罪死罪"结句，木牍末尾以日期与"白"结句（暂定名《叩头死罪白》文书木牍[4]）。

诚如高村武幸等所指出，"叩头死罪"是亦见于居延汉简的上行文书

---

[1]　汪力工：《略谈长沙三国吴简的清理与保护》，《中国文物报》2002 年 12 月 13 日第 8 版。

[2]　长沙市文物工作队、长沙市文物考古研究所：《长沙走马楼 J22 发掘简报》，《文物》1999 年第 5 期，第 4—25 页。

[3]　《长沙走马楼二十二号井发掘报告》，长沙市文物考古研究所、中国文物研究所、北京大学历史学系、走马楼简牍整理组编：《长沙走马楼三国吴简·嘉禾吏民田家莂（上）》，文物出版社 1999 年版，第 1—60 页。

[4]　[日] 伊藤敏雄：《长沙吴简中的"叩头死罪白"文书木牍小考——文书木牍与竹简との编缀を中心に—》，《历史研究》（大阪教育大学）第 51 号，2014 年，第 29—48 页。

的常用句①，其后的"白"亦属上行文书之文言，王素归为"关白"类上行文书②。后来，高村武幸指出接近于"公文书的书信"格式③。这类文书木牍，据笔者所见现阶段（2014年9月）能确认到10例④。

其中，关于《发掘简报》、《发掘报告》的例15与例16，已有胡平生与王素等做过系统研究⑤。不过，上述研究以个别木牍言文的异同与语句、内容解释等为主，并未就木牍自身的特征与文书行政上的功能进行探讨，亦未关注到编缀痕与编缀用空格⑥。最近，王彬并不限于单枚木牍，就与例16相关的四枚木牍的内容与关联进行了论证⑦，不过，仍未对木牍本身特征与文书行政上的功能进行讨论。

本稿在伊藤敏雄旧稿基础上⑧，对10例《叩头死罪白》文书木牍进

---

① ［日］高村武幸：《长沙走马楼吴简にみえる乡》，《长沙吴简研究报告·第2集》，长沙吴简研究会2004年版，第24—38页。

② 王素：《长沙走马楼三国孙吴简牍三文书新探》，《文物》1999年第9期，第43—50页。

③ ［日］高村武幸：《汉代文书行政における书信の位置付け》，《东洋学报》第91卷第1号，2009年，第1—33页。高村武幸：《秦汉时代の牍について》，《人文论丛》（三重大学人文学部文化学科）第30号，2013年，第57—71页。

④ 另有2000年5月参观长沙市博物馆时所见木牍1枚（参见［日］伊藤敏雄《长沙走马楼简牍调查见闻记》，《嘉禾吏民田家莂研究——长沙吴简研究报告·第1集》，长沙吴简研究会2001年版，第94—109页），因释读不正确，此处除外。

⑤ 胡平生：《长沙走马楼三国孙吴简牍三文书考证》，《文物》1999年第5期，第45—52页。王素：《长沙走马楼三国孙吴简牍三文书新探》，《文物》1999年第9期，第43—50页。

⑥ 另关于末尾有文言"破莂保据"的《发掘简报》《发掘报告》例8、例9，因存在编缀痕，侯旭东认为这些木牍与其他简相编缀，充当册书的簿书，木牍为簿书"首枚简"，木牍为簿书组成部分（侯旭东：《三国吴简两文书初探》，《历史研究》2001年第4期，第172—174页）。关于《叩头死罪白》木牍文书的编缀问题，伊藤敏雄与关尾史郎曾论及（［日］伊藤敏雄：《长沙吴简中的生口卖买と"估钱"征收をめぐって——"白"文书木牍の一例として—》，《历史研究》（大阪教育大学）第50号，2013年，第97—128页。［日］关尾史郎：《吴嘉禾六（二三七）年四月都市史唐玉白收送中外估具钱事"试释》，《东洋学报》第95卷第1号，2013年，第33—57页。）伊藤敏雄所指摘内容，承蒙2012年6月17日在木简交流会（于奈良大学）作报告时，角谷常子女士赐教，存在与竹简——同编缀的可能性。

⑦ 王彬：《吴简许迪割米案相关文书所见孙吴临湘侯国的司法运作》，《文史》2014年第2辑，第73—91页。

⑧ ［日］伊藤敏雄：《长沙吴简中的生口卖买と"估钱"征收をめぐって——"白"文书木牍の一例として—》，《历史研究》（大阪教育大学）第50号，2013年，第97—128页（以下，简称《伊藤敏雄2013》）。［日］伊藤敏雄：《长沙吴简中的"叩头死罪白"文书木牍小考——文书木牍と竹简との编缀を中心に—》，《历史研究》（大阪教育大学）第51号，2014年，第29—48页（以下，简称《伊藤敏雄2014》）。

行整理，并考察其特征与功能，探讨长沙吴简文书行政的实际情况。

一 私学出廷讯问案件的《叩头死罪白》文书木牍

较早为学界所知、且研究较深的木牍为下列［木牍1］[①]。有关［木牍1］，研究者已多有研究，如《发掘简报》介绍其为官府文书，胡平生作为案查文书进行了详细探讨[②]，王素定名为《劝农掾番琬白为吏陈晶举番倚为私学事》并进行了探讨[③]。

［木牍1］《发掘简报》《发掘报告》例15（J22-2695），长23.6、宽6.0、厚0.7cm。

1. 南乡劝农掾番琬叩头死罪白。被曹敕，发遣吏陈晶所举私学番
2. 倚诣廷言。案文书，倚一名文，文父广奏辞，本乡正户民，不为遗脱。辄
3. 操黄簿审实，不应为私学。乞曹列言府。琬诚惶诚恐，叩头死罪
4. 死罪。　　　　　　　　　　　　　　诣　功　曹
5. 　　　　　　　　　　　　　　　　　十二月十五日庚午白

上引［木牍1］为南乡劝农掾的番琬上给功曹的上行文书，此点已经明了。其内容是：番琬接受功曹命令，让吏陈晶检举的私学（庇护民）番倚出廷[④]，接受审问。并把审问结果——番倚是南乡正户，并非私

---

① 下面的释文，除先行研究之外，还根据图版与实地考察结果对释文原文略作修正。因篇幅原因，除论证所需者外，文字校勘省略。另黑体字表示草书判词，"｜"符合表示编缀用空格。
② 胡平生：《长沙走马楼三国孙吴简牍三文书考证》，《文物》1999年第5期，第45—52页。
③ 王素：《长沙走马楼三国孙吴简牍三文书新探》，《文物》1999年第9期，第43—50页。
④ 王素、宋少华认为是请求允许私学一事（王素：《长沙走马楼三国孙吴简牍三文书新探》，《文物》1999年第9期，第43—50页。王素、宋少华：《长沙走马楼三国吴简的新材料与旧问题——以邸阁、许迪案、私学身份为中心》，《中华文史论丛》2009年第1期，第1—26页）。然与［木牍2］一同考虑的话，应是检举谎称私学者，让其出庭。

学——事报告给功曹，并请求向郡府报告①。

类似内容的木牍还有［木牍2］。王素、宋少华以《劝农掾黄原白为索箪为私学文书》（柒－总54116［2］）进行了介绍②，但不在刊于《长沙走马楼三国吴简·竹简〔柒〕》③。2014年3月在长沙简牍博物馆阅览时的编号为87690。

［木牍2］柒－总54116［2］（《王素、宋少华2009》④），简牍博物馆整理编号87690，长24.7、宽3.4、厚0.9cm

    1. 广成乡劝农掾黄原叩头死罪白。被曹敕，摄录私学索箪诣廷言。案文书，箪

    2. 名专，与州卒潘止同居共户，本乡领民，不应给私学。愿乞列言。原诚惶诚恐，叩

    3. 头死罪。

（后欠）

与［木牍1］相同，［木牍2］是上行文书。其内容是：广成乡劝农掾的黄原接受曹（功曹？）命令，让私学索箪出廷接受审问。并就审问结果——索箪是广成乡领民，并非私学——事进行报告，并请求向郡府报告。因后部断裂，收件人"诣—"与日期不明，应与［木牍1］相同，收件人是功曹。

笔者就［木牍1］，在《发掘简报》与《湖南省出土古代文物展　古

---

① 参见胡平生《长沙走马楼三国孙吴简牍三文书考证》，《文物》1999年第5期，第45—52页。王素《长沙走马楼三国孙吴简牍三文书新探》，《文物》1999年第9期，第43—50页。王素、宋少华《长沙走马楼三国吴简的新材料与旧问题——以邸阁、许迪案、私学身份为中心》，《中华文史论丛》2009年第1期，第1—26页。［日］富谷至《3世纪から4世纪にかけての书写材料の变迁——楼兰出土文字资料を中心に》，富谷至编《流沙出土の文字资料　楼兰·尼雅文书を中心に》，京都大学学术出版会2001年版，第520页。［日］高村武幸：《长沙马楼吴简にみえる乡》，《长沙吴简研究报告·第2集》，长沙吴简研究会2004年版，第24—38页。

② 王素、宋少华：《长沙走马楼三国吴简的新材料与旧问题——以邸阁、许迪案、私学身份为中心》，《中华文史论丛》2009年第1期，第1—26页。

③ 长沙简牍博物馆、中国文化遗产研究院、北京大学历史学系、故宫研究院古文献研究所编《长沙走马楼三国吴简·竹简〔柒〕（上）（中）（下）》，文物出版社2013年版。

④ 王素、宋少华：《长沙走马楼三国吴简的新材料与旧问题——以邸阁、许迪案、私学身份为中心》，《中华文史论丛》2009年第1期，第1—26页。

代中国の文字と至宝》图版上确认到 2 条编缀痕①，就［木牍 2］，在长沙简牍博物馆阅览时，确认到 2 条编缀痕。

二　许迪割米案件《叩头死罪白》文书木牍

与［木牍 1］相同，较早为学界所知的是［木牍 3］许迪割米案件。有关［木牍 3］，研究者已多有研究，如《发掘简报》介绍其为官府文书，胡平生作为考实文书进行了详细探讨②，王素定名为"录事掾潘琬白为考实吏许迪割用余米事"并进行了探讨③。

［木牍 3］《发掘简报》《发掘报告》例 16（J22 - 2540）（暂定名"许迪案件 1"），长 25.2、宽 9.6、厚 0.6cm

1. 录事掾潘琬叩头死罪白。过四年十一月七日被督邮敕，考实吏许迪。辄与核事吏赵谭、

2. 都典掾烝若、主者史李珠前后穷核考问。迪辞，卖官余盐四百廿六斛一斗九升八合四勺，偪米

3. 二千五百六十一斛六斗九升，已二千四百卌九斛一升付仓吏邓隆谷荣等，余米一百一十二斛六斗八升，迪割

4. 用饮食，不见为禀直。事所觉后，迪以四年六月一日偷入所割用米毕，付仓吏黄瑛等。

5. 前录见都尉，知罪深，重诣言不割用米。重复实核迪，故下辞服，割用米审。前后榜押迪凡 百（？）

6. 日，不加五毒。据以迪□□（事？）服辞结罪，不枉考迪。乞曹重列言府。傅前解，谨下启。琬诚

7. 惶诚恐，叩头死罪死罪。

---

① 每日新闻社、（财）每日书道会编/西林昭一总合监修：《湖南省出土古代文物展　古代中国の文字と至宝》，每日新闻社、（财）每日书道会，2004 年，第 95 页。
② 胡平生：《长沙走马楼三国孙吴简牍三文书考证》，《文物》1999 年第 5 期，第 45—52 页。
③ 王素：《长沙走马楼三国孙吴简牍三文书新探》，《文物》1999 年第 9 期，第 43—50 页。

8. 若　　　　　　　　　　　　　　　　　　二月十九日戊戌 白

　　就［木牍3］而言，收件人"诣～"并未被记录。不过，第6行可见"乞曹重列言府"一文，可见是录事掾潘琬上给曹（功曹）的上行文书。其内容是，嘉禾四年（235）11月7日接受督邮之命，审问吏许迪，并把其结果在嘉禾五年（236）2月19日进行报告。具体而言，首先介绍潘琬与核事吏赵谭、都典掾烝若①、主者史李珠共同审讯，得知许迪出售官余盐②426斛1斗9升8合4勺，换得米2561斛6斗9升，其中的2449斛1升缴纳给仓吏邓隆等，其余的米112斛6斗8升，迪自己贪污充作饮食，被发觉之后迪在嘉禾四年6月1日暗中把偷得的米返还给仓吏黄瑛等，见到都尉（军粮都尉？）得知罪重，但声言未贪米，之后记录经反复核实，迪供述认罪，贪污米为事实。其次，记录榜押（包括拷问等审讯）迪，约百日，不给五毒，因迪认罪而定罪，并未对迪进行非法审问，以及审讯的合理性。接下来记录到恳求曹（功曹）再三上报给府，并附"前解"进行报告。对此报告，长官（临湘侯相）③下

---

①　《发掘简报》以来，一直释读作"部典掾烝若"，《长沙走马楼三国吴简·竹简〔壹〕》至《长沙走马楼三国吴简·竹简〔肆〕》中不见"部典掾"之名，宋少华编《湖南长沙三国吴简（四）》（重庆出版社，2010年）第29页记有"都典掾烝若"，故为"都典掾烝若"。

②　此余盐，据后文［木牍4］"前列 簿 言郡，但列得米二千四百卌九斛一升"一文，可知是郡盐。

③　王素认为是郡守（王素：《长沙走马楼三国孙吴简牍三文书新探》，《文物》1999年第9期，第43—50页。）但是，《发掘报告》黑白版六-2（J22（3）2634）如下：

1. 铁釜一口　　缯一张
2. 铁历（鬲）一口
　　　　此（？）物已出（？）当入当白还之
3. 铜炉一口
4. 铜马镞一口　·右吏张惕家物五种见右库　六月廿一日库吏 殷 连白

因为关于县库物品补写判词，笔者认为长官是临湘侯相。

判断为"诺"①。

关于许迪割米的木牍,除[木牍3]以外,现阶段还能确认到以下三枚。[木牍4]是长沙简牍博物馆2008年以来进行展示的木牍,笔者曾做过尝试性解读,王彬介绍了详细的释文②。[木牍5]2000年在长沙市平和堂五楼展览室曾被展示(是否为实物不明),展柜内介绍做《处理官吏涉嫌贪污盐米的司法木牍文书》③,胡平生、李天虹作司法文书④,王素、宋少华按《中贼曹掾陈旷白为考实大男许迪割食盐贾米事》介绍了释文⑤。至于[木牍6],刘涛首次进行介绍,刊出了部分释文与很小的图版⑥,宋少华编《湖南长沙三国吴简(三)》第29页刊出了彩色图版与释文⑦。

[木牍4]长沙简牍博物馆展示木牍(编号、尺寸不详,暂定名许迪案件2,此处修正《伊藤敏雄2013》暂定名)。

---

① 参见胡平生《长沙走马楼三国孙吴简牍三文书考证》,《文物》1999年第5期,第45—52页。王素:《长沙走马楼三国孙吴简牍三文书新探》,《文物》1999年第9期,第43—50页。侯旭东:《三国吴简两文书初探》,《历史研究》2001年第4期,第172—174页。王子今:《走马楼许迪剐事文牍释读商榷》,《郑州大学学报》2001年第4期,第109—111页。胡平生、李天虹《长江流域出土简牍与研究》,湖北教育出版社2004年版,第607—611页。徐世虹:《对两件简牍法律文书的补考》,中国政法大学法律古籍整理研究所编《中国古代法律文献研究》第二辑,中国政法大学出版社2004年版,第86—104页。王素、宋少华:《长沙走马楼三国吴简的新材料与旧问题——以邸阁、许迪案、私学身份为中心》,《中华文史论丛》2009年第1期,第1—26页。王彬:《吴简许迪割米案相关文书所见孙吴临湘侯国的司法运作》,《文史》2014年第2辑,第73—91页。[日]籾山明:《中国古代诉讼制度の研究》,京都大学学术出版会2006年版,第97—99页。

② 王彬:《吴简许迪割米案相关文书所见孙吴临湘侯国的司法运作》,《文史》2014年第2辑,第73—91页。

③ [日]伊藤敏雄:《长沙走马楼简牍调查见闻记》,《嘉禾吏民田家莂研究——长沙吴简研究报告·第1集——》,长沙吴简研究会2001年版,第94—109页。

④ 胡平生、李天虹:《长江流域出土简牍与研究》,湖北教育出版社2004年版,第607—611页。

⑤ 王素、宋少华:《长沙走马楼三国吴简的新材料与旧问题——以邸阁、许迪案、私学身份为中心》,《中华文史论丛》2009年第1期,第1—26页。

⑥ 刘涛:《中国书法史·魏晋南北朝卷》,江苏教育出版社2002年版,第67页。

⑦ 宋少华编:《湖南长沙三国吴简(三)》(中国简牍书法系列),重庆出版社2010年版,第29页。

1. 录事掾潘琬死罪白。被敕，重｜考实吏许迪坐割盗盐｜米意，状言。案文书，重实

2. 核。迪辞，卖余盐四百廿六斛｜一斗九升八合四勺得米二千五｜百六十一斛六斗九升，前列簿

3. 言郡，但列得米二千四百卌｜九斛一升。余米一百一十二斛六｜斗八升迪割用饮食。前□（见?）

4. 都（?）尉虚言用备擿米，□｜实割用米。审实。谨列｜迪辞，状如牒。乞曹列言府。

5. 琬诚恐叩头，死罪死罪

6. 　　　　　　　　　｜诣? 金曹

7. 　　　　　　　　　｜三月廿八日白

看来，[木牍3] 报告之后，事情没有结果，有关许迪割米案件审查的往来文书继续存在。[木牍4] 是录事掾潘琬上给金曹的上行文书，是接受金曹之命，再次审讯吏许迪后，将其结果于嘉禾五年3月28日进行的报告。记录的内容是：潘琬再次审讯时，许迪供词言，出售余盐换得米后，付簿报郡，只得米2449斛1升，其余为许迪贪污充当饮食，但见到都尉（军粮都尉?）时谎言其余米充作擿米，实际情况是自己贪米，因此记作贪污属实。之后，再恳求列上许迪之辞，如牒报告，请曹（金曹）上报府上[1]。

---

[1] 参见王彬《吴简许迪割米案相关文书所见孙吴临湘侯国的司法运作》，《文史》2014年第2辑，第73—91页。徐畅：《走马楼吴简竹木牍的刊布及相关研究述评》，魏晋南北朝史研究的新探索——魏晋南北朝史学会第十一届年会暨国际学术研讨会报告（于北京市），2014年。第7行"三月廿八日"，笔者曾为"十一月八日"或"四月廿八日"。又徐畅作"十一月廿八日"。现在因为不能断定，在此从王彬。

[木牍5]《王素、宋少华2009》① 第10页（J22-2673②）（暂定名许迪案件3，此处修正《伊藤敏雄2013》稿暂定名），长24.9、宽7.9、厚0.5cm。

1. 中贼曹掾陈旷叩头死罪白。被│曹敕，考实大男许迪知断│用│所卖官盐贾米一百一十二斛六斗

2. 八升与不言。案文书，被敕，辄考│问。迪辞，所领盐贾米一百一十│二斛六斗八升，迪自散用饮食尽。

3. 县前结迪斩罪，惧怖罪重，反│辞，虚言以米雇摘，令弟冰持│草归家改定。迪手下辞，不以米

4. 雇摘自割食米。审实。谨列│见辞，状如牒。请以辞付本曹，│据科治罪。谨下启白。旷诚惶诚

5. 恐，叩头死罪死罪。

6. 若　　　　　　　　　　　│四月廿一日白

[木牍5]第5行与第6行间的收件人部分"诣—"原本不存在，抑或是文字业已消失。据其内容考虑，应是嘉禾五年4月21日中贼曹掾陈旷上给功曹的上行文书③。内容是：陈旷受曹（功曹）之命令，审问许迪。许迪供述，贪污盐贾米112斛6斗8升充当饮食，因县断为斩罪，深

---

① 王素、宋少华：《长沙走马楼三国吴简的新材料与旧问题——以邸阁、许迪案、私学身份为中心》，《中华文史论丛》2009年第1期，第1—26页。
② 笔者2014年3月在长沙市文物考古研究所阅览本木牍时，确认了编号。
③ 王彬、徐畅作中贼曹掾（王彬：《吴简许迪割米案相关文书所见孙吴临湘侯国的司法运作》，《文史》2014年第2辑，第73—91页。徐畅：《走马楼吴简竹木牍的刊布及相关研究述评》，魏晋南北朝史研究的新探索——魏晋南北朝史学会第十一届年会暨国际学术研讨会报告（于北京市），2014年）。但是，"掾"为"曹"长（严耕望：《中国地方行政制度史·上编·卷上·秦漢地方行政制度》"中央"研究院历史语言研究所，1961年版，第113页。[日] 仲山茂《漢代の掾史》，《史林》第81卷第4号，第67—100页）。因为中贼曹掾为中贼曹的长官，所以不能作中贼曹掾。笔者认为是功曹掾。

恐罪重，故翻供诈称雇摘米①，并使其弟冰持菒（荝）回家篡改，并供述迪的部下亦未雇摘米，而是自己贪污米充作食量，故定为贪污属实，决定列"见（现）辞"如牒报告，并附"辞"给本曹（中贼曹），请求允许据科定罪。对此报告，长官（临湘侯相）下判断为"诺"②。

［木牍6］宋少华编《湖南长沙三国吴简（三）》③ 第29页（J22 - 2539④）（暂定名许迪案件4），长25.1、宽8.9、厚0.5cm。

1. 录事掾潘琬死罪白。关启应，户（功?）曹召坐大男许迪，见督军攴辞言，不

2. □（饮?）食所领盐贾米一百一十二斛六斗八升。郡曹启府君，执鞭核事掾

3. 陈旷一百，杖琬卅。敕令更五毒考迪。请敕，旷及主者掾石彭考实

4. 迪，务得事实。琬死罪死罪

5. **然考人当如官法不得妄加毒痛**

6. 　　　　　　　　　　　　　　五月七日壬申　　白

［木牍6］无收件人"诣—"部分，第3行有"请敕"，看来是请求

---

① 关于第3行"反辞"，平和堂展示柜作"反辞"（伊藤敏雄：《长沙走马楼简牍调查见闻记》，《嘉禾吏民田家莂研究——长沙吴简研究报告·第1集——》，长沙吴简研究会2001年版，第94—109页）。胡平生、李天虹作"及辞"（胡平生、李天虹《长江流域出土简牍与研究》，湖北教育出版社2004年版，第607—611页）。王素、宋少华、王彬作"又辞"（王素、宋少华《长沙走马楼三国吴简的新材料与旧问题——以邸阁、许迪案、私学身份为中心》，《中华文史论丛》2009年第1期，第1—26页。王彬：《吴简许迪割米案相关文书所见孙吴临湘侯国的司法运作》，《文史》2014年第2辑，第73—91页）。据2000年的参观结果与《湖湘简牍书法选集》、《湖南出土简牍选编》图版（张春龙、宋少华、郑曙斌主编《湖湘简牍书法选集》，湖南美术出版社2012年版，第278页。郑曙斌、张春龙、宋少华、黄朴华编《湖南出土简牍选编》，岳麓书社2013年版，第358页。），笔者作"反辞"。

② 参见王彬《吴简许迪割米案相关文书所见孙吴临湘侯国的司法运作》，《文史》2014年第2辑，第73—91页。

③ 宋少华编《湖南长沙三国吴简（三）》（中国简牍书法系列），重庆出版社2010年版，第29页。

④ 笔者2014年3月在长沙简牍博物馆阅览本木牍时，确认了编号。

长官（临湘侯相）命令之文，相当于开头"叩头死罪白"部分为"死罪白"，文末"诚惶诚恐，叩头死罪死罪"部分为"死罪死罪"。样式呈简略化，现尚不明其理由。其内容是：因许迪见督军时翻供否认贪污盐贾米，郡曹向府君（郡守）报告，并允许核事掾陈旷实施鞭打一百，琬实施杖打三十。然仍未供述，故希望下达命令允许另加五毒审问许迪，请求陈旷与主者掾石彭一同审问许迪，弄清实情。不过，长官（临湘侯相）断定审讯罪人应按官法，不能妄加毒痛，未允许施加五毒①。

关于［木牍 3］，笔者在《发掘简报》与《湖南省出土古代文物展——古代中国の文字と至宝》图版上确认到 2 条编缀痕。［木牍 4］，则在 2009 年 9 月参观长沙简牍博物馆时注意到存在 2 条编缀用空格，2014 年 3 月在同一博物馆参观时确认到与 2 条编缀用空格并存的刻线。关于［木牍 5］，在《发掘简报》第 17 页刊载的黑白图板上能够确认到 2 条编缀用空格。进言之，据《湖湘简牍书法选集》第 278 页、《湖南出土简牍选编》简 44 彩色图版②，可确认到 2 条编缀用空格与刻线。另笔者 2014 年 3 月在长沙市文物考古研究所阅览本木牍时，确认了 2 条编缀用空格与刻线。关于［木牍 6］，据宋少华编《湖南长沙三国吴简（三）》第 29 页图版③，以及笔者 2014 年 3 月在长沙简牍博物馆的实地调查，能确认到 2 条编缀痕，其编缀痕之上可见草书体墨书判语文字，据此可知是解开编缀后写上了判语。

笔者在［木牍 1］［木牍 2］上确认到 2 条编缀痕，而在［木牍 3］［木牍 6］上亦确认到 2 条编缀痕，在［木牍 4］［木牍 5］上确认到 2 条编缀用空格与刻线。这些编缀痕与编缀用空格、刻线代表何意？另外，有无 2 条编缀用空格与刻线意味什么？关于此点，如《伊藤敏雄 2013》《伊藤敏雄 2014》中所考察，《竹简〔肆〕》中可见到木牍被当作竹简编

---

① 参见王彬《吴简许迪割米案相关文书所见孙吴临湘侯国的司法运作》，《文史》2014 年第 2 辑，第 73—91 页。另［木牍 6］中，相当于"被～敕"的部分欠缺。据内容考虑，并非接受命令后作的报告，而是自主作报告并请示命令。第 1 行"户（功？）曹"，释文原文作"户曹"，据实地调查结果有为"功曹"的可能性。

② 张春龙、宋少华、郑曙斌主编：《湖湘简牍书法选集》，湖南美术出版社 2012 年版，第 278 页。郑曙斌、张春龙、宋少华、黄朴华编：《湖南出土简牍选编》，岳麓书社 2013 年版，第 358 页。

③ 宋少华编：《湖南长沙三国吴简（三）》（中国简牍书法系列），重庆出版社 2010 年版，第 29 页。

缀的事例。下文与《伊藤敏雄 2013》、《伊藤敏雄 2014》部分重复，因论证所需，此处整理如下。

三 有关生口买卖与"估钱"征收的《叩头死罪白》文书木牍

《长沙走马楼三国吴简·竹简〔肆〕》[①]（以下，简称《竹简〔肆〕》）刊有 4 枚《叩头死罪白》文书木牍。首先，作为被当做竹简编缀的木牍，可举出有关生口买卖与"估钱"征收的文书木牍如下[②]。

［木牍 7］肆·1763（1），长 24.8、宽 9.4、厚 1.2cm

  1. 都市史唐王叩头死罪｜白。被曹敕，条列起嘉禾六｜年正月一日讫三月卅日吏民所

  2. 私卖买生口者、收责估｜钱言。案文书，辄部会｜郭客料实。今客辞，男子

  3. 唐调、雷逆、郡吏张桥各｜私买生口，合三人，直钱十九｜万，收中外估具钱一万九千。谨

  4. 列言，尽力部客收责逆、｜调等钱，传送诣库。复言。｜王诚惶诚恐，叩头死罪死罪。

  5.   ｜诣 金 曹
  6.   ｜四月七日白

如《伊藤敏雄 2013》中所考察，木牍内容是，都市史唐王受金曹命令，列条归纳自嘉禾六年（237）正月 1 日至 3 月 30 日为止的吏民私人生口（奴隶）买卖及与其相应征收的"估钱"（交易税）情况，并在嘉禾六年 4 月 7 日向金曹所做的报告文书。其报告内容是：接受金曹命令后，指使部会（其部下，即官营中间商吏）郭客调查数量，郭客上报男

---

① 长沙简牍博物馆、中国文化遗产研究院、北京大学历史学系、走马楼简牍整理组编《长沙走马楼三国吴简·竹简〔肆〕（上）（中）（下）》，文物出版社 2011 年版。
② 第 4 行"逆、调"，释文原文作"送调"，此据实地调查结果和凌文超论文更正（凌文超：《走马楼吴简中的所见的生口买卖——兼谈魏晋封建论之奴客相混》，《史学集刊》2014 年第 4 期，第 73—81 页）。

子唐调、雷逆与郡吏张桥各自出售私人生口，3人合计共19万钱，作为"中外估具钱"（交易税）征收了一成1万9000钱，竭尽全力指使部（"部会"之略）郭客征收，并把雷逆、唐调等人的"中外估具钱"运至库[①]。图版上能确认到2条编缀用空格，2014年8月在长沙简牍博物馆阅览时亦确认到2条刻线。

据《竹简〔肆〕》，[木牍7]与竹简肆·1718—1763一同出土，其中包含与[木牍7]内容相关的以下竹简（竹简编缀用空格或编缀痕以"｜"表示。[竹简7-7]据推测补充。）。

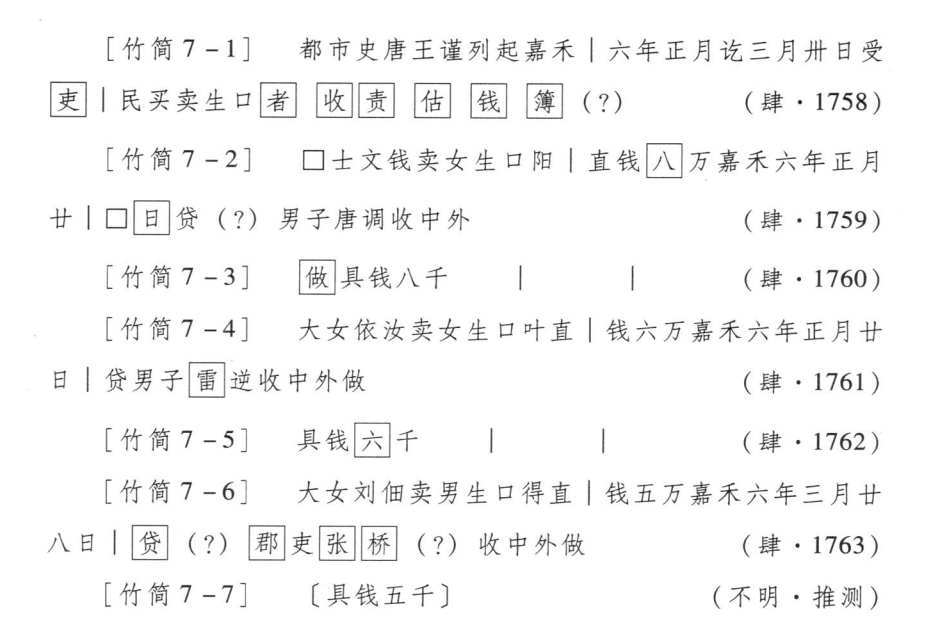

[竹简7-1]　都市史唐王谨列起嘉禾｜六年正月讫三月卅日受 吏｜民买卖生口 者 收 责 估 钱 簿 （？） 　　　　（肆·1758）

[竹简7-2]　□士文钱卖女生口阳｜直钱 八 万嘉禾六年正月廿｜□ 日 贷（？）男子唐调收中外 　　　　　　　　（肆·1759）

[竹简7-3]　 做 具钱八千　　｜　　｜ 　　　　　　　（肆·1760）

[竹简7-4]　大女依汝卖女生口叶直｜钱六万嘉禾六年正月廿日｜贷男子 雷 逆收中外做 　　　　　　　　　　　（肆·1761）

[竹简7-5]　具钱 六 千　　｜　　｜ 　　　　　　　　（肆·1762）

[竹简7-6]　大女刘佃卖男生口得直｜钱五万嘉禾六年三月廿八日｜ 贷 （？） 郡 吏 张 桥 （？）收中外做 　　（肆·1763）

[竹简7-7]　〔具钱五千〕 　　　　　　　　　　　　　（不明·推测）

以上竹简包括两部分，第一部分表题简（[竹简7-1]），是都市史唐王按条上奏自嘉禾六年正月至3月30日为止受理的、进行生口买卖的吏民及与其相应征收的"估钱"簿（？），第二部分是关于生口买卖与

[①] 亦请一并参见关尾史郎《"吴嘉禾六（二三七）年四月都市史唐玉白收送中外估具钱事"试释》，《东洋学报》第95卷第1号，2013年，第33—57页。熊曲：《论长沙走马楼吴简中"生口"及相关问题》，中国文化遗产研究院编《出土文献研究（第十二辑）》，中西书局2013年版，第327—339。凌文超：《走马楼吴简中的所见的生口买卖——兼谈魏晋封建论之奴客相混》，《史学集刊》2014年第4期，第73—81页。

"估钱"征收的簿籍本文简（［竹简7-2］以下），是［木牍7］所言按条列出的内容。另《竹简〔肆〕》刊载的《揭剥位置示意图（图八）》上，［竹简7-1］—［竹简7-6］靠近［木牍7］背面，按从左至右顺序排列。

因此，可认为［木牍7］与［竹简7-1］—［竹简7-7］等一起编缀，［木牍7］是上行文书，同时当做竹简编缀，兼具书状之性质。鉴于后面介绍的［木牍9］有"谨列人名口食年纪，右别为簿如牒"之文，即木牍右侧（前）附有人名口食年纪簿，［木牍7］右侧（前）附有［竹简7-1］—［竹简7-7］等竹简簿籍的可能性很大。

关于居延汉简，永田英正介绍了簿籍与书状成套的事例，即书状附于簿籍之后的《永元五年（93）兵釜磑簿》（简番号128·1，出土时呈编缀状态），以及书状附于簿籍之前的《橐他莫当燧守御器簿》（简番号EJT37·1537—1558，发现时呈散状，后排列复原）①。相反，冨谷至重视前者以编缀状态出土，主张后者的书状（送达文言简）等属于册书最后部分②。看来，居延汉简的情况是书状位于簿籍之后，故关于［木牍7］，可认为其右侧（前）附有竹简簿籍。

据此可认为，［竹简7-1］为表题简，之后编缀有簿籍本文简［竹简7-2］—［竹简7-7］（［竹简7-7］所在不明），接下来编缀有［木牍7］。另还可认为，［木牍7］之前编缀有统计简等，但因编缀散开后，与［竹简7-7］一同脱落消失了。

四 关于借贷种粮的《叩头死罪白》文书木牍

接下来，笔者就关于借贷种粮的《叩头死罪白》文书木牍与竹简进行整理与探讨。该文书木牍如下（第三行"仓曹"，释文原文作"金曹"，此据图版更正）。

［木牍8］肆·3904（1），长24.5、宽7.5、厚0.8cm

1. 从掾位刘钦叩头死罪白。｜谨达所出二年税禾给｜贷民为三

---

① ［日］永田英正：《居延汉简の研究》，同朋舎1989年版，第330—339页。
② 冨谷至：《秦汉刑罚制度の研究》，同朋舎1998年版，第7—10页。

年种粮,谨罗列

  2. 人名为簿如牒。请以付曹拘｜校。钦惶怖,叩头死罪死罪。｜

  3.   ｜诣 仓 曹

  4.   ｜八月四日白

该［木牍8］呈《叩头死罪白》文书木牍体例,但欠缺"被～敕"部分,文末为"惶怖,叩头死罪死罪"。其内容是,从掾位刘钦报告言二年(嘉禾二年)出税禾借贷给民充当三年(嘉禾三年)用种粮,并罗列借入人名成簿提出。该文书事关借贷种粮,看来是日常业务,"被～敕"部分存在省略的可能性。在图版上可确认到2条编缀用空格与编缀痕,2014年3月阅览时也确认到刻线。第2—3行写有"谨罗列人名为簿如牒",故可认为是编缀罗列人名的簿籍进行报告。

据《竹简〔肆〕》,与［木牍7］一同出土的肆·3894～3904中,可见如下竹简。

  ［竹简8-1］ ☑男子诵成三斛　｜男子诵十五斛　（肆·3894）
        【注】"十五"前或脱人名。

  ［竹简8-2］ 男子□恒卅二斛　｜男子潭山六斛　｜男子潭艓十斛　（肆·3896）

  ［竹简8-3］ 男子诵喜三斛五斗　｜男子王虑(?)□斛　｜吏潭□十五斛　（肆·3897）

  ［竹简8-4］ 男子区既九斛八斗　｜　　｜　（肆·3898）

  ［竹简8-5］ ·右十六人乞贷种粮｜禾二百七十六斛七斗｜帅 刘 租 主　（肆·3895）

  ［竹简8-6］ ……粺米四斛□斗给为藏粺……（肆·3901）

  ［竹简8-7］ ……｜禾十二斛六斗给为佃｜粮 帅 □ □　（肆·3902）

其中,［竹简8-1］～［竹简8-4］列有人名与谷物量,与［木牍

8]罗列人名成簿的记录相符。[竹简8-5]是统计简,记有人数与请求借贷种粮之合计,故[竹简8-1]—[竹简8-4]属于统计简的可能性很大。另《竹简[肆]》刊载的"揭剥位置示意图(图十七)"中,[竹简8-1]—[竹简8-5])虽略远于[木牍8],但属于一个整体。

属于统计简的[竹简8-5]记有"十六人",[竹简8-2],[竹简8-3]各记作3人,可认定[竹简8-1]亦原本记有3人,故[竹简8-4]为1人,属于[竹简8-5]之前,[竹简8-3]之后之简。因[竹简8-1]—[竹简8-4]的4简共9人,故可推定,记有6人的2枚正文简与表题简失踪。据此可推定,最初在[木牍8]之前编缀有表题简与正文简六枚(包括[竹简8-1]—[竹简8-4]4枚),以及[竹简8-5]的统计简①。

类似于[竹简8-5]的统计简,除与[木牍8]一同出土的竹简之外,还可见如下竹简。

[竹简8-8] □　·右一人乞贷种粮｜禾合二百五十九斛一斗给为藏粇｜帅　廖　鄱　☑　　　　　　　　(肆·3885)

[竹简8-9]　……贷种粇｜禾合廿七斛五斗给为佃粮｜帅　章仲　主　　　　　　　　　　　　　　　　(肆·3893)

关于借贷种粮的供给对象,[竹简8-7]作"帅",统计简[竹简8-8]作"为藏粮帅",被认为是统计简的[竹简8-9]作"为佃粮帅",[竹简8-6]中对象亦作"为藏粮……",[竹简8-7]作"为佃粮[帅]",故可认为[竹简8-6],[竹简8-7]亦是统计简。

根据上面给出的种粮借贷统计简情况,可认为,该统计简以统计简常用句"·右"开写,并标记人数与请求借贷种粮额,再标上"帅""为藏粮帅""为佃粮帅"等接收方责任者、姓名并记录支给情况,以及接收方责任者担负责任("主")。如此,因[竹简8-6]和[竹简8-7]包含于与[木牍8]一同出土的竹简之内,故除上述与[竹简8-1]—[竹简8-5]相关的竹简之外,与统计简[竹简8-6],

---

① 《伊藤敏雄2013》。亦请一并参见关尾史郎《"吴嘉禾六(二三七)年四月都市史唐玉白收送中外估具钱事"试释》,《东洋学报》第95卷第1号,2013年,第33—57页。

[竹简 8-7] 相关的竹简，亦存在与 [木牍 8] 编缀在一起的可能性，不过现阶段仍不明了。

五　关于乡内"方远授居民"调查与征发确认私学的《叩头死罪白》文书木牍

《竹简〔肆〕》内，除 [木牍 7]、[木牍 8] 外，还刊载有关于乡内"方远授居民"调查与征发确认私学的《叩头死罪白》文书木牍。关于"方远授居民"调查的文书木牍，笔者给出如下（第 3 行"右别"，释文原文作"别"，此处据图版改定。）①。

[木牍 9] 肆·4523（1），长 23.4、宽 5.0、厚 0.5cm

　　1. 都乡劝农掾郭宋叩头死｜罪白。被曹敕，条列乡｜界方远 授 居民占上户籍，
　　2. 分别言。案文书，辄部岁伍｜五京、陈□、毛常等隐｜核所部。今京关言，州吏姚达、
　　3. 诚裕、大男赵式等三户口食十三人 居 ｜在部界。谨列人名口食年｜纪右别为簿如牒。谨
　　4. 列言。宋诚惶诚恐，叩头死｜罪死罪。
　　5. 　　　　　　　　　　　　｜ 诣 　 户 　 曹
　　6. （后欠）

[木牍 9] 的报告内容是，都乡劝农掾郭宋接受户曹命令，调查乡内"方远授居民"，并按条列出结果，与户籍一同报告；让手下岁伍的五京、陈 □、毛常等调查管辖范围，五京上报州吏姚达、诚裕、大男赵式等 3 户，口食 13 人属于管辖范围内，故列举人名口食年纪，另列于（木牍）

---

① 第 1 行的" 授 "，释文原文作"□"，《伊藤敏雄 2014》作" 聚 "，2014 年 3 月实地调查结果，据同年 7 月 19 日长沙吴简研究会上石原辽平先生的指摘更正。第 3 行" 居 "，释文原文作"□"，此处同样予以更正。后揭 [竹简 9-2] 的" 受 "，亦据石原辽平先生指摘更正。

右侧作为簿籍。

上述木牍，第 1 行名籍表达作"户籍"，第 3 行表达作"簿"值得关注。不过，如前所述，特别值得注意的是"谨列人名口食年纪右别为簿如牒"一文。即，调查的人名口食年纪簿另列于（木牍）右侧，此点明了，这明确表明木牍之前编缀有簿籍部分，编缀用空格亦明了。2014 年 3 月在长沙简牍博物馆阅览时，确认到模糊的 2 条刻线。

据《竹简〔肆〕》，[木牍 9] 与肆·3894—3904 一同出土，但其中不见有关 [木牍 9] 中的姚达、诚裕、赵式的记载，可认为编缀有姚达、诚裕、赵式 3 户，口食 13 人的人名口食年纪簿，但现已失踪。

另，除与 [木牍 3] 一同出土的竹简之外，还可见如下相当于表题简的竹简（肆·4419—4504 一同出土），故可认为在各乡均进行了同样的调查。

[竹简 9-1] ☑列部界有方远 受 居 民条列家口食年纪为簿言☑

（肆·4458）

[竹简 9-2] ☑□牒列乡界方远 受 居民占上户牒成别☑

（肆·4474）

[竹简 9-3] ☑□受居方远应占着户籍督条列人姓名

（肆·4492）

与此相关，存在 [竹简 9-4]，[竹简 9-5] 这样的竹简，故流程是，大常府丁卯书指示各郡就"生子受居比郡县者及方远客人"进行调查，该指示由郡下达给县，县下达给乡，之后作为其中一环，提交了 [木牍 9] 与 [竹简 9-1]—[竹简 9-3] 的报告。另还可认为，[木牍 9] 的"方远、[授] 居民"是"生子受居比郡县者"（新生儿与新入居者中应在郡县登登记者？）与"方远客人"（来自远方的客人）①。

[竹简 9-4] ☑大常府丁卯书|曰诸郡生子□受居|比郡县者及

---

① 以上事项，在 2014 年 2 月 22 日长沙吴简研究会上，承蒙石原辽平先生指教。

方远客人　　　　　　　　　　　　　　　　　　　　　（肆·4483）
　　［竹简9-5］☐诸郡生子｜受居比郡县者及｜方远客人皆应上户籍　　　　　　　　　　　　　　　　　　　　　　　　　　　（肆·4490）

下面，给出关于征发确认私学的《叩头死罪白》文书木牍如下[①]。
［木牍10］肆·4550（1），长24.2、宽7.3、厚0.5cm

1. 都市掾潘羜叩头死罪白。被曹敕，推求私学南阳张游发遣诣屯言。案文书，辄推问游外王母大女戴

2. 取，辞，游昔少小随姑父陈密在武昌，密以黄龙元年被病物故，游转随姊婿州吏李恕，到今年六月三日，游来（？）☐

3. 取家，其月十三日游随故郭将子男钦，与到始安县读书未还。如取辞。☐曹列言☐，南部追☐发遣☐诣大

4. 屯。又游无有家属应诡课者。谨列言。羜诚惶诚恐、叩头死罪死罪。

5. 　　　　　　　　　　　诣　功（？）　曹。

6. 　　　　　　　　　　　十一月十五日辛丑白。

［木牍10］内容是，都市掾潘羜接受功曹（？）命令，对私学南阳的张游被派至屯中一事进行调查，上报调查对象没有问题。据《竹简〔肆〕》，［木牍4］与竹简、肆·4524—4550一同出土，但其中未见与私学南阳出身的张游相关的竹简，［木牍4］与竹简间关系不明。然虽未能确认到编缀用空格，但能够确认到编缀痕。从木牍内容考虑，可认定编缀有调查记录，但已失踪。

另2014年3月在长沙简牍博物馆阅览［木牍10］时，确认到背面有2条刻线。《中国书法》2014年第5期第67页所收［木牍3］背面的照片也有2条刻线。这表明，都市掾潘羜、录事掾潘琬未注意到划有刻线之

---

① 第4行"诡课"，释文原文作"诏课"，此据凌文超论文更正（凌文超：《走马楼吴简举私学簿整理与研究——兼论孙吴的占募》，《文史》2014年第2辑，第37—72页）。第5行"功（？）曹"，释文原文作"户曹"，此据实地调查结果和凌文超论文更正。

面,而在另一面书写了报告,即划刻线的人物与书写报告的人物不同。同时也表明,制作木牍的人物与书写的人物亦不同(制作木牍的人物与划刻线的人物完全存在属于同一人物的可能性,但现阶段只能说不明)。因此,上面的木牍存在不存在编缀用空格,应取决于是否使用了有刻线之面。

依据上面的考察,可明断［木牍 7］—［木牍 9］记录报告者业务内容概要,其前(右侧)编缀有簿籍(［木牍 9］的簿籍部分失踪);编缀在［木牍 10］上的简已失踪,但可认定其记录有报告者的业务内容概要,其前(右侧)编缀有调查记录。

如上面考虑无大过的话,可认定存在 2 条编缀痕与编缀用空格的［木牍 1］—［木牍 6］,在记录并报告调查内容概要的同时,其前(右侧)编缀有关于调查的记录。特别是［木牍 3］第 6 行存在"傅前解",可知是附有调查许迪的记录(可能是竹简)①,可推定其编缀在木牍之前(右侧)。因［木牍 4］第 4 行有"谨列迪辞,状如牒",［木牍 5］第 4 行也有"谨列见辞,状如牒",故可认为是分别编缀了许迪的辞与现辞。

因此,可认为,现在能确认的《叩头死罪白》文书木牍,均报告了报告者的业务内容与簿籍、记录概要,同时兼充簿籍、记录的书状(送达文言),如编缀散开,亦可单独行用,为在一枚上同时记录,故使用了木牍。另图版上可见,木牍左侧均有空余,特别是左上半部分空白。［木牍 3］［木牍 4］左上部书有判词草书"若(诺)",［木牍 6］左上部书有判词草书"然,考人当如官法,不得妄加毒痛"(如前述,存在写于编缀痕上的文字),此点存在考虑到编缀散开之后添加判语,而使用木牍的可能性②。

---

① 王彬亦解释作"在前面附上审问许迪的结果文书"(王彬:《吴简许迪割米案相关文书所见孙吴临湘侯国的司法运作》,《文史》2014 年第 2 辑,第 73—91 页),但未谈到编缀。
② 另关尾史郎注言"或许,亦可认为,当初就考虑到追记有针对报告的判词,故使用了木牍,然不出假说之域"(［日］关尾史郎:《"吴嘉禾六(二三七)年四月都市史唐玉白收送中外估具钱事"试释》《东洋学报》第 95 卷第 1 号,2013 年,第 33—57 页)。

结　语

上面的考察，可整理如下。

（1）［木牍4］、［木牍5］、［木牍7］—［木牍9］上可确认到2条编缀用空格与刻线、［木牍1］—［木牍3］、［木牍6］、［木牍10］上可确认到2条编缀痕。另［木牍3］、［木牍10］背面可确认到2条刻线，故这表明划刻线的人物与书写的人物不同。木牍存在不存在编缀用空格，取决于是否使用了有刻线之面。

（2）［木牍7］与一同出土的竹简中的［竹简7-1］—［竹简7-7］（［竹简7-7］据推测补充）编缀在一起，［木牍8］同样与［竹简8-1］—［竹简8-5］编缀在一起，此点明确。另［木牍3］有"傅前解"，［木牍4］有"谨列迪辞、状如牒"，［木牍5］有"谨列见辞、状如牒"，［木牍8］有"谨罗列人名为簿如牒"，可知这些木牍附有辞与簿。尤其是［木牍9］有"谨列人名口食年纪右别为簿如牒"，即将"人名口食年纪簿"明确标于木牍右侧（前），故可认定以上木牍，其右侧（前）编缀有簿籍、记录。［木牍1］、［木牍2］、［木牍6］、［木牍10］亦能确认到2条编缀痕，故认定其同样与簿籍、记录编缀在一起，概无大过。

（3）现在能够确认的《叩头死罪白》文书木牍10例，第一是上行文书。第二是报告者业务内容概要之报告。第三是基本上在其前（右侧）编缀有表题简、本文简（簿籍、记录）、集计简，报告簿籍、记录之概要。第四是兼充簿籍、记录书状（送达文言）。另可认为如编缀散开，亦可单独行用，在1枚上记录报告者业务内容与簿籍、记录之概要，为兼充簿籍、记录的书状（送达文言）而使用了木牍。

［附记］本稿是2013~2016年度科学研究费补助金（基盘研究（A））《新出简牍资料による汉魏交替期の地域社会と地方行政システムに关する总合的研究》（课题代码25244033　研究主持人：关尾史郎）的子课题研究成果之一部。

对中仓黄龙三年十月旦簿的复原尝试

江苏第二师范学院　邓玮光

一　研究方法的提出

　　走马楼吴简是20世纪末的一项重大发现。由于出土简牍数量空前，所以在考古工作者发掘的同时，就已经引起了历史学界的广泛关注。在这一背景下，双方的合作应运而生。历史研究者得以近距离考察原生态的实物材料，从而掌握了第一手的资料；而考古工作者也及时了解到历史研究者们所关心的问题，运用自己的专业特长，为解决这些问题创造条件。其中，最突出的创举就是各种竹简揭剥图的绘制。理论与实践的结合，最终孕育了新研究方法诞生的可能性。随着简牍释文的陆续公布，除了传统的文字研究外，对简牍的制作材料、工艺、尺寸信息、剖蔑符号、剖蔑方法、编联方法、简牍性质、编联顺序、勾校符号、书写特征等方面的考证也不断涌现，从而形成了一种新的研究气象。

　　不过在研究初期，由于没有经验可资借鉴，学界虽然出现了一些创新的迹象，但更多的研究者还是习惯于参照原有的学术方法对新材料进行研究。

　　自20世纪初王国维先生提出"二重证据法"以来，利用出土文献与传世文献进行对照来解决历史问题的方法被不断改进，并日趋成熟。遵从这一传统方法，国内不少研究者开始利用传世的《三国志》《后汉书》等材料比对简牍中的内容，尝试对新出现的名词、现象进行解释，然后在释名的基础上，重新考虑"汉魏革命""汉晋变革"等一系列问题。相对而言，由于"古文书学"研究方法的发达，日本学者则更注重对简牍格式的探求，希望总结出某种"文书学"的规律，再借此解决历史问题。双方在各自学术传统的基础上，对吴简中的各种现象展开了热烈的讨论，澄清了一些问题。但就这一阶段的研究而言，其最大意义还是在于通过不同意见的争鸣，将吴简中需要解决的问题明确地提了出来，如对"丘"的理解、"二年常限田"的含义、户籍的问题，等等。

当然，研究中也难免存在一些不足：国内学界的问题在于，利用简牍材料展开相关问题的研究时，注重简牍文字而忽视简牍本身的倾向比较明显；同时由于研究者在研究中不可避免地会将其他时代的模式套用在走马楼简牍的研究上，所以有时会陷入先入为主而忽视简牍个性的误区，更严重的则会出现不知其解强作解的情况，从而造成了很多的争议。日本学界的问题则在于，由于过分迷信依靠汉简研究得出的"古文书学"研究方法，过于强调格式的重要性，而忽视了简牍书写者的个性，所以在文书分类时，难免将不同类型的簿书仅因格式相同就划为一类，而相同类型的簿书则因格式的细微差异而被分开，从而导致了问题的复杂化。

随着材料的不断公布，以及中日学者之间的频繁交流，双方都开始意识到自身的局限，研究方法逐渐趋同。中国学者开始注重在总结格式的基础上讨论问题，而日本学者也借鉴了中国学者的一些研究成果。正是在这个阶段，簿书复原的问题开始受到重视，但由于此时尚未对揭剥图的重要性给予足够的关注，也受限于材料的数量，所以在相当一段时间内，簿书的复原更多的是采用典型简举例的方法，而缺少整体全面的复原成果。

竹简［贰］的公布以及侯旭东先生《长沙走马楼吴简〈竹简〉［贰］"吏民人名年纪口食簿"复原的初步研究》一文的发表，可以看作是吴简研究方法论上的一个转折点。[①] 侯先生利用竹简［贰］的揭剥图复原了广成里嘉禾六年"吏民簿"，为学界对吴简名籍进行更深入的研究做了铺垫。同时侯先生还利用复原成果与《田家莂》中的人名进行了对照，发现"丘""里"之间似乎存在某种对应关系，这为吴简研究中最核心的问题——"丘"含义的解决提供了思路。至此，揭剥图在簿书复原中的价值得以确认。

[①] 侯旭东：《长沙走马楼吴简〈竹简〉［贰］"吏民人名年纪口食簿"复原的初步研究》，《中华文史论丛》2009年第1期。

在此基础上,凌文超先生又利用揭剥图复原了两类"户籍簿"①。通过复原实践,凌先生提出了"吴简文书学"的概念。据笔者对凌文的理解,所谓"吴简文书学"主要分为两个层面:首先,从理论层面来说,"吴简文书学"讲求先复原再研究,复原时侧重从簿书的角度来进行,注重简册的原始状态和内部关联,复原完成后尽可能将同一简册视为独立的资料先进行研究,然后再在簿书研究的基础上对相关历史问题展开探讨;其次,从具体操作层面来说,"吴简文书学"提倡在文书复原中综合利用各种考古学整理信息(揭剥图、盆号和清理号)和简牍遗存信息(简牍形制、笔迹、简文格式和内容等)辅助复原。②

侯、凌两位先生的复原成果第一次为学界提供了可靠而且近乎完整的吴简簿书。通过这些复原的簿书,学界对吴简的理解得以加深。在此基础上提倡利用揭剥图进行复原,在复原基础上展开研究的方法逐渐受到重视,建立"吴简文书学"的呼声也越来越高。

方法的创新是这一阶段吴简研究的最大收获。但在看到进步的同时,也必须承认目前的"吴简文书学"研究方法仍有局限。虽然提倡综合利用考古学整理信息,但实际能利用的信息毕竟有限。首先,揭剥图有限,在利用了仅有的几幅揭剥图后,复原工作就逐渐陷入瓶颈。而能使用揭剥图进行复原的大都是名籍,至于简牍中占更大比重的仓米簿、库钱簿等,虽然有揭剥图,却因名目复杂而难以入手。凌文超先生虽然利用揭剥图对库钱簿进行了探讨,但离完整的复原还相差甚远。其次,对简牍遗存信息的判断虽然有参考价值,但这些判断极易受主观因素的影响,在可靠性上存在瑕疵。因此,为了对吴简进行更深入的研究,"吴简文书学"尚有需要完善的地方。

笔者管见,完善"吴简文书学"的思路可以从吴简自身的特色中去寻找。

经过两汉的发展,孙吴时期的"文书行政"已经完全成熟,严密的簿籍制度得以建立,与官方有关的政治经济活动都必须留下记录。同时,

---

① 凌文超:《走马楼吴简采集简"户籍簿"复原整理与研究——兼论吴简"户籍簿"的类型与功能》,《吴简研究》第3辑,中华书局2011年版,第9—64页。
② 详细情况请参见凌文超《考信于簿——走马楼吴简采集簿书复原整理与研究》"绪论",北京大学博士学位论文,2011年。

由于一个事件往往牵涉多方,涉事各方又都必须如实记录,所以关于同一事件会留下多份簿籍。对同一事件进行多方记录应不是孙吴政府的专利,之所以在以往的秦汉文书中极少发现这一现象,很大程度上可能与文书的发现地点零散、保存状况较差以及发现数量较少有关。吴简由于数量庞大,且都出土于同一口井中,所以为发现大量针对同一事件的多方记录创造了条件。在没有揭剥图的情况下,找出这样的多方记录进行对比复原,无疑能在很大程度上弥补揭剥图缺失的不足。

除了从横向的对同一活动的多方记录中去寻找复原的可能性外,由于政治经济活动的发生发展都有一个过程,而吴简会如实地记录这个过程,所以对吴简的复原也可以从纵向也就是历时性的角度去寻找复原的可能性。

一言以蔽之,笔者认为除了将吴简作为考古材料来利用外,也应注意到其本身最原始的性质——行政文书。在利用已有的"吴简文书学"时,应充分考虑行政文书的行政特性,不是将材料分割开来,而是从总体上进行把握。如看到"入米简",就主动地去寻找对应的"出米简",看到仓米中某种米的名目,就主动地去追寻与之相关的一切信息,从而形成证据链。通过对这样一个个细小项目的复原,逐步把握吴简文书的内在逻辑,然后再反过来利用这种逻辑辅助我们去认识吴简显示的考古学信息,最终帮助复原。

笔者将以上两条复原思路分别命名为"横向比较复原法"和"纵向比较复原法"。关于两种方法的可行性证明请参见拙作《走马楼吴简三州仓出米简的复原与研究——兼论"横向比较复原法"的可行性》[1]与《对三州仓"月旦簿"的复原尝试——兼论"纵向比较复原法"的可行性》[2](后文简称《纵》)两文。

这两种方法仅从方法论的角度而言,并非新生事物,但在电脑技术日益发达的今天,就复原庞大的吴简而言却有着新的意义。原本,使用上述两种方法的最大难点在于,经过逻辑推演后,如何从众多的零散简

---

[1] 参见拙作《走马楼吴简三州仓出米简的复原与研究——兼论"横向比较复原法"的可行性》,《文史》2013年第1辑。

[2] 参见拙作《对三州仓"月旦簿"的复原尝试——兼论"纵向比较复原法"的可行性》,《文史》2014年第2辑。

牍中寻找所需的简牍，这在没有电脑的时代是一个庞大的工程，但现在借助电脑，将所有数据输入同一个 Word 文档，再设置恰当的搜寻关键词，即可轻松找到对应的简牍，从而完美地解决这个难题。下文笔者即想利用这两种方法对"中仓黄龙三年十月旦簿"进行复原尝试。

二 研究准备

笔者曾在《走马楼吴简"出米简"的复原与研究》[①]（后文简称《出》）一文中，复原出一份完整的出米纪录（后文简称记录A）。通过对这份纪录的分析，笔者认为复原所涉及的四幅揭剥图按照18、19、25、24的顺序由右至左排列，内容紧密相关。本文即想在前文基础上对这四份揭剥图中所包含的"中仓黄龙三年十月旦簿"进行完整复原。

在具体复原前，笔者先将揭剥图18—26中所有的简输入同一个文档，以备查询。之所以选择竹简肆揭剥图18—26中的所有简牍作为研究对象，其原因有如下两点：

一、根据竹简肆的总说明，竹简肆发表的简牍均系现场考古发掘清理所获，具有较明确的层位关系，这为充分利用简牍的出土信息来辅助复原提供了可能性。而在竹简肆中，揭剥图18—26都属于Ⅰ区c分段第3小扎。虽然Ⅰ区"从严格意义上讲，仍属于经扰乱后散乱的部分。图上标识出的叠压关系只是借用考古层位学的方法反映扰乱后的现状，并不具有考古层位学上的意义"，但至少从对发掘情况的介绍来看，揭剥图18—26所包含的简牍位置相近，彼此间存在关联的可能性较大。[②]

二、之所以选择揭剥图18—26中的所有简牍作为备用数据，而不是仅选用确认有关联的18、19、25、24四幅揭剥图，是基于如下考虑：在揭剥图绘制时，由于不知截取对象的原始面貌，不可避免地会存在将同份簿籍分入不同揭剥图的可能性。因此，最大限度地保持同层简牍的完整性，可以增加复原的成功率。

---

① 未刊稿。
② 详参长沙简牍博物馆、中国文化遗产研究所、北京大学历史系：走马楼简牍整理组编著《长沙走马楼三国吴简·竹简［肆］》（上、中、下三册），文物出版社2011年版，第755—757页。

三 建立复原框架

为了把零散的简牍复原成完整的簿籍,有必要先建立一个大致的框架,然后再把材料有序地填充进这个框架。在《纵》文中,笔者曾总结过三州仓"月旦簿"的格式:

三州仓谨列所领税米出用余见＊月旦簿

转写上月余额类"其"简

"入"简

总计类"其"简

右入杂米……

右入杂米……别领

右＊月入杂吴平斛米……

集凡承余新入吴平斛米合……

出用无/出……

承＊年＊月＊日簿领杂米……

右杂米……别领

定领杂吴平斛米……

＊年＊月＊日仓吏＊＊白

本文即想利用这一已经总结出的格式作为进一步研究的基础。不过,在利用前有必要先就该格式的可靠性进行检讨。由于复原的"正月旦簿"不是完整的簿籍,所以依据其所总结的格式也仅是一种基于残缺材料的构拟,故其虽然反映了"月旦簿"的大致面貌,但可能存在误差,因此在使用时需要根据实际情况进行调整。

建立框架的第一步是寻找簿籍的标题简与结尾简。

考虑到记录 A 虽然分散在四份揭剥图中,但在每份揭剥图内,都基本按照从右至左的顺序同层横向排列,故可将其视为一边界。靠近这个边界的简牍可能受扰动较少,相互间存在关联的可能性较大。故先在边界附近寻找材料。笔者首先找到如下这枚简。

1. 中仓吏黄讳潘虑谨列黄龙三年十月旦簿 （［肆］4734/图 24—14）

这应是"中仓黄龙三年十月旦簿"的标题简。接着开始寻找结尾简。遍搜文档,找到如下两简,

2. 五月十七日中仓吏黄讳潘虑白（［肆］4169/图19—77）

3. □月卅日中仓吏黄讳潘虑白（［肆］4990/图25—140）

考虑到文档中的时间大都为十月、十一月、十二月,所以简2中的"五月"较为奇怪。仔细对照图版,"五月"并不清晰,似乎也可释为"十一月",但在没有充足证据前,不敢妄下定论。这两简都与《纵》文中总结的"月旦簿"结尾简的格式相似。但在没有更多证据前,姑且存疑。除了以上两简外,笔者还发现了另一枚简:

4. 承三年十月旦簿余吴平斛米七百卅一斛三斗四升（［肆］4910/图25—60）

因为简4中所承为"十月旦簿"所余,所以与其数值相同的"余"简即应为"十月旦簿"的"余"简。对文档进行搜索,笔者找到了如下这枚简:

5. ·今余吴平斛米七百卅□斛三斗四升（［肆］4027/图18—17）

参照图版,可将简5校释为:

5°. ·今余吴平斛米七百卅⊝一斛三斗四升（［肆］4027/图18—17）[①]

数值正与简4中相同,故可以断定简5°即为"十月旦簿"的"余"简。虽然无法找到确定属于"十月旦簿"的结尾简,但找到"余"简,也基本算找到了簿籍的结尾部分。

因为"余"＝"承余新入"－"出",所以,如果有符合"承余新入"－"出"＝731.34的简,则这些简很可能就属于"十月旦簿"。对文档进行搜检,找到了如下两枚简:

6. ·集凡承余新入吴平斛米二千七百一十二斛三斗二升（［肆］5033/图26—38）

7. 右出吴平斛米一千九百八十斛九斗八升（［肆］4033/图18—23）

2712.32－1980.98＝731.34,符合条件。

因为"承余新入"＝"承余"＋"新入",故可通过简6进行进一

[①] 为与原简号相区别,统一在校释简号后加"°",新释字外加"⊝"作为提示。其余诸简的校释标记以此类推,不再出注。

步搜索，最后找到了如下两简：

8. 承黄龙三年九月旦簿余杂吴平斛米四百七十四斛九斗四升（［肆］4730/图24—10）

9. ·右十月新入吴平斛米二千二百卅七斛三斗八升（［肆］4055/图18-45）

474.94 + 2237.38 = 2712.32，符合条件。不过，这里出现一个问题。在《纵》文中，笔者曾推测"'某月旦簿'实际统计的是'某月'前一月的情况，在前月的月底写毕，于'某月'月旦提交"。但简9既属于"十月旦簿"，又出现"右十月新入"的字样，表明"十月旦簿"记载就是十月的情况，笔者在《纵》文中的推论有误，在此予以更正。

对"右十月新入"进行考察，在文档中，笔者找到了如下两枚简：

10. ·右米五百九十四斛三斗八升（［肆］4732/图24-12）

11. ·右杂米一千六百卅三斛□领（［肆］4053/图18-43）

594.38 + 1633 = 2227.38，与"右十月新入"的数值差10，参照图版，简11中"卅"字右部并不清晰，从字形来看似也可释为"卌"。考虑到简10、11的加成数值与"右十月新入"的数值如此接近，故笔者推测"卅三"应为"卌三"之误。参照图版，"□领"可补为"别领"。最终将简11校释如下：

11°. ·右杂米一千六百卌三斛别领（［肆］4053/图18-43）

由于"右米"与"别领"的数值之和等于"右十月新入"的数值，故两者所对应的简牍应是"入"米简，且"右十月新入"="右米"+"别领"。

除了简11°外，在搜索文档时，笔者也发现了另一枚"别领"简。为与简11°相区别，将简11°称为"别领"A，下简称为"别领"B。

12. 右杂米一千六百卌三七斛别领（［肆］4748/图24-28）

参照图版，简12可校释为：

12°. 右杂米一千六百卌七斛别领（［肆］4748/图24-28）

在其附近有另一枚简：

13. ·定领米一千六十五斛三斗二升（［肆］4739/图24-19）

而1065.32 + 1647 = 2712.32，正与简6中"承余新入"的数值相同。故可得以下算式：

"承余新入"＝"定领"＋"别领"B

下面必须回答的问题是"别领"A与"别领"B之间的关系。两者之间相差4。因为

"承余新入"＝"定领"＋"别领"B

"承余新入"＝"承余"＋"右十月新入"

"右十月新入"＝"右米"＋"别领"A

所以"承余"＋（"右米"＋"别领"A）＝"定领"＋"别领"B

根据上述算式可知，"承余新入"、"右十月新入"米都被分为"别领"与"非别领"两种米，故笔者推测，"承余"米中很可能也被分为"别领"与"非别领"两种，所以在新入米后，原"承余"米被分为两部分分别与"右米"、"别领"A相加，形成"定领"、"别领"B。正是在这种调整中产生了4的差距。而这个4意味着"承余"米中有4斛米属于"别领"米。用算式表示即为：

"别领"B＝"别领"A＋"承余"中别领＝"别领"A＋4

综上，我们可以为"十月旦簿"建立如下一个框架（由于框架中"右米"与"别领"A，"定领"与"别领"B之间的先后顺序尚无法确定，故暂按如下顺序排列）：

1. 中仓吏黄讳潘虑谨列黄龙三年十月旦簿（［肆］4734/图24－14）

8. 承黄龙三年九月旦簿余杂吴平斛米四百七十四斛九斗四升（［肆］4730/图24－10）

10. ·右米五百九十四斛三斗八升（［肆］4732/图24－12）

11°. ·右杂米一千六百卅三斛别领（［肆］4053/图18－43）

9. ·右十月新入吴平斛米二千二百卅七斛三斗八升（［肆］4055/图18－45）

13. ·定领米一千六十五斛三斗二升（［肆］4739/图24－19）

12°、右杂米一千六百卅七斛别领（［肆］4748/图24－28）

6. ·集凡承余新入吴平斛米二千七百一十二斛三斗二升（［肆］5033/图26－38）

7. 右出吴平斛米一千九百八十斛九斗八升（［肆］4033/图18－23）

5°. ·今余吴平斛米七百卅一斛三斗四升（［肆］4027/图18－17）

四 分析框架

框架的填充材料是大量以"其""入"开头的简。在框架建立后,正式填充前,有必要先对框架中"其"简、"入"简的出现位置进行分析。

"入"简相对简单,只会出现在"入米"的部分。就第一部分总结的框架而言,"入"简可能出现在"右米"、"别领"A 与"右十月新入"这三个部分。因为"右十月新入"="右米"+"别领"A,所以"右十月新入"与"别领"A+"右米"这个组合的所指实为同一对象。如果"别领"A、"右米"这个组合中有"入"简,那么一般情况下,"右十月新入"中就无须再度罗列,否则会显得重复。反之亦然。考虑到簿籍中已然把"入米"分出了"别领"A 与"右米",那么在罗列"入"简时按此分开列出也应是顺理成章的事,故笔者推断,"别领"A、"右米"两部分有"入"简,"右十月新入"处没有。

"其"简则相对复杂。在《纵》文中,笔者把"月旦簿"中的"其"简分为两类,一类是对上月数值的转写,另一类是对本月变动的总结。如果将"其"简与"入"简进行组合,即为"其""入""其"的形式。如果举例说明的话,就是:

简 a、其三把椅子

简 b、入椅子一把

简 c、其四把椅子

其中简 a 即是第一类"其"简,简 c 就是第二类"其"简。

但《纵》文所复原的"月旦簿"中没有"出米"的情况,且当时归纳的格式也相对宽泛,使最终对"其"简的总结还显得十分粗疏。而本文在第一部分所总结的框架中,对各类简间的关系已基本明晰,这为进一步探讨"其"简的类型提供了有利的条件。

参照第一部分的框架,"其"简可能出现在六个地方:"承余""定领""别领"B、"承余新入""出""余"。

通过《纵》文的讨论可知,"承余"部分一定有"其"简。所以,下面需要重点讨论的是"别领"B、"定领""承余新入""出""余"五部分中是否有"其"简。

由于《出》文所复原的记录 A 即为中仓十月份的出米记录,与"十月旦簿”的“出”部分间存在关联，故先从“出”部分开始讨论。将记录A梳理如下（所有简均采用《出》文校释过的释文）：

14. 出仓吏黄讳潘虑所领杂吴平斛米一千五百卌一斛八斗其五斗零陵桂阳私学（［肆］4032/图18－22）

15. 黄龙元年限米一斛二斗四升民还黄龙元年租禾准米一斛四斗八升黄龙元年租米（［肆］4031/图18－21）

16. 三升佃吏黄龙元年限米七斛三斗七升私学黄龙二年限米四斛一斗九升新吏（［肆］4173/图19－81）

17. 黄龙二年限米二升新吏黄龙元年限米一斛六斗二升邮卒黄龙二年限米（［肆］4171/图19－79）

18. 一斛八升佃卒黄龙二年限米四斗三升叛士黄龙二年限米九斗三升佃吏黄龙（［肆］4894/图25－44）

19. 二年限米一斛四升司马黄升黄龙二年限米七斛五升监运掾姃度渍米四斛二（［肆］4893/图25－43）

20. 斗五升诸将黄武七年佃禾准米七升黄龙二年定租准米五斗黄龙三年酱贾（［肆］4846/图24－126）

21. 米四斛监运兵曹张象备黄龙二年斧贾米一千五百六斛黄龙二年盈湎米与（［肆］4757/图24－37）

22. 郡仓吏监贤米一千一百五十六斛七斗四升刘阳仓吏周春这收米一千七百七十六斛（［肆］4754/图24－34）

23. 六斗四升醴陵仓吏刘仨米二千二百□□斛□斗二升通合吴平斛米六千（［肆］4759/图24－39）

24. 七百被督军粮都尉黄龙三年十月十六日乙卯书付监运兵曹陈谦运诣（［肆］4752/图24－32）

25. 集所三年十月廿一日付书史使卢杝师夏军（［肆］4751/图24－31）

简7就在记录A首简简14的同层右方。在记录A尾简简25的同层左方是简26：

26. 出仓吏黄讳潘虑所领吴平斛中白米四百卅九斛一斗□升其卌一斛八斗五升黄龙二年（［肆］4750/图24－30）

将简 14、26 的数值相加 1541.8 + 439.1？ = 1980.9？。而简 7 中的数值是"一千九百八十斛九斗八升",参照图版,"□"应为"八"。故以简 14 开头的记录 A 与以简 26 开头的记录（后文称为记录 B）中的数值即为"十月旦簿"中所出的全部数值。简 7 中还出现了一个数值"卅一斛八斗五升",对文档进行检索,找到了如下两简：

27. 其六十一斛八斗五升黄龙 四 年租米　其卅二斛八斗五升白米（［肆］4066/图 18 - 56）

28. 其卅二斛八斗五升黄龙□年租米（［肆］4768/图 24 - 48）

三简中的数值相近,参照图版,将三简分别校释为：

26°. 出仓吏黄讳潘虑所领吴 平 斛中白米四百卅九斛一斗 八 升其卅 二 斛八斗五升黄龙二年（［肆］4750/图 24 - 30）

27°. 其六十一斛八斗五升黄龙 二 年租米　其卅二斛八斗五升白米（［肆］4066/图 18 - 56）

28°. 其卅二斛八斗五升黄龙 二 年租米（［肆］4768/图 24 - 48）

根据以上三简,可知简 26°后所接简的开头文字应为"租米",检索文档,找到如下一枚简：

29. 租白米三百一十六斛三斗三升黄龙二年税中 白 米六十七斛五斗一升一合私学□（［肆］5102/图 26 - 107）

对文档中的数值进行搜索,通过"三百一十六斛三斗三升"找到了如下三枚简：

30. ·其五百九十二斛黄龙二年□米　三百一十六斛三斗三升白米（［肆］4067/图 18 - 57）

31. 其三百一十六斛三斗三升黄龙二年税白米（［肆］4722/图 24 - 2）

32. 其三百一十六斛三斗三升黄龙 二 年税白米（［肆］5103/图 26 - 108）

参照图版以及简 31、32,将简 30 校释为：

30°. ·其五百九十二斛黄龙二年 税 米三百一十六斛三斗三升白米（［肆］4067/图 18 - 57）

简 30 - 32 与简 29 中所记录的对象应为一物。由于"六十七斛五斗一升一合"在文档中无对应简，但考虑到其所属的记录B与记录A包括了"十月旦簿"中所有的出米数值，故尝试从记录A中寻找可帮助理解此条信息的简。经过搜寻，笔者找到了如下这枚简：

16. 三升佃吏黄龙元年限米七斛三斗七升私学黄龙二年限米四斛一斗九升新吏（［肆］4173/图19－81）

简中的"七斛三斗七升私学黄龙二年限米"在文档中也无法找到对应简，现将两者数值相加，

67.511＋7.37＝74.881。通过这个数值笔者在文档中找到了如下三枚简：

33. 其七十四斛九斗一升一合私学黄龙二年限米（［肆］4028/图18－18）

34. 其七十四斛九斗一升一合黄龙二年私学限米（［肆］4046/图18－36）

35. 其七十四斛九斗一升一合黄龙二年私学限米[①]（［肆］4753/图24－33）

仔细对照图版，简29中"一升"，并不清晰，似也可释为"四升"，将这个改动加入，

67.541＋7.37＝74.911。正与上三简中数值相同，故笔者推断29中"一升"应为"四升"之误，简尾"□"应为"黄"字，其后接简开头应为"龙二年"。又因为简26°中"四百卅九斛一斗八升"为此后罗列数值的加成，所以我们可以利用其来作为寻找后简的线索：

439.18－42.85－316.33－67.541＝12.459。利用这一数值对文档进行搜索，没有找到符合条件的材料，但在对竹简肆进行整体搜索时，找到了如下这枚简：

36. ……龙二年限米十二斛八斗五升九合佃吏黄龙二年限米与郡仓吏□□□□◿（［肆］4314）

参照图版，"八斗"似为"四斗"之误。为了验证这一结论，我们将其与记录A进行比较，在记录A中找到了如下这枚简：

18. 一斛八升佃卒黄龙二年限米四斗三升叛士黄龙二年限米九斗三升

[①] 原释为"其七十四斛九斗一升一合黄龙□年私学限米"，参照简33、34与图版校释。限于篇幅，后文若非关键证据，不再于正文中进行校释，而把说明放入注释中。

佃吏黄龙（［肆］4894/图 25-44）

简中"九斗三升"在文档中也无对应简例，但将其与"十二斛四斗五升九合"相加：

0.93 + 12.459 = 13.389。利用这一数值搜索文档，找到了如下两枚简：

37. 其十三斛三斗八升九合黄龙㊁年佃吏乡吏限米（［肆］4745/图 24-25）

38. ·其十三斛三斗八升九合黄龙二年佃吏限米（［肆］4075/图 18-65）

三者数值相同，这从侧面验证了笔者前文推论的正确。最后参照图版，并考虑记录 A 中的简 22，故最终将简 29、36 校释为：

29°. 租白米三百一十六斛三斗三升黄龙二年税中㊉米六十七斛五斗㊃升一合私学㊈（［肆］5102/图 26-107）

36°. 龙二年限米十二斛㊃斗五升九合佃吏黄龙㊁年限米㊎郡仓吏㊙㊉㊋……（［肆］4314）

由于"监贤米"后字迹不清，参照记录 A 中的相关格式在文档中进行搜寻，也未发现可以拼接的对象，故暂时无法对记录 B 进行完整复原，但复原的部分已能充分反映出"四百卅九斛一斗八升"这一数值的构成。下面将记录 B 复原的部分梳理如下：

26°. 出仓吏黄讳潘虑所领吴平斛中白米四百卅九斛一斗㊇升其卅㊁斛八斗五升黄龙二年（［肆］4750/图 24-30）

29°. 租白米三百一十六斛三斗三升黄龙二年税中㊉米六十七斛五斗㊃升一合私学㊈（［肆］5102/图 26-107）

36°. 龙二年限米十二斛㊃斗五升九合佃吏黄龙㊁年限米㊎郡仓吏㊙㊉㊋……（［肆］4314）

记录 A 与 B 涵括了"十月旦簿"中所有的出米数值，每份记录中都先列总数再列明细。

下面要考虑记录 A、B 与"十月旦簿"之间的关系。在《纵》文中，笔者限于当时的材料，曾推测与记录 A、B 类似的出米简可能为阑入简。但在本次复原的"十月旦簿"附近又出现了类似的出米简，而且就出现在"十月旦簿""右出"简的左侧,故笔者怀疑这应非偶然。不过考虑到同样属于"十月旦簿"的"今余"简就在记录 A 首简的上方,所以这里存在两种可能性。一、记录 A、B 这类的出米简属于"月旦簿"。二、记录 A、B 这类的出米简不属于"月旦簿",但其在编联或堆放时直接按出米月份排在同月"月旦簿"之后,由于存放时的挤压,将原本排在其前的"月旦簿"其余尾简挤压到了其他位置。

如果记录 A、B 确实属于"十月旦簿",那似乎就没有必要另外再为"出"部分开列清单。但对照揭剥图,笔者存在一个疑问。简 7 中标明是"右出",而记录 A 与 B 却都在其左侧。记录 A 在揭剥图中基本是顺序排列,而与其关系密切的记录 B 首简即紧接其尾简排列,整体表现出一种受扰动较少的面貌。在这种情况下,仅为一简的简 7 却越过 A、B 两份记录,从它们的最左侧移动到它们的最右侧,令人感到费解。此外,在记录 A 中,除了中仓的出米记录外,还包括非中仓的出米记录,它的所指超过了单纯的中仓范围,故似乎不能简单地视为"十月旦簿"的出米简。所以笔者倾向第二种可能性,并推测"十月旦簿"中另有专属其的出米简。对文档进行搜索,笔者找到了如下四枚简:

39. 其四斛一斗九升黄武⑦年诸⑨佃禾准米（［肆］4039/图 18 - 29）

40. 其五斛一斗九升诸将黄武七年佃禾准米（［肆］5098/图 26 - 103）

41. 其四斛二斗五升诸将黄武□年佃禾准米（［肆］4756/图 24 - 36）
42. 其九斗四升诸将黄武七年佃禾准米（［肆］5058/图 26 - 63）
将简 41 中的数值与记录 A 中简 19、20 的相关数值进行对照:

19. 二年限米一斛四升⑨⑨黄⑨黄龙⑨年限米⑦斛五升监运掾延度渍米四斛二（［肆］4893/图 25 - 43）

20. 斗五升诸将黄武七年佃禾准米七⑨黄龙二年⑨租准米五斗黄龙三年⑨⑨（［肆］4846/图 24 - 126）

可以发现两者中的数值相同,所以笔者推断两者针对的应是同一对象。所以简 41 可校释为:

41°. 其四斛二斗五升诸将黄武⑦年佃禾准米（［肆］4756/图 24 - 36）

"四斛二斗五升"这个数值是"出米"的数值,但仔细观察简40、41°、42,可以发现,它们间存在加成关系,5.19 = 0.94 + 4.25。这个算式也可写为 5.19 - 4.25 = 0.94。根据上述算式可知,"四斛二斗五升"只是一个出米过程的中间数,其能在簿籍中单独出现的唯一合理解释就是,"出"米部分也要单独罗列"其"简。

综上,记录A、B可能并不属于"十月旦簿",但其编联或堆放位置紧随"十月旦簿"之后。"十月旦簿"中另有专门的出米简。

下面来讨论"定领"、"别领"B、"承余新入"这三部分的情况。因为"承余新入" = "定领" + "别领"B。与前文讨论"右米"、"别领"A、"右十月新入"间的关系时同理,若这三部分包含"其"简,一定是"别领"B、"定领"处有"其"简,"承余新入"处无。为了讨论"别领"B、"定领"处有无"其"简,笔者找到了如下一组简:

43. □黄龙二年盈渲米一千五百六斛 （[肆] 4060/图 18-50）

44. 其一千五百六斛黄龙二年□□米 （[肆] 4907/图 25-57）

45. 其一千五百六斛黄龙二年县渲米 （[肆] 4313）

21. 米四斛监运兵曹张象备黄龙二年斧贾米一千五百六斛黄龙二年盈渲米⑤ （[肆] 4757/图 24-37）

参照图版,再考虑到四简数值完全相同,故可以肯定四者记录的是同一对象。故将简43、44.45校释为:

43°. ⑧黄龙二年盈渲米一千五百六斛 （[肆] 4060/图 18-50）

44°. 其一千五百六斛黄龙二年⑧渲米 （[肆] 4907/图 25-57）

45°. 其一千五百六斛黄龙二年⑧渲米 （[肆] 4313）

其中简45虽然不属于文档,但其紧邻属于记录B的简36°。根据前文的分析,记录B的位置与"十月旦簿"相近,故简45很可能与"十月旦簿"有关。因为"其一千五百六斛黄龙二年盈渲米"这个数值在记录A中于十月被消耗,故这个数值一定存在于"十月旦簿"中。因为"承余"中的数值只有474.94,所以1506这个数值不可能存在于"承余"中。质言之,1506这个数值只能存在于"入米"之后,"余"之前。目前具有这个数值的"其"简有两枚,除了"出"部分可以容纳一枚外,另一枚只能属于"定领"/"别领"B。故"十月旦簿"的"定领"/"别领"B中一定也有"其"简。

最后来讨论"余"的部分。由于这一部分位于簿籍的最后，限于材料，尚无法找出相应证据来证明其有无"其"简，故暂时存疑。

综上，框架中"其"简、"入"简出现位置的具体情况如下：

无：中仓吏黄讳潘虑谨列黄龙三年十月旦簿

其：承余

入："右米"／"别领"A

无：右十月新入

其："定领"／"别领"B

无："承余新入"

其：出

？：余

五　复原

在建立了框架，并对框架中"其"简、"入"简的出现位置进行分析后，开始正式进入复原。需要复原的主要是以下六简所对应的简：

8. 承黄龙三年九月旦簿余杂吴平斛米四百七十四斛九斗四升（［肆］4730/图 24－10）

10. ·右米五百九十四斛三斗八升（［肆］4732/图 24－12）

11°. ·右杂米一千六百卅三斛别领（［肆］4053/图 18－43）

13. 定领米一千六十五斛三斗二升（［肆］4739/图 24－19）

12°. 右杂米一千六百卅七斛别领（［肆］4748/图 24－28）

7. 右出吴平斛米一千九百八十斛九斗八升（［肆］4033/图 18－23）

（一）"出"

由于"出"所对应的记录 A、B 中，有关"十月旦簿"的部分已经全部复原，故先复原"出"部分。根据前文以及《出》文的分析可知，除了"私学黄龙二年限米"与"佃吏黄龙二年限米"需记录 A、B 互相加成外，其余皆可按照原有数据录入。故先将这两个比较特殊的数据列出，再按记录 A、B 中的顺序罗列其余数据。

其七十四斛九斗一升一合黄龙二年私学限米

其十三斛三斗八升九合黄龙二年佃吏限米
其五斗零陵桂阳私学黄龙元年限米
其一斛二斗四升民还黄龙元年租禾准米
其一斛四斗八升黄龙元年租米
其三升佃吏黄龙元年限米
其四斛一斗九升新吏黄龙二年限米
其二升新吏黄龙元年限米
其一斛六斗二升邮卒黄龙二年限米
其一斛八升佃卒黄龙二年限米
其四斗三升叛士黄武二年限米
其一斛四升司马黄升黄龙二年限米
其七斛五升监运掾娅度渍米
其四斛二斗五升诸将黄武七年佃禾准米
其七升黄龙二年定租准米
其五斗黄龙三年酱贾米
其四斛监运兵曹张象备黄龙二年斧贾米
其一千五百六斛黄龙二年盈洒米
其卅二斛八斗五升黄龙二年租白米
其三百一十六斛三斗三升黄龙二年税中白米
右出吴平斛米一千九百八十斛九斗八升

(二)"别领" A、B

因为只有"别领" A 的数值大于1506，故"入黄龙二年盈洒米一千五百六斛"这个数值只能存在于"别领" A 中。去除1506这个数值后，"别领" A 中剩余的不足部分较少，故先复原这一部分。在简11°附近寻找，又发现了如下两简：

46. 入 永 新故尉陈崇所备黄龙 二 年税僦米九十二斛　☐（［肆］4063/图18－53）

47. 入监池司马邓邵黄龙三年限米卌五斛（［肆］4064/图18－54）

1506 + 92 + 45 = 1643，正与简11°中数值相同，故基本可以断定这三简对应简11°。故将"别领" A 复原为：

入黄龙二年盈酒米一千五百六斛
入永新故尉陈崇所备黄龙二年税僦米九十二斛
入监池司马邓邵黄龙三年限米卅五斛
·右杂米一千六百卅三斛别领

根据前文分析可知，"别领"B="别领"A+"承余"中别领="别领"A+4。而根据记录A可知，最靠近"一千五百六斛黄龙二年盈酒米"的是"四斛监运兵曹张象备黄龙二年斧贾米"，其数值正好为4。笔者认为这可能不是巧合。书吏在记录文书簿籍时，一般会按一定的规则进行记录，这样也方便检查。既然已复原的"十月旦簿"框架中米分两种，那出米简中的米很可能也按同样的规则分为两种。虽然在书写时，不会像"十月旦簿"那样标明"定领""别领"，但在记录顺序上很可能是分开书写，写完一种，再写一种。因为"四斛监运兵曹张象备黄龙二年斧贾米"紧邻属于"别领"的"一千五百六斛黄龙二年盈酒米"，其数值又正符合前文的要求，故笔者推测其即为"承余"中的"别领"米。所以，将"别领"B复原为：

其四斛监运兵曹张象备黄龙二年斧贾米
其一千五百六斛黄龙二年盈酒米
其九十二斛永新故尉陈崇备黄龙二年税米
其卅五斛监池司马邓邵黄龙三年限米
右杂米一千六百卅七斛别领

同时，通过记录A中先记"非别领"米，再记"别领"米的写法，笔者推测，"十月旦簿"中的书写顺序也是一样。即先写"右米"，再写"别领"A；先写"定领"再写"别领"B。

（三）"右米"

在尚未复原的"承余""右米""定领"三部分中，"右米"只对应"入"简，与"承余""定领"都对应"其"简相比，在分析时所受干扰较小，故先对其进行复原。因为记录A、B所出的米中可能有些与入米间存在加成关系，故先以记录A、B中的数值为线索进行分析。经过搜检，笔者找到了如下一组简：

31. 其三百一十六斛三斗三升黄龙二年税白米（［肆］4722/图 24 - 2）

32. 其三百一十六斛三斗三升黄龙㋁年税白米（［肆］5103/图 26 - 108）

48. 入民还黄龙二年税米二百七十三斛六斗七升（［肆］4059/图 18 - 49）

30°、·其五百九十二斛黄龙二年㋀米　三百一十六斛三斗三升白米（［肆］4067/图 18 - 57）

49. 其㋁百七十三斛㋅斗黄龙㋂年㋀米（［肆］4765/图 24 - 45）

参照图版，将简 48、49 校释为：

48°. 入民还黄龙二年税米二百七十㋄斛六斗七升（［肆］4059/图 18 - 49）

49°. 其㋁百七十㋄斛㋅斗㋆升黄龙二年税米（［肆］4765/图 24 - 45）

以上五简有两种组合方式：

一、分为三组：31.32 一组，48°、49°一组，30°一组。

二、因为 316.33 + 275.67 = 592，592 - 316.33 = 275.67。故五简可能为一完整组合。

在没有其他证据的情况下，两种组合皆有可能。不过笔者倾向于第二种组合。若为第二种组合，则 316.33 先与 275.67 加成为 592，然后又被减去 316.33，最后剩余 275.67。因为减数 316.33 这个数值属于"十月旦簿"，所以被减数 592 也一定存在于"十月旦簿"中。又因为 592 这个数值大于"承余"总数值 474.94，故其只可能出现在"定领"或"别领"B 中。又由于"别领"B 已复原完毕，故其只能属于"定领"。因为作为加成结果的 592 属于"定领"，那作为被加成数的 316.33 只能属于"承余"，作为加成数的 275.67 只能属于"右米"（因为"别领"A 已复原完毕）。

当然这个推测成立的前提是，上述五简采用第二种组合方式。虽然目前并无直接证据证明这点，但我们不妨先接受这一假设，在复原完毕后，通过验算来进行验证。

与上组情况类似的还有如下五组简：

50. 其四斛一斗九升黄龙二年新吏限米（［肆］4065/图 18－55）
51. 其四斛一斗九升新吏黄龙二年限米① （［肆］4881/图 25－31）
52. 入黄龙二年新吏限米十一斛五升（［肆］4026/图 18－16）
53. 其十五斛二斗四升黄龙二年新吏限米（［肆］4044/图 18－34）
54. 其十一斛五升新吏黄龙二年限米② （［肆］4772/图 24－52）

55. 其一斛六斗二升黄龙二年邮卒限米③ （［肆］4729/图 24－9）
56. 入黄龙二年邮卒限米廿斛（［肆］5094/图 26－99）
57. 其廿一斛六斗二升黄龙二年邮卒限米（［肆］4041/图 18－31）
58. 其廿斛邮卒黄龙二年限米（［肆］4771/图 24－51）

59. 其四斗三升黄龙二年叛士限米（［肆］4725/图 24－5）
60. 其四斗三升叛士黄龙二年限米（［肆］4726/图 24－6）
61. 入民还黄龙二年叛士限米卅九斛五斗（［肆］5037/图 26－42）
62. 其卅九斛九斗三升黄龙二年叛士限米（［肆］4043/图 18－33）
63. 其卅九斛五斗叛士黄龙二年限米（［肆］4770/图 24－50）

64. 其五斗黄龙三年酱贾米（［肆］4727/图 24－7）
65. 入民还黄龙三年酱贾米一斛四斗六升（［肆］4740/图 24－20）
66. 其一斛九斗六升黄龙三年酱贾米（［肆］5024/图 26－29）
67. 其一斛四斗六升黄龙三年酱贾米（［肆］4769/图 24－49）

28°. 其卅二斛八斗五升黄龙二年租米（［肆］4768/图 24－48）
68. 入黄龙二年租米十九斛（［肆］4054/图 18－44）
27°. 其六十一斛八斗五升黄龙二年租米其卅二斛八斗五升白米（［肆］4066/图 18－56）

---

① 原释为"其四斛四斗九升新吏黄龙□年限米"，参照简 50 与图版校释。
② 原释为"其十一斛五升新吏黄龙二年限米"，参照图版校释。
③ 原释为"其一斛七斗二升黄龙二年邮卒限米"，参照简 17 与图版校释。

69. 其十九斛黄龙二年租米（［肆］4761/图 24－41）①

这五组简都遵循以下流程，以记录 A、B 中出现过的的出米数值作为被加成数，经过加成形成一个中间数值，再由这个数值减去开始的被加成数，得到最终的答案。如果以上五组都符合我们的假设，则每组中第一枚"其"简的数值都应属于"承余"，"入"简的数值都应属于"右米"，加成所得数值应属于"定领"。

除了以上六组简外，在前文分析"出"中是否有"其"简时，我们还提到如下一组简：

39. 其四斛一斗九升黄武七年诸将佃禾准米（［肆］4039/图 18－29）

40. 其五斛一斗九升诸将黄武七年佃禾准米（［肆］5098/图 26－103）

41°. 其四斛二斗五升诸将黄武七年佃禾准米（［肆］4756/图 24－36）

42. 其九斗四升诸将黄武七年佃禾准米（［肆］5058/图 26－63）

遍搜已公布的竹简，未发现任何一枚提及"入诸将……"的简牍，相反有大量以下格式的简：

70. 入民还司马丁烈黄武七年佃禾准米一斛（［肆］4930/图 25－80）

这枚简中正好是入米 1 斛。虽然暂时无法确证简 70 与上面这组简之间的关系，但至少为我们提供了一个自圆其说的可能。若简 70 属于以上简组，则这组简的格式也与前文的假设相同，故笔者将其视为与前六组简同质的简组。

因为组成"十月旦簿"框架的简大都属于揭剥图 24，在揭剥图 24 中，它们又都位于由记录 A、B 组成的边界之上。故笔者先以揭剥图 24 中，位于由记录 A、B 组成的边界之上的简作为研究对象。将这一部分中所有"入"简摘出，抄录如下：

71. 入黄龙三年租米十五斛（［肆］4731/图 24－11）

72. 入民还黄龙元年租米三斛五斗（［肆］4733/图 24－13）

---

① 原释为"其十九斛黄龙元年租米"，参照图版，"元"字最下似为"一"，且字所占空间竖直方向较窄，故校释为"二"。

73. 入黄龙三年税米一百卌二斛六斗　其卌六斛四斗五升白米①（［肆］4735/图24-15）

74. 入民还贾人李绥米卌一斛六斗（［肆］4736/图24-16）

65. 入民还黄龙三年酱贾米一斛四斗六升（［肆］4740/图24-20）

把前文所有找出的"入"简去除重复后列出：

48°. 入民还黄龙二年税米二百七十五斛六斗七升（［肆］4059/图18-49）

52. 入黄龙二年新吏限米十一斛五升（［肆］4026/图18-16）

56. 入黄龙二年邮卒限米廿斛（［肆］5094/图26-99）

61. 入民还黄龙二年叛士限米卅九斛五斗（［肆］5037/图26-42）

65. 入民还黄龙三年酱贾米一斛四斗六升（［肆］4740/图24-20）

68. 入黄龙二年租米十九斛（［肆］4054/图18-44）

71. 入黄龙三年租米十五斛（［肆］4731/图24-11）

72. 入民还黄龙元年租米三斛五斗（［肆］4733/图24-13）

73. 入黄龙三年税米一百卌二斛六斗　其卌六斛四斗五升白米（［肆］4735/图24-15）

74. 入民还贾人李绥米卌一斛六斗（［肆］4736/图24-16）

? 70. 入民还司马丁烈黄武七年佃禾准米一斛（［肆］4930/图25-80）

将其中数字相加：

275.67 + 11.05 + 20 + 39.5 + 1.46 + 19 + 1 + 15 + 3.5 + 142.6 + 41.6 = 570.38

这个数值与594.38差24，以"廿四"作为关键词搜索文档，笔者找到了如下这枚简：

75. 入民还黄龙元年税米廿四斛（［肆］4062/图18-52）

而其右侧正是属于"别领"A的简46。这从侧面反映出其与"十月旦簿"间可能有关。此外，笔者还在与"十月旦簿"密切相关的揭剥图24上部找到如下这枚简：

---

① 原释为"入黄龙三年税米一百卌二斛六斗其廿六斛四斗五升白米"，参照简［肆］4035与图版校释。

76. 其□□□斛黄龙元年税米 （［肆］4744/图 24 - 24）

仔细对照图版，并参考下简：

77. 其廿四斛黄龙元年税米 （［肆］4861/图 25 - 11）

可将其校释为：

76°. 其廿四黄龙元年税米 （［肆］4744/图 24 - 24）

这说明"廿四斛黄龙元年税米"这个数值确实有可能存在于"十月旦簿"中。

综上，笔者认为"右米"的原貌大致是：

　　入民还黄龙二年税米二百七十五斛六斗七升
　　入黄龙二年新吏限米十一斛五升
　　入黄龙二年邮卒限米廿斛
　　入民还黄龙二年叛士限米卅九斛五斗
　　入民还黄龙三年酱贾米一斛四斗六升
　　入黄龙二年租米十九斛
　　入黄龙三年租米十五斛
　　入民还黄龙元年租米三斛五斗
　　入黄龙三年税米一百卅二斛六斗其卅六斛四斗五升白米
　　入民还贾人李绶米卅一斛六斗
　　入民还黄龙元年税米廿四斛
　　？入民还司马丁烈黄武七年佃禾准米一斛
　　·右米五百九十四斛三斗八升

（四）"承余"

因为记录 A、B 中所有的出米只有两种来源，一种只与"承余"有关，没有经过加成；另一种则是经过加成而来。在"右米"与"别领" A 都复原完毕后，所有的"入"简都已确定，而根据这些"入"简就可进一步推定记录 A、B 中经过加成而来的部分，因此只要排除了这一部分，剩下的都应只与"承余"有关。将其罗列如下：

其七十四斛九斗一升一合黄龙二年私学限米

其十三斛三斗八升九合黄龙二年佃吏限米

其五斗零陵桂阳私学黄龙元年限米

其一斛二斗四升民还黄龙元年租禾准米

其一斛四斗八升黄龙元年租米

其三升佃吏黄龙元年限米

其二升新吏黄龙元年限米

其一斛八升佃卒黄龙二年限米

其一斛四升司马黄升黄龙二年限米

其七斛五升监运掾娃度渍米

其七升黄龙二年定租准米

其四斛监运兵曹张象备黄龙二年斧贾米

再将前文分析"右米"时判断属于"承余"的列出：

其三百一十六斛三斗三升黄龙二年税白米

其四斛一斗九升黄龙二年新吏限米

其一斛六斗二升黄龙二年邮卒限米

其四斗三升黄龙二年叛士限米

其五斗黄龙三年酱贾米

其卅二斛八斗五升黄龙二年租米

其四斛一斗九升黄武七年诸将佃禾准米

将以上数字相加：

74.911 + 13.389 + 0.5 + 1.24 + 1.48 + 0.03 + 0.02 + 1.08 + 1.04 + 7.05 + 0.07 + 4 + 316.33 + 4.19 + 1.62 + 0.43 + 0.5 + 42.85 + 4.19 = 474.92

这个数字与"承余"的数值 474.94 差 0.02。根据前文的分析，一再证明揭剥图 24 中记录 A、B 以上的部分与"十月旦簿"紧密相关，故先在这部分中寻找，最终笔者发现了如下两枚简：

78. 其一升监运掾魏楼渍米①（[肆] 4721/图 24-1）

---

① 原释为"其一升监运掾魏楼限米"，参照简 [肆] 4045、[肆] 4127、[肆] 4175、[肆] 4981、[肆] 5077、[肆] 5107 与图版校释。

79. 其一升黄龙二年吏帅客限米（［肆］4737/图 24-17）

加上它们的数值，正好是 474.94，故笔者推断这两简很可能就是"承余"所缺的最后两个数据。按照前文已经复原的"出"米顺序，将"承余"中的米稍作调整后，罗列如下：

其七十四斛九斗一升一合黄龙二年私学限米
其十三斛三斗八升九合黄龙二年佃吏限米
其五斗零陵桂阳私学黄龙元年限米
其一斛二斗四升民还黄龙元年租禾准米
其一斛四斗八升黄龙元年租米
其三升佃吏黄龙元年限米
其四斛一斗九升黄龙二年新吏限米
其二升新吏黄龙元年限米
其一斛六斗二升黄龙二年邮卒限米
其一斛八升佃卒黄龙二年限米
其四斗三升黄龙二年叛士限米
其一斛四升司马黄升黄龙二年限米
其七斛五升监运掾妖度渍米
其四斛一斗九升黄武七年诸将佃禾准米
其七升黄龙二年定租准米
其五斗黄龙三年酱贾米
其四斛监运兵曹张象备黄龙二年斧贾米
其卌二斛八斗五升黄龙二年租米
其三百一十六斛三斗三升黄龙二年税白米
其一升监运掾魏楼渍米
其一升黄龙二年吏帅客限米
承黄龙三年九月旦簿余杂吴平斛米四百七十四斛九斗四升

需要说明的是，这里将"承余"简放在最后，是考虑到"十月旦簿"的框架中，大多数采用右列散简，左侧总结的写法，故在复原"承余"时，采用了同样的格式。

（五）"定领"

在"承余"与"右米"、"别领"A、"别领"B 都明确后，"定领"可通过计算获得，现直接将数据罗列如下：

其七十四斛九斗一升一合黄龙二年私学限米

其十三斛三斗八升九合黄龙二年佃吏限米

其五斗零陵桂阳私学黄龙元年限米

其一斛二斗四升民还黄龙元年租禾准米

其一斛四斗八升黄龙元年租米

其三升佃吏黄龙元年限米

其十五斛二斗四升黄龙二年新吏限米

其二升新吏黄龙元年限米

其廿一斛六斗二升黄龙二年邮卒限米

其一斛八升佃卒黄龙二年限米

其卅九斛九斗三升黄龙二年叛士限米

其一斛四升司马黄升黄龙二年限米

其七斛五升监运掾妶度渍米

其五斛一斗九升诸将黄武七年佃禾准米

其七升黄龙二年定租准米

其一斛九斗六升黄龙三年酱贾米

其六十一斛八斗五升黄龙二年租米其卅二斛八斗五升白米①

·其五百九十二斛黄龙二年税米三百一十六斛三斗三升白米②

其一升监运掾魏楼渍米

其一升黄龙二年吏帅客限米

其十五斛黄龙三年租米

其三斛五斗民还黄龙元年租米

其一百卅二斛六斗黄龙三年税米其卅六斛四斗五升白米

其卅一斛六斗价人李绥米

---

① 这一数值根据简 27°所得。

② 这一数值根据简 30°所得。

其廿四斛黄龙元年税米

· 定领米一千六十五斛三斗二升

将数据相加：

74.911 + 13.389 + 0.5 + 1.24 + 1.48 + 0.03 + 15.24 + 0.02 + 21.62 + 1.08 + 39.93 + 1.04 + 7.05 + 5.19 + 0.07 + 1.96 + 61.85 + 592 + 0.01 + 0.01 + 15 + 3.5 + 142.6 + 41.6 + 24 = 1065.32

正与"定领"数值相同。

(六)"余"

虽然尚无法确知"余"中是否有"其"简，但仍可将其对应的数据算出。

其十一斛五升黄龙二年新吏限米

其廿斛黄龙二年邮卒限米

其卅九斛五斗黄龙二年叛士限米

其九斗四升诸将黄武七年佃禾准米

其一斛四斗六升黄龙三年酱贾米

其十九斛黄龙二年租米

其二百七十五斛六斗七升黄龙二年税米

其一升监运掾魏楼渍米

其一升黄龙二年吏帅客限米

其十五斛黄龙三年租米

其三斛五斗民还黄龙元年租米

其一百卌二斛六斗黄龙三年税米其卌六斛四斗五升白米

其卌一斛六斗价人李绶米

其廿四斛黄龙元年税米

其九十二斛永新故尉陈崇备黄龙二年税米

其卅五斛监池司马邓邵黄龙三年限米

· 今余吴平斛米七百卌一斛三斗四升

11.05 + 20 + 39.5 + 0，.94 + 1.46 + 19 + 275.67 + 0.01 + 0.01 + 15 +

3.5 + 142.6 + 41.6 + 24 + 92 + 45 = 731.34

正与"余"数值相同，应无误。

（七）结尾简

虽然未在文档中发现明确属于"十月旦簿"的结尾简，但考虑到《纵》文的复原情况，仍可以将这样的简复原出来。虽然《纵》文对"月旦簿"的定义有所偏差，导致最后认定的结尾简日期存在一个月的误差，但其基本格式应该无误。参照其基本格式，笔者认为，"十月旦簿"的结尾简应该是："十月卅日中仓吏黄讳潘虑白"。

六　复原全貌

将以上复原结果整理如下：

    中仓吏黄讳潘虑谨列黄龙三年十月旦簿
    其七十四斛九斗一升一合黄龙二年私学限米
    其十三斛三斗八升九合黄龙二年佃吏限米
    其五斗零陵桂阳私学黄龙元年限米
    其一斛二斗四升民还黄龙元年租禾准米
    其一斛四斗八升黄龙元年租米
    其三升佃吏黄龙元年限米
    其四斛一斗九升黄龙二年新吏限米
    其二升新吏黄龙元年限米
    其一斛六斗二升黄龙二年邮卒限米
    其一斛八升佃卒黄龙二年限米
    其四斗三升黄龙二年叛士限米
    其一斛四升司马黄升黄龙二年限米
    其七斛五升监运掾姃度渍米
    其四斛一斗九升黄武七年诸将佃禾准米
    其七升黄龙二年定租准米
    其五斗黄龙三年酱贾米
    其四斛监运兵曹张象备黄龙二年斧贾米

其卅二斛八斗五升黄龙二年租米
其三百一十六斛三斗三升黄龙二年税白米
其一升监运掾魏楼溃米
其一升黄龙二年吏帅客限米
承黄龙三年九月旦簿余杂吴平斛米四百七十四斛九斗四升
入民还黄龙二年税米二百七十五斛六斗七升
入黄龙二年新吏限米十一斛五升
入黄龙二年邮卒限米廿斛
入民还黄龙二年叛士限米卅九斛五斗
入民还黄龙三年酱贾米一斛四斗六升
入黄龙二年租米十九斛
入黄龙三年租米十五斛
入民还黄龙元年租米三斛五斗
入黄龙三年税米一百卅二斛六斗其卅六斛四斗五升白米
入民还贾人李绶米卅一斛六斗
入民还黄龙元年税米廿四斛
？入民还司马丁烈黄武七年佃禾准米一斛
·右米五百九十四斛三斗八升
入黄龙二年盈湎米一千五百六斛
入永新故尉陈崇所备黄龙二年税僦米九十二斛
入监池司马邓邵黄龙三年限米卅五斛
·右杂米一千六百卅三斛别领
·右十月新入吴平斛米二千二百卅七斛三斗八升
其七十四斛九斗一升一合黄龙二年私学限米
其十三斛三斗八升九合黄龙二年佃吏限米
其五斗零陵桂阳私学黄龙元年限米
其一斛二斗四升民还黄龙元年租禾准米
其一斛四斗八升黄龙元年租米
其三升佃吏黄龙元年限米
其十五斛二斗四升黄龙二年新吏限米
其二升新吏黄龙元年限米
其廿一斛六斗二升黄龙二年邮卒限米

其一斛八升佃卒黄龙二年限米

其卅九斛九斗三升黄龙二年叛士限米

其一斛四升司马黄升黄龙二年限米

其七斛五升监运掾姃度渍米

其五斛一斗九升诸将黄武七年佃禾准米

其七升黄龙二年定租准米

其一斛九斗六升黄龙三年酱贾米

其六十一斛八斗五升黄龙二年租米其卅二斛八斗五升白米

·其五百九十二斛黄龙二年税米三百一十六斛三斗三升白米

其一升监运掾魏楼渍米

其一升黄龙二年吏帅客限米

其十五斛黄龙三年租米

其三斛五斗民还黄龙元年租米

其一百卅二斛六斗黄龙三年税米其卅六斛四斗五升白米

其卅一斛六斗价人李绶米

其廿四斛黄龙元年税米

·定领米一千六十五斛三斗二升

其四斛监运兵曹张象备黄龙二年斧贾米

其一千五百六斛黄龙二年盈湎米

其九十二斛永新故尉陈崇备黄龙二年税米

其卅五斛监池司马邓邵黄龙三年限米

右杂米一千六百卅七斛别领

·集凡承余新入吴平斛米二千七百一十二斛三斗二升

其七十四斛九斗一升一合黄龙二年私学限米

其十三斛三斗八升九合黄龙二年佃吏限米

其五斗零陵桂阳私学黄龙元年限米

其一斛二斗四升民还黄龙元年租禾准米

其一斛四斗八升黄龙元年租米

其三升佃吏黄龙元年限米

其四斛一斗九升新吏黄龙二年限米

其二升新吏黄龙元年限米

其一斛六斗二升邮卒黄龙二年限米

其一斛八升佃卒黄龙二年限米
其四斗三升叛士黄武二年限米
其一斛四升司马黄升黄龙二年限米
其七斛五升监运掾妊度渍米
其四斛二斗五升诸将黄武七年佃禾准米
其七升黄龙二年定租准米
其五斗黄龙三年酱贾米
其四斛监运兵曹张象备黄龙二年斧贾米
其一千五百六斛黄龙二年盈酒米
其卅二斛八斗五升黄龙二年租白米
其三百一十六斛三斗三升黄龙二年税中白米
右出吴平斛米一千九百八十斛九斗八升
（其十一斛五升黄龙二年新吏限米
其廿斛黄龙二年邮卒限米
其卅九斛五斗黄龙二年叛士限米
其九斗四升诸将黄武七年佃禾准米
其一斛四斗六升黄龙三年酱贾米
其十九斛黄龙二年租米
其二百七十五斛六斗七升黄龙二年税米
其一升监运掾魏楼渍米
其一升黄龙二年吏帅客限米
其十五斛黄龙三年租米
其三斛五斗民还黄龙元年租米
其一百卅二斛六斗黄龙三年税米其卅六斛四斗五升白米
其卅一斛六斗价人李绶米
其廿四斛黄龙元年税米
其九十二斛永新故尉陈崇备黄龙二年税米
其卅五斛监池司马邓邵黄龙三年限米）①

---

① 这里用（）表示此段复原并不确定。参照揭剥图18，"今余"简就在"右出"简的左上方，笔者怀疑两者原本应前后相接，其间可能并无它简，故"今余"简也许并无对应的"其"简。不过限于材料，笔者不敢妄下定论。

·今余吴平斛米七百卅一斛三斗四升
十月卅日中仓吏黄讳潘虑白

在此后可能接续记录 A、B。

七　余论

就复原本身而言，笔者对"中仓黄龙三年十月旦簿"的复原尝试，证明了对"月旦簿"进行完整复原的可能性。在此基础上，我们可以进一步复原中仓其他月份的旦簿，以及其他仓的月旦簿。理想状态下，我们完全有可能完整把握走马楼简中各仓某年、甚至某几年的仓储流转情况。在拥有这些完整数据后，我们就能更有的放矢地探讨各仓的性质，同时对临湘当地的经济进行更细致地分析。

就方法论而言，吴简由于数量庞大，靠单人的力量恐怕难以在短期内完整复原，如果有某种简单的方法可资所有学者所用，从而吸引更多的学者参与到复原中来，无疑将极大提高复原的效率。基于这点，希望本文的写作能为这种可能性的实现提供一些帮助。